交通运输行业高层次人才培养项目著作书系

王岩松　孟　昕　陈志国　著

季冻区高速公路品质工程建设理念与科技创新实践

Construction Philosophy and Innovative Technological Practice of High-quality Engineering of Expressway in Seasonally Frozen Regions

人民交通出版社股份有限公司
北京

内 容 提 要

本书依托交通运输部高速公路品质工程建设创新实践，结合我国北方严寒地区的气候和地域特点，基于集双高速公路集安至通化段品质工程创建示范，系统论述了新时期高速公路建设品质创新的理念内涵和工程实践技术应用。在充分借鉴和吸收同类高速公路建设实践成果和相关工程科研成果的基础上，提出了季冻区建设抗冻耐久高速公路可复制、可推广的创新技术方法和解决工程早期病害的有效措施。

本书可供公路工程建设管理、科研、设计、施工、监理和检测人员参考使用。

图书在版编目(CIP)数据

季冻区高速公路品质工程建设理念与科技创新实践 / 王岩松，孟昕，陈志国著. — 北京：人民交通出版社股份有限公司，2021.12

ISBN 978-7-114-17374-5

Ⅰ.①季… Ⅱ.①王…②孟…③陈… Ⅲ.①冻土区—高速公路—道路建设—研究 Ⅳ.①U412.36

中国版本图书馆 CIP 数据核字(2021)第 109520 号

交通运输行业高层次人才培养项目著作书系

Jidongqu Gaosu Gonglu Pinzhi Gongcheng Jianshe Linian yu Keji Chuangxin Shijian

书　　名：季冻区高速公路品质工程建设理念与科技创新实践
著 作 者：王岩松　孟　昕　陈志国
责任编辑：丁　遥
责任校对：孙国靖　魏佳宁
责任印制：张　凯
出版发行：人民交通出版社股份有限公司
地　　址：(100011)北京市朝阳区安定门外外馆斜街 3 号
网　　址：http://www.ccpcl.com.cn
销售电话：(010)59757973
总 经 销：人民交通出版社股份有限公司发行部
经　　销：各地新华书店
印　　刷：北京市密东印刷有限公司
开　　本：787×1092　1/16
印　　张：31
字　　数：720 千
版　　次：2021 年 12 月　第 1 版
印　　次：2021 年 12 月　第 1 次印刷
书　　号：ISBN 978-7-114-17374-5
定　　价：160.00 元

书系前言

Preface of Series

进入21世纪以来，党中央、国务院高度重视人才工作，提出人才资源是第一资源的战略思想，先后两次召开全国人才工作会议，围绕人才强国战略实施做出一系列重大决策部署。党的十八大着眼于全面建成小康社会的奋斗目标，提出要进一步深入实践人才强国战略，加快推动我国由人才大国迈向人才强国，将人才工作作为"全面提高党的建设科学化水平"八项任务之一。十八届三中全会强调指出，全面深化改革，需要有力的组织保证和人才支撑。要建立集聚人才体制机制，择天下英才而用之。这些都充分体现了党中央、国务院对人才工作的高度重视，为人才成长发展进一步营造出良好的政策和舆论环境，极大激发了人才干事创业的积极性。

国以才立，业以才兴。面对风云变幻的国际形势，综合国力竞争日趋激烈，我国在全面建成社会主义小康社会的历史进程中机遇和挑战并存，人才作为第一资源的特征和作用日益凸显。只有深入实施人才强国战略，确立国家人才竞争优势，充分发挥人才对国民经济和社会发展的重要支撑作用，才能在国际形势、国内条件深刻变化中赢得主动、赢得优势、赢得未来。

近年来，交通运输行业深入贯彻落实人才强交战略，围绕建设综合交通、智慧交通、绿色交通、平安交通的战略部署和中心任务，加大人才发展体制机制改革与政策创新力度，行业人才工作不断取得新进展，逐步形成了一支专业结构日趋合理、整体素质基本适应的人才队伍，为交通运输事业全面、协调、可持续发展提供了有力的人才保障与智力支持。

"交通青年科技英才"是交通运输行业优秀青年科技人才的代表群体，培养选拔"交通青年科技英才"是交通运输行业实施人才强交战略的"品牌工程"之一，1999年至今已培养选拔282人。他们活跃在科研、生产、教学一线，奋发有为、锐意进取，取得了突出业绩，创造了显著效益，形成了一系列较高水平的科研成果。为加大行业高层次人才培养力度，"十二五"期间，交通运输部设立人才培养专项经费，重点资助包含"交通青年科技英才"在内的高层次人才。

人民交通出版社以服务交通运输行业改革创新、促进交通科技成果推广应用、支持交通行业高端人才发展为目的,配合人才强交战略设立"交通运输行业高层次人才培养项目著作书系"(以下简称"著作书系")。该书系面向包括"交通青年科技英才"在内的交通运输行业高层次人才,旨在为行业人才培养搭建一个学术交流、成果展示和技术积累的平台,是推动加强交通运输人才队伍建设的重要载体,在推动科技创新、技术交流、加强高层次人才培养力度等方面均将起到积极作用。凡在"交通青年科技英才培养项目"和"交通运输部新世纪十百千人才培养项目"申请中获得资助的出版项目,均可列入"著作书系"。对于虽然未列入培养项目,但同样能代表行业水平的著作,经申请、评审后,也可酌情纳入"著作书系"。

高层次人才是创新驱动的核心要素,创新驱动是推动科学发展的不懈动力。希望"著作书系"能够充分发挥服务行业、服务社会、服务国家的积极作用,助力科技创新步伐,促进行业高层次人才特别是中青年人才健康快速成长,为建设综合交通、智慧交通、绿色交通、平安交通做出不懈努力和突出贡献。

交通运输行业高层次人才培养项目
著作书系编审委员会
2014 年 3 月

作者简介

Author Introduction

王岩松，男，汉族，出生于1973年，吉林省榆树市人，毕业于同济大学，硕士学位，正高级工程师职称。现任吉林省高等级公路建设局工程技术处处长。现在集安至双辽高速公路集通项目指挥部工作，担任项目指挥长职务。先后参与了鹤岗至大连高速公路（吉林段）、集安至通化高速公路等5个项目的技术管理、工程建设管理工作。发表专业论文20余篇，主编或参与编写《吉林省高速公路施工标准化技术指南》（2018）、《水泥混凝土抗冻防腐设计与施工技术指南》等，参加"应对极端气候的橡胶粉SBS复合改性沥青成套技术研究与应用""五女峰特长公路隧道建设安全与运营防灾节能关键技术研究"等20多项科研课题。先后被评为"交通运输青年科技英才""第九届中国公路百名优秀工程师""中国公路学会第五届青年专家委员会委员""全国交通运输系统先进工作者"。

前　言

Foreword

2019 年是中华人民共和国成立 70 周年，也是《交通强国建设纲要》印发实施之年，全国交通运输系统在以习近平同志为核心的党中央坚强领导下，坚持稳中求进工作总基调，坚持新发展理念，坚持推动高质量发展，为推动经济社会平稳发展、全面建成小康社会提供了坚强的交通运输保障。截至 2019 年末，全国公路总里程达到 501.25 万 km，高速公路里程 14.96 万 km。吉林省地处我国北方季冻区，近 10 年来公路交通运输建设取得了巨大的进步。按照吉林省高速公路网规划，到 2030 年将建成 5600km 的高速公路，形成“四射、五纵、三横、二环、十联络”的高速公路网。截至 2019 年末，全省公路总里程达到 106660km，等级公路 101967km，占总里程的 95.6%，二级及以上公路 15548km（高速公路 3584km，一级公路 2204km，二级公路 9760km），全省公路密度 56.92km/100km^2，乡镇和建制村 100% 实现通达通畅。

近 30 年来，季冻区公路基础设施建设需求不断加大，随之而来的高速公路冻融病害、桥梁隧道工程早期损伤和耐久性寿命不足、交安设施服务能力水平落后、湿地水系阻隔及服务区污水难达标等工程技术和环境保护问题更加不可回避。吉林交通依托鹤大高速公路交通运输部科技示范工程，在抗冻耐久及生态环保领域实现了科技创新和工程实践的重大技术突破，“季冻区高速公路抗冻耐久及生态保护关键技术”项目成果荣获 2018 年国家科技进步二等奖，标志着吉林省的季冻区公路工程抗冻耐久及生态保护技术研究达到了国际领先水平。鹤大高速公路小沟岭至抚松段获得建筑业科技创新暨 2018—2019 年度中国建设工程鲁班奖（国家优质工程），实现了公路建设行业历史性突破。

2016 年，交通运输部办公厅印发《关于开展公路水运品质工程示范创建工作的通知》（交办安监〔2016〕193 号），提出推进公路水运品质工程建设，提升公路水运工程质量，为人民群众安全便利出行和社会物资高效畅通运输提供更加可靠的保障。集双高速公路集安至通化段（集通高速公路）作为吉林省创建品质工程的示范项目，深入开展品质工程探索创建工作，致力打造“功能定位合理、建设管理精细、质量安全可靠、经济环保绿色、服务水平一流、创新驱动发展”的具有区域特色的“品质工程”。集通高速公路在践行交通运输部“五化”标准的前提下，提出新时期“六个精度”吉林标准——项目建设管理智慧化对标精准，源头上参建队伍和工程材料精选，标准化梁板构件品质精工，工业化流水作业精细，产业化施工班组技术精湛，绿色公路实体内涵外在精品。结合项目地处北方严寒地区的气候和地域特点，贯彻全寿命周期成本建设理念，推行智慧工地管理，采用先进的机械装备和工艺技术，推行、提升和总结推广季冻区高速公路“品质工程”创建理念、方法和创新应用技术。秉承匠心精神，推行精益建造，坚持绿色发展、高质量发展，全面继承和重构吉林交通建设品牌。以集通高速公路项目为依托编制了《吉林省高速公路施工标准化技术指南》(2018)，作为地方性行业标准推广应用。

初心在方寸，咫尺在匠心

集通高速公路创建品质工程是集体智慧的结晶，形成了一套可复制、可推广的季冻区品质工程建设经验成果，是对鹤大高速公路“双示范”工程成果的继承和新建设周期的提升探索。本书总结了鹤大高速公路科技创新和工程实践的重大技术突破，集通高速公路创建品质工程、绿色公路的研究成果和实践经验，是全体参建者集体智慧的结晶，广大工程技术人员、科研人员，尤其是工程一线的参建人员付出了艰辛的劳动，在此一并表达谢意。

本书由王岩松任主编，孟昕、陈志国任副主编。各章编写人员分工为：第1章由孟昕编写；第2章由孟昕、王岩松、陈可、刘汉勇编写；第3章由陈志国、曹玉超、赵玉国、全群山编写；第4章由王岩松编写；第5章由王岩松、郭阔、张琦、李科编写；第6章由王岩松、李德阳、刘洋编写；第7章由王新军、孟昕、林志明编写。全书由王岩松负责统稿。本书可供公路工程建设管理、科研、设计、施工、监理和检测人员参考使用。

本书编写得到了吉林省交通运输厅、吉林省高等级公路建设局、吉林省交通科学研究所、吉林省交通规划设计院、交通运输部公路科学研究院等单位的大力支持和帮助，招商局重庆交通科研设计院有限公司、交通运输部科学研究院的专家团队参加了相关科研工作，集通高速公路的参建施工单位、监理和检测单位广大技术及管理人员提供了大量的基础资料，人民交通出版社股份有限公司给予了大力帮助，谨此致谢！限于作者水平，书中不足之处在所难免，恳请广大读者批评指正。

作　者

2021年8月

目　录

Contents

第1章　公路发展机遇与挑战

从20世纪80年代起,我国交通基础设施建设快速发展,建成了一批在世界范围内具有影响力的跨海(江)桥梁、长大隧道、大型沿海港口工程,也积累了大量工程建设管理经验,推动我国公路水运工程建设质量和安全管理水平迈上了新台阶。通过30多年的创新发展,当前交通基础设施不仅需要数量的增长,更需要品质、功能的提升,从注重工程质量向全面提升工程品质转变已具备充足的条件。按照交通强国战略部署,在新的交通战略发展时期,要贯彻落实创新、协调、绿色、开放、共享五大发展理念,加快发展综合交通、智慧交通、绿色交通、平安交通(简称"四个交通"),全面推行现代工程管理,提高建设管理水平,推动公路建设高质量发展。

1.1　我国公路发展现状与规划

国家公路网由普通国道和国家高速公路两个路网层次构成。根据《国家公路网规划(2013年—2030年)》(简称《规划》),国家公路网总规模约40万km,到2030年将建成布局合理、功能完善、覆盖广泛、安全可靠的国家干线公路网络。其中普通国道网由12条首都放射线、47条北南纵线、60条东西横线和81条联络线组成,总规模约26.5万km。国家高速公路网由7条首都放射线、11条北南纵线、18条东西横线以及地区环线、并行线、联络线等组成,约11.8万km。另外,还规划了远期展望线1.8万km,主要位于西部地广人稀的地区。《规划》扩大了基本公共服务能力,普通国道调增到26.5万km,实现了全国所有县级及以上行政区都有普通国道覆盖;统筹考虑了普通国道和高速公路的协调发展,明确普通国道侧重体现基本公共服务,高速公路侧重体现服务的高效性。《规划》首次研究了我国未来公路网的总体规模和层次结构,提出未来我国公路网总规模约580万km,其中国家公路占7%,省级公路占9%,乡村公路占84%。《规划》还注重分析了土地、环境等支撑条件,加强了与其他运输方式的协调、衔接,统筹考虑主要通道的运输能力配置,注重发挥综合运输组合效率和整体优势。

《2019年交通运输行业发展统计公报》显示:2019年末,全国公路总里程501.25万km,比上年增加16.60万km。公路密度52.21km/100km^2,增加1.73km/100km^2(图1-1-1)。公路养护里程495.31万km,占公路总里程的98.8%。

全国四级及以上等级公路里程469.87万km,比上年增加23.29万km,占公路总里程的93.7%,提高1.6个百分点。二级及以上等级公路里程67.20万km,增加2.42万km,占公路总里程的13.4%,占比与上年基本持平。高速公路里程14.96万km,增加0.70万km;高速公路车道里程66.94万km,增加3.61万km。国家高速公路里程10.86万km,增加0.31万km。2019年全国公路里程分技术等级构成如图1-1-2所示。

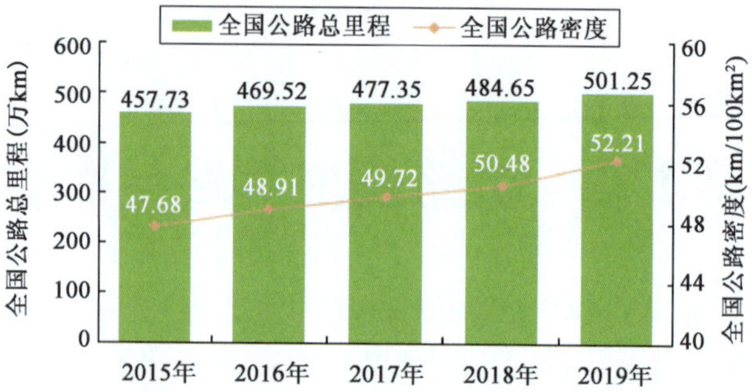

图 1-1-1　2015—2019 年全国公路总里程及公路密度

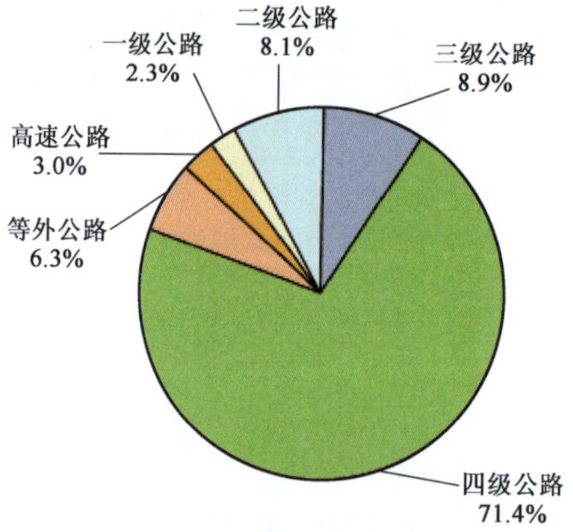

图 1-1-2　2019 年全国公路里程分技术等级构成

国道里程 36.61 万 km，省道里程 37.48 万 km。农村公路里程 420.05 万 km，其中县道里程 58.03 万 km，乡道里程 119.82 万 km，村道里程 242.20 万 km。

全国公路桥梁 87.83 万座、6063.46 万 m，比上年增加 2.68 万座、494.86 万 m，其中特大桥 5716 座、1033.23 万 m，大桥 108344 座、2923.75 万 m。全国公路隧道 19067 处、1896.66 万 m，增加 1329 处、173.05 万 m，其中特长隧道 1175 处、521.75 万 m，长隧道 4784 处、826.31 万 m。

1.2　公路高质量发展挑战与要求

2012 年，国务院印发《质量发展纲要（2011—2020 年）》（国发〔2012〕9 号），提出质量发展是兴国之道、强国之策。到 2020 年建设质量强国取得明显成效，质量基础进一步夯实，质量总体水平显著提升，质量发展成果惠及全体人民。在建筑、交通基础设施、清洁能源和新能源等重要工程领域拥有一批核心技术，节能、环保、安全、信息技术含量显著增加。2015 年 3 月，李克强总理在全国两会上作《政府工作报告》时首次提出“中国制造 2025”的宏大计划。2015 年 5 月，国务院正式印发《中国制造 2025》（国发〔2015〕28 号）。“中国制造 2025”是在新的国际国内环境下，中国立足于国际产业变革大势，做出的全面提升中国制造业发展质量和水平的重大战略部署。其根本目标在于改变中国制造业“大而不强”的局面，通过 10 年的努力，使中国迈入制造强国行列，为到 2045 年将中国建成具有全球引领力和影响力的制造强国奠定坚实基础。公路水运建设工程也亟待突围“大而不强”的状态,在大规模建设的同时,加快提升内在品质和外在服务,打造交通基础设施建设的升级版,形成“中国制造2025”的核心竞争力之一。党的十九大报告指出“我国经济已经由高速增长阶段转向高质量发展阶段”,提高供给体系质量是主攻方向。交通运输是国民经济和社会发展的先导性、基础性、战略性和服务性行业,要尽快实现由“规模速度型”向“质量效率型”转变,体现新发展理念,提供更加安全、便捷、高效、绿色、经济的交通运输服务,实现交通更高质量、更有效率、更加公平、更可持续发展。

2016年,交通运输部印发《关于开展公路水运品质工程示范创建工作的通知》(交办安监〔2016〕193号),提出推进公路水运品质工程建设,提升公路水运工程质量,为人民群众安全便利出行和社会物资高效畅通运输提供更加可靠的保障。全国各省区市积极响应和贯彻交通运输部打造“品质工程”的新理念、新要求,积极探索“品质工程”内涵,注重公路工程品质和过程细节,弘扬“工匠精神”,提升工程内在质量和外在品位。吉林省依托集安至通化高速公路项目率先开始了示范创建工作(图1-2-1)。浙江、贵州、河南、安徽等省先行先试,集中攻坚,推动品质工程建设全面开展。河北、甘肃、山西、山东、云南等多省也全面落实发展理念人本化、项目管理专业化、工程施工标准化、管理手段信息化、日常管理精细化(简称“五化”)工程管理要求,提升质量标准水平。

图1-2-1 集安至通化高速公路

1.2.1 品质工程的意义和内涵

打造品质工程是公路水运建设贯彻落实五大发展理念和建设“四个交通”的重要载体,是深化交通运输基础设施供给侧结构性改革的重要举措,是推动公路水运工程建设质量和安全管理水平全面提升的有效途径,是推进实施现代工程管理和技术创新升级的不竭动力,对进一步推动我国交通运输基础设施建设向强国迈进具有重要意义。品质工程是践行现代工程管理发展的新要求,追求工程内在质量和外在品位的有机统一,以优质耐久、安全舒适、经济环保、社会认可为建设目标的公路水运工程建设成果。

1.品质工程内涵

品质工程具体内涵是:建设理念体现以人为本、本质安全、全寿命周期管理、价值工程等;管理举措体现精益建造导向,突出责任落实和诚信塑造,深化人本化、专业化、标准化、信息化和精细化;技术进步展现科技创新与突破,先进技术理论和方法得以推广运用,包括先进适用的新技术、新工艺、新材料、新装备和新标准的探索与完善;质量管理以保障工程耐久性为基础,体现建设与运营维护相协调、工程与自然人文相和谐,工程实体质量、功能质量、外观质量和服务质量均衡发展；安全管理以追求工程本质安全和风险可控为目标，促进工程结构安全、施工安全和使用安全协调发展；工程建设坚持可持续发展，在生态环保、资源节约和节能减排等方面取得明显成效。

2. 品质工程建设原则和目标

践行五大发展理念，落实“四个交通”发展要求，坚持管理和技术的传承与创新，深化现代工程管理，全面提升公路水运工程基础设施建设的质量安全水平，推动公路水运工程建设协调发展和转型升级，为建设开放共享、人民满意的交通奠定基础。

基本原则包括以下 4 个方面：

(1)目标导向，创新驱动。把满足人民群众对高品质交通运输服务的需求作为目标，着力加强工程建设的理念创新、管理创新、技术创新，为打造品质工程注入动力。

(2)功能提升，注重效益。立足功能的完善与提升，科学处理打造品质工程过程中建设与造价、功能与成本的关系，既着力提升工程品质，又避免盲目高成本、高投入，实现全寿命周期成本最优，提高工程投资效益和社会效益。

(3)政府引领，企业创建。充分发挥政府政策引导作用，完善项目建设评价体系，健全激励和约束机制，营造良好发展环境，激发参建各方创建品质工程的内生动力。

(4)统筹推进，示范带动。坚持统筹规划，充分发挥示范带动作用，从实际需求出发，因地制宜、量力而行，注重专项攻关和重点突破，不盲目求高求全。及时总结经验，研究建立全面推进打造品质工程的管理机制。

品质工程建设的主要目标：到 2020 年，品质工程评价体系基本建立，建设一批品质工程示范项目，形成一批可复制、可推广的经验，实现一批建设技术及管理制度的创新，推进相关标准规范更新升级，逐步形成品质工程标准体系和管理模式，带动全国公路水运工程质量水平明显提升。在此之后，品质工程的创建体系已经升级为“百年平安品质工程”。

1.2.2 品质工程建设主要措施

1. 提升工程设计水平

(1)强化系统设计。以工程质量安全耐久为核心，强化工程全寿命周期设计，明确耐久性指标控制要求。坚持需求和目标引导设计，系统考虑工程建设施工和运营维护，加强可施工性、可维护性、可扩展性、环境保护、灾害防御、经济性等系统设计，实现工程建设可持续发展。加强设计效果跟踪评估，及时调整优化设计，提高设计服务水平。

(2)注重统筹设计。以推进模块化建设为方向，深入推广标准化设计，鼓励构件设计标准化和通用化。切实加强精细化设计，注重工程薄弱环节设计的协调统一，统筹考虑施工的可操作性和维护的便捷性。推行宽容设计，充分考虑工程使用状态的不利情形，对可能的风险做好防范设计。加强生态选线选址，推行生态环保设计和生态防护技术。

(3)倡导设计创作。以群众出行安全、舒适、便捷为目标，强化工程及配套服务设施的人性化设计，体现地域和人文特点及传统特色文化，追求自然朴实，融入工程美学和景观设计，体现工程与自然人文的和谐、融合与共享；坚持因地制宜，突出功能实效，避免刻意追求“新、奇、特”或盲目追求“之最”和“第一”。集双高速公路高台子隧道高句丽风格洞门设计如图 1-2-2所示。

图 1-2-2　集双高速公路高台子隧道高句丽风格洞门设计

2. 提升工程管理水平

(1)推进建设管理专业化。深化工程建设管理模式改革，强化建设单位专业化管理能力建设。健全专业化分包管理制度，加强分包管理，着力提高专业化施工能力。鼓励应用质量、健康、安全、环境“四位一体”(QHSE)管理体系，推进管理标准化。

(2)推进工程施工标准化(图 1-2-3)。立足于采用工程现代化组织管理模式，积极推广工厂化生产、装配化施工，着力推进施工工艺标准化、施工管理模式体系化、施工场站建设规范化，逐步推进工程建设向产业化方向发展。

图 1-2-3　工程标准化施工作业

(3)推进工程管理精细化。倡导工程全寿命周期集成化管理，强化主体结构与附属设施的施工精细化管理，推动实施精益建造，提升工程整体质量。建立“实施有标准、操作有程序、过程有控制、结果有考核”的标准化管理体系。

(4)推进工程管理信息化。探索“互联网 + 交通基础设施”发展新思路，推进大数据与项目管理系统深度融合，逐步实现工程全寿命周期关键信息的互联共享。推进建筑信息模型(BIM)技术，积极推广工艺监测、安全预警、隐蔽工程数据采集、远程视频监控等设施设备在施工管理中的集成应用，推行“智慧工地”建设，提升项目管理信息化水平。水泥混凝土拌和站智能监控系统如图 1-2-4 所示。

(5)推进班组管理规范化。建立健全施工班组管理制度，强化班组能力建设。加强施工技术交底，实行班前教育和工后总结制度。推行班组首次作业合格确认制，强化班组作业标准化、规范化和精细化。全面推行班组人员实名制管理，强化班组的考核与奖惩，夯实基层基础工作。

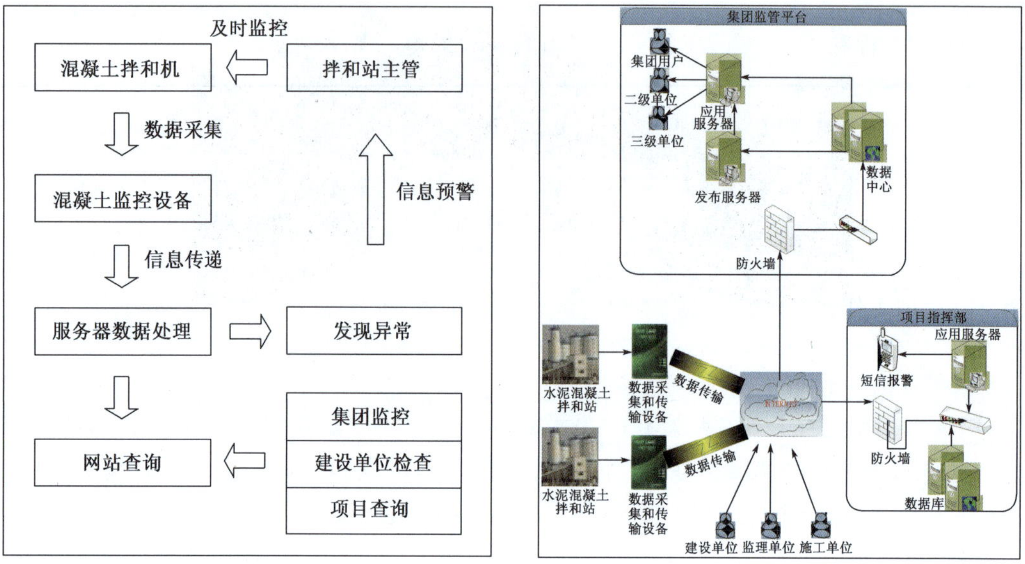

图 1-2-4　水泥混凝土拌和站智能监控系统

3. 提升工程科技创新能力

(1)积极推广应用“四新”技术。强化科研与设计施工联动,开展集中攻关和“微创新”,大力推广性能可靠、先进适用的新技术、新材料、新设备、新工艺,淘汰影响工程质量安全的落后工艺、工法和设施设备,推动工程技术提升。

(2)发挥技术标准先导作用。坚持品质工程目标导向,鼓励采用先进工艺标准,开展技术创新,制定提升质量、提高效率的工艺标准。完善具有自主知识产权的先进技术标准,推进优势及特色标准国际化。

(3)探索建立全产业链继承与创新体系。总结特色有效的传统工艺和工法,针对工程设计、施工、管养、材料、装备等全产业链开展技术创新与集成创新,推进信息技术和工程建养技术深度融合,打造以信息化、智能化和绿色建造为特征的工程全产业链创新体系,实现资源共享、优势互补。

4. 提升工程质量水平

(1)落实工程质量责任。健全工程质量责任体系,明确界定建设、勘察、设计、施工和监理单位等责任主体质量责任,推动企业建立关键人履职标准和各岗位工作规范,建立岗位责任人质量记录档案,强化考核和责任追究,实现质量责任可追溯,推动落实质量责任终身制。

(2)推进质量风险预防管理。工程项目应强化质量风险预控管理,加强质量风险分析与评估,完善质量风险控制措施和运行机制。健全施工组织设计编制、审查和执行落实体系,严格专项施工方案论证审查制度,强化技术方案分级分类审核责任,全面推行首件工程制,夯实工程质量管理基础。

(3)加强过程质量控制。工程项目建立质量目标导向管理机制,严格执行工序自检、交接检、专检“三检制”。加强设计符合性核查评价,深入实施质量通病治理,实施成品及半成品验收标识、隐蔽工程过程影像管理等措施,强化质量形成全过程闭环可追溯。积极应用先进检测技术和装备,建立工程质量信息化动态管理平台,加强过程质量管控。

(4)强化工程耐久性保障措施。加强工程耐久性基础研究工作,创新施工工艺,加强关键结构、隐蔽工程和重要材料的质量检验和控制,切实提高工程耐久性。

5.提升工程安全保障水平

(1)加强工程安全风险管理基础体系建设。推行工程安全生产风险管理,建立安全风险分级管控和隐患治理双重预防体系,推动重大安全风险管控和重大事故隐患治理清单化、信息化、闭环化动态可追溯管理,夯实安全管理基础。

(2)提升工程结构安全。树立本质安全理念,强化桥梁隧道、港口工程等的施工和运行安全风险评估工作,切实加强工程结构安全关键指标的实时监测与分析,积极探索智能预警技术,确保工程结构安全状态可知、可控。

(3)深化"平安工地"建设。加强施工安全标准化建设,推进危险作业"机械化换人、自动化减人",提高机械化作业程度。推行安全防护设备设施工具化、定型化、装配化。落实安全生产责任,健全安全工作制度,强化安全管理和风险预控,加强隐患排查治理,提升针对性应急处置能力,确保施工安全。

(4)提升工程安全服务水平。加强公路交通安全评价,强化公路管理和服务设施的科学合理配置,加强道路、桥梁、隧道、港口等安全运行监测与预警系统建设,提高工程运行管理水平和应急服务能力。建立健全工程巡查排险机制,提升工程安全防护设施和管理服务设施的有效性。

6.提升工程绿色环保水平

(1)注重生态环保。严格落实生态保护和水土保持措施,加强生态脆弱区域的环境监测和生态修复,降低公路水运工程建设对陆域、水生动植物及其生存环境的影响。

(2)注重资源节约。节约利用土地资源,因地制宜采取有效措施减少耕地和基本农田占用。高效利用临时工程及临时设施,注重就地取材,积极应用节水、节材施工工艺,实现资源节约与高效利用。综合考虑工程性质、施工条件、旧料类型及材质等因素,推进废旧材料再生循环利用。

(3)注重节能减排。积极应用节能技术和清洁能源,使用符合国家标准的节能装备。加强设备使用管理,选用能耗低、工效高、工艺先进的施工机械设备,严格落实运输车辆燃料消耗量限值准入制度,国三及以下营运柴油货车、老旧燃气车辆提前淘汰更新,淘汰高能耗老旧设备。优化施工组织,合理安排工序,提高设备使用效率,降低施工能耗。

7.提升打造品质工程的软实力

(1)加强管理人员素质建设。从业单位加强人才培养制度建设,强化管理人员的岗位考核和继续教育,创新人才激励与保障机制,着力培养和锻炼一支具备现代工程管理能力、专业技能及良好职业道德的工程管理骨干队伍。

(2)提升一线工人队伍素质。从业单位应落实培训主体责任,按规定严格实行"上岗必考、合格方用"的培训考核制度。开展职业技能竞赛,建立优秀技工激励机制,推行师徒制模式,鼓励企业建立稳定的技术工人队伍。保障员工合法权益,注重人文关怀,提供体面工作的基本条件。

(3)培育品质工程文化。积极培育以提升质量、保障安全为核心,以人为本、精益求精、全心投入为主要特征的品质工程文化。大力弘扬工匠精神，广泛宣传、积极推动全员参与品质工程创建活动，形成人人关心品质、人人创造品质、人人分享品质的浓郁的文化氛围。第三届“最美吉林交通人”集通指挥部合影如图 1-2-5 所示。集安至通化高速公路路侧品质文化墙如图 1-2-6 所示。

图 1-2-5　第三届“最美吉林交通人”集通指挥部

图 1-2-6　集安至通化高速公路路侧品质文化墙

(4)实施品牌战略(图 1-2-7)。将品质工程作为工程项目和企业创建品牌的重要载体，引导企业把品质工程作为自身信誉和荣誉的价值追求。通过打造品质工程，提升企业品牌形象，增强企业核心竞争力。

图 1-2-7　品牌战略和党建引领建设

1.3　绿色公路建设内涵与任务

2013 年，交通运输部印发《加快推进绿色循环低碳交通运输发展指导意见》(交政法发〔2013〕323 号)，提出“加强资源循环利用、加强能源节约利用、加强土地等集约利用、加强生态环境保护”等主要任务，更加注重统筹公路建设全过程，更加注重公路与环境、社会多系统的统筹协调，更加注重资源节约、环境友好等要求的贯彻和落实，更加注重公路建设及运行管理的质量和效率，更加注重需求引领下公路的服务提升。2016 年，交通运输部印发《关于实施绿色公路建设的指导意见》(交办公路〔2016〕93 号)，提出践行绿色交通，推进绿色公路建设，促进公路发展转型升级，建设以质量优良为前提，以资源节约、生态环保、节能高效、服务提升为主要特征的绿色公路，实现公路建设健康可持续发展。

1.3.1　绿色公路建设的原则和目标

1. 基本原则

(1)坚持可持续发展。高度重视公路、环境、社会各方面、各要素的关系,提高资源和能源利用率,发挥公路先导性和基础性作用,实现在发展中保护、在保护中发展。

(2)坚持统筹协调。统筹公路规划、设计、建设、运营、管理、服务全过程,强调均衡协调,突出建、管、养、运并重,降低全寿命周期成本。

(3)坚持创新驱动。大力推动理念创新、技术创新、管理创新和制度创新,强化创新的驱动与支撑作用,为公路建设注入强大动力。

(4)坚持因地制宜。准确把握区域环境和工程特点,明确项目定位,确定突破方向,开展有特色、有亮点、有品位的工程设计,因地制宜建设绿色公路。

2. 建设目标

建立绿色公路建设标准和评估体系,建成一批绿色公路示范工程,形成一套可复制、可推广的经验,行业推动和示范效果显著,绿色公路建设取得明显进展。

1.3.2　绿色公路建设的主要任务

1. 统筹资源利用,实现集约节约

(1)集约利用通道资源。按照"统筹规划、合理布局、集约高效"原则,统筹利用运输通道资源。鼓励公路与铁路、高速公路与普通公路共用线位。改扩建公路要充分发挥原通道资源作用,安全利用原有设施。

(2)严格保护土地资源。科学选线、布线(图 1-3-1),避让基本农田,禁止耕地超占,减少土地分割。积极推进取土、弃土与改地、造地、复垦综合施措,高效利用沿线土地。因地制宜采用低路堤和浅路堑方案,保护土地资源。统筹布设公路施工临时便道、驻地、预制场、拌和站等,做到充分利用,减少重复建设。

图 1-3-1　集通高速公路科学选线布线(与普通公路共用线位)

(3)积极应用节能技术和清洁能源。加强隧道等设施节能设计,推进节能通风与采光等技术应用。推广应用供配电系统节能技术、发光二极管(LED)节能灯具、照明智能控制系统、温拌沥青技术和冷补养护技术等新技术与新设备。加快淘汰高能耗、高排放的老旧工程机械。因地制宜推广太阳能、风能、地热能、天然气等清洁能源应用。

(4)大力推行废旧材料再生循环利用。积极推行废旧沥青路面、钢材、水泥等材料再生和循环利用。推广粉煤灰、煤矸石、矿渣、废旧轮胎等工业废料的综合利用。开展建筑垃圾的无害化处理与利用。积极应用低能耗、节水、节材施工工艺,实现资源高效利用。

2. 加强生态保护,注重自然和谐

(1)推行生态环保设计。加强生态选线,避绕自然保护区、水源地保护区等生态环境敏感区。推行生态环保设计和生态防护技术,重点加强对自然地貌、原生植被、表土资源、湿地生态、野生动物等方面的保护。增强公路排水系统对路面和桥面径流的消纳与净化功能。

(2)严格施工环境保护。加强施工过程中植被与表土资源的保护和利用,落实环境保护、水土保持要求,做好临时用地的生态恢复。完善施工现场和驻地的污水垃圾收集处理措施,加强施工扬尘与噪声监管,推进公路施工、养护作业机械尾气处理。在环境敏感区域施工,应制订生态环保施工专项方案,严格落实环保措施,降低施工对环境的影响。

(3)加强运营期环境管理。加强各类环保设施的维护与运行管理,探索推行环境管理的市场服务机制,确保排放达标。全面推进沿线附属设施污水处理和利用,实现垃圾分类收集和无害化处置。强化穿越敏感水体路段的径流收集与处置。

3. 着眼周期成本,强化建养并重

(1)突出全寿命周期成本理念。将公路运营和维护纳入工程设计与建设一并考虑,突出全寿命,强调系统性,强化结构设计与养护设施的统一。推进钢结构桥梁的应用,发挥其在全寿命周期成本方面的比较优势。积极应用高性能混凝土,保证结构使用寿命,有效降低公路运营养护成本。

(2)全面实施标准化施工(图1-3-2)。建立标准化施工长效机制,实现工地标准化、工艺标准化和管理标准化。鼓励工程构件生产工厂化与现场施工装配化,注重工程质量,提高工程耐久性,实现工程内外品质的全面提升。

图1-3-2　隧道标准化施工(主体+机电设施)

(3)提高养护便利化水平。以科学养护为统领,注重公路设计与建设的前瞻性,统筹考虑后期养护管理的功能性需要,合理设置检修通道,做到可达、可检、可修、可换,提高日常检测维修工作的便利性与安全性。

4. 实施创新驱动,实现科学高效

(1)加强绿色公路技术研究。大力开展绿色公路关键技术研发,加快研究湿地保护、动物通道设置、能源高效利用及节能减排、路域生态防护与修复、公路碳汇建设等新技术,开展绿色公路国际技术合作与交流,助力绿色公路发展。

(2)大力推进建设管理信息化。基于“互联网 +”理念,加快云计算、大数据等现代信息技术应用,有效提升建设管理智能化水平。逐步建立智能联网联控的公路建设信息化管理系统,推进质量检验检测数据实时互通共享,促进信息技术在公路建设管理中的应用。沥青路面施工智能控制系统如图 1-3-3 所示。

(3)总结推广建设管理新经验。鼓励应用建筑信息模型(BIM)新技术(图 1-3-4),探索应用健康、安全和环境“三位一体”(HSE)管理体系,积极推进建设与运营期能耗在线监测管理。鼓励代建制、设计施工总承包等管理模式的创新与应用,营造绿色公路建设市场发展环境。

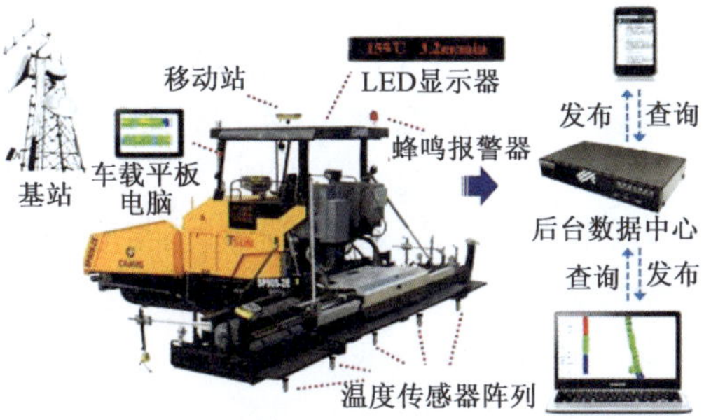

图 1-3-3　沥青路面施工智能控制系统

图 1-3-4　BIM 技术 + 地理信息系统(GIS)技术应用

(4)探索设置多元化服务设施。结合社会发展和消费升级,充分利用公路养护工区、场站等用地,科学设置服务区(图 1-3-5)、停车场,探索增设观景台、汽车露营地、旅游服务站等特色设施,为公众个性化出行提供便利。鼓励在公路服务区内设置加气站和新能源汽车充电桩,积极做好相关设备安装的配合工作,为节能减排创造条件。

图 1-3-5　集双高速公路服务区

(5)丰富公路综合服务方式。继续推进高速公路电子不停车收费系统(ETC)建设,扩大 ETC 覆盖范围,提高路网整体通过能力。鼓励拓展 ETC 技术应用业务,逐步实现 ETC 在通行、停车、加油、维修、检测等环节的深度应用。利用短信平台、门户网站、微信、微博等新媒体手段,构建公益服务与个性化定制服务相结合的公路出行信息服务体系。

5. 完善标准规范,推动示范引领

(1)制定绿色公路标准规范。充分总结公路建设经验,修订绿色公路建设相关标准规范,出台《绿色公路建设技术指南》,完善建立绿色公路建设评价指标体系,明确技术要求,全面指导绿色公路建设。鼓励各地制定具有当地区域特色的绿色公路评价标准。

(2)开展五大专项行动。组织实施"零弃方、少借方""实施改扩建工程绿色升级""积极应用建筑信息模型(BIM)新技术""推进绿色服务区建设""拓展公路旅游功能"五大专项行动,以行动促转型,以行动促落实,推进工程无痕化、智能化建设,实现工程填挖方的有效统筹,加强改扩建工程的资源节约与循环利用,推行服务区污水治理、建筑节能、清洁能源、垃圾处理等新技术,因地制宜拓展完善公路服务和旅游功能,推进绿色公路建设的全面实施。

(3)打造示范工程。以绿色公路建设专项行动为依托,继续推进试点示范,打造公路建设新亮点。各省交通运输主管部门应结合已有工作创建1~2个绿色公路示范工程,丰富绿色公路新内涵,强化绿色公路设计、建设、运营等各环节的指导,组织开展绿色公路建设专项技术咨询,及时总结经验,以点带面,实现全行业绿色公路快速发展。

1.4 季冻区公路品质工程建设综述

我国地域辽阔,各地气候、地形、地貌、工程地质和水文地质等自然条件差异很大,而这些自然条件与公路建设密切相关。为反映不同地区公路设计与施工的特点,《公路自然区划标准》(JTJ 003—86)将具有相同自然条件的地区归类。根据公路工程的地理、气候差异特点以及自然区的划分,按其重要性和规模大小分为三个等级。一级区划是按自然气候以及全国轮廓性地理、地貌划分的,全国共划分七个一级区;二级区划是在一级区划内,考虑水温状况不同,以潮湿系数为主导标志,按公路工程的相似性及地表气候的差异,进一步划分二级区以及与二级区相当的副区,全国共分为33个二级区和19个副区;三级区划是二级区的进一步划分。我国公路自然区划地理分区见表1-4-1。

季冻区是季节性冻土地区的简称。季节性冻土是指地表浅层冬季冻结、夏季全部融化的岩土。季冻区约占全球陆地面积的25%,在我国分布尤其广泛。季冻区气候恶劣,温差大,冻融循环频繁,导致公路路基冻胀翻浆,边坡浅层融滑,路面开裂松散,桥梁与隧道结构混凝土剥落、钢筋锈蚀、工程结构早期劣化。通俗地说,就是造成公路工程病害突出、行车安全隐患增多、养护维修费用居高不下。"十二五"期间季冻区年均公路养护费用超过1387亿元。可以说,提高公路抗冻耐久性是我国普遍关注而又一直未能很好解决的难题。

1.4.1 季冻区生态耐久公路发展历程

近30年来,季冻区公路基础设施建设需求不断加大,随之而来的高速公路冻融病害、结构早期损伤和耐久性寿命不足、湿地水系阻隔及服务区污水难达标等问题更加不可回避,季冻区公路工程环境保护任务加重,也是高速公路建设期和运营期要解决的关键问题。

吉林省自2004年开始进行"季冻区高速公路抗冻耐久及生态保护关键技术"项目研究,历经10多年产学研联合攻关,依托中加国际合作研究和省部级多项重大科技计划,开展鹤大高速公路交通运输部科技示范工程,最终取得了丰富的研究和应用成果,实现了抗冻耐久及生态环保领域的重大技术突破。"季冻区高速公路抗冻耐久及生态保护关键技术"项目成果荣获2018年国家科技进步二等奖,标志着我国季冻区公路工程抗冻耐久及生态保护技术研究达到了国际领先水平。鹤大高速公路实景如图1-4-1所示。

我国公路自然区划地理分区

表 1-4-1

一级区		二级区		副区	
Ⅰ	北部多年冻土区	I_1	连续多年冻土区		
		I_2	岛状多年冻土区		
Ⅱ	东部温润季冻区	II_1	东北东部山地湿润冻区	1a	三江平原副区
		II_2	东北中部山前平原重冻区	2a	辽河平原冻融交替副区
		II_3	东北西部润干冻区		
		II_4	海滦中冻区	4a	冀北山地副区
				4b	旅大丘陵副区
		II_5	鲁豫轻冻区	5a	山东丘陵副区
Ⅲ	黄土高原干湿过渡区	III_1	山西山地、盆地中冻区	1a	雁北张宣副区
		III_2	陕北典型黄土高原中冻区	2a	榆林副区
		III_3	甘东黄土山地区		
		III_4	黄渭间山地、盆地轻冻区		
Ⅳ	东南湿热区	IV_1	长江下游平原润湿区	1a	盐城副区
		IV_2	江淮丘陵、山地润湿区		
		IV_3	长江中游平原中湿区		
		IV_4	浙闽沿海山地中湿区		
		IV_5	江南丘陵过湿区		
		IV_6	武夷南岭山地过湿区	6a	武夷副区
		IV_7	华南沿海台风区	7a	台湾山地副区
				7b	海南岛西部润干副区
				7c	南海诸岛副区

一级区		二级区		副区	
Ⅴ	西南潮暖区	V_1	秦巴山地润湿区		
		V_2	四川盆地中湿区	2a	雅安、乐山过湿副区
		V_3	三西、贵州山地过湿区	3a	滇南、桂西润湿副区
		V_4	川、滇、黔高原干湿交替区		
		V_5	滇西横断山地区	5a	大理副区
Ⅵ	西北干旱区	VI_1	内蒙古草原中干区	1a	河套副区
		VI_2	绿洲-荒漠区		
		VI_3	阿尔泰山地冻土区		
		VI_4	天山-界山山地区	4a	塔城副区
				4b	伊犁河谷副区
Ⅶ	青藏高寒区	VII_1	祁连-昆仑山地区		
		VII_2	柴达木荒漠区		
		VII_3	河源山原草甸区		
		VII_4	羌塘高原冻土区		
		VII_5	川藏高山峡谷区		
		VII_6	藏南高山台地区	6a	拉萨副区

图 1-4-1 鹤大高速公路实景

吉林省作为全国生态省建设试点，提出“突出发挥吉林生态资源优势，加强生态环境保护和资源利用转化，加快绿色发展”的发展战略。“长白山区鹤大高速公路资源节约循环利用科技示范工程”应用研究项目于 2013 年被列为交通运输部科技示范工程，2014 年被列入交通运输部绿色公路主题性项目，成为我国公路交通建设领域首个季冻区新建公路“双示范”工程。将科技创新、绿色环保理念融合到工程建设中，提高了工程品质，实现了“抗冻耐久、低碳节能、资源节约、循环利用、环境友好、景观优美”的建设目标。项目研究有效解决了季冻区公路工程抗冻耐久及生态保护技术难题，实现了季冻区公路路基稳定、路面少裂、结构耐久、生态和谐的目标，开启了吉林省绿色公路转型的新阶段。鹤大高速公路小沟岭至抚松段荣获中国建筑业科技创新，暨 2018—2019 年度中国建设工程鲁班奖（国家优质工程），实现了公路建设行业历史性突破。

1.4.2 季冻区公路品质工程创建示范

“季冻区高速公路抗冻耐久及生态保护关键技术”项目成果在季冻区公路建设中得到推广应用，交通基础设施服务品质明显提高。G12 珲乌高速公路吉延段通过 9 年的连续跟踪观测，经受极端气温 -40℃ 和大交通量的考验，路基无冻胀翻浆，路面无大中修，开裂率降低 30%，节约养护费用 5.6 亿元。建立了季冻区公路建设与养护技术交通行业重点实验室，培育了国家高新技术企业，促进了行业技术进步。项目成果走出国门，在 331km 长的中巴公路建设中进行了成功应用，荣获了巴基斯坦环境保护特殊贡献奖。通过中加合作研究计划的实施，实现成果共享、标准“走出去”，提升了我国公路建设技术在国际上的影响力。

吉林省位于东北三省的中部，东北亚地理中心位置，是全国重要的工业基地和商品粮生产基地，以汽车、石化、农产品加工为三大支柱产业，拥有长白山、历史名城集安等众多风景名胜区，旅游业发达，这些极大地促进了全省交通运输业的发展。“十三五”期间，吉林省按照“基本建成国家高速公路网、实现县市通高速目标”，规划建设 28 个项目（9 个续建、19 个新开工），共计约 2885km，估算总投资 1768 亿元。建设规模比“十二五”增加 1233km，投资额度是“十二五”的 2.63 倍。按照吉林省高速公路网规划，到 2030 年将建成5600km的高速公路，形成“四射、五纵、三横、二环、十联络”的高速公路网。2015年吉林省确定以集双高速公路集安至通化段（集通高速公路）为载体，深入开展品质工程探索创建工作，打造“安全耐久、质优舒适、人文关怀、和谐持续”的品质工程，项目概况见本书附录A。集通高速公路在践行交通运输部“五化”标准的前提下，提出新时期“六个精度”吉林标准——项目建设管理智慧化对标精准，源头上参建队伍和工程材料精选，标准化梁板构件品质精工，工业化流水作业精细，产业化施工班组技术精湛，绿色公路实体内涵外在精品。全面继承和重构吉林交通建设品牌，努力建成具有行业推动和示范效果的精品工程，形成一套可复制、可推广的季冻区品质工程建设经验成果。集通高速公路品质工程创建，是对鹤大高速公路“双示范”工程成果的继承和新的建设周期的提升探索。以打造季冻区高速公路建设新高地、创建新标杆为目标，全面提升高速公路建设内涵品质，秉承匠心精神，推行精益建造，坚持绿色发展、高质量发展，推动公路建设转型升级。

1.4.3　季冻区品质工程创建标准

践行五大发展理念，落实“四个交通”发展要求，响应交通运输部《关于打造公路水运品质工程的指导意见》（交安监发〔2016〕216号），坚持管理和技术的传承与创新，深化现代工程管理实践，提升高速公路的内在质量和外在品位。具体将创建品质工程和建设绿色公路相结合，并各有要求和特点。项目单位工程优良率100%；路基工程稳定密实无病害；路面工程平整舒适长寿命；桥涵工程精益建造百年精品；隧道工程匠心雕琢内实外美；房建工程品牌精致人文关怀；交安工程安全美观便捷舒适；机电工程设备先进智慧耐久；环保绿化工程实现“清风拂绿柳，白水映红桃。车行碧波上，人在画中游”的视觉景观效果。

1.创建理念与目标

围绕“优质耐久、安全舒适、经济环保、社会认可”的总体要求，结合集通高速公路工程特点，践行“全寿命设计理念”“生态环保理念”“工程建设集约化管理”理念，以解决实际设计、施工、管理中存在的问题为导向，从提升工程设计水平、工程管理水平、工程科技创新能力、工程质量水平、工程安全保障水平、品质工程软实力等方面入手，努力将集通高速公路打造成“设计理念先进、项目管理科学、科技创新领先、生态环境优美、资源节约合理、工程结构耐久、项目质量优良、运营安全舒适”的“品质工程”。逐步推进吉林省公路建设品质工程全面实施，实现吉林省高速公路建设健康可持续发展。

（1）质量达到新水平

坚持工程建设与运营维护相协调、工程与自然人文相和谐，有效保障工程耐久性，全面提升工程实体质量、功能质量、外观质量、服务质量等“四个质量”。

坚持和树立从设计到施工到管理的全过程创优理念和要求——主体工程100%达到全优，附属工程95%以上“零缺陷”的全方位创优标准。在缺陷责任期和设计使用年限内达到行业领先的工程品质、服务性能和较长的使用寿命。

（2）安全实现新保障（安全舒适）

立足提升工程本质安全，有效保障施工安全、结构安全、使用安全等“三个安全”。施工安全：零事故；结构安全：延长维修周期，降低维修成本；使用安全：百年桥隧。

(3)环保取得新成效(和谐持续)

坚持环境友好和可持续发展,全面推进工程建设在生态环保、资源节约、节能减排方面取得“三个成效”。

2. 创建路径与方法

深入挖掘项目特色和路域文化内涵,突出引领性项目的总结与推广,打造“功能定位合理、建设管理精细、质量安全可靠、经济环保绿色、服务水平一流、创新驱动发展”的吉林高速公路新标杆。在充分调研国内大型道路、桥梁、隧道品质工程建设经验的基础上,结合集通高速公路工程特点,提出从以下几方面打造集通高速公路品质工程:

一是从规划设计源头入手,以系统性、生态环保、景观设计、人性化设计为本,结合施工实践,总结经验、不足,提炼品质化设计要点。

二是结合监理制改革,利用信息化手段,实现集通高速公路建设的智慧化管理(图1-4-2、图1-4-3),保障集通高速公路质量目标。

图1-4-2　工程管理信息化系统应用

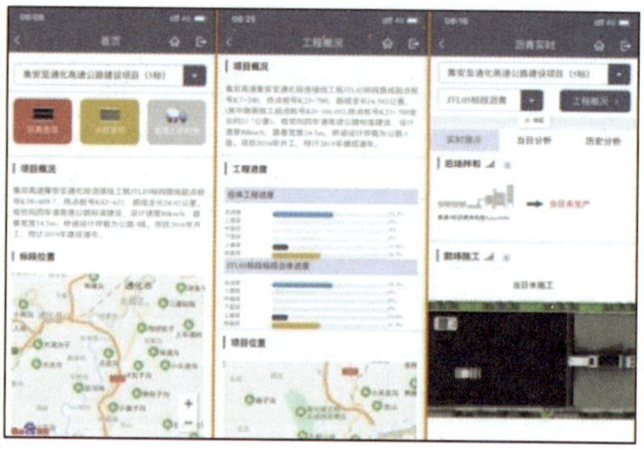

图1-4-3　智慧工地移动终端技术应用

三是以科技创新驱动为引领,通过科技攻关和科研成果推广,为提高工程品质提供有效支撑。

四是从抓体系建设,抓责任落实、人员落实,抓标准落实、施工方法落实入手,建立“实施有标准、操作有程序、过程有控制、结果有考核”的工程标准化创新体系,确保工程优质耐久。

五是在深化“平安工地”建设的基础上,通过双重预防体系、信息化监测手段,实现工程本质安全。例如,创新设置安全教育“班前十分钟”讲堂,在梁板预制场、隧道进出口、路面拌和站等设立班前安全教育大讲台,结合班组施工内容,细化班组安全管理事项,班前由班组长进行10min安全讲话,具体为2min劳动纪律、3min安全交底、3min安全质量要点、2min现场要求,提升班组安全自控自管能力。

六是基于绿色旅游公路的定位,通过生态选线、植被保护、环保施工、节能减排等措施,实现高速公路建设健康可持续发展。集安市是世界文化遗产地、中国历史文化名城和国家级生态示范区;通化县是全国科技创新百强县、国家级生态县、全国绿色发展百强县。集安市(图1-4-4)、通化县(图1-4-5)均入选全国文明城市。要充分发挥好这一得天独厚的地理区位优势,践行绿色发展之路。

图1-4-4 集安市全景图

图1-4-5 通化县全景图

七是通过品质文化宣传、开展各类技术竞赛和主题活动等，营造出“人人关心品质、人人创建品质、人人分享品质”的浓厚氛围，提高项目从业人员的责任意识、规则意识和匠心意识，为推动集通项目全面建设成为“品质集通路”打下坚实基础。

3. 创建品质工程

创建品质工程是现代工程管理发展的新要求，追求工程内在质量和外在品位的有机统一，以优质耐久、安全舒适、经济环保、社会认可为建设目标，体现以人为本、本质安全、全寿命周期管理、价值工程等理念，推动高速公路建设质量和安全水平的全面提升。

(1)推行工程施工产业化

推行工业化建造、装配化施工，落实施工工艺标准化、施工管理模式体系化、“两区三厂”(生活区、办公区，钢筋加工厂、拌和厂、预制厂)建设规范化，实现高速公路建设产业化。

(2)应用“四新”技术，提倡“微创新”

建立运行有效的科技创新管理制度。积极应用先进适用的新技术、新工艺、新材料、新装备(图1-4-6、图1-4-7)。有计划、有组织开展微创新、微改进，淘汰影响工程质量安全的落后工艺工法和设施设备，推动工程技术提升；开展工艺、产品、管理、实体等的标杆示范。通过设备微改造、工艺微改进、工法微改良，攻关解决施工工艺改进的难题，取得微创新成果，提升施工作业标准化、专业化水平。

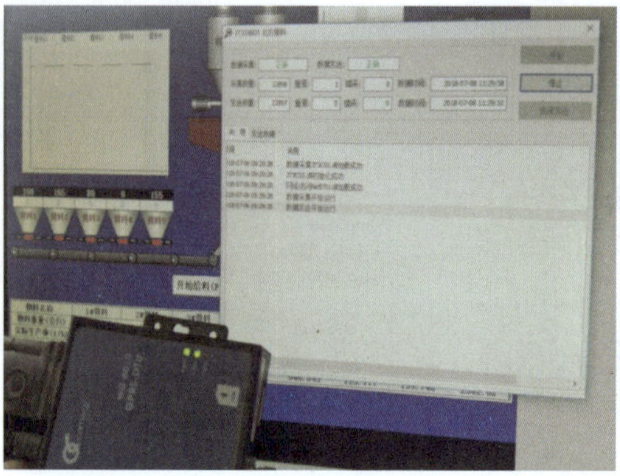

图 1-4-6　路面施工智能管控系统

图 1-4-7　隧道混凝土湿喷机组

(3)安全生产标准化

提高安全主动防护能力，解决施工现场桥梁、隧道、高边坡、深基坑等关键部位安全防护设施的设计验算、设置部位、安装形式、维护更换等方面的问题，实施施工现场安全防护设施标准化，有效减少和遏制生产安全事故的发生。集通高速公路安全体验馆如图 1-4-8 所示。

图 1-4-8　集通高速公路安全体验馆

(4)执行首件工程认可制

首件工程认可制立足于“预防为主、先导试点、以点带面、全面推广”的原则，对首件工程的各项技术、质量、安全指标和措施进行总结和综合评价，及时预防和纠正后续生产可能出现的各种质量问题，以指导规模生产。

4. 建设绿色公路

建设绿色公路是国家生态文明发展战略的要求，是节能、低碳、环保技术在新时期的延续与创新。坚持可持续发展、统筹协调、创新驱动、因地制宜的基本原则，建设以质量优良为前提，以资源节约、生态环保、节能高效、服务提升为主要特征的绿色公路。

5. 推进工程建设信息化

推行“互联网 + 交通基础设施”管理模式及大数据与项目管理系统相融合，逐步实现工程全寿命周期关键信息的互联共享。推进建筑信息模型(BIM)技术，积极推广工艺监测、安全预警、隐蔽工程数据采集、远程监控等设施设备在施工管理中的集成应用，推行“智慧工地”建设，提升项目管理信息化水平。工程建设信息化平台如图 1-4-9 所示。隧道施工人员定位系统应用如图 1-4-10 所示。

高速公路建设具有线长、面广、施工周期长、人员分散流动性大等特点，结合长期困扰的安全教育难题，集通高速公路推行“智慧工地”视频化教育工具包(图 1-4-11)。工具包内置海量专业系统的多媒体培训课件和考核试题，能满足现场的各类安全培训要求。工具包集实名制考勤、多媒体培训、无纸化考试、自动生成档案等功能于一体，配合网上安全培训管理平台,实现培训大数据远程监控,从而形成线下移动培训、线上集中管理、现场实时查询的新型移动式多媒体安全培训模式。

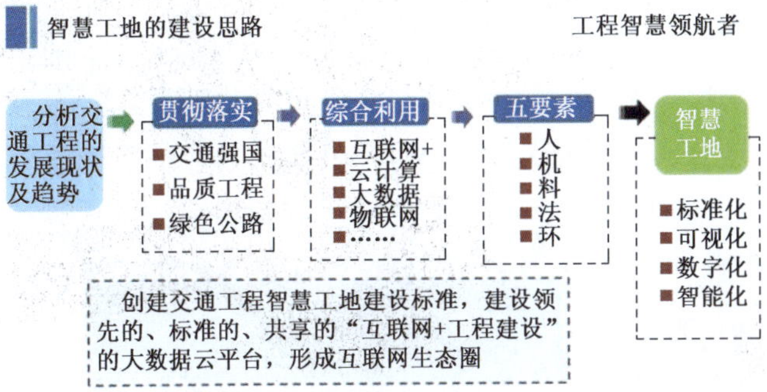

图 1-4-9　工程建设信息化平台

图 1-4-10　隧道施工人员定位系统应用

数字化建模技术的应用正迅速改变着传统制造业、建筑业的工作模式。建模技术的发展经历了从手工绘图到二维计算机辅助设计(CAD),再到二维 + 三维设计模式,直至现在的全三维基于模型定义(MBD)建模技术,实现了从平面投影技术到全三维实体模型数字样机以及完整数字化产品定义的转变。德国整个工业体系都围绕工业 4.0 模式进行构建,形成了自身工业 4.0 的技术路线图和标准架构。效仿德国工业 4.0 的组织模式,推进 BIM 技术在重大交通基础设施项目规划、设计、建设、施工、运营、检测、维护、管理全生命周期的应用,深化 BIM 技术在公路、水运领域的应用。对条块分割的不同种类和不同阶段的信息化技术应用成果进行系统分析整合,结合第五代移动通信技术(5G)商用部署,把“推进智能化道路基础设施规划建设”作为发展的战略性任务。在设计阶段,深化 BIM 在协同设计、方案比选和仿真评价等方面的应用;在建设阶段,深化 BIM 在设计交付、虚拟建造、施工组织、质量管理等方面的应用;在运维阶段,建设 BIM + GIS 可视化平台,依托建设期形成的 BIM 数据库,加强在养护、运营、监测、应急、管理等方面的应用。按照交通运输基础设施和公共通信基础设施同步规划、同步设计、同步施工、同步验收的思路,将分散的系统串联、数据打通,向上承载应用服务,向下触及终端设备,横向与各类平台进行交互,逐步实现车辆、基础设施、交通环境等领域基础数据的融合应用。

图 1-4-11　“智慧工地”视频化教育工具包

6. 智慧高速公路创新发展

2020 年国家《智能汽车创新发展战略》(简称《发展战略》),把“推进智能化道路基础设施规划建设”以及“建设覆盖全国路网的道路交通地理信息系统”作为重要的战略任务,进行了系统阐述和专门部署。

(1)推进智能化道路基础设施规划建设

状态全面感知、信息高效处理的智能化道路基础设施,是交通物理世界向数字世界转变的核心数据来源。围绕推进智能化道路基础设施规划建设,《发展战略》一是积极推进智能交通、智慧道路及新一代国家交通控制网等规划建设，逐步满足智能汽车环境感知和决策系统的需求。二是结合信息接入发布与车辆运行安全管控等，分阶段、分区域推进道路基础设施的信息化、智能化和标准化建设，逐步形成多维监测、精准管控的服务能力。结合 5G 商用部署，加强 5G 与车联网协同，加快智能化道路基础设施的升级或新建。三是在智能化道路基础设施建设过程中注重统一通信接口和协议，推动道路基础设施、智能汽车、运营服务、交通安全管理系统、交通管理指挥系统等信息互联互通，促进路网资源的协同优化利用。智能化道路基础设施规划建设模型如图 1-4-12 所示。

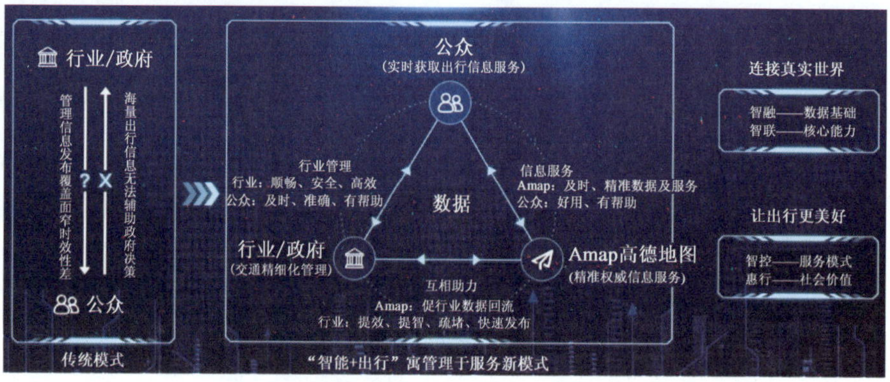

图 1-4-12　智能化道路基础设施规划建设模型

(2)建设广泛覆盖的车用无线通信网络

车用无线通信网络能够将“人-车-路-云”交通要素有机联系在一起。围绕车用无线通信网络建设，《发展战略》一方面充分发挥我国信息通信技术与网络基础优势，统筹公众移动通信网部署，快速提升 LTE-V2X 车用无线通信网络的区域覆盖能力，并在部分城市、高速公路逐步建设 5G-V2X 新一代车用无线通信网络，提供超低时延、超高可靠、超大带宽的无线通信服务。另一方面在桥梁、隧道、停车场等交通设施部署窄带物联网，建立信息数据库和多维监控设施，利用其覆盖范围广、功耗小、成本低等特点，对交通设施的使用状态和周边环境状态进行全方位实时监测。此外，《发展战略》在强化网络连接能力的同时，还加强先进数字计算资源布局，统筹部署边缘计算等服务能力。车路协同系统结构原理模型如图 1-4-13 所示。

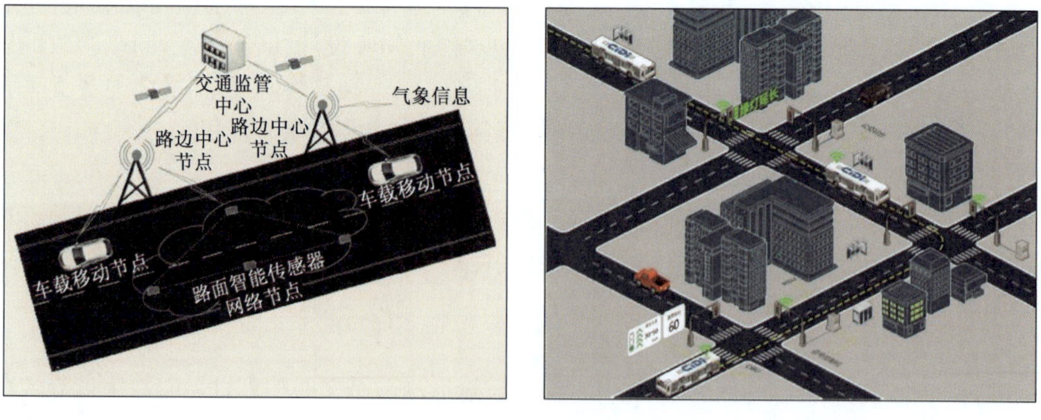

图 1-4-13　车路协同系统结构原理模型

(3)建设覆盖全国的车用高精度时空基准服务能力

传统的车载导航系统已无法满足智能驾驶需要,高精度时空服务是智能汽车做出有效驾驶决策的先决条件。《发展战略》提出:一是充分利用已有北斗卫星导航定位基准站网,推动建设全国统一的高精度时空基准服务能力,为智能汽车通信、感知、控制等提供统一的时空基准;二是开展多源导航服务平台建设,积极推进导航系统和通信系统融合,发挥天地空一体化优势,提供室内外普遍定位服务,使得智能汽车在城市、峡谷、隧道等易遮挡区域具备连续定位能力,并促进"感知、定位和通信"一体化应用服务创新;三是推动北斗通信服务和移动通信双网互通,建设车用应急系统,实现应急通信服务,同时完善辅助北斗系统,提供快速辅助定位服务。车用高精度时空基准服务模型如图 1-4-14所示。

图 1-4-14　车用高精度时空基准服务模型

(4)建设覆盖全国路网的道路交通地理信息系统

道路交通地理信息系统作为战略性资源,是智能汽车发展必不可少的重要支撑。《发展战略》以提供实时动态地图数据服务为目标,提出开发标准统一的智能汽车基础地图,建立完善包含路网信息的道路交通地理信息系统。同时,制作并优化智能汽车基础地图信息库模型与结构,推动建立智能汽车基础地图数据和卫星遥感影像数据共享机制,构建道路交通地理信息系统快速动态更新和在线服务体系等。推动汽车厂商、地图服务商、科研院所等上下游单位联合,为实现车辆精准定位、行驶规划和决策等提供必要的实时道路交通地理信息服务。

(5)建设国家智能汽车大数据云控基础平台

数据资源已成为驱动智能汽车产品成熟和应用服务创新的核心资源。《发展战略》提出在充分利用现有设施和数据资源的基础上,建设国家智能汽车大数据云控基础平台,重点开发逻辑协同、物理分散的云计算中心,标准统一、开放共享的基础数据中心,风险可控、安全可靠的云控基础软件,将分散在各处的系统串联、数据打通,向上承载应用服务,向下触及终端设备,横向与各类平台进行交互,逐步实现车辆、基础设施、交通环境等领域基础数据的融合应用,有力保障运行安全。"5G 智慧高速公路"实行大数据和智能管理,全面支持自动驾驶。公路、桥梁、隧道可以自己感知、分析安全状态,并发出预警。北京大兴国际机场首条智慧高速公路通过智慧收费系统、仿真推演与电子沙盘打造便捷安全、绿色智能的智慧管理体系。

科技改变未来。5G 智慧公路推进智能化道路基础设施规划建设,围绕安全、快捷、服务三个核心,建设智能基础设施、智能与自动驾驶车辆、智能管理云平台、基于"互联网 +"的智能服务体系,实现路网运行更安全畅通、公众出行更便捷愉快、交通管理更高效智能、智慧道路更绿色经济的目标。

1.4.4　品质智慧之路

未来已来,下一步交通行业的智慧化发展突破——区块链技术。

全球范围内土木建筑业仍将是经济增长关键驱动力，但其生产力表现持续低迷。2018年12月，英国土木工程师协会(Institution of Civil Engineers，ICE)*Blockchain Technology in the Construction Industry—Digital Transformation for High Productivity* 报告指出：区块链为土木建筑行业提供了更高效、透明和可持续的巨大机遇。BIM技术应用为代表的数字化是未来建筑业发展趋势之一。

1. 区块链技术的内涵

区块链是一个信息技术领域的术语。从本质上讲，它是一个共享数据库，存储于其中的数据或信息，具有“不可伪造”“全程留痕”“可以追溯”“公开透明”“集体维护”等特征。基于这些特征，区块链技术奠定了坚实的“信任”基础，创造了可靠的“合作”机制，具有广阔的运用前景。狭义来讲，区块链是一种按照时间顺序将数据区块以顺序相连的方式组合成的链式数据结构，是以密码学方式保证的不可篡改和不可伪造的分布式账本。区块链是分散化管理，不存在第三方或中央机构。土木建筑业通常被认为是高分散性、高影响力的行业之一。供应链复杂、问责制缺乏等“痛点”长期困扰着建筑业。区块链创新技术恰好针对性破解了上述难题，为建筑业带来“透明度”“可追踪性”和“协作”。

2. 区块链和智能合同

20世纪60年代早期，电子数据交换系统(Electronic Data Interchange，EDI)出现，实现了参与各方信息自动共享。直到分布式账本技术的发明，区块链网络上所有用户才可以从同一个平台账本中共享信息。近些年，各种分布式账本技术平台在多领域广泛应用。区块链运作系统平台每个参与者的所有链接和交易，都会有自己的、相同的区块链副本，进而提高过程效率和可追踪性，从根本上提高所有参与者之间的信任和协作。基于提高效率前提的区块链技术关键创新是智能合同，智能合同数据和信息以及启动的交易都会被记录在区块链上，整个项目系统对于协作参与者来说都是透明和可追踪的。

3. 区块链技术在建筑业的应用

建筑业的效率长期以来一直饱受批评，随着物联网的到来，智能合约的封闭数据源可以高效地解决工作流程周期限制和消除潜在的人为错误，同时还可以释放建筑行业部门的利益。项目管理滞纳金和相关现金流问题由来已久，超长周期的付款时间很容易将整个供应链置于风险中，尤其对建筑企业来说是破坏性的。区块链支持的付款和项目管理系统是实现和激励规范转型的关键步骤，推动解决长期存在的滞纳金和现金流问题，大幅提升透明度和协作程度，有助于建立各相关方之间的信任，是通向透明建筑业之路。

在建筑业，区块链最有效的利用就是将基于区块链的平台嵌入项目实施中，使项目自动依据数字化工作、合同条款和智能合同启动付款操作。平台的关键优势是不仅非常高效，还对所有利益相关方高度透明。区块链支持下，当一项设计完成时，文件控制系统会通知智能合同，即时自动提交设计包，改变项目的管理和监管方式。智能合同可以最大限度减少合同执行偏差，通过区块链追踪数据信息，过程监管和成本进度估算的准确性都大幅提升。

建筑业中区块链支持的可持续采购，通过对分散采购过程的优化和材料源头管理提高了整个供应链的可持续性。建设期间的所有材料证书和质量检测数据都被存储和共享在区块链系统中，从根本上解决了过程检验的数据传递问题，推动行业的供应链从一次性交易向更完整稳定的长期合作转型。

4. BIM 和区块链技术应用

过去 10 年里，BIM 技术已经在建筑行业做出了极大改善，但其最大潜力仍未被挖掘。基于所使用信息的类型，建模级别一般通过将“维度”分配给不同的信息类别进行描述。近几年，BIM 已经从 3D 发展到了 7D，7D 将 BIM 并入资产管理中，使用运营绩效数据涵盖整个生命周期。BIM 技术的拓展应用如图 1-4-15 所示。

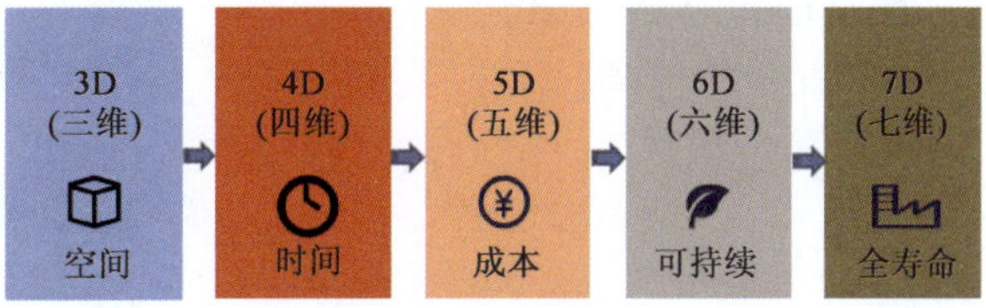

图 1-4-15　BIM 技术的拓展应用

BIM 和区块链二者的结合正是基于它们共同的、作为单一事实来源的能力。主要的结合方式有两种：一种是 BIM 结合来自区块链的信息，另一种是 BIM 将信息分配到区块链上。一般项目对资产的管理并不会因交付而停止，而是贯穿整个生命周期，基于 BIM 模型和智能合同的结合能够实现完全自动的交付过程。BIM 与区块链技术的结合将会促进 BIM 的发展，充分利用其全部潜力——从项目设计到竣工交付的全过程解决方案。

5. 总结和展望

土木建筑业作为世界上最大的行业之一，是社会经济增长和生产力发展的支柱。建筑业将经历一场变革，部分是数字化的，部分是一种商业惯例的变化。区块链技术具有同时影响这两方面并促进创新的潜力，不仅会影响项目管理资金和建筑项目采购，还会影响 BIM 的未来发展。尽管区块链技术作为一种新的变革技术，在引入建筑行业过程的早期必定会遭遇难题，但区块链技术推动建筑行业向高效、负责和透明范式转型，彻底改变建筑业现状的潜力巨大。因此，推动建筑业数字化变革，做好充分的准备迎接挑战，是我们的固有责任。

本章参考文献

[1] 中华人民共和国交通运输部. 2019 年交通运输行业发展统计公报[Z]. (2020-5-12).

[2] 中华人民共和国交通运输部. 交通运输部关于打造公路水运品质工程的指导意见[Z]. (2016-12-12).

[3] 吉林省交通运输厅. 吉林省高速公路施工标准化技术指南[M]. 北京：人民交通出版社股份有限公司，2018.

[4] 中华人民共和国交通运输部. 交通运输部关于实施绿色公路建设的指导意见[Z]. (2016-7-20).

[5] 吉林省交通运输厅. 2019 年吉林省交通统计简要[Z]. (2020-6-10).

[6] 吉林省交通运输厅. 关于深入贯彻《交通强国建设纲要》高质量建设交通强省的实施意见[Z]. (2020-5-20).

[7] 王岩松,等. 集安至通化高速公路品质工程示范建设成果总结[R]. 长春:吉林省高等级公路建设局,2019.

[8] WANG Linbing,王含笑,赵千,等. 智能路面发展与展望[J]. 中国公路学报,2019,32(4):50-72.

[9] Institution of Civil Engineers. Blockchain Technology in the Construction Industry—Digital Transformation for High Productivity(建筑业的突破——区块链技术)[R]. 王梦琪,译. 上海:同济大学复杂工程管理研究院,2020.

第2章　季冻区公路品质设计创新

我国古代先贤指出“先王之法，不涸泽而渔，不焚林而猎”，是传统文化对可持续发展(sustainability)理念的提炼。可持续发展最早源于古代林业，可以简单地理解为不能采伐比森林成长能力更大的木材量。现存最早的关于林业中可持续性方面的文字记载可以追溯到1144年，这一基本林业发展原则被沿用了几个世纪。第二次世界大战后，一些国家为了求得一时的快速发展，在相当长的时间内无限制地砍伐了大片森林。1972年，罗马俱乐部发表了著名的节约能源和限制开采的报告——《发展限制》(*Limits of Growth*)，随后世界各国又出版了多份民间报告，要求有限制地发展。1987年，联合国首次提出并定义了可持续发展——“既能满足现代人类要求，又不损害人类后代满足自身需求能力的发展形式”。5年后，联合国又在各国首脑峰会上正式通过了《里约热内卢环境与发展宣言》(简称《里约宣言》)，指出“可持续发展应该是一种地球承受能力范围内可以持续相当长时间的经济活动”。

自1992年联合国环境与发展大会发表《里约宣言》以来，可持续发展思想逐渐成为人类对社会发展和城镇建设的共识，并上升为环境伦理准则。交通是现代城市赖以生存和发展的基础设施系统，解决交通发展问题是我国社会、经济发展的重大需求，是可持续发展的重要领域。在我国中长期科技发展规划中，已将“发展现代综合交通体系、缓解大中城市拥堵问题、减少交通能源消耗与环境污染问题、解决交通安全问题”作为交通科技发展战略任务。

2.1　工程全寿命周期设计方法理论

国际工程界的可持续发展最早是由国际桥梁与结构工程协会(IABSE)提出的。1996年6月，国际桥梁与结构工程协会率先发表了“可持续发展宣言”，要求其会员在日常工作中尽可能减小对地球环境的破坏；2002年，国际桥梁与结构工程协会又提出了“结构工程实践道德准则”，当前可持续发展已经成为国际结构工程的发展主流。高速公路的完整周期应该包括五个环节，即项目规划、工程设计、施工建造、运营管理和整体拆除。可持续公路工程就要求设计方法涵盖所有五个环节，并且体现三大可持续性，即生态环境可持续性、经济发展可持续性和社会文化可持续性。其中，尤以生态环境可持续性最为重要，其主要目标就是要保护生态系统(ecosystem)、保障人类健康(human health)和保存自然资源(natural resource)。

现有的工程设计方法，无论是容许应力法、极限状态法，还是可靠性方法，主要针对的是施工完成后的结构状态，这就是所谓的现状设计(design for the moment)，仅仅体现五个环节中的工程设计这一环。考虑到目前公路工程设计中还很难兼顾项目规划和整体拆除，应扩展到工程设计、施工建造和运营管理三个环节，即采用过渡阶段的设计方法——全寿命周期设计(life cycle design)。

2.2 工程品质创新设计原则

可持续发展环境伦理准则决定全寿命周期设计要兼顾工程设计、施工建造和运营管理三个环节，结合吉林省东部山区品质工程实践创新设计，提出遵循以下原则：

(1)坚持统筹协调。统筹公路设计、建设、运营等全过程均衡协调，贯彻动态设计施工思想。突出设计是核心、建设是保障、运营安全是重点的理念。一体化统筹项目实施全过程，降低全寿命周期成本。

(2)坚持设计引领。在勘察设计过程中落实品质工程和绿色公路理念。深入挖掘项目特点和路域文化内涵，确定建设品质工程和绿色公路项目定位及目标，制订总体设计原则和具体设计思路。

(3)坚持因地制宜。紧紧围绕吉林省东部山区森林覆盖率高、生态环境好等区域环境和工程特点，结合季冻区实际情况，因地制宜。以问题为导向，着力解决影响绿色环保、耐久、安全的突出问题和薄弱环节，开展有特色、有亮点、有品位的工程设计，实现工程品质的稳步提升。

(4)坚持创新发展。强化创新的驱动与支撑作用，大力推动理念创新、技术创新和管理创新，为公路建设注入强大动力。结合项目特点，开展科研攻关，积极推广应用新材料、新技术，提升项目的科技含量和技术水平，赋予项目新活力和新面貌。从根本上解决质量通病，提升高速公路的内在品质和外在品味。

(5)坚持示范推动。强化政策支持引导，突出重点，集约集成建设示范工程(图 2-2-1)。以示范项目为带动，推动吉林省高速公路建设水平提升，建立起可复制的长效机制。

图 2-2-1 鹤大高速公路“双示范”项目

2.3 工程品质创新设计方法

从规划设计源头入手，以生态环保、景观设计、人文关怀为本，系统性提炼品质化设计要点。利用信息化手段，实现智慧化管理。更新品质管理观念，完善质量保证体系，打造优质耐久百年工程。以科技创新驱动为引领，通过科技攻关和科研成果推广，为提高工程品质提供有效支撑。集通高速公路(图 2-3-1)，位于典型的季节性冰冻气候区，且沿线自然资源及人文景观独特，工程设计紧紧依托这些要素进行提炼，突出人文设计、景观设计、生态设计，倡导设计创作。同时，以科技创新为引领，以工程质量安全耐久为根本，以构件设计标准化为先导，强化工程全寿命周期设计。

图2-3-1　集通高速公路

2.3.1　优化工程选线

工程可行性研究和初步设计综合考虑了路网规划、工程造价、后期运维成本、社会成本以及环保成本，通过优化选线、桥梁方案比选等措施来控制建设期和运营期成本，以实现全寿命周期成本的最优化控制。在路线基本方向选定的基础上，按地形条件具体选择路线通过的地带，进行路线布局。路线带选择按地形大致可分为平原区选线、丘陵区选线和山岭区选线。平原区的地形对路线限制较少，两控制点间如无地质不良和地物障碍等，则两控制点的直接连线是最理想的路线。山岭地区往往山高谷深，地形复杂，山脉水系分明，这就决定了山区路线方向选择的两种可能的方案：一种是顺山沿水，另一种是横越河谷和山岭。顺山沿水路线又可按行经地带的部位分为沿河线、越岭线、山脊线、山腰线等线形。在上述常规选线的基础上，集通高速公路选线还考虑了接线因素、地质因素、文物因素等。

1. 接线方案比选

集通高速公路与规划中的本溪经桓仁至集安高速公路（G9111）具有接线关系。项目工程可行性研究报告编制过程中，共布设了南北线两个方案，经论证比选，推荐走南线方案，并已由吉林、辽宁两省确认签订接线协议。南线：起于辽宁省桓仁县二道甸子镇，经挂牌岭、大路镇、凉水乡、榆林镇，在山城村八队接集通高速公路至集安，长约92.3km，利用共线段约4.8km。

考虑本溪至集安高速公路（G9111）南线方案与集通项目的K线方案接线位置受土口岭隧道、通沟河及梅集铁路等因素限制，接线非常困难，经综合集安城市规划及山区地形、地物、铁路、水利、文物等方面因素，从路网关系和路网规划考虑，对起点段与本溪至集安高速公路的接线方案提出E1线进行比选。太王段方案比选如图2-3-2所示。

K线：起于太王镇刀茅沟，经过土口岭隧道，下穿集安至梅河铁路，于前湾村南侧为远期本集高速公路接线规划预留集安北互通，路线向北跨越通沟河后沿通沟河西岸布线，经白莲寺隧道和高台子隧道后，路线平行G303布线，设置主线收费站，路线全长10.566km。

E1线：起于太王镇刀茅沟，经过土口岭隧道，下穿集安至梅河铁路，跨通沟河后向西沿通沟河北侧布线，路线经山城九队设置主线收费站，于山城八队以北为远期本集高速公路接线规划预留集安北互通，路线向北经高台了隧道后接于K线至终点，路线全长11.389km。

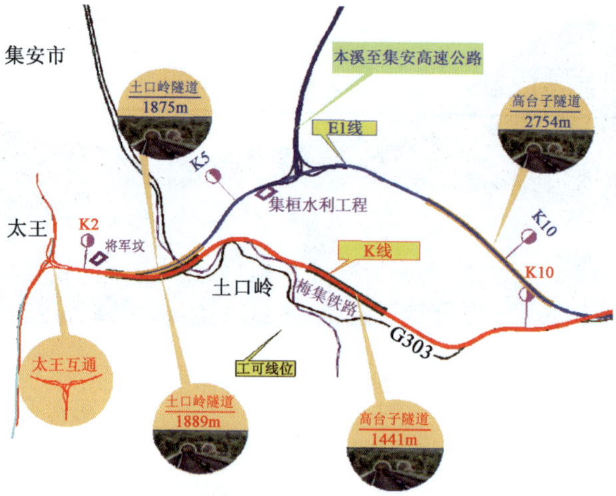

图 2-3-2　集通高速公路太王段方案比选

考虑本集线南线方案与 E1 线和 K 线方案接线位置及条件均不相同，分别布设了本集线 A 线和 B 线方案，对应集通项目的 E1 线和 K 线方案。

A 线方案：起于山城隧道出口位置，桩号 AK256 + 170.597，在山城六队位置两跨通沟河后，避让通沟河南侧山体（文物），至 A 线终点 AK257 + 110.676，并设置集安北 A 形单喇叭互通与集通项目 E1 线相接。

B 线方案：起于山城隧道出口位置，桩号 BK256 + 170.597，在山城六队位置跨通沟河后，穿越通沟河南侧山体，设置通沟隧道，在山城七队附近路线沿通沟河南侧布线，在山城九队附近跨越通沟河后，设置本集线主线收费站，沿通沟河北侧布线至 B 线终点 BK259 + 146.648，并设置集安北 T 形互通与集通项目 K 线相接。

各方案工程规模比较详见表 2-3-1。

各方案工程规模比较表　　表 2-3-1

项目	单位	K 线	B 线	B 线互通	合计	E1 线	A 线	A 线互通	合计
路线长度	km	10.566	2.976	—	13.542	11.389	0.940	—	12.329
匝道长度	km	—	—	3.404	3.404	—	—	4.505	4.505
平曲线最小半径	m	600	1100	70	—	850	1100	60	—
最大纵坡	%	4.0	2.5	3.785	—	4.0	1.988	2.881	—
占地面积	hm^2	55.2711	10.241	13.3122	78.8243	58.5323	2.5322	17.1093	78.1738
土方	万 m^3	40.7016	13.42	25.5320	79.6536	55.0617	1.9676	19.2832	76.3125
拆迁	m^2	5252	7260	216	12728	6998	2725	4830	14553
路面	10^3m^2	192.96	34.776	31.127	258.863	220.269	19.740	40.959	280.968
中桥	m/座	—	67/1	—	67/1	—	—	—	—
	m^2	—	1574.5	—	1574.5	—	—	—	—

续上表

项目	单位	K 线	B 线	B 线互通	合计	E1 线	A 线	A 线互通	合计
大桥	m/座	2683/9	1768/4	—	4451/13	2068/9	907/1	—	2975/10
	m^2	37964.25	31161	—	69125.25	26026.25	21314.5	—	47340.75
匝道桥	m/座	—	—	838/4	838/4	—	—	1120/4	1120/4
	m^2	—	—	8480	8480	—	—	13150	13150
通道	m/座	143/3	17/1	—	160/4	180/4	—	—	180/4
主线收费站	处	1	1	—	2	1	—	—	1
分离隧道	m/座	3889/3	—	—	3889/3	4629/2	—	—	4629/2
连拱隧道	m/座	—	338/1	—	338/1	—	—	—	—
分岔隧道	m/座	710/1	—	费用计入互通	710/1	—	—	—	—
工程造价	万元	140785	27597	31376	199758	148567	10999	12675	172241

综合项目主线、本集线及集安北互通工程规模和路网接线比较，E1 线与 A 线接线方案总里程短，桥梁及隧道规模均相对较低，交通组织相对便捷有序，后期运营管理较方便，工程造价相对较低，也解决了可行性研究中主线起点至土口岭隧道出口高差较大、太王互通接坡困难的问题。综上分析，推荐 E1 线与 A 线接线方案。

2. 地质选线

设计阶段线位选择避开沿线不利的地形及地质条件。在初步设计头道镇路段，C3 线起点桩号 K54 +268.033，终点桩号 K59 +932.913，里程 5.665km。由起点开始靠近 G303 布设，至胡家街西侧跨苇沙河，设头道隧道，至头道互通前与 K 线交汇。经调查，C3 线位于原有老河道区域，农田水网密布，地质条件较差。为了保证路基安全，减少不良地质处理和隧道设置，提出 K 线方案，其中 K55 ~ K57 段在农田段落中间穿越，在 K58 +500 处采用明挖方案。经比较，推荐 K 线方案。初步设计头道镇路段方案比选如图 2-3-3 所示。

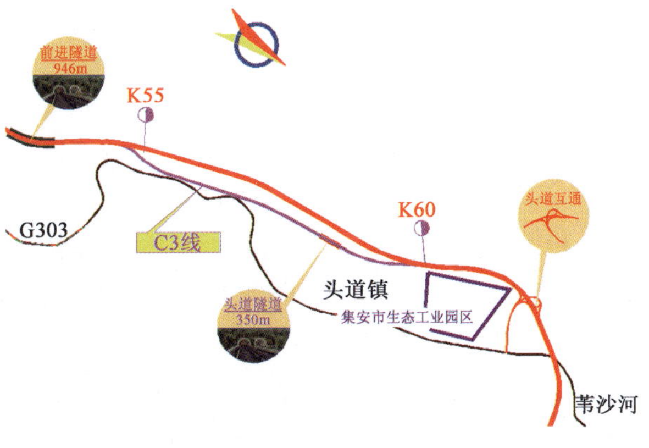

图 2-3-3　初步设计头道镇路段方案比选

3. 文物选线

2013 年 3 月 5 日,国务院公布“江沿墓群”和“龙岗遗址群”为第七批全国重点文物保护单位,集通项目在勘察设计过程中,为避让古墓群,在苇沙河村至终点段存在绕越。针对 K59 +725 ~ K81 +500 段 K 线存在绕越,结合浑江东西两岸的文物保护范围,提出便捷的经过龙岗古墓群(浑江西岸)及土珠子遗址(古代祭祀用祭坛)的 E3 线、E7 线方案和在龙岗古墓群和土珠子遗址之间经过的 C5 线方案。考虑到 C5 线在龙岗古墓群及土珠子遗址中间通过,破坏文物的原始风貌,对文物造成分割,初步设计阶段 C5 线仅做定量比较,不再深入研究。E3 线起点桩号 K58 +581.864,路线跨苇沙河,翻越长岗村东侧山岭进入通化,终点桩号 K82 +900,路线长 21.052km,对应连接线长9.499km。E7 线起点桩号 K58 +581.864,路线跨苇沙河,翻越长岗村东侧山岭进入通化,终点桩号 K78 +040,路线长 19.458km,对应连接线长 11.295km。

结合集通主线和通化连接线综合比较,从总体规模及工程造价看,K 线 + E5 线总造价最高,E3 线总造价居中,E7 线总造价最少。E3 线和 E7 线附近的龙岗古墓群及土珠子遗址等文物建控区范围已扩大至山脚,无通过空间。此外,结合通化市人民政府、吉林省文物考古研究所、吉林省文物局意见,K 线虽然路线里程长,综合工程规模大,但能够避让国家级文物建控区,使出行更为便捷,且地方政府支持,故推荐 K 线 + E5 线。

2.3.2 五女峰特长隧道方案比选

针对 K 线方案提出了在蚂蚁沟和高丽沟出洞的 S1 线和 S3 线方案,以及在 K 线方案 K15 处沿 G303 线向北行至 K20 处进洞的 S2 线和 S4 线方案。各方案主要工程规模比较见表 2-3-2。

五女峰特长隧道方案主要工程规模比较表 表 2-3-2

方案	比较方案				对应 K 线	
	起点桩号	终点桩号	路线里程(km)	隧道长度(m)	路线里程(km)	隧道长度(m)
S1	K20 +075	K28 +889	8.814	6635	8.478	7860
S2	K14 +940	K20 +013	14.016	8380	13.508	
S3	K19 +190	K30 +148	10.958	6287	10.675	
S4	K14 +940	K30 +670	15.73	9930	17.213	

S1、S3 线与 K 线总体相比路线里程长、隧道长度短,但两方案隧道内纵坡均接近 3%,属长大纵坡,对于特长隧道方案不成立。S2、S4 线两方案隧道内纵坡分别为 0.760% 和 0.4%,方案成立。S2 线路线里程长,隧道工程规模大,建设环境困难,与 K 线相比无优势,舍去。S4 线虽然路线长度较 K 线短 1483m,但隧道长度在 K 线 7860m 的基础上增长 2070m,达到 9930m,极大地增加了隧道施工难度,施工工期也会相应增长。隧道进口段建设环境困难,桥梁规模远大于 K 线,并且此段已进入五女峰自然保护区范围,挖方对山体的破坏影响景区周边环境。S4 线与 K 线相比无优势,故推荐 K 线。

2.3.3 桥梁方案比选

采用高性能材料增强桥梁结构耐久性,降低全寿命周期成本。浑江特大桥对简支转连续小箱梁与简支转连续T梁进行技术经济比选,推荐后者;蝲蛄河特大桥对不同跨径简支转连续小箱梁进行技术经济比选,推荐30m标准跨径。

1. 浑江特大桥

大桥起点段在湾湾川互通范围内,根据地形、地质、水文条件及防洪评价和湾湾川互通的布置情况,设计中提出两个方案进行技术经济比较,见表2-3-3。两方案从施工难易度及使用性能方面比较基本相同;从经济造价来看,第二方案造价较低;从美观及与环境相协调来看,第二方案较好,且防洪评价同意第二方案。经综合比较,采用8×30m+21×40m+35×30m预应力混凝土简支转连续箱梁方案。

浑江特大桥桥型方案比较表　　表2-3-3

项目		第一方案	第二方案
全桥布孔		53×40m	8×30m+21×40m+35×30m
全桥长(m)		2129	2137
结构特征	上部结构	预应力简支转连续小箱梁	预应力简支转连续小箱梁
	下部结构及基础	肋板台、圆柱墩、桩基础	肋板台、圆柱墩、桩基础
上部结构工程数量	混凝土(m^3)	37583.88	31300.46
	预应力钢材(t)	1182.093	1022.28
	钢筋(t)	7483.855	6619.55
下部结构工程数量	混凝土(m^3)	9011.30	9574.00
	钢筋(t)	1323.021	1412.25
基础工程数量	混凝土(m^3)	6163.00	6623.80
	钢筋(t)	462.522	556.398
施工难易度		较容易	较容易
设计方面		技术成熟	技术成熟
使用性能		较好	较好
结构耐久性		较好	较好
造型		一般	一般
养护难易度		养护容易、费用低	养护容易、费用低
工期		一般	一般
造价	总建安费(万元)	18902	16121
结论		不推荐	推荐

2. 蝲蛄河特大桥

根据地形、地质、水文条件及防洪评价和湾湾川互通的布置情况,提出两个方案进行技术经济比较,见表2-3-4。两方案从施工难易度及使用性能方面比较基本相同;从经济造价来看,两方案基本相当,第一方案造价略高;从美观及与环境相协调来看,第一方案较好。经综合比较以及防洪评价,推荐第一方案,降低全寿命周期成本。

蝲蛄河特大桥桥型方案比较表　　表 2-3-4

项目		第一方案	第二方案
全桥布孔		58×30m	69×25m
全桥长(m)		1747	1732
结构特征	上部结构	预应力混凝土 简支转连续小箱梁	预应力混凝土 简支转连续小箱梁
	下部结构及基础	肋板台、圆柱墩、桩基础	肋板台、圆柱墩、桩基础
上部结构 工程数量	混凝土(m^3)	19054.36	18166.98
	预应力钢材(t)	644.772	543.151
	钢筋(t)	4262.137	4232.319
下部结构 工程数量	混凝土(m^3)	5124.30	5462.50
	钢筋(t)	758.082	766.585
基础工程数量	混凝土(m^3)	5083.20	5447.80
	钢筋(t)	426.354	429.937
施工难易度		较容易	较容易
设计方面		技术成熟	技术成熟
使用性能		较好	较好
结构耐久性		较好	较好
造型		一般	一般
养护难易度		养护容易、费用低	养护容易、费用低
工期		一般	一般
造价	总建安费(万元)	10956	10625
结论		推荐	不推荐

2.3.4 建养一体化设计

1. 设计标准满足远景交通量需求

项目远景设计年(2035 年),集安至黎明段预测平均交通量为 27311pcu/d,达到高速公路建设的交通量水平,满足 20 年远景交通量需求。集通高速公路位于山岭重丘区,全线桥隧比高,达到 37.14%,方案阶段对道路设计速度 80km/h 和 100km/h 进行了比选,最后选用 80km/h,但实际线形指标能够满足 100km/h 要求,设计考虑一定的前瞻性,全线采用了较高的线形指标,行车更加安全,同时也具备道路提速基础条件。

集通高速公路共设置管理处 2 处、服务区 1 处、停车区 1 处、停车检修区 1 处、养护工区 2 处、收费站 5 处(其中主线收费站 1 处)、隧道变电所 13 处、隧道监控站 2 处,满足管养需求。为提高道路通行能力,沿线各个收费站的收费岛车道按照入口不少于 3 条、出口不少于 3 条的数量进行配置,保证车辆正常通行。基于智慧交通发展,对机电设施预留管道、相关接口扩容升级均有综合考虑。

2. 桥梁建养一体化设计

在桥梁结构形式的选择上,主要采用预应力混凝土空心板梁、预应力混凝土简支转连续箱梁及现浇预应力混凝土连续箱梁等结构。考虑建设期及后期养护需求,对高路堤及挖方高边坡路段，设置人行踏步；桥梁设置桥头踏步、检修平台等；率先采用单元式多向变位梳形板伸缩装置。主线桥的桥台锥坡位置均设置检修梯道（图2-3-4）。浑江特大桥和蝲蛄河特大桥在过渡墩设置检修平台（图2-3-5），以便支座的维修和日常维护。

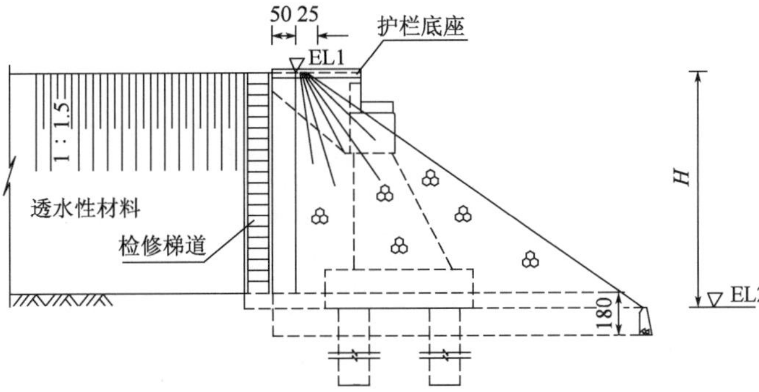

图2-3-4　检修梯道立面布置图（尺寸单位：cm）

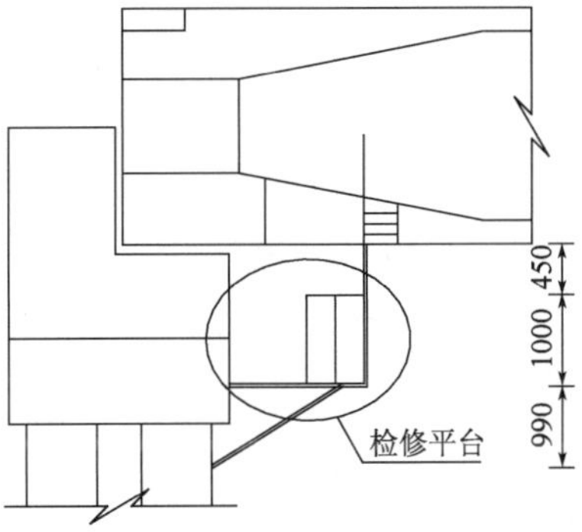

图2-3-5　支座检修平台（尺寸单位：mm）

黎明互通B匝道、D匝道桥采用钢混组合梁，分别在底板和横隔板处设置检修人孔，便于养护人员通行。通化连接线边家店浑江大桥采用变截面连续梁桥，主梁为预应力混凝土结构。在横隔板处设置检修人孔，便于养护人员通行。钢混组合梁检修人孔如图2-3-6所示。

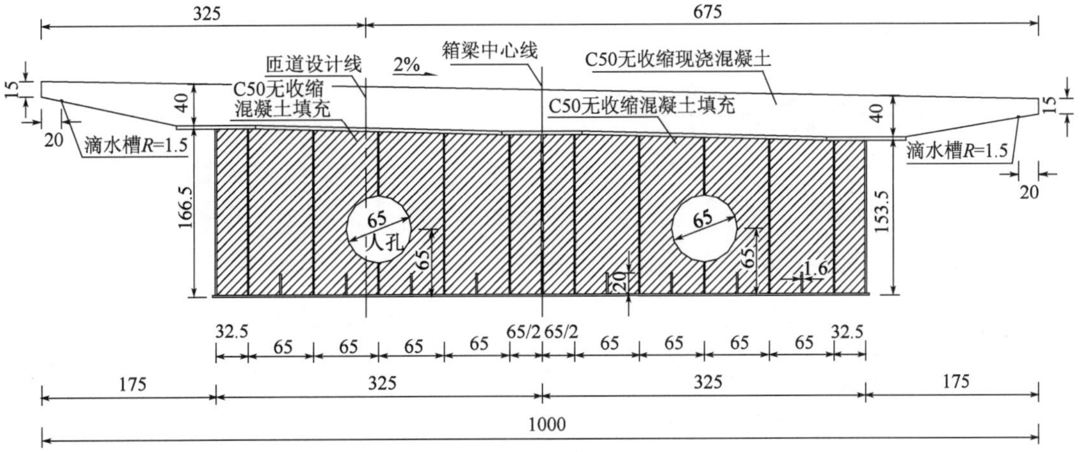

图2-3-6　钢混组合梁检修人孔（尺寸单位：cm）

3. 隧道建养一体化设计

(1)隧道断面左右两侧设置检修道

根据现行规范和项目特点,在拟定隧道限界时,在隧道断面左右两侧设置检修道。隧道建筑限界如图2-3-7所示。

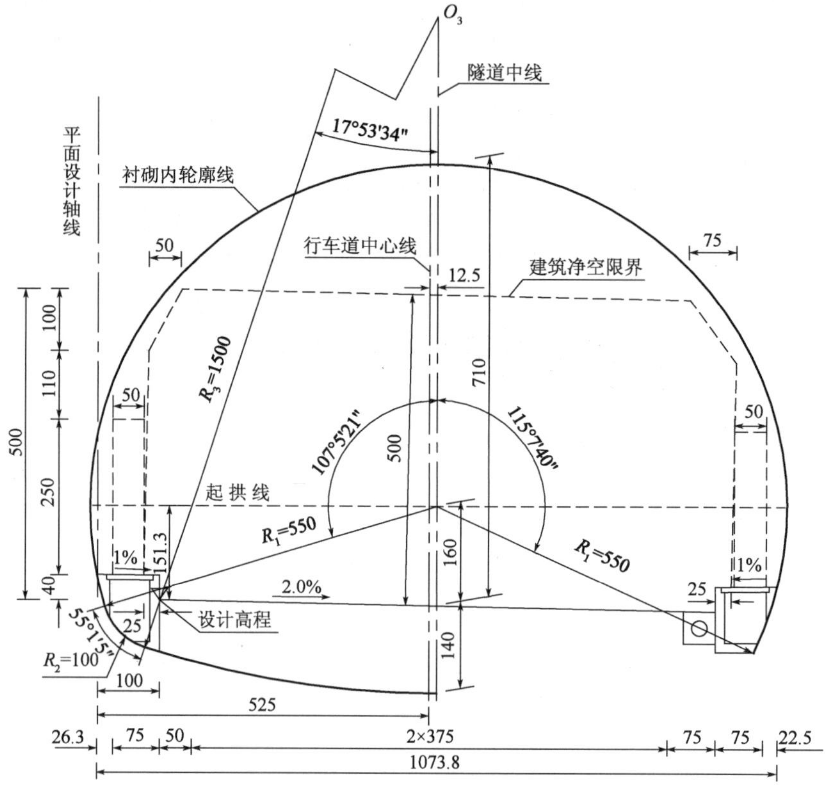

图2-3-7 隧道建筑限界图(尺寸单位:cm)

(2)隧道洞内设置排水管检查井

考虑到长大隧道纵向排水管长期运营可能产生堵塞及管材损坏,隧道洞内每隔100m设一处中心排水沟检查井(图2-3-8)。

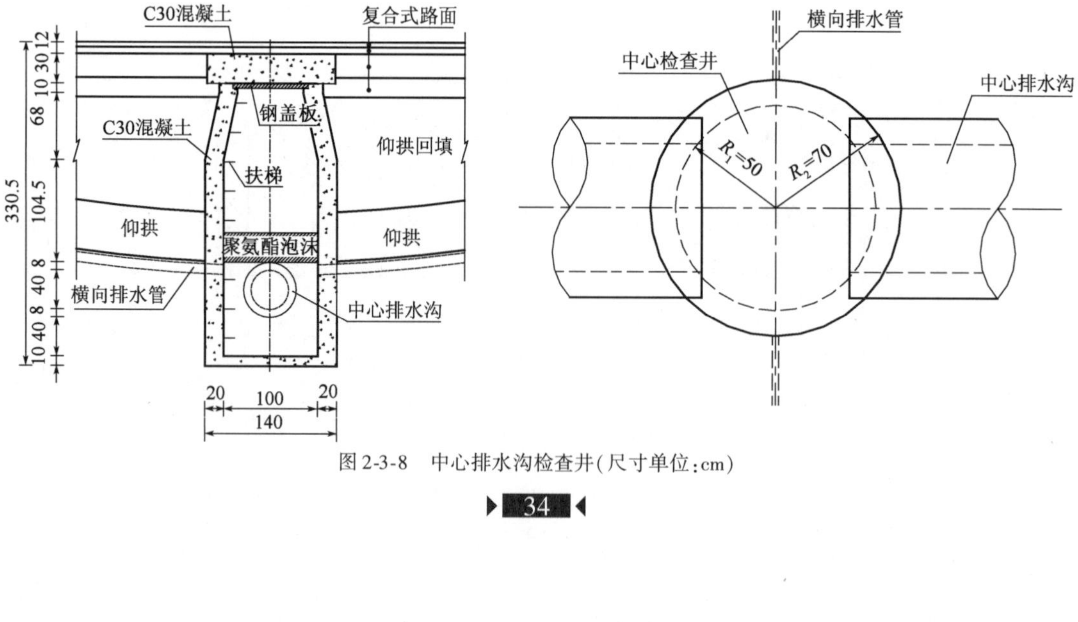

图2-3-8 中心排水沟检查井(尺寸单位:cm)

2.3.5　工程耐久性设计

集通高速公路地处吉林东部山区，冬季寒冷漫长，极端最低气温低于-38℃。冬季降雪后撒布除冰盐，反复冻融造成混凝土桥梁和隧道工程早期损伤、耐久性降低，路面结构强度衰减，影响路面使用性能和寿命。因此，需进行工程耐久性专项设计。

1. 桥梁工程

结合工程特点和环境条件，有针对性地开展抗冻耐腐蚀耐久性设计，明确耐久性指标及控制要求。

(1)特殊防腐蚀设计

护栏底座、墙式护栏底部内侧表面设置花岗岩或大理石镶面(图2-3-9)，兼作内侧模板，与混凝土同步施工。护栏底座、混凝土防撞护栏、桥梁伸缩装置混凝土表面及伸缩装置下盖梁顶面和侧面采用异丁基三乙氧基硅烷浸渍处理。

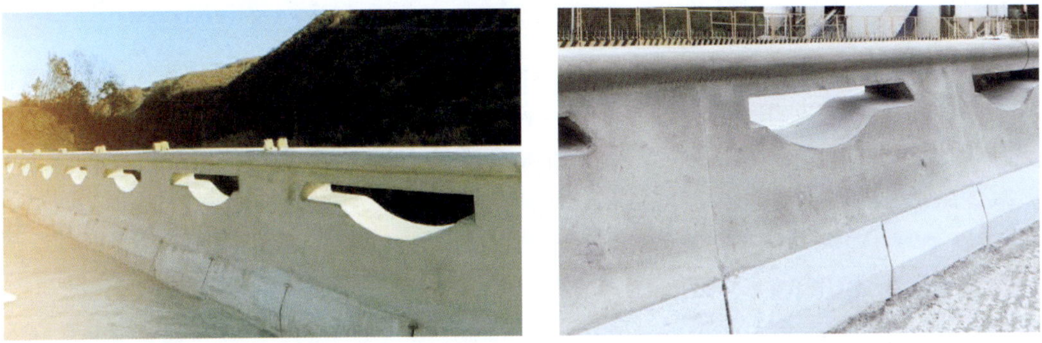

图2-3-9　护栏底座、墙式护栏底部内侧表面设置花岗岩镶面

(2)提高桥梁防水、抗冻性能

钢筋锈蚀主要是因为混凝土保护层碳化和氯化物侵蚀，这两种腐蚀现象都是以水为载体，故桥梁防水是桥梁结构防腐的第一道屏障。采取以下措施提高桥梁防水、抗冻性能：

①加大钢筋保护层厚度。按照规范要求，采用Ⅱ类环境的钢筋保护层厚度。

②桥面防水设计中选择具有良好抗渗、抗剪、抗拉性能的防水层，采用2cm改性沥青砂(AC-5)防水层。同时，水泥混凝土铺装采用防水混凝土。

③桥面现浇层采用补偿收缩防水混凝土，抗渗等级为P8，防止桥面漏水。

④加强简支梁端封头混凝土及湿接缝施工质量控制，避免梁端及湿接缝渗水。

⑤桥面现浇层混凝土及护栏底座混凝土的抗冻耐久性指数不小于85%，抗冻等级不低于F350；大中桥墩柱受水位变动区影响的混凝土抗冻耐久性指数不小于80%，抗冻等级不低于F300；非水位变动区的混凝土抗冻耐久性指数不小于70%，抗冻等级不低于F250。

⑥设计混凝土强度等级不低于C30，直接受冻融影响的桥墩下部混凝土强度等级不低于C40。

⑦沥青混凝土铺装与主梁间设置橡胶改性沥青同步碎石封层。

(3)提高混凝土质量

①混凝土使用非碱活性集料，掺入优质粉煤灰，改变混凝土内部孔隙结构，提高混凝土密实度，同时增加对氯离子扩散的阻力。

②钢筋混凝土要求：最大水胶比为0.45，最小水泥用量为320kg/m³，最大氯离子含量为0.15%。

③预应力混凝土要求：最大水胶比为0.4，最小水泥用量为350kg/m³，最低混凝土强度等级C40，最大氯离子含量为0.06%。

④混凝土拌制过程中掺入阻锈剂，延缓氯离子对钢筋钝化膜的破坏。混凝土28d龄期的氯离子扩散系数小于4。

⑤上部结构采用C50防腐蚀混凝土，最大水胶比为0.36，胶凝材料（水泥与矿物掺合料）用量为360～450kg/m³，最大氯离子含量为0.06%。

⑥冻融环境下混凝土胶凝材料中的粉煤灰掺量不超过20%，并应限制所用粉煤灰的含碳量（不大于2%）。掺加矿物掺合料硅灰约5%。

2. 隧道工程

隧道二次衬砌混凝土结构采取以下耐久性设计措施：

（1）提高混凝土质量

隧道衬砌混凝土抗渗等级不低于P8。降低混凝土的水胶比，并使用矿物掺合料提高混凝土耐久性。以粉煤灰作为掺合料，降低混凝土的孔隙率，改变混凝土的孔结构，提高混凝土的抗渗性和抗冻性。同时，在混凝土中掺入粉煤灰，降低由于水化热引起的早期温度升高，减少混凝土内部温差微裂纹。隧道二次衬砌混凝土耐久性设计详见表2-3-5。

隧道二次衬砌混凝土耐久性设计表　　　表2-3-5

抗渗等级	≥P8
水泥及添加材料	强度不小于42.5MPa的低水化热的P·Ⅰ或P·Ⅱ型水泥+高炉矿渣微粉或优质粉煤灰等超细矿物掺合料
胶凝材料用量（kg/m³）	300～400
水胶比	≤0.50

（2）喷射混凝土采用湿喷工艺

除速凝剂外，包括水在内的所有集料组分在送入喷射机前完成拌和。湿喷混凝土强度等级为C25，抗渗等级大于P8，其物理力学性质见表2-3-6。

喷射混凝土物理力学性质表　　　表2-3-6

混凝土强度等级	C25
密度	≥2200kg/m³
1d龄期抗压强度	≥10MPa
弯曲抗压强度	≥13.5MPa
抗拉强度	≥1.3MPa
弹性模量	$\geq 2.3\times10^{4}$MPa
与围岩黏结强度（Ⅳ级及以上围岩）	≥0.5MPa

（3）隧道立体防渗漏设计

采用高性能抗冻混凝土，提高二次衬砌混凝土抗渗等级和密实性，强化材料及施工质量控制等技术措施，提高衬砌抗渗及抗裂能力。采用水泥基渗透结晶型防水涂料，解决隧道背水面防渗抗漏问题。采用蝶形中埋式可排水止水带或梯形背贴式可排水止水带，改善防水排水系统技术性能。

（4）隧道抗盐耐久性设计

隧道进、出口各50m范围内电缆沟侧壁采取镶贴2cm厚花岗岩饰面的处理措施（图2-3-10），利用花岗岩防盐蚀的特性，解决洞口段电缆沟受除冰盐腐蚀的问题。

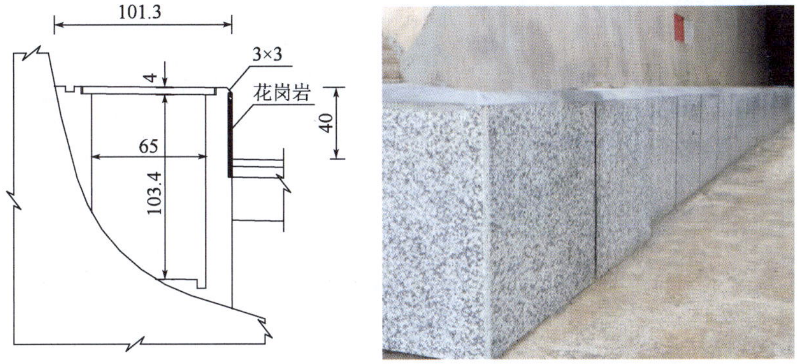

图2-3-10　洞口电缆沟防腐蚀处理方案（尺寸单位：cm）

3. 路面结构耐久性设计

（1）柔性组合基层路面结构

集通项目路面采用柔性组合基层，具体结构为：4cm改性沥青玛𤧛脂碎石混合料（SMA-13）+6cm改性中粒式沥青混凝土（AC-20）+8cm沥青稳定碎石基层（ATB-25）+36cm水泥稳定碎石（水泥：碎石为5：95）基层+20cm水泥稳定碎石（水泥：碎石为6：94）底基层。基层采用沥青稳定碎石柔性基层配合水泥稳定碎石半刚性基层的混合型结构，通过增加沥青层厚度来减小沥青层层底拉应力，提高沥青路面的疲劳寿命，减少和延缓产生反射裂缝，延长路面使用寿命。

（2）复合式隧道路面结构

隧道洞内采用复合式路面结构，表面层采用4cm苯乙烯-丁二烯-苯乙烯嵌段共聚物（SBS）改性沥青玛𤧛脂碎石混合料（SMA-13），下面层采用6cm SBS改性中粒式沥青混凝土（AC-20），沥青面层下设置水泥混凝土结构层。复合式路面添加阻燃剂、温拌剂，减少施工烟气排放，最大限度降低对施工人员健康的影响。

（3）矿料改性技术

改性矿料使用偶联剂进行表面改性，以满足高品质沥青混合料的需要。通过矿料表面改性达到"疏水、亲油"的作用，提高沥青与矿料之间的作用力，降低工程成本，提高沥青混合料的机械强度、使用性能和耐久性，解决沥青路面早期损坏的问题，延长路面的使用寿命。

（4）玄武岩纤维沥青混合料应用技术

玄武岩纤维的强度和弹性模量很高，是一种非常优异的加强纤维，可大幅提高沥青混合料的抗拉强度和韧性，从而大幅提高沥青路面的低温抗裂性、疲劳耐久性和高温抗车辙变形能力。集通高速公路K7+200～K23+700段（全长16.5km），采用玄武岩纤维沥青混合料上面层进行了工程实践。玄武岩纤维用于沥青混合料的优势主要有：工作温度范围大，工作温度可达 –269 ~650℃；力学性能优异，具有很高的拉伸强度和模量；化学稳定性好，在沥青混合料拌和时不与沥青发生任何化学反应；抗老化性能好，在与沥青混合料拌和过程中及路面使用过程中不老化，可再生利用；水稳定性好。

2.3.6 精细化设计

1. 地勘规范，详勘深度满足工程要求

设计地勘资料从区域概况、工程地质条件、水文地质条件、场地地震效应、不良地质、场地稳定性适宜性评价、工程地质问题分析及相关建议等多个方面对工程的地质勘察情况进行论述，并通过详细的图表分析为桥梁、隧道设计提供了有力支撑，对特长隧道进行了专题勘察，为项目决策奠定了基础。

2. 总体设计要求明确统一

制订统一的勘察设计大纲，总体设计明确了技术标准，统一了路线平、纵指标等基本参数。初步设计和施工图设计均严格按照大纲技术标准执行。

3. 道路设计精细化

道路工程针对不易压实的路段采用强夯、冲击压实、换填等方法。针对长路基段落采用强夯、冲击碾压、换填等施工工艺。

4. 桥梁设计精细化

桥面以设置防水层（2cm 改性沥青砂防水层）、管道集中排水等方式减弱混凝土的水蚀作用。桥面以设置铸铁泄水管及聚乙烯塑料（PE）排水管方式排水。铸铁泄水管设置在横断面高程低处，纵向间距约为 5m，周围须设置聚水槽。在靠近防撞墩处，纵向设置碎石盲沟，然后通过固定在邻近桥墩或桥台上的 PE 管将水排出。桥梁集中排水设计如图 2-3-11 所示。

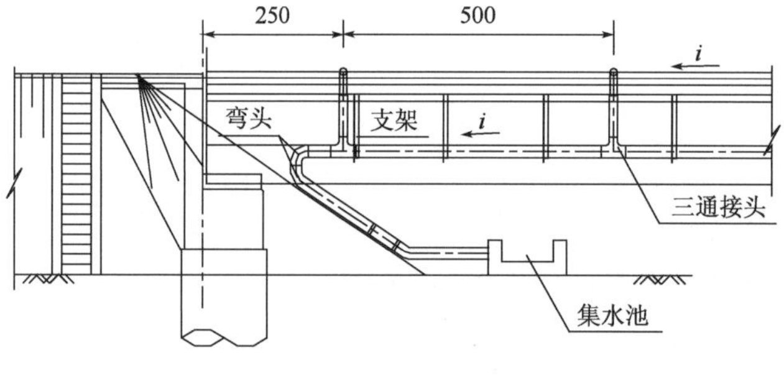

图 2-3-11　桥梁集中排水设计（尺寸单位：cm）

增加伸缩装置预留槽的深度，保证设有位移箱的伸缩装置槽内混凝土振捣密实。伸缩装置预留槽深度设置为 12cm（图 2-3-12），相对于常规设计有所增加，增大了伸缩装置混凝土的体积，便于振捣密实，降低了施工难度，保证了施工质量，可有效降低运营阶段伸缩装置断裂的可能性。

桥头搭板下填土采用分层压实处理方式，降低了跳车风险。桥头搭板根据桥台填方高度不同采用不同长度，共分为 6m、8m、10m、12m 四种。搭板采用 C30 混凝土现场浇筑，沿道路线形布置。

5. 隧道设计精细化

隧道工程针对浅埋段做了详细的方案设计，采取地表注浆、洞内设置大管棚、双层超前小导管加固及盖挖法等措施加固浅埋地层，确保施工及运营期安全。

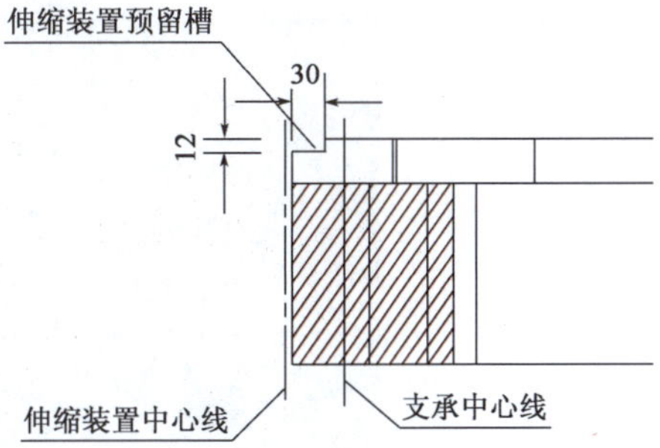

图2-3-12　桥梁伸缩装置预留槽(尺寸单位：cm)

6. BIM技术在精细化设计中的应用

(1)机载雷达扫描技术

采用机载雷达扫描技术完成正线的精密数字地面模型；采用航空摄影测量技术完成全线1∶2000地形图；采用机载激光扫描技术获取地面数据，完成大比例尺地形图的成图及数字地面模型的构建，缩短勘测周期，提高基础勘测数据的精度。

(2)数字地面模型技术

采用数字地面模型技术及三维设计的方法进行路线方案筛选，利用德国IB&T公司的CARD/1软件在1∶2000数字地形图及数字地面模型上进行路线方案筛选、路线平纵面线形设计和优化，提高路线方案设计的广度和精度，并逐段运用路线动态透视图进行检验，提高定线速度和质量。数字地面模型及CARD/1软件应用如图2-3-13所示。

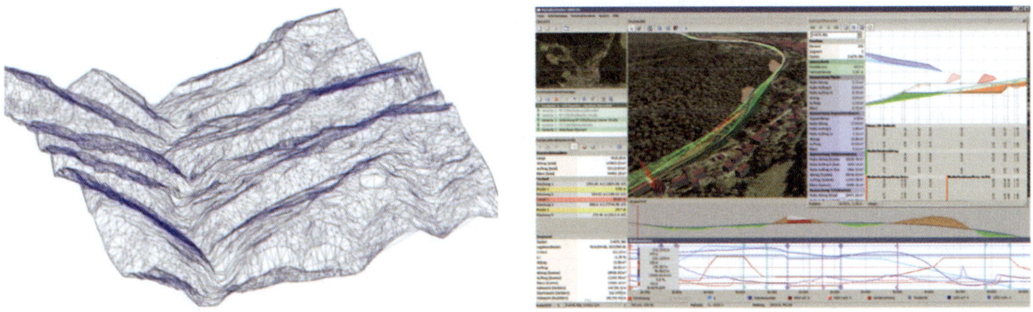

图2-3-13　数字地面模型及CARD/1软件应用

(3)BIM技术在互通设计中的应用

基于BIM技术，对互通位置、形式及景观进行展示，将三维地形地物模型与设计方案模型对接，精确反映相互关系，快速校核并改进设计不足。

(4)BIM技术在隧道设计中的应用

制作五女峰隧道、河口隧道及土口岭隧道洞口BIM建模及洞门效果图(图2-3-14)。对隧道内装饰采用多种方案建模，并进行各类行车模拟，分析方案可行性，选出推荐方案并制作方案比选三维动画视频，辅助确定合理的洞口形式及装饰方案。

对机电设备、管道管线、隧道内排水管道、通风设备、交通工程等进行多专业协同设计(图2-3-15)，建立五女峰特长隧道全专业(主体工程、机电、景观、交通工程)三维模型，通过多专业协同设计，解决设计界面衔接问题。

图 2-3-14　五女峰隧道洞口段 BIM 建模

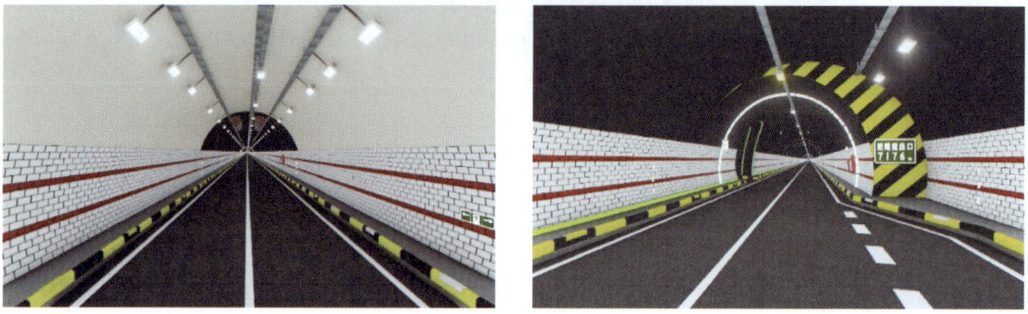

图 2-3-15　隧道 BIM 协同设计

7. 质量通病防治设计

(1)路基压实度不足

在执行行业规范要求的压实标准的前提下,特别提出路基采用重型压实机械分层填筑,路堤填料最小强度及最大粒径应符合表 2-3-7 的规定。提出压实度监测具体要求,并对施工工艺、施工注意事项提出相应要求。

路堤填料最小强度及最大粒径要求　　表 2-3-7

填挖类别		路床顶面以下深度(cm)	压实度(%)	填料最小加州承载比CBR(%)	填料最大粒径(cm)
填方路基	上路床	0 ~ 30	≥96	8	10
	下路床	30 ~ 80	≥96	5	10
	上路堤	80 ~ 150	≥94	4	15
	下路堤	>150	≥93	3	15
零填及挖方		0 ~ 30	≥96	8	10
		30 ~ 80	≥96	5	10

注:表中路堤填料最大粒径要求系针对一般路基。

(2)桥头跳车

主线桥、涵台背及上跨主线的分离式立交桥、天桥台背均采用砂砾进行填筑。桥头搭板过渡段长 6m,纵向采用 1∶2 的坡率与路基衔接,对 1∶2 坡率要挖台阶,台阶采用向内倾斜 2% 的坡度。为减少桥、涵台背路基的差异沉降和跳车等问题,要求桥、涵台背的填料压实度不小于 96%,并在上、下路床底面铺设一层双向土工格栅,台阶处设 U 形钢筋锚钉;对边角部位配合小型机具进行压实。基坑分层压(夯)实回填,基坑顶面(原地面)压实度不小于 94%,台后填土与锥坡填土同步进行,台背回填部分的路床与路堤路床同步填筑。

(3)混凝土开裂

对于关键受力构件(如现浇箱梁等)采用全预应力构件设计,对于钢筋混凝土结构严格控制裂缝宽度,确保结构在运营期间不出现开裂。盖梁、桥墩、系梁、桩基等混凝土构件均采用裂缝控制,通过合理选取截面尺寸及配筋,将裂缝宽度限制在容许值以内。

(4)冬季施工隧道主体结构的质量问题

为解决台车模筑混凝土二次衬砌与初期支护之间空腔问题,每板衬砌结构设置 3 个预留注浆孔,对二次衬砌混凝土顶部干缩缝进行二次注浆,以保证二次衬砌厚度与密实。针对不同围岩等级与地下水发育情况采取相应的防排水措施,采用 1.5mm 厚乙烯-醋酸乙烯共聚物(EVA)高分子防水卷材来加强防水。

2.3.7　标准化设计

1. 桥梁结构标准化设计

桥梁上部结构采用标准化设计,尽可能采用同类结构、标准跨径,统一构件尺寸设计,节省模板材料的投入。编制桥梁上部结构主梁通用图及桥梁附属构造通用图,以通用图形式进行设计。

桥梁跨径 8m 采用钢筋混凝土现浇板,跨径 10m、13m、16m 采用先张法预应力混凝土空心板梁,集中预制,便于施工,耐久性好。对于这些小跨径的常规结构,不再进行不同上部结构形式的比选。跨径 20m 上部结构以预应力混凝土空心板梁和预应力混凝土简支转连续箱梁为主,跨径 25m、30m 的上部结构形式主要为预应力混凝土简支转连续 T 形梁、预应力混凝土简支转连续箱梁等。

部分互通匝道桥的上部结构统一采用单箱多室斜腹板断面,下部结构统一采用桩柱式桥墩,基础均采用钻孔灌注桩基础。同类型断面采用标准化配筋配束(图 2-3-16),预应力均采用智能张拉。

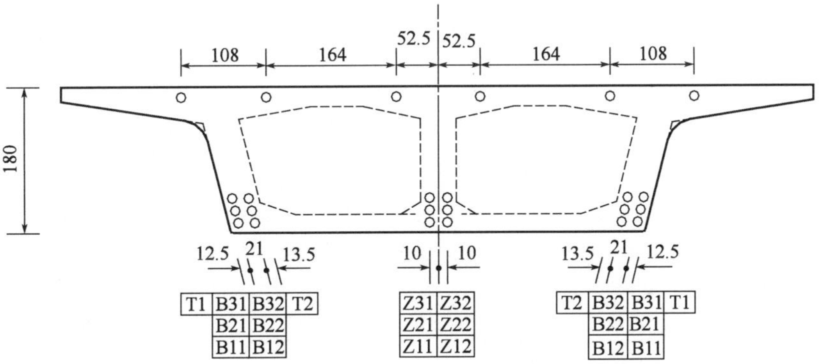

图 2-3-16　箱梁预应力标准化配束(尺寸单位:cm)

2. 隧道结构标准化设计

全线隧道采用统一内轮廓形式,小型构件采用集中预制,二次衬砌采用全断面模板台车,便于标准化施工。隧道衬砌结构、防排水设施等采用统一的参数。隧道中央排水沟统一采用钢筋混凝土承插口Ⅱ级管、橡胶圈接口(06MS201-1-23)。隧道初期支护钢架按照结构受力要求拆分成独立单元,方便工厂化加工和现场拼接。附属构件均采用通用图形式进行设计。

3. 防护及排水设施标准化设计

边沟急流槽、路堤急流槽及中央分隔带排水急流槽、截水沟外露部分采用浆砌料石铺砌。改沟、改河护坡采用预制燕尾槽护坡。对路基防护、排水设施的预制件,采用工厂化集中预制生产。

2.3.8 创新设计

1. 设计理念创新

以绿色公路理念将全线自然生态、历史人文和旅游经济系统性地串联,通过"生态融合、文化展示、景观营造、旅游服务、实用耐久、创新驱动"等方面创新实践,精细雕琢工程本体,内植工匠精神和人文情怀,达到与周边生态和地域文化和谐共生的目的。

2. 线路规划设计创新

坚持地形选线、地质选线、环保选线原则,多方案优化线位。项目需穿越五女峰国家级自然保护区,为减少对自然环境的破坏,线位全部绕开保护区的核心区和缓冲区,采用桥梁方案穿越,对保护区的影响降到了最低。

3. 抗冻节能创新

季冻区高速公路抗冻节能难题由来已久,最为突出的是在隧道工程和管理服务设施等方面。

(1)隧道工程基于"防水是基础、排水是核心、保温是关键"的抗冻准则,将防水、排水、保温技术三者有机结合,对季冻区隧道冻害进行综合治理,解决因冻胀力可变荷载引发的隧道冻害问题。通过铺设埋入冻结线以下的纵向中心排水沟,适当加大横向排水管坡度;隧道洞外出水口设在排水顺畅、背风向阳的位置;采用有利于蓄热和保温的出水口构造及材料;采用岩棉保温层对隧道纵向及环向排水管路进行局部保温。

(2)管理服务设施在建筑设计上选择向阳避风区位,为争取日照和利用太阳能创造先决条件。集通高速公路管理服务设施按照绿色节能型建筑设计,是创建绿色公路和绿色建筑的重要体现。基于现代节能环保绿色建筑理念,单体建筑形式设计重点考虑建筑外墙围护结构的抗寒能力和建筑本身的保温能力,采用厚墙、小窗户、封闭阳台等设计方法,最大限度地利用室外阳光。

①从建筑物节能角度考虑抗冻节能措施,控制住宅体型系数,扩大南向得热面积,重视门窗节能(选用三玻门窗),选择新型节能围护体系,采取冷桥节点保温技术措施,合理组织套内空间,加强综合节能设计。

②在建筑结构采暖系统节能和绿色环保技术创新方面,基于清河服务区等管理和服务场区设有独立的10kV专线供电和专用变压器,有足够负荷的有利条件。冬季供暖设备采用最高环保标准的固体蓄热式电锅炉,相比水蓄热锅炉占地面积小、节省空间,系统运行稳定,无须人员值守。充分利用峰谷阶梯电价,节能降耗,控制和降低运营期冬季采暖成本,同时最大限度降低环境污染。

③室内采用低温地板辐射采暖,改善采暖热效率并提高室内空间利用率。地热采暖符

合人体生理取暖的舒适要求,可使室内采暖温度均匀,增加使用面积 2% ~3%,增加地面的隔音性,提高居住品质。

4. 工程美学创新

混凝土防撞护栏采用镂空设计,融入集安高句丽文化三足乌造型(图 2-3-17)。收费站停车区采用彩色沥青混凝土路面(图 2-3-18),避免日久褪色。隧道入口减速标线采用箭头形标线,既安全又美观。

图 2-3-17　三足乌造型桥梁混凝土护栏

图 2-3-18　湾湾川互通停车区彩色混凝土路面

5. 隧道阻燃温拌沥青混合料

隧道复合式路面表面层采用 4cm SBS 改性沥青玛𤧛脂碎石混合料(SMA-13),下面层采用 6cm SBS 改性中粒式沥青混凝土(AC-20),在隧道的上、下面层均加入温拌改性剂,使沥青混合料的拌和温度及碾压温度降低 40℃左右,显著减少有毒气体的排放,有利于保护施工作业人员的身体健康。

6. 玄武岩纤维 SMA 路面

在部分路段采用玄武岩纤维 SMA 路面(图 2-3-19),利用玄武岩纤维(图 2-3-20)来增强增韧及抗裂功能,显著提升路面抗裂性能,延长路面使用寿命。

图 2-3-19　玄武岩纤维 SMA 路面施工

图 2-3-20　玄武岩纤维

2.4　工程品质安全设计

以"安全化、系统化、人性化、精细化、地域化"为设计原则,制订"主动引导、适度防护、全时保障、隔离封闭"的设计方案,实现"全方位、多角度、无空白的安全保障"目标,充分体现交通安全设施的系统设计理念。

2.4.1 交通安全设施设计

1. 交通标志

对特大桥、隧道、服务区等沿线重点交通标志(交界处门架式标志等)、典型旅游标志[人参娃娃标志(图2-4-1)、旅游预告标志等]、沿线护栏旅游标志、带有吉祥物和徽标的构件及构造物等进行三维建模方案设计(图2-4-2),对比验证设计的准确性、可行性、可实施性和实施效果。

图2-4-1 人参娃娃标志

图2-4-2 交通标志模型

在平曲线半径较小路段、互通式立交匝道设置线形诱导标志;在出口匝道三角端出口指示标志下方设置太阳能发光诱导标志,及时提醒过往驾驶员注意出口位置;警告标志底色采用荧光黄绿色,荧光反光膜里有一种独特的耐候性荧光因子,能够提高反光膜在黄昏、黎明和一些恶劣天气(雪、雾)时的反光亮度。

2. 交通标线

行车道分界线,互通式立交、服务区及停车区路段标线由于经受车轮碾压,磨损相对较快,综合考虑耐久性、外观、反光性能、经济性等因素,采用甲基丙烯酸甲酯(MMA)双组分高亮标线。互通式平交渠化隐形导流岛处、隧道洞口范围、大纵坡桥梁铺筑彩色防滑标线(图2-4-3、图2-4-4);收费广场范围内的ETC车道采用彩色防滑标线。

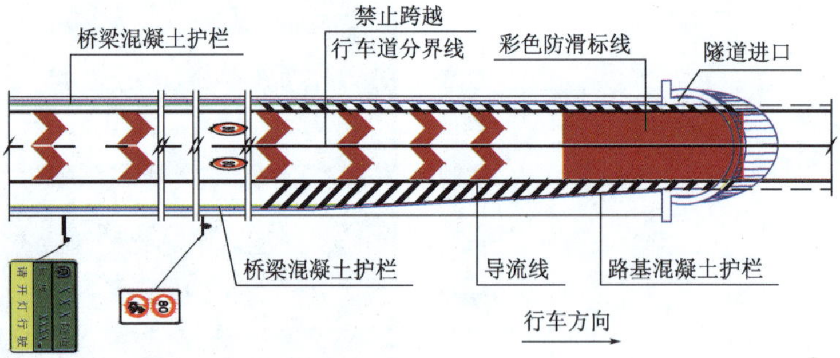

图2-4-3 隧道洞口段道路标线设置

3. 护栏

按照《公路交通安全设施设计细则》(JTG/T D81—2017),主线一般路基段设置A级波形梁护栏(图2-4-5),桥梁设置SB级、SA级或SS级防撞护栏。

图 2-4-4　大纵坡桥梁彩色防滑标线

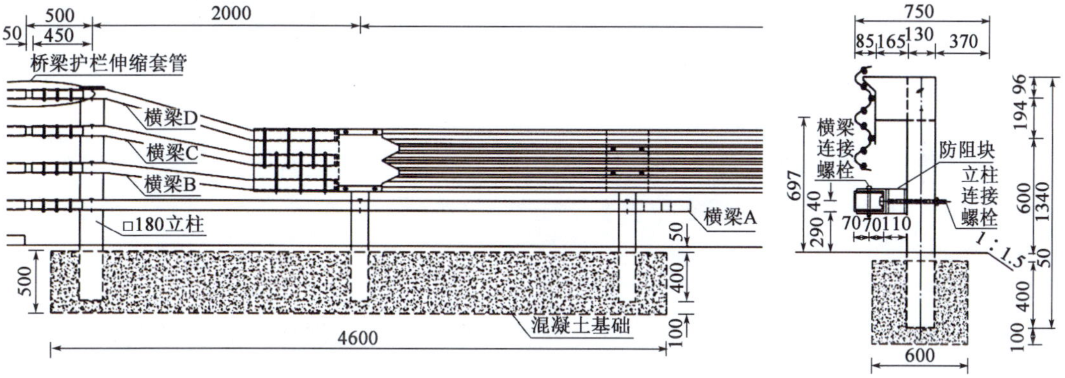

图 2-4-5　波形梁护栏设计图(尺寸单位:cm)

4. 隔离栅与防眩设施(图 2-4-6)

全线设置隔离栅,有效阻止人、畜或物品进入公路用地范围或公路建筑限界以内。项目全线以植物防眩为主,中央分隔带硬化部分及桥梁段设置防眩板防眩,防止对向车辆灯光对行车产生眩光影响。

图 2-4-6　隔离栅与防眩设施

5. 隧道反光环、轮廓标

隧道中设置反光环，缓解驾驶员行车视觉疲劳。利用隧道内装饰材料改善行车环境。内装饰会在隧道边墙范围内形成一个明亮的视觉背景，提高隧道洞内的照明效果，使隧道内更加整洁，提高行车舒适性。边墙设置 LED 长方形主动发光轮廓标(图 2-4-7)，为隧道内通行提供行车警示诱导作用。

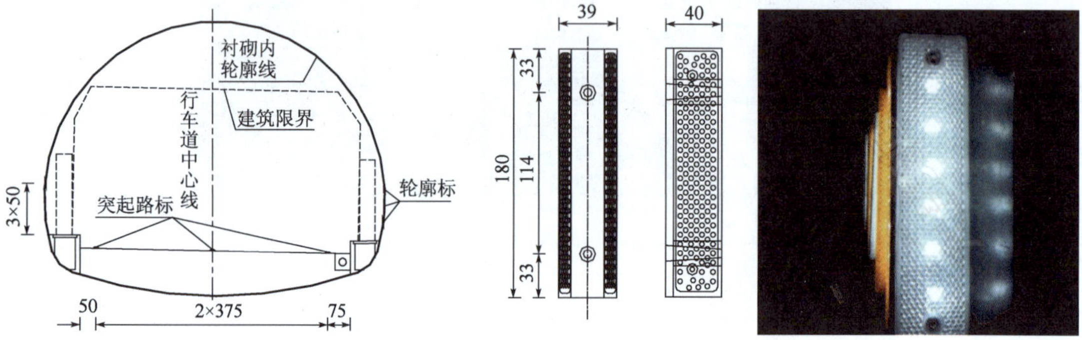

图 2-4-7　隧道轮廓标设置(尺寸单位:cm)

6. 隧道特殊景观段照明

隧道特殊景观段照明作为高速公路特长隧道交通安全的创新实践，其主要作用是避免驾驶员在特长隧道中因视觉疲劳引发交通事故，保证行进车辆安全通过隧道，提升特长隧道驾乘的舒适性。

7. 防护网

桥梁跨越道路时，在桥梁上部结构两侧设置防护网，避免坠物对被交道路的影响。通过安全设施进一步营造“安全、和谐、优美、舒适”的公路环境，充分融入自然环境，创造公路新景观。

2.4.2　灾害防御设计

1. 优化选线

在道路总体设计阶段，线位选择避开沿线不利的地形及地质条件。地质选线和环保选线的典型路段如图 2-4-8 所示。

图 2-4-8　地质选线和环保选线的典型路段

2. 防火设计

利用桥下既有地方道路作为防火通道,保障救援工作,降低火灾影响。隧道全线设有火灾及有害气体检测警报系统,可以做到随时监控隧道内有害气体浓度,及时采取措施;全线设有干、湿灭火器及应急电话;隧道路面上面层掺有阻燃剂,可降低火灾对路面及救援的影响;隧道结构表面采用无机防火涂料;隧道横通道设有防火门,避免应急状态下一侧火情影响另一侧的救援通行,降低火灾损失。

3. 防雷电

沿线路灯杆位置处设置防雷接地系统,避免雷电造成的破坏。

4. 防化学污染

对于融雪剂及危险化学品污染,设置桥面径流垂直折流集水池进行收集处理。

5. 防噪声污染

按照环评要求设置声屏障,降低对居民区的噪声污染。沿线景色优美,为体现旅游公路特色,路基段和桥梁段声屏障均采用透光窗与隔声板相结合的形式,并在隔声板屏体上分别间隔20m和15m设置阴刻徽标,突出区域内丰富的历史人文特色。声屏障实施效果如图2-4-9所示。

图2-4-9 声屏障实施效果

6. 应急救援设施设计

(1)设置隧道车行横洞、人行横洞等逃生通道。依据规范,长度大于1000m的隧道以不大于750m的间距设置车行横通道,以不大于250m的间距设置人行横通道。

(2)五女峰特长隧道设置通风斜井。结合隧道区域地形、地质条件,综合考虑施工进度、工程造价及技术可行性等因素,五女峰特长隧道设置通风斜井,施工期增加施工作业面,缩短工期。

(3)设置U形转弯道,以供应急抢险使用。结合主线互通式立交的设置情况,五女峰互通与清河互通间距34.506km,超过30km,设置一对(MK32和RK40)与主线分离下穿的"U形转弯"车道设施,供日常应急通行。

(4)隧道内侧壁设置消火栓、水成膜泡沫灭火装置及灭火器。逃生横洞设置消防卷帘门和防火门等消防设施。

(5)采用隧道通风智能控制系统。隧道采用自然通风与机械通风双模式相结合的通风系统,火灾工况时机械通风起到排烟作用。采用通风智能控制系统,通过分布在隧道内各点的一氧化碳/能见度传感器,将检测到的能见度与一氧化碳浓度值传至监控中心,智能控制开闭风机,实现无人值守自动控制。

7. 安全评价与风险评估

在初步设计阶段开展项目安全性评价,采用的平、纵面指标符合有关标准规范的规定,技术指标均衡协调,安全性较好。

集通高速公路最小平曲线长度414.788m,满足规范一般值的要求。无长大纵坡及连续下坡路段，相邻路段运行速度差较小，强化交安设施视线诱导并规范重型货车行驶车道。构造物桥孔布置及上部、下部选型基本合理，均属常规结构，有很成熟的设计和施工经验。隧道平面设计综合考虑了地形、地质因素，在满足路线总体走向的前提下，结合隧道区的工程地质、水文地质条件及洞口地形条件等因素综合确定。隧道纵断面设计综合考虑了隧道长度、行车安全性、运营通风规模、施工作业效率、主要施工方向、排水、洞口位置以及隧道进、出口接线等因素。隧道平、纵面线形顺适，指标均满足规范要求。全线互通式立交总体布局基本合理，立交选型及技术指标运用基本适当。

2.4.3 生态环保(绿色公路)设计

集通高速公路全线地形起伏较大，地势陡峭，森林覆盖率高，动植物资源密布，为我国优质的黑土地区域，部分林区土壤为珍贵的参土。工程设计强化生态选线选址，推行生态保护设计。

1. 绿色选线(图 2-4-10)

推行“绿色公路”设计理念，通过合理选线，尽量减少对自然环境的破坏。通过多方案比选、优化线形、创新设计、开展环评水保等生态研究工作，避绕自然保护区、风景名胜区、饮用水源地保护区、基本农田保护区等生态环境敏感区。对确实无法避绕的，设计阶段进行多方案比选优化，优先使用构造物跨越或设置路基水系连通系统。利用已有的通道资源，在满足标准规范要求的前提下，尽量与既有公路并行布线，以减少对土地的分割。

山区段树木成林，本着尽量减少对自然环境破坏的理念，设计布线采用短捷的路线方案，减少土地占用和对环境的影响。优先选择依山脚布设线位，减少对山体大面积的开挖，减少环境破坏和土地资源占用、分割。灵活运用技术指标，优化横断面和纵断面，实现填挖平衡，保留周边自然景观的原始风貌，最大限度降低对环境的影响。加大桥隧比例，减少路基开挖对周围山体的影响。

图 2-4-10 绿色选线线位实景

2. 生态保护设计

生态景观设计对道路路基边坡进行绿化，对隧道口边仰坡植被进行恢复，对桥下空间绿地和立交桥区进行景观补偿，并对施工便道进行绿化恢复。对于不同形式的边坡采用不同形式的防护绿化处理方式。

(1)土质、砂土或碎石土边坡：当边坡高度不大于 4.0m 时，采用植物防护；当边坡高度大于 4m 时，根据边坡稳定情况，遵循以植物防护为主、骨架防护为辅的原则确定防护形式，采用外露面较小的隐形骨架防护；边坡渗水时，采用埋入式石笼进行防护。强风化或中风化岩石边坡,根据风化程度、破碎程度及边坡稳定程度等,采用客土喷播、主动网+客土喷播防护或主动网(加长锚杆)形式。对于渗水的边坡,在边坡内加铺石笼,石笼表面采用植物防护。

路基挡土墙柔化设计,贴合自然,提炼地域文化。充分结合墙与石的特点,化实为虚,运用仿石、仿木更好地融入自然,达到结构安全、视觉良好的效果。在黎明互通通往集安方向的匝道路肩挡土墙上设置高句丽渔牧与狩猎文化壁画的仿铜浮雕挡土墙,表现高句丽民族的生活娱乐场景,如图2-4-11、图2-4-12所示。挡土墙长93.3m,平均高度为8.6m,通过对圬工防护的造型处理,其形式可写实、可夸张,赋予路侧景观丰富的文化内涵,减少突兀感。

图2-4-11　黎明互通匝道挡土墙仿铜浮雕

图2-4-12　集安高句丽渔牧与狩猎壁画

(2)依据环评报告在穿越集安通沟河水源地上游路段、吉林集安省级自然保护区路段采取水环保措施。将用于桥面径流收集和路面径流收集的保护措施分开,桥面径流收集采用桥面径流垂直折流集水池(图2-4-13、图2-4-14),共设置30处;路面径流收集采用生态蓄水处理池,共设置11处,保证桥面、路面径流收集效果。

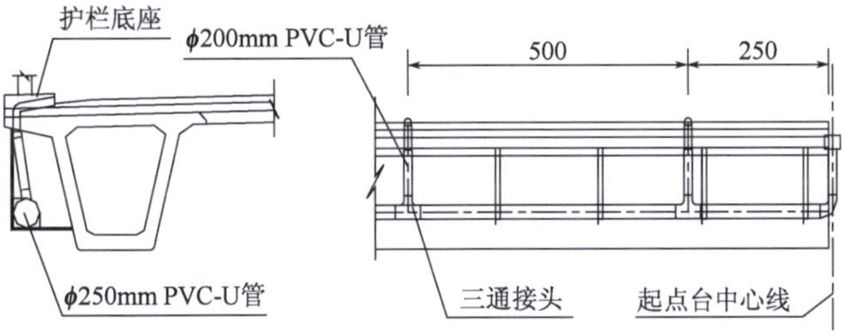

图2-4-13　桥梁排水管及径流收集系统设计(尺寸单位:cm)

(3)采用基于生态保护的植被恢复技术,施工前对沿线植被进行调查分级,提出保护措施,最大限度地保护原生植物资源;施工清表过程中采用分步清表施工,收集表土资源,利用表土进行植被恢复,从而避免施工清表造成环境破坏过大的问题,节省后期生态恢复成本,并有利于原生植物群落的恢复和平衡,防止外来物种入侵。

2.4.4　节能环保(绿色公路)设计

1. 资源节约措施

(1)项目桥隧占比约37.14%。隧道不占地;与填方路基需放坡占地较宽相比,桥梁占地为垂直投影面,能够有效减少占地。

图 2-4-14　桥面径流垂直折流集水池

（2）优先选择阳坡、迎风一岸布线，方便采光，降低冰雪影响，节约运营费用，提高冬季行车安全性和舒适性。优化纵断面，提高弃方利用率，降低资源消耗。

2. 环保、节能技术

（1）隧道 LED 照明智慧控制与无级调光系统（图 2-4-15）

隧道采用 LED 照明智慧控制与无级调光系统，可有效改善行车照明环境，减少交通安全隐患，同时能够显著降低隧道内电能消耗，延长灯具的使用寿命。

采用 LED 照明灯具，与高压钠灯相比，具有寿命长、可靠性高、故障率低的优点，有利于道路的安全运营和维护；采用无级调光控制，与传统的回路控制相比，可实现至少 40% 的节能；采用变色温隧道照明灯具，通过自动感光达到自动调节色温，可使隧道照明与自然环境色温变化同步，从而改善驾驶员的视觉感受，降低交通事故概率。

照明系统的控制采用分布式，通过隧道外设置的环境信息感知设备、车辆行为感知设备，将检测到的隧道亮度值传至监控中心，再以整体调光的方式将各段照明灯具的亮度调至对应值，避免了传统粗犷的回路控制造成的浪费。在隧道入口前和出口外各布设 1 个车流量检测断面，结合隧道内的摄像机，详细统计每一个区段的实时车流量，与隧道洞口的亮度计同时将相关数据传输至控制柜中。在照明自动控制模式下，隧道内部所有照明灯全部工作，各段各照明灯的亮度均以现场的实测车速、车流量、洞外亮度为基础，通过自适应算法获取，并由调光控制器控制，进行无级调节。运用此调光技术，隧道照明亮度的变化过程比较舒缓，避免了回路调控的突兀变化，增加了行车的舒适度。

（2）隧道智能通风系统（图 2-4-16）

集通高速公路在 6 座隧道（不包括五女峰隧道）采用智能通风控制系统，每年节约用电量 59.84 万 kW · h，折标煤 197.472t。

（3）节能型情报板（图 2-4-17）和远距离供电

常规情报板每平方米功耗约 500W（全点亮），节能型情报板每平方米功耗约 200W，节能型情报板运营过程中每平方米可以节约用电功耗约 300W。远距离供电方案不仅可以解决距离供电较远的监控设施的供电问题，还可以降低电缆线径。常规的电缆一般采用直埋方式敷设，采用远距离供电方式的电缆由于线径较细，可以通过穿管吹缆方式敷设，可有效减少路侧开挖量，降低工程投资。

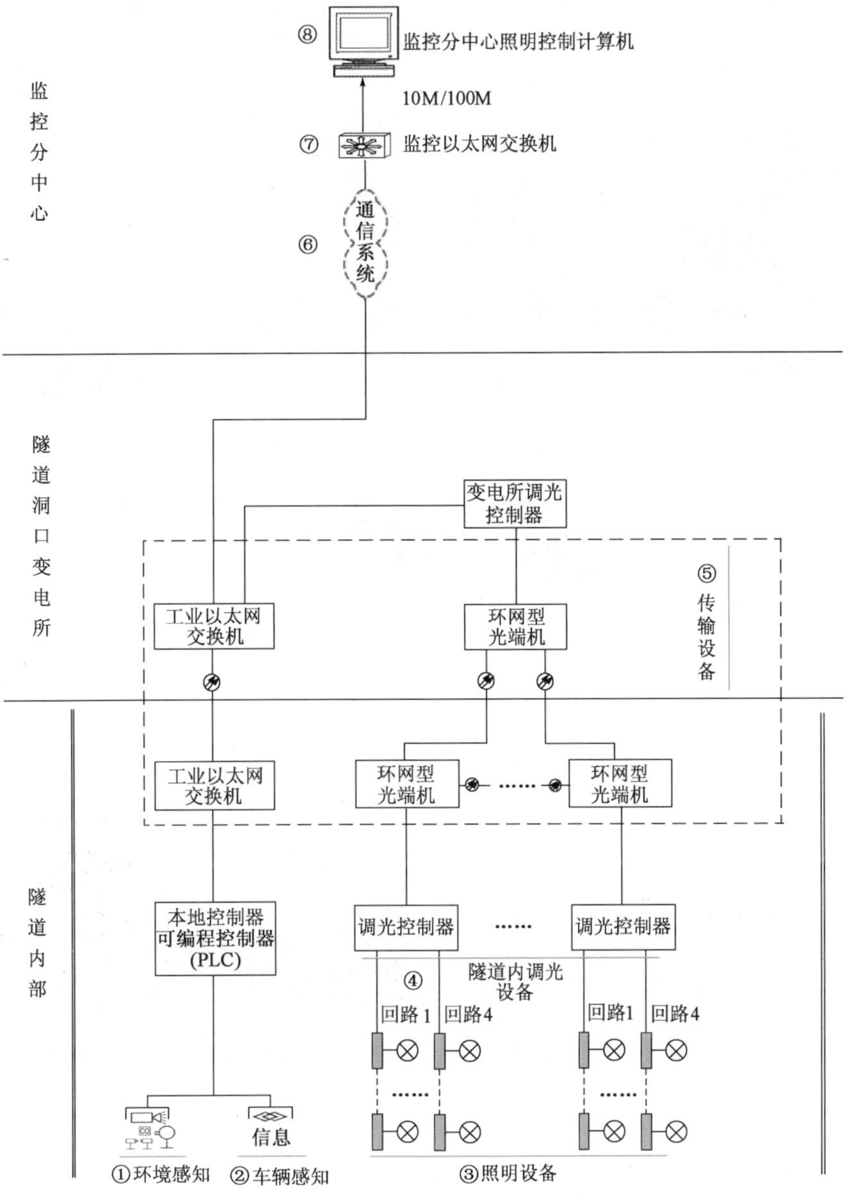

图 2-4-15　隧道照明无级调光系统构成

(4)太阳能光伏发电

头道停车区采用车棚式太阳能光伏发电系统。车棚式太阳能光伏发电系统主要由太阳能电池组件、逆变器、支架、交直流配电柜、汇流箱、防雷器、通信监控系统等设施组成。光伏发电将洁净太阳能直接转化为电能,生产过程不产生污染物及噪声,减轻环境污染,节能减排。在头道停车区北侧 18 个停车位上方设置车棚式光伏发电系统,利用北侧停车区车棚,不占用场地面积。太阳能电池板供电功率为 54kW,基本满足场区平时用电需求,可实现节能减排。

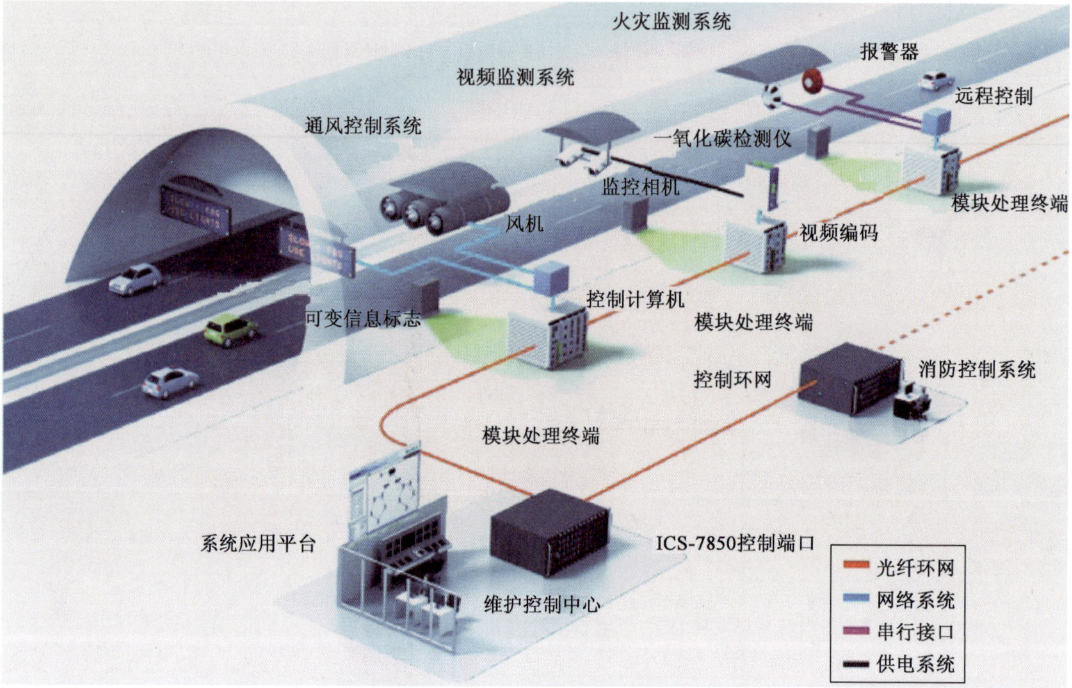

图 2-4-16　隧道智能通风控制系统

图 2-4-17　节能型可变信息标志

2.5　工程美学设计

2.5.1　建筑艺术

1. 路线线形

项目线形指标较高，且以曲线单元为主（图 2-5-1），能够与山区地形更好地结合，与自然环境相适应，突出了线形的美感。

2. 互通桥梁

部分互通区桥梁上部主梁采用圆角斜腹板现浇箱梁（图 2-5-2），下部采用圆柱墩、花瓶墩结构，使整个立交线形优美流畅，结构轻盈灵动。

图 2-5-1　典型曲线路段

图 2-5-2　互通现浇混凝土箱梁桥

太王互通采用衬模技术,以八瓣莲花图案为主题的徽标镶嵌在互通区匝道桥防撞墙内侧(图 2-5-3、图 2-5-4)。徽标图案每隔 50m 对称布设,地域特色鲜明。

图 2-5-3　集通高速公路太王互通

图 2-5-4　防撞墙试验段徽标

3. 隧道

隧道洞门风格与周围环境协调,与地域文化统一。隧道电缆沟盖板设计采用新型材料并融合了高句丽文化。

(1)创新型斜削竹式洞门(图 2-5-5)

削竹式洞门体量较小,与周围生态环境更加协调,结合工程地形、地势条件,创新性地设计出斜削竹式洞门,使得洞门与周围地形更加贴合,与周围环境融为一体,同时减少了洞门圬工体积,降低了工程造价。

图 2-5-5　斜削竹式隧道洞门

河口隧道出口洞门形式优化为斜削竹式,绿化采用乔灌草复层方式,乔木采用红皮云杉、银中杨,灌木采用红瑞木、砂地柏、重瓣榆叶梅。在主要景观位置增加红皮云杉的数量,丰富景观效果,与周边自然环境更好地融合。

湾湾川隧道出口洞门形式优化为斜削竹式,绿化采用乔灌草复层方式,采用东北珍珠梅、砂地柏和重瓣榆叶梅等灌木,以及常绿乔木红皮云杉和落叶乔木大青杨,不但与周边自然环境更好地融合,而且景观效果更加丰富,做到了春季观花、夏季观叶、秋季观色、冬季苍翠，四季皆有景。

(2)端墙式洞门景观提升

迎宾岭(土口岭)隧道出口、高台子隧道进口端墙式洞门，以高句丽国内城、丸都山城为设计元素，运用古城墙建筑装饰，突显世遗古都的古朴庄严，呼应景观"入城"的主题。洞门上方以榆树和云杉为主，并点缀一些开花的灌木。洞门采用仿古城墙造型，墙面为蘑菇面青石板干挂，垛口为仿古青石砌筑。隧道铭牌为钢板材质，字体为隶书，颜色为暗金色，徽标外框为灰黑色，图案为白金色。迎宾岭隧道洞门设计效果如图2-5-6所示。

图2-5-6　迎宾岭隧道洞门设计效果图

五女峰特长隧道为东北地区最长公路隧道，为体现洞门的宏伟、庄严，结合地形条件采用端墙式洞门，并采用五女峰传说为背景的浮雕图案进行装饰，如图2-5-7所示。

图2-5-7　五女峰特长隧道洞门

河口隧道洞口采用端墙式洞门(图2-5-8)，造型上部轮廓与通化山城的自然地貌相呼应，提取中医药元素，进行艺术化抽象，并与通化南收费站雨棚建筑风格相呼应，通过示意性文字体现中医药文化，与中医药产业基地的蓬勃发展相呼应。采用仿古城墙加城楼造型，楼顶采用青瓦脊，红色琉璃瓦屋面，红色兽头正吻；两幅洞口间墙体上的文字采用《本草纲目》中的名句，材质采用玻璃纤维增强混凝土(GRC)，喷黑色涂料；墙体腰线采用回纹GRC装饰线，喷淡金色涂料。

(3)定制隧道电缆沟盖板(图2-5-9)

洞内电缆沟盖板采用无机复合盖板，与传统的钢筋混凝土盖板相比，具有外观质量好、尺寸精准、强度高、质量轻等优点，在提升景观效果的同时，也为运营阶段对电缆沟内电缆的检修提供了方便。盖板之上镶嵌八瓣莲花图案为主题的徽标，既提升整体观感，又兼具防盗功能。

图 2-5-8　河口隧道洞门

4. 建筑结构

图 2-5-9　定制隧道电缆沟盖板

创新设计房建工程及收费站雨棚造型，展现建筑艺术和工程美学的统一。收费站雨棚作为进出高速公路的第一道关口，直接反映了高速公路的地域特色。收费站雨棚设计充分挖掘当地文化符号，根据地方历史人文特点进行设计，采用古典建筑风格并融合中国古建筑"牌楼"与"望柱"、集安山城特色、高句丽"灰、白、黑、淡、静、雅"等多方面元素，突出标志性与导向性，形成一道道风景线（图 2-5-10 ~ 图 2-5-13）。

图 2-5-10　集安豆谷离宫（高句丽二代琉璃明王行宫旧址复建）

图 2-5-11　集安主线收费站雨棚

图 2-5-12　清河收费站雨棚效果图

图 2-5-13　通化南收费站雨棚效果图

管理和服务设施采用融合古典建筑精髓和现代建筑元素的新中式建筑风格，运用石材墙面、深褐色瓦屋面等现代手法，并融入高句丽文化元素。房建工程效果图如图 2-5-14 所示。

图 2-5-14　房建工程效果图

隧道变电所外立面装饰与集安市历史人文和生态旅游景观元素相融合，成为高速公路上的一道亮丽的风景线。隧道变电所效果图如图 2-5-15 所示。

图 2-5-15　隧道变电所效果图

2.5.2　人性化设计(人文关怀)

1. 完善标志标牌、交通路况情报板等设施

(1)交通工程的标志标牌设置完善,便于公众出行。

主路路段:3km、2km、1km、500m 出口预告标志,出口标志,合流标志,高速公路入口标志,系安全带标志,命名编号标志,地点距离标志,分车道限速标志,车距确认标志,旅游预告标志,桥名牌标志,隧道名牌标志,隧道出口距离预告标志,隧道开车灯标志,禁止超车标志,限高标志,线形诱导标志,告示标志,里程牌,百米牌等。

互通式立交匝道路段:限速标志、线形诱导标志、合流标志、收费站标志、ETC 车道系列标志等。

(2)机电设施智能感知驾驶员的行车意图,实现人与路的相互沟通。

机电设施为驾驶员提供全方位信息化、智慧化的服务,节能型可变信息标志可有效传递即时信息,隧道智慧照明系统、服务场区预告系统等为行车增加实用便利,进一步提升通行驾驶感受。

2. 完善通道、天桥、声屏障等设施

(1)依据项目环评要求,在居民区要求范围内设置声屏障。

(2)通道、天桥等便于附近居民通行的服务设施设置完善。

(3)隧道内设置紧急停车带及车行横洞。依据规范,结合工程需要,隧道车行横通道左右两侧均设有紧急停车带(图 2-5-16)。

3. 完善公众服务设施(服务区、停车区、收费站、锚泊区等)

(1)在收费站出口设置非现金支付系统。用户可通过手机扫描二维码的方式通过第三方互联网平台快捷缴纳通行费。

(2)通过安装在每个车位地面上的地磁探测器,实时获取停车场的各个车位的车辆信息,当车辆即将驶入停车区或服务区时,通过停车余位显示系统查看剩余车位,方便驾驶员提前做出预判。服务区设置女士停车位、房车停车位,为女士和旅行者提供便利。特色停车位标牌设计如图 2-5-17 所示。

(3)在服务区等旅游景点集中的区域适当设置公众号二维码,服务区内的游客通过手机扫描二维码即可查看信息,并可通过公众号平台进行消费、预订等。

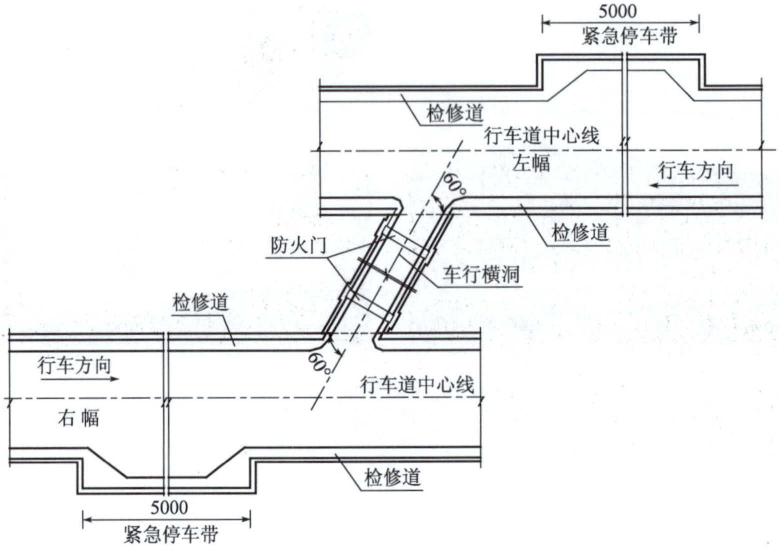

图 2-5-16　隧道紧急停车带及车行横洞平面图(尺寸单位:cm)

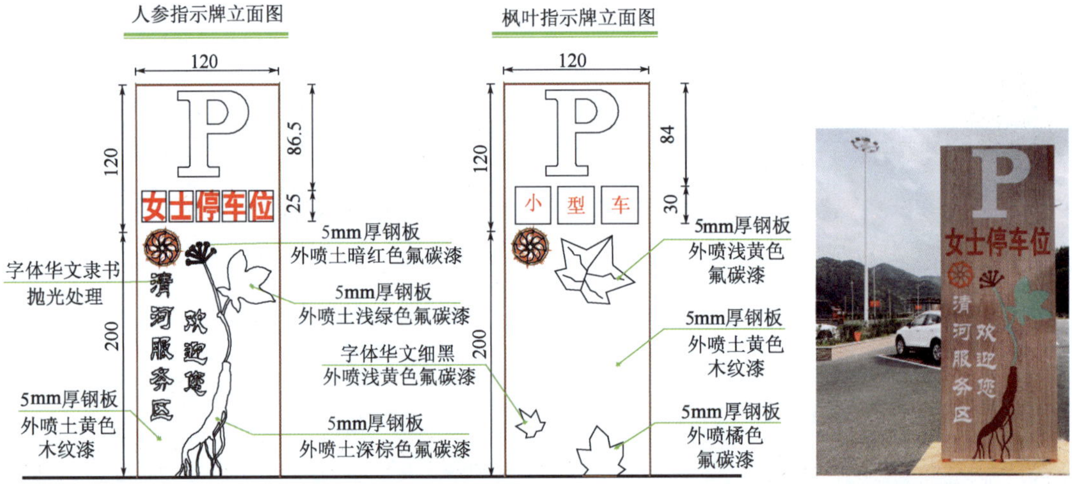

图 2-5-17　特色停车位标牌设计(尺寸单位:cm)

(4)服务区、停车区优化平面布局,如厕、休息、简餐、购物、住宿分区更加合理,增加商业经营面积,设置农副土特产品(人参)经营专区。增加充电桩及配套服务设施,服务新能源汽车。公厕内设置残疾人厕所、儿童专用小便器和洗手盆等,洗手盆安装冷热水龙头,并预留电热宝电源。使用智慧公厕引导系统(图 2-5-18),实时显示可使用信息。卫生间设置可调节区域,实现男女厕位比例数量可调整。

(5)五女峰互通出口设置旅游休闲区(图 2-5-19),利用现有绿化用地建设,打造匝道出口经济,改善景区基础设施条件,提升土地资源综合利用率。旅游休闲区设置了房车停车区、露营区,设置售卖亭销售当地特产。另外,设置了 1km 长的环形人行步道。

根据区域特点,五女峰休闲区绿化设计突出展现五角枫、蒙古栎等秋季色叶树种营造大尺度的季相景观(图 2-5-20)。休闲区绿化设计与五女峰互通、收费站场区绿化保持风格一致，骨干树种均采用五角枫和拧筋槭，打造秋天红叶效果。乔木采用红皮云杉、山杏、蒙古栎，灌木采用榆叶梅和连翘，营造四季景观。为展现枫叶等植物自然风貌，除特色绿化种植外，提取自然界中的树木设计元素，对枫树、榆树等的枝叶进行图形抽象，用于场区内部导引牌和景观小品中，整体效果既富有现代感，又与山林环境相融合。

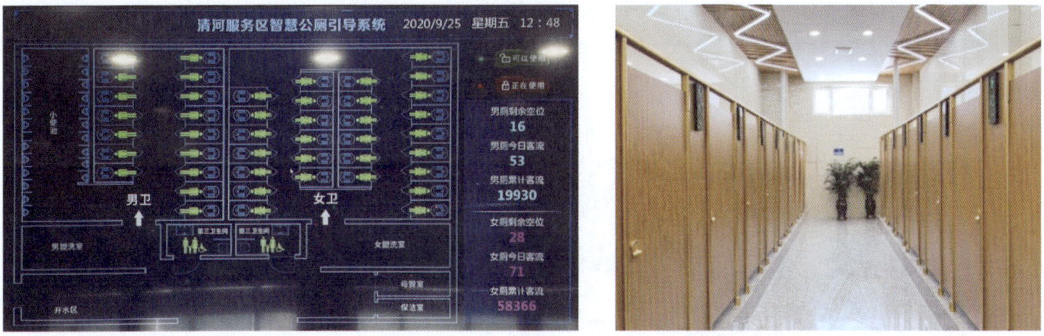

图 2-5-18　智慧公厕引导系统

图 2-5-19　五女峰旅游休闲区

图 2-5-20　秋韵五女峰

（6）设置下龙头观景台。高速公路主线在浑江下龙头转弯与湾湾川电站水库之间穿过，考虑浑江周边的山水景观，同时结合工程路侧取土条件，观景台设置于路线左侧当地人称龙脉的“下龙头”路段。此处观景台位置处于湾湾川隧道与湾湾川互通之间,利用隧道弃渣场设置。

长岗停车区种植绿植,采用乔木、灌木地被多层次搭配,起到分隔视线的效果;观景区采用花岗岩铺装,以暖色调为主,灰色系花岗岩条带分隔;层层加高的平台,可提供更好的观赏效果,四周以木栏杆围合;平台上方散置树池,供游人休息、远眺;周围布置展示栏,内容为区位图、周边景区特色等相关人文景观信息。长岗停车区总体设计效果图如图 2-5-21所示。

图 2-5-21　长岗停车区总体设计效果图

(7)优化旅游标志标识系统(图 2-5-22),为旅游车辆提供完善的交通引导信息。加强旅游文化推广,以引导信息带动旅游业发展。

图 2-5-22　特色旅游标志标识系统实景

2.5.3　交旅融合设计

基于打造边境旅游风景道的考虑,工程设计针对沿线高句丽文化、红色文化、红酒文化、自然风光、人参文化、中药文化的各自特点,采用“城”“山”“水”的景观分段理念,分别以“入城”来体现高句丽文化;“越山”体现红色文化、人参文化,并展现沿线优美的自然风光;“伴水”体现红酒文化、中医药文化。通过植物选择、小品雕塑、观景台设置、建筑设计等,融入各自段落的文化理念,体现地域性人文景观。

（1）总体景观设计理念

集通高速公路沿线自然条件十分优越，集安作为世界文化遗产地、中国历史文化名城（图 2-5-23），素有“八山一水半分田”的说法，既有村庄农田等人居环境，也有高山流水的自然风光，千百年来浸润着独特的异域风情（图 2-5-24）。为更好地整合高速公路的景观设计、历史古迹与民俗文化、生态文化，主要采用点、线、面相结合的设计方法，因地制宜，因势利导，注重恢复，使整条公路成为具有系统性、整体性、生态性、文化性的景观廊道。

图 2-5-23　集安高句丽遗址公园

图 2-5-24　集安朝鲜族风格民居

结合项目特点，交旅融合设计定位是“一条绿色生态走廊、一个便捷旅游通道、一扇文化展示之门”。设计主题是通往边陲古城的绿色门廊，有力促进边境旅游城市、历史文化名城——集安的旅游发展、生态建设和城市发展。集安文化旅游景观如图 2-5-25 所示。

图 2-5-25　集安文化旅游景观

（2）景观利用与营造

景观绿化工程本着“环保、自然、人文、融合”的设计理念，绿化设计与道路沿线自然保护区的景观相融合，通过绿化措施的修复作用，恢复原有的生态群落，实现景观的可持续发展，使人、路与自然三者相和谐，达到“天人合一”的境界。

项目所在地四季更替明显，春季干燥风大，夏季高温多雨，秋季天高气爽，冬季寒冷漫长。地貌类型主要包括河谷平原、低山丘陵、中高山地，起伏的地形构成了一幅幅美丽的图画。长白山区域独特的自然景观和浓郁的人文景观为集通高速公路的景观利用与营造打下了良好的基础。营造景观可有效提升驾驶舒适度，优化驾驶体验，更好地为集安及通化旅游服务，有效提高旅行车辆的出行效率。集通高速公路文化旅游景观如图 2-5-26 所示。

图 2-5-26　集通高速公路文化旅游景观

在路侧、中央分隔带、清河互通、太王互通、隧道出入口等处，营造出良好的生态环境景观，将绿色循环低碳的理念向社会大众传播。采用基于原地形保护和旅游服务的服务区功能布局优化设计，在清河互通体现原地形保护利用。清河互通现状以农田为主，整体处于微丘地形，有小溪从互通环内穿过。设计尽量保护原地形自然起伏的状态，适当减少植物用量，通过合理配置植物营造疏林草地溪流景观。清河互通环保绿化如图 2-5-27 所示。太王互通以高架桥为主，大部分区域被密林覆盖。设计基于集安市城市湿地公园总体规划，以及考虑保护集青公路以北的原生植被，匝道环内采取密林式栽植，营造密林景观。

图 2-5-27　清河互通环保绿化图

(3) 充分借景展示沿线风光(图 2-5-28 ~ 图 2-5-30)

边坡及路侧景观采用开敞式设计，以展现沿线风光为主要目的，避免造成对沿线景观的遮挡。

图 2-5-28　借景浑江风光

图 2-5-29　借景边塞小镇

图 2-5-30　借景鸭绿江风光

(4)近自然的边坡植物群落

开展动态设计,一坡一图,精细化施工,打造路侧自然优美景观。边坡植物群落与周围环境相融合,田园段以植草为主,适当点缀花灌木,傍山段乔灌草结合,营造道路-草本-灌木-林地逐渐过渡的景观效果。近自然边坡实施效果如图 2-5-31 所示。

图 2-5-31　近自然边坡实施效果

(5)路侧组合设计,提升景观效果

对于长填方和挖方路段,为打破沿线单调的景观效果,增加路侧植物组团,提升沿线景观效果。对行车视线范围内的不利景象采取措施进行遮挡(图 2-5-32)。沿途路堤边坡分段落栽植与周围山体环境相协调的五角枫与茶条槭，起到遮挡、吸引视线的作用。

图 2-5-32　遮挡措施效果图

互通区设置的挡土墙处于行车可视范围，采用不同风格的仿木、仿石、仿铜混凝土、玻璃钢材质进行上色装饰处理。在五女峰互通匝道路肩挡土墙上设置“古韵承千年，山水梦集安”主题壁画和“画境游龙”点题大型仿铜浮雕（图 2-5-33）。通过挖掘、借题、借景、融合创新的手法，淡化挡土墙防护视觉，赋予路侧景观丰富的文化内涵。

图 2-5-33　挡土墙仿铜、仿木实景图

本章参考文献

[1] 王岩松，等. 集安至通化高速公路品质工程示范建设成果总结[R]. 长春：吉林省高等级公路建设局，2019.

[2] 王岩松，等. 集安至通化高速公路绿色公路示范建设成果总结[R]. 长春：吉林省高等级公路建设局，2019.

[3] 中华人民共和国交通运输部. 交通运输部关于打造公路水运品质工程的指导意见[Z]. (2016-12-12).

[4] 中华人民共和国交通运输部. 交通运输部关于实施绿色公路建设的指导意见[Z]. (2016-7-20).

[5] 吉林省高等级公路建设局，交通运输部公路科学研究院. 集安至通化高速公路品质工程典型示范实施方案[R]. 长春，2017.

[6] 吉林省交通运输厅. 长白山区鹤大高速公路资源节约循环利用科技示范工程技术总结报告[R]. 长春，2018.

[7] 吉林省高等级公路建设局,吉林省交通规划设计院. 集安至通化高速公路绿色公路典型示范实施方案[R]. 长春,2017.

[8] 吉林省交通规划设计院. 鹤大高速公路集安至双辽联络线集安至通化段两阶段施工图设计绿色公路专项设计[R]. 长春,2018.

[9] 吉林省交通运输厅. 吉林省高速公路施工标准化技术指南[M]. 北京:人民交通出版社股份有限公司,2018.

[10] 中华人民共和国交通运输部. 公路钢结构梁桥设计规范:JTG D64—2015[S]. 北京:人民交通出版社股份有限公司,2015.

第3章 路基路面工程创新实践

近30年来,我国公路交通一直处于迅猛发展的态势。路面状况得到显著改善,公路建设技术水平也有了突飞猛进的发展。在特殊路基建造技术和变形协调方面,取得了一系列具有国际领先水平的科研成果。在耐久性路面工程建造技术方面,系统地开展了路面设计指标与标准、半刚性基层沥青路面抗裂技术、路面材料的疲劳损伤、路面规模化施工工艺及设备开发等方面的研究。在公路养护管理与维修技术方面,“白+黑”已经形成了比较成熟的技术并广泛应用。在旧路面的维修加固、加铺层结构设置、防裂措施等方面,都已形成系列技术,并在众多公路与城市道路中得到了应用。在功能性路面材料的开发与废旧材料的再生利用方面,开展了复合改性沥青、橡胶沥青、温拌和冷拌沥青混合料、高性能混凝土、混凝土外加剂、新型道路工程材料以及废旧沥青和水泥混凝土的再生和回收技术研究。2014年吉林省依托鹤大高速公路(图3-0-1),开展了“季冻区高速公路抗冻耐久及生态保护关键技术”科技示范,极大地推动了季冻区沥青路面科技成果向工程实体应用的转化。

图3-0-1 鹤大高速公路

未来道路技术的发展,将更多关注新型的路基、路面结构与材料,道路设施管理、检测与维修技术,针对多设施、多目标、全寿命周期、永久性路面的优化技术;研发面向大交通流、重载交通、多设施的综合优化管理技术等。在公路基础设施建设方面,引入新的技术手段,着力降低交通污染,成为目前国际上的研发热点。在道路材料方面,光催化技术应用于道路路面材料,是近年来日益受到重视的一项污染治理新技术。在道路施工技术方面,目前国内正在研究降低沥青混合料生产和摊铺时所需要的温度,改善沥青路面施工过程中的环境污染,降低沥青混合料生产过程中的能源消耗。其他领域还有绿色公路建设技术、公路绿色能源开发利用和公路服务设施低碳节能技术、建立低碳理念下绿色公路建设的关键技术与应用体系、防灾减灾技术、环境保护与节能减排技术、高填路基建造技术。当前,越来越多的公路和机场建设向自然条件更加恶劣的区域扩展,填石高填方路基和路面施工技术及稳定控制,包括路基稳定性控制技术及路面长寿命抗滑、降噪技术等,已成为急需解决的关键技术问题。

3.1 季冻区路基抗冻稳定关键技术

我国地域辽阔，各地气候、地形、地貌、工程地质和水文地质等自然条件差异很大，这些自然条件与公路建设密切相关。为反映不同地区公路设计与施工的特点，《公路自然区划标准》(JTJ 003—86)将具有相同自然条件的地区归类，详见第1.4节表1-4-1。吉林省属于Ⅱ区——东部温润季冻区。区域道路结构突出的问题是翻浆和冻胀。路基的抗冻融稳定性能是保障公路耐久性的基础。近年来，国内外在土的冻胀机理和抗冻方法方面的研究积累了一些成果，然而，对于周期的冻结与融化循环诱发的路基土的冻胀与融沉机理、路基抗冻胀设计方法和处治技术等方面的研究尚待深入。为此，在调查和分析季冻区路基冻害的基础上，提出路基冻害的主要类型、产生原因和主要危害。通过典型路基的温度分布和水分变化监测，总结路基聚冰模式和融化过程，提出季冻区路基在温度和湿度动态平衡作用下的冻胀机理，进而分析路基冻胀对路面平整度和路面结构应力状态的影响，基于路面平整度要求和路面材料容许变形指标，提出季冻区路基允许冻胀值；结合室内试验和现场测试数据，提出季冻区路基土强度冻融衰减设计指标。基于路基土冻胀率测试试验，提出季冻区路基填料的材料、压实度要求，并通过设置路面防冻垫层、隔水层和置换法等方法改善路基的温湿状态，提高路基的抗冻性能，提升道路建设品质和运营服务品质。集通高速公路路基工程如图3-1-1所示。

图3-1-1 集通高速公路路基工程(隧道弃渣防冻层)

3.1.1 季冻区路基冻害特征分析

1. 道路冻害调查与分析

为掌握季冻区公路路基病害类型和特征，综合考虑冻区、公路自然区划、大地标准冻深、土质、地貌等因素，选择平原微丘区和山岭重丘区代表性公路进行病害调查分析。按照冻区等级划分，调查分布区域包含中冻区和重冻区，自然区划涵盖$Ⅱ_1$、$Ⅱ_2$、$Ⅱ_3$区。

季冻区公路路基冻害主要表现为路基纵向开裂、冻胀和沉陷等，且由于地形、地质以及气候特点的不同而程度各有差异。山岭重丘区内，随着由丘陵向山区的推进，气候湿润寒冷，除纵向裂缝数量仍较多外，沉陷明显增加，不均匀冻胀数量也呈逐渐增加的趋势；排水不良是造成这些区域路基冻害的主要影响因素，如涵洞排水不良、边沟纵向裂缝失效、中央分隔带排水不良或失效、种植区边沟兼作灌溉沟渠水位较高；在平原微丘区，纵向裂缝以行车道连续纵向裂缝和轻微纵向裂缝为主，主要出现于填方路段，不均匀冻胀现象仅是少数；纵向裂缝多出现于行车道和超车道轮迹处；此外，单幅路面路中心也出现了大量纵向裂缝。季冻区典型高速公路及国省干线公路路基的冻害调查结果详见表3-1-1。

季冻区路基冻害调查统计表 表3-1-1

序号	名　称	调查长度（km）	病害特征	路基断面形式
1	长营高速公路	46.7	以纵向裂缝为主，总长3130m，范围10～500m，平均67m/km 冻胀4处，范围2～10m^2	半填半挖和零填低挖段分布较多
2	长吉高速公路	34	以纵向裂缝为主，总长约2800m，范围10～400m，平均52m/km	以低填和挖方为主
3	G302 长春至吉林段	36.1	以纵向裂缝为主，最大缝宽可达6cm，伴有沉陷、冻胀	以低填和挖方为主
4	S106 长岭至长春段	117	以路中心、行车道纵向裂缝为主，累计缝长3.6km，最大不均匀冻胀4～5cm	以低填为主
5	G202 磐石至烟筒山段	35	以路中心、行车道纵向裂缝为主，最大裂缝宽度5cm	低填、零填和填挖交界
6	长清线 长春至烟筒山段	44	以冻胀、路中线纵向裂缝及沉陷网裂为主，沉陷范围大于10m^2	以低填和挖方为主
7	G302 松原至白城段	231	纵向开裂累计长度18.35km，最大冻胀5cm，最大融沉3.5cm	以低填为主
8	S207 白城至太平川段	123	以行车道纵向裂缝为主，累计缝长6.5km，平均53m/km，缝宽0.4～4cm	以低填和零填为主
9	G302 蛟河至黄松甸段	90	以行车道和路中线纵向裂缝为主，累计缝长350m，缝宽0.3～3cm	以半填半挖为主
10	S106 太平川至长岭段	28.4	以路中心、行车道纵向裂缝为主，累计缝长950m，最大裂缝宽度3cm	以低填为主
11	G201 敦化至沿江段	35	以路中心、行车道纵向裂缝为主，累计缝长170m，最大裂缝宽度2cm	低填和填挖交界
12	S102 大蒲柴至桦甸段	50	以纵向裂缝为主，伴随沉陷，最大沉陷深度3cm	半填半挖、零填低挖
13	长吉高速公路	64	沉陷面积20m^2，沉陷深度2～3cm	半填半挖、填挖交界、低填
14	长东线 一级公路及县道	70	沉陷面积累计超过40m^2，最大沉陷深度3～4cm	零填低挖、低填
15	长吉北线	85	沉陷范围30m^2，最大沉陷深度4cm	低填、零填浅挖
16	G302 长春至蛟河段	40	最大冻胀变形（融沉变形）5cm	零填低挖、填挖交界

四车道公路纵向裂缝主要出现于行车道和超车道轮迹处，对于两车道二级公路，除行车道出现裂缝外，路中心附近也会出现纵向开裂。平原区路基纵向裂缝可达到 350 ~ 400m/km，裂缝宽度可达 3 ~ 6cm，深度可能贯穿至上路床。山区公路纵向裂缝、冻胀翻浆及沉陷病害同时存在，纵向裂缝可达到 100 ~ 200m/km。病害调查统计结果如图 3-1-2 所示。

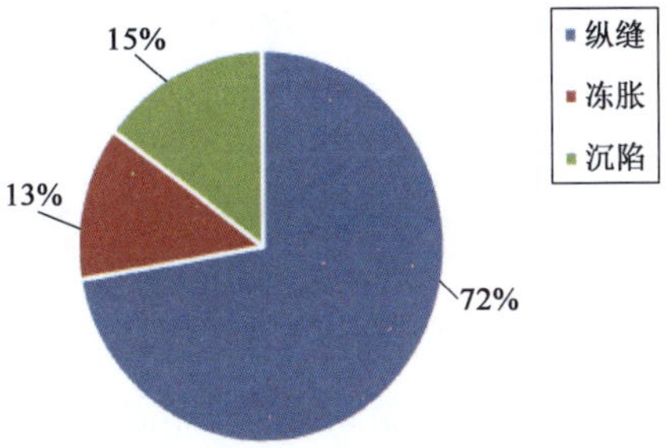

图 3-1-2　季冻区路基典型冻害统计结果

2. 道路弯沉调查与分析

季冻区季节交替，路基经历冻结-融化周期性变化，对路基土的承载力有很大的影响。春融期 5 条主要高速公路运营后部分路段的弯沉检测结果见表 3-1-2，评价路段每 100m 计算一个相应的代表弯沉值。采用强度系数（SSI）对各典型高速公路的弯沉进行评级，结果见表 3-1-3。高速公路Ⅰ和高速公路Ⅴ全线代表弯沉值均超过设计值的 20%，强度等级评价为差和次。高速公路Ⅱ、Ⅲ及高速公路Ⅳ弯沉值超出设计值 20% 的比例分别为 78.0%、88.8% 和 67.1%，评价等级多集中在中以下。回弹弯沉量直观反映了路基路面结构的整体刚度和强度，与路面的使用状态存在一定的内在联系。春融期沥青路面代表弯沉值大于设计弯沉值，表明路面结构的塑性变形大于设计模型，路面整体刚度不足，抗疲劳性能较差，难以承受重载交通。

春融期道路弯沉情况统计表　　表 3-1-2

名　称	设计弯沉值 l_d（0.01mm）	春融期代表弯沉值均值（0.01mm）	>10% l_d 比例（%）	>20% l_d 比例（%）
高速公路Ⅰ	22.0	65.3	100	100
高速公路Ⅱ	27.0	49.2	88	78
高速公路Ⅲ	27.0	54.0	94.4	88.8
高速公路Ⅳ	25.5	37.1	75.8	67.1
高速公路Ⅴ	35.9	94.5	100	100

典型路段弯沉评级　　表 3-1-3

项　目	优	良	中	次	差
高速公路Ⅰ（左）	0	0	0	49%	51%
高速公路Ⅰ（右）	0	0	0	31	70%
高速公路Ⅱ（左）	12%	12%	16%	32%	28%
高速公路Ⅱ（右）	4%	12%	20%	32%	32%
高速公路Ⅲ（左）	4%	8%	20%	25%	43%
高速公路Ⅲ（右）	7%	8%	15%	21%	48%
高速公路Ⅳ（左）	17%	23%	39%	18%	3%
高速公路Ⅳ（右）	11%	24%	30%	26%	9%
高速公路Ⅴ	0%	0%	8%	20%	72%

3. 冻害对路面性能的影响

(1)纵向裂缝(图 3-1-3)

冻胀开裂严重影响了道路的服务水平和使用寿命。路基的纵向裂缝大多会导致路面结构层产生裂缝,因此纵向裂缝一旦出现,雨水或冰雪融水便会沿裂缝下渗直至路基,使路基土体的含水率急剧增大,造成土体强度下降。

(2)冻胀与沉陷(图 3-1-4)

冻胀和沉陷属于路基局部破坏,具有随机性,给快速行车尤其是夜间、雨天及雪天行车带来安全隐患。

图 3-1-3　路基冻胀开裂

图 3-1-4　路基冻胀网裂沉陷

(3)路基强度衰减

造成路基强度衰减的主要环境因素有地质、气候、水文、温度、湿度等条件。冬季来临,路基自上而下开始冰冻,水分在温差的影响下以液态或气态从热区向冷区移动,迁移并积聚在路基上表层,积聚的水冰冻后体积膨胀,使路基产生冻胀现象。次年春季,路基上表层开始逐渐融化,上年积聚的冰融解成水后很难快速排除,春季雨水渗入路基内部,如果排水设施不完善,路基上面层湿度增加,承载力大幅下降,在行车荷载反复作用下,强度和稳定性就会出现衰减,导致早期病害,影响道路的正常使用功能,表现为路面弯沉值过大,路面结构出现疲劳开裂和破坏等,缩短路面的使用寿命。2004 年和 2005 年长余高速公路 SSI 评价结果如图 3-1-5 所示。

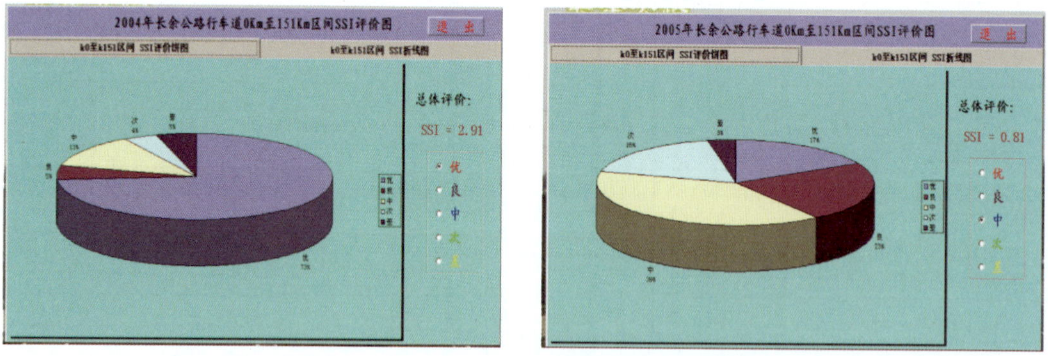

图 3-1-5　2004 年和 2005 年长余高速公路 SSI 评价结果

3.1.2　路基冻胀机理分析

在季节性冻土地区，一年内周期变化的环境温度和降雨量使得路基内部的温度和湿度随之周期变化，温度和湿度动态平衡作用下的路基冰冻稳定性也呈现周期性，与路基冻胀变形、强度衰减及路面开裂等病害直接相关。

1. 基于热传导平衡的路基冻胀机理

路基冻胀是由严寒气候持续作用下路基内部的水分迁移引起的，土体冻胀量急剧增大的主要原因是土体冻结锋面吸收了外界迁移来的水分，冻结形成冰聚合体。潮湿的细粒土体冻结过程中，土体内水分发生原位冻胀和分凝冻胀，其中孔隙水原位冻胀造成体积增大9%，使土粒产生位移，而这部分体积膨胀是次要和可以忽略的。由外界水源补给并在土中迁移到某个位置冻结，即分凝冻胀是构成土体冻胀的主要分量。季冻区路基的冻胀机理包括路基的热传导、水分迁移和成冰作用等。

(1)路基的热传导过程

路基土由固体颗粒、液体水和气体组成。从路基的冻结与融化过程可知，在温度升降、降雨和降雪、地下水等多外因条件中，周期变化的温度是诱发路基冰冻失稳的主要外在原因。

在路基的冻结与融化体系中，主要热源来自地基土体内部的热量($Q_{内}$)和大气环境的外部热量($Q_{外}$)。地热是来自地球内部的能量资源，一般认为是地球内部放射性元素衰变而产生的热量，是路基作用范围内的主导性热源，在很长的地质年代中呈现稳态分布。大气环境的气温变化取决于太阳的光热，随着地球的公转，当它和太阳距离缩短时，太阳辐射给地球的热能就会增加，使地球变热、变暖；反过来，地球就变凉、变冷。这样就形成了春夏秋冬。地表辐射热量变化主要与地球公转相关，大气对流和地球自转也有一定的影响。季冻区路基热平衡过程如图 3-1-6 所示。工程调查显示，哈尔滨地区地下 10m 处的地温为 7℃，北京地区地下 10m 处的地温为 12℃。

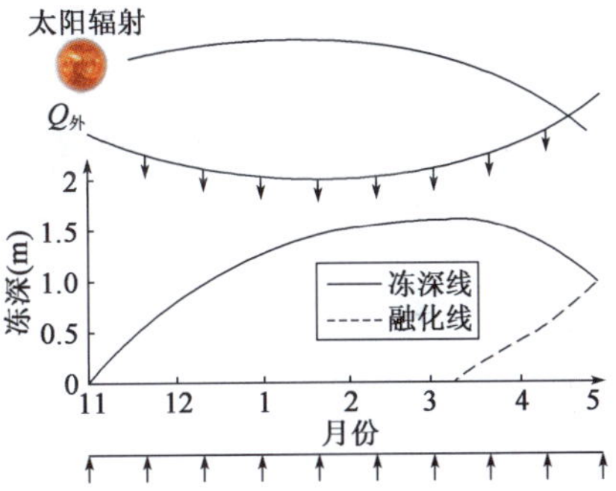

图 3-1-6　季冻区路基热平衡过程示意图

①在冻结期，太阳高度不断增加，气温逐渐降低，大气层冷量($Q_{外}$)不断增加，$Q_{外}+Q_{内}<0$ 时，冻结线逐渐下移，土体中的水分冻结(含水率大时，土体结构被破坏，融化后强度降低)，并释放潜热($Q_{潜}$)，$Q_{外}+Q_{潜}+Q_{内}=0$ 时，冻结线停止。气温持续下降，$Q_{外}+Q_{潜}+Q_{内}<0$ 时，冻结线继续下移，路基中水分进一步冻结，释放潜热，再次达到平衡，循环往复，直至太阳高度达到最高，$Q_{外}+Q_{内}=0$ 时，冻结线深度达到最大。由此可知，季冻区路基冻深的发展是一个动态的过程，当路基冻胀变形达到最大状态时，最易引起路面平整度降低和路面开裂。

②在春融期，太阳高度开始降低，气温逐渐升高，大气层冷量($Q_{外}$)不断减少，表层土体吸热融化。同时，由于缺少热量的持续供给，冻深线末端的热平衡打破，即 $Q_{外}+Q_{内}>0$，土体在外界热源的作用下开始吸热融化，出现冻结土体上下一起融化而中间冻结层最后融化的现象。由于中间冻结层的存在，上部融化的水分无法排出，路基湿软，在行车荷载的作用下，易引起路面沉陷。

③采用有限元方法分析了哈尔滨市某路基的温度场发展规律，一年内不同月份路基温度场的变化过程如图3-1-7、图3-1-8所示。道路内部温度在一定深度范围内等值分布。9月底，路表面最低温度达到0.1℃，道路冻结期由表层向内里单方向冻结；至次年1月31日，路表最低温度达到-17.9℃，路基达到最大冻深；之后，土层温度随深度开始逐渐升高；春融期，地表温度升高，冻土自冻结锋面双向融化，地表以下还存在一定深度的冻土，冻土并未在春融期完全消失，要到6月下旬以后，冻土才能完全融化，这验证了温度传播的滞后性。

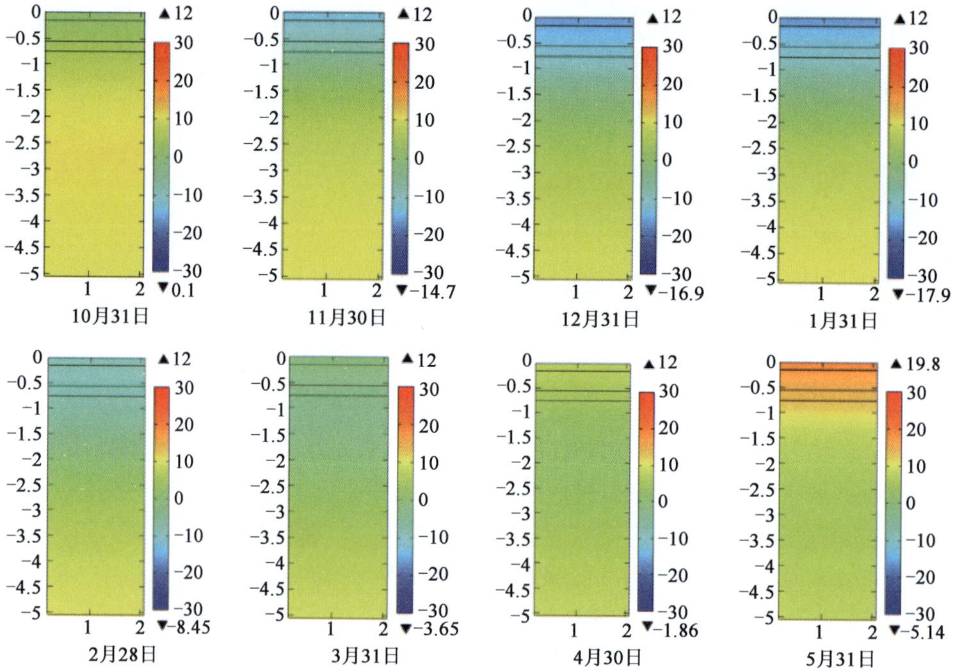

图3-1-7　吹填砂路基不同埋深温度场分析

注：横坐标代表路基横向区域(m)，左侧纵坐标代表埋深(m)，右侧纵坐标代表温度(℃)。

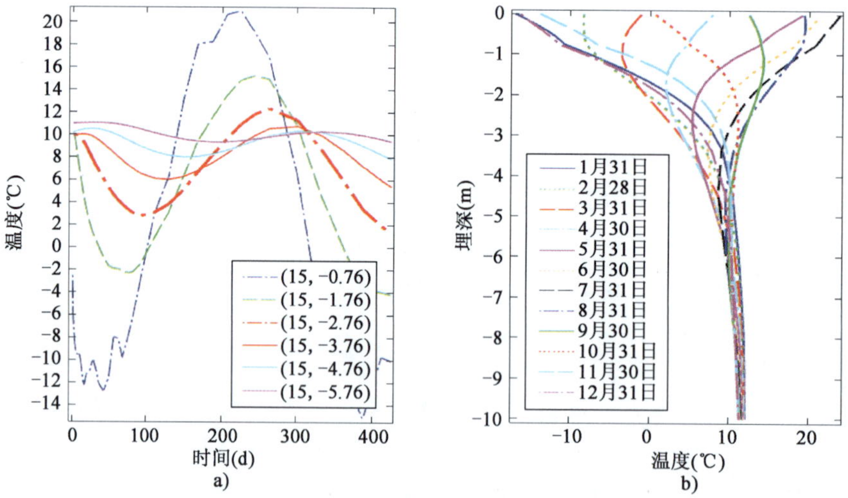

图3-1-8　吹填砂路基温度变化曲线

注：图a)中，图例为测点布置坐标，分别代表测点到路基边缘的水平距离(m)和向下埋置深度(m)。

路基温度场分析显示,随着路基土埋深的增加,各层温度变化曲线逐渐趋于平缓,冻深作用逐渐减弱。当路基顶层正温达到峰值时,路基中间层、底层、天然地基正温并未达到峰值,验证了温度传播具有滞后性。同时从侧面反映出在冻结期,路基下部一定深度范围内存在未冻结土;在春融期,路基以下仍存在一定范围深度的冻结土的现象。

(2)路基的水分迁移与成冰作用

工程调查钻探数据显示,季冻区路基聚冰带出现的深度范围为1.08~2.05m,不是在路基顶部,而是路基下20~40cm,平均厚度为56cm。含水率平均分布范围为14.7%~23.0%,含水率最大值均接近或超过了土的塑限。冰晶析出,构成冻胀量的主体部分,当冻体融化时,结构承载力大幅下降。冰冻地区路基路面结构中湿度场变化的主要因素包括地下毛细水、裂缝或孔隙渗水、中央分隔带渗水、高水位渗水及冻结过程的气态水聚集等。季冻区路基湿度场构成如图3-1-9所示。

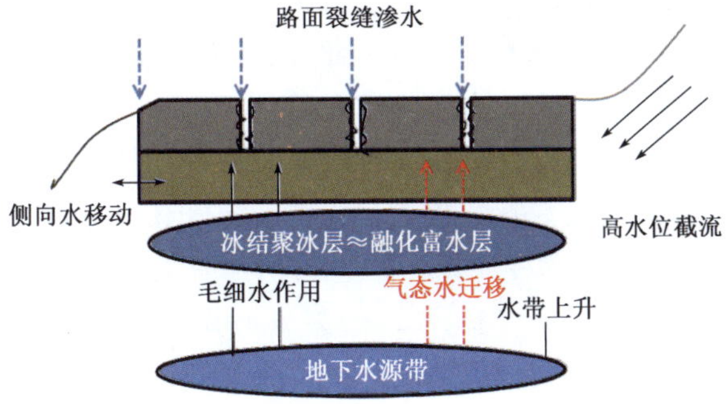

图3-1-9　季冻区路基湿度场构成示意图

在周期的环境条件作用下,路基的水分传输与成冰过程如下:

①由于路面结构的防护和封闭隔离作用,路基上路床湿度一般较小,冻结期间,冷量穿过路面结构到达路基顶部后,上路床开始冻结,由于湿度较小,发生的基本上是原位冻结,冰晶存在于土体孔隙中,不会出现体积膨胀现象,此过程的特点为降温幅度大,历时时间短。

②随着路基层位深度的增加,土层湿度逐渐增加,土体孔隙水结冰放出的潜热以及下卧层未冻土中传来的地热有效阻挡了冷量的推进。当两者平衡时,冻结锋面便相对地稳定在上路床下方的位置,靠着土颗粒及冰结晶的吸附力把附近的水分子吸附到自身表面,冻结锋面上的冰晶体就不断地增长。压力平衡作用下土颗粒吸附邻近非冻结土体中的水分子,产生向冻结锋面迁移的水分子流,即水分迁移。在冰晶体增长引起土颗粒间距扩展与土粒位移过程中,外界水流侵入且结晶,产生"冰劈"作用,使冻土体分成层理,形成厚度不等的冰透镜体(层状冰)。路基土体存在裂隙面或空隙较大条件下,会出现水分富集现象,形成大量冰晶,宏观表现为土体开始冻胀。冻结锋面上形成的冰透镜体和已冻结土体内未冻水结晶形成的分凝冰体所产生的冻胀增量构成了土体的最大冻胀量。季冻区路基聚冰特征如图3-1-10所示。

③冰晶分凝作用范围超过冻结锋面时,结构下卧层有效水分补给区的土体含水率减小,冻结线前缘的土体产生收缩。冻结锋面上由于得不到水分补给而破坏了其热平衡状态,随着土体温度继续下降,冻结线就继续下移。在到达土体中含水率较多、水分补给充裕区位又

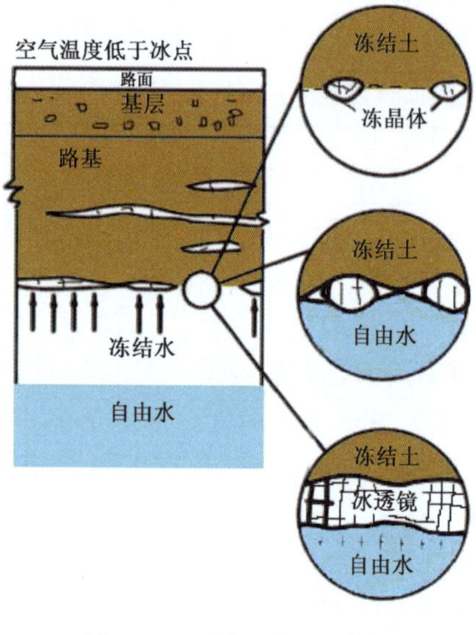

图 3-1-10　季冻区路基聚冰特征

出现新的热平衡状态，冻结线又缓慢地停止移动，冰晶分凝作用又活跃了起来，形成新的冰透镜体，冻结过程便形成冻土中冰透镜体成层分布的规律。循环反复，典型条件下形成路基主冻胀带和次冻胀带。

④在土体冻结过程中，当冻结锋面推进到某一层位时，其下层水分会被冻结锋面的土颗粒及冰结晶的吸附力吸附，冻结锋面上的冰晶体就不断地增长，同时造成下层土颗粒水膜的吸力和压力不平衡，对其下方的水分产生吸力，即由于冰冻作用，形成向上的“升力”，随着冻结锋面的不断向下推进，这一过程循环重复，导致下方水分不断向上迁移，产生比毛细水上升更强的作用，其作用高度称为冻结水上升高度。此外，在冻深线的末端，水分补给充分也会出现聚冰现象。

冻土体融化期间，热量穿过路面结构达到路基顶部后，上路床开始融化，由于上路床发生的是原位冻结，土体孔隙中的冰晶较少，融化所需的热量少，因此，上路床融化时间短，升温速率大，并且融化的水分能够正常存在于路基土孔隙中，不会出现土体饱和现象。

随着深度的增加，土体冰晶含量增加，冰晶融化所需的热量增加，升温速率下降，融化时间增长。下路床上部发生了一定的水分迁移，融化的水分超过了路基土孔隙的体积，而下方聚冰带尚未融化，并且比较致密，起到隔水层的作用，削弱了下路床上部的承载能力。

路基冻结土体在由上向下的融化过程中，下部土体也在地热的作用下，由冻结线向上开始融化，其特点是升温速率缓慢，持续时间较长。路床下部为聚冰带，当融化聚集的水分超过相对密实的路基土孔隙体积时，土体过饱和，短时间内无法排出孔隙水，压力升高，土体液化产生固结沉降，宏观表现为路基强度衰减、承载能力下降。在重载车辆反复碾压下，产生局部车辙变形影响行车舒适性，严重的导致路面开裂、翻浆。

2. 路基土冻胀影响因素

路基冻土是由矿物颗粒、固相水、液相水和气体四部分组成的。一般土在 0 ~ 7℃ 的温度区段内，液态水大部转变为固态水，相态变化渐缓，直至消失，冻土中水的相态变化决定了冻土的物理力学性质。研究测试表明，在天然状态下负温度的冻土中总有一定数量的未冻水。未冻水可分为束缚水和自由水两种。束缚水又可分为强束缚水和弱束缚水。强束缚水一般不冻结，即使在 -186℃ 时也不会冻结成冰。弱束缚水在 -0.1 ~ 1.0℃ 时几乎全部冻结。自由水的冰点也稍低于 0℃。冻土中固态水（即冰）往往以冰包裹体、冰晶体和冰夹层等形态存在。影响路基土冻胀的主要因素有土质、含水率、温度及压实度等。

（1）土质对路基土冻胀的影响

土质条件主要是指颗粒组成和塑性，对细粒土而言，颗粒组成的影响主要表现在塑性方面。细粒土的特性指标见表 3-1-4，不同饱和度与含水率细粒土的冻胀率结果见表 3-1-5。在相同的饱和度和相近含水率下，从粉土到低液限黏土再到高液限黏土，随着颗粒变细，即

d_{50}变小,比表面积变大,塑性增强,冻胀性变小。

细粒土特性指标　　表 3-1-4

地　　点	土样种类	平均粒径 d_{50}（mm）	比表面积 S（cm^2/g）	液限 w_L（%）	塑限 w_P（%）	塑性指数 I_P
长春	高液限黏土	0.0107	2868	52.7	26.3	26.4
长春	低液限黏土	0.0440	2341	33.5	20.7	12.8
白城	粉土	0.0527	1278	28.1	18.8	9.24

不同饱和度(S_r)与含水率(w)细粒土的冻胀率(%)　　表 3-1-5

地　　点	土样种类	$S_r=1.0, w=26\%$	$S_r=0.9, w=24\%$	$S_r=0.8, w=24\%$
长春	高液限黏土	2.06	0.32	-0.96
长春	低液限黏土	5.82	2.66	2.4
白城	粉土	7.22	4.84	4.42

粒径组成对土的冻胀性影响主要取决于土颗粒与水相互作用的能力,当土的粒径由大变小时,其比表面积由小变大,颗粒与水的作用及土在冻结过程中水分迁移的能力也随着加大,宏观表现为土的冻胀量增大。常用路基填料的冻胀性顺序为:砾砂 < 粗砂 < 砾石土 < 黏性土。

单纯粗颗粒土在冻结过程中不会发生冻胀,而是出现向下排水的现象。这一特点决定了它是路基病害处理中最好的换填材料。当粗粒土中含有细颗粒时,增加了薄膜水的含量和连续性,粗粒土就会发生冻胀,冻胀量与细颗粒的含量有关。当细颗粒含量较少时,可能发生轻微的冻胀,但不会造成危害。

细颗粒含量小于 15% 的碎石、砾石和砂类土属于不冻胀或冻胀性很小的土;当细颗粒含量超过 15% 时,土的冻胀性就会明显地表现出来;当碎石类土中细颗粒含量达到 40% 及以上时,细颗粒填料特性将占主导地位。如山区的碎石中夹黏性土较多时, 其冻胀性与黏性土相似。对粗粒土的进一步分析表明:细颗粒以黏粒为主的粗粒土的冻胀量比以粉粒为主的大。

细粒土包括粉土和黏土,均属于冻胀敏感性土,用塑性指数 I_P表征土的特性,塑性指数与土的颗粒组成、矿物成分以及土中盐离子的成分和浓度等因素有关。冻胀率随 I_P 值的增加而增大,但当 $I_P>10$ 后,黏粒增加,颗粒表面能增加,强结合水增加,阻碍了水分的迁移,反而使冻胀量减小。当 $I_P<10$,细粒土以粉粒为主时,水分迁移较为有利,冻胀量大。

(2)含水率对路基土冻胀的影响

土中有水分存在是造成冻胀的基本条件,但不是所有含水的土都会产生冻胀作用,只有当土的含水率超过一定的界限时才会发生冻胀。当含水率小于此界限时,土层在冻结过程中表现为"冻缩"现象。即较少水分冻结成冰,仅充填于部分的土孔隙之中,并不使土体体积增加。因各种矿物颗粒的温度体胀系数均较小,冻缩系数(冻缩高度与原土柱高度之比)均小于 0.3%。

在稳定负温条件下(-7 ~ -9℃),土层冻胀系数 $\eta\approx0$ 时的含水率称为起始冻胀含水率。对于黏性土,起始冻胀含水率一般都小于塑限,它与塑限基本呈线性关系,详见

表3-1-6。一般认为冻胀系数$\eta \leqslant 1\%$对工程结构仍是安全的。因此,规定当$\eta = 1\%$时土层的含水率为"安全临界冻胀含水率"。

黏性土塑限与起始冻胀含水率、安全临界冻胀含水率的关系 表3-1-6

土体类别	黏土		亚黏土	亚砂土	
塑限 w_P(%)	19.1	15.7	21.0	10.5	10.2
起始冻胀含水率 w_0(%)	13.0	12.0	18.0	10.0	8.0
安全临界冻胀含水率 w_C(%)	20.0	17.0	22.0	13.0	12.0

土体试验数据分析显示,安全临界冻胀含水率与塑限亦呈线性关系(图3-1-11)。起始冻胀含水率均小于塑限,且随着土的塑限增大,相差值越大。当$w_P < 25\%$时,$w_C > w_P$,且二者之间的差值随着土层塑限的增大而减小;当$w_P = 25\%$时,$w_C = w_P$;当$w_P > 25\%$时,$w_C < w_P$。

对于黏性土,含水率在$w_0 \sim (w_P + 35\%)$范围时,其冻胀系数增长是较为迅速的;当含水率大于$w_P + 35\%$后(此时许多土颗粒"悬浮"于水中),土层已成流动状态,其冻胀系数随含水率增加而缓慢递增;含水率≥$130\% w_P$时,其冻胀系数趋近一定值($\eta \approx 9\%$)。当土孔隙完全被水分所饱和时,冻结过程中,充填于孔隙之中的水冻结成冰,将土中矿物颗粒挤开,使土体积膨胀。再由于水分重分布作用,孔隙中的部分水分转移并冻结成冰透镜体,使土层中形成了新的被冰充填的孔隙。因此,不仅有原位水分冻结形成的膨胀,而且还有相当一部分是水分转移形成的冰透镜体所增加的体积,进而导致冻胀系数迅速增长。当土层处于流动状态,土颗粒悬浮于水中时,冻结后,虽亦有水分重分布现象,但土孔隙几乎仍被冰所充填,其体积增加主要是水变成冰所增加的那一部分体积,冻胀系数随含水率增加的速度变缓。粉质黏土、黏土、亚黏土冻胀系数与含水率的关系如图3-1-12所示。

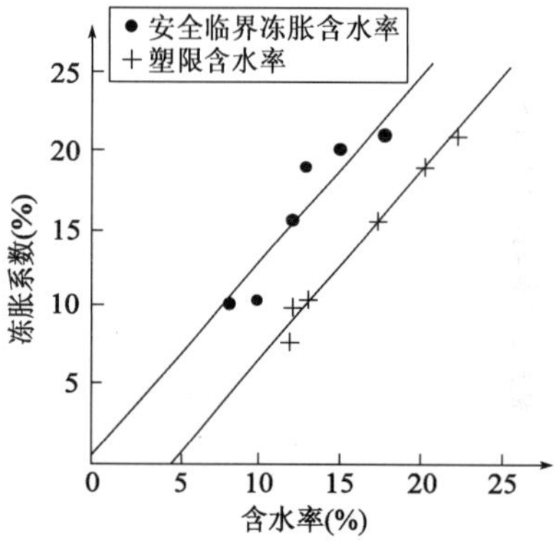

图3-1-11 塑限与起始冻胀含水率、安全临界冻胀含水率的关系

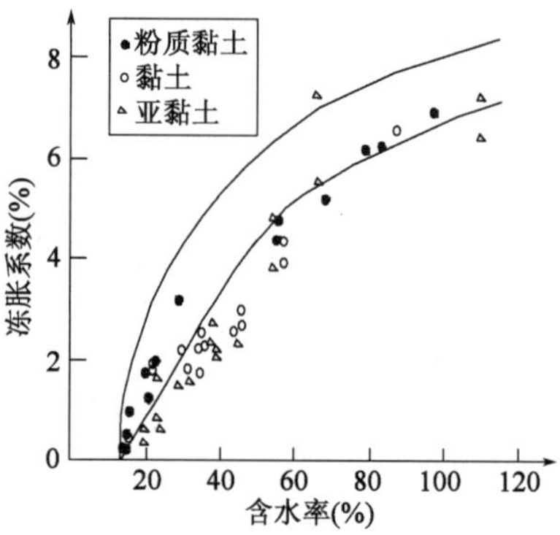

图3-1-12 粉质黏土、黏土、亚黏土冻胀系数与含水率的关系

对于粗颗粒类土,土中含水率大于起始冻胀含水率后,土的冻胀作用就明显表现出来。封闭条件下冻胀系数随土中含水率增加而增大,最后趋近一个定值,相当于水结冰的冻胀系数($\eta = 9\%$)。粗颗粒类土冻胀系数与含水率之间具有较好的线性关系(图3-1-13)。

(3)温度对路基土冻胀的影响

负温度是土冻胀的必要条件之一,土的冻结和冻胀过程实际上是始终伴随着负温度的变化而进行的,在不同的负温下显示出不同的冻胀特性。土的起始冻结温度与土中含水率的大小有直接关系，含水率增大，土的冻结温度也相应随之升高，接近于土中自由水的冻结温度，即土的冻结温度实际上是指土中孔隙水结晶成冰时的温度。由于不同土质的分散程度、矿物成分以及水溶液的浓度不同，所以各有不同的起始冻结温度。一般砂土冻结温度为 0 ~ −0.2℃，一般黏性土为 0 ~ −2.5℃。

在封闭体系中，土中水分随负温下降而不断冻结，未冻水量减少，冰的数量增多，其冻胀强度随土中温度的降低而增大。在开放体系中，温度对冻胀的影响主要表现在负温的冻结速率上。冻结速率过快，水分尚来不及从下卧土层向冻结锋面迁移，在原位冻结成冰，因而冻胀性也就很小；反之，冻结速率越缓慢，越有利于水分的迁移，其冻胀性也就越大。一般认为，能引起水分连续性迁移的温度为 −3 ~ −5℃。

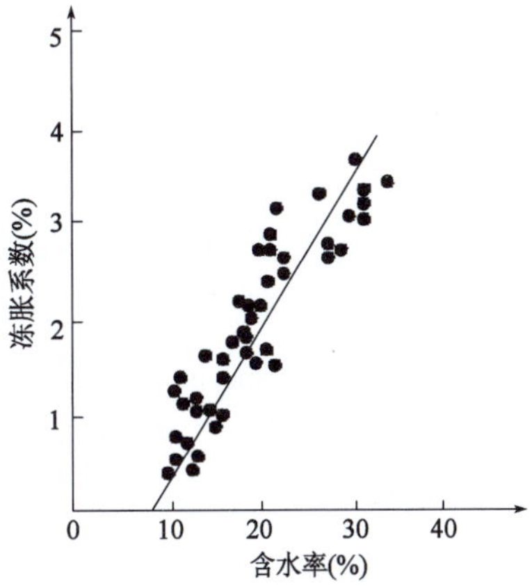

图 3-1-13　粗颗粒类土冻胀系数与含水率的关系

(4)压实度对路基土冻胀的影响

路基压实度是影响路基土冻胀的一个重要因素。季冻区典型路基填料粉质黏土和粉土颗粒分析见表 3-1-7。土样在不同压实度下的冻胀率测试结果如图 3-1-14 所示。

测试分析显示：相同含水率和冻结温度下，随着压实度的增大，土冻胀率普遍增大，冻胀性增强，证实土的密实程度对冻胀有一定影响。土非常疏松，有较大的孔隙，冰只充填于孔隙中而不能使土粒间距离明显增大，冻胀性弱。随着压实度的增大，土的密实程度增大，颗粒间的距离减小，冻结时薄膜水迁移活跃，而冰的形成使土粒间距离增大，呈现出冻胀率随压实度增大而增大的趋势。

路基土样颗粒分析汇总表　　表 3-1-7

筛孔(mm)		>2	1 ~ 2	0.5 ~ 1	0.25 ~ 0.5	0.1 ~ 0.25	0.075 ~ 0.1	0.005 ~ 0.075	0.002 ~ 0.005	<0.002
粉质黏土	分计筛余(%)	0	0	0.22	0.35	0.06	0.34	81.03	9	9
粉土		0	0	0.16	0.37	0.04	0.39	97.04	1.7	0.3

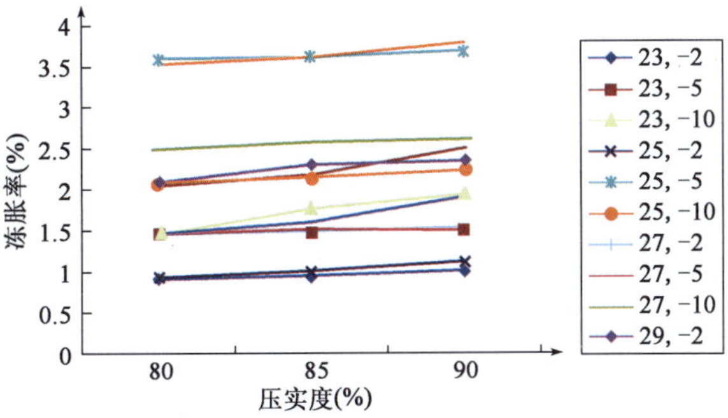

图 3-1-14　路基土样冻胀率与压实度关系曲线

注：图例数据分别代表土样含水率(%)和测试温度(℃)。

压实度对冻胀的影响有一个临界值,临界值以下,冻胀率随压实度的增加而增加,临界值以上,冻胀率随压实度的增加而降低。这是因为随着压实度的增大,土的干密度增大,土颗粒之间互相重叠,形成较厚的结合水膜,渗透性降低,堵塞了水分的迁移通道。因此,工程实践中可通过路基填料临界压实度对路基冻胀进行针对性控制。

3.1.3 季冻区路基抗冻稳定技术参数研究

1.路基容许冻胀量

路基冻胀融沉危害的本质是由于路基土体的冻胀变形造成路面的开裂,使得路况及路面使用性能降低,产生早期病害,使用寿命缩短。因此,一方面,路基冻胀变形应满足路面材料的容许变形能力的要求;另一方面,从行车安全角度考虑,路面平整度控制对路基冻胀变形提出了要求。

(1)路基冻胀对路面的影响

基发生冻胀时,受环境温度、土质、填挖形式、地下水分布、压实程度、线位阴阳坡走向等因素的影响,会产生大小不一的不规则冻胀变形,引发路面平整度的改变。路基不均匀冻胀变形的变异性越大,对平整度和结构层的应力状态的影响越显著。基于层状弹性体系理论,提出以下假设:①道路材料为均质、各向同性的线弹性体;②路基垂直向下为半无限大空间体;③各结构层间位移和应力完全连续;④不计自重。将路基路面作为一个系统,考虑路基冻胀变形对路面平整度的影响,得到路基冻胀前后的路面变形示意图(图3-1-15)。

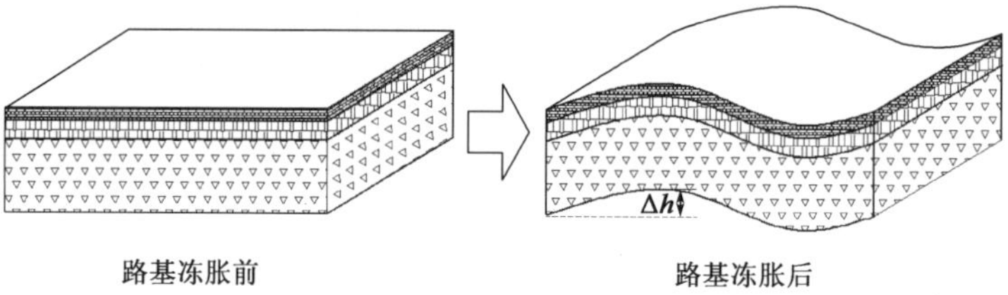

图3-1-15 路基冻胀剖面对比示意图

路基沿行车方向发生不均匀冻胀变形时,上部的路面结构随之出现不均匀的竖向变形。将不均匀冻胀变形的分布简化为位置坐标的正弦函数:

$$\Delta h = a\sin(x/T + b) + c \tag{3-1-1}$$

式中:Δh——冻胀变形(mm);

x——位置坐标;

a、b、c、T——模型参数。

假设最大冻胀变形为55mm,最小冻胀变形为5mm。依托季冻区代表性建三江至虎林高速公路(建虎高速公路)沥青路面工程,采用有限元方法分析路基不均匀冻胀变形对路面平整度的影响。基于式(3-1-1)简化函数公式,计算不均匀冻胀变形对路面各结构层竖向变形的影响,绘制路面竖向变形曲线(图3-1-16)、各结构层屈服应力变化曲线(图3-1-17)。分析得出以下结论:

①面层和基层各层位的最大竖向变形均小于路基的最大冻胀变形,面层和基层各层位的最小竖向变形均大于路基的最小冻胀变形,即距离路基顶面越远,结构层的最大竖向变形越小,最小竖向变形越大。说明距离路基顶面越远,结构层竖向变形在横向分布的变异性越

小；面层和基层厚度越大，路基冻胀变形对路面平整度的影响越小。

②相同位置坐标处上部结构层的竖向变形可能大于路基顶面的冻胀变形，但小于最大冻胀变形。

③各结构层竖向变形极值点出现的位置不同。路基冻胀变形对路面平整度的影响具有错位效应，不均匀冻胀变形对平整度的影响表现为竖向变形在横轴向的不均匀分布。

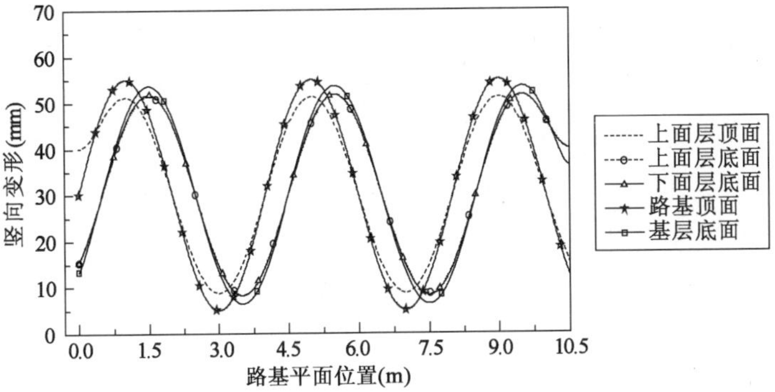

图3-1-16　路基不均匀冻胀对路面平整度的影响

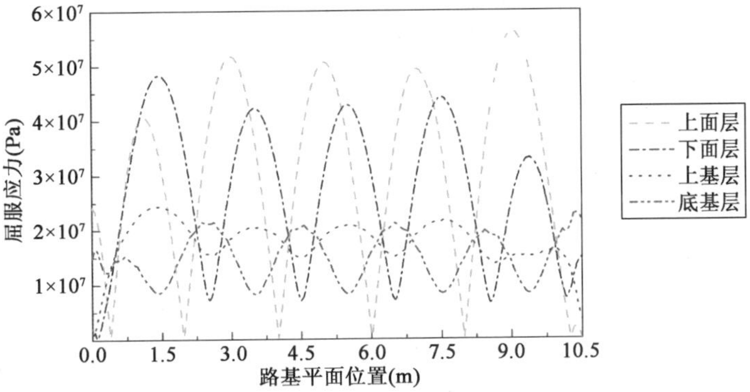

图3-1-17　路基不均匀冻胀对面层应力状态的影响

(2)基于路面平整度要求的冻胀变形控制指标

道路冬季产生的冻胀量取决于路基土中水分积聚成冰的多少，而聚冰量取决于冻深和冻结速率、结构的湿度条件，以及路基距原地面的填筑高度和距地下水位高度、土的性质和压实度、结构层材料的厚度及抗冻性等因素。按照《公路路线设计规范》(JTG D20—2017)，季冻区高速公路、一级公路宜采用单向路拱坡度，按常规中等强度降雨地区考虑，路拱横坡度宜为2%；二级公路、三级公路、四级公路的路拱应采用双向路拱坡度，路拱坡度应根据路面类型和当地自然条件确定，但不应小于1.5%。

平整度是路面使用性能和路面评价的重要指标，1960年美国国家公路与运输协会(AASHTO)道路试验研究表明大约95%的路面服务性能来自道路表面的平整度，路面平整度特别是初始路面平整度将严重影响路面使用寿命。美国国家沥青路面协会(NAPA)大量调查研究也表明：初始路面平整度的少量提高会显著提高路面长期使用性能，主要是影响路面平整度及长期开裂的发展。路面规范中常用的平整度评价指标有：国际平整度指数IRI、直尺测定最大间隙与平整度标准差 σ、纵断面指数 PI 等。各国规范中最大间隙范围以不超过 5 ~ 6mm 为主，而标准差则不超过 3.7mm。目前大部分国家开始以 IRI 作为路面平整度指标。

道路结构在冻结过程中，控制行车道的总变形量不超过容许冻胀量值，则冻胀对路面平整度和耐久性的影响是可承受的，路面平整度对不均匀冻胀值控制要求的计算图式如图 3-1-18所示。纵断面可用平整度指标来描述不均匀冻胀值引起的路面纵向凹凸不平，并用路面容许平整度指标反算路面不均匀冻胀值应满足的指标；横断面不均匀冻胀会引起路面横坡的变化，因此采用横坡度允许偏差反算对不均匀冻胀变形的要求。按高等级公路路面宽度 12.25m、普通公路路面宽度 9m 计算，容许不均匀冻胀值计算结果见表 3-1-8。计算结果显示，季冻区沥青路面以平整度控制的容许不均匀冻胀值范围为 4.0 ~ 11mm，取不均匀冻胀系数为 0.2，则总冻胀值为 2 ~ 5.5cm，即高速公路和一级公路取 2.0cm，二级公路取 3.0cm。

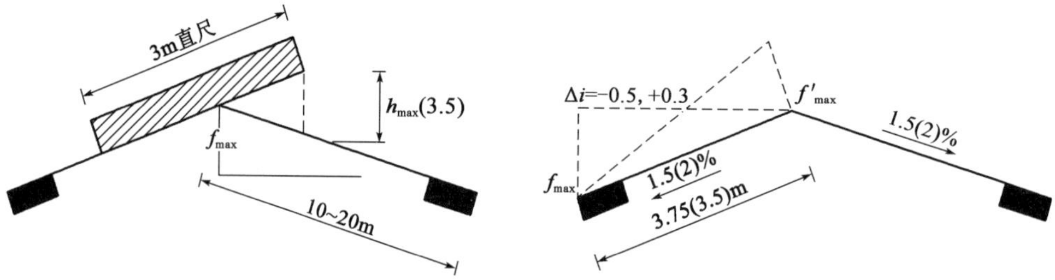

图 3-1-18 纵、横断面的计算图式

注：h_{max} 为平整度实测允许最大误差（mm）；f_{max}、f'_{max} 为容许不均匀冻胀值（mm）；Δi 为横坡度允许偏差（%）。

季冻区沥青路面冻胀指标 表 3-1-8

路基纵断面（h_{max} = 5mm）		路基横断面容许不均匀冻胀值（mm）	
计算板长（m）	容许不均匀冻胀值（mm）	横坡度允许偏差 Δi = ±0.15%	横坡度允许偏差 Δi = ±0.25%
4.0	6.7	8.6	11.2
5.0	8.3		
5.5	9.2		
6.0	10.0		

（3）基于路面材料容许变形的冻胀变形控制指标

季节性冻土地区路基不均匀冻胀作用下易产生挠曲变形，超过路面材料的容许变形值，路面就会出现弯拉破坏，产生开裂。我国二级及二级以上公路沥青路面大多采用半刚性基层或组合式基层，半刚性基层的容许应变值小于沥青混合料的应变值，因此采用半刚性基层材料的容许应变值来控制冻胀力作用下的路面开裂。路面在不均匀冻胀力作用下形成了一个挠曲的板，板内产生应力和应变，当变形量超过路面材料容许应变时，产生路面开裂。

为计算在不同冻胀值下路面材料产生的应变值，取横向 1m 宽的路面，简化成简支梁，建立数学模型。实际环境条件下的冻胀力测定十分困难，不能直接用于计算分析。而对于路面材料而言，其容许变形是一定的，可以对前面的简支梁模型进行改进，通过材料在冻胀力作用下产生的应力和应变来进行路基的不均匀冻胀值计算，计算图示如图3-1-19所示。

简支梁在均布荷载作用下的应力和挠度计算公式为：

$$\sigma = \frac{3qB_k^2}{4bH_i^2} \tag{3-1-2}$$

$$f = \frac{5}{384} \cdot \frac{qB_k^4}{EI} = \frac{5qB_k^4}{32EbH_i^3} \tag{3-1-3}$$

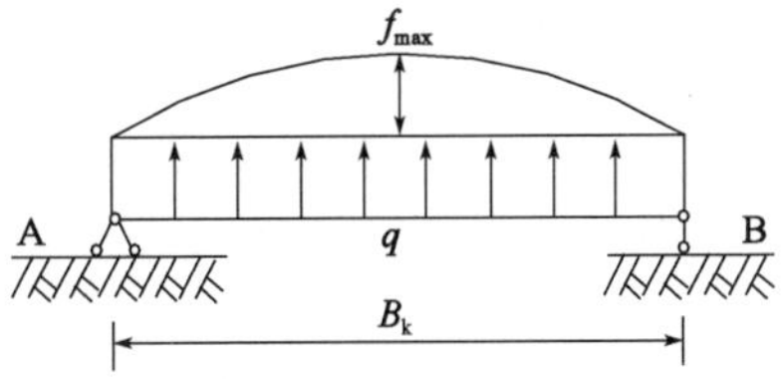

图3-1-19　冻胀力作用下单位宽度路面变形

其中：

$$\sigma = E \cdot \varepsilon, f = \varepsilon \cdot \xi, \varepsilon = \frac{24H_i}{5B_k^2} \cdot z_j \cdot \xi \tag{3-1-4}$$

从上述公式可得出，路面材料在不均匀冻胀力作用下产生的应变与路面厚度、路面宽度有关，并应小于路面材料的容许应变值$[\varepsilon_R]$。

$$\varepsilon_j = \frac{24H_i}{5B_k^2} \cdot z_j \cdot \xi \leqslant [\varepsilon_R] \tag{3-1-5}$$

$$[\varepsilon_R] = \varepsilon_s \cdot \frac{1}{K} \tag{3-1-6}$$

式中：ε_j——路面材料因路基冻胀产生的应变（μ）；

B_k——路面计算宽度（m），高速公路、一级公路取半幅宽，多车道最大取12m，二级及二级以下公路取全宽；

ε_s——路面材料弯曲拉应变，由试验确定；

H_i——基层厚度（m）；

K——路面材料安全系数，根据公路等级、材料均匀性和试验条件取1.05～1.1；

z_j——路基计算冻胀值（m）；

ξ——不均匀冻胀系数，高速公路、一级公路取0.2，二级公路取0.15。

对于半刚性基层沥青路面、水泥混凝土路面，应进行基层材料冻胀力作用下产生的拉应变验算。路面材料产生的拉应变必须小于材料的容许应变值，否则路面会出现冻胀开裂。对于高速公路、一级公路，路面计算宽度$B_k = 11$m，基层厚度取$H_i = 0.5$m，基层采用水泥稳定碎石，$[\varepsilon_R] = \varepsilon_s/K = 210\mu/1.1 = 191\mu$，则容许不均匀冻胀值为$z_j \cdot \xi = 5[\varepsilon_R]B_k^2/(24H_i \times 10^6) = 0.0096\text{m} = 9.6\text{mm}$；对于二级及以下公路，当路面宽度取$B_k = 9$m，基层厚度取$H_i = 0.3$m，基层同样采用水泥稳定碎石时，依据公式可得容许不均匀冻胀值为$z_j \cdot \xi = 5[\varepsilon_R]B_k^2/(24H_i \times 10^6) = 0.0107\text{m} = 10.7\text{mm}$。根据验算结果，考虑安全系数，可取各等级公路的路基容许不均匀冻胀值范围为：高速公路、一级公路8～10mm，二级及二级以下公路以10～11mm为宜。

已有研究表明：路基容许不均匀冻胀值与容许冻胀值之间存在一定的关系，即前者为后者的15%～20%。为了保证路基具有最优的抵抗不均匀冻胀的能力，容许不均匀冻胀值均取下限，即高速公路、一级公路取8mm，二级及二级以下公路取10mm，系数取0.2，则高速公路、一级公路半刚性基层沥青路面路基容许冻胀值应不大于40mm，二级及二级以下公路应不大于 50mm。

(4)路基容许冻胀值

吉林省、黑龙江省对季冻区路基的冻胀变形进行了长期观测，观测结果见表 3-1-9，同时列出了《路基　公路设计手册(第二版)》(人民交通出版社)提出的路基容许冻胀值要求。

路基冻胀值规定汇总表　　表 3-1-9

吉林省以往路面冻胀观测研究	路面类型	二级及二级以下公路沥青路面			
	路基总冻胀值(mm)	20	40	50	60
	路面不平整度(mm)	3.0	6.0	8.0	10.0
黑龙江省路面冻胀观测研究	路面类型	水泥混凝土路面			
	路基总冻胀值(mm)	20	40	50	60
	路面不平整度(mm)	1.0	3.2	4.2	5.3
近期冻胀观测研究	路面类型	高速公路、一级公路半刚性基层沥青路面			
	路基总冻胀值(mm)	20	30	40	50
	路面不平整度(mm)	3.0~5.0	5.0~7.0	5.0~9.0	10.0~12.0
《路基　公路设计手册(第二版)》	路面类型	水泥混凝土路面	沥青混凝土路面	次高级路面	
	容许冻胀值(mm)	20	40	60	

水泥混凝土路面路基的总冻胀值多在 50mm 以下。当水泥混凝土路面平整度由于冻胀超过 3mm 时，水泥混凝土路面断板率显著提高。二级及二级以下公路沥青路面路基的总冻胀值多在 50mm 以下，高速公路、一级公路半刚性基层沥青路面路基的总冻胀值多在 40mm 以下。当沥青路面不平整程度由于冻胀达到 8mm 以上时，路面裂缝开始显现。基于路面平整度要求和路面材料容许变形的冻胀量分析，得出以下结论：

①高速公路、一级公路按平整度控制的路基容许不均匀冻胀值范围为 4~11mm，而以半刚性基层沥青路基材料容许变形控制的路基容许不均匀冻胀值范围为 8~10mm。可见，按路面材料容许变形确定的不均匀冻胀值范围明显小于通过路面平整度控制确定的不均匀冻胀值范围，因此只要满足路面材料对不均匀冻胀值的要求，路面平整度就可满足要求。

②路基容许冻胀值和容许不均匀冻胀值之间存在系数关系，后者为前者的 0.12~0.2 倍。基于此，高速公路半刚性基层沥青路面的路基容许冻胀值应不大于 40mm。

③综合理论分析计算与路基冻胀观测结果，提出季冻区公路应满足的路基容许冻胀值要求，见表 3-1-10。

路基容许冻胀值 z_y(mm)　　表 3-1-10

公路等级	路面类型：水泥混凝土	路面类型：沥青混凝土
高速公路、一级公路	20	40
二级公路(二级以下公路参照)	30	50

2. 路基土回弹模量冻融循环折减系数

(1) 路基冻融循环强度室内测试

①黏土质砂路基回弹模量衰减。

选取常规黏土质砂路基填料，其技术指标见表3-1-11。冻结最低温度为-10℃时的回弹模量试验结果见表3-1-12。

黏土质砂技术指标　表3-1-11

取样地点	液限(%)	塑限(%)	塑性指数	最佳含水率(%)	最大干密度(g/cm^3)
白城	28.8	17.4	11.4	14	1.90

黏土质砂试件冻融循环条件下的回弹模量(MPa)　表3-1-12

含水率(%)	0次冻融	3次冻融	6次冻融	9次冻融	12次冻融
8	223	198.2	180.4	189.1	187.2
11	192	156	151	154	149
14	138	98.6	84.8	103	80.9
17	32.5	25.4	23.4	29.2	20.7
20	20.1	13.1	11.8	23.5	14.7

由试验结果可知：试件经冻融循环后强度下降明显，且以第一次下降程度最为显著，之后下降程度逐渐降低，到第6次冻融循环后强度衰减趋于平稳，衰减到一个稳定的状态，并在一定的区间内小幅波动。含水率较高的试件强度衰减较含水率低的试件平缓，冻融循环作用对于处于正常或较干状态的试件影响是较大的。因此，用6次冻融循环后的强度表征路基填料的抗冻性能是比较合理的。

②长平高速公路细粒土模量衰减。

试验土样采自长春至四平高速公路(长平高速公路)沿线路基，在路基运营最不利季节春融期进行现场勘察和取样，取样地点、取样深度等详见表3-1-13。

长平高速公路路基取样表　表3-1-13

断面	土名	颜色	取样深度(m)	密度(g/cm^3)	含水率(%)	塑限(%)	上覆压力*(kPa)
K208+240	风化泥岩	紫红	0.52~4.70	2.14	9.7	16.8	56
K218+130	粉质黏土	黄褐	1.50~4.70	2.13	13.8	19.3	66
K248+000	粉质黏土	黄褐	0.70~4.20	2.06	10.7	15.7	52
K250+820	风化泥岩	紫红	0.70~2.00	2.10	10.3	15.3	28
K277+440	粉质黏土含砾	黄褐	2.00~11.40	2.19	11.3	18.1	146

注：*表示与平均取土深度相应的上覆压力。

试验研究表明，长平高速公路路基土体存在明显的模量衰减，详见表3-1-14和表3-1-15。对于静态模量而言，细粒土的衰减系数可达0.07~0.16；对于动态模量而言，细粒土的衰减系数可达0.34~0.50；含砾的粉质黏土模量基本没有衰减。

重塑土和原状土的邓肯-张模型参数

表 3-1-14

土名	断面	重塑土			原状土			衰减系数
		k_0	k	n	k_0	k	n	
粉质黏土	K218 +130	430	245	0.45	70	97	0.30	0.16
风化泥岩	K250 +820	260	150	0.45	20	78	0.47	0.08

重塑土和原状土的动模量 G_{max}

表 3-1-15

土名	断面	固结压力(kPa)	重塑土 G_{max} ($\times 10^2$kPa)	原状土 G_{max} ($\times 10^2$kPa)	衰减系数
风化泥岩	K208 +240	80	1449	513	0.35
		160	1695	571	0.34
		240	1887	667	0.35
粉质黏土	K218 +130	80	1333	465	0.35
		160	1538	588	0.38
		240	1698	725	0.43
粉质黏土	K248 +000	80	1471	735	0.50
		160	1887	847	0.45
		240	2174	919	0.42
风化泥岩	K250 +820	80	1695	694	0.41
		160	2222	961	0.43
		240	2439	1163	0.48
粉质黏土含砾	K277 +440	80	1351	1299	0.96
		160	1471	1429	0.97
		240	1561	1639	1.05

③哈尔滨粉质黏土模量衰减系数。

选取哈尔滨市常用路基代表性填土，进行颗粒分析试验、界限含水率试验、土颗粒密度试验、天然含水率试验和击实试验。相关技术指标见表 3-1-16。

哈尔滨粉质黏土技术指标

表 3-1-16

土粒密度(g/cm^3)	塑限(%)	液限(%)	最佳含水率(%)	最大干密度(g/cm^3)
2.61	18.42	29.69	12.6	1.91

采用封闭体系进行冻融循环试验，冻结温度为 -20℃，融化温度为室温(20℃)，一次冻结或融化时间为 12h。进行不固结不排水三轴试验，控制轴向应变加载速率为0.8mm/min。同一围压、压实度和冻融循环次数下(围压 150kPa，压实度 95%)，不同含水率试样轴向应变与主应力差的关系曲线如图 3-1-20 所示。在不同压实度、不同含水率下，试样的轴向应变与主应力差的关系曲线均随冻融循环次数的变化有着相同或相近的规律。

a. 冻融循环次数越少，主应力差随轴向应变增加的速率越大，主应力差破坏峰值越大。

b. 未进行冻融循环时，主应力差与轴向应变关系表现为应变软化型，试样呈脆性破坏，可以观察到明显的剪切带；冻融循环 7 次时，主应力差与轴向应变关系表现为软化型，试样呈塑性破坏,试件变为鼓状。

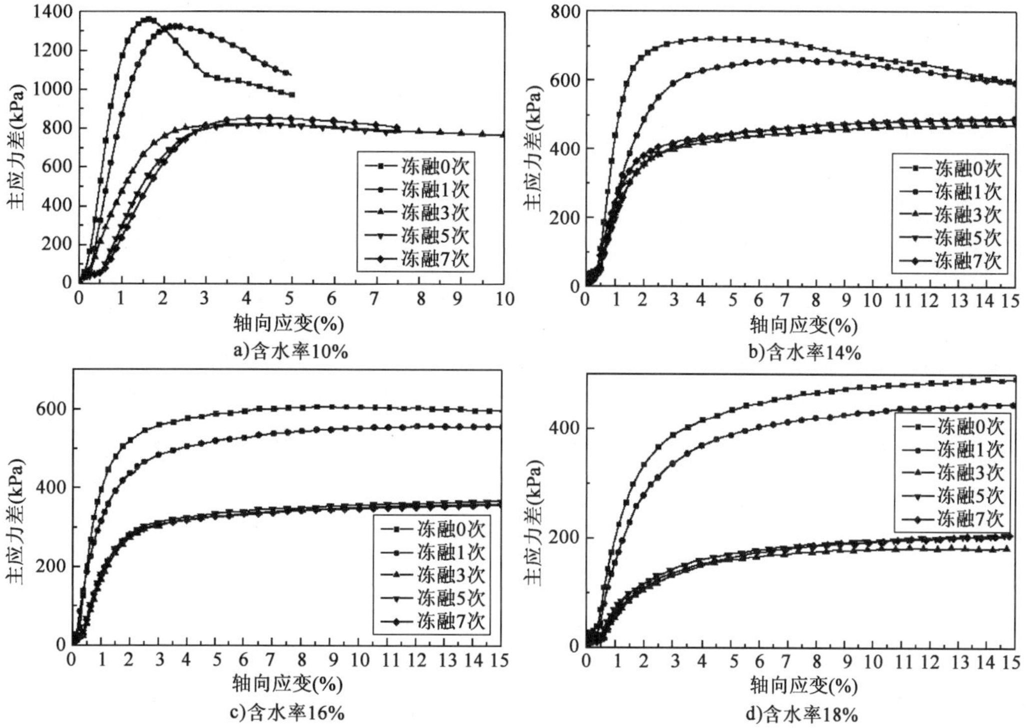

图 3-1-20　不同含水率试样轴向应变与主应力差关系

c. 冻融循环 3 次、5 次和 7 次时,试样的主应力差与轴向应变曲线基本重合,说明试样的力学性能在冻融循环 3 次后基本稳定。

d. 试样的切线模量随着冻融循环次数的增加而减少(压实度 95%),详见图 3-1-21。冻融循环 3 次后,试样的破坏强度趋于稳定,是未冻融时的 40% ~50%。在冻融循环过程中,含水率小的试样,其切线模量始终大于含水率大的试样。

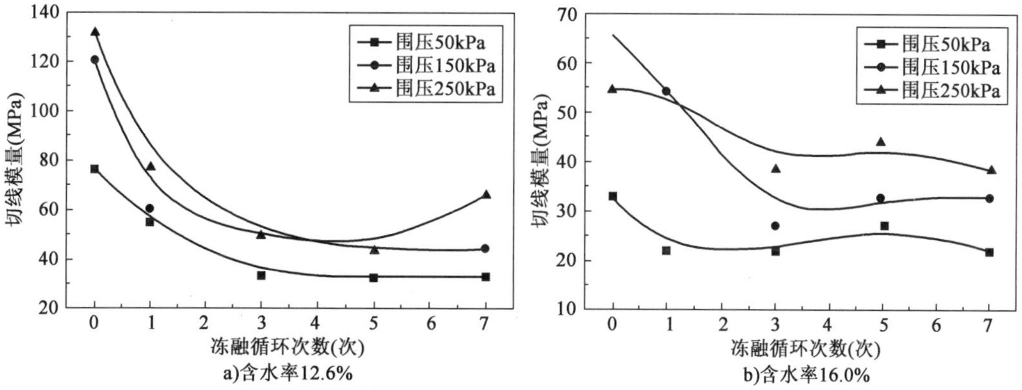

图 3-1-21　冻融循环次数与切线模量的关系

e. 冻融循环次数与最大动剪切模量的关系如图 3-1-22 所示。试样的动剪切模量随着冻融循环次数的增加而减少。冻融循环 1 次后,试样的动剪切模量趋于稳定,是未冻融时的 70% ~80%。

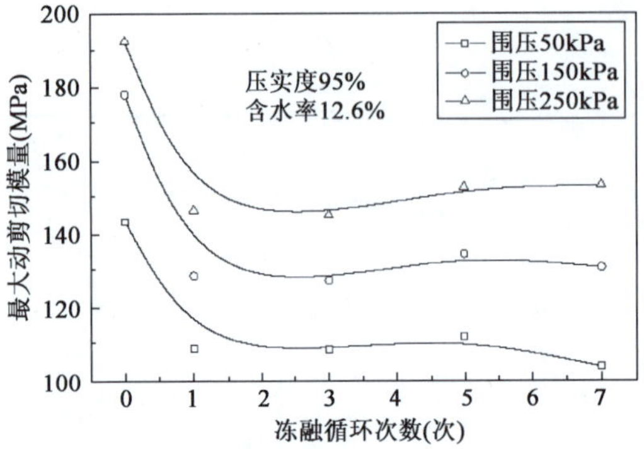

图 3-1-22 冻融循环次数与最大动剪切模量的关系

④讷河砂土模量衰减系数。

依托齐齐哈尔至嫩江高速公路扩建工程，试验取样为 K45 ~ K47 试验段路基填料天然中砂。土的颗粒分析不均匀系数 C_u 为 3.2，曲率系数 C_c 为 1.013。重型击实试验确定路基填料（土样）的最优含水率为 8.63%，最佳干密度为 2.01g/cm^3。冻融循环试验最低负温控制为 -20℃，试件快速冻结 24h 后取出，置于室温条件下（23℃ ± 2℃）快速融化 12h，即为一次冻融循环。

砂土振动三轴材料试验动力荷载为正弦荷载波形，如图 3-1-23 所示。试验参数按一般公路重载汽车以 6 轴重载汽车（3 轴牵引车 +3 轴拖车）设置，行驶速度为 60 ~ 80km/h，轴向动荷载频率设定为 2Hz，并辅以其他荷载频率。土的动力参数试验采用每级荷载振动 12 次的分级循环加载方式，并以一定的荷载等级递增，测试不同轴向动应力水平下的轴向动应变。

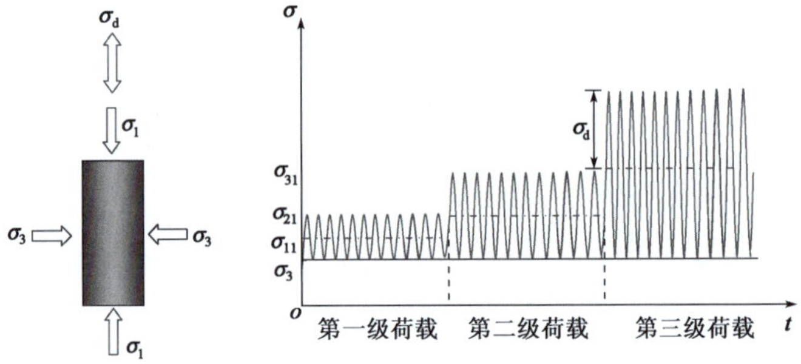

图 3-1-23 公路汽车荷载的加载模式

融化砂土的动剪应力应变关系如图 3-1-24 所示，融化砂土的动剪切模量与冻融循环次数的关系如图 3-1-25所示。在初始几次的冻融循环作用下，最大动剪切模量有增加的趋势，由 183MPa 增加至 192MPa；当冻融循环 5 次后，最大动剪切模量降低至 152MPa，衰减系数为 0.83。

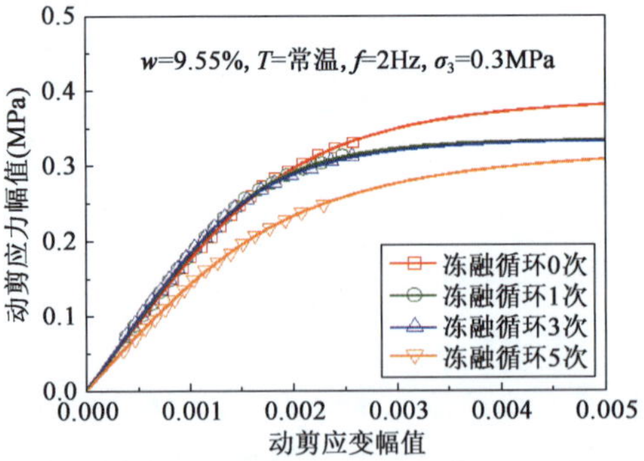

图 3-1-24 融化砂土的动剪应力应变关系图

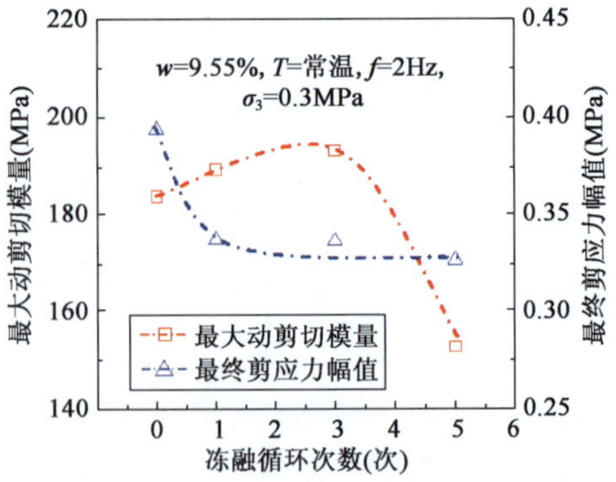

图 3-1-25 融化砂土动剪切模量与冻融循环次数关系图

(2)路基冻融循环强度现场测试结果

按照路基土质类型、路基深度、含水率及路基断面形式分析路基强度衰减规律。吉林省路面结构厚度在 60 ~ 80cm 之间，路床厚度为 80cm，以 160cm 填高为界限分析填方路基高度对路基强度衰减的影响。利用调查获得的 110 组含水率、63 个细粒土取芯件模量、60 组动力触探模量分别进行了细粒土路基强度衰减整体状况、粗粒土路基强度衰减整体状况及不同土质细粒土(低液限黏土、含砂低液限黏土、低液限粉土、高液限黏土)的衰减规律分析。

①低液限黏土路基强度衰减。

低液限黏土路基回弹模量衰减统计结果见表 3-1-17。回弹模量分布如图 3-1-26 所示。由低液限黏土路基回弹模量衰减分布(图 3-1-27)可看出，路基回弹模量绝大部分衰减 15MPa 以下，大部分衰减至设计值的 40% 以下，衰减至 40% 以上的仅占 8% ~ 16.7%。

低液限黏土路基回弹模量衰减统计　　表 3-1-17

断面形式	衰减程度	<20%	20% ~40%	40% ~60%	>60%	合计
填方高度≥1.6m	点数	3	9	1	0	13
	比例	23.1%	69.2%	8%	0	—
填方高度 <1.6m	点数	5	5	0	2	12
	比例	41.7%	41.7%	0	16.7%	—
挖方	点数	6	1	0	1	8
	比例	75%	12.5%	0	12.5%	—

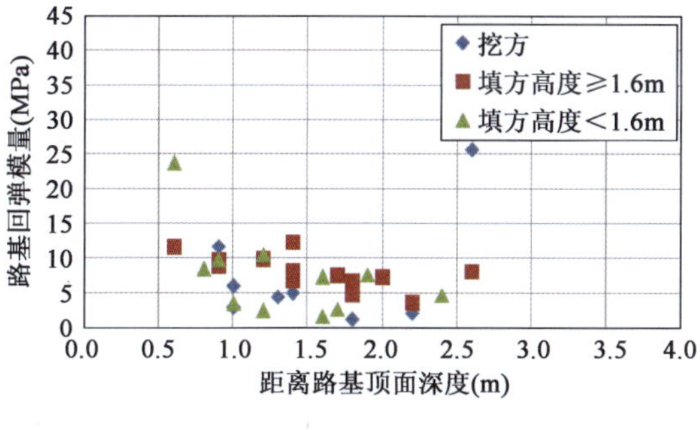

图 3-1-26　低液限黏土路基回弹模量分布

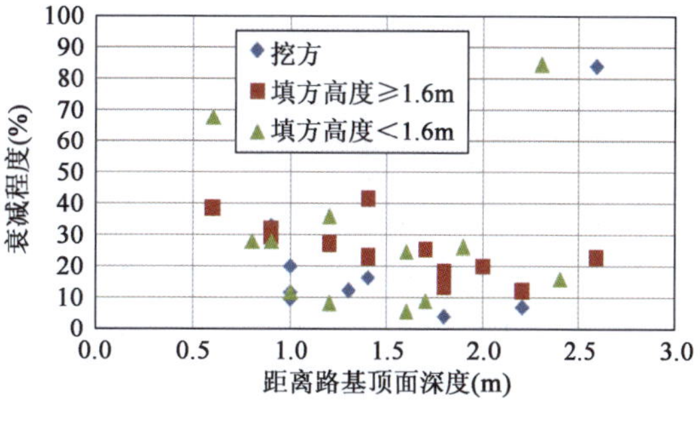

图 3-1-27　低液限黏土路基回弹模量衰减分布

②含砂低液限黏土路基强度衰减。

含砂低液限黏土是粗粒组含量在 25% ~50% 之间的细粒土，其粗粒组含量较低液限黏土高。含砂低液限黏土路基回弹模量分布如图 3-1-28 所示，回弹模量衰减分布如图 3-1-29 所示。

含砂低液限黏土路基回弹模量低于 35MPa，填高 160cm 以上路基回弹模量分布比较离散，总体指标较高。含砂低液限黏土路基回弹模量衰减分布比较均匀，路基回弹模量大部分衰减到设计值的 65% 以下，较低液限黏土衰减的程度小。

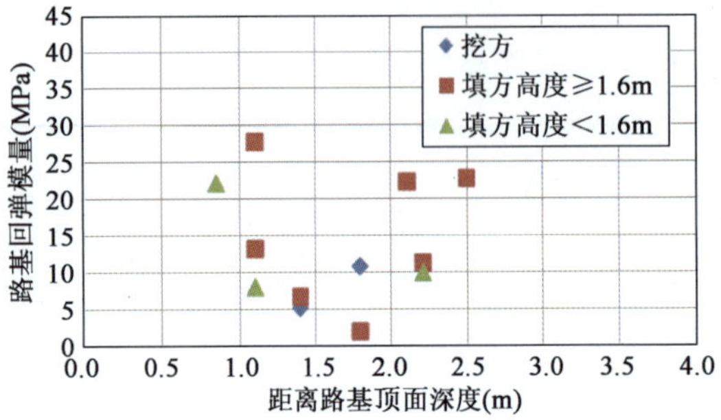

图 3-1-28　含砂低液限黏土路基回弹模量分布

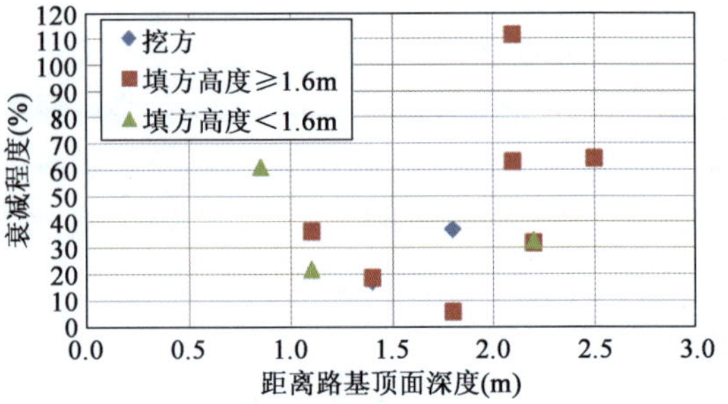

图 3-1-29　含砂低液限黏土路基回弹模量衰减分布

③粗粒土路基强度衰减整体状况。

粗粒土路基回弹模量分布如图 3-1-30 所示，可以看出：

a. 粗粒土路基模量在 10～75MPa 之间分布比较均匀，有半数低于 35MPa，即粗粒土衰减后的模量低于细粒土的设计值，对于粗粒土路基，也应重视强度衰减问题。

b. 粗粒土含水率大部分在 7%～19% 之间，多数超过了粗粒土起始冻胀含水率的上限(10%)，冻胀会对土体结构稳定性产生影响。

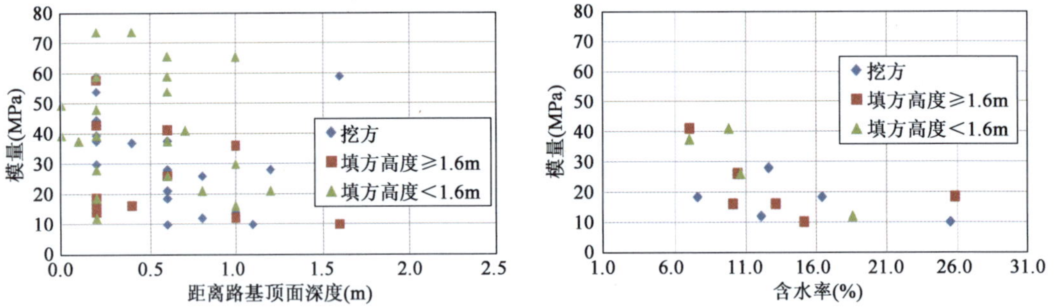

图 3-1-30　粗粒土路基回弹模量分布

粗粒土路基回弹模量衰减分布如图 3-1-31 所示，可以看出：

a. 粗粒土模量衰减程度在 20%～100% 范围内分布较为均匀，衰减至 60% 以上的占 46.6%，衰减至 40%～60% 的占 34.5%，衰减至 20%～40% 的占 18.9%。

b. 粗粒土强度衰减与路基断面形式相关性小。

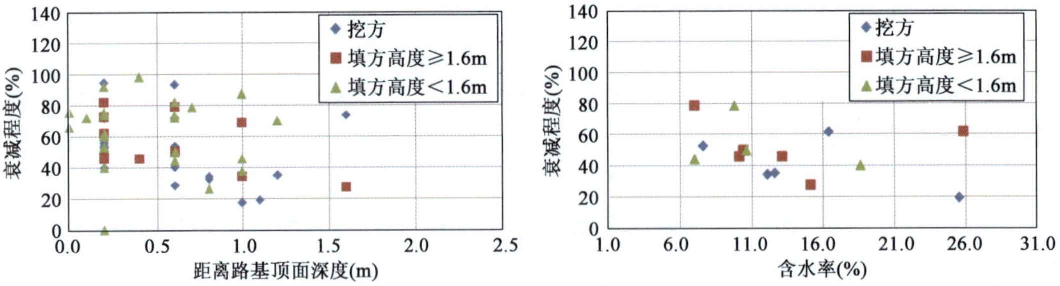

图 3-1-31　粗粒土路基回弹模量衰减分布

通过季冻区典型路段路基强度衰减分析可以得出：

a. 无论是细粒土还是粗粒土，路基强度均出现了明显的衰减。

b. 在1.0～3.2m路基深度范围内，细粒土路基回弹模量大多低于15MPa，60%～70%的路基会衰减至原模量的40%以下，衰减幅度较大。填方路基回弹模量衰减程度较挖方小。

c. 粗粒土路基模量在10～75MPa之间分布比较均匀，有半数低于35MPa，衰减程度在20%～100%范围内分布较为均匀，衰减至60%以上的占46.6%，衰减至40%～60%的占34.5%，衰减至20%～40%的占18.9%，衰减程度与其中细粒土含量存在密切关系。

d. 含砂低液限黏土路基回弹模量衰减分布比较均匀，大部分衰减到设计值的65%以下，其中，衰减至40%以上的占40%～60%，衰减至60%以上的占20%～40%，较低液限黏土衰减程度小。

(3)冻融条件下土基模量折减系数确定

综合季冻区工程调查、室内试验以及现场测试成果，冻融循环作用下土基模量折减系数统计详见表3-1-18。

土基模量折减系数汇总表　　表3-1-18

模量类型	项目名称	测试方法	折减系数范围
静态模量	新疆地区公路路基	室内试验	0.47～0.88
	中交第二公路勘察设计院室内测试	室内试验	0.26～0.42
	吉林省普通公路路基	现场测试	细粒土:0.2～0.7 粗粒土:0.4～0.95
	长平高速公路	承载板测试	0.6～0.8
	长平高速公路	落锤式弯沉仪(FWD)检测	0.29～0.73，平均0.54
	黑龙江北安公路试验段	承载板测试	0.36
	黑大、哈大、哈双高速公路	含水率推测	0.68～0.83
	长平高速公路	室内试验	0.07～0.16
动态模量	长平高速公路	室内试验	细粒土:0.34～0.40 含砾细粒土:1.00
	哈大高速公路	室内试验	粉质黏土:0.70～0.80
	齐嫩高速公路	室内试验	砂土:0.83

提出黏质土、粉质土折减系数范围为0.75～0.85，细粒土质砂及细粒土质砾折减系数范围为0.80～0.85。调查的公路均位于吉林省及黑龙江省的重冻区，冻融作用深度大，作用剧烈，路基整体衰减程度大；而中冻区和轻冻土冻融作用深度浅，作用相对较轻，路基整体衰减程度较小。冻融条件下路基材料回弹模量折减系数见表3-1-19。

冻融条件下路基材料回弹模量折减系数　　表3-1-19

冻区分类	土组分类	
	细粒土质砂、砾	黏质土、粉质土
重冻区	0.80～0.85	0.75～0.85
中冻区	0.85～0.90	0.80～0.90
轻冻区	0.90～0.95	0.85～0.95

3.1.4 季冻区路基抗冻稳定性关键技术指标

季冻区路基抗冻技术,一方面通过优选路基填料改善路基压实状态(图3-1-32);另一方面通过设置抗冻层改善路基的温湿状态,常用的措施包括设置路面防冻垫层、置换路基填料、设置隔水层等(图3-1-33)。

图3-1-32 集通高速公路路基填筑砂砾抗冻胀

图3-1-33 长双高速公路路基掺灰处理抗冻层

1. 路基填料抗冻性分类

针对季冻区典型路基一般填料(低液限黏土、粉土质砂、细粒土质砾),在不同含水率下进行冻胀试验分析,分析结果如图3-1-34所示。黏性土和粉土质砂冻胀系数与含水率关系为非线性关系,粗颗粒类土为较好的线性关系。参考国内外同类研究成果,根据冻胀率 η 的大小将季冻区路基土分为不冻胀、弱冻胀、冻胀、强冻胀和特强冻胀五类,详见表3-1-20。

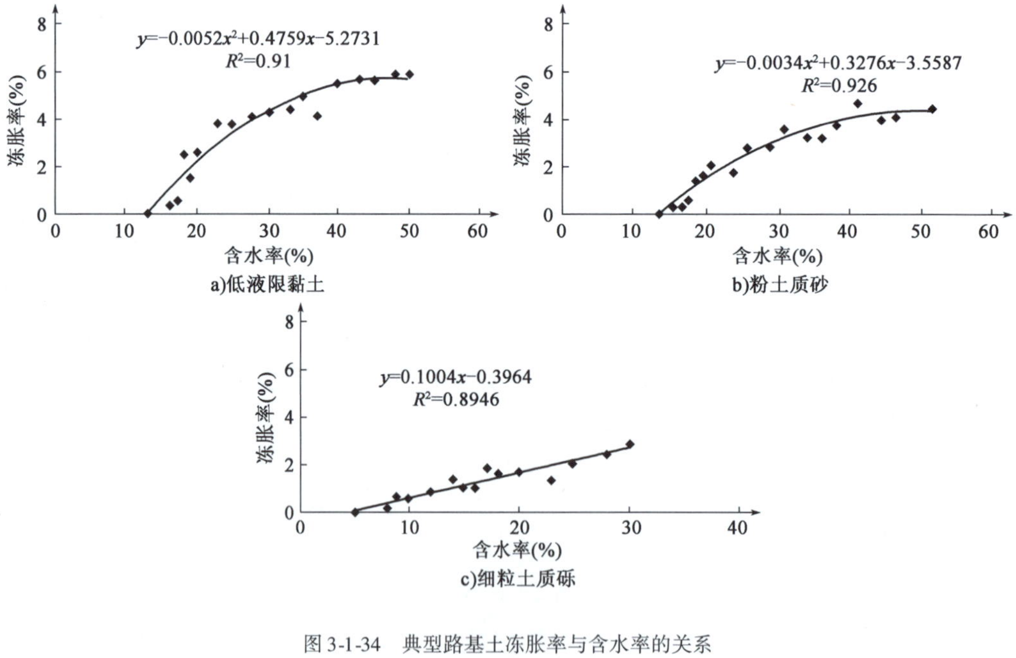

图3-1-34 典型路基土冻胀率与含水率的关系

季冻区路基土的冻胀性分类　　　　表 3-1-20

编号	土组名称	土质干湿状态	调查时土的天然含水率 w(%)	达到最大冻深时地下、地表水位距冻结线的最小距离 h_w(m)	平均冻胀率 η(%)	冻胀等级	冻胀类别
Ⅰ	含细粒土砾(砂),粒径小于 0.075mm 含量≤15%	干燥	不考虑	不考虑	$\eta \le 1$	1	不冻胀
Ⅱ	细粒土质砾(黏土质砂),粒径小于 0.075mm 含量≥15%	干燥	$w \le 12$	>1.0	$\eta \le 1$	1	不冻胀
				≤1.0	$1 < \eta \le 3.5$	2	弱冻胀
		中湿潮湿	$12 < w \le 18$	>1.0			
				≤1.0	$3.5 < \eta \le 6$	3	冻胀
		过湿	$w > 18$	>0.5			
				≤0.5	$6 < \eta \le 12$	4	强冻胀
Ⅲ	粉土质砂	干燥	$w \le 14$	>1.0	$\eta \le 1$	1	不冻胀
				≤1.0	$1 < \eta \le 3.5$	2	弱冻胀
		中湿潮湿	$14 < w \le 19$	>1.0			
				≤1.0	$3.5 < \eta \le 6$	3	冻胀
		过湿	$19 < w \le 23$	>1.0			
				≤1.0	$6 < \eta \le 12$	4	强冻胀
		过湿	$w > 23$	不考虑	$\eta > 12$	5	特强冻胀
Ⅳ	粉质土	干燥	$w \le 19$	>1.5	$\eta \le 1$	1	不冻胀
				≤1.5	$1 < \eta \le 3.5$	2	弱冻胀
		中湿潮湿	$19 < w \le 22$	>1.5			
				≤1.5	$3.5 < \eta \le 6$	3	冻胀
		过湿	$22 < w \le 26$	>1.5			
				≤1.5	$6 < \eta \le 12$	4	强冻胀
		过湿	$26 < w \le 30$	>1.5			
				≤1.5	$\eta > 12$	5	特强冻胀
		过湿	$w > 30$	不考虑			

续上表

编号	土组名称	土质干湿状态	调查时土的天然含水率 w(%)	达到最大冻深时地下、地表水位距冻结线的最小距离 h_w(m)	平均冻胀率 η(%)	冻胀等级	冻胀类别
V	黏质土	干燥	$w \leq w_P + 2$	>2.0	$\eta \leq 1$	1	不冻胀
				≤2.0	$1 < \eta \leq 3.5$	2	弱冻胀
		中湿 潮湿	$w_P + 2 < w \leq w_P + 5$	>2.0			
				≤2.0	$3.5 < \eta \leq 6$	3	冻胀
		过湿	$w_P + 5 < w \leq w_P + 9$	>2.0			
				≤2.0	$6 < \eta \leq 12$	4	强冻胀
		过湿	$w_P + 9 < w \leq w_P + 15$	>2.0			
				≤2.0	$\eta > 12$	5	特强冻胀
		过湿	$w > w_P + 15$	不考虑			

注：1. 土的干湿状态参照《公路沥青路面设计规范》(JTG D50—2017)确定。

2. w_P 为土的塑限。

3. 塑性指数大于22时，冻胀性降低一级。

4. 粒径小于0.005mm的含量大于60%时，为不冻胀土。

5. Ⅱ、Ⅲ类土，当填充细料大于全部质量的40%时，其冻胀性按填充料类别划分。

2. 路基填料抗冻性关键技术标准

路基冻深范围填料应综合考虑冻区划分、路基高度、干湿类型、路面结构类型及容许总冻胀量等因素，一般应优先选择非冻胀性和弱冻胀性材料，并保证填料的均匀性符合要求，工程实践中可按表3-1-21各项指标执行。

季冻区路基土质填料冻胀等级要求 表3-1-21

路基类型		路基层位			
		上路床 (0~0.3m)	下路床 (0.3~0.8m)	上路堤 (0.8~1.5m)	下路堤 (>1.5m)
非全冻路堤	土组	Ⅰ~Ⅱ	Ⅰ~Ⅴ	Ⅰ~Ⅴ	根据以上各层土质的抗冻性确定
	冻胀等级	1	1~2	1~3	
全冻路堤 挖方路段	土组	Ⅰ~Ⅱ	Ⅰ~Ⅲ	Ⅰ~Ⅴ	
	冻胀等级	1	1	1~2	

注：1. 土组分类号及土的冻胀等级见表3-1-20。

2. 水文条件比较好时，全冻路堤的上路堤可选3级。

路基填料不能满足抗冻等级要求时，一般应采取提高路基高度、降低地下水位、阻断地下毛细水及换填非冻胀性材料等措施。路基各层位压实度宜参照表3-1-22的标准执行，并在施工时充分、均匀压实，避免工后病害。

季冻区路基冻深压实度标准(重型击实标准)(%) 表3-1-22

路基类型		路基层位				
		上路床(0~0.3m)	下路床(0.3~0.8m)	上路堤(0.8~1.5m)	下路堤(>1.5m)	基底(0.3m范围内)
非全冻路堤		≥98/≥95	≥96/≥95	≥94/≥94	≥93/≥92	按所属层位标准且≥90/≥85
全冻路堤	换填土	≥98/≥96	≥96/≥95	≥94/≥94	≥93/≥92	
	地基土	≥96/≥95	≥96/≥95	≥93/≥90		
挖方路段	换填土	≥98/≥96	≥96/≥95	≥93/≥93		
	地基土	≥96/≥95	≥96/≥95	≥90/≥85		

注:1.斜线前数字为高速公路、一级公路压实度标准,斜线后数字为其他等级公路压实度标准。
2.零填路段压实度标准与挖方段相同。
3.冻深没达到的层位,执行《公路路基设计规范》(JTG D30—2015)中的压实度标准。

3.1.5 路基抗冻稳定性关键技术应用

季节性冰冻地区路基的中湿和潮湿路段应进行防冻厚度设计验算。抗冻设计可通过提高路面材料抗变形性能、增设抗冻垫层或减小路基填料的冻胀率等技术措施,改善结构的整体抗冻能力。

1.防冻垫层技术应用

路面垫层指的是设于基层以下的结构层。其主要作用是隔水、排水、防冻,以改善基层和土基的工作条件,要求水稳定性较好。季冻区抗冻垫层的最小厚度按式(3-1-7)计算:

$$h_{min} = Z_{max} - \frac{5B_k^2 \cdot \varepsilon_s}{24H_i K\xi\eta \times 10^6} - H_i \tag{3-1-7}$$

式中:h_{min}——抗冻垫层最小厚度(m);

B_k——路面计算宽度(m),高速公路、一级公路取半幅宽,多车道最大取12m,二级及二级以下公路取全宽;

ε_s——路面基层材料弯曲拉应变,通过小梁或中梁弯曲试验确定,其值不应小于220μ;

H_i——路面设计厚度(m);

K——路面材料安全系数,根据公路等级、材料均匀性和试验条件取1.05~1.1;

Z_{max}——道路多年最大冻深(m);

ξ——路面不均衡冻胀系数,高速公路、一级公路取0.2,二级公路取0.15。

道路多年最大冻深按式(3-1-8)计算:

$$Z_{max} = a \cdot b \cdot c \cdot Z_d \tag{3-1-8}$$

式中:Z_{max}——道路多年最大冻深(m);

a——路面、路基材料回弹模量折减系数,按表3-1-19选取;

b——路基湿度系数,冻胀等级分类按表3-1-21选取;

c——路基断面形式系数,压实度标准按表3-1-22选取;

Z_d——多年最大冻深(m),选用调查资料中十年标准冻深的最大值。

2.基底置换法技术应用

对于山区公路,风化的山砂、砾岩以及经过筛选的碎石、砾石土、山间采石场的毛石等均可作为置换材料(图3-1-35);对于平原区公路,则可使用河道里的砂砾、中粗砂、建筑废料等。

图3-1-35　集通高速公路风化山砂垫层技术应用

季冻区公路冰冻稳定性是控制路基换填深度的重要因素之一,合理的换填深度不仅是路面强度与稳定性的保证,而且能为减薄路面厚度、降低工程费用创造有利条件。路基填料和换填材料的冻胀变形不能超过路基总冻胀值,可用式(3-1-9)表示:

$$H_{zmin}\eta_z + (Z_{max} - H_p - H_{zmin})\eta \leqslant z_y \rightarrow H_{zmin} \geqslant \left| \frac{z_y - (Z_{max} - H_p)\eta}{\eta - \eta_z} \right| \tag{3-1-9}$$

式中:z_y——路基容许总冻胀值(mm);

η——路基填料冻胀率(%);

η_z——置换材料冻胀率(%);

H_p——路面结构厚度(mm);

H_{zmin}——最小置换深度(mm);

Z_{max}——道路多年最大冻深(mm)。

根据一般工程的统计结果汇总出沥青混凝土路面粉质土和黏质土路基的最小置换深度,见表3-1-23。

沥青路面细粒土路基最小置换深度(cm)　　表3-1-23

道路冻区	路基干湿状态	最大冻深线与地下水(地表水)距离(m)	路基土冻胀率(%)	路基置换深度	
				高速公路、一级公路	二级及二级以下公路
特重冻区	干燥	$>h_\varepsilon$	$\eta\leqslant1$	—	—
		$\leqslant h_\varepsilon$	$1<\eta\leqslant3.5$	60	30
	中湿 潮湿	$>h_\varepsilon$			
		$\leqslant h_\varepsilon$	$3.5<\eta\leqslant6$	120	100
	过湿	$>h_\varepsilon$			
		$\leqslant h_\varepsilon$	$6<\eta\leqslant12$	160	150
	过湿	$>h_\varepsilon$			

续上表

<table>
<tr><th rowspan="2">道 路 冻 区</th><th rowspan="2">路基干湿状态</th><th rowspan="2">最大冻深线与地下水（地表水）距离(m)</th><th rowspan="2">路基土冻胀率（%）</th><th colspan="2">路基置换深度</th></tr>
<tr><th>高速公路、一级公路</th><th>二级及二级以下公路</th></tr>
<tr><td rowspan="7">重冻区</td><td rowspan="2">干燥</td><td>$> h_\varepsilon$</td><td>$\eta \leq 1$</td><td>—</td><td>—</td></tr>
<tr><td>$\leq h_\varepsilon$</td><td rowspan="2">$1 < \eta \leq 3.5$</td><td rowspan="2">—</td><td rowspan="2">—</td></tr>
<tr><td rowspan="2">中湿
潮湿</td><td>$> h_\varepsilon$</td></tr>
<tr><td>$\leq h_\varepsilon$</td><td rowspan="2">$3.5 < \eta \leq 6$</td><td rowspan="2">60</td><td rowspan="2">40</td></tr>
<tr><td rowspan="2">过湿</td><td>$> h_\varepsilon$</td></tr>
<tr><td>$\leq h_\varepsilon$</td><td rowspan="2">$6 < \eta \leq 12$</td><td rowspan="2">100</td><td rowspan="2">90</td></tr>
<tr><td>过湿</td><td>$> h_\varepsilon$</td></tr>
<tr><td rowspan="7">中冻区</td><td rowspan="2">干燥</td><td>$> h_\varepsilon$</td><td>$\eta \leq 1$</td><td>—</td><td>—</td></tr>
<tr><td>$\leq h_\varepsilon$</td><td rowspan="2">$1 < \eta \leq 3.5$</td><td rowspan="2">—</td><td rowspan="2">—</td></tr>
<tr><td rowspan="2">中湿
潮湿</td><td>$> h_\varepsilon$</td></tr>
<tr><td>$\leq h_\varepsilon$</td><td rowspan="2">$3.5 < \eta \leq 6$</td><td rowspan="2">—</td><td rowspan="2">—</td></tr>
<tr><td rowspan="2">过湿</td><td>$> h_\varepsilon$</td></tr>
<tr><td>$\leq h_\varepsilon$</td><td rowspan="2">$6 < \eta \leq 12$</td><td rowspan="2">20</td><td rowspan="2">—</td></tr>
<tr><td>过湿</td><td>$> h_\varepsilon$</td></tr>
</table>

注：h_ε 为冻结水上升高度，参照《公路工程抗冻设计与施工技术指南》取值。

吉林省长春至松原高速公路农安绕越线在平原区具有典型代表性，采用置换法提高路基的冰冻稳定性，置换深度选择 40～90cm。同时考虑到路堤较低，路基湿度大，采取在原地面下清 50cm 盐碱湿土，填筑 80cm 天然砂砾的置换方式（图 3-1-36）。为观测处治效果，在 K15＋300 处埋设了湿度传感器及单点冻胀计，观测换填砂砾处治后低路堤毛细水上升程度，分析低路堤条件下毛细水上升对路基冻胀的影响。

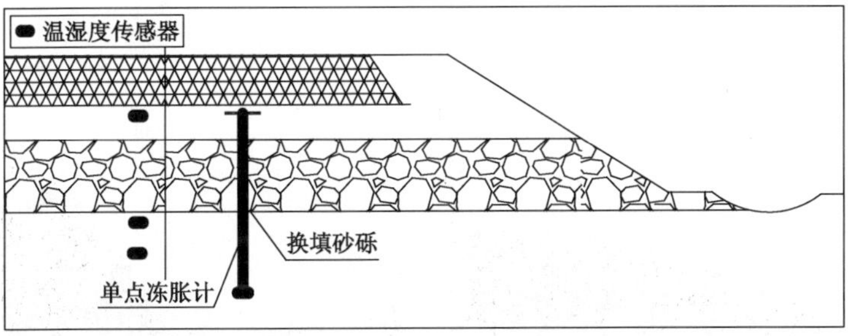

图 3-1-36　置换实体工程设计方案

2009 年 10 月，K15＋290～K15＋350 段进行了换填天然砂砾施工，分层填筑厚度为 40cm。K15＋300 断面冻胀变形在 2011 年 1 月 25 日—3 月 18 日期间逐步增长，在 2011 年 3 月 18 日—3 月 25 日期间冻胀变形达到最大，而后逐渐回落，此时路基顶面和最大冻深线处温度均在 0℃处。K15＋300 断面冻胀变形观测曲线如图 3-1-37 所示。路基沉降计冻胀变形综合结果为路基顶面抬高5.8mm。由于该段路基换填山皮石沉降量小，推断冻胀变形不会超过 60mm，观测结果验证换填措施是有效的。

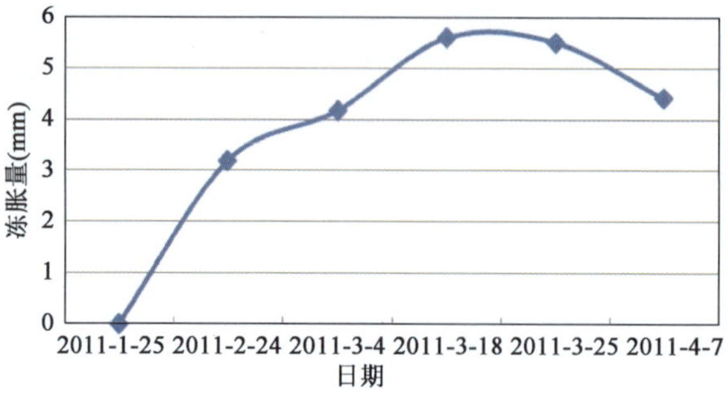

图 3-1-37　K15 + 300 断面冻胀变形观测曲线

3. 隔水层技术应用

工程实践中，当地下水位或地表积水位较高，路基处于潮湿或过湿状态，且又不宜提高路基时，可铺设隔水层，目的在于隔断毛细管水上升进入路基上部，防止在负温差时的水分积聚，以保持路基上部处于干燥状态。常用的透水性隔水层材料包括级配碎石、级配砾石和填隙碎石。

(1)级配碎石隔水层

级配碎石隔水层一般推荐采用骨架孔隙结构的级配，颗粒组成是一条顺滑的曲线，既具有优异的阻隔毛细水性能，又具有一定的强度。最大粒径：一级公路应控制在 37.5mm，二级及二级以下公路可控制在 53mm。碎石强度：石料的压碎值不大于 26%。碎石的形状和表面构造：富有棱角的碎石具有更好的嵌挤作用，其强度和稳定性更好，渗透系数高。石料洁净度：石料应干净，不含泥沙、土壤和植物等。小粒径材料液限应小于 25%，塑性指数应小于 8，尽量减少细料的含量，以利于排水。

(2)级配砾石隔水层

级配砾石隔水层一般可采用符合级配要求的天然砂砾，也可在天然砂砾中掺加部分碎石或碎砾石，以提高混合料的强度和稳定性，在集通高速公路进行了应用(图 3-1-38)。级配曲线应为圆滑曲线，级配砾石隔水层的颗粒组成范围建议值见表 3-1-24。要求混合料拌和均匀，没有粗细颗粒离析现象，砾石的最大粒径不应超过 53mm，且重型击实试验法确定压实度达 96% 以上，其他有关要求可参考级配碎石隔水层的设计要求确定。

图 3-1-38　集通高速公路路基级配砾石隔水层

级配砾石隔水层的颗粒组成范围　　表 3-1-24

筛孔尺寸(mm)	53	37.5	31.5	19.0	9.5	4.75	2.36	0.6	0.075
通过率(%)	100	90 ~ 100	81 ~ 94	63 ~ 81	45 ~ 66	27 ~ 51	16 ~ 35	8 ~ 20	0 ~ 7

4. 弃渣巨粒土路基填筑技术

山区公路使用的弃渣巨粒土填料是改善路基抗冻性能和提高路基结构弹性模量的最重要、应用最成熟的技术措施，是建设低碳节能、循环利用绿色公路和创建公路品质工程的重要环节。弃渣填料颗粒级配不仅与岩体的岩性、结构、构造以及风化程度等诸多因素有关，还与隧道或路堑的开挖方式、围岩性质和风化破碎程度有关。鹤大高速公路作为科技示范载体、集通高速公路作为品质工程创建载体，针对季冻区弃渣巨粒土路基填筑技术进行了深度探索和推广应用。

(1)弃渣巨粒土填料的级配特征

鹤大高速公路确定了工程地质和开挖方式具有代表性的隧道或路堑，系统开展了巨粒土填料的颗粒分析试验。巨粒土填料的不均匀性均较好，不均匀系数 C_u 通常均大于5；连续性则不确定，曲率系数 C_c 通常均大于1。此外，曲率系数 C_c 介于 1 ~ 3 之间时，不均匀系数 C_u 总体相对偏小；曲率系数 C_c 大于3 时，不均匀系数 C_u 总体明显偏大。填料的颗粒构成主要表现为两种情况：一种情况是颗粒相对不均匀且连续；另一情况是颗粒显著不均匀、不连续，并以相对较大的颗粒为主。巨粒土填料颗粒级配曲线如图 3-1-39 所示。

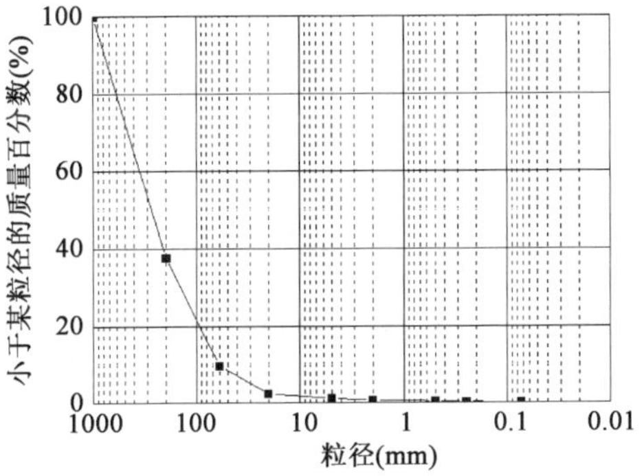

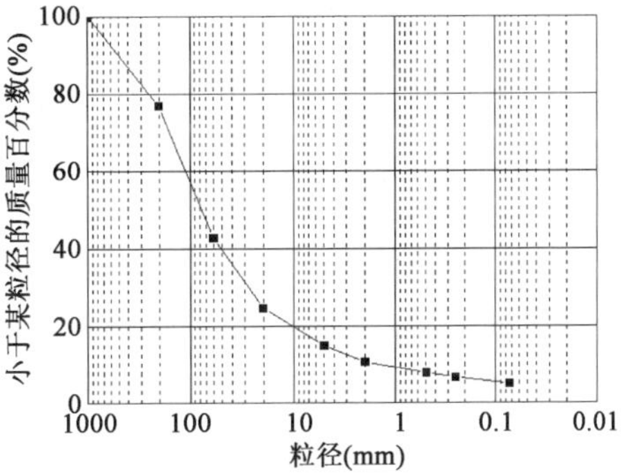

图 3-1-39　巨粒土填料颗粒级配曲线

(2)弃渣巨粒土填料的强度特性

鉴于巨粒土填料粒径变化范围较大，选用 SJ-70 大型高压三轴仪进行三轴剪切试验研究。巨粒土应力-应变特性受颗粒的影响，颗粒破碎增量先快后慢，破碎率达到峰值后呈下降趋势。伴随着材料内摩擦角的降低，强度指标下降，表现出明显的非线性特性。主应力差与轴向应变关系曲线如图 3-1-40 所示。

(3)弃渣巨粒土填料的变形特性

填石巨粒土的变形具有应变滞后和蠕变性质。弃渣巨粒土填料的压缩模量主要和其密实程度有关，干密度越大，其压缩模量也越高。从试验结果看，良好压实的弃渣巨粒土填料能达到很高的压缩模量，其后期变形很小，完全可以满足路基填筑的要求。含水率是影响弃渣弃方填料压实效果的重要因素之一。当含水率为零时，干密度值较大。稍增大含水率，干密度反而减小，直至曲线上干密度值出现谷点。在谷点之后，干密度值又随含水率的增大而增大，曲线出现双峰值。

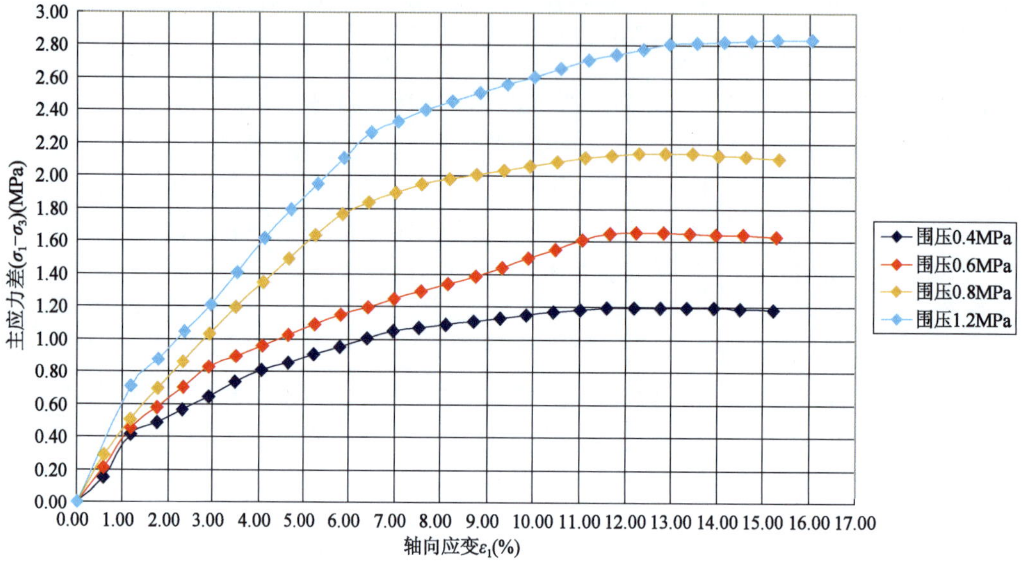

图 3-1-40　主应力差($\sigma_1-\sigma_3$)与轴向应变 ε_1 关系曲线

(4)弃渣巨粒土填料的破碎特性

破碎性是弃渣巨粒土路基的一个重要特征，工程验证表明：填石料颗粒的破坏常常表现为脆性破坏、延性破坏和弱面剪切破坏三种形式。填料强度、粒径组成、压实功能、颗粒形状等是影响弃渣巨粒土填料破碎性的主要因素。破碎性与填料的抗剪强度和变形特性都有着密切关系，从而影响了弃渣巨粒土路基的整体强度与稳定性。在层厚 60cm 的情况下进行破碎率与沉降率的试验。填料的破碎率在 25% 左右时，路基的沉降率达到较大值，此时被破碎的细小颗粒能够在原颗粒所形成的空隙中移动，进入空隙间，降低空隙比。

(5)弃渣巨粒土路基施工控制技术验证

集通高速公路路基弃渣巨粒土填料按石料规格分层填筑、分级使用，按照填筑路基的高度和填料的规格选择层厚和粒径级别。具体填料分级标准见表 3-1-25。

集通高速公路弃渣巨粒土填料分级标准(cm)　　表 3-1-25

等级	超巨粒	巨粒	粗粒	中粒	细粒
A 级	80 ~ 120	30 ~ 50	4 ~ 10	2 ~ 4	< 2
B 级	50 ~ 80	10 ~ 30	—	—	—

集通高速公路工程实践表明：弃渣巨粒土路基施工随着碾压遍数的增加，含水率逐渐减小，在最佳含水率 ±2% 范围内压实效果最佳。压实指标沉降差平均值一般应小于 5mm，标准差小于 3mm，超过限值应增强补压。随着碾压遍数的增加，沉降量不断减小，表明随着压实功的累积，路基变形在逐步变小。路基工后整体弯沉检测单点指标和代表值均远小于设计要求，压实抗冻性能和承载能力优良。

3.2　季冻区路面抗冻控裂关键技术

在20世纪80年代以前，我国公路建设速度、质量与发达国家相比有着相当大的差距。进入20世纪90年代，我国公路建设数量和质量均有了大幅度的提高。欧洲在20世纪90年代提出了长寿命路面，最早被英国确认，根据Powell等的理论提出了早期的沥青路面设计方法。Powell理论主张道路使用20年后，通过对原路面的补强来实现40年的设计寿命。同期，我国道路设计理念已开始由早期形成的"强基薄面"结构向大厚度长寿命路面转变。2005年由交通部立项、沙庆林院士负责，开展"重载交通长寿命半刚性路面关键技术研究"，并于2007年竣工完成秦皇岛试验路，奠定了半刚性基层长寿命沥青路面的基础，在国际上处于领先地位。季冻区道路在水、温度、荷载耦合作用下，路面易出现结构与材料的冻融损伤。极端低温及温度疲劳作用下，沥青路面也会出现严重的低温开裂早期损伤问题。2008年建成通车的吉林至延吉高速公路(图3-2-1)，是吉林省第一条采用长寿命路面结构(沥青路面厚度达到25cm)的高速公路，也是国内同期建设里程最长(284.7km)的长寿命路面高速公路。2016年建成通车的鹤大高速公路吉林段(图3-2-2)，对季冻区长寿命沥青路面新技术进行了集成式的探索实践，取得了良好效果。依托近年来的高速公路建设实践成果，于2018年提出吉林省沥青路面配合比设计标准，第一次以省级区域范围提出沥青混合料矿料参考级配范围，为推动吉林省高速公路品质工程建设进行了有益的探索，详见本书附录B。基于建设季冻区长寿命沥青路面的客观要求，针对半刚性基层、沥青混凝土面层材料的抗冻融和抗裂性能进行深入研究，解决高速公路路面的冻融、开裂等病害，提出季冻区公路路面抗冻控裂的关键技术要点。

图3-2-1　吉林至延吉高速公路

图3-2-2　鹤大高速公路吉林段

3.2.1　路面冻融损伤和开裂特征分析

季冻区半刚性基层沥青路面的冻融损伤主要涉及材料(沥青混凝土、半刚性基层和底基层材料)冻融及材料损伤导致的结构损伤，其中半刚性基层材料的冻融破坏是导致路面结构损伤开裂的重要因素，路表弯沉检测可以合理表征半刚性基层材料的冻融损伤特性，揭示沥青路面的结构冻融损伤规律。

1.冻融作用下沥青路面弯沉变化规律

我国沥青路面半刚性基层材料从稳定细粒土向稳定粒料过渡，逐步提高半刚性基层的综合性能。对半刚性基层性能的常规研究主要在抗疲劳、提高强度、减少干缩裂缝等方面，对冰冻耐久性问题重视不足。工程实践表明：冻融循环作用下，半刚性基层的材料损伤与路面结构损伤开裂密切相关，路面结构刚度的衰减受土基湿度变化和基层回弹量衰减的影响显著。在沈大高速公路改扩建工程中发现，抗冻性能不足造成的沥青路面板体结构破坏，路表大面积开裂，代表弯沉值显著增大，详见表3-2-1，导致路面必须通过结构性大修才能恢复使用性能。同期竣工的广佛高速公路与沪嘉高速公路，同样的半刚性基层仅发生疲劳反射裂缝，并未出现基层结构性松散破坏。

沈大高速公路代表弯沉值汇总表

表3-2-1

里程桩号	大连方向行车道					
	1989年春融期		1997年冰冻前		1999年春融期	
	标准差(0.01mm)	代表弯沉值(0.01mm)	标准差(0.01mm)	代表弯沉值(0.01mm)	标准差(0.01mm)	代表弯沉值(0.01mm)
K46+000~K47+000	5.06	33.03	10.37	65.23	16.28	105.42
K47+000~K48+000	3.85	30.58	6.63	65.07	18.66	106.61
K67+000~K68+000	9.96	33.09	4.55	50.93	19.75	103.32
K68+000~K69+000	6.17	30.36	3.79	42.39	24.60	100.08
K77+000~K78+000	4.69	30.33	7.23	52.87	12.64	83.20
K78+000~K79+000	2.41	22.74	4.24	45.30	12.30	89.11
K93+000~K94+000	3.75	22.13	10.27	90.39	12.28	117.93
K94+000~K95+000	3.16	19.05	10.65	71.32	18.08	126.23
K96+000~K97+000	5.93	24.51	5.17	77.42	12.96	110.20
K97+000~K98+000	3.41	23.00	6.74	82.59	14.99	113.89
K160+000~K161+000	6.50	39.51	18.55	120.29	21.15	103.48
K161+000~K162+000	4.55	33.03	21.49	110.17	30.62	124.49
K163+000~K164+000	7.32	47.09	10.11	71.43	12.91	77.09
K164+000~K165+000	4.93	46.90	11.26	72.56	15.75	83.20

在沈山高速公路的建设中总结发现了半刚性基层的抗冻性能问题，但未采取相应技术措施提高基层材料的抗冻性能，基层材料的冻融损伤对沥青路面结构整体刚度造成了较大影响。沈山高速公路一条车道上累计当量轴次 N_e 为1171万次，其设计弯沉值为0.22mm。2000年，对沈山线锦州—山海关段通车一年后的弯沉值进行了检测。2001年，对全线路面弯沉值再次进行了检测，并与工程竣工时的检测结果进行了对比。沈山高速公路（锦州—沈阳段）弯沉值随通车时间、车道、方向不同的变化情况见表3-2-2。代表路面结构整体刚度的弯沉经过一个冻融期就发生了较大衰减，并有逐步稳定的趋势。二灰稳定类基层路面的结

构整体刚度衰减比水泥稳定类基层路面更快,也证明了水泥稳定类基层的抗冻性能要比二灰稳定类基层更好。通过钻芯取样发现,半刚性基层的板体性基本丧失,基层结构逐步退化为柔性结构。

沈山高速公路(锦州—沈阳段)结构强度评价　　表 3-2-2

检测时间		2000 年 9 月	2001 年 7 月	2001 年 7 月	基层类型
方向		双向	沈阳方向	北京方向	
标段	桩号	代表弯沉平均值(0.01mm)			
01	K467 ~ K500	7.44	34.7	38.6	二灰碎石基层
02	K500 ~ K532	7.84	37.0	43.4	
03	K532 ~ K574	8.35	31.3	26.7	
04	K574 ~ K611	9.31	26.0	24.8	
05	K611 ~ K658	10.42	20.4	19.0	水泥稳定砂砾
总平均值		8.81	29.0	29.1	

当半刚性基层发生冻融损伤时,基层模量下降,路面弯沉增大,路面结构的整体刚度降低,据此可以建立基层材料冻融损伤与路面结构损伤的关系。采用无侧限抗压强度作为基层材料冻融损伤变量,半刚性基层的冻融损伤可通过理论弯沉系数(α_c)的变化表现出来:

$$\alpha_c = f\left(\frac{h_1}{\delta},\frac{h_2}{\delta},\cdots,\frac{h_{n-1}}{\delta},\frac{(1-D)E_2}{E_1},\frac{E_3}{(1-D)E_2},\cdots,\frac{E_0}{E_{n-1}}\right) \tag{3-2-1}$$

式中:δ——标准车型的当量圆半径(cm);

h_n——各结构层厚度(cm);

E_n——各层材料回弹模量值(MPa);

D——损伤因子。

2. *沥青路面结构冻融损伤规律*

季冻区路面结构承载力的衰减不仅包括车辆荷载重复作用下的疲劳损伤,还包括结构层材料冻融损伤。半刚性基层的冻融损伤是基层由板体状态向松散状态退化的过程,而在结构整体刚度方面表现为沥青路面由半刚性基层向柔性基层退化。沈山高速公路沥青路面竣工时,其强度评定级别均为优,仅仅经过一个冬季路面强度级别就降到了良好状态以下,表明冻融作用对路面结构承载力有较大影响。数据统计分析显示:干燥、稳定的风积砂路基段,冻融对土基湿度的影响很小,结构强度的降低主要取决于基层的刚度损伤和开裂,一个冻融循环后沥青路面路表弯沉显著增加,冻融损伤使得基层的板体性降低,导致路面结构承载力降低,路面开裂。基层模量衰减与路面结构强度状况的转化关系见表 3-2-3 和图 3-2-3。沈山高速公路使用三四年后路表弯沉基本稳定在 30 ~ 40(0.01mm)之间,按柔性基层确定路面结构设计弯沉,其设计弯沉值为 34.4(0.01mm),表明路面结构基本退化为柔性基层沥青路面。

典型路面结构基层模量衰减与路面结构强度状况　　表 3-2-3

基层模量(MPa)	计算抗压强度(MPa)	路表弯沉(0.01mm)	强度系数	评价分级
4000	22.7	15.7	1.37	优
3000	12.8	17.3	1.24	优
2500	8.9	18.4	1.17	良
1500	3.2	21.5	1.00	良
1200	2.0	23.1	0.93	中
800	0.9	26.3	0.82	中
400	0.2	33.9	0.63	次
250	0.1	41.3	0.52	差

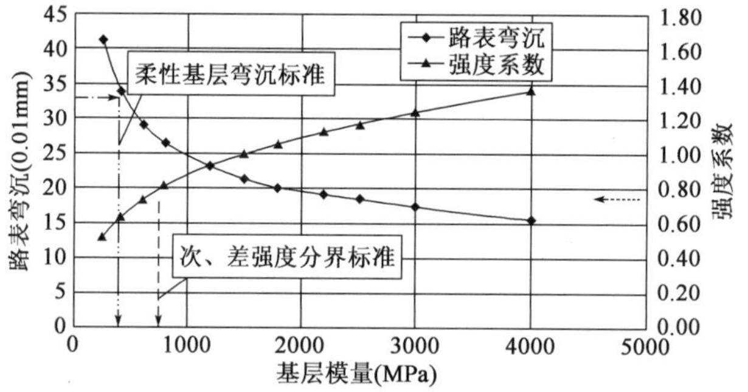

图 3-2-3　基层模量变化与路面结构承载力关系

3.2.2　沥青路面低温裂缝特征分析

沥青路面的裂缝包括荷载裂缝和非荷载裂缝。非荷载型的温缩裂缝与半刚性基层所引起的反射裂缝均与沥青及沥青混合料的抗裂性能密切相关。

1. 季冻区沥青路面低温裂缝特征

自 1975 年以来,对哈尔滨、沈阳、北京、天津、西安、南京、上海等地的路面裂缝进行了调查,发现沥青面层低温裂缝的主要变化规律是:

(1)低温裂缝开始于表面,并随时间向下扩展。低温裂缝密度与降温速率密切相关,而裂缝的宽度取决于极端最低气温。

(2)半刚性基层沥青路面的低温开裂,除沥青面层的缩裂外,还包括半刚性基层缩裂的反射裂缝,这也是半刚性基层沥青路面低温裂缝较柔性基层沥青路面多的原因。

(3)提高面层沥青标号及采用骨架密实型混合料基层可有效减小裂缝密度。路堑与低填路段裂缝少,高填路堤(全冻路堤)裂缝多。

(4)重载路段裂缝多,说明路面低温时除收缩开裂外,还包含高模量沥青面层的荷载开裂,在 -20℃时沥青混凝土抗压回弹模量可达 8000MPa。

(5)在未达到沥青路面的疲劳寿命之前,沥青路面的裂缝随使用年限的增加而增加,说明路面温度裂缝与沥青老化性能及温度应力重复作用有关。

2. 沥青路面开裂调查及影响因素分析

(1)哈尔滨西环高速公路

①全线路面开裂间距为 20 ~ 100m,大多为 30 ~ 50m。

②桥面铺装的横向开裂更为整齐,而公路的路面开裂并不十分规则,这主要与施工变异性有关,部分路段可能存在结构因素。

③桥面铺装的横向裂缝基本位于桥梁结构接缝处,开裂形态规则,其间距可达 50 ~ 70m,其中四方台斜拉桥全跨 336m 无开裂,说明采用适宜的结构组合及混合料配合比可以有效控制沥青路面的低温缩裂。

西环高速公路路面在 2004 年、2005 年以及 2009 年的裂缝分布如图 3-2-4 和图 3-2-5 所示,直观展示了横向开裂的历年发育规律。2004 年的调查时间为 5 月,发生多种类型路面开裂;2005 年 5 月再次调查,即工程通车之后第一个冬季结束时,路面出现了大量的贯通型裂缝;之后每年都会产生少量新的开裂,但裂缝的总体数量趋于稳定。

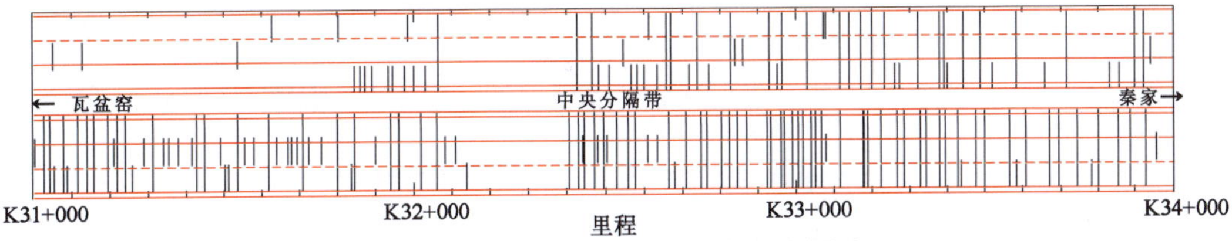

a) K31+000~K34+000中面层2004年横向裂缝分布

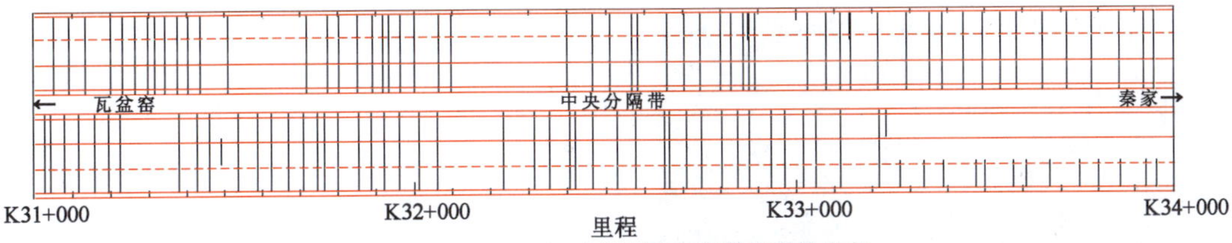

b) K31+000~K34+000上面层2005年横向裂缝分布

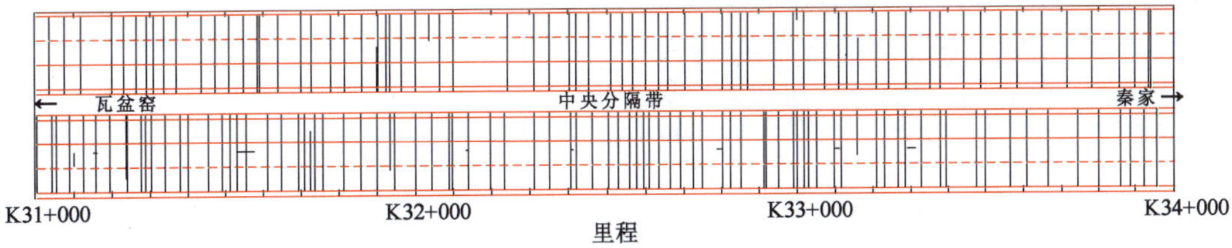

c) K31+000~K34+000上面层2009年横向裂缝分布

图 3-2-4　哈尔滨西环高速公路 2004 年、2005 年、2009 年横向裂缝分布(一)

(2)长春—四平(长平)高速公路(改建前)

①长平高速公路开裂严重的路段数量较多,有些路段反复罩面翻修,选用改性沥青混合料,却仍然未能有效控制开裂情况(图 3-2-6)。

②现场路面取芯及病害调查综合分析显示,地下水作用下路基冻胀隆起变形传递给路面结构层,半刚性基层承载能力劣化严重,表现为沥青面层车辙、局部拥包,重载交通下推移变形严重。

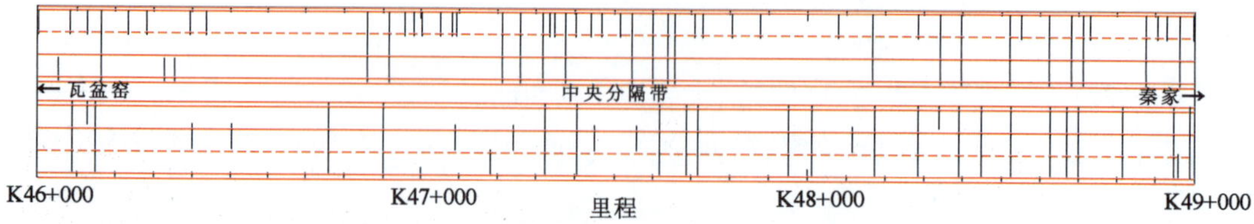

a) K46+000~K49+000中面层2004年横向裂缝分布

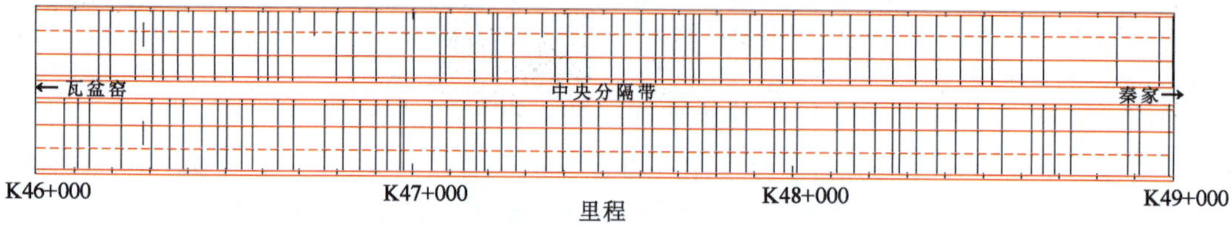

b) K46+000~K49+000上面层2005年横向裂缝分布

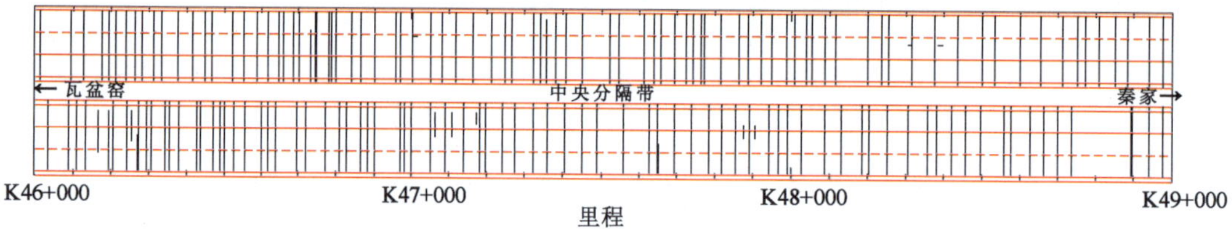

c) K46+000~K49+000上面层2009年横向裂缝分布

图 3-2-5　哈尔滨西环高速公路 2004 年、2005 年、2009 年横向裂缝分布(二)

图 3-2-6　长平高速公路路面开裂情况

③作为季冻区重要的高速公路通道,路面的车辙与开裂并存,而且均十分严重,仅通过材料措施难以有效平衡各类路用性能指标。

(3)齐齐哈尔—泰来(齐泰)高速公路

现场路面温度场监测显示,试验路段 2010 年 2 月路表平均最低温度为 -26.8℃,较泰来地区历年空气平均最低气温低 7℃。采用 PG70-28 分级,结构面层开裂间距在 30 ~ 50m 之间,局部路段最长可达 90m,说明按照 PG 分级技术指标及标准选择的沥青类型可以满足设计要求。

(4)吉林—延吉(吉延)高速公路(图 3-2-7)

吉延高速公路于 2008 年通车,2011 年统计的裂缝间距为 34.5m,2013 年减小为 30.9m,表明裂缝间距在通车三四年后已经较为稳定。吉延高速公路通车已经超过 10 年,总体路基稳定,结构层未见严重病害损伤,除局部路段进行过小规模常规罩面维修外,总体路面服役性能良好。

(5)其他公路

黑龙江省国道 111 线齐齐哈尔段 11 月与 12 月降温时,路面开裂间距分布差异明显,20 ~ 30m 与 30 ~ 50m 都普遍存在,甚至个别路段的开裂间距小于 20m,考虑施工变异性对开裂影响十分重要。裂缝的宽度也存在较大的差异,说明裂缝的产生机理存在显著的不同。

图 3-2-7　吉延高速公路

哈尔滨机场高速公路路面开裂间距在 30～35m 之间，分布较为均匀，同时存在较多的纵向裂缝，主要是温度缩裂以及基层的反射裂缝。

内蒙古自治区呼伦贝尔市冬季严寒，发现大多数沥青路面的开裂十分严重，间距普遍在 10～20m 之间，甚至大量存在小于 10m 的开裂。适当的钻芯调查表明，基层自身开裂导致的反射裂缝比例较大。

吉林省 3 条干线一级公路采用 10cm 沥青面层与半刚性基层，其开裂间距在20～35m之间，少量路段开裂更为严重，也存在超过 50m 的开裂间距，但比例都较小。

3.2.3　长寿命路面抗冻控裂关键技术

季冻区温度、湿度的单独或耦合作用，使公路路面出现冻融损伤和开裂等早期病害。为改善路面的使用性能，提高结构耐久性，要解决以下问题：

(1)需建立半刚性基层材料的冻融耐久性和温度收缩开裂特性的评价方法、指标与标准。半刚性基层冻融损伤和早期开裂严重影响路面结构的使用耐久性，需要建立相应的试验方法和技术指标，以合理选择与设计半刚性基层结构。

(2)沥青面层材料的冻融损伤主要表现为沥青-集料界面黏附失效引起的松散和坑槽。当前还没有合理的评价方法和指标，仅通过一些宏观的力学试验(如劈裂强度试验)或经验性的指标间接描述。需要深入分析沥青-集料界面黏附机理，建立合理的冻融损伤模型，合理表征沥青混合料的冻融耐久性，进而改善沥青面层材料的抗冻性能。

(3)针对沥青路面低温开裂控制缺少相应的技术标准和设计指标，也没有建立评价沥青及沥青混合料低温抗裂性的试验方法和评价标准。为合理控制沥青路面的开裂间距，需结合工程调查与室内试验，提出合理的评价方法、指标和标准。

季冻区路面材料的抗冻抗裂性能评价方法，应在结构与材料设计一体化框架下，通过结构组合优化和材料性能提升，提出适宜的路面组合结构以及材料改性技术，控制沥青路面的冻融损伤和开裂。集通高速公路在创建品质工程过程中有针对性地应用了 SBS 沥青路面改性技术、玄武岩纤维 SMA 路面技术、路面水稳基层双拌缸振动拌和技术以及沥青路面智能施工远程控制系统等(图 3-2-8)。经实践检验，在抗冻控裂解决路面早期病害方面效果比较理想。

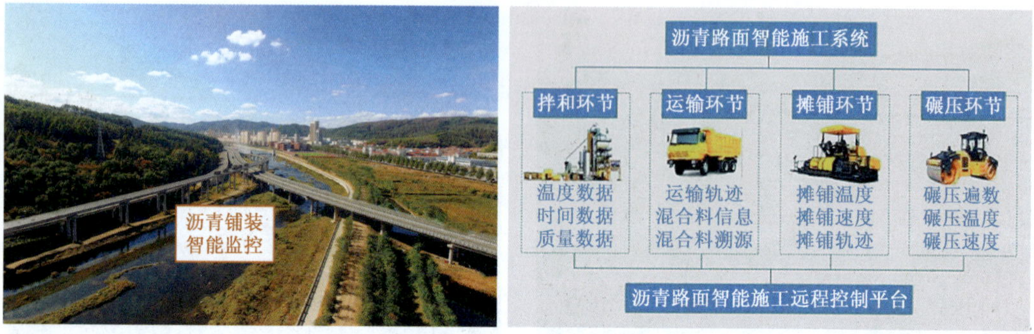

图 3-2-8　沥青路面智能施工远程控制系统应用

3.3　季冻区半刚性抗冻基层研究与应用

路面半刚性基层材料具有整体性强、承载力高等特点，在公路工程中应用广泛。但是半刚性基层抗冻性较差，容易在冻融作用下产生板体结构损伤破坏。寒冷地区半刚性基层的抗冻性能指标控制与创新工艺技术应用，是铺筑高品质抗冻耐久路面的重要控制环节。

3.3.1　半刚性基层材料冻融损伤机理分析

1. 半刚性基层材料的冻融损伤机理

路面半刚性基层是多孔材料，在冻融过程中，每一次循环都在半刚性基层混合料内部产生冻融应力，使结构内部缺陷逐渐扩大累积，各类微裂缝扩展贯通形成新的损伤，乃至形成宏观开裂。冻融和损伤循环往复积累，最终导致半刚性基层板体结构破坏。半刚性基层混合料孔隙率比原材料孔隙率大得多，饱水冻融时混合料孔隙就会受力扩张。根据混凝土材料的结冰压力假说，半刚性基层材料中硬化浆体与集料结合部分发生冻融损伤时，其破坏压力的来源有三种：

(1)结冰时的膨胀促使孔隙中过量水排出，由此产生挤水压力。

(2)由于结冰的纯水从溶液中析出，或者由于外部盐分的渗入，孔隙中溶液的局部浓度增高，产生渗透压。

(3)融化时凝胶孔中的过冷水与同温度冰之间产生蒸汽压差，导致凝胶水向含冰毛细孔扩散而引起渗透压。

半刚性基层材料受冻结冰时产生的破坏压力与单轴受压的荷载损伤模式相似，如图 3-3-1所示。先在(1)区出现Ⅱ型微观裂纹，之后在(2)区即集料与基体界面出现Ⅰ型微观裂纹，最后在(3)区即基体内出现Ⅰ＋Ⅱ型微观裂纹，并导致平行荷载方向的宏观裂纹产生而失稳破坏。

半刚性基层材料内部冰体融化时产生的渗透压与单轴受拉的荷载损伤模式相似，如图 3-3-2所示。先在集料与基体相接的(1)面形成Ⅰ＋Ⅱ型微观裂纹，之后在集料之间的(2)面基体内生成Ⅰ型微观裂纹，并扩展出现正交拉应力方向的宏观裂纹，直至最后导致整体失稳破坏。

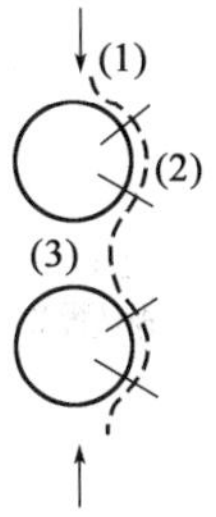

图 3-3-1　受冻结冰作用下损伤模式

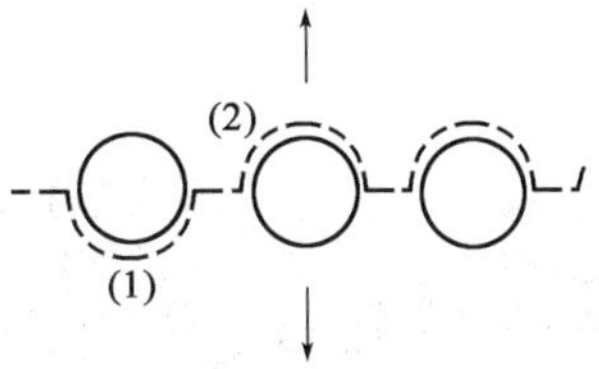

图 3-3-2　冰体融化渗透压损伤模式

2. 连续损伤力学理论在冻融破坏中的应用

损伤力学研究的对象是含有各类微缺陷的变形固体,按照 Lemaitre 损伤力学分析半刚性基层冻融损伤问题,非弹性变形和破坏的微观特征主要表现在微裂隙尺寸与晶粒属于同一量级,轴向微裂隙占主导,几乎没有宏观的塑性区形成,因此半刚性基层的损伤可认为是弹性损伤。引入损伤变量 D,在一维问题中,根据 Lemaitre 提出的应变等价原理,可以得出无损半刚性基层强度 σ 和损伤半刚性基层强度 $\overline{\sigma}$ 的关系如下:

$$\overline{\sigma} = (1 - D)\sigma \tag{3-3-1}$$

以及本构关系:

$$\overline{\sigma} = E \cdot \varepsilon(1 - D) \tag{3-3-2}$$

$D = 0$ 时,对应于无损伤状态;$D = 1$ 时,对应于完全损伤(断裂或松散)状态;$0 < D < 1$ 时,对应于不同程度的损伤状态。

对于各向同性材料,在常规三轴压缩条件下,可得出半刚性基层的本构关系为:

$$\varepsilon_1 = \frac{1}{1 - D}\left(\frac{\sigma_1}{E} - \frac{2\mu\sigma_3}{E}\right) \tag{3-3-3}$$

对于横观各向同性半刚性基层,如以 D_1、D_2、D_3 分别表示 x、y、z 三个方向的损伤变量,则 $D_1 = D_2$。用 E_H、E_V 分别表示水平和垂直方向的弹性模量,V_H、V_V 分别表示水平方向和垂直面内的泊松比,G_2 为垂直向上的剪切模量,则可得横观各向同性半刚性基层的损伤有效柔度矩阵为:

$$[C]^{-1} = \begin{bmatrix} \frac{1}{E_H(1-D_1)^2} & \frac{-V_H}{E_H(1-D_1)^2} & \frac{-V_V}{E_V(1-D_1)(1-D_3)} & 0 & 0 & 0 \\ & \frac{1}{E_H(1-D_1)^2} & \frac{-V_V}{E_V(1-D_1)(1-D_3)} & 0 & 0 & 0 \\ & & \frac{1}{E_H(1-D_1)^2} & 0 & 0 & 0 \\ & & & \frac{2(1+V_H)}{E_H(1-D_1)^2} & 0 & 0 \\ & \mathrm{S} & & & \frac{1}{(1-D_1)(1-D_3)} & 0 \\ & & & & & \frac{1}{(1-D_1)(1-D_3)G_2} \end{bmatrix} \tag{3-3-4}$$

式(3 3-4)即为横观各向同性半刚性基层的应力应变本构关系。按照连续损伤理论及随机损伤的观点,损伤变量是一个随机变量,可以用统计理论来研究损伤。根据水泥混凝土的有关研究成果,可用威布尔(Weibull)分布函数表示半刚性基层材料内部损伤的程度。当半刚性基层所受载荷为 τ_{max} 时,损伤变量为:

$$D(\tau \leqslant \tau_{max}) = \frac{1}{\sigma\sqrt{2\pi}}\int_{0}^{\tau_{max}} \exp\left(-\frac{x-\tau_0}{2\sigma^2}\right)dx \tag{3-3-5}$$

$$= \frac{1}{\sqrt{2\pi}}\int_{\frac{\tau_0}{\sigma}}^{\frac{\tau_{max}-\tau_0}{\sigma}} \exp\left(-\frac{t}{2}\right)dt \tag{3-3-6}$$

式中:τ_0——随机变量的数学期望;

τ——半刚性基层材料所能承受的最大许可剪应力;

σ——τ 的均方差。

σ 越大,曲线越低平;σ 越小,曲线越陡峭。

对于横观各向同性材料的损伤变量 D_1 、D_2 ,可做常规无侧限抗压强度试验,得出:

$$\varepsilon_1 = \frac{\sigma_1 - \sigma_2}{E_V(1-D_3)^2} = \frac{\sigma_1 - \sigma_3}{E_V} \tag{3-3-7}$$

$$\varepsilon_2 = \varepsilon_3 = \frac{-V_V(\sigma_1 - \sigma_3)}{E_V(1-D_1)(1-D_3)} \tag{3-3-8}$$

故有:

$$D_1 = D_2 = 1 - \frac{\overline{V}_V}{V_V}(1-D_3) \tag{3-3-9}$$

$$D_3 = 1 - \left(\frac{\overline{E}_V}{E_V}\right)^{\frac{1}{2}} \tag{3-3-10}$$

极限抗压强度或者弹性模量指标均可作为半刚性基层冻融损伤的评价变量,考虑到弹性模量平行试验的变异性较大,试验控制复杂,故推荐采用极限抗压强度作为工程应用的冻融损伤评价变量,并建立无侧限抗压强度的评价标准。

3. 半刚性基层冻融损伤的可靠度分析框架

半刚性基层结构遭受冻融循环作用的正负峰值温度差具有随机性,假设 $F(N)$ 为在确定冻融循环正负峰值温度差 S 下半刚性基层冻融循环寿命 N 的分布密度函数。试验证明,可以用威布尔分布或对数正态分布,推导出半刚性基层混合料冻融循环作用下失效分布模型为:

$$F(N) = 1 - \exp\left[-\left(\frac{N-\gamma}{\eta}\right)^{\beta}\right] \tag{3-3-11}$$

式中:γ——最小寿命参数;

η——特征寿命参数;

β——威布尔形状参数。

已知冻融循环正负峰值温度差和冻融循环寿命分布密度函数，则可以得出半刚性基层冻融循环可靠度为：

$$P_r(n) = P(n < N) = \int_n^{\infty} f(N)\mathrm{d}N \tag{3-3-12}$$

式中：n——给定的冻融循环次数；

$P_r(n)$——在冻融循环次数 n 下的可靠度。

相关研究成果表明，冻结温度和冻融循环正负峰值温度差对半刚性基层混合料的冻融破坏影响很大。为了简化计算，假设相近的冻结温度和冻融循环正负峰值温度差相近的冻融循环归并为一个阶段，第 i 阶段中冻融循环平均正负峰值温度差为 S_i，冻融循环次数为 n_i，在此种冻融循环正负峰值温度差情况下，半刚性基层的冻融循环寿命为 N_i。由失效概率和可靠度的关系可得半刚性基层冻融循环失效概率为：

$$P_f(n) = 1 - P_r(n) = 1 - \exp\left[-\left(\frac{n-\gamma}{\eta}\right)^{\beta}\right] \tag{3-3-13}$$

在顺序的 k 阶段正负峰值温度差冻融循环作用下，半刚性基层的失效概率为：

$$P_{fk}(n_1, n_2, \cdots, n_k) = 1 - \exp\left(-\left\{\cdots\left[\left(\frac{n_1-\gamma_1}{\eta_1}\right)^{\frac{\beta_1}{\beta_2}} + \frac{n_2}{\eta_2}\right]^{\frac{\beta_2}{\beta_3}} + \cdots + \frac{n_k}{\eta_k}\right\}^{\beta_k}\right) \tag{3-3-14}$$

路面半刚性基层受冻融循环作用产生内部损伤到结构逐步劣化失效是一个渐进积累的过程，在早期阶段能够有效承受行车荷载和环境冻融损伤。考虑到路面结构的安全运行和冻融耐久性，根据以上失效概率计算模型，可以预测半刚性基层的冻融循环剩余使用寿命。

3.3.2　半刚性基层抗冻性能

1. 冻融损伤试验方法

冻融循环试验采用标准成型方法，将半刚性基层混合料制成两组 150mm × 150mm 的圆柱体试件，按照标准方法养生，养生温度取(18 ± 2)℃。在试件 28d(或其他龄期)养生龄期结束的前一天将试件在室温下饱水 24h，一组试件直接进行抗压强度试验，另一组试件用于冻融循环试验。进行冻融循环试验应符合如下要求：

(1)试验采用慢冻法，设定程序在温度为(－18 ± 2)℃下冻结 8h，在温度为(18 ± 2)℃下融化 8h，即 16h 作为一次冻融循环。

(2)在冻结和融化终了时，试件中心温度应分别控制在(－18 ± 2)℃和(18 ± 2)℃。中心温度应以测温标准试件实测温度为准，温度的允许偏差为 ±0.5℃。

(3)初始试验状态为饱水状态，或试件在冻结和融化过程中均处于浸水状态。

(4)冻结和融化之间的转换时间不应超过 10min。

2. 冻融损伤试验技术指标

冻融循环试验测定 28d 龄期混合料冻融前后的无侧限抗压强度，计算确定半刚性基层材料的耐冻系数、冻融损伤系数、冻融质量损失率、饱和面干吸水率等 4 项技术指标。

（1）耐冻系数：

$$\Delta f_{m} = \frac{f_{m2}}{f_{m1}} \times 100 \tag{3-3-15}$$

式中：Δf_{m}——n 次冻融循环后的试件耐冻系数（%）；

f_{m1}——未经冻融的对比试件饱水抗压强度平均值（MPa）；

f_{m2}——n 次冻融循环后的试件饱水抗压强度平均值（MPa）。

（2）冻融损伤系数：

$$D = 1 - \Delta f_{m} \tag{3-3-16}$$

（3）冻融质量损失率：

$$\Delta m_{m} = \frac{m_0 - m_n}{m_0} \times 100 \tag{3-3-17}$$

式中：Δm_{m}——n 次冻融循环后的试件质量损失率（%）；

m_0——冻融循环试验前的试件质量（kg）；

m_n——n 次冻融循环后的试件质量（kg）。

（4）饱和面干吸水率：

$$W_{n} = \frac{m_2 - m_1}{m_1} \times 100 \tag{3-3-18}$$

式中：W_{n}——试件的吸水率（%）；

m_1——烘干至恒重时的试件质量（kg）；

m_2——饱水至恒重时的试件质量（kg）。

3. 工程验证分析结论

根据长余高速公路的工程试验，二灰碎石混合料进行静压成型与振动成型两种工艺不同冻融循环次数下的冻融试验，计算上述 4 项技术指标，初步分析冻融循环对半刚性基层冻融损伤的影响规律（图 3-3-3、图 3-3-4）。得出以下结论：

（1）相同级配的半刚性混合料，振动成型工艺较静压成型得到的试件冻融损伤系数明显变小。

（2）随着冻融循环次数的增加，半刚性基层混合料冻融损伤系数增大，即其冻融损伤逐渐增加。

（3）12 次冻融循环之后，半刚性基层混合料的冻融损伤普遍达到 50% 以上。试验数据表明 5 次冻融循环之后，混合料的冻融损伤速度明显提高，因而最终确定在 5 次冻融循环后测定冻融损伤指标。

（4）在冻融循环过程中，残余强度随质量损失而呈现逐渐降低的趋势。随着冻融次数的增加，吸水率均呈逐步增加的趋势。

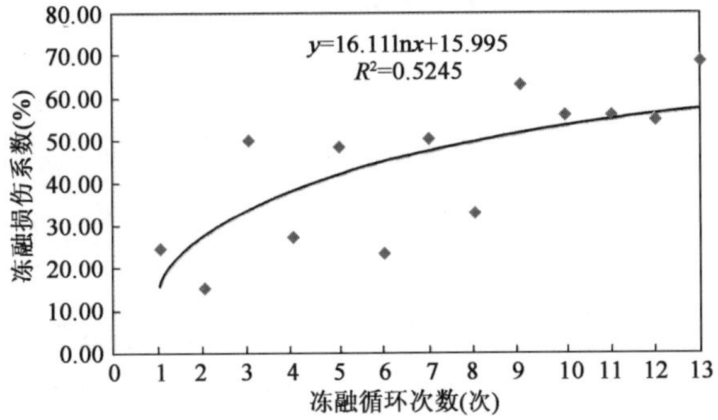

图3-3-3　静压成型冻融损伤系数变化曲线

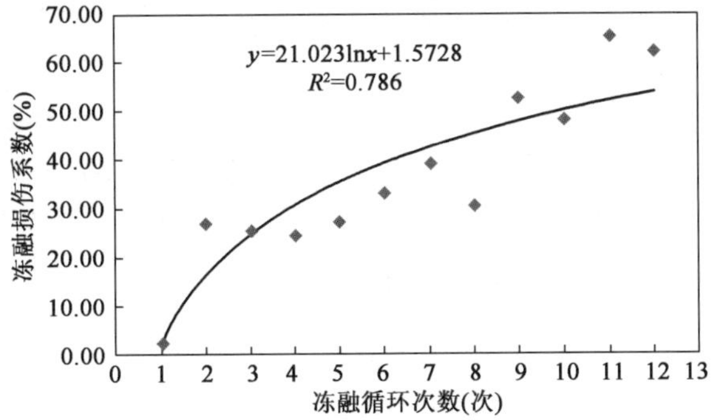

图3-3-4　振动成型冻融损伤系数变化曲线

3.3.3　半刚性基层温缩性能

1. 计算方法

路面半刚性基层标准试件的温度收缩应变(温缩应变)及温度收缩系数(温缩系数)按下列公式计算。

温缩应变 ε_w:由温度变化引起的试件单位长度的收缩量。

$$\varepsilon_w = \frac{\Delta L}{L} \tag{3-3-19}$$

温缩系数 α_w:试件的温缩应变与变温大小之比值。

$$\alpha_w = \frac{\varepsilon_w}{\Delta t} \tag{3-3-20}$$

式中:ΔL——试件收缩变形(mm);

L——试件长度(mm);

Δt——温度区间的温差(℃)。

2. 半刚性基层材料温缩试验

选择二灰碎石基层结构进行室内的温缩试验,混合料配合比见表3-3-1。试验结果分析如图3-3-5和图3-3-6所示。

二灰碎石基层配合比设计　　表 3-3-1

混合料类型	配合比组成
二灰碎石	石灰:粉煤灰:碎石 =5:10:85
	石灰:粉煤灰:碎石 =6.5:13.5:80
	石灰:粉煤灰:碎石 =8.5:16.5:75

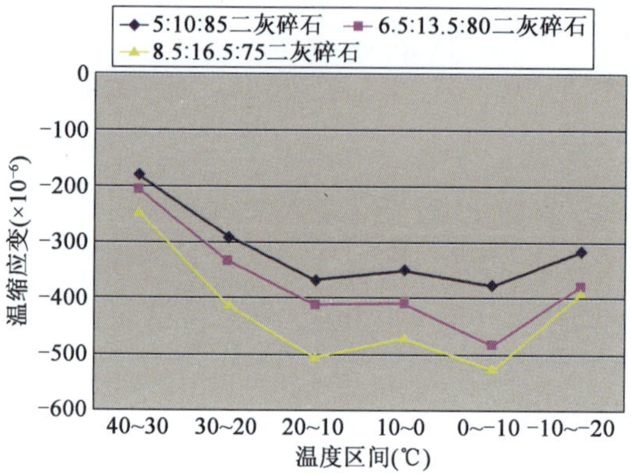

图 3-3-5　温缩应变随温度变化曲线

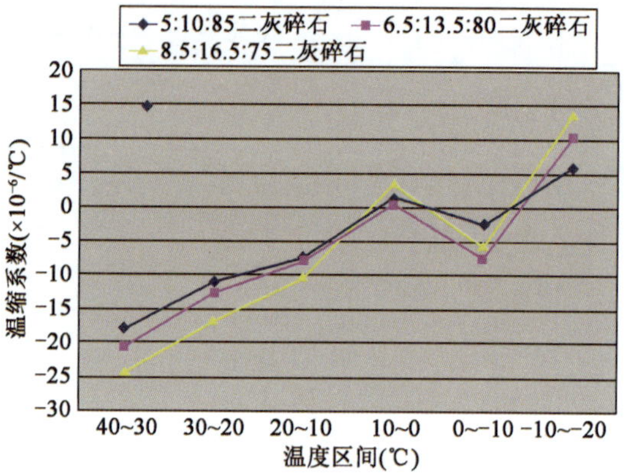

图 3-3-6　温缩系数随温度变化曲线

(1)对混合料温缩系数产生影响最大的是二灰含量,二灰含量越大,材料的收缩应变越大,相对温缩系数就越大。

(2)二灰碎石在 40 ~ 10℃之间收缩幅度较大,在 20 ~ 10℃之间收缩应变达到最大。之后随着温度的降低,材料所含的水分开始结冰,材料开始膨胀。二灰含量高的混合料在低温时会有较大幅度的膨胀。

根据大量的室内试验结果,结合工程应用,提出石灰粉煤灰稳定类基层材料的温度收缩性能的技术标准,详见表 3-3-2。

石灰粉煤灰稳定类基层温度收缩性能技术标准　　表 3-3-2

公路等级	高速公路和一级公路		二级及二级以下公路	
结构层位	上基层	底基层	上基层	底基层
180d 弯拉强度(MPa),≥	1.2	0.5	1.0	0.3
压实度(%),≥	98	97	98	96
温缩应变 ε_w(-25 ~ 25℃)($\times 10^{-6}$),≤	600		700	

3.3.4　季冻区抗冻水稳基层配合比设计及应用

1. 基于体积法的水稳基层配合比设计

鉴于半刚性基层材料的收缩特性,采用基于体积法的半刚性基层材料配合比设计方法,减少结构层收缩开裂。基于体积法的半刚性基层材料配合比设计方法在集通高速公路进行了成功应用。通过粗集料间隙率可以评定混合料是否达到骨架嵌挤结构,在保证为嵌挤结构的前提下,通过空隙率可以评定混合料的密实状态。对三组半刚性基层混合料进行性能对比,详见表 3-3-3。

三组半刚性基层混合料的配合比　　表3-3-3

分　组	1～3cm 碎石含量(%)	1～2cm 碎石含量(%)	中砂含量(%)
1组	58	17	25
2组	61	0	39
3组	20	35	45

三组半刚性基层混合料配合比中的1组、2组为按照体积法设计的级配，3组为按传统调级配的方法确定的级配，对三种级配混合料进行力学性能和干缩特性的对比，平均抗压强度如图3-3-7所示，利用体积法成型的骨架密实型级配混合料具有很好的强度特性。同时对三种级配混合料进行了干缩特性的对比，如图3-3-8所示。按照体积法设计的半刚性基层材料既具有较高的抗压强度，也有较小的干缩系数，在成型过程中还将减小干缩导致的收缩应力。可见，体积法设计半刚性基层材料可有效提高抗冻抗裂性能。

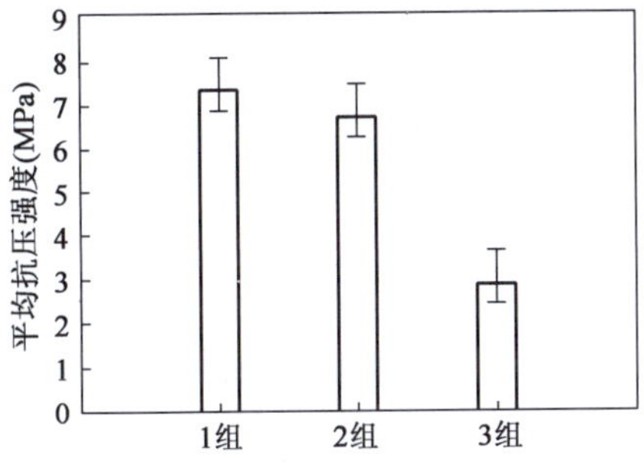

图3-3-7　混合料7d无侧限抗压强度

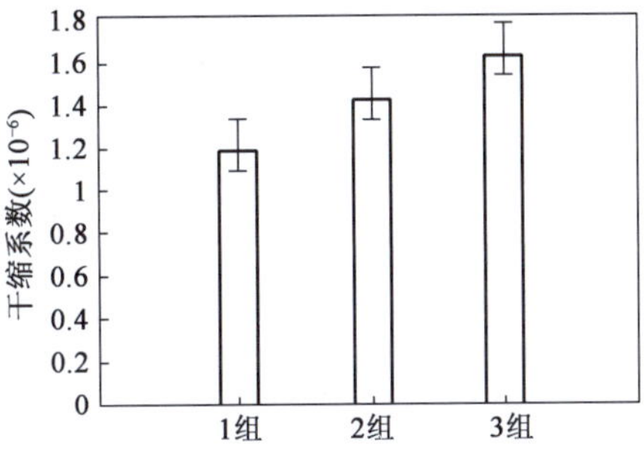

图3-3-8　混合料7d干缩试验结果

2. 大厚度抗冻水稳基层工程应用

基于“匠心聚力，打造抗冻耐久品质工程”的目标，集通高速公路应用半刚性基层路面大厚度全幅施工技术(图3-3-9、图3-3-10)，将传统的路面基层分层双机联铺改进为大厚度单机全幅一次成型工艺施工，并与在全项目推广的路面施工智能监控系统联机配套使用，通过机械装备、工艺技术和智慧化应用更新迭代推动季冻区长寿命路面的高品质发展。

图3-3-9　水稳碎石基层全幅摊铺

图3-3-10　大厚度水稳基层施工碾压

工程实践证明：集通高速公路路面基层结构板体性更好，质量均衡变异小，提高了基层平整度和生产效率。全幅摊铺机针对抗离析进行了专门立体设计，施工误差控制精准，降低了人为因素的影响。基层抗冻性能更好，有利于提升路面的整体质量和行车性能。

3.4 季冻区沥青路面抗冻控裂试验方法及设计指标

沥青混合料的冻融损伤是沥青-集料界面黏附性破坏，与沥青胶浆的黏聚性失效。按照作用机理划分，包括沥青与集料的物理机械结合与物理化学吸附作用。机械结合作用与集料表面微观构造以及集料几何形态密切相关，物理化学吸附则包含微观层面静电库仑力、分子间范德华力以及化学共价键作用等多种黏附理论。基于重载交通长寿命半刚性路面技术应用，明确沥青-集料的界面黏附机理和评价方法，对改善和提高沥青混合料的抗冻耐久性具有重要的理论意义和工程实践价值。

3.4.1 季冻区沥青混合料的冻融损伤特征

路用沥青混合料的冻融损伤机理具有以下特征：①沥青混凝土内部空隙多在毫米级别，水分容易侵入。②破坏临界位置在沥青、沥青胶浆与集料界面。③沥青路面破坏形式以结合料黏聚性和界面黏附性发生失效为主要特征，宏观表现为松散破坏，破坏模型如图 3-4-1 所示。

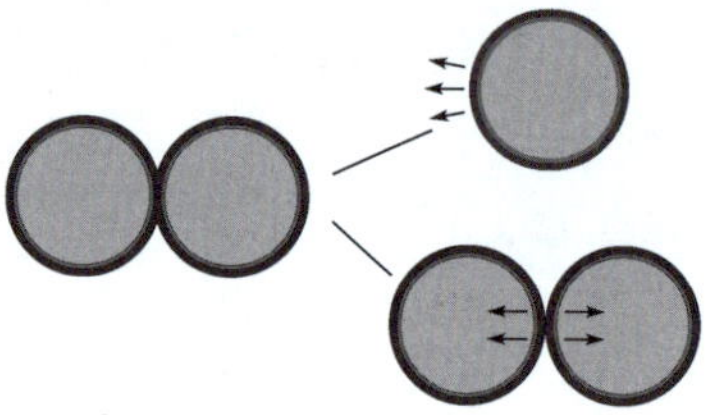

图 3-4-1　沥青混合料在冻结荷载下的破坏模型

3.4.2 沥青-集料界面黏附行为与低温黏附性指标

1. 基于分子动力学的沥青-集料界面黏附机理

常规的沥青-集料界面黏附特性研究主要基于表面能方法，表面能方法测量存在较大的偶然误差。原子力显微镜（AFM）技术能够实现微小尺度下的表面形貌、纳米级的表面力学特性测量，一定程度上表征复杂多相混合体系的微观表面属性，同时能够对表面黏附性能进行定量分析，从微观角度对界面黏附性能进行评价。测试原理如图 3-4-2 和图 3-4-3 所示，测试得到的沥青表面形貌如图 3-4-4 所示。

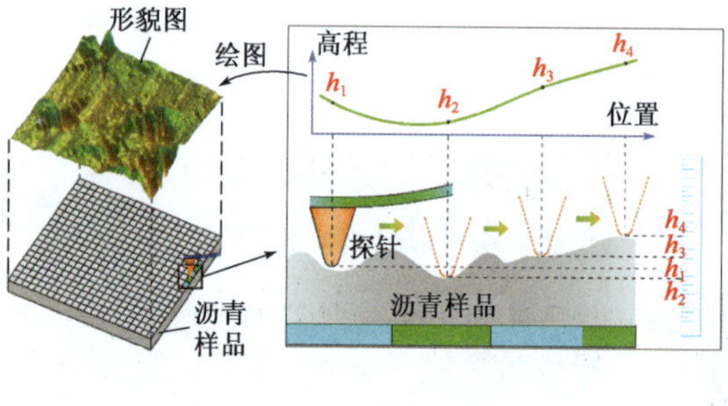

图 3-4-2　AFM 表面形貌测试原理

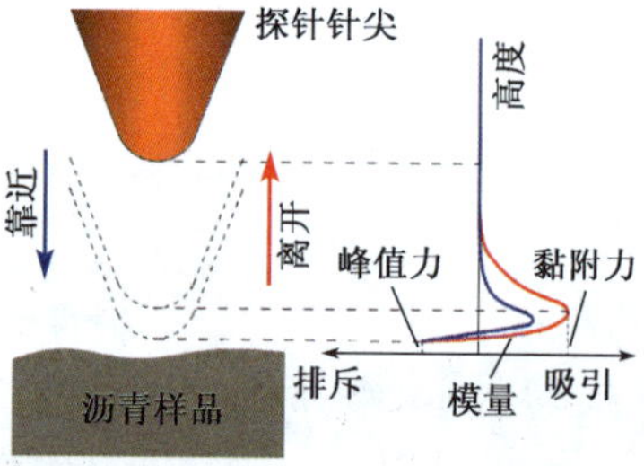

图 3-4-3　AFM 力曲线测试原理

分子动力学是一套分子模拟方法，通过定义物质原子与原子之间的相互作用，在牛顿力学体系下计算体系内分子的运动。分子动力学研究尺度一般为数纳米甚至更小，相对于 AFM 是更小的尺度。沥青和集料之间最主要的黏附作用为物理吸附。首先利用原子力显微镜力曲线测试功能，获取沥青表面与测试硅针之间的作用力曲线。然后利用分子动力学模拟在更小尺度下对测试过程进行再现（图 3-4-5）。

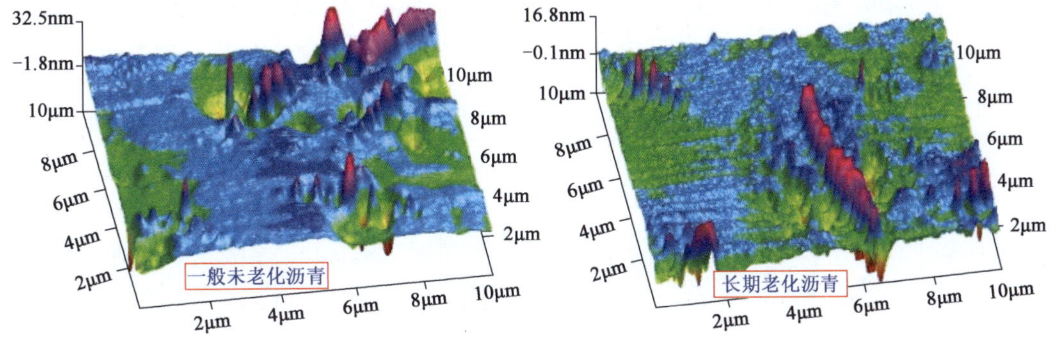

图 3-4-4　AFM 测得的沥青表面形貌图

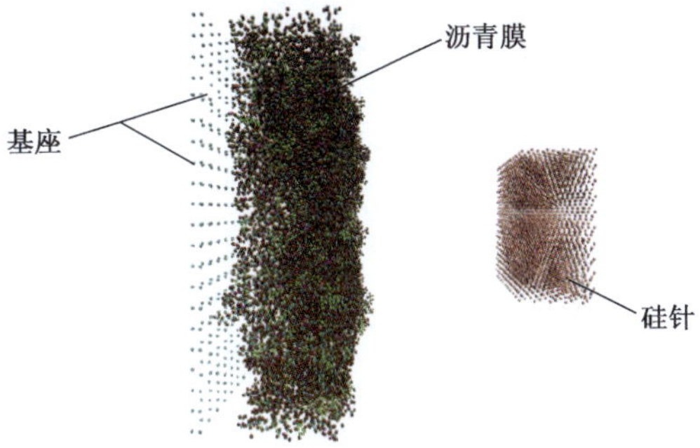

图 3-4-5　分子动力学模拟模型示意图

利用 AFM 和分子动力学模拟技术，对不同沥青和集料的表面黏附力也进行测试。模拟得到的沥青材料表面黏附强度见表 3-4-1。沥青模型单一分子黏附强度模拟如图 3-4-6 所示。典型沥青黏附力曲线的试验和模拟结果如图 3-4-7 所示。

沥青与 AFM 硅针黏附强度模拟结果　　表 3-4-1

沥　青	峰值黏附力(nN)	接触面积(Å^2)	黏附强度(MPa)
未老化沥青	1.84	2937.64	62.64
短期老化沥青	3.14	2937.64	106.89
长期老化沥青	2.32	2937.64	78.97

沥青物理黏附性能测试表现为：短期老化沥青 > 长期老化沥青 > 未老化沥青。在此基础上对沥青模型中单一成分的黏附性能进行分析评价。结果显示，分子量较大的沥青质黏附能力要略强于其他组分。这一研究成果为基于沥青-集料界面黏附性能增强的材料选择和设计提供了支撑。

根据模拟和试验结果，提出了沥青-集料界面黏附模型。模型中沥青由于其胶体结构，表面在纳米尺度下是凹凸不平的。集料表面接触沥青后首先和其凸起部分接触，随后在吸引力的作用下将凸起压平，直至达到吸引力和排斥力的平衡点。当沥青脱离集料表面时，集料与沥青相互接触的部分提供黏附作用。接触部分所占比例越大，越有利于两者之间的黏附。长期老化沥青中坚硬胶体核心较多，变形性能相对较差，表面粗糙度较大，沥青分子与集料表面的接触面积小,黏附力小。而未老化沥青轻质组分含量多,表面粗糙度小,但是流动性大,易变形,黏附能力也小。沥青-集料界面黏附机制如图 3-4-8 所示。沥青膜厚度与拉伸强度关系如图 3-4-9 所示。

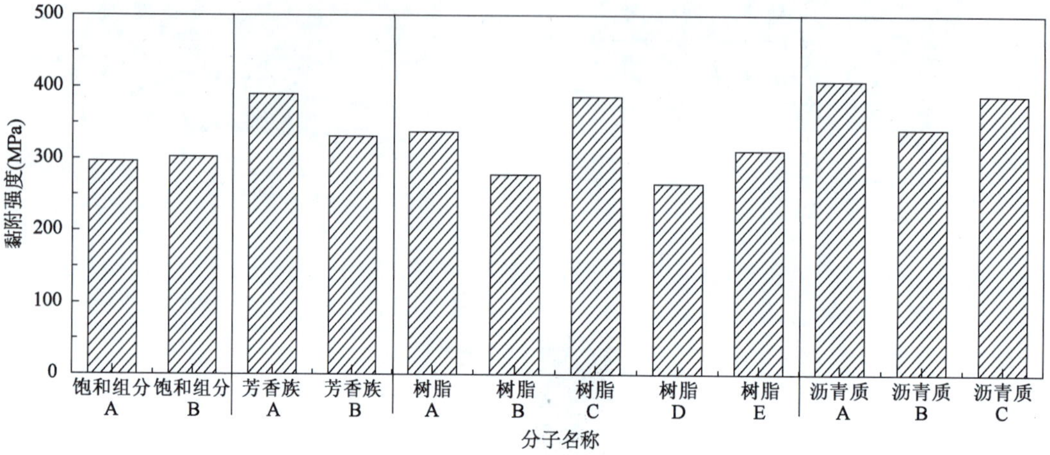

图 3-4-6 沥青模型单一分子模拟图

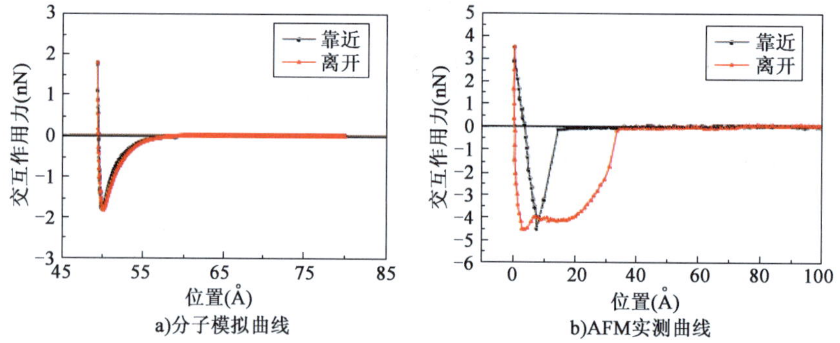

图 3-4-7 沥青表面黏附力的分子模拟和 AFM 实测曲线

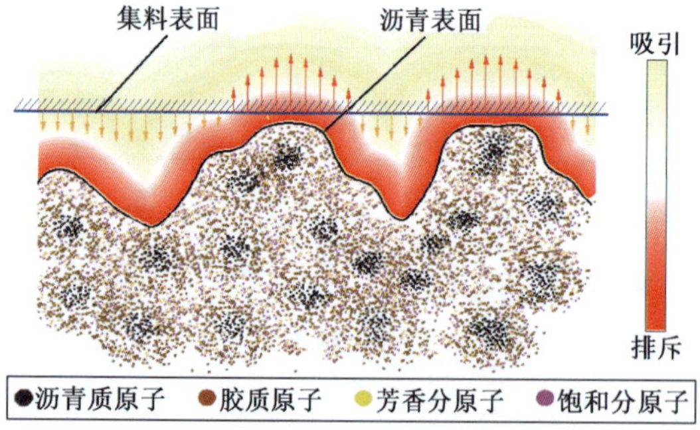

图 3-4-8 沥青-集料界面黏附机制

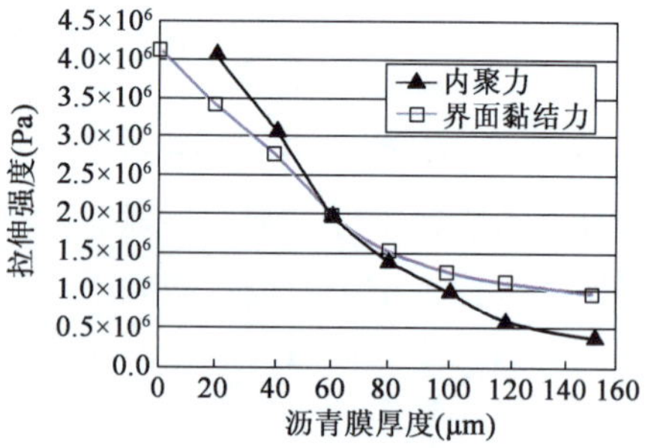

图 3-4-9 沥青膜厚度与拉伸强度关系

沥青与石料两种材料的物理构造提供了相互的微嵌挤作用,微观物理和化学吸附则形成了较为牢固的界面吸附层,两者的相互影响构成了沥青与集料的黏附强度。国外研究表明,当沥青膜厚度小于 60μm 时,沥青-集料界面失效是混合料损伤的主要形式。理论计算显示，沥青混合料沥青膜厚度为 5 ~ 10μm。尽管实际混合料内部沥青薄膜厚度分布不均，也会出现沥青胶浆自身的黏聚力破坏，但结合宏观和微观的研究分析，沥青与集料间的界面应是更为薄弱环节。

2. 沥青-集料界面疲劳特性

沥青-集料界面疲劳试验条件见表 3-4-2，荷载选择正弦加载控制应力，试验频率为 0.01Hz。试验材料包括花岗岩、玄武岩、PG64-22 级橡胶沥青，并进行旋转薄膜老化试验（163℃，85min）（RTFO）和压力老化试验（100℃，20h）（PAV）。

沥青-集料界面疲劳试验　　表 3-4-2

集料类型	沥青	试验温度（℃）	控制应力（MPa）
玄武岩	PG64-22 未老化、RTFO、PAV；橡胶沥青未老化、RTFO、PAV	5	0.6、0.8、1.0、1.2
		10	0.6、0.8、1.0
		20	0.2、0.3、0.4、0.5
花岗岩	PG64-22 未老化、RTFO、PAV；橡胶沥青未老化、RTFO、PAV	5	0.8、1.0、1.2
		10	0.6、0.8、1.0
		20	0.2、0.3、0.4

对沥青-集料界面进行疲劳试验时采用的是剪切加载模型，提出界面系统在受疲劳荷载时损伤率满足以下方程：

$$\overline{D} = \left(\frac{\sigma_e}{\sigma_0}\right)^n \tag{3-4-1}$$

式中：σ_e ——界面系统的等效拉伸应力（MPa），当 $\sigma_e < 0$ 时，$\overline{D}=0$；

$\overline{D}$ ——损伤因子，$\overline{D}=1$ 时为完全破坏；

n ——模型参数；

σ_0 ——基准应力（MPa）。

对于周期循环加载过程，在时间增量内的损伤增量为：

$$D = \int_0^t \left[\frac{\tau_1(t)}{\tau_0}\right]^n \mathrm{d}t \tag{3-4-2}$$

$$\Delta D = D^{t+\Delta t} - D^t = \left(\frac{\tau_1^{t+\Delta t} + \tau_1^t}{2\tau_0}\right)^n \times \Delta t \tag{3-4-3}$$

式中：$D^{t+\Delta t}$、D^t ——在时间 $t+\Delta t$ 与 t 时的累计损伤；

$\tau_1^{t+\Delta t}$、τ_1^t ——在时间 $t+\Delta t$ 与 t 时的剪应力值（MPa）；

Δt ——时间增量（s）。

损伤累计量 $D(t)=\sum \Delta D$。在单次循环中，应力、损伤率及累计损伤如图 3-4-10 所示。由于采用等幅值加载，假设单次加载循环对界面系统造成固定的损伤，则疲劳寿命 N_f 可表示为：

$$N_f = \frac{1}{2}D_s \tag{3-4-4}$$

对花岗岩与不同沥青组成的界面系统进行疲劳试验，得到其模量下降 50% 的疲劳寿命，然后按照前述疲劳模型进行模型拟合和寿命预测。疲劳寿命的实测值与预估值比较如图 3-4-11所示。两者之间有着很好的相关性,大多数测点都落在 95% 置信水平(虚红线)预测区间范围内,验证了模型预测的合理性。

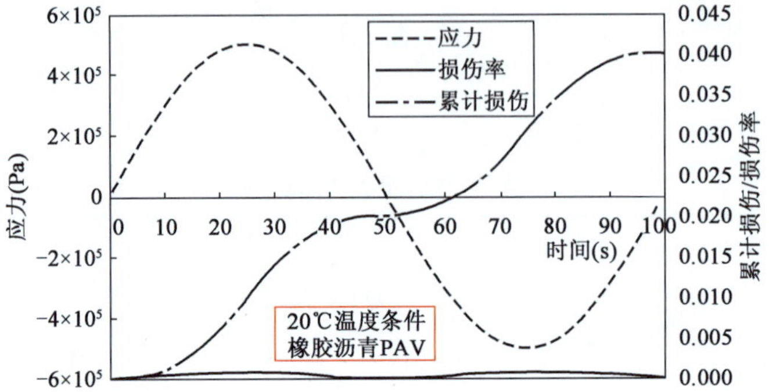

图 3-4-10　单次加载循环应力、损伤率与累计损伤变化图

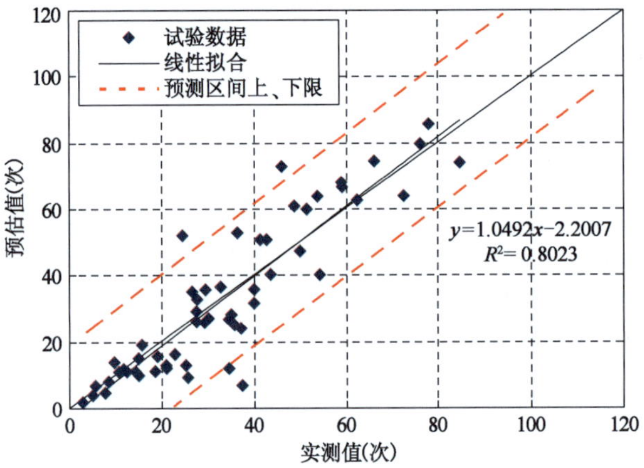

图 3-4-11　花岗岩与不同沥青界面疲劳寿命的实测值与预估值(应力模型)

试验研究未考虑集料的表面纹理与粗糙度变异影响。不同集料与沥青组成界面系统在20℃时的疲劳寿命曲线如图 3-4-12 所示。结果显示,花岗岩、玄武岩与沥青间具有更好的界面疲劳性能。但随着施加应力的增大,不同类型集料与沥青之间疲劳寿命的差距减小,趋向于同一水平。采用普通沥青时,岩石材料化学成分有较大的影响。采用黏度较大的橡胶沥青时,两者之间的界面性能主要取决于沥青自身的特性,岩石成分作用相对减小。对于季冻区长寿面沥青路面,冻融荷载作用下沥青结合料自身性质的影响因子处于显著位置。

3. 沥青路面界面黏结开裂特性

鉴于沥青路面界面疲劳试验周期过长,国外研究提出单向恒应变率加载下的沥青临界应变能密度(CSED)与沥青路面的疲劳开裂现象密切相关。临界应变能密度定义为应力应变曲线达到应力峰值时包含的图形面积。临界应变能密度越大,材料破坏所需的能量越大,抵抗疲劳开裂的能力也越强。基于此,对界面系统采用单向恒应变率加载,采用临界应变能密度评价不同集料与沥青在多个温度下的界面黏结性能。试验方案设计详见表 3-4-3。

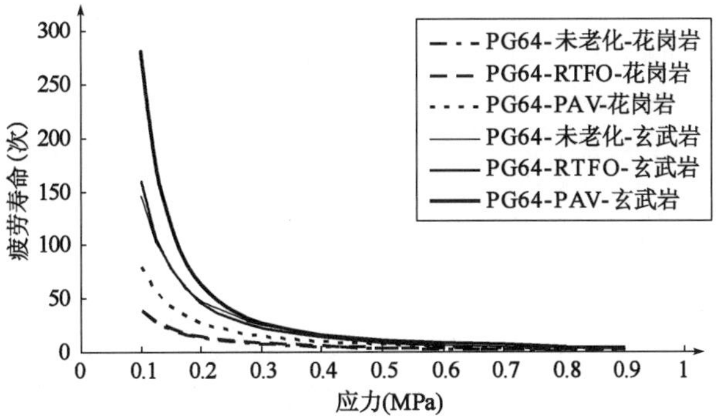

图 3-4-12　花岗岩、玄武岩与 PG64 沥青界面疲劳寿命曲线

沥青路面界面开裂试验　　表 3-4-3

集料类型	沥　　青	试验温度(℃)	剪应变速率(1/s)
玄武岩	PG64-22 未老化、RTFO、PAV；橡胶沥青未老化、RTFO、PAV	5	0.1、0.25、0.5、0.75
		10	0.1、0.25、0.5、0.75
		15	0.25、0.375、0.5、0.75
		20	0.5、0.75、1、1.25
		25	0.5、0.75、1、1.25
花岗岩	PG64-22 未老化、RTFO、PAV；橡胶沥青未老化、RTFO、PAV	5	0.05、0.1、0.25、0.5
		10	0.05、0.1、0.25、0.5
		15	0.1、0.25、0.5、0.75
		20	0.25、0.5、0.75、1
		25	0.5、0.75、1、1.5、2

按照剪应变率对集料与不同沥青组成的界面系统进行测试,绘制应力应变曲线,计算临界应变能密度。对玄武岩与 6 种沥青组成的界面系统进行界面开裂试验,并计算临界应变能密度,通过移位因子得到主曲线,详见图 3-4-13。橡胶沥青临界应变能密度基本都大于 PG64 沥青(长期老化 PG64 沥青在剪应变率小于 $1s^{-1}$时除外)。在低剪应变率下,尽管应变较大,但是应力峰值较小。而长期老化的 PG64 沥青,尽管损伤应变非常小,但是由于其黏度大,因此临界应变能密度也更大。

两种石质集料与不同沥青 20℃条件下的界面性能如图 3-4-14 所示。当加载速率较大时,两种集料与沥青胶结料的界面开裂性能差别较小。在较小的加载速率作用下,玄武岩显示出更佳的抗开裂性能。对于沥青混合料,如果荷载是由温度变化引起的,即温度荷载或冻融荷载,则此时加载速率较慢,集料类型的影响开始突显。

4. 沥青与集料低温黏附性比较分析

集料与沥青及胶浆的界面黏结性能对沥青混合料的冻融耐久性,尤其是低温状态下受冰荷载作用的力学行为有重要影响。采用三种石料(玄武岩、花岗岩、石灰岩)与三种沥青

(基质90号、SBS沥青、橡胶沥青)及沥青胶浆(由沥青与矿粉按粉胶比0.8制备而成),进行低温黏结性试验,以评价石料与沥青种类对两者之间低温黏结性能的影响,详见图3-4-15。改性沥青有利于提高石料与沥青之间的黏结性能,其中橡胶沥青具有更好的黏结性。集料类型也对黏结性能有一定影响。石灰岩由于呈碱性,与沥青有较好的黏附性;花岗岩尽管含有更多的酸性成分,但表面具有更多的物理粗糙度,因此在低温下也具有较好的黏结性能。

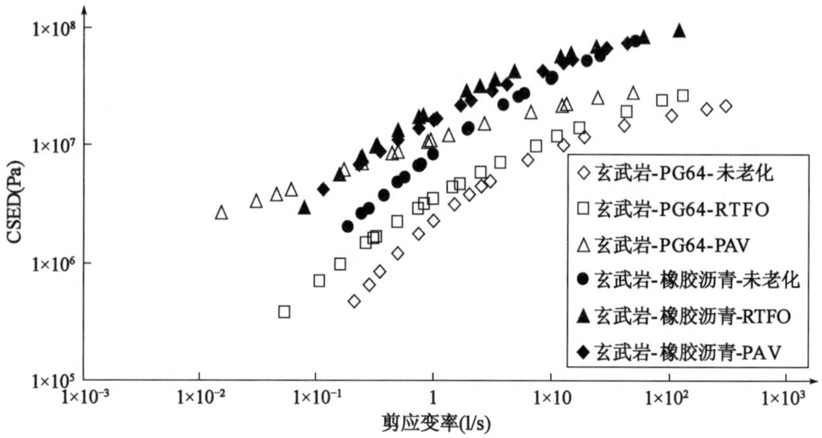

图3-4-13 玄武岩与不同沥青临界应变能密度主曲线(20℃)

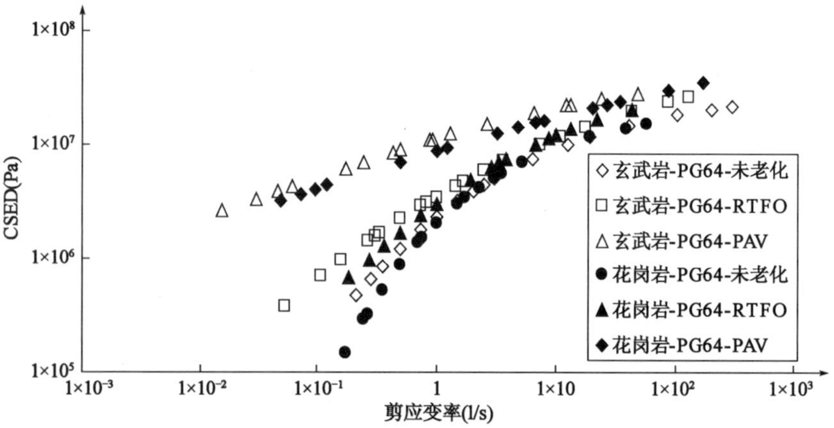

图3-4-14 两种石料与PG64沥青临界应变能密度主曲线

对于-20℃低温状态下的集料与沥青黏结性能,采用6~8mm碎石进行试验,集料剥落数量应小于3%。当集料为9.5mm碎石时,集料剥落数量应小于10%。当结合料为胶浆时,9.5mm碎石的剥落数量应小于3%。

3.4.3 沥青混合料抗冻性试验方法及评价指标

1. 基于黏弹塑性损伤模型的冻融损伤力学分析

按照单轴压缩模式下的沥青混合料进行损伤力学分析,构建沥青混合料性能的黏弹塑性损伤模型,并通过不同温度下的力学行为进行模型验证,从而进行冻融损伤力学分析。

岩土材料在受力时的变形一般包括可恢复部分与不可恢复部分。总变形增量方程为:

$$d\varepsilon_{ij} = d\varepsilon_{ij}^{ve} + d\varepsilon_{ij}^{p} \tag{3-4-5}$$

式中：$d\varepsilon_{ij}$——总应变张量的增量形式；

$d\varepsilon_{ij}^{ve}$——黏弹应变张量的增量形式；

$d\varepsilon_{ij}^{p}$——塑性应变张量的增量形式。

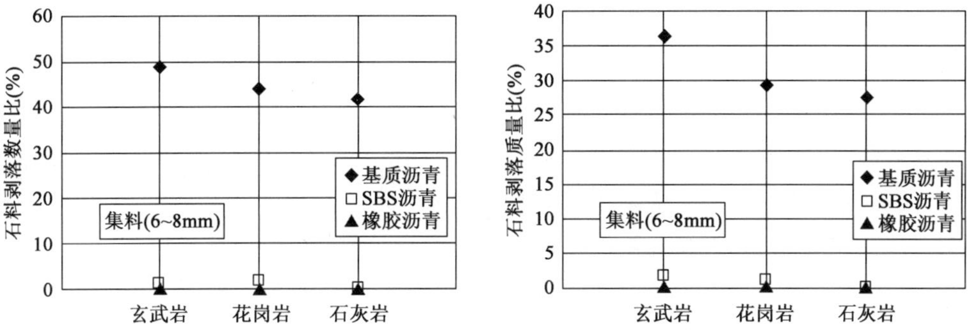

图 3-4-15　不同集料与沥青及胶浆的低温黏结性试验结果

沥青混合料在成型后内部结构即存在不同程度的缺陷与裂纹，在连续损伤力学中，材料的这些缺陷可使用连续的内部损伤场变量表示。因此，损伤因子为：

$$D = \int_{\gamma}^{\varepsilon} \frac{n}{m}(x-\gamma)^{n-1} e^{-(x-\gamma)\frac{n}{m}} dx = 1 - e^{-(\varepsilon-\gamma)\frac{n}{m}} \tag{3-4-6}$$

对沥青混合料进行单轴压缩时，采用的是位移控制模式。研究表明，广义 Maxwell 模型适用于描述恒应变率加载下的材料黏弹行为。模型连续方程可用积分形式表示：

$$\bar{\sigma} = E_0\bar{\varepsilon} + \int_0^t G_1(t-\tau)\,\bar{\varepsilon}(\tau)\,d\tau + \int_0^t G_2(t-\tau)\,\bar{\varepsilon}(\tau)\,d\tau \tag{3-4-7}$$

$$\bar{\sigma} = E_0\bar{\varepsilon} + \lambda_1\bar{\varepsilon}(1 - e^{\frac{-t}{t_1}}) + \lambda_2\bar{\varepsilon}(1 - e^{\frac{-t}{t_2}}) \tag{3-4-8}$$

对于恒定应变率施加荷载，上式中的$\bar{\varepsilon}$即为加载速率。因此，该模型可以反映加载速率的影响。当进行数据拟合和参数验证时，需构建增量型本构方程，因此公式改写为：

$$\Delta\bar{\varepsilon}^{ve} = d\bar{\varepsilon}^{ve} = \frac{\Delta\bar{\sigma} - \bar{\sigma}_2^t(e^{\frac{-\Delta t}{t_1}} - 1) - \bar{\sigma}_3^t(e^{\frac{-\Delta t}{t_2}} - 1)}{E_0 + E_1 e^{\frac{-\Delta t}{2t_1}} + E_2 e^{\frac{-\Delta t}{2t_2}}} \tag{3-4-9}$$

在选择塑性模型时，屈服函数选择应用广泛的 Drucker-Prager 模型。该模型屈服函数在 π 平面的投影为光滑连续的圆形，且考虑了静水压力的影响。其形式为：

$$f(\bar{\sigma}_{ij}, k) = a\bar{I}_1 + \sqrt{J_2} - k(\bar{\varepsilon}_p) = 0 \tag{3-4-10}$$

式中：I_1——第一主应力张量不变量，$I_1 = \sigma_1 + \sigma_2 + \sigma_3$；

J_2　第二偏应力张量不变量。

在屈服面上，式(3-4-10)可写为：

$$
\mathrm{d}f = \frac{\partial f}{\partial \bar{\sigma}_{ij}} \mathrm{d}\bar{\sigma}_{ij} + \frac{\partial f}{\partial k} \mathrm{d}k \tag{3-4-11}
$$

总过程可描述为：

$$
\mathrm{d}\bar{\varepsilon}_{\mathrm{p}} = \frac{\mathrm{d}W_{\mathrm{p}}}{\bar{\sigma}_{\mathrm{e}}} = \frac{\bar{\sigma}_{kl}\mathrm{d}\bar{\varepsilon}_{kl}^{\mathrm{p}}}{\bar{\sigma}_{\mathrm{e}}} = \frac{\bar{\sigma}_{kl}\dfrac{\partial g}{\partial \bar{\sigma}_{kl}}}{\bar{\sigma}_{\mathrm{e}}} \cdot \frac{\sqrt{\mathrm{d}\bar{\varepsilon}_{kl}^{\mathrm{p}} \cdot \mathrm{d}\bar{\varepsilon}_{kl}^{\mathrm{p}}}}{\sqrt{\dfrac{\partial g}{\partial \bar{\sigma}_{mn}} \cdot \dfrac{\partial g}{\partial \bar{\sigma}_{mn}}}} \tag{3-4-12}
$$

针对上述黏弹塑性损伤本构模型，进行试验验证。模型中共有 12 个模型参数需要确定，即损伤模型中的 m、n、γ，黏弹性模型中的 E_0、E_1、E_2、λ_1、λ_2，塑性模型中的 K、G、a、b。模型拟合时，首先判定是否出现塑性变形。如果没有，则损伤为 0，且材料变形为黏弹性变形；如果有，则计算塑性与黏弹性变形增量，并开始考虑损伤因子的扩展。具体过程为首先根据经验拟定模型参数初始值，然后采用最小二乘法进行非线性拟合，即控制模型拟合与试验结果误差平方和最小，以确定模型参数。试验温度包括 20℃、10℃、0℃、-10℃，在每种温度下采用不同的加载速率，采集应力应变数据。试验结果与模型拟合如图 3-4-16 和图 3-4-17所示。模型在 0℃以上与试验数据拟合较好。当温度下降到 -10℃时，由于沥青混合料显示出更多的弹性，其力学性能对加载速率依赖性减弱。在塑性模型中，经典弹塑性理论假设剪切模量 G 和体积弹性模量 K 为常量，不随温度或加载速率的变化而改变。但是对于沥青混合料这种典型的黏弹性材料，其模量也应具有温度或频率敏感性。剪切模量 G 在温度与加载速率变化时的取值如图 3-4-18 所示。

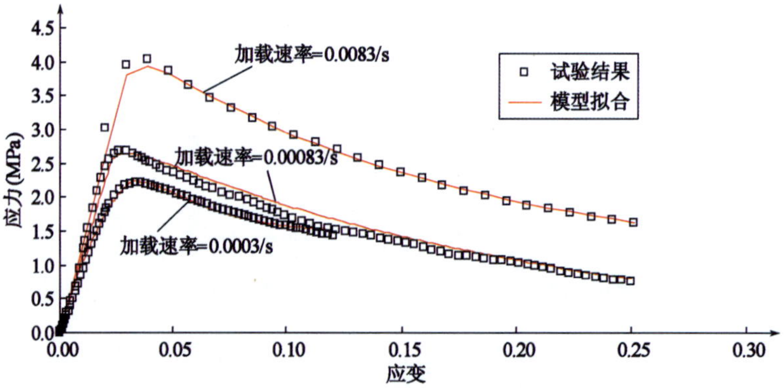

图 3-1-16　不同加载速率下单轴压缩强度试验结果与模型拟合(20℃)

黏弹性材料的一个重要特征就是时温等效性，即温度变化导致的性能改变也可以通过改变加载时间（或加载频率）得到。同时，黏弹性材料的力学特性（动态模量等）随温度或频率的变化呈 S 形，即在固定温度下存在一个敏感频率范围，在这个范围内材料属性变化明显，当频率过低或过高时，材料属性随频率变化的幅度减小。

沥青混合料的冻融损伤包括未冻材料的受荷损伤与单纯由冻融引起的损伤。对于典型的黏弹性材料，温度和加载速率不同，材料将呈现出不同的损伤行为。低温和高加载速率下材料显示出弹脆性，而高温和低加载速率下材料更倾向于黏塑性。典型沥青混合料 20℃的损伤特性如图 3-4-19 所示，其他温度条件下的特征曲线具有类似的规律。

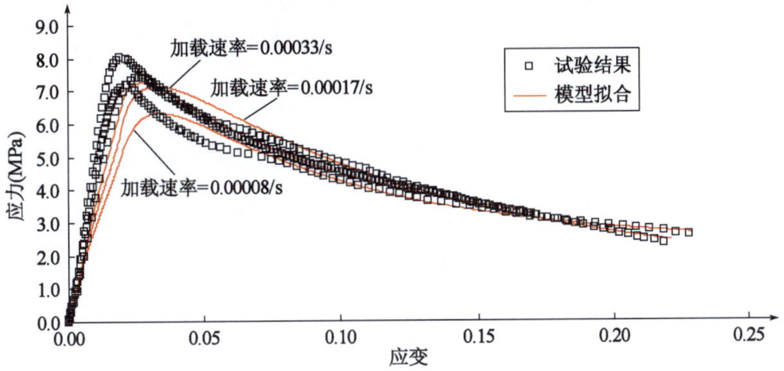

图 3-4-17　不同加载速率下单轴压缩强度试验结果与模型拟合（－10℃）

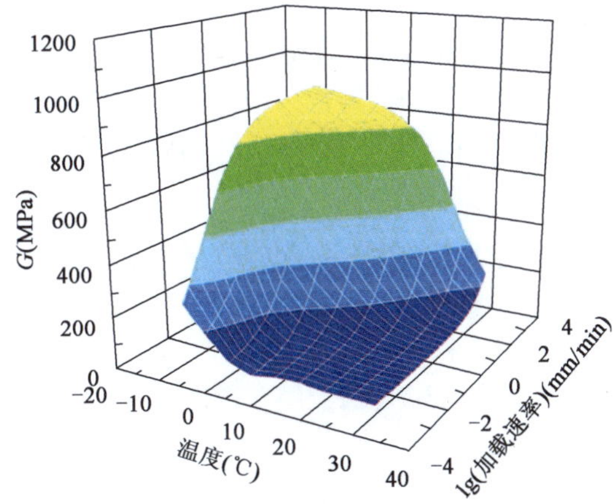

图 3-4-18　剪切模量 G 随温度和加载速率变化

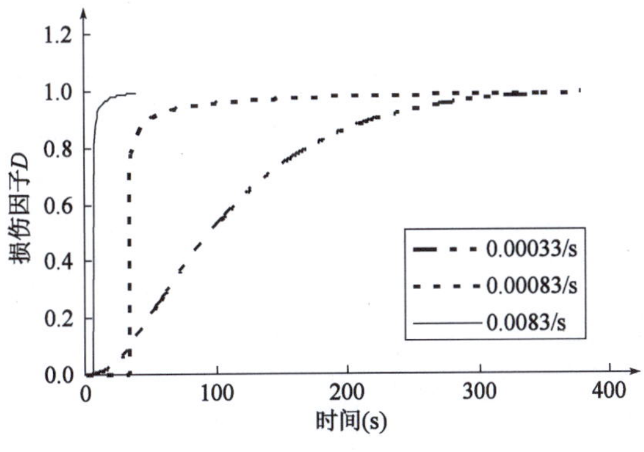

图 3-4-19　三种加载速率下混合料损伤曲线

对沥青混合料在冻融状态下的性能变化进行分析，可以通过模型中的参数变化实现，详见表3-4-4。

冻融条件下沥青混合料黏弹塑性模型参数　　表3-4-4

模型参数	冻融循环次数(次)					
	0	2	4	6	8	10
E_0(MPa)	60.8	60.8	59.6	54.0	53.5	44.4
E_1(MPa)	30.1	7.6	14.4	13.9	10.0	7.3
E_2(MPa)	6.0	1.5	2.9	2.8	2.0	1.5
t_1(s)	22.3	24.3	26.3	30.6	34.5	38.0
t_2(s)	70.4	72.4	72.8	74.8	76.8	78.6
K(MPa)	113.9	116.7	105.9	83.5	86.7	64.2
G(MPa)	65.7	64.8	60.2	61.6	63.6	44.5

数据显示，无论是黏弹模型中的弹性单元模量，还是塑性模型中的体积模量和剪切模量，随着冻融次数的增加都逐渐下降。模量的下降意味着混合料性能出现衰减，承载能力降低。同时黏弹模型中的松弛时间随着冻融次数的增加逐步变大。松弛时间越短，材料将显示出更多的黏弹特性。

工程应用对原材料要求愈见严格，单纯集料的冻融破坏已经比较少见，最常见的破坏是沥青胶浆或与集料界面性能的失效。对于沥青混合料，一直以来的研究都将其剪切强度视为材料黏聚力与摩擦力的组合，即库仑定律：

$$\tau = c + \sigma \cdot \tan\varphi \tag{3-4-13}$$

对于DP塑性模型，其内部模型参数通过一定的理论推导可以与库仑公式中的参数相对应。其中，在抗压状态下，内摩擦角与屈服函数中参数的关系可表示为：

$$a = \frac{2\sin\varphi}{\sqrt{3}(3 - \sin\varphi)} \tag{3-4-14}$$

沥青混合料经历多次冻融循环后，内摩擦角随冻融循环的增加逐渐增大(图3-4-20)，因此黏聚力和沥青-集料界面黏附力在冻融过程中有较大损失。这也证明了沥青-集料界面黏附力是衡量沥青混合料抗冻耐久性能的重要指标。

2. 沥青混合料抗冻试验方法研究

研究沥青混合料在冻融条件下的性能变化，冻融循环试验关键指标包括饱和度、冻融时间、温度等。

(1)试验参数(饱和度)的确定

水分的冻结膨胀是导致沥青混合料冻融损伤的主要原因。纯水冻结时体积膨胀约9%。由线弹性理论，体积应变可由三个方向主应变表示：

$$\varepsilon_V = \varepsilon_1 + \varepsilon_2 + \varepsilon_3 \tag{3-4-15}$$

根据线性冻胀理论，只有沥青混合料内部空隙率饱和度达到一定临界值，才会出现冻融损伤。对于非饱和沥青混合料，最大冻胀线应变 ε_L 可表示为：

$$\varepsilon_L = \frac{p}{3}(1.09S - 1) \tag{3-4-16}$$

式中：S——沥青混合料的饱和度。

按照前面的分析，只有 $\varepsilon_L > 0$，即饱和度 $S > 91.7\%$，混合料才会发生冻融损伤。实际上，由于混合料内部空隙以及湿度分布的不均匀，当饱和度达到 80% ~90% 时，混合料就将出现明显的损伤劣化。沥青混合料饱和度-劈裂强度关系如图 3-4-21 所示。

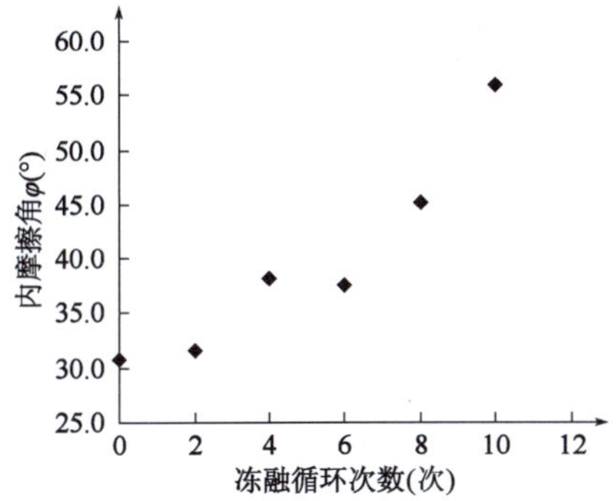

图 3-4-20　冻融循环次数与材料内摩擦角变化关系曲线

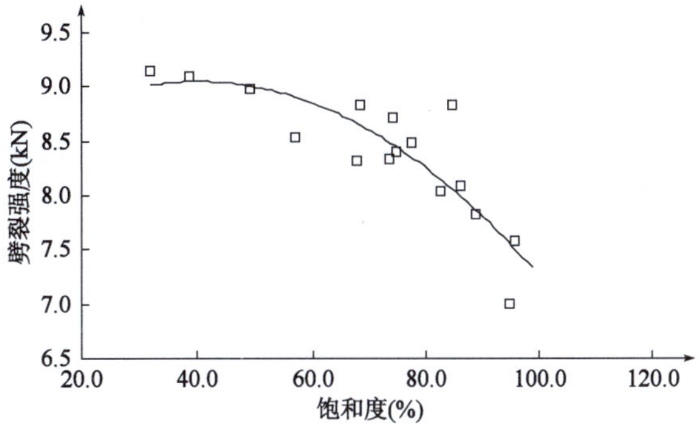

图 3-4-21　沥青混合料饱和度-劈裂强度关系图

(2)试验条件的确定

冻融循环试验时间与温度对于冻融损伤分析有重要影响。对于沥青混合料，温度影响因子尤其显著——提高浸水温度将加速混合料损伤，减少试验时间。因此，初期选择密级配沥青混合料进行两种条件下的冻融试验：① -18℃ ±2℃空气中冻结，而后常温水融解，单次循环 12h，共进行 25 次循环；② -18℃ ±2℃空气中冻结，而后 60℃ ±0.5℃水中融解，单次循环 24h，共进行 8 次循环。试验结果如图 3-4-22 和图 3-4-23 所示。15 次 -20 ~20℃循环与 8 次 -20 ~60℃循环的冻融损伤基本等效，因此简化采用 -20 ~60℃作为冻融循环的试验温度。

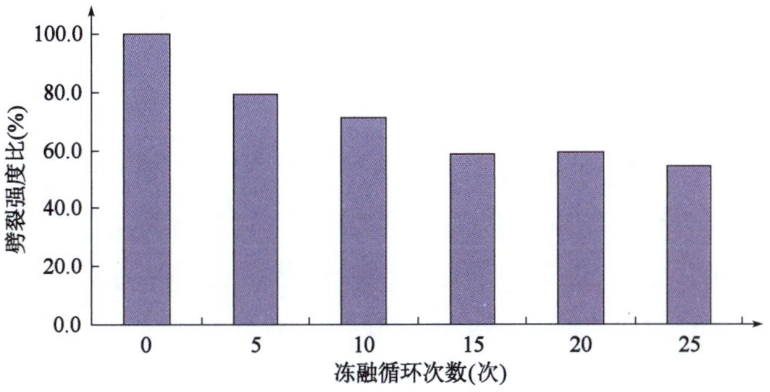

图 3-4-22　沥青混合料冻融循环后的劈裂强度比(条件①)

(3)加载模式的确定

分析不同模式下沥青混合料的抗冻特性，进行间接拉伸与单轴压缩试验，评价其性能衰减(图 3-4-24)。

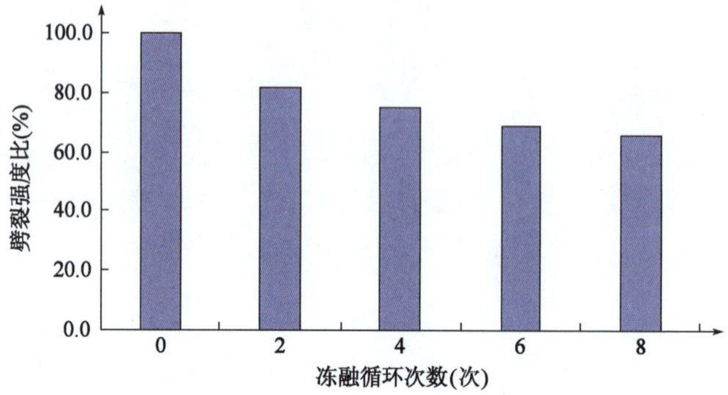

图 3-4-23　沥青混合料冻融循环后的劈裂强度比(条件②)

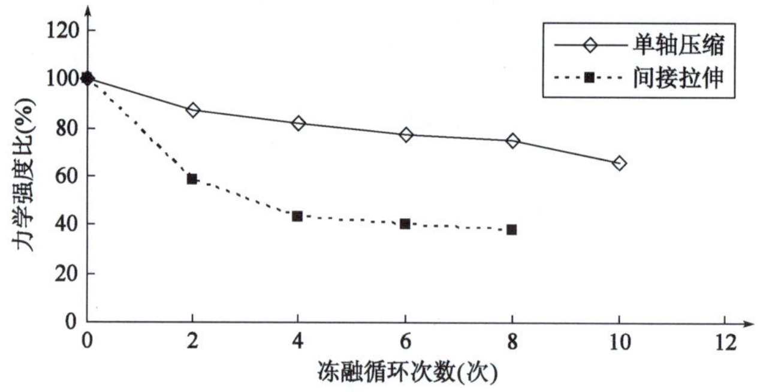

图 3-4-24　两种加载模式下力学性能衰减对比

(4)评价指标的确定

评价指标采用多次冻融循环劈裂强度比。沥青混合料残留劈裂强度比要求见表 3-4-5。

季冻区沥青混合料抗冻技术指标　　表 3-4-5

级配类型与公路等级		5 次冻融循环后残留劈裂强度比(%)
密级配沥青混凝土	高速公路、一级公路	≥70
	其他各级公路	≥60
开级配抗滑磨耗层(OGFC)混合料	高速公路、一级公路	≥50
	其他各级公路	≥40

3. 沥青混合料抗冻性评价指标的验证

沥青混合料抗冻性评价,冻融环境采用的是淡水,在季冻区除冰盐大面积使用的背景下,其强度衰减特性是否一致,仍需要验证。除采用劈裂强度作为评价指标之外,其体积特性的冻融变化规律是否与强度变化一致,能否作为冻融耐久性评价指标,也需要通过试验确定。冻融循环试验是在限定的沥青混合料空隙率条件下进行的,该空隙率基于混合料的渗水特性得到,以保障混合料具有良好的防水性能,限定空隙率的应用是否合理需要加以验证。

(1)淡水和盐水条件下沥青混合料冻融强度衰减规律

同一种沥青混合料每经历 5 次冻融循环后对试件进行劈裂强度试验,试验统计结果如图 3-4-25 所示。盐水中冻融将降低沥青混合料的劈裂强度,但作用有限。无论在淡水还是在盐水中冻融，其强度衰减规律类似。

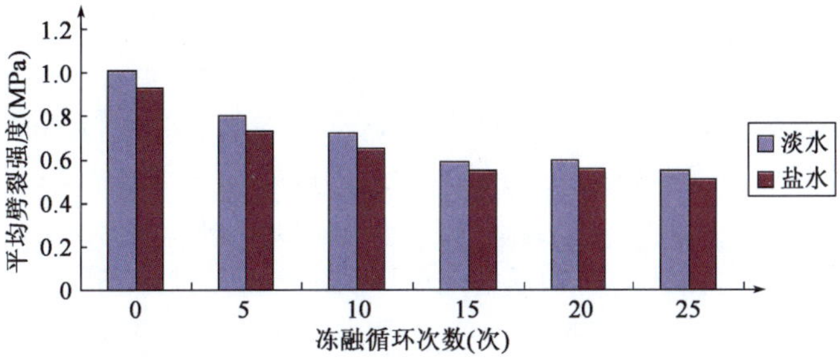

图 3-4-25　沥青混合料冻融循环后的劈裂强度比

(2)冻融循环次数对沥青混合料体积指标的影响规律

选取 3 种不同配合比的沥青混合料(编号分别为 1、2、3)，通过每 5 次冻融循环后对试件物理指标的测定，对沥青混合料在冻融循环过程中的空隙率和总体积变化情况进行分析，试验统计结果如图 3-4-26 和图 3-4-27 所示。

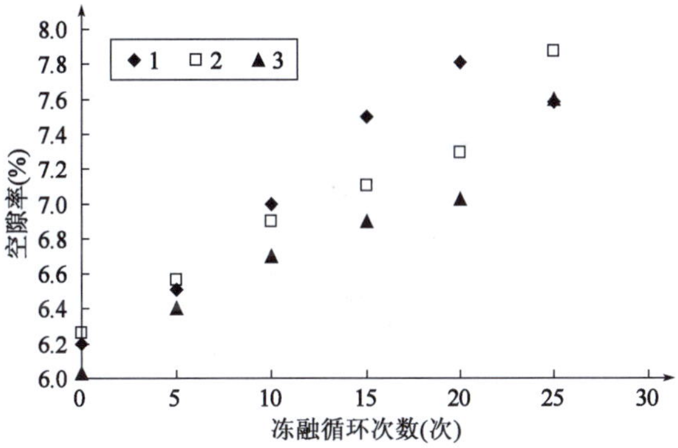

图 3-4-26　试件空隙率随冻融循环次数变化图

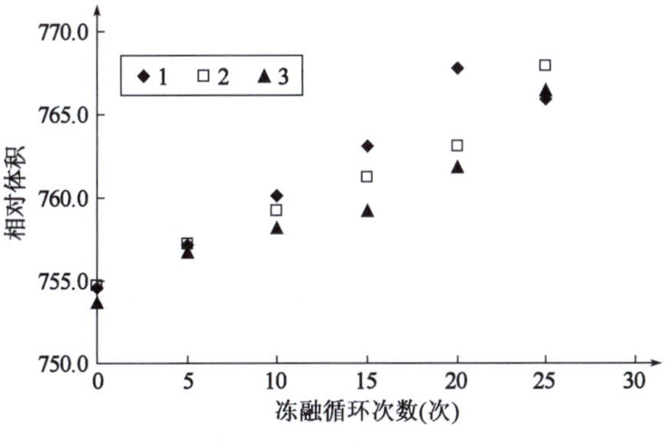

图 3-4-27　试件相对总体积随冻融循环次数变化图

随着冻融循环次数的增加，每种沥青混合料的相对体积均逐渐增大，且基本呈线性增长。这说明冻融对于沥青混合料的体积特性有很重要的影响。结合冻融循环过程中的强度衰减规律，冻融循环后期的空隙率和体积增长主要在于混合料内部空隙的进一步连通。更多连通空隙的产生有助于混合料消散冻胀应力,因此强度变化较小。这也表明强度指标更适宜作为冻融评价指标。

(3)沥青混合料冻融空隙率的验证

试验研究通过渗水系数与空隙率的关系曲线,提出为改善混合料抗冻性能,需保证混合料空隙率小于其临界空隙率,以减少水分侵入导致的冻融破坏。对于AC-16混合料,得到其临界空隙率为6%。对其开展抗冻性能研究时,发现冻融循环15次后,沥青混合料强度比逐渐稳定在60%~70%。可以认为在临界空隙率下,沥青混合料在经历多次冻融循环后依然可以保持一个较好的工作状态。证明严格控制空隙率可以有效减少冻融的影响。为验证这个假设,成型8%±1%空隙率的试件进行冻融循环试验,试验结果如图3-4-28所示。类似于临界空隙率下的沥青混合料,8%空隙率的混合料随着冻融循环次数的增多,其劈裂强度也在逐渐下降,但其性能衰减过程不同于临界空隙率下的混合料。混合料经历15次冻融循环后,劈裂强度也类似地出现稳定期,但是由于自身的结构缺陷,当经过20次冻融循环后,其劈裂强度又开始了一个新的衰减过程。

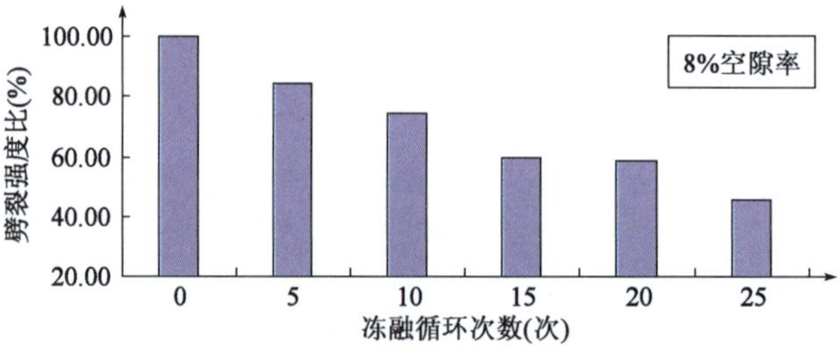

图3-4-28　沥青混合料冻融循环后的劈裂强度比

试验结果验证了临界空隙率的合理性,沥青混合料冻融损伤过程主要包括三个阶段:由水分冻胀引起宏观裂缝增多的强度衰减过程,力学性能的相对稳定过程和水分侵入沥青-集料界面引起的第二次强度衰减过程。

3.4.4　沥青路面低温开裂技术指标研究

沥青及沥青混合料低温抗裂性能评价指标,尤其是混合料力学性能指标,与实际路面开裂情况相关性并不显著。在工程设计中,需要结合环境特征和筑路条件,对沥青路面低温开裂特性进行合理预估。

1. 沥青混合料低温开裂指标研究

通过低温劈裂蠕变或弯曲蠕变试验,测试其低温流变特性,评价沥青混合料的低温性能,分析研究沥青混合料低温性能评价指标。

(1)沥青混合料低温劈裂试验研究

沥青混合料低温劈裂试验采用等应变加载控制模式,加载速率为1mm/min,分别测试0℃、-10℃条件下沥青试件的劈裂抗拉强度、极限应变与劲度模量等参数值,其中-10℃条件下的试验结果详见表3-4-6。试验数据显示,随着温度的降低,沥青混合料的强度提高。

沥青混合料－10℃劈裂试验　　表3-4-6

组别	试件高度 h(mm)	劈裂抗拉强度 R_T (MPa)	破坏拉伸应变 ε_T ($\times10^{-3}$)	破坏劲度模量 S_T (MPa)	强度均值 (MPa)	均方差
01	62.43	3.41	7.739	758.56	3.37	0.11
02	61.56	3.42	6.379	921.44		
11	61.53	3.43	11.055	534.45		
22	63.71	3.21	7.163	770.56		

(2)沥青混合料低温劈裂试验与开裂间距的关系

针对路面工程现场取芯试样，测试了不同开裂间距下沥青混合料－10℃条件下的劈裂强度，代表性结果见表3-4-7和表3-4-8。沥青混合料的极限抗拉强度与路面的实际开裂间距存在较显著的线性关系——路面开裂间距大，抗拉强度高，抗拉强度随裂缝间距的减小单调递减。而通过劈裂试验测得的劲度模量，则未能表现出与开裂间距的良好关系。

开裂间距100m劈裂试验结果(－10℃)　　表3-4-7

组别	试件高度 h(mm)	劈裂抗拉强度 R_T (MPa)	破坏拉伸应变 ε_T ($\times10^{-3}$)	破坏劲度模量 S_T (MPa)	强度均值 (MPa)	均方差
1-1-1	49.07	3.33	9.450	605.92	3.41	0.08
1-2-1	59.43	3.43	8.423	701.23		
1-3-1	61.91	3.48	7.042	850.79		
1-1-3	54.60	2.44	10.417	403.69	2.62	0.37
1-2-3	41.54	3.05	6.585	796.30		
1-3-3	38.84	2.36	5.258	773.72		

开裂间距20m劈裂试验结果(－10℃)　　表3-4-8

组别	试件高度 h(mm)	劈裂抗拉强度 R_T (MPa)	破坏拉伸应变 ε_T ($\times10^{-3}$)	破坏劲度模量 S_T (MPa)	强度均值 (MPa)	均方差
5-1-1	34.66	3.14	8.207	657.92	2.52	0.87
5-2-1	50.00	1.91	5.176	635.78		
5-1-2	47.84	2.61	7.191	625.26	2.52	0.13
5-2-2	55.39	2.42	6.269	665.00		
5-1-3	49.75	2.78	5.399	884.99	2.78	0.00

(3)沥青混合料低温劈裂蠕变试验研究

低温蠕变速率大小表征在试验温度条件和设定的荷载水平情况下的流变参数，反映的是当应力一定时，应变随时间而增长的速率，单位时间内应变增长越大，表示材料的低温柔性越好，也就越不容易开裂。为研究低温蠕变参数用以表征混合料低温性能的合理性，进行不同材料和级配的混合料低温劈裂蠕变试验。典型的劈裂蠕变试验分析结果如图3-4-29所示。

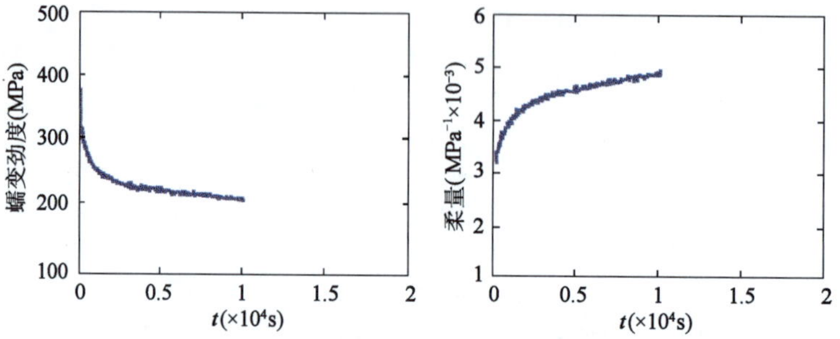

图3-4-29 沥青混合料劈裂蠕变试验蠕变劲度与柔量(0.3应力比，-10℃)

归纳出如下结论：

①很低应力水平条件下未发生明显蠕变现象，沥青混合料以弹性为主。

②在20000s以内，应力得以很好地稳定控制，而应变单调增长，即表现出显著的流变特征，如开裂间距很大的表面层。

③在10000s以内，发生断裂，但蠕变现象十分明显，并且存在较长时间的蠕变稳定阶段，而断裂过程则十分迅速。

④在10000s以内，甚至5000s以内发生断裂破坏，不存在蠕变稳定阶段，变形急剧增长，直至破坏，断裂过程发展迅速。

⑤蠕变发展阶段最完整的，包含迁移期、稳定期、加速期，最后直至破坏，三个阶段都十分明显。

⑥蠕变发展阶段比较完整，但破坏时间较短，如开裂间距较大的一类中面层，在相同应力情况下，断裂时间提前，显然强度较低。

(4)劈裂蠕变指标与路面开裂的关系

在给定沥青混合料的抗冻试验方法及关键试验参数的基础上，提出适宜的评价指标，揭示沥青混合料冻融损伤特征及其对路面性能的影响规律。

①对开裂间距100m的路段，混合料加载时间均能超过10000s，表面层的沥青混合料普遍可以加载至20000s，都具有较大的柔量以及一定的蠕变速率。

②对开裂间距50m的路段，混合料至少有一层无法完成20000s的加载过程，上、中面层变形速率非常高，但初始劲度模量比较大，虽然具有良好的韧性，但断裂过程迅速。

③对开裂间距25m的路段，混合料只有极少数层位可以完成20000s的加载过程，破坏时间普遍在10000s以下，甚至个别层位在5000s以内就会发生断裂。上、中面层变形速率都非常高，但初始的劲度模量比较大，柔量很小，断裂过程十分迅速。

综上所述，对于沥青混合料的低温抗裂性能，应首先以-10℃的劈裂强度为评价指标，确定低温环境下的极限抗拉强度以及脆化点温度。进而考虑低温劈裂蠕变试验特性，不能仅以蠕变柔量为评价指标，要充分考虑蠕变加载过程响应，尤其是要观察能否完成20000s的加载过程。

2. 沥青路面低温缩裂间距预估方法研究

对于沥青路面的低温开裂间距估算，进行 Haas 与 Hajek 模型的进一步修正，重新比选两个经验预估模型，即"Fromm 和 Phang 模型"与"Haas 机场道面预估模型"。为预估、验算沥青路面的低温缩裂指数，采用经验法，通过调查不同沥青层厚度、土质类型、基层类型与沥青种类的公路路面的实际开裂情况，结合沥青低温性能测试，分析 8 年中东北地区路面的沥青性质、路面结构、路基土质类型等因素与低温开裂状况的关系，参考加拿大 Haas 模型，建立了适用于计算通车后冬季路面低温裂缝指数的预估模型。

季节性冻土地区公路沥青面层，验算低温缩裂指数 CI。

$$CI = 1.95 \times 10^{-3} S_t \lg b - 0.075(T + 0.07h_a)\lg S_t + 0.15 \tag{3-4-17}$$

式中：CI——沥青路面低温缩裂指数；

T——路面低温设计温度(℃)，为连续 10 年年最低气温平均值；

S_t——在路面低温设计温度增加 10℃试验温度条件下，沥青弯曲梁流变(BBR)试验加载 180s 时的蠕变劲度(MPa)；

h_a——沥青层厚度(mm)；

b——路基类型参数，砂 $b=5$，粉质黏土 $b=3$，黏土 $b=2$。

大量工程调研显示：沥青路面低温裂缝在通车后的第一个冬季出现，3～5 年后其数量趋于稳定，预估结果与工程实际相吻合。

3. 沥青混合料低温弯曲性能与冻断性能相关性分析

低温小梁弯曲试验在国内工程中应用普遍，但该试验方法仅考虑了沥青混合料的强度特性或变形能力，而沥青混合料的低温性能不是单纯由沥青混合料强度特性或变形能力所决定的，应力水平和应变水平同时影响沥青混合料抗开裂性能。如果能合理建立低温小梁弯曲试验与低温约束应力之间的关系，便可直观地建立沥青混合料低温弯曲指标与气候条件的相关性，进而对现有低温小梁弯曲指标进行修正，结合季冻区气候特点提出更为合理的沥青混合料低温性能参数指标。

由沥青混合料约束试件温度应力试验可以得到冻断温度、冻断强度、转化点温度和温度应力曲线斜率 4 个评价指标。采用两种低温性能检测方法对同一组试件低温性能检测结果表明，两组沥青混合料低温性能试验均表现出了良好的相关性，建立沥青混合料低温弯曲性能与沥青混合料低温抗冻断性能间的关系方程：$y=2.858x^{2.118}$，$R^2=0.934$，两者的关系曲线如图 3-4-30所示。

低温冻断试验是模拟路面在实际降温过程中的受力状况，可以直观给出路面开裂温度。根据图 3-4-30 可推得路面开裂温度与其低温弯曲性能的关系，结合季冻区气候特点，修正不同气候条件下路面低温弯曲性能指标要求，进而指导工程应用。

以季冻区不同冻区气候作为分区标准，依据不同冻区、不同路面沥青层位极端最低温度调查数据，参考沥青混合料低温弯曲性能-冻断温度关系曲线，提出不同冻区、不同层位沥青路面低温弯曲技术指标，详见表 3-4-9。由于沥青碎石基层混合料最大公称粒径已超出低温小梁弯曲试验范围，因此推荐采用冻断试验评价其低温性能。

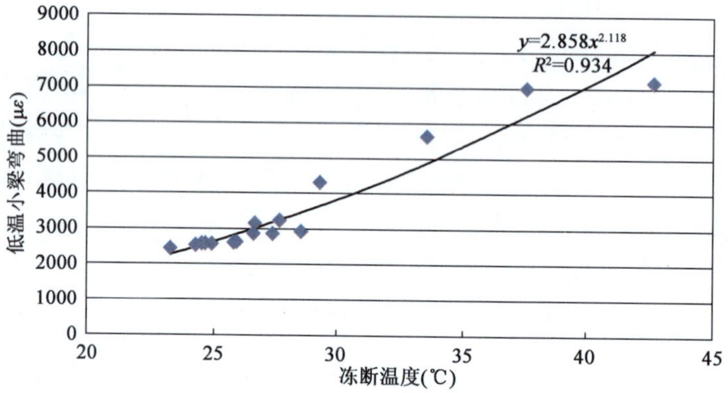

图 3-4-30　沥青混合料低温弯曲性能-冻断温度关系曲线

沥青路面低温弯曲性能指标　　表 3-4-9

冻区划分		重冻 a	重冻 b	中冻 a	中冻 b	轻冻 a	轻冻 b
上面层	极端低温(℃)	-35	-32	-31	-24	-23	-6
	低温弯曲性能指标要求(με)	≥5200	≥4400	≥4100	≥2400	≥2300	≥2300
下面层	极端低温(℃)	-30.36	-27.36	-26.36	-19.36	-18.36	-1.36
	低温弯曲性能指标要求(με)	≥4000	≥3300	≥2800	≥2300	≥2300	≥2300

3.5　季冻区沥青路面抗冻控裂技术应用

季冻区沥青路面裂缝控制是长寿命路面必须解决的关键技术之一。基于常规沥青路面结构组合的力学性能比较分析,提出季冻区组合式基层沥青路面典型结构形式,并对抗冻控裂应用技术进行对比验证。

3.5.1　组合式基层沥青路面力学响应分析

针对柔性路面、半刚性基层沥青路面、组合式基层沥青路面各种结构组合,通过双圆垂直荷载下多层弹性体系主应力、主应变场的理论计算,表明组合式基层对沥青路面空间受力状态产生显著的影响。

1. 应力状态的空间分布计算分析

塑性理论认为应力张量不影响屈服,作为应力偏量特征量的应力罗德参数 μ_σ 用以确定一点的应力状态(主应力的函数,变化范围 $-1 \leq \mu_\sigma \leq 1$,反映主应力分量比例关系),是定量描述结构塑性变形流动行为的重要参数。对柔性基层、半刚性基层、级配碎石上基层+半刚性下基层、沥青碎石上基层+半刚性下基层 4 种常规沥青路面结构,计算双圆标准轴载下两圆圆心连线断面的 μ_σ 场分布,如图 3-5-1 所示。

空间应力场计算显示:柔性路面同一结构层的各点应力状态大体相同、受力均匀,比较而言,结构形式更为均衡合理;半刚性路面同一结构层不同深度处的应力状态差异明显;组合式基层结构路面兼具柔性路面和半刚性路面的优缺点,主应力变化梯度趋缓。综合来看,沥青碎石上基层结构路面应力空间分布更合理,具有更好的承受行车荷载能力。

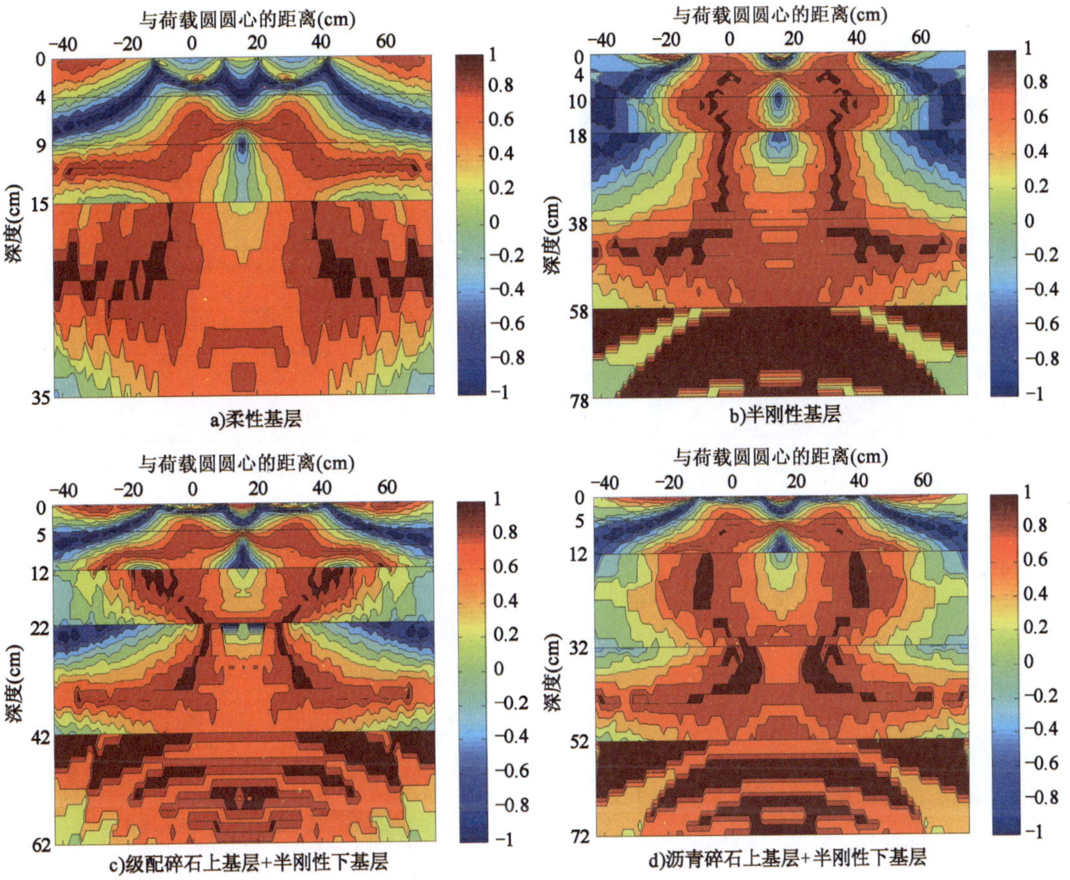

图 3-5-1　典型沥青路面结构的 μ_σ 场分布

2. 路面结构层主应力场分析

基于弹塑性力学进行路面结构层主应力场(σ_1、σ_2、σ_3)理论分析，明确各结构层主要受力部位的三向应力状态，详见图 3-5-2。计算结果显示：柔性路面上、中面层则处于应力水平高的两向压缩、一向拉伸状态，下面层处于应力水平高的两向拉伸状态，对材料疲劳抗力要求更高。半刚性基层沥青路面的面层处于不均匀的三向应力状态，会发生偏应力过大的变形类破坏。组合式沥青路面的上面层荷载叠加区与下面层底部处于两向拉伸状态，易于发挥沥青混凝土材料抗拉强度高、抗疲劳的优点，结构组合更合理。

3. 结构层内体积改变特性分析

弹塑性力学应力张量分析中球张量与偏张量分别表征一点的体积改变特性与形状改变特性，球张量可用平均应力(或静水应力) σ_8 表达，各典型路面结构层的 σ_8 场分布如图 3-5-3 所示。计算结果显示：柔性路面下面层底面受拉，上、中面层受压。而半刚性路面，基层整体与底基层受拉，基层底面应力水平最大，发挥了板体性材料抗拉强度高的特性。而设置上基层的路面结构，体积改变特性在层位内的分布更均匀，平均应力减小。设置沥青碎石过渡层，压应力水平大幅度下降，沥青碎石层处于均匀压缩区的空间更大，整个沥青碎石层共同受力，这种结构形式在发挥材料抗力方面是最优组合。

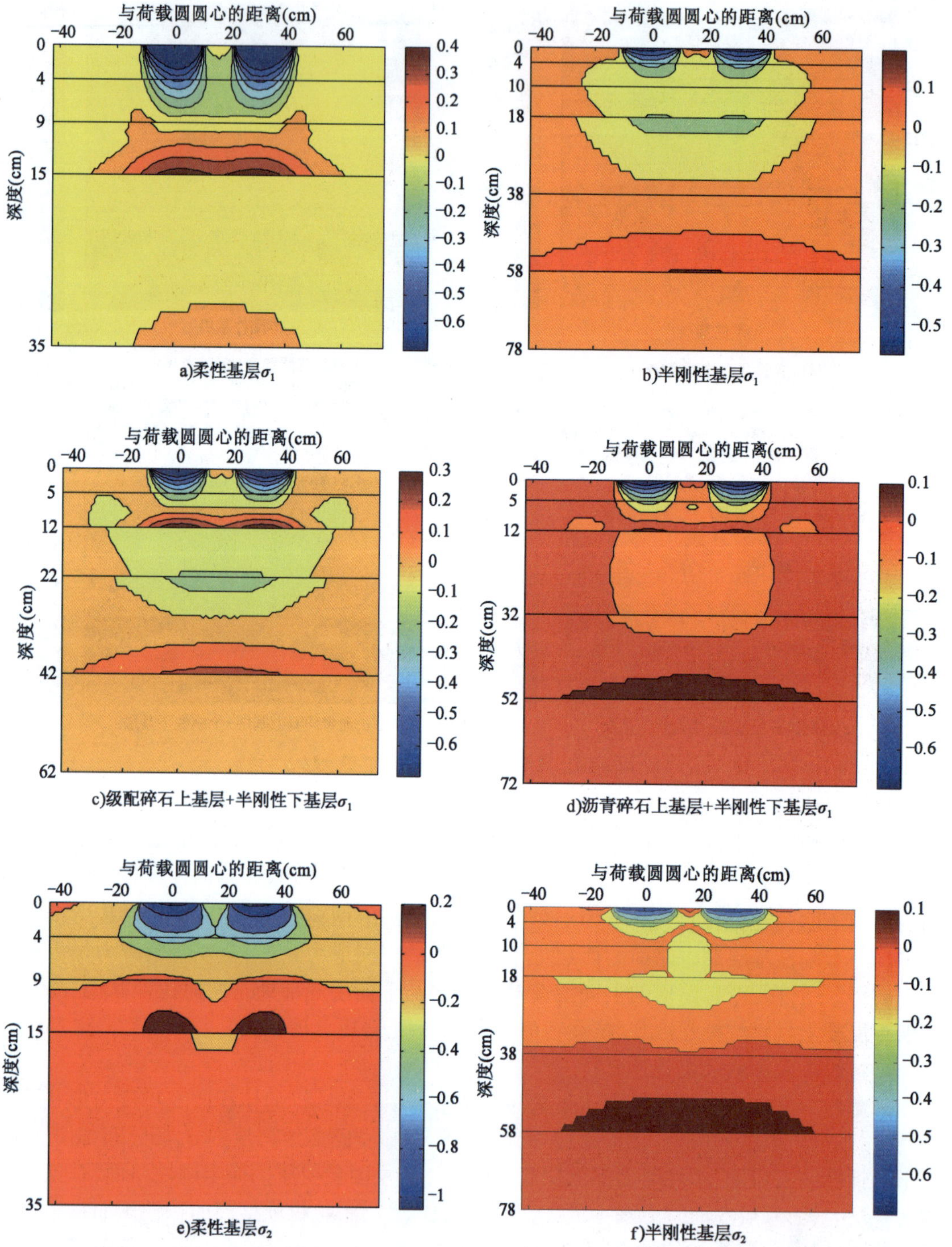
与荷载圆圆心的距离(cm)
深度(cm)
a)柔性基层σ_1
b)半刚性基层σ_1
c)级配碎石上基层+半刚性下基层σ_1
d)沥青碎石上基层+半刚性下基层σ_1
e)柔性基层σ_2
f)半刚性基层σ_2

图 3-5-2

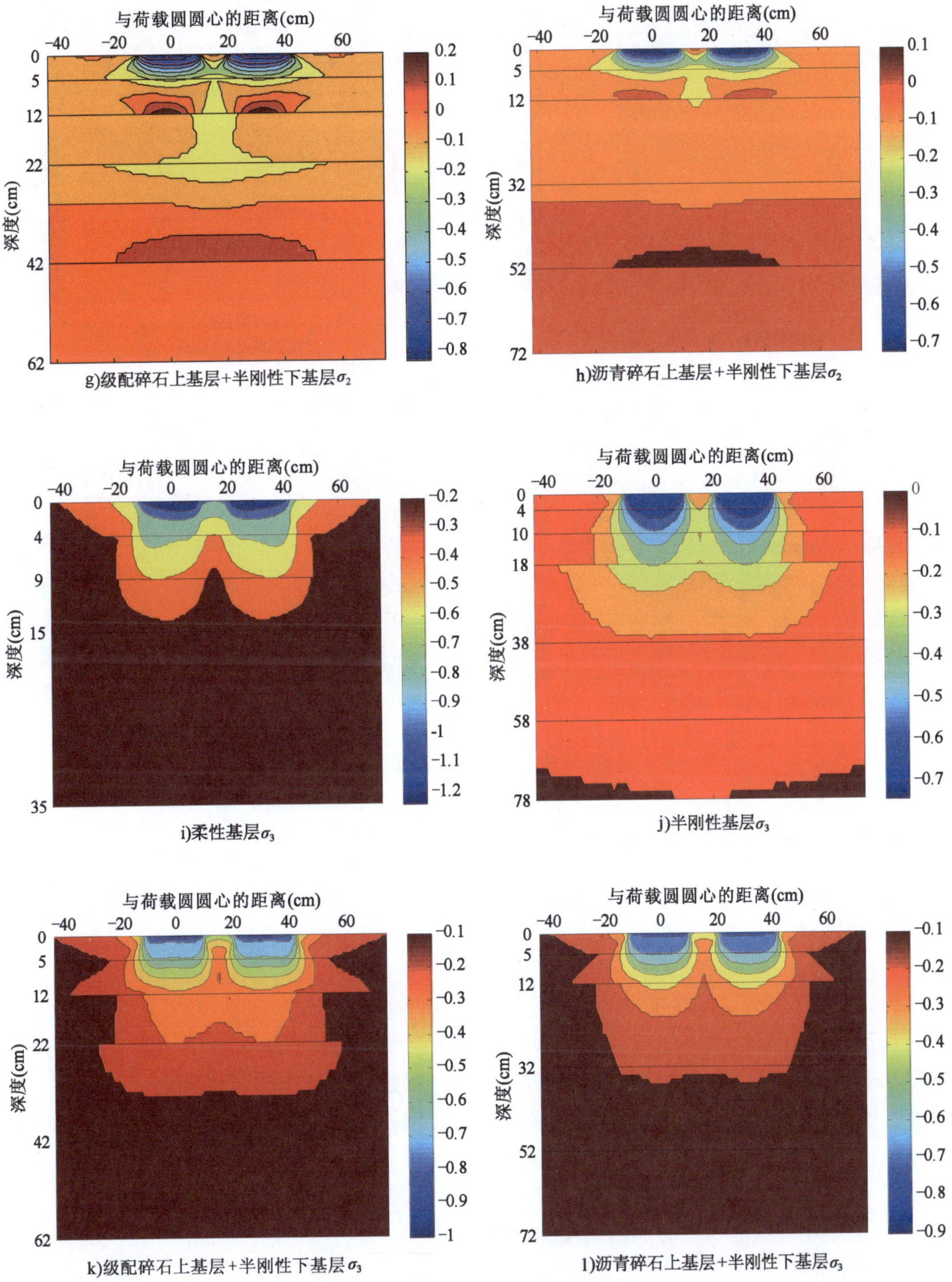

图 3-5-2　典型沥青路面结构的应力状态(MPa)

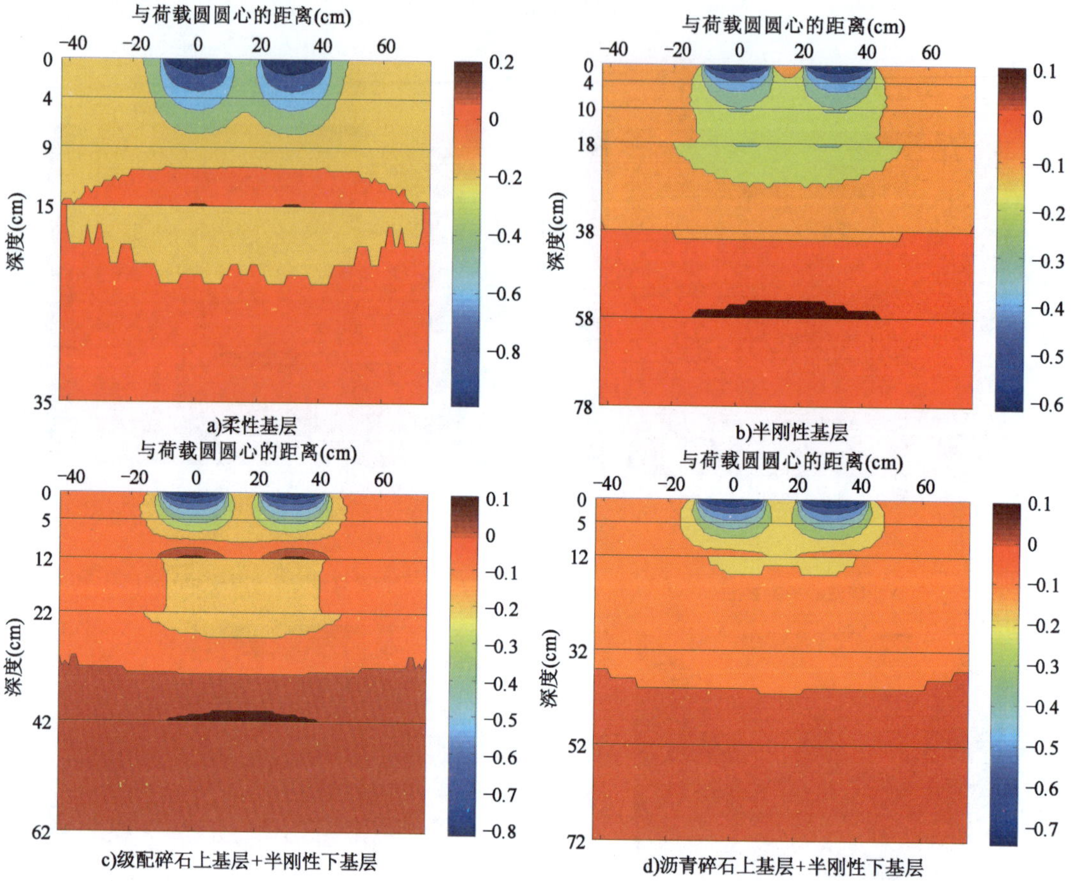

图 3-5-3　典型沥青路面结构的应力球张量 σ_8 场分布(MPa)

4. 基于不利温度组合的剪应力(抗变形能力)分析

依据弹塑性力学原理,以偏张量表征一点的形状改变特性(用最大剪应力 τ_{max} 作为指标),τ_{max} 场分布仅列出面层荷载圆连线断面的应力图谱。计算半刚性基层沥青路面、设普通/高质级配碎石上基层的组合式路面、设沥青碎石上基层的组合式路面 4 种典型结构的 τ_{max} 场分布(按照相同原则每种结构截取 2 个代表性应力分布图),详见图 3-5-4。

计算对比分析显示,对于半刚性基层沥青路面,荷载、环境(温度)与结构的耦合作用决定了塑性屈服面的层位分布。设置级配碎石上基层,协调了塑性屈服与断裂失效两种极限状态,但由于自身的力学特性,协调功能只能限定在某特定约束范围内。沥青碎石上基层的组合式路面的剪应力 τ_{max} 场分布最为稳定合理,在最不利高温状态时上、下面层分布十分均匀,抗剪切变形能力优于其他结构类型,可见沥青碎石层有效改善了路面结构的力学性能。

3.5.2　季冻区沥青路面典型结构形式

基于多指标设计方法的理论、参数、指标体系的沥青路面力学响应分析与性能预估,进行组合式基层沥青路面结构设计,提出季冻区沥青路面设计模型,详见图 3-5-5。

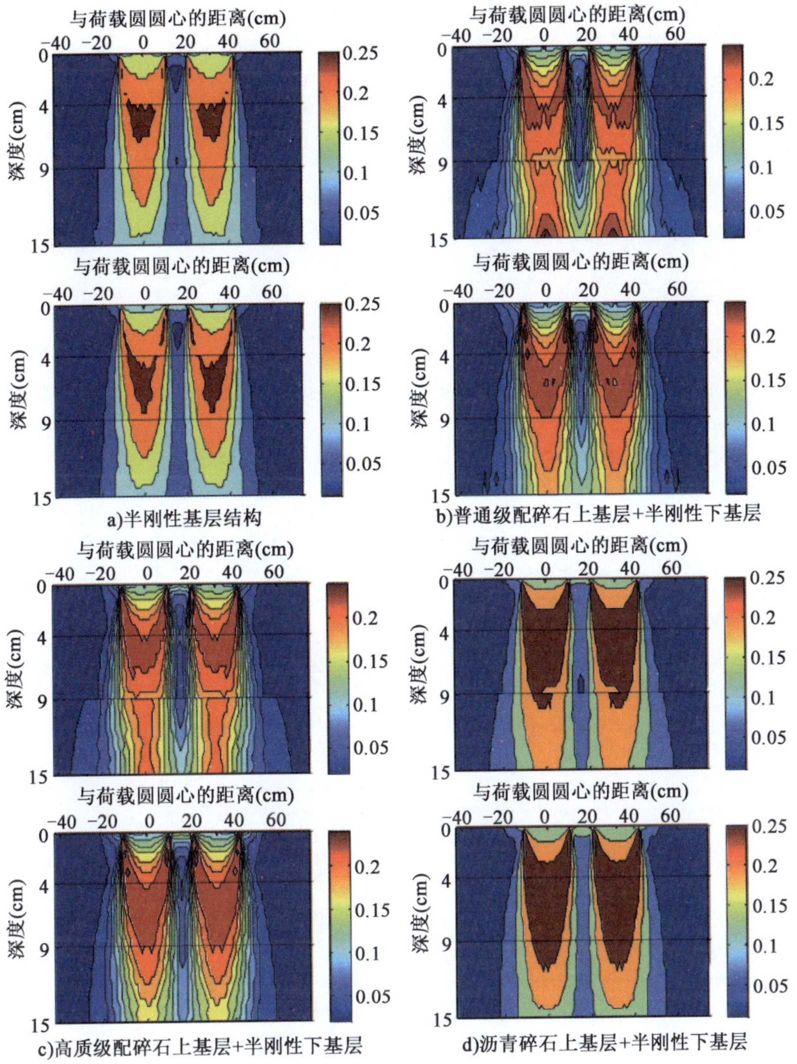

图 3-5-4　4 种典型沥青路面结构最大剪应力 τ_{max} 场分布(MPa)

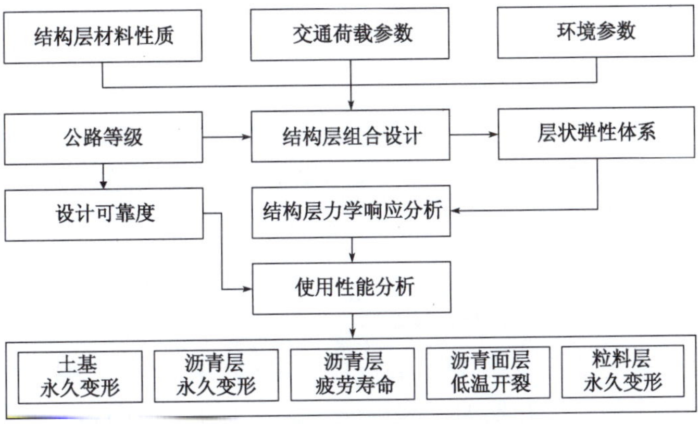

图 3-5-5　组合式基层沥青路面设计模型

一般条件下，组合式基层沥青路面使用性能与寿命取决于材料设计与结构设计是否协调，依据《公路沥青路面设计规范》(JTG D50—2017)提出以下组合式基层沥青路面典型结构，详见表 3-5-1 ~ 表 3-5-3。

沥青路面典型结构一　　表 3-5-1

层位	材　料	结构层厚度(cm)					
		重交通			中交通		
上面层	改性沥青 SMA-16(SMA-13)	5			4		
下面层	改性沥青 AC-20C	7			6		
联结层	ATB-25(ATB-30)	10 ~ 15			8 ~ 12		
基层	水泥稳定碎石	34 ~ 38	32 ~ 36	32 ~ 34	34 ~ 38	32 ~ 36	32 ~ 34
底基层	低剂量水泥稳定粒料	18 ~ 20			18 ~ 20		
垫层	砂砾、碎石	25			25		
路基模量(MPa)		40 ~ 50	50 ~ 80	>80	40 ~ 50	50 ~ 80	>80

沥青路面典型结构二　　表 3-5-2

层位	材　料	结构层厚度(cm)				
		重交通			中交通	
上面层	改性沥青 SMA-16(SMA-13)	5			4	
下面层	改性沥青 AC-20C	7			6	
联结层 Ⅰ	ATB-25(ATB-30)	8 ~ 12			8 ~ 12	
联结层 Ⅱ	级配碎石	10 ~ 15			10 ~ 15	
基层	水泥稳定碎石	34 ~ 38	32 ~ 36	32 ~ 34	32 ~ 36	32 ~ 34
底基层	低剂量水泥稳定粒料	18 ~ 20			18 ~ 20	
路基模量(MPa)		40 ~ 50	50 ~ 80	>80	40 ~ 50	50 ~ 80

沥青路面典型结构三　　表 3-5-3

层　位	材　料	结构层厚度(cm)	
		中交通	
上面层	改性沥青 AC-16	4	
下面层	改性沥青 AC-20C	6	
联结层	级配碎石	10 ~ 20	
基层	水泥稳定碎石	32 ~ 36	32 ~ 34
底基层	低剂量水泥稳定粒料	18 ~ 20	
路基模量(MPa)		40 ~ 50	50 ~ 80

3.5.3　季冻区高性能改性沥青技术应用

季冻区工厂化橡胶粉 SBS 复合改性沥青(CR/SBSCMA)技术应用趋于成熟，复合改性技术提高了路面高温抗车辙性能和低温抗裂性能。鹤大高速公路对该技术进行了推广应用，路面结构为：36 ~ 40cm 水泥稳定基层碎石 + 8cm 沥青碎石(70 号沥青 ATB) + 6cm 橡胶粉

SBS改性沥青+4cm橡胶粉SBS改性沥青SMA路面(图3-5-6、图3-5-7)。提出适用于季冻区的工厂化CR/SBSCMA生产工艺及橡胶粉改性沥青评价指标和优良路用性能的CR/SBSCMA混合料矿料级配优化方案。

图3-5-6 橡胶粉SBS改性沥青AC-20下面层

图3-5-7 橡胶粉SBS改性沥青SMA-13上面层

1. 橡胶粉与SBS复合改性机理

在橡胶粉与SBS两种改性剂合理掺配比例下,CR/SBSCMA既具有优良的抗高温性能,同时还具有良好的耐低温性能。在CR/SBSCMA体系中,SBS、废胶粉与基质沥青间的极性、分子量差异较大,相容性差,只能吸收极性和溶解度参数相近的组分而溶胀,基本属于物理作用范畴。加入的SBS在高温高速剪磨作用下,粒径会更小,在沥青中的分布更为均匀,因此能够充分吸收沥青中的轻组分膨胀而形成网络交联的结构,使沥青具有较强的低温抗裂和高温抗变形能力。而橡胶粉颗粒大分子在充分的剪磨作用下伴随着脱硫与降解作用,使得部分橡胶粉大分子转变为小分子,沥青与橡胶粉颗粒的相容性提高,且剪磨后的橡胶粉颗粒粒径更小,与沥青之间的密度差减少,放大100倍的橡胶粉改性沥青以及胶粉与SBS复合改性沥青三种物质的扫描电镜(SEM)图(图3-5-8、图3-5-9)显示,复合改性沥青表面有明显的凸起,丝状分布更为均匀。主要是由于在高温和剪切的作用下,胶粉发生脱硫,分子链也不同程度地断裂,最终会碎裂为更细小的链段,表现为部分颗粒变小,均匀地分散在沥青体系中,提高了抗离析性能。此外,在CR/SBSCMA体系中,由于胶粉颗粒表面凹凸不平,存在大量的毛刺,当SBS改性沥青所承受的应变达到极限状态时,断裂应力将迅速在橡胶粉颗粒表面集中,橡胶粉颗粒吸收和消耗了大量的能量,一定程度上阻止了裂纹的产生和扩展。

图3-5-8 胶粉在基质沥青中的形貌

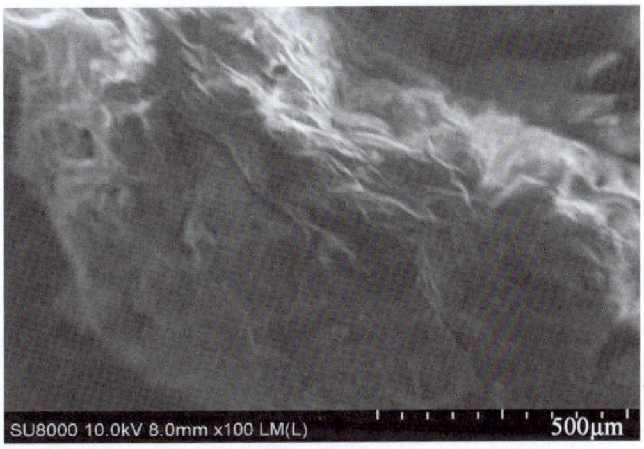

图3-5-9 CR/SBSCMA形貌

2. 工厂化橡胶粉与 SBS 复合改性沥青的制备工艺

橡胶粉/SBS 复合改性沥青工厂化生产采用美国进口道维施 DALWORTH 胶体磨，该设备具有独特的“内齿型”结构的定子和转子，在高速剪磨力的作用下，改性剂粉碎细化后的粒径更小，同时均匀地分散在基质沥青中，从而成为稳定的橡胶粉/SBS 复合改性沥青体系。橡胶粉/SBS 复合改性沥青工厂化生产工艺总体分为改性剂溶胀、分散磨细、继续发育 3 个阶段，工艺流程如图 3-5-10 所示。

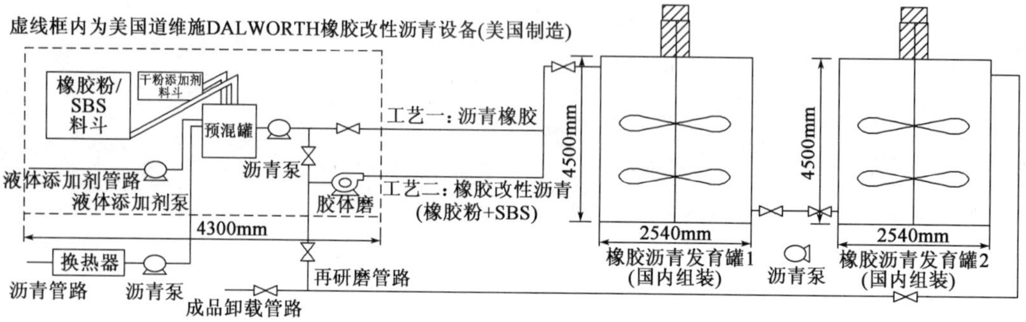

图 3-5-10 工厂化复合改性沥青生产工艺流程

3. 橡胶粉/SBS 复合改性沥青技术指标评价体系

应用橡胶粉/SBS 复合改性沥青 PG 分级判定路用沥青性能。橡胶粉/SBS 复合改性沥青按不同配比进行动态剪切流变(DSR)试验确定高温等级，然后对经短期老化和长期老化的沥青残留物进行低温弯曲梁流变(BBR)试验，划分低温等级。不同橡胶粉及 SBS 掺量的沥青结合料 PG 分级结果见表 3-5-4。

橡胶粉/SBS 复合改性沥青 PG 分级结果 表 3-5-4

SBS 掺量(%)	橡胶粉掺量(%)						
	0	11	14	17	20	23	26
0	PG58-22	—	—	—	—	—	—
1.5	—	PG70-28	PG70-28	PG70-28	PG76-28	PG80-34	PG80-28
2.0	—	PG70-28	PG76-28	PG76-28	PG82-28	—	PG88-34
2.5	—	PG76-28	PG76-28	PG82-28	PG88-28	PG88-34	—
3.0	—	PG82-28	PG82-28	PG88-28	PG88-34	—	—
4.5	PG70-28	—	—	—	—	—	—

PG 分级结果显示，随着橡胶粉掺量的增加，其高温等级有所提高，低温等级有所降低。当 SBS 掺量为 2.0%，橡胶粉掺量为 20%时，其 PG 等级达到 82-28，比 SBS 改性沥青 PG70-28 高温高出两个等级，比基质沥青 PG58-22 高温高出 4 个等级，低温低 1 个等级。季冻区工程实践表明，采用 SBS 改性沥青的部分路段在极端气候频发、重载车辆日益增多的情况下，也出现了较为严重的病害，用于季冻区的橡胶粉/SBS 复合改性沥青的高低温性能要优于 SBS 改性沥青。基于此，推荐季冻区橡胶粉/SBS 复合改性沥青 PG 等级为 82-28。

参考国内外橡胶沥青评价标准，结合室内试验结果以及季冻区气候特点和实际需求，提出季冻区工厂化橡胶粉/SBS 改性沥青技术指标，见表 3-5-5。

季冻区工厂化橡胶粉/SBS 改性沥青技术指标 表 3-5-5

检 测 项 目	指 标 要 求	测 试 方 法	
PG 分级	82-28	AASHTO	
175℃旋转黏度(Pa·s)	1.5~4.0	《公路工程沥青及沥青混合料试验规程》(JTG E20—2011)	T 0625
针入度(25℃,100g,5s)(0.1mm)	60~100		T 0604
软化点(℃)	>60		T 0606
弹性恢复(25℃)(%)	>80		T 0662
48h 离析(℃)	<4.0		T 0661

4. 橡胶粉 SBS 复合改性沥青混合料力学参数

通过室内试验对工厂化橡胶粉 SBS 复合改性沥青混合料力学性能进行了系统的研究，建立了橡胶粉 SBS 复合改性沥青 AC 结构、SMA 结构混合料全频动态模量主曲线(图 3-5-11、图 3-5-12)，明确了混合料动态模量与加载频率之间的关系。橡胶粉 SBS 复合改性沥青混合料不同温度及不同加载频率下的动态模量试验研究显示，与 SBS 改性沥青混合料相比，-20℃低温条件下，橡胶粉 SBS 复合改性沥青混合料模量较低，相位角相对较大，具有较高的柔性。60℃高温条件下，橡胶粉 SBS 复合改性沥青混合料模量较高，具有较高的刚度，表明橡胶粉 SBS 复合改性沥青混合料高温条件下具有良好的抗变形能力。

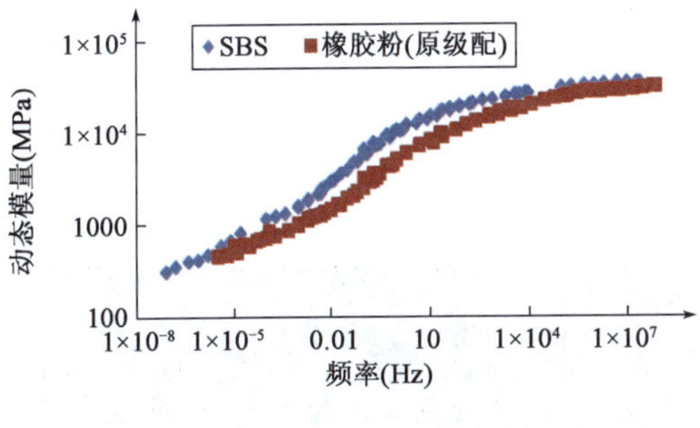

图 3-5-11 AC 结构沥青混合料动态模量主曲线

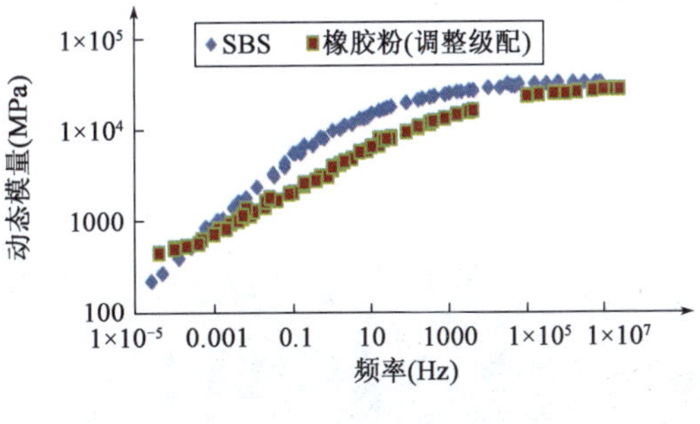

图 3-5-12 SMA 结构沥青混合料动态模量主曲线

5. 工厂化橡胶粉/SBS 复合改性混合料技术验证

工厂化橡胶粉改性沥青具有较高的黏度，直接作为黏结料将大幅度提高混合料矿料间隙，按常规的沥青混合料配合比设计将增加沥青用量和工程造价。魏茅茨粒子干涉理论认为：矿料级配设计的关键在于合理确定各档集料间的比例，集料要达到最大密度，较粗一级粒径的集料所形成的骨架空隙应由较细一级粒径的集料来填充。基于此，鹤大高速公路对橡胶粉/SBS 改性沥青混合料矿料级配进行优化改进，配合比设计增加了 4.75mm 以下细集料比例填充矿料间隙，并对粗集料用量进行调配，进而降低沥青用量并合理控制工程造价。

基于参照组进行多轮优化调整后推荐矿料级配见表3-5-6,调整级配后的沥青膜厚度及路用性能见表3-5-7和表3-5-8,现场路面取芯如图3-5-13所示。

AC-20 沥青混合料调整矿料级配 表3-5-6

矿料级配	通过率(%)										
	19mm	16mm	13.2mm	9.5mm	4.75mm	2.36mm	1.18mm	0.6mm	0.3mm	0.15mm	0.075mm
参照组原级配	98.5	86.2	69.7	58.0	37.5	26.6	17.6	12.5	7.5	5.9	4.5
调整级配1号	98.7	87.6	72.5	61.0	40.5	29.5	19.2	13.4	8.4	6.2	5.4
调整级配2号	98.8	88.5	74.4	63.0	42.5	31.8	20.3	14.3	8.8	6.5	5.5

AC-20 沥青混合料沥青膜厚度计算 表3-5-7

混合料类型	橡胶粉改性沥青混合料(原级配)	橡胶粉改性沥青混合料(调整级配2号)
集料比表面总和 SA(m^2/kg)	5.18	5.24
集料吸收的沥青比例 P_{ba}(%)	26.1	25.6
有效沥青含量 P_{be}(%)	4.7	4.3
沥青膜厚(μm)	8.9	7.6

AC-20 沥青混合料路用性能指标 表3-5-8

混合料类型	动稳定度(次/mm)	低温小梁弯曲(με)	浸水残留稳定度比(%)	冻融劈裂强度比(%)
SBS改性AC-20混合料	4568	2882	86.4	84.7
橡胶粉改性沥青混合料(参照组原级配)	6844	3927	89.8	91.7
橡胶粉改性沥青混合料(调整级配2号)	8495	3647	92.0	89.6

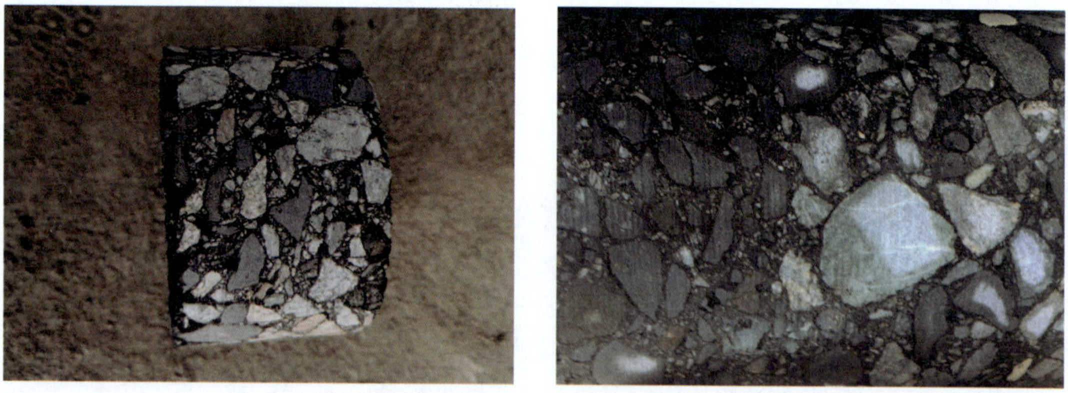

图3-5-13　橡胶粉/SBS复合改性AC-20混合料下面层芯样

研究表明,沥青混合料级配空隙率为3%~6%时,沥青膜有效厚度宜控制在8μm左右。

工厂化橡胶粉改性沥青混合料的沥青膜厚明显大于 SBS 改性沥青混合料，而级配优化后的混合料沥青膜厚度与 SBS 改性沥青混合料基本相当。级配优化前参照组橡胶粉改性沥青混合料沥青用量大，沥青膜偏厚，而级配优化后混合料沥青膜厚处于合理范围内，有效实现了提升混合料路用性能并合理控制工程造价的双重目标。

工程验证表明，级配优化后的橡胶粉改性沥青混合料高温抗车辙性能有明显提高，增幅达 20%，但低温性能略有下降，下降幅度接近 8%。水稳定性能两者较为接近。为更直观掌握级配优化后沥青混合料高、低温性能变化幅度，借鉴美国公路战略研究计划（SHRP）沥青混合料路用性能评价方法，通过汉堡车辙试验和约束试件温度应力试验，对橡胶粉改性沥青混合料的高、低温路用性能进行验证，具体数据见表 3-5-9。试验结果显示，工厂化橡胶粉/SBS 复合改性沥青可大幅度提高混合料的高、低温性能以及疲劳性能，在经过 20000 次轮碾作用后永久变形深度仅为 4mm，低温断裂温度在 －37℃以下。相比 SBS 改性沥青混合料，高温性能提高幅度可达 70%，低温性能提高幅度达 30%，且在多次冻融循环作用下抗冻性优于 SBS 改性沥青混合料，符合季冻区极端低温对沥青路面低温、抗冻及耐久性能的要求。

AC-20 沥青混合料汉堡车辙试验数据　　表 3-5-9

沥青混合料类型	轮碾作用次数（次）	辙痕深度（cm）
SBS 改性沥青混合料	12630	15.2
橡胶粉改性沥青混合料（原级配）	20000	13.8
橡胶粉改性沥青混合料（调整级配 2 号）	20000	4.6

工厂化橡胶粉/SBS 复合改性沥青混合料的力学性能试验研究表明：低温条件下混合料具有较好的黏弹性，能够提高沥青路面的低温抗裂性能；高温条件下具有较高的模量和较小的相位角，抗永久变形能力好。采用工厂化橡胶粉/SBS 复合改性沥青，经矿料级配优化，提高了沥青混合料的高温和低温路用性能。鹤大高速公路科技示范应用验证了上述结论（图 3-5-14）。

图 3-5-14　鹤大高速公路橡胶粉/SBS 复合改性 SMA 路面

3.6　季冻区玄武岩纤维沥青路面应用

玄武岩纤维首先被应用于国防军工领域。随着产业化发展，目前广泛应用于航空航天、石油化工、武器装备、汽车船舶、节能环保和土建交通等领域。玄武岩纤维是以天然玄武岩为原料,经1450～1500℃高温熔融后通过铂铑合金拉丝漏板快速拉制而成的连续纤维,可有效提高沥青路面的行车舒适性、安全性和使用耐久性,被人们形象地称为"点石成金"。基于打造品质工程、创建新时期季冻区高速公路建设新标杆的目的,集通高速公路K7+200～K23+700主线及互通式立交匝道上面层,采用玄武岩纤维沥青混合料替代木质素纤维沥青混合料进行了SMA路面样板示范(图3-6-1),路面高温稳定性、低温抗裂性等均有较大程度的改善。路用玄武岩纤维的性能指标见表3-6-1。

图3-6-1 集通高速公路玄武岩纤维路面

玄武岩纤维的性能指标(集通高速公路)　　表3-6-1

项　目	规范要求	试验结果
断裂强度(MPa)	>1200	1221
断裂伸长率(%)	3.1	2.71
吸油率(%)	50	82
可燃物含量(%)	0.1～1.0	0.4
含水率(%)	0.2	0.13
耐热性断裂强度保留率(%)	85	93
可燃性	明火不点燃	明火不点燃

3.6.1 AC-20玄武岩纤维沥青混合料中面层

AC-20玄武岩纤维沥青混合料作为中面层结构主要承担沥青路面抗剪切能力。车辙的形成是由于路面材料的最大抗剪能力小于沥青路面荷载作用下产生的剪应力。车辙影响行车安全,对路面平整度、抗滑能力都有较大影响,车辙深度较大的沥青路面整体强度会逐渐降低,从而引起其他病害。

1. 中面层沥青混合料设计级配

根据集通高速公路地产碎石材料筛分结果,按照《吉林省高速公路施工标准化技术指南》(2018)的要求,设计出AC-20玄武岩纤维沥青混合料级配曲线(偏细),如图3-6-2所示。

2. 中面层沥青混合料最佳油石比的确定

测定设计压实(马歇尔双面各击实75次)试件的体积性能和马歇尔试验指标,确定最佳油石比。不同试配组沥青混合料的体积特征见表3-6-2,确定选用最佳油石比4.8%。

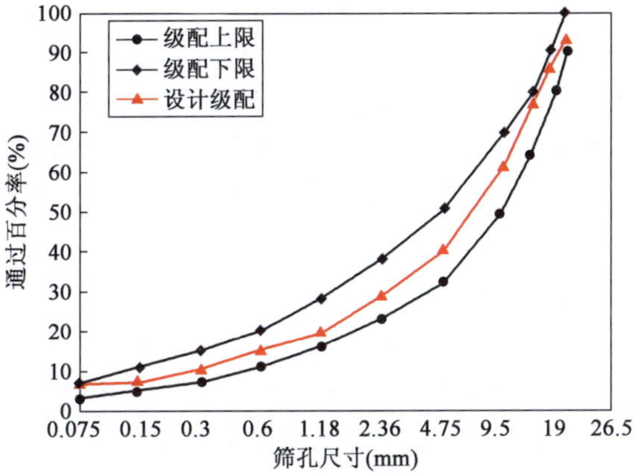

图 3-6-2　AC-20 设计级配曲线

不同油石比下混合料体积性质　　表 3-6-2

油石比（%）	毛体积密度（g/cm^3）	空隙率（%）	矿料间隙率（%）	沥青饱和度（%）	稳定度（kN）	流值（0.1mm）
4.2	2.487	6.5	16.2	59.6	12.05	26.0
4.5	2.506	5.4	15.8	65.8	13.60	27.8
4.8	2.513	4.7	15.8	70.0	13.21	21.2
5.1	2.522	4.0	15.7	74.8	12.36	20.1
5.4	2.518	3.7	16.1	77.2	13.15	21.7
技术要求	—	3～6	≥14	65～75	≥8	20～40

3. 中面层玄武岩纤维比对选型

(1)基于水稳定性的纤维比对选型

主要采用浸水马歇尔试验和冻融劈裂试验，评价 AC-20 玄武岩纤维沥青混合料的水稳性。不同沥青混合料残留稳定度如图 3-6-3 所示，残留强度比如图 3-6-4 所示。

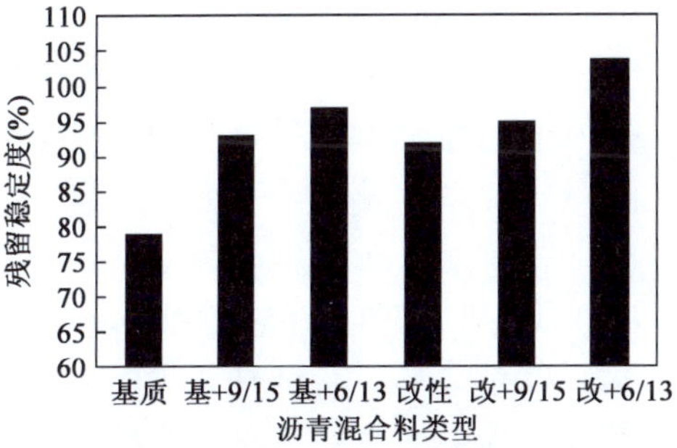

图 3-6-3　不同沥青混合料残留稳定度

注：基-基质沥青；9/15-9mm/15μm 玄武岩纤维；6/13-6mm/13μm 玄武岩纤维；改-改性沥青。下同。

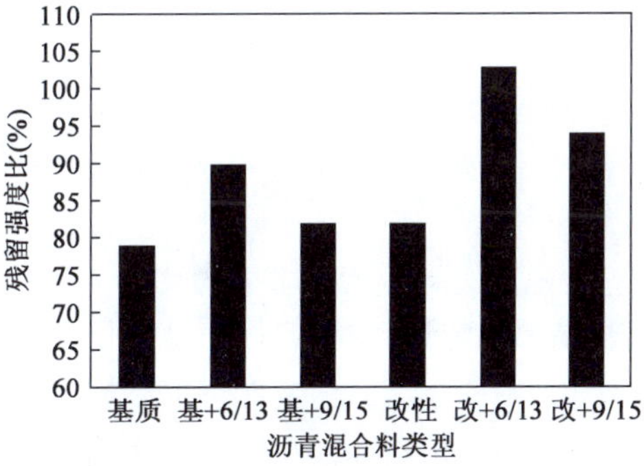

图 3-6-4　不同沥青混合料残留强度比

由图3-6-3可知，加入玄武岩纤维后沥青混合料马歇尔试件的浸水0.5h和48h稳定度均有较大程度的提高，掺加6mm/13μm和9mm/15μm玄武岩纤维的沥青混合料与原改性沥青相比，稳定度提高了1.5倍左右，基质沥青加入6mm/13μm和9mm/15μm玄武岩纤维，稳定度也比改性沥青的稳定度提高80%左右，其中基质沥青加入9mm/15μm玄武岩纤维较加入6mm/13μm稳定度高。所有比对组玄武岩纤维残留稳定度都满足规范要求。

由图3-6-4可知冻融以及未冻融时的劈裂强度以及残留稳定度的大小关系为：改性沥青 < 基质沥青 + 6mm/13μm玄武岩纤维 < 基质沥青 + 9mm/15μm玄武岩纤维 < 改性沥青 + 9mm/15μm玄武岩纤维 < 改性沥青 + 6mm/13μm玄武岩纤维。特别是改性沥青与改性沥青掺加玄武岩纤维后劈裂强度比增加得更为明显，说明玄武岩纤维能够改善混合料的水稳定性，增强玄武岩纤维沥青胶浆的黏附性，混合料马歇尔试件有较好的塑性变形过程，有效延迟裂缝的快速发育。

（2）基于高温稳定性的纤维比对选型

沥青路面中面层主要承担抗车辙剪切，4～10cm是剪应力处于峰值的面层厚度区间，其峰值部位不受荷载、层厚以及面层模量的影响，所以中面层主要的评价指标为动稳定度，验证试验结果如图3-6-5所示。

动稳定度数据显示不掺加玄武岩纤维的沥青试件的辙槽深度明显大于掺加纤维的沥青试件。高温稳定性好坏的直观体现就是轮辙深度的大小，出现高温车辙变形的原因之一是其抗剪能力不足，说明玄武岩纤维改善了沥青混合料的高温性能，提高了沥青路面的抗剪切能力。掺加9mm/15μm玄武岩纤维后比普通改性沥青混合料的动稳定度提高47.8%，掺加6mm/13μm玄武岩纤维的沥青混合料动稳定度提高83%，说明6mm/13μm的玄武岩纤维改善效果较9mm/15μm更加显著。在基质沥青混合料中加入玄武岩纤维，动稳定度虽不及改性沥青高，但仍能满足规范要求。基于中面层承担抗车辙能力的要求，建议在中面层不采用基质沥青加玄武岩纤维这样的结构。

（3）基于低温抗裂性的纤维比对选型

在初步配型的基础上，主要比较不掺加玄武岩纤维和推荐0.3%玄武岩纤维掺量、最佳适用长度、直径条件下的AC-20沥青混合料低温抗裂性能，比对结果详见图3-6-6。加入6mm/13μm玄武岩纤维的AC-20沥青混合料比相同级配相同用油量的AC-20沥青混合料的最大抗弯拉应变减小132.237με，加入9mm/15μm玄武岩纤维的沥青混合料减小265.988με。可知在低温抗裂性能方面，玄武岩纤维沥青混合料较原沥青混合料有所下降，但下降幅度不大，在满足低温抗裂性规范要求情况下推荐选择6mm/13μm玄武岩纤维。

（4）中面层玄武岩纤维应用比选

从高温稳定性、水稳定性角度评价纤维类型，两种长径比的纤维在AC-20中的提高效果都很理想，尤其在高温稳定性上提高幅度都较大，9mm/15μm玄武岩纤维较原沥青混合料提高47.8%，6mm/13μm玄武岩纤维较原沥青混合料提高83%。

在低温抗裂性能方面，6mm/13μm、9mm/15μm玄武岩纤维沥青混合料都出现不同程度的降低，在常温及高温条件下玄武岩纤维性能优势更为显著。玄武岩纤维与沥青在高温条件下能够更好地发生浸润作用，沥青与纤维形成协同互联整体，能够在高温条件下抵抗水荷载作用下的变形；在低温条件下沥青与纤维之间的黏结能力下降，若纤维未完全分散在沥青混合料中，纤维结团会阻断沥青界面之间的黏结，导致沥青低温性能下降。

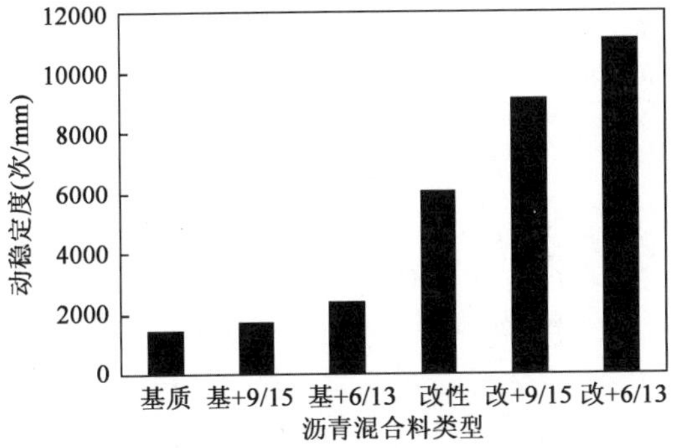

图3-6-5　不同沥青混合料动稳定度

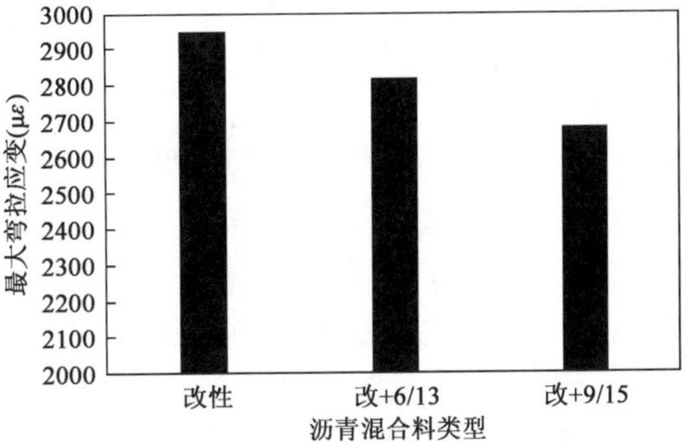

图3-6-6　不同沥青混合料最大弯拉应变

综上所述，考虑玄武岩纤维在改善沥青混合料高温稳定性的突出特性，推荐选择6mm/13μm玄武岩纤维。

4. 中面层最佳纤维掺量的确定

依据马歇尔级配设计以及最佳油量设计方法确定AC-20沥青混合料的最佳油石比为4.8%。参照一般沥青混合料配比流程，玄武岩纤维掺量每增加0.1%，最佳油石比对应上调0.1%。考虑中面层控制评价指标为高温稳定性，对掺量为0.1%、0.2%、0.3%、0.4%以及未掺加玄武岩纤维的沥青混合料进行高温车辙试验，测定沥青混合料动稳定度，分析玄武岩纤维掺量对沥青混合料高温性能指标的影响，详见图3-6-7。

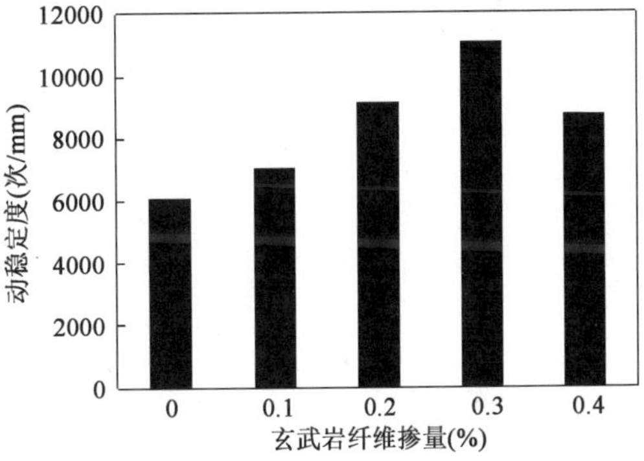

图3-6-7　动稳定度变化图

掺量为0.1%、0.2%以及0.4%的沥青混合料均较未掺加玄武岩纤维的沥青混合料高温性能有较大程度的改善，掺量为0.3%的6mm/13μm玄武岩纤维沥青混合料动稳定度提高83%，体现出很强的改善性能。兼顾其他性能指标，AC-20沥青混合料进行低温抗裂性试验，结果表明玄武岩纤维掺量为0.3%时最大弯拉应变为2756.3με，未掺加时沥青混合料的最大弯拉应变为2815.838με，与原沥青混合料相差不大，水稳定性与原沥青混合料相比属于同等水平。最终确定玄武岩纤维最佳掺量为0.3%。

5. 中面层玄武岩纤维沥青混合料路用性能

为针对性评价AC-20玄武岩纤维沥青混合料的路用性能，测定6mm/13μm最佳纤维类型、0.3%最佳纤维掺量沥青混合料的高温稳定性、低温抗裂性以及水稳定性，具体结果见表3-6-3。玄武岩纤维沥青混合料具有良好的高温稳定性、低温抗裂性和水稳定性，是季冻区公路品质工程探索的一种有益尝试。

AC-20 玄武岩纤维沥青混合料路用性能 表 3-6-3

序　　号	路 用 性 能	性 能 指 标	数　　值
1	高温稳定性	动稳定度(次/mm)	11087.1
2	低温抗裂性	最大弯拉强度(με)	2815.84
3	水稳定性	残留稳定度(%)	110
4		残留强度比(%)	87.3

3.6.2 SMA-13 玄武岩纤维沥青混合料上面层

SMA 因具有良好的耐久性和抗车辙性能,在我国高速公路建设中被广为使用。SMA 由粗集料、细集料、矿粉、沥青及纤维稳定剂组成,其中粗集料占比为 70% ~80%,组成石-石嵌挤的骨架结构,为沥青路面提供主要的抵抗变形的能力。玄武岩纤维与常规的有机纤维相比,具有强度高、弹性好、高温性能好的优点。集通高速公路上面层工程实践证明玄武岩纤维具有良好的物理力学性能。通过浸水马歇尔试验、冻融劈裂试验、车辙试验、低温弯曲试验等对 SMA-13 玄武岩纤维沥青混合料上面层的高温稳定性、低温抗裂性和水稳定性等路用性能进行工程验证。

1. 上面层沥青混合料设计级配

根据集通高速公路地产碎石材料筛分结果,按照《吉林省高速公路施工标准化技术指南》(2018)的要求,设计出 SMA-13 玄武岩纤维沥青混合料级配曲线(偏粗),如图 3-6-8所示。

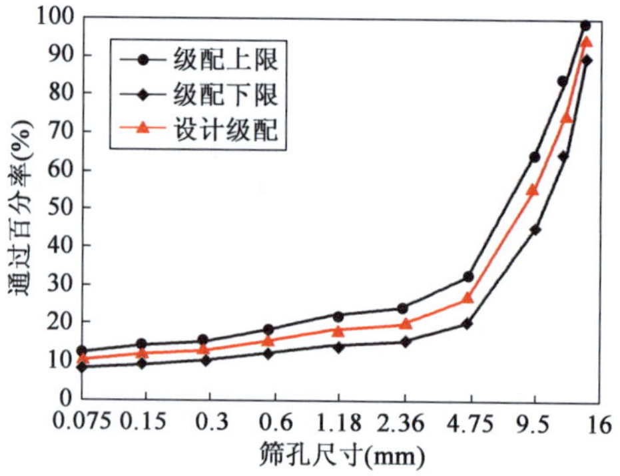

图 3-6-8　SMA-13 设计级配曲线

2. 上面层沥青混合料最佳油石比的确定

一般 SMA-13 掺加木质素纤维的沥青混合料(马歇尔双面各击实 75 次)的最佳油石比为 6.0% 左右,掺加玄武岩纤维的沥青混合料不同试配组的体积特征见表 3-6-4。考虑路面构造深度、渗水性能(渗水系数)指标,确定 SMA-13 玄武岩纤维沥青混合料最佳油石比为 5.4%。玄武岩纤维掺量每增加 0.1%,油石比增加 0.1%。

不同油石比下混合料体积性质 表 3-6-4

油石比 (%)	毛体积密度 (g/cm^3)	空隙率 (%)	矿料间隙率 (%)	沥青饱和度 (%)	稳定度 (kN)	流值 (0.1mm)
5.1	2.462	3.9	15.5	74.5	10.17	36.3
5.4	2.469	3.3	15.5	79	8.26	36.7
5.7	2.461	3.1	16	80.3	8.73	30.23
技术要求	—	3 ~4	≥17	75 ~85	≥6	—

3. 上面层玄武岩纤维比对选型

(1)基于水稳定性的纤维比对选型

配合比设计采用了浸水马歇尔试验和冻融劈裂试验来验证 SMA-13 玄武岩纤维沥青混合料的水稳性。不同沥青混合料残留稳定度如图 3-6-9 所示,残留强度比如图 3-6-10 所示。

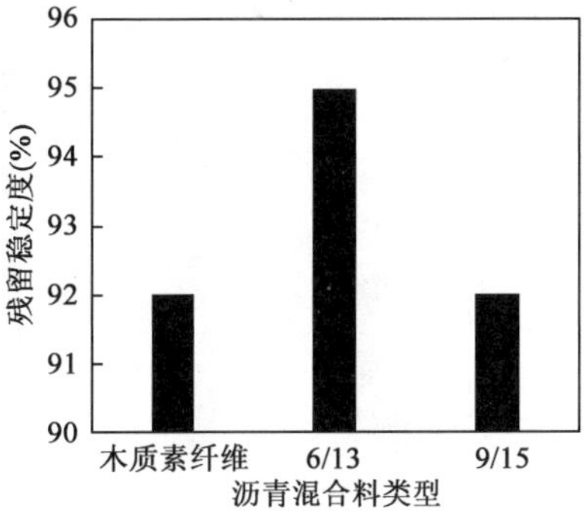

图 3-6-9　不同沥青混合料残留稳定度

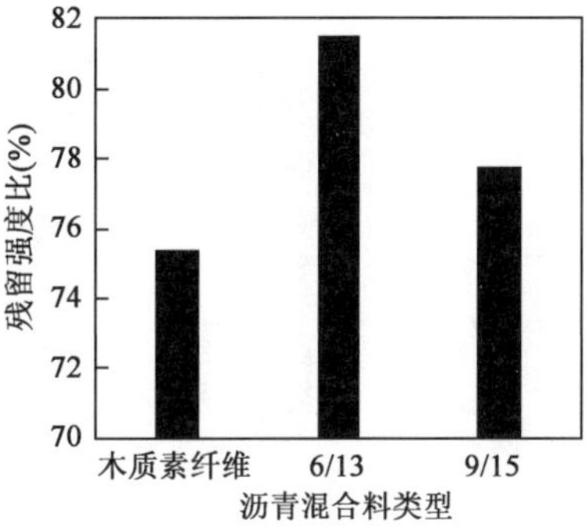

图 3-6-10　不同沥青混合料残留强度比

沥青混合料马歇尔试件浸水 48h 和 0.5h 的动稳定度,加入 6mm/13μm 玄武岩纤维组较加入木质素纤维组分别大 25.6% 和 24%。加入木质素纤维的沥青混合料较加入玄武岩纤维的残留稳定度减小 2%,但浸水后稳定度提高的幅度更大,总体上残留稳定度提高了。加入木质素纤维的沥青混合料在冻融以及未冻融条件下的劈裂强度均大于加入玄武岩纤维的沥青混合料,加入玄武岩纤维沥青混合料的残留强度比大于加入木质素纤维的沥青混合料。比较残留强度比,加入玄武岩纤维与加入木质素纤维起到的作用相差不大。

在以上两种沥青混合料中,木质素纤维是空管结构,虽然吸收沥青较多,但部分进入空管,属于无效沥青,并不发挥作用;而玄武岩纤维直径极小,比表面积很大,能够吸附大量沥青,增加沥青膜厚度,更加能够增强石料的黏结力。此外,木质素纤维吸水性较强,在水环境中易吸收水分,在冷冻状态下造成混合料体积膨胀,增加了混合料内部产生的应力破坏和沥青膜的脱落,而玄武岩纤维亲水性差,抵抗水侵蚀能力较强,从而改善了水稳定性。基于 6mm/13μm 纤维与 9mm/15μm 纤维沥青混合料劈裂强度比性能指标,二者测试结果差异较大,推荐 6mm/13μm 纤维作为 SMA-13 应用纤维类型。

(2)基于高温稳定性的纤维比对选型

采用轮碾成型车辙用块状试件,采用玄武岩纤维掺量为 0.4%,试验结果如图 3-6-11 所示。

加入木质素纤维的 SMA-13 动稳定度的平均值为 4730.8 次/mm,加入 6mm/13μm 玄武岩纤维的SMA-13动稳定度为 5274.5 次/mm,相比增加 11.5%,而加入 9mm/15μm 玄武岩纤维的 SMA-13 相比下降 29.8%。加入 6mm/13μm 玄武岩纤维的 SMA-13 沥青用量少于加入木质素纤维的沥青混合料,高温稳定性优于加入木质素纤维的沥青混合料。

木质素纤维加入 SMA 结构中,主要是增加沥青的黏性,从而提高集料之间的黏结力。玄武岩纤维加入沥青混合料中,不仅起到增强沥青黏性的作用,还能够相互交错搭接成空间骨架结构,一方面可以包裹、稳定沥青,降低沥青的流动性,另一方面能够搭接在石料间,提高石料的稳固性,降低应力集中。因此在温度较高时,车辙变形较小,对 SMA 路面高温稳定性的改善效果更明显。基于高温稳定性能考虑,推荐选择 6mm/13μm 玄武岩纤维。

(3)基于低温抗裂性的纤维比对选型

比较在木质素纤维最佳掺量(0.3%)和玄武岩纤维(6mm/13μm、9mm/15μm)最佳掺量(0.4%)条件下的 SMA-13 低温抗裂性能,最大弯拉应变试验结果如图 3-6-12所示。

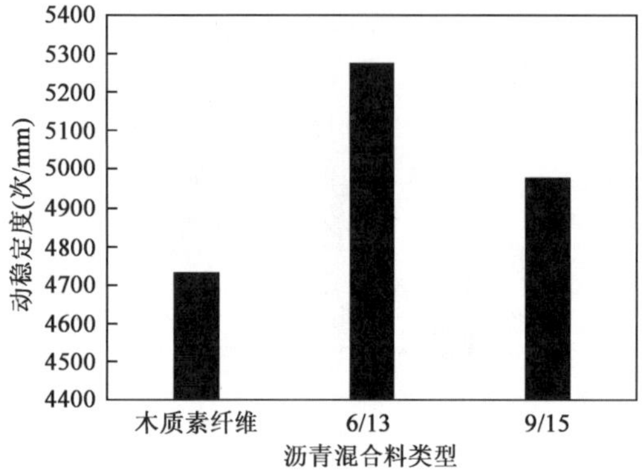

图 3-6-11　不同沥青混合料车辙试验结果

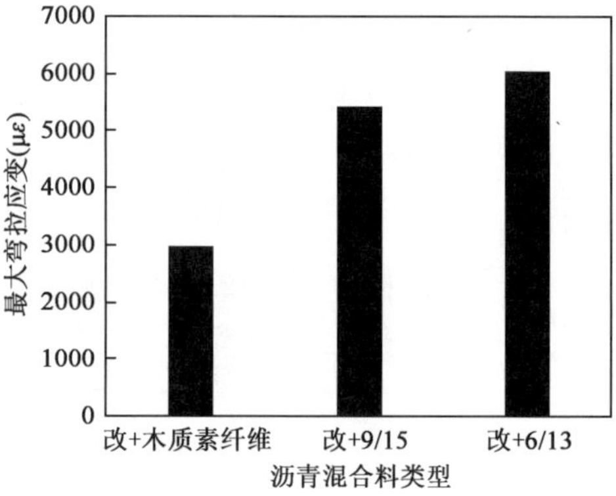

图 3-6-12　不同沥青混合料最大弯拉应变

小梁弯曲试验结果显示,加入玄武岩纤维的 SMA-13 最大弯拉应变达到加入木质素纤维的沥青混合料的 2.03 倍,明显优于后者。加入玄武岩纤维的 SMA-13 试件破裂断口形态仍有部分连接,而加入木质素纤维的破裂端口完全裂开,说明玄武岩纤维的阻裂以及桥接性能更优。玄武岩纤维提高了沥青混凝土在负温条件下的受力变形值,增加了低温时的韧性,改善了结构低温脆性。加入玄武岩纤维的 SMA-13 结构的低温工作性能更佳,能减少温度裂缝的出现,可有效阻止沥青混凝土内部微裂缝的发展。

(4)上面层玄武岩纤维应用比选

对比不同类型 SMA-13 沥青混合料的路用性能指标,6mm/13μm 玄武岩纤维在高温稳定性、低温抗裂性以及水稳定性上都比木质素纤维、9mm/15μm 玄武岩纤维有较大优势,所以推荐玄武岩纤维类型为 6mm/13μm 玄武岩短切纤维。

4. SMA-13 玄武岩纤维沥青混合料的水稳定性

采用浸水马歇尔试验和冻融劈裂试验,评价加入玄武岩纤维的 SMA-13 混合料的水稳定性。

(1)浸水马歇尔试验

采用标准击实方法成型试件,装料过程中适当将粗集料置于中间,以防止大粒径石料集中分布在表面。试验结果见表 3-6-5。

加入玄武岩纤维的 SMA-13 浸水马歇尔试验结果　　表 3-6-5

项　目	试验条件	稳定度(kN)	流值(0.1mm)	残留稳定度(%)
改性沥青+木质素纤维	0.5h 浸水	8.7	33.5	92
	48h 浸水	8.04	37.7	
改性沥青+6mm/13μm 玄武岩纤维	0.5h 浸水	10.8	23.9	84
	48h 浸水	9.06	36.6	

试验数据显示，掺加玄武岩纤维能够提高沥青混合料的稳定度。加入玄武岩纤维的沥青混合料马歇尔试件浸水0.5h和48h的稳定度，比加入木质素纤维的分别高出24%和12.5%。经过48h浸水后，加入玄武岩纤维的沥青混合料的稳定度值衰减比加入木质素纤维的沥青混合料要多些，导致加入玄武岩纤维的沥青混合料残留稳定度稍低，但二者的残留稳定度均符合规范要求。

(2)冻融劈裂试验

采用标准击实方法成型SMA-13马歇尔试件，试件双面击实50次，每个对照组成型试件的数量不少于8个，进行冻融劈裂试验。试验结果见表3-6-6。冻融以及未冻融时的劈裂强度，加入木质素纤维的沥青混合料均大于加入玄武岩纤维的沥青混合料；残留强度比值，加入玄武岩纤维的沥青混合料大于加入木质素纤维的沥青混合料。

加入玄武岩纤维的SMA-13冻融劈裂试验结果　　表3-6-6

项　目	试验条件	劈裂强度(MPa)	残留强度比(%)
改性沥青+木质素纤维	冻融	0.46	75.4
	未冻融	0.61	
改性沥青+6mm/13μm玄武岩纤维	冻融	0.44	81.5
	未冻融	0.54	

5. SMA-13玄武岩纤维沥青混合料的高温稳定性

SMA-13沥青混合料代表性试样玄武岩纤维掺量取0.4%，采用轮碾成型机成型车辙用块状试件，试件的尺寸符合规范要求(长、宽为300mm，厚度为50～100mm)。试验温度为60℃，采用0.7MPa的轮碾压力。试验结果见表3-6-7。加入木质素纤维的SMA-13沥青混合料的动稳定度的平均值为4730.8次/mm，加入玄武岩纤维的沥青混合料的动稳定度为5274.5次/mm，相比增加11.5%。加入玄武岩纤维的沥青混合料的沥青用量更低，但高温稳定性优于加入木质素纤维的沥青混合料。

加入玄武岩纤维的SMA-13车辙试验结果　　表3-6-7

项　目	试件编号	45min变形		60min变形		动稳定度	
		单值(mm)	平均(mm)	单值(mm)	平均(mm)	单值(次/mm)	平均(次/mm)
改性沥青+木质素纤维	1	4.02	4.057	4.16	4.19	4500	4730.7
	2	4.03		4.16		4846	
	3	4.12		4.25		4846	
基质沥青+9mm/15μm玄武岩纤维	1	4.02	4.023	4.15	4.14	4846	5274.3
	2	4.05		4.17		5250	
	3	4		4.11		5727	

6. SMA-13玄武岩纤维沥青混合料的低温性能

低温弯曲试验将沥青混合料经轮碾成型的300mm×300mm×50mm试件切割成250mm×30mm×35mm的小梁。弯曲试验温度为-10℃，加载速率为50mm/min，测定试件的破坏强度及其对应的应变。比较在木质素纤维最佳掺量(0.3%)和玄武岩纤维(6mm/13μm)最佳掺量(0.4%)条件下的SMA-13低温抗裂性能，试验结果见表3-6-8。加入玄武岩纤维的 SMA-13 沥青混合料的最大弯拉应变是加入木质素纤维的 2.03 倍,性能指标优势显著,具有更好的低温抗裂性能。

加入玄武岩纤维的 SMA-13 小梁弯曲试验结果　　表 3-6-8

混合料类别		破坏荷载(N)	试件跨径 L(mm)	试件宽度 b(mm)	试件高度 h(mm)	跨中挠度 d(mm)	最大弯拉应变 ε_B(με)	平均值(με)	标准偏差(με)
SMA-13 + 木质素纤维	5-1	1850.12	200	29.6	35.0	0.4159	2183.213	2980.214	527.322
	5-2	1707.55	200	30.0	35.0	0.6217	3263.925		
	5-3	1464.36	200	29.8	35.1	0.6356	3344.422		
	5-4	1485.82	200	28.9	35.0	0.6639	3485.475		
	5-5	1875.40	200	31.0	35.1	0.4685	2468.005		
	5-6	1906.39	200	29.0	35.0	0.5974	3136.245		
SMA-13 + 玄武岩纤维	6-1	903.12	200	30.0	35.0	0.3616	1898.505	6061.089	2696.848
	6-2	961.78	200	29.0	35.0	1.9225	10092.915		
	6-3	808.71	200	29.8	35.1	1.0680	5629.4807		
	6-4	987.52	200	29.4	35.0	1.4145	7426.0725		
	6-5	1152.99	200	29.4	35.1	1.1617	6112.918		
	6-6	1520.15	200	30.0	35.1	0.9895	5206.6438		

综上所述,SMA-13 玄武岩纤维沥青混合料上面层具有良好的高温稳定性、低温抗裂性和水稳定性,可有效提高沥青路面的行车舒适性、安全性和使用耐久性,是一种创新型、符合全寿命周期成本理念的路面结构形式,是集通高速公路品质工程示范的代表性实例(图 3-6-13)。

图 3-6-13　集通高速公路 SMA-13 玄武岩纤维沥青混合料上面层

3.7　季冻区协同阻燃抑烟沥青路面应用

随着山区高速公路建设的快速发展,长大公路隧道不断增加,沥青和水泥混凝土复合式路面成为公路隧道广泛采用的路面形式。隧道路面火灾工况下沥青材料会剧烈燃烧并释放有毒气体和烟雾,同时在对流和辐射传热的共同作用下,沥青材料持续燃烧释放有毒气体和烟雾,给隧道逃生和救援带来更大的困难,甚至造成严重的生命财产损失。此外,沥青面层施工烟气排放等问题一直是制约隧道沥青路面应用的主要技术瓶颈。研究表明,基于金属氢氧化物/纳米黏土协同技术制备的沥青材料具有良好的阻燃抑烟性能,在工程品质创新、节能环保等方面都具有显著优势。

3.7.1　纳米阻燃抑烟材料

纳米黏土(Nano Clay,简称NC)可分为阳离子型和阴离子型,其晶格层厚度达到纳米级别,故称为纳米材料。目前常用的阳离子型纳米黏土以蒙脱土(MMT)为主,MMT是一种典型的2∶1型层状硅酸盐(Nano Layered Silicate),其单位晶格是由铝(镁)氧八面体夹在2层硅氧四面体之间组成,阴离子层间含阳离子(如Na^{+}和Ca^{2+})。与阳离子型纳米黏土不同,阴离子型纳米黏土含阳离子层,层间含阴离子(如CC^{-}和CO_3^{2-}),典型的阴离子型纳米黏土为层状双羟基化合物(LDH),片层由带正电荷金属氢氧化物组成,层间填充有阴离子和结合水。

氢氧化铝(ATH)与氢氧化镁(MH)是目前研究最广、应用最多的两种无机阻燃材料,ATH与MH都具有阻燃、抑烟、环保、高温下不产生有毒气体的特点,两者的反应机理是在高温条件下吸热分解,产生水蒸气,一方面降低燃烧体系的温度,同时水汽可以稀释体系中的可燃气体和氧气浓度,防止聚合物材料进一步燃烧;另一方面,金属氢氧化物分解后生成的金属氧化物在燃烧体系表面形成隔热和防火屏障,从而抑制可燃挥发成分析出,防止基体进一步燃烧,起到双重阻燃的作用。但MH的分解温度高于沥青的分解温度,导致其在沥青材料中的阻燃效果不佳,而ATH在沥青分解前就已经开始分解,可有效延迟或抑制沥青材料的分解和燃烧。

3.7.2　复合改性沥青混合料阻燃抑烟性能

基于复合改性剂对沥青材料阻燃抑烟性能最优原则、绿色环保以及性价比最高原则,选用ATH/NC复合改性阻燃抑烟沥青材料。MMH和ATH复掺阻燃抑烟沥青混合料除了应满足季冻区路用性能与《公路沥青路面施工技术规范》(JTG F40—2004)的相关要求之外,还必须具备阻燃性能,以确保发生隧道火灾时路面不会同时起火,路面结构可以保持基本功能以满足火场人员逃离与救火工作的开展;同时应最大限度地减少火灾中沥青材料燃烧产生的有毒气体,降低对现场人员的危害。此外,还应尽量降低施工铺筑过程中混合料中沥青烟气的排放,减少烟气对施工人员的伤害。集通高速公路隧道复合路面上面层选用SMA-13型骨架密实结构,粗细集料均选用地产玄武岩碎石,矿料级配见表3-7-1。

阻燃抑烟沥青混合料SMA-13级配(%)　　表3-7-1

筛孔(mm)	13.2	9.5	4.75	2.36	1.18	0.6	0.3	0.15	0.075
级配上限	100	75	34	26	24	20	16	15	12
级配下限	90	50	20	15	14	12	10	9	8
级配中值	95	62.5	27	20.5	19	16	13	12	10
设计级配	92.6	60.4	28.6	21.3	17.1	14.6	12.0	10.8	9.1

对于掺配阻燃剂的沥青混合料,平行制备马歇尔试件进行试验,测试结果见表3-7-2。因为复掺阻燃剂的掺量较小,所以没有对沥青混合料的最佳油石比选择产生显著影响,沥青混

合料的体积性能参数也没有产生较大的改变。

阻燃抑烟沥青混合料马歇尔试验结果　　表 3-7-2

复掺阻燃剂掺量	最佳油石比(%)	理论最大相对密度	毛体积相对密度	VV(%)	VMA(%)	VFA(%)	马歇尔稳定度(kN)
参照组	6.4	2.594	2.500	3.600	17.4	79.2	7.03
MMT1% +ATH5%	6.4	2.593	2.500	3.598	17.42	79.26	7.45
MMT1% +ATH10%	6.41	2.593	2.498	3.597	17.46	79.28	7.80
MMT3% +ATH5%	6.41	2.592	2.499	3595	17.44	79.22	7.72
MMT3% +ATH10%	6.43	2.590	2.496	3.595	17.49	79.71	8.50

注:1. 参照组为普通 SMA 沥青混合料,下同。
2. VV-压实沥青混合料的空隙率;VMA-压实沥青混合料的矿料间隙率;VFA-压实沥青混合料的沥青饱和度。

1. 沥青混合料燃烧热释放性能分析

热释放是评价沥青材料阻燃能力的一个直观评价指标,总释放热越低、热释放速率越慢,说明沥青混合料燃烧不彻底,燃烧进行得越慢,即表明沥青混合料阻燃性能越好。不同阻燃抑烟沥青混合料燃烧总释放热如图 3-7-1 所示。

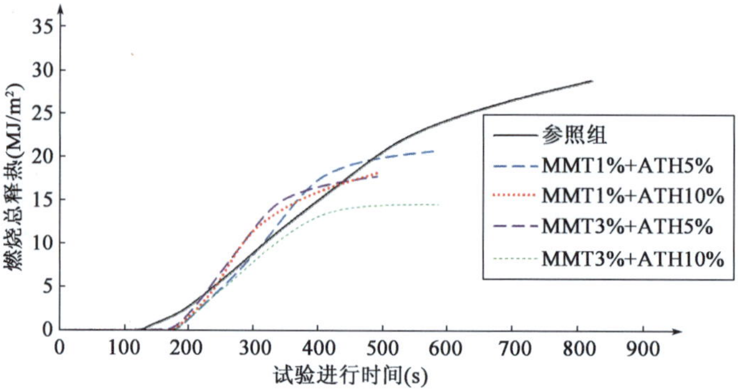

图 3-7-1　阻燃抑烟沥青混合料燃烧总释热

阻燃抑烟沥青混合料的总释热初始起点普遍发生在 160s 左右,而参照组在 120s,说明阻燃抑烟沥青混合料的热分解点要明显高于普通 SMA 沥青混合料。阻燃抑烟沥青混合料燃烧发生得更晚,即阻燃能力更为良好。不同阻燃抑烟沥青混合料燃烧释热分析见表 3-7-3。

不同阻燃抑烟沥青混合料燃烧释热分析表　　表 3-7-3

复掺阻燃剂掺量	总释热(MJ/m^2)	热释速率(kW/m^2)	
		平均	峰值
参照组	28.7	55.07	111.57
MMT1% +ATH5%	20.7	50.9	103.1
MMT1% +ATH10%	18.5	44.46	97.49
MMT3% +ATH5%	17.7	45.17	79.13
MMT3% +ATH10%	14.3	41.7	66.31

普通SMA沥青混合料燃烧总释热为28.7MJ/m²；掺加掺量为MMT1%＋ATH5%的复掺阻燃剂后，总释热即降为20.7MJ/m²，与参照组相比降幅达到28%；掺量为MMT1%＋ATH10%的阻燃抑烟沥青混合料总释热为18.5MJ/m²，比参照组降低36.5%；掺量为MMT3%＋ATH5%的阻燃抑烟沥青混合料总释热为17.7MJ/m²，比参照组降低38.3%。ATH、MMT两种阻燃剂的掺量提升，对阻燃抑烟沥青混合料阻燃效果的提升都有正向影响，其中ATH掺量提升带来的正向作用要略明显于MMT。当复掺阻燃剂的掺量为MMT3%＋ATH10%的高掺量时，阻燃抑烟沥青混合料总释热为14.3MJ/m²，比参照组少14.4MJ/m²。因此，从释热量角度分析，这种阻燃抑烟沥青混合料在季冻区公路隧道火灾中仍然保持良好的阻燃性能。

对阻燃抑烟沥青混合料的热释速率分析如图3-7-2所示。阻燃抑烟沥青混合料的热释速率要明显小于普通SMA沥青混合料。普通SMA沥青混合料平均热释速率为55.07kW/m²，而掺加MMT1%＋ATH5%的少量复掺阻燃剂即可将热释速率降低8%，至50.9 kW/m²；复掺阻燃剂掺量的增加可以继续降低阻燃抑烟沥青混合料的热释速率，MMT掺量为1%，ATH掺量从5%提升至10%，阻燃抑烟沥青混合料热释速率为44.46kW/m²；ATH掺量为5%，MMT掺量从1%提升到3%，热释速率为45.17kW/m²，分别比参照组降低了20%和18%。掺量为MMT3%＋ATH10%的阻燃抑烟沥青混合料，平均热释速率为41.7kW/m²，与普通SMA沥青混合料相比降低明显，说明其已经具备良好的抗燃烧能力。

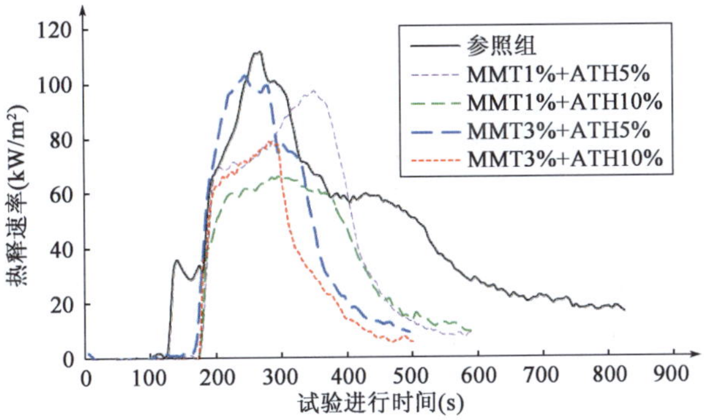

图3-7-2　阻燃抑烟沥青混合料热释速率

热释速率峰值表现了沥青混合料在燃烧过程最旺盛时段对外进行热辐射与交换的能力，能够表征沥青混合料在燃烧最剧烈时的燃烧状况。阻燃抑烟沥青混合料的峰值热释速率均低于参照组；但是在掺量较低的情况下，复掺阻燃剂对沥青混合料的峰值热释速率改善效果不明显，仅从111.57kW/m²降至103.1kW/m²，降幅不足10%；而且分析复掺阻燃剂掺量分别为MMT1%＋ATH10%、MMT3%＋ATH5%的两组阻燃抑烟沥青混合料测试结果可以发现，MMT阻燃剂从1%提升到3%，对阻燃抑烟沥青混合料热释速率峰值的改善效果更明显，说明MMT的掺量对于改善沥青混合料燃烧的剧烈程度有很大影响；在保持MMT掺量为3%的情况下，把ATH阻燃剂的掺量从5%提升到10%，阻燃抑烟沥青混合料的峰值热释速率降至66.31kW/m²，比普通SMA沥青混合料的峰值热释速率降低了近一半。说明适当掺量的复掺阻燃剂在抑制沥青混合料的燃烧剧烈程度上也有良好的表现。

2. 混合料沥青烟释放的影响分析

复掺阻燃剂能够有效降低沥青混合料燃烧过程中的释放热，降低火场的温度，保持沥青路面基本结构性能。通过锥形量热仪，对阻燃抑烟沥青混合料燃烧过程中的沥青烟释放进行实时监控，测试结果见表3-7-4。复掺阻燃剂对沥青混合料燃烧过程中烟气释放具有良好的改善作用。普通SMA沥青混合料燃烧过程中的总发烟量为618.8m^2/m^2，而掺加了不同掺量的复掺阻燃剂后，4组不同配方的阻燃抑烟沥青混合料总发烟量分别为562.7m^2/m^2、459.2m^2/m^2、430.6m^2/m^2、403.2m^2/m^2，分别比参照组降低了9.1%、26%、30.5%、35%。可以看出MMT1%+ATH5%掺量已经具有一定程度的抑制沥青混合料燃烧过程中烟气释放的能力，但是效果不显著；而复掺阻燃剂掺量的增大对提升阻燃沥青混合料抑烟能力起到至关重要的作用。其中，两种阻燃剂的掺量增大都能起到良好的正相关作用，而且两者间的协同作用可以更好地提升阻燃抑烟沥青混合料燃烧过程中的抑烟能力，最终可以降低总发烟量35%以上，具备良好的抑烟效果。

阻燃抑烟沥青混合料燃烧发烟量

表3-7-4

复掺阻燃剂掺量	总发烟量(m^2/m^2)	非起火阶段(m^2/m^2)	燃烧阶段(m^2/m^2)	总燃烧烟产物(m^2)
参照组	618.8	578.9	39.9	5.1
MMT1% +ATH5%	562.7	525.8	36.8	4.6
MMT1% +ATH10%	459.2	432.6	26.6	3.8
MMT3% +ATH5%	430.6	399.3	31.4	3.5
MMT3% +ATH10%	403.2	385.3	17.9	3.4

沥青混合料燃烧生烟超过90%发生在非起火阶段，非起火阶段普通SMA沥青混合料发烟量为578.9m^2/m^2，同阶段4组阻燃抑烟沥青混合料的发烟量分别为525.8m^2/m^2、432.6m^2/m^2、399.3m^2/m^2、385.3m^2/m^2，分别较参照组降低了9.2%、25.3%、31%、34.5%。说明复掺阻燃剂对于沥青混合料燃烧过程中抑烟能力的改善是全时段的，即使是在非明火阶段，阻燃抑烟沥青混合料依旧具有良好的抑烟能力。

试验显示阻燃抑烟沥青混合料可以降低35%以上隧道火灾中沥青路面有毒气体生成，燃烧烟产物释放速率见图3-7-3，具备了良好的燃烧过程中的抑烟能力，可以满足季冻区隧道沥青路面的使用要求。在燃烧初期(100s以前)，各组沥青混合料烟产物释放速率相似，也都处于很低的区间。但是150s以后，参照组及复掺阻燃剂掺量较低的烟产物释放速率突增，其中参照组烟产物释放速率峰值达到了0.048m^2/s。而复掺阻燃剂掺量为MMT3% +ATH10%的阻燃抑烟沥青混合料烟产物释放速率峰值仅为0.015m^2/s，较参照组降低了0.033m^2/s，降幅在60%以上，抑烟效果显著。除此之外，阻燃剂掺量分别为MMT1% +ATH5%、MMT1% +ATH10%、MMT3% +ATH5%的阻燃抑烟沥青混合料燃烧烟产物释放速率峰值分别为0.032m^2/s、0.020m^2/s、0.040m^2/s。说明ATH阻燃剂在降低沥青混合料烟产物释放上起主导作用，其掺量从5%到10%的提升可以更好地发挥抑烟作用。而在总掺量较低的情况下，MMT阻燃剂掺量从1%提升至3%反而会对抑烟效果的发挥产生不利影响。总体来看，阻燃剂掺量为MMT3% +ATH5%的阻燃抑烟沥青混合料抑烟能力也明显好于参照组。

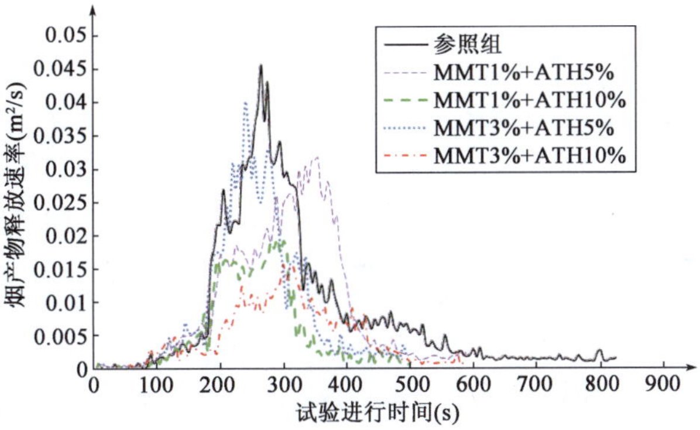

图3-7-3　阻燃抑烟沥青混合料燃烧烟产物释放速率

3.7.3　季冻区阻燃抑烟沥青混合料路用性能

通过沥青混合料车辙试验、低温弯曲试验、浸水马歇尔试验、冻融劈裂试验、三点弯曲试验及摆式仪法等，测试分析阻燃抑烟沥青混合料的各项路用性能，分析复掺阻燃剂对阻燃抑烟沥青混合料各项路用性能的影响规律。

1. 复掺阻燃剂沥青混合料高温性能

对于季冻区隧道复合路面，隧道进出口、隧道1/4(3/4)处、隧道中段等各部分的温度环境都有所不同，评价季冻区隧道路面的高温阻燃性时需考虑多种温度条件。为同时兼顾高温稳定性测试的准确性与经济性，通过车辙试验来评价阻燃抑烟沥青混合料的高温稳定性。

研究选择了参照组以及阻燃剂掺量分别为MMT1%＋ATH5%、MMT1%＋ATH10%、MMT3%＋ATH5%、MMT3%＋ATH10%的共计5组沥青混合料的车辙板试件，分别在30℃、45℃、60℃的温度条件下进行车辙试验，取平均值作为试验结果，测试复掺阻燃剂对沥青混合料高温性能的影响规律。测试结果见表3-7-5。

复掺阻燃沥青混合料车辙试验结果　　表3-7-5

复掺阻燃剂掺量	温度(℃)	动稳定度(次/mm)	总变形量(mm)
参照组	30	3893	1.593
	45	3787	1.609
	60	3510	1.765
MMT1%＋ATH5%	30	6101	1.243
	45	5948	1.257
	60	5030	1.704
MMT1%＋ATH10%	30	9857	0.950
	45	9498	0.944
	60	7949	1.473
MMT3%＋ATH5%	30	12137	0.771
	45	11622	0.782
	60	9626	0.935

续上表

复掺阻燃剂掺量	温度(℃)	动稳定度(次/mm)	总变形量(mm)
MMT3% +ATH10%	30	17764	0.433
	45	17125	0.476
	60	13376	0.660

注:参照组为普通 SMA 沥青混合料,下同。

在 30℃、45℃、60℃复掺阻燃剂对沥青混合料的高温稳定性均有显著的提升,具体表现为沥青混合料动稳定度大幅提升,而车辙变形量下降。复掺阻燃剂掺量越大,对沥青混合料高温性能的改善越明显。其中,试验温度为 60℃、掺量为 MMT1% +ATH10% 时,沥青混合料动稳定度达到 7949 次/mm,比参照组的 3510 次/mm 提升了 4439 次/mm,车辙变形量降低 0.292mm,改善了近 16%。而当阻燃剂掺量逐步提升,达到 MMT3% +ATH10% 后,动稳定度次数为 13376 次/mm,车辙变形量为 0.660mm。可以认为沥青混合料具有良好的高温稳定性。

分析 3 种温度环境下阻燃抑烟沥青混合料的高温稳定性,发现随着温度降低,沥青混合料的动稳定度逐渐增加,永久变形量逐渐减小。但是温度越高,复掺阻燃剂对沥青混合料的高温性能改善效果越好,这主要是因为沥青作为温度敏感性材料,温度升高导致其黏性下降,流动性增加,从而导致复掺阻燃剂与沥青高分子间的联系更为紧密,提升了沥青混合料的高温稳定性。

复掺阻燃剂可以提升沥青混合料阻燃性能的主要机理体现:一是 ATH、MMT 与普通矿粉相比,本身粒度较细、比表面积较大,在高温情况下可以提高沥青的黏度,从而改善沥青混合料的高温稳定性;二是 MMT 可以增大沥青的黏稠度,阻碍 SBS 高分子链与沥青分子间的相对运动,从而提升沥青混合料的高温稳定性。

2. 复掺阻燃剂沥青混合料低温性能

通过低温弯曲试验测试来分析阻燃抑烟沥青混合料的低温抗裂性能。低温弯曲试验每一组均进行 3 次平行试验,取平均值作为试验结果,具体见表 3-7-6。随着复掺阻燃剂掺量的增加,阻燃抑烟沥青混合料的弯拉强度呈递减趋势。说明复掺阻燃剂从低温弯拉强度的角度来说对沥青混合料起不利作用。通过对比发现,复掺阻燃剂掺量较低的情况——掺量为 MMT1% +ATH5% 的阻燃抑烟沥青混合料弯拉强度和参照组区别不大。但是在 MMT 阻燃剂掺量为 1%,ATH 阻燃剂掺量从 5% 提升到 10% 的情况下,沥青混合料的弯拉强度突然降低了近 6MPa。而掺量达到 MMT1% +ATH10% 之后,提升 MMT 阻燃剂的掺量没有再造成阻燃抑烟沥青混合料弯拉强度出现明显降低,说明复掺阻燃剂对沥青混合料弯拉强度的不利作用存在上限。

阻燃抑烟沥青混合料低温抗裂性能试验结果　　表 3-7-6

复掺阻燃剂掺量	温度(℃)	弯拉强度(MPa)	弯拉应变($\times 10^{-6}\mu\varepsilon$)	劲度模量(MPa)	弯曲应变能(MPa)
参照组	-10	15.04	3899	3899	0.014676
MMT1% +ATH5%	-10	14.38	3763	2945	0.013519

续上表

复掺阻燃剂掺量	温度（℃）	弯拉强度（MPa）	弯拉应变（$\times 10^{-6}\mu\varepsilon$）	劲度模量（MPa）	弯曲应变能（MPa）
MMT1% +ATH10%	-10	8.65	2835	3052	0.012449
MMT3% +ATH5%	-10	8.24	3150	2617	0.010522
MMT3% +ATH10%	-10	8.25	2913	2832	0.010500

随着复掺阻燃剂掺量的增加，阻燃抑烟沥青混合料的弯拉应变呈降低的趋势。一般认为，低温破坏应变越大，说明沥青混合料的单位长度承受应变能力越好，低温抗裂性能也越好。以最大弯拉应变作为评价指标，掺加阻燃剂使沥青混合料的低温抗裂性有所降低。MMT阻燃剂掺量的增加可以改善沥青混合料的弯拉应变，可以认为MMT阻燃剂能够在一定程度上增强沥青混合料的低温抗裂性；而ATH阻燃剂则会降低沥青混合料的低温性能，所以其掺量不宜过高。

阻燃抑烟沥青混合料的弯曲劲度模量相对于普通SMA沥青混合料有所减小，掺量为MMT1% +ATH5%、MMT1% +ATH10%、MMT3% +ATH5%、MMT3% +ATH10%的阻燃抑烟沥青混合料弯曲劲度模量分别为2945MPa、3052MPa、2617MPa、2832MPa。随着复掺阻燃剂掺量的增加，混合料的弯曲劲度模量逐渐降低，MMT阻燃剂的掺入会降低沥青混合料的劲度模量。

掺加复掺阻燃剂后，沥青混合料的弯曲应变能均有一定程度的降低，在-10℃温度下，阻燃抑烟沥青混合料的弯曲应变能分别比参照组降低了5.2%、9.1%、23.4%、23.0%。对比来看，MMT阻燃剂掺量的提升降低了沥青混合料的弯曲应变能，而ATH阻燃剂掺量的变化对沥青混合料弯曲应变能的影响未呈现出显著的规律。

综上可知，复掺阻燃剂的掺入会在一定程度上降低沥青混合料的低温抗裂性。但混合料最大弯拉应变也达到了低温季冻区公路隧道要求的2500$\mu\varepsilon$。所以虽然复掺阻燃剂对沥青混合料的低温抗裂性有微小的影响，但是仍能支持季冻区公路隧道沥青路面的高水平服务。可以认为ATH/MMT复掺阻燃剂的适量掺加可以满足低温季冻区公路隧道使用要求。

3.复掺阻燃剂沥青混合料水稳定性

季冻区隧道长期的渗漏水、冷凝水会对路面造成侵蚀破坏。隧道出入口沥青路面经过反复冻融循环作用，会引起冻胀开裂破坏等。采用浸水马歇尔试验和冻融劈裂试验评价阻燃抑烟沥青混合料的水稳定性，进行3次平行试验，取平均值作为试验结果。模拟阻燃抑烟沥青混合料在季冻区隧道中的抵抗水损害性能。

（1）浸水马歇尔试验

复掺阻燃剂可以显著提升阻燃沥青混合料的残留稳定度，详见表3-7-7。普通SMA沥青混合料的马歇尔稳定度为7.03kN，当阻燃剂掺量较小时，稳定度即为7.45kN，比普通SMA混合料提升了6%，随着阻燃剂掺量逐渐加大，阻燃沥青混合料残留稳定度继续增加，当掺量达到MMT3% +ATH10%时，残留稳定度提升了15%以上，达到8.51kN，可以认为复掺阻燃剂对沥青混合料的水稳定性有所改善。

沥青混合料浸水马歇尔试验结果 表 3-7-7

复掺阻燃剂掺量	试件编号	稳定度(kN)		残留稳定度(%)
		水浴 0.5h	水浴 48h	
参照组	1	7.26	6.68	91.4
	2	6.94	6.38	
	3	6.88	6.20	
	平均值	7.03	6.42	
MMT1% +ATH5%	1	7.40	7.00	94.9
	2	7.32	6.96	
	3	7.64	7.26	
	平均值	7.45	7.07	
MMT1% +ATH10%	1	7.40	6.89	93.3
	2	8.06	7.52	
	3	7.93	7.41	
	平均值	7.80	7.27	
MMT3% +ATH5%	1	7.40	6.89	97.1
	2	8.19	7.97	
	3	7.81	7.54	
	平均值	7.72	7.49	
MMT3% +ATH10%	1	8.34	7.46	95.6
	2	9.47	8.37	
	3	7.75	9.36	
	平均值	8.51	8.14	

复掺阻燃剂可提升沥青混合料的残留稳定度,MMT1% +ATH5% 的低掺量阻燃剂便可以将沥青混合料的残留稳定度从 91.4% 提升至 94.9%。当 MMT 掺量从 1% 提升到 3% 时,沥青混合料的残留稳定度最大可达 97.1%,说明复掺阻燃剂对提升沥青混合料的水稳定性具有明显的改善。而 ATH 阻燃剂在这里呈现出一种负相关作用,ATH 掺量的增加反而会降低沥青混合料的水稳定性。不过当 MMT 掺量不变,ATH 掺量从 5% 提升至 10% 后,残留稳定度降幅在 1.5% 左右,影响不大。

(2)冻融劈裂试验

复掺阻燃剂对沥青混合料的冻融劈裂强度比有改善作用,详见表 3-7-8。随着掺量的逐渐增加,冻融劈裂强度比也逐渐上升。但当掺量较小时,对沥青混合料的冻融劈裂强度比提升不明显,只从普通 SMA 沥青混合料的 84.8% 提升到 85.8%;当 MMT 掺量为 1% 时,将 ATH 掺量从 5% 提升到 10%,冻融劈裂强度比提升了 4.7%;ATH 掺量为 5%,MMT 掺量从 1% 加到 3%,冻融劈裂强度比增长了5.6%。说明在这两个区间内,阻燃剂掺量的增加对沥青混合料的冻融劈裂强度比有显著的提升效果。而当掺量大于 MMT3% +ATH5% 后,对沥青混合料冻融劈裂强度比的提升效果并不明显,只是随着 ATH 掺量的增加提升了 0.5%,说明复掺阻燃剂对沥青混合料冻融劈裂强度比的改善存在阈值,并不是掺量越高越好。

沥青混合料冻融劈裂试验结果　　表 3-7-8

复掺阻燃剂掺量	试件编号	未经冻融劈裂强度(MPa)	冻融劈裂强度(MPa)	冻融劈裂强度比(%)
参照组	1	1.19	1.03	84.8
	2	1.32	1.10	
	3	1.44	1.31	
	平均值	1.32	1.12	
MMT1% + ATH5%	1	1.19	1.05	85.8
	2	1.45	1.03	
	3	1.37	1.36	
	平均值	1.34	1.15	
MMT1% + ATH10%	1	1.36	1.14	90.5
	2	1.35	1.43	
	3	1.27	1.14	
	平均值	1.33	1.20	
MMT3% + ATH5%	1	1.25	1.12	91.4
	2	1.31	1.20	
	3	1.42	1.46	
	平均值	1.33	1.21	
MMT3% + ATH10%	1	1.43	1.35	91.9
	2	1.32	1.23	
	3	1.54	1.24	
	平均值	1.43	1.32	

3.7.4　季冻区复掺阻燃沥青混合料配合比设计

基于集通高速公路迎宾岭隧道路面工程应用,阻燃抑烟沥青混合料铺筑层为路面上面层,厚度为 4cm,路面结构设计如图 3-7-4 所示。复掺 ATH/MMT 阻燃沥青混合料与普通沥青混合料配合比设计指标相同,混合料的力学性能、工作性能及耐久性能需符合规范要求。进行配合比设计的控制指标包括阻燃抑烟性能、低温抗裂性与水稳定性等。马歇尔试验主要控制指标为稳定度、残留强度比、冻融劈裂强度比、最大弯拉应变、弯拉劲度模量。

1. 阻燃抑烟沥青混合料设计指标

(1)目标配合比设计

隧道沥青路面上面层采用骨架密实型结构,其级配范围主要参考《吉林省高速公路施工标准化技术指南》(2018)中 SMA-13 的基本要求和级配范围,并综合考虑了阻燃抑烟沥青混合料项目的科研成果和工程应用经验。经过调整后的阻燃抑烟沥青混合料矿料级配范围见表 3-7-9。

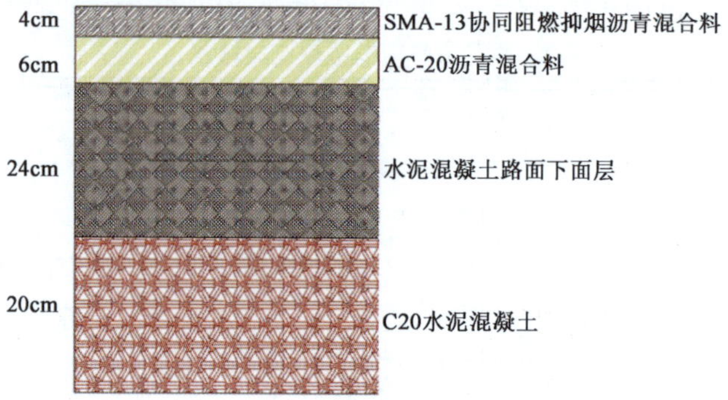

图 3-7-4　迎宾岭隧道试验段路面结构图

阻燃抑烟沥青混合料矿料级配范围(%)　　表 3-7-9

筛孔尺寸(mm)	13.2	9.5	4.75	2.36	1.18	0.6	0.3	0.15	0.075
级配上限	98	68	32	25	23	19	16	15	12
级配下限	92	52	22	17	15	13	10	9	8
级配中值	95	62.5	27	20.5	19	16	13	12	10

(2)生产配合比设计

以阻燃抑烟沥青混合料的目标配合比为基础,各档集料依据阻燃抑烟沥青混合料的级配设计要求进行配料,并进行筛分试验复核。其合成级配通过率见表 3-7-10,阻燃抑烟沥青混合料生产矿料级配合成曲线如图 3-7-5 所示。

SMA-13 生产配合比级配通过率(%)　　表 3-7-10

筛孔尺寸(mm)	4 号仓	3 号仓	2 号仓	1 号仓	矿粉仓	级配上限	级配下限	级配中值	合成级配
16	100.6	100.0	100.0	100.0	100.0	100	100	95	100
13.2	80.3	100.0	100.0	100.0	100.0	100	90	100	93.3
9.5	3.1	91.6	100.0	100.0	100.0	75	50	62	64.8
4.75	0.4	1.2	43.6	99.4	100.0	34	20	27	30.4
2.36	0.3	0.6	1.3	93.7	100.0	26	15	20	22.8
1.18	0.3	0.6	1.0	74.4	100.0	24	14	19	20.6
0.6	0.3	0.6	1.0	51.6	100.0	20	12	16	18.1
0.3	0.3	0.6	1.0	25.8	92.2	16	10	13	14.3
0.15	0.3	0.6	1.0	8.8	92.0	15	9	11	12.4
0.075	0.3	0.6	1.0	5.0	87.9	12	8	10	11.5

油石比为 6.1% 的马歇尔试验测试结果详见表 3-7-11。

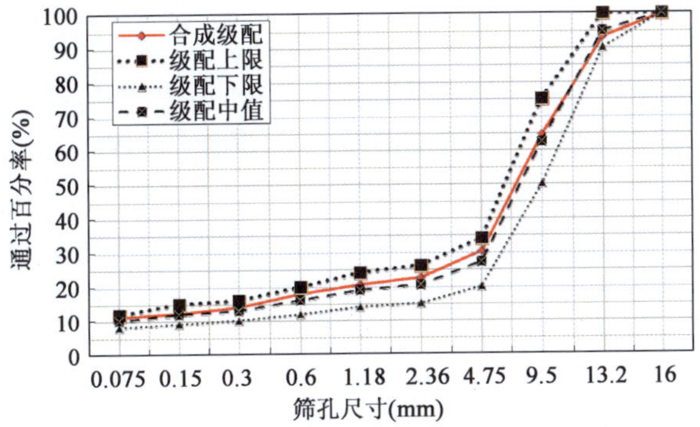

图3-7-5　SMA-13生产矿料级配合成曲线

SMA-13最佳油石比时的马歇尔试验结果　　表3-7-11

混合料试验指标	测试结果	SMA-13设计要求
最佳油石比(%)	6.1	—
混合料理论相对密度	2.587	—
毛体积密度(g/cm^3)	2.486	—
空隙率(%)	3.6	3~4
稳定度(kN)	8.71	>6.0
沥青饱和度(%)	78.9	75~85
矿料间隙率(%)	17.6	≥17

2. 生产配合比验证

在阻燃抑烟沥青混合料最佳油石比为6.1%的条件下，验证沥青混合料的路用性能，均满足规范要求。试验结果见表3-7-12、表3-7-13。

阻燃抑烟沥青混合料浸水马歇尔试验结果　　表3-7-12

油石比(%)	试件密度(g/cm^3)	空隙率(%)	马歇尔稳定度(kN)	浸水残留稳定度(%)
6.1	2.486	3.6	8.71	93.5
规范要求	—	3~4	>6.0	>80

阻燃抑烟沥青混合料车辙试验结果　　表3-7-13

试件编号	动稳定度(次/mm)	平均值(次/mm)	技术要求(次/mm)
1	5727	5715	>4000
2	6300		
3	5250		

3. 路面阻燃抑烟效果验证

为验证阻燃抑烟沥青路面的抑烟效果，施工期使用 JA-908 型便携式 VOC 测试仪，对路面摊铺过程中的 VOC 浓度进行了实时监测，并与未掺加阻燃剂的标准参照组沥青路面烟气挥发量进行对比分析，具体结果如图 3-7-6 所示。阻燃抑烟沥青混合料在摊铺过程中，VOC 浓度为 0.2mg/m^3，而普通 SMA 沥青混合料 VOC 浓度最低也在 0.5mg/m^3，峰值可以达到 2mg/m^3。说明复掺阻燃剂对隧道沥青路面施工环境起到了明显的改善作用，对现场人员的身体伤害显著降低，提高施工效率。同时有毒气体的挥发量降低也响应了建设绿色公路的要求，使环境友好可持续发展。

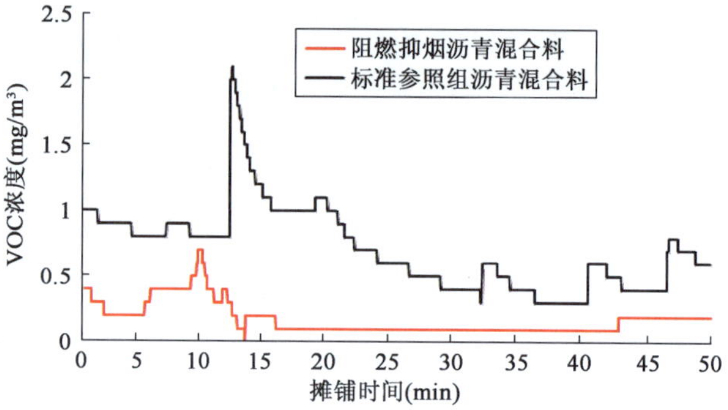

图 3-7-6　摊铺现场 VOC 浓度测试图

复掺阻燃剂提升了沥青面层的阻燃能力，有效降低了公路隧道发生火灾的可能性与火灾发生后的危害性，提升了安全行车保障能力。复掺阻燃剂可以明显改善沥青混合料的各项路用性能，提升沥青路面的疲劳寿命，是季冻区建设绿色公路的典型示范案例(图 3-7-7)。

图 3-7-7　复掺阻燃剂隧道沥青路面摊铺碾压

本章参考文献

[1] 吉林省交通运输厅. 长白山区鹤大高速公路资源节约循环利用科技示范工程技术总结报告[R]. 长春,2018.

[2] 王岩松，等. 集安至通化高速公路品质工程示范建设成果总结[R]. 长春：吉林省高等级

公路建设局,2019.
[3] 中华人民共和国交通运输部. 季节性冻土地区公路设计与施工技术规范:JTG/T D31-06—2017[S]. 北京:人民交通出版社股份有限公司,2017.
[4] 中华人民共和国交通运输部. 公路路基施工技术规范:JTG/T 3610—2019[S]. 北京:人民交通出版社股份有限公司,2019.
[5] 中华人民共和国交通运输部. 公路沥青路面设计规范:JTG D50—2017[S]. 北京:人民交通出版社股份有限公司,2017.
[6] 中华人民共和国交通运输部. 公路路面基层施工技术细则:JTG/T F20—2015[S]. 北京:人民交通出版社股份有限公司,2015.
[7] 中华人民共和国交通运输部. 多年冻土地区公路设计与施工技术细则:JTG/T D31-04—2012[S]. 北京:人民交通出版社,2012.
[8] 吉林省交通运输厅. 吉林省高速公路施工标准化技术指南[M]. 北京:人民交通出版社股份有限公司,2018.
[9] 中华人民共和国交通部. 公路沥青路面施工技术规范:JTG F40—2004[S]. 北京:人民交通出版社,2004.
[10] 铁道第三勘察设计院. 冻土工程[M]. 北京:中国铁道出版社,1994.
[11] 中华人民共和国交通运输部. 公路工程沥青及沥青混合料试验规程:JTG E20—2011[S]. 北京:人民交通出版社,2011.
[12] 吉林省质量技术监督局. 橡胶粉改性沥青及沥青混合料应用技术指南:JLJTG/T E03—2015[S]. 长春,2015.
[13] 吉林省质量技术监督局. 玄武岩纤维沥青混合料设计与施工技术规范:DB22/T 2786—2017[S]. 长春,2017.
[14] 吉林省交通规划设计院,长安大学. 协同阻燃抑烟沥青在季冻区公路隧道沥青路面中的应用研究科研报告[R]. 长春,2020.
[15] 王岩松,等. 集安至通化高速公路绿色公路示范建设成果总结[R]. 长春:吉林省高等级公路建设局,2019.

第 4 章　桥梁涵洞工程创新实践

桥梁工程是土木工程的重要分支学科，桥梁结构理论实质上是力学原理在桥梁结构受力分析中的应用。结构分析理论的演变经历了静力学原理、动力学原理、材料强度理论和线性理论的建立。近代桥梁结构理论包括拱桥和悬索桥计算理论、桥梁稳定理论、悬索桥的挠度理论和非线性分析、桥梁实用分析理论等。随着数字计算机的出现，桥梁结构分析理论和方法发生了本质的变化，诞生了以离散结构模型和矩阵运算方法为代表的有限元或边界元数值计算方法，桥梁结构的实用精细化分析主要解决桥梁的空间效应问题，弥补了单梁分析的不足。结构有限元方法无须对计算模型进行简化就可以求得各个部位的计算结果，极大地提高了结构分析的精度和效率，进入了以计算机应用、非线性分析和结构动力学为标志的现代桥梁结构理论阶段。现代桥梁已成为人类扩大生存空间的重要渠道，极大地促进了社会发展。桥梁工程的功能价值、社会价值和文化价值与人类社会的政治、经济和文化活动密切相关。这些价值超越桥梁本身，将桥梁转变成拥有社会属性和文化属性的基础设施。现代桥梁是重要的社会资产，它已成为社会发展的缩影。

4.1　我国桥梁技术现状

桥梁建设水平是一个国家科技和经济实力的集中体现，改革开放以来的 40 多年是中国桥梁建设发展的黄金时期。在遵循技术发展的一般规律以及走“集成-发展-创新”之路的基础上，中国桥梁工程经历了三个阶段——20 世纪 80 年代的学习与追赶阶段、90 年代的跟踪与提高阶段以及 21 世纪以来的创新与超越发展阶段。中国桥梁工程的发展已取得了实质性的飞跃，建成了以苏通长江公路大桥（图 4-1-1）、天兴洲长江大桥（图 4-1-2）、五峰山公铁两用悬索桥（主跨 1092m）等为代表的许多结构新颖、设计施工难度大并采用复杂高科技材料和工艺的特大型桥梁。同时，中国积极参与国际竞争，参建了马来西亚槟城二桥（图 4-1-3）、巴拿马运河三桥和奥克兰新海湾大桥等许多国际知名桥梁工程。这些工程荣获了国际咨询工程师联合会（FIDIC）“百年重大土木工程项目杰出奖”、美国土木工程师学会（ASCE）“杰出土木工程成就奖”和国际桥梁与结构工程协会（IABSE）“杰出结构工程奖”等 34 项著名国际大奖。“十三五”期间中国桥梁建设取得了举世瞩目的成就，为世界桥梁建设提供了中国智慧、中国经验，为联通“一带一路”、畅通国际国内“双循环”发挥了重要作用，赢得了国际桥梁界的尊重和认可。中国桥梁工程已逐渐走向世界舞台中心。

近年来国内外环境不断发展与变化，中国桥梁工程在新时代面临的主要问题都与“交通强国”的建设相关。包括桥梁工程如何才能支撑中国的重大国家战略？如何才能确保桥梁安全？如何才能实现桥梁强国梦？面临新的历史任务，必须立足中国桥梁工程技术的现状，以更开阔的视野审视中国桥梁技术前进的方向，抓住当前发展机遇，以合理、科学的方法推动中国桥梁工程的发展。

图4-1-1　苏通长江公路大桥

图4-1-2　天兴洲长江大桥

图4-1-3　马来西亚槟城二桥

4.1.1　关键技术成就

中国桥梁工程经过几代人的研究和探索,主要在以下四个方面取得了长足的进步——材料技术、勘察设计技术、施工技术和管养技术。

1. 材料技术

材料是桥梁工程的基础,中国已经实现在国内生产混凝土、钢材、缆索、复合材料和智能材料。其中一些材料的生产技术处于世界领先水平。

在混凝土方面,C50和C60混凝土在中国应用广泛。纤维混凝土、轻质混凝土和超高性能混凝土在实践中逐渐得到应用,越来越重视通过提高混凝土材料性能来改善结构性能。

中国钢材的发展经历了低碳、低合金、高强度和高性能阶段。目前,Q345和Q370钢材得到广泛应用,Q420钢材的应用正逐步开展。Q500钢材已研发成功,并被应用于沪通长江大桥和其他工程。700MPa级钢材目前正处于研发阶段,环氧树脂涂层钢筋和不锈钢钢筋正逐步得到应用。

在缆索材料方面,1770MPa钢丝和1860MPa钢绞线已实现国产化并在工程中得到应用。2000MPa钢丝(锌铝合金)也被研发成功并得到应用。

玻璃钢(FRP)等复合材料在桥梁修复、加固方面得到了应用,在缆索材料中的应用研究也已逐步展开。记忆合金、压电材料、光导纤维、自修复智能混凝土等新型智能材料在桥梁监测和加固工程中的研究和应用也已逐步开展。

2. 勘察设计技术

勘察设计技术是桥梁工程发展的先决条件。中国幅员辽阔，地质和地形条件多种多样，促进了桥梁类型的多样化发展，并带动了勘察设计技术的发展。中国桥梁工程已在勘察技术、设计理论与方法、桥型与结构体系、关键结构、防灾减灾技术和桥梁信息技术方面取得了很大进步。

在勘察技术领域，遥感、卫星定位系统、地理信息系统等现代空间信息技术被用来获取地质解释地图、正射影像地图、数字高程模型(DEM)、点云数据等。无人机摄影技术为设计提供了准确的地质判读数据，为准确计算工程量提供支持，并为智能选线和三维(3D)设计提供基础数据平台。

桥梁的设计理论也在逐步完善，正在从容许应力设计法向基于性能的设计方法发展。决策方法也变得更加可靠，已从基于经验的判断方式转变为基于概率和经验相结合的判断方式。目前中国桥梁工程已建立集经验、概率和风险评估为一体的决策方法。设计概念已逐渐完善，已从可靠性设计向全寿命周期设计转变。设计理论与方法的进步极大地提高了中国桥梁技术的国际认可度。

在桥型和结构体系方面，已系统掌握各类桥梁设计方法，并不断创新和发展结构体系与关键结构。同时，在四大桥梁类型(梁桥、拱桥、斜拉桥和悬索桥)的基础上，研发适用于当地条件的技术。其中包括各种创新桥型，比如具有静力限位和动力阻尼的斜拉桥结构体系(图4-1-4)、分体式钢箱梁悬索桥(图4-1-5)、空心连续钢桥和钢管混凝土拱桥。中国工程师研发了矮塔斜拉桥(图4-1-6)、斜拉拱桥和斜拉悬索组合桥等新桥型。这些成就一起构成了以梁桥、拱桥、斜拉桥和悬索桥为主体的现代桥型和结构体系。

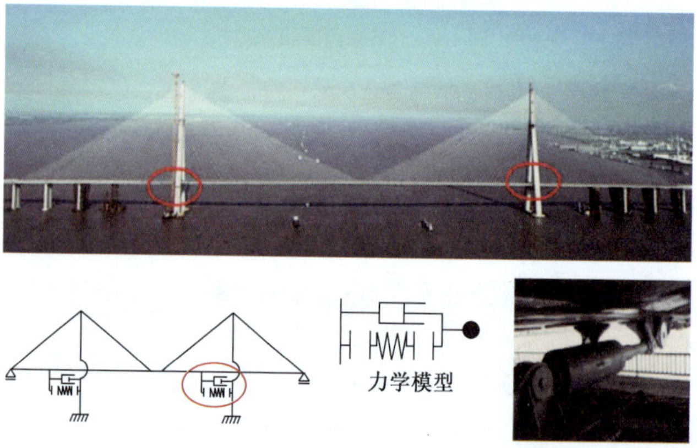

图4-1-4　苏通长江大桥(静力限位与动力阻尼组合结构体系)

桥塔、主梁、缆索、拱肋和基础等桥梁关键结构构件正在被不断地研发和创新。掌握了高度在300m以上的混凝土桥塔、钢塔和钢-混凝土组合桥塔等结构的设计技术，并提出了内置式钢锚箱和同向回转拉索等新型锚固结构。主梁的结构形式已实现创新与突破：分体式钢箱梁首次被成功应用于悬索桥，同时正在研发三主桁钢桁梁。此外，钢-混凝土组合梁和混合梁的设计技术也越来越成熟。缆索和锚固系统的强度、寿命和智能化水平已稳步提高，已研发出设计寿命为50年的高强度耐久型平行钢丝拉索体系、分布传力锚固系统和悬索桥主缆“即时监测无黏结可更换式”预应力锚固系统。混凝土拱肋、钢箱拱肋、钢桁拱肋和劲性骨架钢管拱肋均得到广泛应用，使得各类型拱桥跨度突破了世界纪录。在基础结构方面，已研发出异形变截面超大型哑铃形承台群桩基础、超大直径钻孔灌注桩基础、大型钢-混凝土组合沉井基础、大型圆形地下连续墙围护结构锚碇基础、沉井加管柱的复合基础以及∞字形地下连续墙基础等新型基础形式的关键设计技术。

图 4-1-5　西堠门大桥(分体式钢箱梁悬索桥)

图 4-1-6　大广高速公路宁江松花江特大桥

防灾减灾的理论方法、试验和控制技术均得到长足发展。提出了包括桥梁 3D 颤振分析的状态空间法和全模态分析法、斜风作用下抖振分析法、风振概率性评价方法、基于桥梁寿命周期和性能的抗震设计理论、多点平稳/非平稳随机地震响应分析的虚拟激励法以及基于性能的船撞桥设计方法。还研发了波流数值水池模拟技术和具有自主知识产权的桥梁分析软件。利用这些方法初步建立了涵盖风、地震、船舶碰撞、波浪流、车辆等作用的桥梁防灾减灾技术体系,保障了桥梁的功能实现和安全。目前,中国桥梁防灾减灾技术研究正在从单因素灾变向多灾害耦合灾变方向发展。

在桥梁信息技术领域,与桥梁分析软件相关的研发和应用取得了重大进展,在主要功能、计算精度、计算与分析效率等方面已接近国外软件水平。建筑信息模型(BIM)技术作为提高桥梁信息化水平的有效手段,已被应用于桥梁的正向设计、碰撞检查、施工过程模拟和施工进度管理。通过将 BIM 技术与虚拟现实/增强现实(VR/AR)技术相结合,将其用于方案优化和选择。另外,集成建模与分析技术、基于 BIM 的管理平台的建设也已取得突破。

3. 施工技术

中国拥有不同施工条件下各类型桥梁的施工控制技术,随着智慧化水平、生产效率和质量稳定性的不断提升,行业施工技术发展迅速。桥梁建设施工装备大多数由中国制造,智慧化水平和装备生产能力也有显著提高。

在超高桥塔施工技术及装备方面,研发了混凝土桥塔液压爬模技术、混凝土超高泵送技术、预制构件吊装施工技术与钢桥塔高精度拼装施工技术。混凝土桥塔浇筑最大节段长度(每节长 6m、高 6m)、爬模施工效率(每节 12d)、塔顶倾斜度误差(≤1/42000)、钢桥塔最大吊重提升速度(7.5m/min)已达到国际领先水平。中国自主研制的 5200t 塔式起重机已在实际工程中得到应用。

在主梁施工技术及装备方面,研发了钢箱梁数字化制造生产线、混凝土箱梁整孔预制与架设技术、梁上运梁与架设技术、短线匹配法预制拼装施工技术、钢箱梁整体吊装施工技术以及与缆载吊机、桥面吊机、顶推法和滑模法相结合的主梁架设与施工技术。自主研发了浮式起重机、架桥机、桥面吊机、缆载吊机、大型门式起重机、滑模设备等关键装备。其中缆载吊机的吊装能力(900t)和其转体施工技术(转体长度为198m,转体重量为22400t)均达到了国际领先水平。在缆索制造与架设技术及装备方面,研发了斜拉桥热挤聚乙烯防护拉索技术和热挤缆索护套成型技术;研发了软-硬组合与三级牵引的超长斜拉索架设技术,并将其广泛应用于斜拉桥和拱桥;掌握了使用预制平行钢丝索股(PPWS)法的主缆架设技术。

在拱肋施工技术及装备方面,研发了斜拉扣挂悬拼悬浇、劲性骨架、钢筋混凝土拱桥转体及钢拱桥大节段提升等施工技术。其中采用劲性骨架施工法建设的沪昆铁路北盘江特大桥主跨跨径达到了445m,远超国外水平。劲性骨架拱肋外包混凝土浇筑技术采用了真空辅助三级连续泵送工艺,使输送效率提升到30.8m^3/h。采用斜拉扣挂悬拼架设法建设的朝天门大桥主跨跨径达到了552m。河北保定乐凯大街斜拉桥(图4-1-7)长495m,桥面宽39.7m,双向八车道。大桥母塔转体长度为263.6m、重达46000t,转体的桥梁重量和跨度均刷新了世界同类桥梁的纪录。在拱肋转体施工法方面,平转法的最大吨位被提升至17300t。大节段吊装法的最大吊重达到了2800t,同时研发了大吨位缆索起重机(最大吊重为420t,最大高度为202m)等施工装备。

图4-1-7　保定乐凯大街斜拉桥

在桥梁基础施工技术与装备方面,成功研发包括大直径钻孔桩、大直径钢管桩、预应力高强混凝土(PHC)管桩、钢管复合桩、大型群桩基础、大型沉井基础、超深地下连续墙基础等施工技术。自主研发包括打桩船、液压打桩锤、钻机、混凝土搅拌船、双轮铣槽机等在内的桥梁施工装备。其中打桩船能力已经超过了国外水平。

在桥梁架设技术方面,工业化施工技术快速发展,自动化水平也在不断提高。桥梁下部广泛应用预制桩基整体打桩、承台和墩体预拼装、预制钢桥塔整体吊装技术。桥梁上部采用了大规模预制和安装技术,包括混凝土箱梁小节段预制和拼装、桁架梁大节段预制和吊装、水道上钢箱梁超大节段整体架设以及采用架桥机进行预制混凝土主梁架设。此外,基于老旧桥梁改造升级,研发了促进大型桥梁节段快速修理和更换的技术,尽量减少施工对繁忙交通的干扰。

在施工控制技术方面,在传统的"变形-内力"双控基础上,结合无应力状态控制理念提出了几何控制法,同时研发了一种用于解决桥梁分段施工的理论控制方法——分阶段成型无应力状态法。此外,还提出了一种设计、制造和无应力构件安装全过程的几何控制方法,提高了大跨径斜拉桥施工控制精度。目前正在研发一种集计算、分析、数据收集、指令发出、误差判断等功能于一体的施工控制系统。基于网络的桥梁智能化信息化施工控制技术正成为研究热点。

4. 管养技术

中国在桥梁管养、监测、检测和评估技术方面取得了很大进步,建立了以预防性养护为主、纠正性养护为辅的两级方法。

在监测技术领域,厘米级实时动态差分式全球定位系统、全系列光纤光栅测量仪等一系列传感器和监测产品得到广泛应用。还研发了微秒级时钟同步振动信号调理器、百赫兹级高速扫描光纤解调仪等一系列信号采集设备,研发了基于双环冗余光纤环网和工业以太网的监测技术。数百座桥梁已安装了结构安全监测系统,系统集成技术日臻成熟。北盘江第一桥(图 4-1-8)跨越 600m 的北盘江 U 形大峡谷,为世界最大跨径钢桁架梁斜拉桥,2018 年获第 35 届国际桥梁大会“诺贝尔奖”——古斯塔夫金奖。大桥利用云技术,研发建立了一个集“建设、管理、养护”于一体的桥梁管养综合信息化平台。通过安装在桥上的传感器,把桥梁的索塔、桥面等数据传送到桥梁基础信息云和桥梁监测养护信息云。

图 4-1-8　北盘江第一桥

在评估技术方面,提出了采用分层综合评定与五类单项控制指标相结合的桥梁技术状况评定方法,评定指标得到进一步细化;提出了以桥梁试验结果和结构验算得出的承载力结果为基础的评定方法;提出了基于桥梁承载力评估、耐久性评估及适用性评估的综合评估方法。评估结果的可靠性和全面性进一步提高。

在加固技术方面,碳纤维复合材料和体外预应力加固等新方法和新工艺已被应用于桥梁维修加固工作中。缆(吊)索更换技术、主梁更换和加固技术均得到快速发展。同时,还自主研发了新型涂层和阴极保护联合防护技术;建立了较为完善的桥梁养护、维修与加固技术体系,对桥梁的保护由被动保护转变为主动保护。

4.1.2　存在的问题

我国在桥梁工程方面取得了辉煌成就,然而与发达国家相比,在以下 4 个关键领域还存在一些问题和不足。一些基础理论研究和共性关键技术尚需突破,施工精细化程度不高,工业化、信息化和智能化水平有待进一步提高;科技创新与成果转化能力不足,产业化程度较低。这些问题影响了中国桥梁产业的长期发展。

(1)材料技术。在先进材料的研发和应用方面,中国仍然在追赶西方国家。高性能混凝土材料的研究仍处于初级阶段(即模仿国外的产品),且高性能钢材的力学性能指标也低于国外水平。与发达国家相比,在钢材的焊接性、强度、板材厚度和耐候性方面都存在较大差距,基于高性能、大型FRP和形状记忆合金(SMA)的产品仍需要进口。

(2)勘察设计。中国在基础理论、前瞻性研究、智能化技术以及具有自主知识产权的软件等方面落后于发达国家。

(3)工程施工。中国的施工技术产业化程度不高,施工设备的性能和可靠性亟待提高,智能化施工技术和设备也有待开发,施工质量的稳定性也亟待提高。

(4)养护与管理。养护与管理的监测和检测技术与装备、结构状态评估理论与方法、养护与维修加固技术、智能化技术发展等方面仍然相对不发达。桥梁工程设计、制造、施工、管理和养护方面仍缺乏核心技术与装备,在创新体系建设、观念引领、机制建设和技术应用方面存在一系列根深蒂固的问题:

①创新体系建设。创新体系建设存在两个薄弱环节——能力建设不足和战略领导能力不足,现有桥梁的建设和养护技术优势不足以支撑中国向世界领先的桥梁制造行列迈进。

②观念引领。目前的观念存在两个极端——要么为了避免风险而完全不去创新,要么纯粹为了创新而创新。这两个极端显然都是不对的,需要建立可持续的、客观的创新引领理念。

③机制建设。阻碍中国建设创新机制的两个问题是创新平台的同质化和研究的重复性,同时科研成果共享机制的建设比较缺乏且科研资源浪费严重。

④技术应用。精细化程度不高和规模化水平不足是影响创新技术应用的两个问题。新技术的产业转化水平较低,使得开发者难以盈利并限制了产业的持续发展。

4.1.3 桥梁工程发展的机遇与挑战

历史表明,需求是桥梁工程发展的第一动力。近年来,国内外需求的变化(其中包括新需求的提出)让中国桥梁工程的发展站在了新的起点上。

第一是增量需求变化。随着长江经济带、京津冀协同发展等一系列国家发展战略和"一带一路"倡议的提出,桥梁建设需求依然旺盛。未来桥梁建设将逐渐向中国及欧亚大陆的重要跨海通道、深山峡谷拓展。这一转变将使得施工条件变得更加复杂,桥梁跨度和结构规模也变得更大。基于此,必须要从只考虑单一灾害转变为同时考虑多种灾害,在确保桥梁使用寿命和性能的基础上,未来桥梁工程将更加注重质量安全、经济耐用、环保和节能。

第二是存量需求变化。截至2017年底,中国公路桥梁总数达83.25万座,居世界第一。以目前中国桥梁3%的年增加率计算,预计到2025年中国公路桥梁总数将超过100万座。由于桥梁"老龄化"和服役条件恶化,大量桥梁病害问题将会越来越突出,安全事故也会日益增多。目前,中国危桥总数约为7万座,占中国现有桥梁总数的1/12,且今后这一比例仍会维持在较高水平。我国老旧桥梁的修复工作对桥梁养护技术提出了新的要求。

第三是管理需求变化。中国社会发展正从高速发展向高质量发展转变,桥梁工程发展的主要理念已从"能建"(can be built)向"能建并能管理好"(can be built and managed well)转变,这对施工质量和管理质量提出了更高要求。桥梁工程的发展必须以质量改革、效率改革、动力改革为指导,中国桥梁的建设效率和工程质量必须通过技术创新来提高。

总之,未来中国桥梁工程产业必须要解决如何满足国内对施工技术、养护技术、科学决策的需求,还要解决如何满足质量改进、快速建立和创新的管理需求。如何高效建造、有效管养、长效服役的问题就概括了当今中国桥梁发展面临的三大挑战。中国桥梁产业的长期生存和健康发展需要对整个产业链进行改革。

新一轮科技革命和产业转型正在兴起，全球科技创新呈现出智能化、信息化的新发展趋势。新一代信息技术正在改变人类的生活方式，并给传统产业带来了革命性的变化。桥梁建设和养护技术是材料、设备制造、信息、节能和环保等产业发展的重要载体，在新科技革命和产业转型的浪潮中，应抓住时代机遇，实现桥梁建设和养护技术与新一代信息技术的全面融合，促进桥梁产业的全面转型升级，从而促进“第三代桥梁工程”的发展。“第三代桥梁工程”的主要发展方向为“智能桥梁”（intelligent bridge）。“智能桥梁”的发展战略与国家战略定位高度契合，代表了桥梁工程的发展方向，将有力地支撑中国实现“桥梁强国”的目标。

4.2　季冻区桥梁工程创新背景

我国《公路水路交通中长期科技发展规划纲要》指出：要从全面提高交通科技创新能力和解决牵动性、关键性、前瞻性重大技术问题入手，做好交通创新体系建设，抓好交通科技重点领域的研发工作。重点领域的重点任务之一是特殊自然环境下工程建养技术，具体包括重点研究特殊地质条件下的公路建设技术、跨江跨海通道建设技术、山区长大公路隧道修筑技术、路面结构技术、高等级公路快速养护成套技术、大型交通工程构造物检测诊断技术、内河通航新技术、航道治理和疏浚技术、新型港口水工建筑物的研制开发以及新材料开发与应用技术，突破特殊自然环境下的工程建养技术瓶颈，实现扩充能力的目标，并提高交通设施的使用品质和寿命，降低工程造价和全寿命成本，缓解交通资金的压力。

吉林省具备特殊自然环境——季节性冰冻地区的典型特征，年极端最低气温 -41.9℃，最大积雪深度 46cm，山间台地和湿地分布广泛，特殊的气候和水文地质条件使这一地区公路工程极易因冰冻产生严重破坏。自然环境恶劣，气候温差大，尤其是在反复的冻融循环条件下，公路桥梁桥面系早期破坏、除冰盐损伤裂化、结构开裂、预应力失效等病害多发，结构耐久性降低等问题普遍，一直是影响公路桥梁安全的重大隐患，公路桥梁工程抗冻耐久需求突出。

《吉林省交通运输“十四五”规划》明确提出：坚持新发展理念，牢牢把握交通运输“先行官”定位，适度超前、稳中求进，扎实推动交通运输发展由追求速度规模向更加注重质量效益转变，由依靠传统要素驱动向更加注重创新驱动转变。到 2035 年，高标准完成交通强国建设试点，基本完成高质量交通强省建设任务。现代化综合交通体系基本形成，人民满意度明显提高，多层次、立体化的综合交通网布局更加完善，拥有发达的快速网、完善的干线网、广泛的基础网，全面建成“五纵四射三横”高速公路网、“大十字轴”铁路网和“一主多辅”机场群。所有市县、重点乡镇、重点景区、重要口岸通高速公路。加快干线公路网建设，普通国道全面实现二级、重要通道达到一级公路标准，普通省道基本达到二级标准，建设东北边境风景道、河湖草原湿地旅游大环线、东北林海雪原风景道，构建沿边开放旅游大通道格局。推进基础公路网建设，实现进村入户、广泛覆盖，建立“四好农村路”可持续发展机制。

当我们建造一座工程时，不仅仅是为了目前的使用，更应让它成为一件后人会感谢我们的作品。

——约翰·罗斯金（哲学家）

桥梁工程可持续发展应包含结构安全、构件耐久、功能适用、性能冗余等特征。桥梁工程可持续发展可以用一个原则(索取少于再生)、两个目标(长期协调增长和不损害后代的发展)、三个指标(生态指标、经济指标和社会指标)、四个要求(安全可靠性、结构耐久性、功能适用性和性能延展性)、五个阶段(规划、设计、施工、运营和移除)来描述,其框架如图4-2-1所示。一个耐久性好的混凝土结构或钢结构桥梁,当裸露于正常环境时,能够保持其初始的构件外形、结构质量和服役功能。我国规范规定,桥梁结构的耐久性或使用寿命为100年。

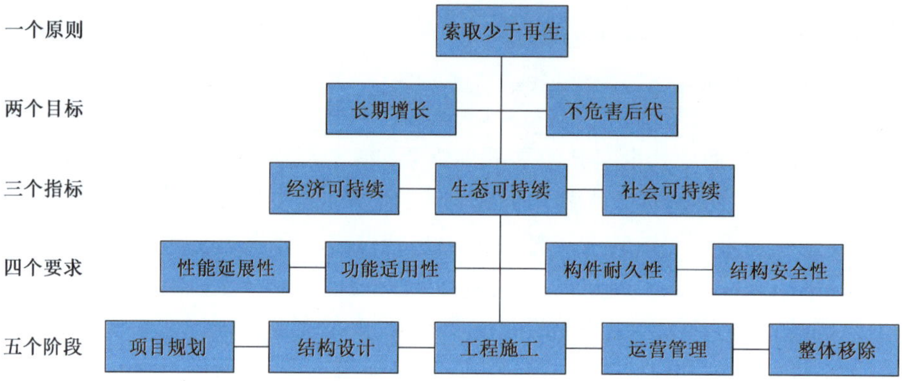

图4-2-1　桥梁工程可持续发展框架

鹤大高速公路科技示范工程以资源节约和循环利用为核心,以耐久、生态、环保、节地、节能、节材及废旧材料综合利用为重点,切实解决高速公路设计、建设、运营过程中的各种问题,推动节约型、循环型公路建设和可持续性发展。面对特殊的冰冻气候特点、资源条件及敏感的生态环境,桥梁工程采用抗冻混凝土,提高结构的抗冻耐久性。鹤大高速公路代表性桥梁如图4-2-2、图4-2-3所示。集安至通化高速公路在新的建设周期作为"品质工程"示范创新项目,坚持示范转型标准升级,以"创品质、融生态、展景观、呈文化、拓服务"为内核,通过精细雕琢工程本体、内植工匠精神和人文情怀、周边生态与地域文化和谐共生,打造一条线性的文化景观长廊,使其成为绿色旅游公路典型示范工程。

图4-2-2　鹤大高速公路二道松花江特大桥

图4-2-3　鹤大高速公路红石牡丹江大桥(建设期)

4.3　季冻区抗冻耐久混凝土应用研究

桥梁结构在长期使用过程中，在内部的或外部的、人为的或自然的因素作用下，随着时间的推移将发生材料老化与结构损伤，这是一个不可逆的过程。这种损伤的积累将导致结构性能劣化、承载能力下降、耐久性能降低。20世纪70年代以来，由于混凝土的过早劣化而引起的工程结构问题日渐突出，一些暴露于室外大气和处于腐蚀环境中的混凝土结构，寿命只有一二十年甚至几年。1987年美国的一份政府报告提出，在美国当时的57.5万座桥梁中，大约有25.3万座处于不同的损坏状态，其中有的使用期还不到20年。桥梁结构的耐久性能是指抵抗自然风化、化学侵蚀、机械磨损以及其他性能退化后的能力。耐久性损伤或耐久性破坏则指结构性能随时间的劣化现象，从产生耐久性损伤的直接原因来看，可以分为内部原因和外部原因。内部原因是指混凝土自身的一些缺陷，如混凝土内部存在的气泡和毛细管孔隙，这些孔隙为空气中的二氧化碳、水分与氧气向混凝土内部扩散提供了通道；原材料含有氯盐中的氯离子使结构钢筋锈蚀，产生锈胀作用；另外，混凝土中的碱含量过高，与碱活性集料发生碱-集料反应，导致混凝土开裂。产生损伤的外部原因主要指自然环境与使用环境，引起的劣化包括混凝土的裂缝和碳化损伤等。在我国广大的北方地区，桥梁混凝土冻融破坏是常见的劣化现象，尤其是使用除冰盐（融雪剂）环境的盐冻破坏具有更大的破坏性和更广泛代表性。

4.3.1　桥梁抗冻混凝土技术指标

集通高速公路位于长白山系，具有典型的季节性冰冻地区气候特点，项目途经五女峰国家森林公园，跨越浑江、蝲蛄河、苇沙河（图4-3-1）、蚂蚁河、青沟河、通沟河等敏感水体或饮用水保护区，沿线分布着高句丽王城、王陵及贵族墓葬、古墓遗址群等历史人文景观。根据项目的自身特点和建设难点，勘察设计阶段重点落在了标准化设计、耐久性设计、生态环保设计、工程美学设计、设计创新等方面。在耐久性设计方面，结合工程特点和环境条件，明确了耐久性指标及控制要求：不得采用具有高碱活性的集料配制混凝土。预应力混凝土构件氯离子含量不大于0.06%，普通钢筋混凝土构件氯离子含量不大于0.15%。桥面现浇层及护栏底座等混凝土的抗冻耐久性指数不小于85%，抗冻等级不低于F350；大中桥墩柱受水位变动区影响的混凝土抗冻耐久性指数不小于80%，抗冻等级不低于F300；非水位变动区的混凝土抗冻耐久性指数不小于70%，抗冻等级不低于F250。桥面现浇层混凝土采用补偿收缩防水混凝土，其抗渗等级为P8。使用矿物掺合料提高混凝土耐久性，以粉煤灰作为混凝土的掺合料，改善混凝土内部孔结构，提高了混凝土的抗渗性和抗冻性，且所有混凝土必须掺加引气剂。在可能接触融雪剂的结构部位，如护栏底座、混凝土防撞护栏、桥梁伸缩装置混凝土表面及伸缩装置下盖梁顶面及侧面，采用异丁基三乙氧基硅烷浸渍处理，并在防撞护栏根部采用花岗岩防撞护栏底座，利用花岗岩防盐蚀的特性，有效解决防撞墙受除冰盐腐蚀的问题。

《公路工程混凝土结构耐久性设计规范》（JTG/T 3310—2019）按照腐蚀机理及工程实践经验，将我国公路工程混凝土结构所处的环境划分为7大类：一般环境、冻融环境（无盐、酸、碱等作用）、近海或海洋氯化物环境、除冰盐等其他氯化物环境、盐结晶环境、化学腐蚀环境和磨蚀环境，对应的桥梁工程混凝土抗冻等级要求见表4-3-1。根据不同环境类别对混凝土结构的劣化腐蚀影响程度，将环境作用等级划分为6个级别(A～F)。预应力钢筋存在应力腐蚀、氢脆等不利于耐久性的特点，且直径一般较细，对腐蚀比较敏感，破坏后果严重，需要对预应力钢筋、连接器、锚夹具、锚头等容易遭受腐蚀的部分采取有效的保护措施。提高混凝土的密实性、抗渗性、抗冻性是改善混凝土结构在恶劣环境下的耐久性能的有效措施。改善混凝土的密实性和抗渗性，能有效防止或延缓钢筋锈蚀；掺入引气剂可有效改善混凝土内部的气泡间距和孔结构，减少混凝土内部缺陷，提高抗冻性。

图4-3-1　集通高速公路苇沙河3号大桥

桥梁工程混凝土抗冻等级要求　　表4-3-1

冻融环境等级	设计基准期(年)		
	100	50	30
D1	F200	F150	F100
D2	F250	F200	F150
D3	F300	F250	F200
D4	F350	F300	F250
D5	F400	F350	F300
D6	F450	F350	F350
D7	F450	F400	F400

4.3.2　抗冻混凝土配合比设计关键技术

提高桥涵混凝土抗冻性可采取内部改善和外部辅助两方面措施：内部改善采用优质的原材料和合理优化的配合比设计方法，改善混凝土和易性和引气的措施，提高抗冻性；外部辅助主要通过外覆涂层等措施来改善表层耐侵蚀能力。抗冻混凝土材料由六组分构成：粗集料、细集料、水泥、水、高性能掺合料和减水剂。考虑季冻区的气候条件，混凝土应具有“优良的工作性”“较高的强度”和“优异的耐久性”，其配合比设计目标除单位用水量、水灰比、砂率和强度之外，还包括掺合料、引气减水剂用量和耐久性指标。

(1)根据试验研究结果和工程应用平行验证，季冻区引气水泥混凝土的最低强度等级与最大水胶比应满足表4-3-2的要求，最小胶凝材料用量与最大胶凝材料用量宜满足表4-3-3的要求。抗冻水泥混凝土的浆集比应满足表4-3-4的要求。

引气水泥混凝土的最低强度等级与最大水胶比　　表4-3-2

<table>
<tr><th rowspan="3">抗冻等级</th><th colspan="6">设计基准期(年)</th></tr>
<tr><th colspan="2">100</th><th colspan="2">50</th><th colspan="2">30</th></tr>
<tr><th>最低强度等级</th><th>最大水胶比</th><th>最低强度等级</th><th>最大水胶比</th><th>最低强度等级</th><th>最大水胶比</th></tr>
<tr><td>F100</td><td rowspan="2">—</td><td rowspan="2">—</td><td>—</td><td>—</td><td rowspan="2">C_a30</td><td>0.55</td></tr>
<tr><td>F150</td><td rowspan="2">C_a35</td><td>0.55</td><td rowspan="2">0.50</td></tr>
<tr><td>F200</td><td>C_a35</td><td>0.50</td><td>0.50</td><td rowspan="4">C_a35</td></tr>
<tr><td>F250</td><td>C_a40</td><td>0.45</td><td>C_a40</td><td>0.45</td><td rowspan="3">0.45</td></tr>
<tr><td>F300</td><td rowspan="2">C_a45</td><td rowspan="2">0.40</td><td rowspan="4">C_a45</td><td rowspan="4">0.40</td></tr>
<tr><td>F350</td></tr>
<tr><td>F400</td><td rowspan="2">C_a50</td><td rowspan="2">0.36</td><td rowspan="2">C_a40</td><td rowspan="2">0.40</td></tr>
<tr><td>F450</td></tr>
</table>

引气水泥混凝土单位体积的胶凝材料用量　　表4-3-3

<table>
<tr><th rowspan="2">强 度 等 级</th><th colspan="2">最小用量(kg/m³)</th><th rowspan="2">最大用量
(kg/m³)</th></tr>
<tr><th>无盐环境</th><th>有盐环境</th></tr>
<tr><td>C_a30</td><td>280</td><td>300</td><td rowspan="2">420</td></tr>
<tr><td>C_a35</td><td>300</td><td>320</td></tr>
<tr><td>C_a40</td><td>320</td><td>340</td><td rowspan="2">450</td></tr>
<tr><td>C_a45</td><td>340</td><td>360</td></tr>
<tr><td>C_a50</td><td>360</td><td>380</td><td>480</td></tr>
<tr><td>≥C_a55</td><td>380</td><td>380</td><td>500</td></tr>
</table>

抗冻水泥混凝土的浆集比　　表4-3-4

强度等级	C30 ~ C45	C50 ~ C60
浆集比	≤0.32	≤0.35

引气水泥混凝土的含气量与平均气泡间距系数应满足表4-3-5的要求。引气是提高混凝土抗冻性最有效的方法，同时引气还可以提高混凝土的耐久性和弯拉强度，这对路面

混凝土尤为有利。混凝土含气量达到3%时,即可保证抗冻等级不低于F150,对混凝土抵抗氯离子渗透、化学腐蚀、盐结晶腐蚀和提高钢筋的抗锈蚀能力也有益处,有利于施工,不增加混凝土的成本。

引气水泥混凝土的含气量与平均气泡间距系数 表4-3-5

项　目	抗冻等级	强度等级			
		C_a30	C_a40	C_a50	$\geq C_a60$
设计含气量(%)	F100	3.5	3.0	2.5	2.5
	F150	4.0	3.5	3.0	2.5
	F200	4.5	4.0	3.5	2.5
	F250	5.0	4.5	4.0	3.0
	F300	5.5	5.0	4.0	3.0
	F350	6.0	5.0	4.5	3.5
	F400	6.5	5.5	4.5	3.5
	F450	6.5	5.5	5.0	3.5
气泡间距系数(mm),≤	≤F150	0.32	0.37	0.41	0.42
	F200	0.30	0.35	0.39	0.40
	F250	0.28	0.32	0.37	0.39
	F300	0.26	0.30	0.35	0.37
	F350	0.24	0.28	0.33	0.35
	F400	0.22	0.25	0.30	0.33
	F450	0.20	0.23	0.28	0.31

抗冻水泥混凝土用水泥技术指标应满足表4-3-6的要求。

细集料其他指标应满足表4-3-7及规范要求,细度模数宜控制在2.6~2.9之间。

水泥的技术指标 表4-3-6

项　目		技术指标
细度(比表面积)(m^2/kg)		≤350
游离CaO含量(%)		≤1.5
C_3A含量(%)		≤8
氯离子含量(%)	钢筋混凝土	≤0.1
	预应力混凝土	≤0.06
含碱量(%)		≤0.6

人工砂或混合砂中亚甲蓝(MB)值及对应石粉含量限值　　表4-3-7

混凝土强度等级		C30 ~ C50	≥C50
石粉含量(%)	MB < 1.40	≤7.0	≤5.0
	MB≥1.40	≤3.0	≤2.0

(2)混凝土的级配和最优砂率确定。

①粗集料级配的确定。

粗集料级配优劣直接影响新拌混凝土的工作性、黏聚性、均质性和可振动密实性。目前我国规范中给定的水泥混凝土级配范围十分宽泛,不便于实际确定最佳级配。基于混凝土最大密实度原则,借鉴已有成果,推广采用密实骨架堆积法和泰勒公式法综合确定最佳级配。现行施工技术规范中推荐公称最大粒径31.5mm碎石的级配可采用二档集料掺配,为了得到较好的粗集料级配,采用了10mm以下、10 ~ 20mm、20 ~ 40mm的三档集料。在满足规范粗集料级配范围要求的前提下,结合振实最大重度试验来控制大、中、小档料比例,从而得到具有最大重度和最小空隙率的优良级配(图4-3-2 ~ 图4-3-4)。

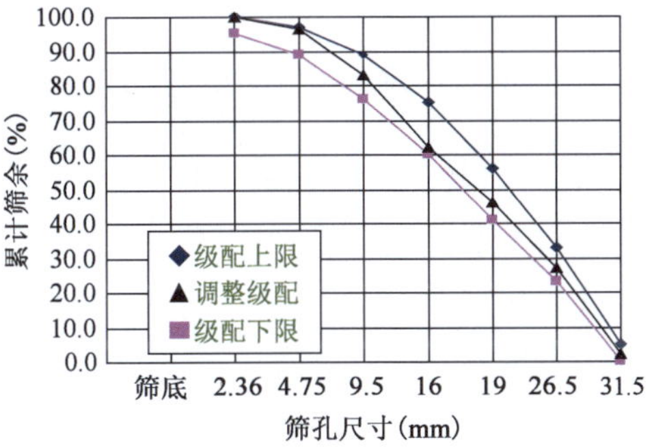

图4-3-2　大、中、小三档集料比例为30 : 55 : 15时的合成级配曲线

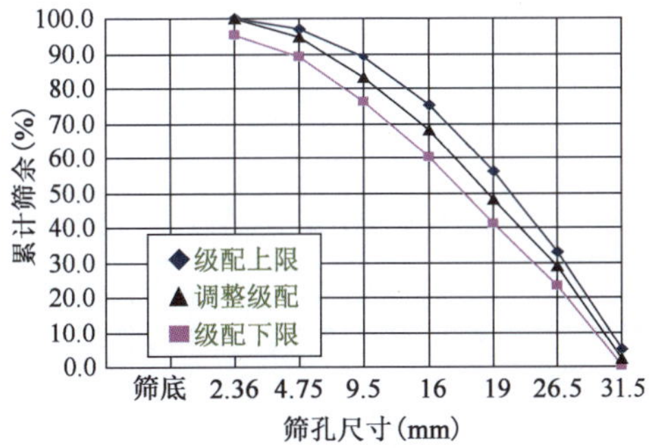

图4-3-3　大、中、小三档集料比例为35 : 50 : 15时的合成级配曲线

从图4-3-3看出:大、中、小集料比例为35 : 50 : 15时级配曲线相对于其他两种比例较为平滑,同时也更接近级配曲线范围的中值。其中19 ~ 26.5mm及26.5 ~ 31.5mm这两档料相对较少,这相对就减少了混凝土中大粒径集料的含量,这样水泥浆体和单个集料界面的过渡

层周长和厚度都小，不易形成明显的缺陷，有利于界面强度的提高。同时，粒径越小，集料本身缺陷的概率越小。9.5～19mm 及 4.75～9.5mm 这两档料含量较多，且两档料分布较均匀，这样有利于填充大粒径集料之间的空隙，形成密实的骨架结构。

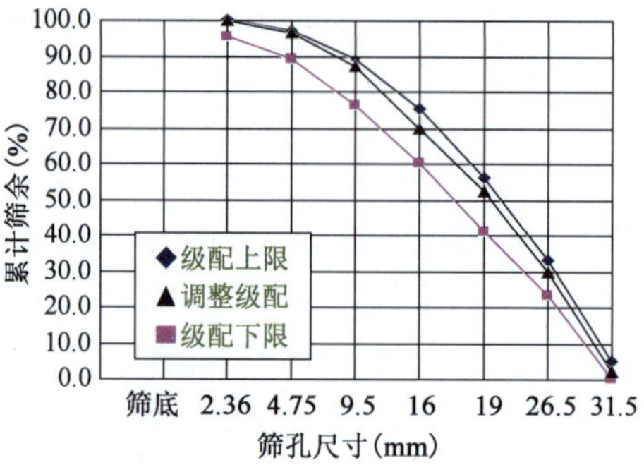

图 4-3-4 大、中、小三档集料比例为 40∶45∶15 时的合成级配曲线

②最优砂率的确定。

在通常混凝土配合比设计中，砂率的确定是以细度模数为依据，在现行规范所推荐的范围内进行选择。在规范推荐砂率基础上进行了最大紧方密度试验和试配混凝土工作性试验，通过试验结果最终确定砂率。

③抗冻混凝土配合设计关键参数的确定。

a. 最小胶凝材料及最大水胶比要求。

最小胶凝材料用量与最大胶凝材料用量的选择按表 4-3-3 的规定进行。

构件用引气水泥混凝土最低强度等级与最大水胶比应满足表 4-3-2 的要求。

b. 抗冻混凝土采用泵送时，控制坍落度在 140～180mm 之间。

c. 抗冻混凝土耐久性指数及氯离子扩散系数要求。

抗冻混凝土相对耐久性指数不小于 85%，氯离子扩散系数应满足表 4-3-8 的要求。

混凝土中的氯离子扩散系数 D_{RCM}（28d 龄期，$10^{-12}m^2/s$） 表 4-3-8

设计基准期(年)	环境作用等级	
	D	E 及 E 以上
100	<7	<4
50	<10	<6

d. 矿物掺合料要求。

矿物掺合料的掺量范围参照表 4-3-9。

矿物掺合料掺量范围 表 4-3-9

掺加类型	类型一	类型二	类型三
	硅灰	硅灰 + 矿渣(S105 级)	硅灰 + 粉煤灰(Ⅰ级)
比例(内掺法)(%)	5～8	(5～8) + (10～15)	(5～8) + (10～20)

e. 混凝土引气要求。

抗冻混凝土引气剂通常掺量为水泥的0.3‰~1‰;混凝土含气量宜控制在4%~6%;气泡特征参数包括平均半径和间距系数,可参照表4-3-10。

气泡特征参数　　表4-3-10

项　　目	技术指标
平均半径(μm)	≤45
间距系数(μm)	≤200

4.3.3　抗冻混凝土外加剂优选

通过对吉林省工程应用的调查,初选三种公路工程常用的引气减水剂进行试配,比较减水率、含气量、抗压强度、经济性和实用性,详见表4-3-11。

掺加不同外加剂混凝土拌合物及强度试验　　表4-3-11

编　　号	外加剂掺量(%)	坍落度(cm)	含气量(%)	7d抗压强度(MPa)	28d抗压强度(MPa)
JZ	0	3	0.4	24.7	37.7
K1	0.3	2	2	33.7	44.6
K1	0.4	3	2.7	31.1	38.4
K2	0.75	2.5	2.5	36.7	45.6
K2	1	3	4.7	37.1	47.7
K2	1.2	5	6	31.7	39.6
K3	2.0	1.5	1.7	34.9	42.2
K3	2.5	3	2.4	38.5	39.1

试验结果显示引气剂对硬化混凝土的含气量、气泡间距系数和比表面积均有影响(图4-3-5~图4-3-7)。工程选用引气剂时不仅测试新拌混凝土的含气量,还应进行气泡间距系数和比表面积等相关性检验。

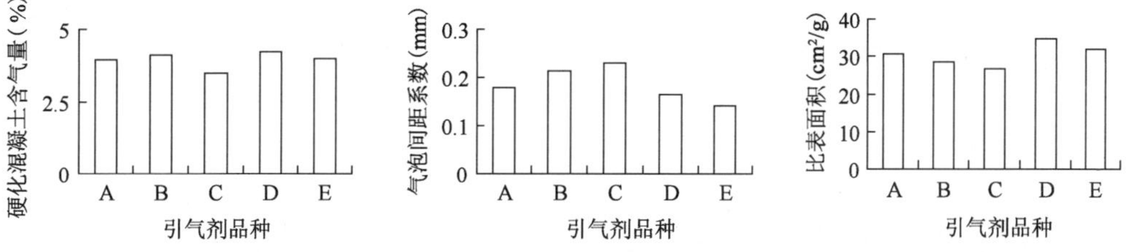

图4-3-5　引气剂品种对硬化混凝土气孔结构的影响

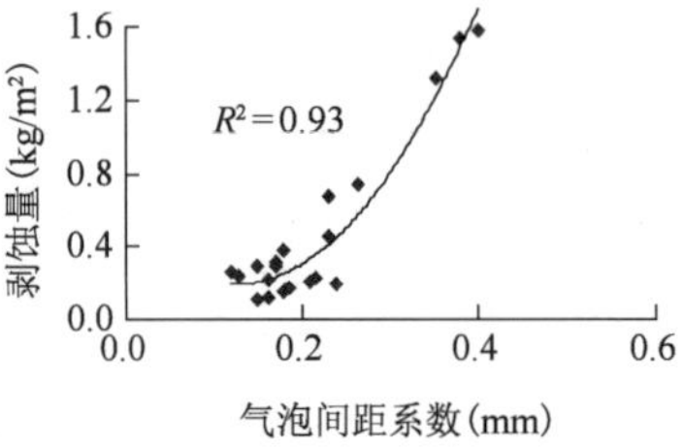

图 4-3-6　气泡间距系数与盐冻剥蚀的关系

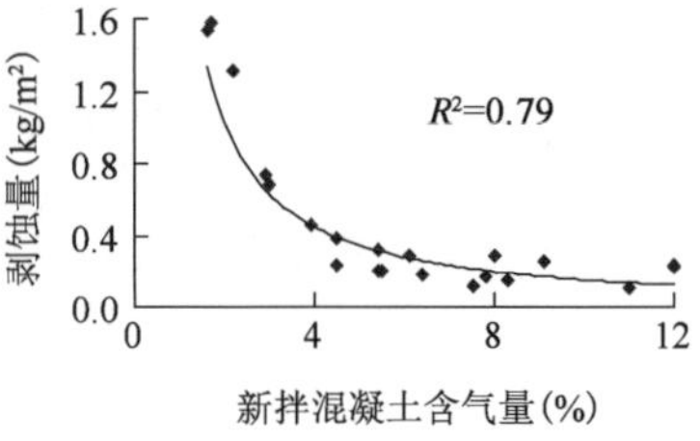

图 4-3-7　新拌混凝土含气量与盐冻剥蚀的关系

综上可见，随着混凝土拌合物含气量的增大，硬化混凝土的气泡间距系数相应减小，当含气量达到6%时，气泡间距系数约为0.180mm，随含气量增大其减小幅度开始逐渐减缓（图4-3-8）。当气泡间距系数从0.400mm减小到0.200mm时，剥蚀量从1.5kg/m^{2}减小到0.3kg/m^{2}左右，降幅约80%（图4-3-9）。

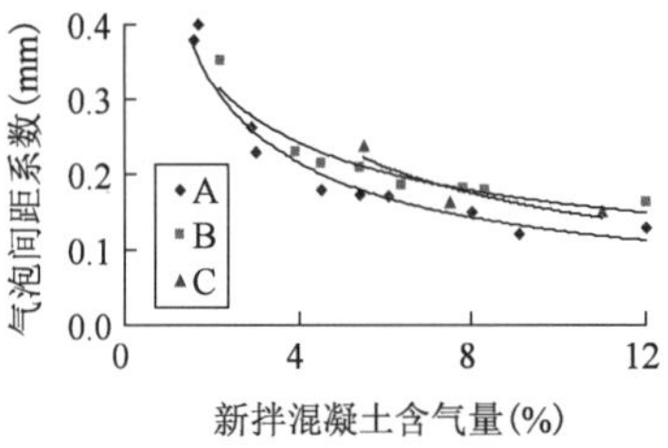

图 4-3-8　新拌混凝土含气量与气泡间距系数的关系

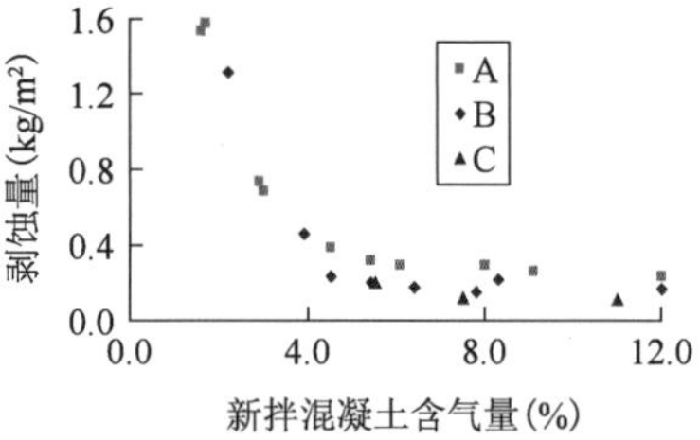

图 4-3-9　新拌混凝土含气量对盐冻剥蚀的影响

4.3.4　抗冻混凝土设计验证

集通高速公路桥隧比例高，冬季严寒，降雪和使用融雪剂频率高，工程自然环境恶劣。针对地产材料的特点选用高质量的掺合料和两种以上的外加剂进行了混凝土配合比优化设计。

1. 原材料选择

（1）水泥

选用优质的42.5级和52.5级普通硅酸盐水泥，具有良好的稳定性和较小的经时坍落度损失，与外加剂具有良好的适应性，具体要求见表4-3-12。C40以下混凝土采用42.5级普通硅酸盐水泥，C50采用52.5级普通硅酸盐水泥。

水泥技术参数标准　　表 4-3-12

技术参数	SS42.5	JG42.5	YT52.5
初凝时间(min)	185	145	176
终凝时间(min)	285	231	289
标准稠度用水量(%)	27.2	29.2	28
3d 抗压强度(MPa)	27.8	26.0	33.0
28d 抗压强度(MPa)	51.2	44.7	56.2

续上表

技术参数	SS42.5	JG42.5	YT52.5
3d抗折强度(MPa)	6.4	5.6	6.1
28d抗折强度(MPa)	8.4	7.2	8.9
安定性	合格	合格	合格

(2)集料

主要检测集料的压碎值、级配、粒径、针片状颗粒含量、含泥量、泥块含量及有害物质含量。集料母材抗压强度与混凝土强度等级之比不小于1.5,且无碱-集料反应,具体要求见表4-3-13、表4-3-14。混凝土用砂除了进行常规性的含泥量、筛分、坚固性等项目的检测外,考虑到大部分混凝土坍落度为160~200mm,砂的细度模数宜为2.6~2.9,通过0.3mm筛孔的砂不宜少于15%,以改善混凝土的流动性。

粗集料技术参数　　表4-3-13

技术参数	C30以下		C40以上
材料产地	二道江	通化	二密
针片状颗粒含量(%)	10.8	8.6	7.9
压碎值(%)	19.7	18.6	14.1
含泥量(%)	0.3	0.3	0.2
表观密度(g/cm^3)	2.728	2.736	2.670
吸水率(%)	0.48	0.65	0.80
坚固性(%)	4	4	2

细集料技术参数　　表4-3-14

技术参数	LS石场	CY石场
含泥量(%)	0.8	2.0
细度模数	3.0	3.2
分区	Ⅱ区	Ⅱ区
表观密度(g/cm^3)	2.616	2.590
堆积密度(g/cm^3)	—	1.544
孔隙率(%)	—	33.4

(3)掺合料

掺合料选用Ⅰ级粉煤灰和S95级磨细矿渣粉,具体要求见表4-3-15、表4-3-16。掺加适量的Ⅰ级粉煤灰可以提高混凝土后期强度,改善混凝土工作性能,降低水泥用量,减少混凝土收缩系数,提高混凝上耐久性。磨细矿渣粉可以改善混凝土流动性,减少坍落度损失,提高混凝土早期强度等。

粉煤灰技术参数 表 4-3-15

技术参数	通化 HY	通化 XY	技术标准(I级)
细度(%)	11.0	7.5	≤12
烧失量(%)	4.34	3.42	≤5
需水量比(%)	94	92	≤95
含水率(%)	0.5	0.6	≤1

矿渣粉技术参数 表 4-3-16

技术参数		通化 TL	技术标准
密度(g/cm^3)		2.92	≥2.8
烧失量(%)		0.27	≤3.0
比表面积(m^2/kg)		412	≥400
活性指数	7d	78	≥75
	28d	100	≥95
含水率(%)		0.3	≤1.0

(4)外加剂

减水剂采用聚羧酸高效减水剂,具体要求见表 4-3-17。减水剂是配制混凝土的关键,掺量在 1.0% ~1.5%之间。减水剂与水泥要具有良好的适应性,减水剂的 1h 经时坍落度损失必须合格并具有良好的保坍效果。减水剂还要具有较高的减水率,以满足减少混凝土用水量的要求。

减水剂技术参数 表 4-3-17

技术参数	BH	SD
减水率(%)	31.9	32.0
泌水率(%)	34.6	31.5
含气量(%)	5.1	4.6
1h 坍落度经时变化值(mm)	60	20
7d 抗压强度比(%)	157	162
28d 抗压强度比(%)	148	149

2. 配合比设计结果及优化

一般认为,水泥强度等级大致代表了水泥的活性,即在相同配合比的情况下,水泥强度等级越高,混凝土的强度等级越高。混凝土单位体积用水量和胶凝材料(水泥、粉煤灰、矿渣粉)重量比称为水胶比。通常情况下,水胶比越大,混凝土的强度越低,所以在满足工作性、和易性的前提下,混凝土用水量越少越好。

(1)配合比设计结果

集通高速公路桥梁工程采用的抗冻耐久高性能混凝土配合比设计进行了多轮次重复试配及深入研究和验证,其中具有代表性的两组混凝土配合比设计结果见表 4-3-18 和表 4-3-19。根据施工规范中关于混凝土最大水胶比、最小水泥用量的要求,严寒地区Ⅱ类环境最大水胶比 0.50,最小水泥用量 300kg/m^3,配合比选用的水胶比和水泥用量均符合要求。

A 组配合比设计结果

表 4-3-18

序号	混凝土强度等级	材料用量(kg)						外加剂(kg)		胶凝材料(kg)	砂率(%)	水胶比	坍落度(mm)	抗压强度(MPa)	
		水泥	水	砂	碎石	粉煤灰	矿渣粉	减水剂	防水剂					7d	28d
1	C30	314	143	788	1088	55	—	3.69 BH	—	369	42	0.39	180	38.3	48.7
2	C30 防水	348	152	716	1096	48	—	—	15.84 BH	396	40	0.38	180	51.5	61.5
3	C40	409	159	735	1102	45	—	5.44 BH	—	454	40	0.35	160	48.1	60.5
4	C40	409	159	735	1102	45	—	5.44 SD	—	454	40	0.35	185	51.0	63.5
5	C50	422	150	732	1099	47	—	7.035 BH	—	469	40	0.32	175	64.9	69.8
6	C50	422	150	732	1099	47	—	7.035 SD	—	469	40	0.32	180	60.0	74.4

B 组配合比设计结果

表 4-3-19

序号	混凝土强度等级	材料用量(kg)						外加剂(kg)		胶凝材料(kg)	砂率(%)	水胶比	坍落度(mm)	抗压强度(MPa)	
		水泥	水	砂	碎石	粉煤灰	矿渣粉	减水剂	防水剂					7d	28d
1	C30	308	154	748	1122	68	—	3.01 BH	—	376	40	0.41	160	33.5	39.6
2	C30 防水	320	160	754	1086	32	48	—	20.0 BH	400	41	0.4	170	35.1	43.0
3	C40 抗冻	330	154	696	1043	75	92	7.455 BH	—	497	40	0.31	180	53.8	59.0
4	C50	430	151	684	1102	34	25	4.89 SD	—	489	38	0.31	175	67.5	78.4
5	C50	396	158	701	1066	40	59	5.45 BH	—	495	39	0.32	165	54.1	64.3
6	C50	445	158	701	1091	—	50	5.45 TL	—	495	39	0.32	190	49.7	55.5

(2)配合比设计优化

对每组混凝土按5种不同的配合比进行平行试验,对高性能混凝土进行交叉配比验证,以优化配合比。从试拌混凝土的工作性(分层、泌水、流浆、抹面效果、棍度、黏聚性等)和抗压强度进行对比,优选施工配合比。并根据现场材料砂石含水率及其他材料性能进行首盘验证,必要时进行微调。共完成混凝土优化配合比设计196组,针对有代表性的3组配合比优化进行阐述。

①C30防水抗冻混凝土配合比优化,详见表4-3-20和表4-3-21。

C30防水抗冻混凝土配合比结果(kg)　　表4-3-20

设计强度等级	水泥	水	砂	碎石	粉煤灰	防水剂	配合比编号
C30 防水抗冻	321	155	781	1078	71	7.84	A
	321	152	781	1078	71	9.8	B
	321	149	781	1078	71	11.76	C
	321	147	781	1078	71	13.72	D
	321	145	781	1078	71	15.68	E
	321	143	781	1078	71	17.64	F

C30防水抗冻混凝土试拌情况　　表4-3-21

配合比编号	分层	泌水	流浆	抹面效果	棍度	黏聚性	含气量(%)	7d抗压强度(MPa)
A	无	无	轻微	一般	中	一般	3.5	27.8
B	无	无	轻微	一般	中	一般	3.7	29.4
C	无	无	无	良好	上	良好	4.2	33.6
D	无	无	无	良好	上	良好	4.5	35.8
E	无	无	无	一般	上	良好	4.9	36.7
F	无	无	无	一般	上	良好	5.2	38.1

结论:通过各组配合比试拌状态及7d抗压强度结果选定试验室配合比为水泥∶水∶砂∶碎石∶粉煤灰∶防水剂=321∶149∶781∶1078∶71∶11.76。根据现场材料砂石含水率及其他材料情况进行首盘验证,调整后配合比为水泥∶水∶砂∶碎石∶粉煤灰∶防水剂=321∶124∶806∶1078∶71∶11.76。

②C45防水抗冻混凝土配合比优化,详见表4-3-22和表4-3-23。

C45防水抗冻混凝土配合比结果(kg)　　表4-3-22

设计强度等级	水泥	水	砂	碎石	粉煤灰	防水剂	配合比编号
C45 防水抗冻	406	158	746	1073	72	9.56	A
	406	156	746	1073	72	11.95	B
	406	153	746	1073	72	14.34	C
	406	150	746	1073	72	16.73	D
	406	148	746	1073	72	19.12	E
	406	146	746	1073	72	21.51	F

C45 防水抗冻混凝土试拌情况 表 4-3-23

配合比编号	分层	泌水	流浆	抹面效果	棍度	黏聚性	含气量(%)	7d 抗压强度(MPa)
A	无	无	轻微	一般	中	一般	3.8	44.8
B	无	无	轻微	一般	中	一般	4.2	46.3
C	无	无	无	良好	上	良好	4.7	49.3
D	无	无	无	良好	上	良好	5.3	51.5
E	无	无	无	一般	上	良好	5.7	54.3
F	无	无	无	一般	上	良好	5.9	57.3

结论：通过各组配合比试拌状态及 7d 抗压强度结果选定试验室配合比为水泥∶水∶砂∶碎石∶粉煤灰∶防水剂 =406∶153∶746∶1073∶72∶14.34。根据现场材料砂石含水率及其他材料情况进行首盘验证，调整后配合比为水泥∶水∶砂∶碎石∶粉煤灰∶防水剂 =406∶128∶771∶1073∶72∶14.34。

③C50 高性能混凝土配合比优化。

按粉煤灰掺量 10%、15%、20%，外加剂掺量 1.05%、1.1%、1.2%，胶凝材料用量 470kg/m^3，水胶比 0.32，砂率 39% 进行交叉配比试验，详见表 4-3-24 和表 4-3-25。

C50 高性能混凝土交叉配比试验结果 表 4-3-24

粉煤灰掺量(%)	外加剂掺量(%)	配合比	调整水胶比	调整砂率(%)	坍落度(mm)	和易性	工作性
10	1.05	423∶47∶714∶1116∶150∶4.935	0.32	39	180	良好	
	1.1	423∶47∶714∶1116∶150∶5.17	0.32	39	185	一般	黏聚性差
	1.2	423∶47∶714∶1116∶150∶5.64	0.32	39	185	一般	保水性差
15	1.05	400∶70∶714∶1116∶150∶4.935	0.32	39	190	良好	
	1.1	400∶70∶714∶1116∶150∶5.17	0.32	39	195	一般	保水性差
	1.2	400∶70∶714∶1116∶150∶5.64	0.32	39	195	一般	黏聚性差
20	1.05	376∶94∶714∶1116∶150∶4.935	0.32	39	190	良好	
	1.1	376∶94∶714∶1116∶150∶5.17	0.32	39	190	良好	
	1.2	376∶94∶714∶1116∶150∶5.64	0.32	39	195	一般	黏聚性差

C50 高性能混凝土优选配合比 表 4-3-25

粉煤灰掺量(%)	外加剂掺量(%)	配合比	坍落度(mm)	和易性	7d 抗压强度(MPa)	28d 抗压强度(MPa)
10	1.05	351∶39∶794∶1052∶164∶3.9	180	良好	51.7	58.6
15	1.05	331∶59∶794∶1052∶164∶3.9	190	良好	53.2	62.2
20	1.1	312∶78∶794∶1052∶164∶3.12	190	良好	42.5	59.4

结论：粉煤灰掺量达到 15%，外加剂掺量达到 1.05% 时，28d 抗压强度达到 62.2MPa，达到试配强度的 104%。从强度、经济性、工作性考虑，确定最佳粉煤灰掺量为 15%，外加

剂最佳掺量为1.05%。即配合比为水泥:粉煤灰:砂:碎石:水:外加剂=400:70:714:1116:150:4.935。

考虑季冻区冬季严寒、夏季高温气候条件,按照施工规范规定,对配合比进行优化调整,即生产配合比为水泥:粉煤灰:砂:碎石:水:外加剂=408:72:709:1108:153:5.04。测其坍落度为180mm,28d抗压强度为63.1MPa,和易性好,实测密度2429kg/m^3。该配合比可以用于施工生产。

建议夏季温度较高时采用配合比一,即水泥:粉煤灰:砂:碎石:水:外加剂=400:70:714:1116:150:4.935;冬季温度较低时采用配合比二,即水泥:粉煤灰:砂:碎石:水:外加剂=408:72:709:1108:153:5.04。

3.配合比设计应用总结

(1)合理掺加粉煤灰、矿渣粉对水泥混凝土的早期强度影响不显著,但可改善混凝土的工作性,并可有效提高混凝土后期强度。

(2)C40抗冻混凝土每立方米水泥用量在400kg左右,掺加10%~20%粉煤灰、矿渣粉,水胶比在0.34~0.36之间,混凝土7d抗压强度已经接近或达到试配强度,满足工程需要。C50水泥混凝土每立方米水泥用量至少要在400kg以上,胶凝材料在470kg以上,水胶比宜在0.30~0.32之间。单掺粉煤灰或矿渣粉掺量在10%左右,双掺粉煤灰和矿渣粉总掺量可放宽至20%。

(3)A组C40抗冻混凝土配合比水泥用量仅为330kg,但胶凝材料总量为497kg,采用粉煤灰、矿渣粉超量替代水泥,水胶比在0.31~0.32之间,混凝土28d抗压强度达到了57.5MPa以上,证明优质的外掺料替代部分水泥是可行的,可以有效提升经济性指标。

(4)C50高性能混凝土要严格控制砂的粗细程度,宜选用细度模数为2.6~2.9的中砂;如选用粗砂,则应过筛剔除大于4.75mm部分。混凝土应根据砂的粗细在满足抗压强度的条件下适当调整砂率,一般推荐在39%~42%之间,粗砂可选用高值。

(5)外加剂要与水泥和集料有良好的适应性,并保证在较小的水胶比情况下混凝土有良好的工作性,避免出现胶水分离以及表面开裂等问题。

(6)施工过程中混凝土坍落度应控制在200mm左右,为保证混凝土在运输和浇筑过程中不出现离析情况,坍落度上限应不超过220mm。

(7)针对工程实践中高性能混凝土存在的双掺控制问题、粗细集料配比问题,建议采取交叉配比设计,提高混凝土在恶劣环境下的性能指标,进而提高桥梁工程质量。

4.4 季冻区桥梁标准化施工创新应用

围绕公路品质工程六方面攻关任务,桥梁工程"两区三厂"(生活区、办公区,钢筋加工厂、拌和厂、预制厂)施工安全标准化是打造品质工程的基础环节,预应力混凝土箱形梁和T形梁等预制构件的质量直接影响桥梁结构的安全与耐久。核心要素是解决桥梁预制构件钢筋加工、钢筋骨架制作、混凝土浇筑与养生、智能张拉和压浆等关键工序质量控制不严的问题,优化施工工艺,提高桥梁工程耐久性。

吉林省于2011年正式提出推行桥梁涵洞工程施工标准化,并探索性开展了试点工作,于2012年正式印发了《吉林省高速公路施工标准化管理指南》。集通高速公路作为"品质工程"

示范项目,在项目策划阶段就已经将标准化施工和创新作为强制性条件纳入设计文件和施工招标文件,成为新的建设周期风向标。在桥梁和涵洞工程标准化设计方面,主线 20m 以下跨径桥梁上部结构采用预应力混凝土空心板,20m、25m、30m 跨径采用预应力混凝土简支转连续箱梁,40m 跨径采用预应力混凝土简支转连续 T 梁,同一座及相邻桥梁尽可能采用统一的桥梁跨径,以便于施工;部分互通匝道桥的上部结构统一采用单箱多室斜腹板断面,下部结构统一采用桩柱式桥墩,基础均采用钻孔灌注桩基础;同类型断面采用标准化配筋配束,预应力均采用智能张拉。标准化设计的桥梁构件便于工厂化预制和装配化施工,涵洞工程全面采用标准跨径,盖板集中预制,推动工程建设向工厂化、产业化、信息化转型。季冻区桥梁工程"两区三厂"标准化建设在集通高速公路项目迭代升级,并以项目为依托编制了 2018 年版《吉林省高速公路施工标准化技术指南》,在省内推广应用。

4.4.1　两区标准化建设技术标准

1. 一般规定

(1)推行"两区三厂"施工安全标准化,重点包括"两区三厂"选址评估、布局设计、验收管理等方面,落实功能分区、建设标准、设施配备、安全管理等方面要求。

(2)驻地建设包括建设单位(项目指挥部)、监理单位、试验检测机构、施工单位项目部(施工工区)驻地建设。

(3)驻地建设按照开展工作便捷,建筑面积和场地占地面积满足办公、生活和生产需要,办公、生活功能分区的原则进行设置。

(4)驻地建设应体现以人为本的理念,办公及生活用房必须安设取暖设备,采暖期室内温度要在 18℃以上。严禁在室内使用明火(电)炉取暖。驻地内使用的电气设备和临时用电应符合《施工现场临时用电安全技术规范》(JGJ 46—2005)的规定。会议室、办公用房和宿舍配置空调。

(5)档案资料室应能防潮、防火,照明、通风良好,并配备消防设备。所有档案资料应保存在专用金属文件柜内,由专人负责管理。

(6)宿舍每个房间不得超过 4 人,每人单床;宿舍有防煤气中毒措施。

(7)各功能室、办公室和资料室应设置统一规格的门牌标识,标牌应悬挂于醒目处,对有环境和安全条件要求的区域应设置警示及限入标识。

(8)驻地建设应满足开展党建工作及精神文明建设工作的需要。在工程建设一线,推行党建工作规范化管理。

(9)驻地应遵循统筹兼顾、适用为主、满足项目需要的原则,严禁铺张浪费。

2. 驻地选址

应满足安全、实用、环保的要求,以工作方便为原则,具备便利的交通条件和通电、通水、通信条件,积极创造信息化办公管理条件。具体选址要求如下:

(1)位置要求靠近现场、进出方便快捷、易于管理,且不能与本项目其他工程产生干扰。

(2)通信(电话、传真、网络)畅通,邮路便捷。符合安装监控系统和报警装置,对关键部位、重要工序进行监控等信息化建设标准。

(3)不受洪水、泥石流、风灾等威胁,避开塌方、落石、滑坡、危岩等地段及取(弃)土场地。

(4)避开高压线路及高大树木,离采石场、石方开挖等集中爆破区500m以上。

(5)项目部(含分包项目部、较大工区)采用封闭式管理,办公生活区及大型施工厂区的出入口应设置专职保卫人员,制订专门的管理制度。

(6)租赁房屋作为驻地的,房屋必须符合安全生产及管理要求,房屋及场地的面积必须满足规定要求。

(7)工地试验室选址应充分考虑安全、环保、交通便利及工程质量管理要求等因素,避开高频、高压电源以及易产生振动区域、爆破区等,其周边场地需进行硬化处理。沥青混合料试验室必须设在沥青混凝土拌和站。水泥混凝土拌和站、大桥工地、预制厂(含小件预制厂)、隧道工地须设水泥混凝土标准养生室。

3. 驻地设施

办公区、生活区、车辆(机具)停放区及工地试验室必须分区设置,区域划分科学合理。合理设置驻地平面示意图、指路牌以及宣传栏(五牌一图)等。

(1)区内场地及主要道路应进行硬化处理。场地排水设施完善,庭院适当绿(美)化,环境优美整洁;场地平整时,表土要集中存放,用于工后复垦和场区绿化。场区占地范围内的原有树木,在不影响其他工程施工的情况下,应予以保留。

(2)驻地应保证文明整洁,生活区院内须为员工提供统一晾晒衣物的场地。

(3)生活、饮用水必须符合国家饮用水标准,按相关规定进行必要的水质检测。

(4)驻地内应设有必要的防雷设施及监控系统。

(5)房间内部净高一般不小于2.8m。室内应设置固定电源插座,严禁私接电线。

(6)施工单位会议室应设置两个独立进出口,门向外开启;要求通风、照明良好,须安设功率相匹配的空调;必须配备投影仪、扩音器等常用会议设施和1.5m^2以上写字板。

(7)办公室桌椅颜色规格统一,排列整齐,满足办公需要。档案资料室应满足防潮、防盗、消防要求,照明、通风良好,由专人负责管理。

(8)自建房宿舍区与食堂严禁连成整体,间距不得小于15m。疏散通道满足规定要求。宿舍内严禁存放易燃、易爆物品,不得在宿舍内生火做饭。应设置可开启式窗户,保证通风。生活用品应摆放整齐,每人设专用柜。宿舍区应配备标准客房,方便职工家属探亲。

统一挂设治安、卫生、防火管理制度图表。夏季有消暑、防蚊虫叮咬措施。内外环境应安全、卫生、清洁,室外设有分类标识的垃圾箱,由专人清扫。

(9)食堂必须符合《中华人民共和国食品卫生法》的要求,与厕所、垃圾站、有害场所等污染源距离不小于30m。应设置独立的制作间、储藏间,配备纱门、纱窗、纱罩等。厨房工作间灶台、案板一般采用不锈钢成品,四周墙面铺贴白瓷砖。食堂应配备必要的排风、消毒、冷藏、保鲜设施。

炊具存放在封闭的橱柜内,食物保存应生熟分开。燃气罐应单独设置存放间,存放间应通风良好,严禁存放其他物品。食堂内应设有防火、防尘,防蚊、蝇、鼠害等措施,由专人管理,及时清运垃圾。

制订食堂卫生管理责任制度,具备卫生许可证。炊事员(包括工作人员)要有健康证,工作时必须戴工作证,穿工作服,并保证个人卫生。

(10)盥洗池采用节水龙头,龙头数量与人员数量比例不小于1∶5,墙面、地面铺贴瓷砖。

浴室应男女分设,并提供热水浴,淋浴喷头数量与人员数量比例不小于 1:10,室内采取取暖措施,设置存衣柜或者挂衣架,墙面、地面铺贴瓷砖(防滑),排水、通风设施满足使用要求。

(11)污水排放方案需进行专门设计,并符合水利及环保等部门的相关要求。污水处理设置多级沉淀池,通过沉淀过滤,达到排放标准。

厕所应通风良好,采用独立冲水式并设隔断,地面、内墙 1.5m 高及小便池内铺贴瓷砖,设专人负责保洁和消毒工作。厕所污水通过集中独立管道进入封闭的化粪池,定期进行处理。

(12)场地内根据消防要求配置完善的消防设施。消防设施应满足《建设工程施工现场消防安全技术规范》(GB 50720—2011)的有关规定,在适当位置设置临时室内消防水池和消防沙池,配置相应的消防安全标识和消防安全器材,并经常检查、维护。

(13)驻地内设置安全通道,并保证消防车道的通畅,禁止在车道上堆物、堆料或挤占消防通道。

(14)各驻地及生产场所均应设置垃圾储存池,集中存放和处置生产生活垃圾。垃圾池一般采用砖砌结构,尺寸不小于 4.0m×3.0m×1.5m,定期进行无害化处理。

4. 建设单位(项目指挥部)驻地

项目指挥部驻地办公、生活用房可租用或自建,满足日常工作客观要求。建设标准应符合表 4-4-1 的规定。建设单位标准化驻地如图 4-4-1 所示。

建设单位(项目指挥部)驻地建设最低标准　　表 4-4-1

序　号	名　称	配备标准(m^2)
1	办公用房(人均)	6
2	会议室	100
3	档案室	60
4	宿舍(人均)	8
5	厕所	20,且人均≥0.2
6	浴室	30,且人均≥0.3
7	餐厅	40,且人均≥0.8
8	厨房	30

图 4-4-1　建设单位标准化驻地

5. 监理单位驻地

监理单位办公、生活用房可租用或自建。建设标准应符合表 4-4-2 的规定。

监理单位驻地建设最低标准　　表 4-4-2

序　号	名　　称	配备标准(m^2)
1	办公用房(人均)	6
2	会议室	80
3	档案室	40
4	宿舍(人均)	8
5	厕所	20,且人均≥0.2
6	浴室	30,且人均≥0.3
7	餐厅	40,且人均≥0.8
8	厨房	30

6. 试验检测机构驻地

试验检测机构办公、生活用房可租用或自建。施工单位试验室可分址设置,有特殊需求时,另行增设相应配置,建设标准应符合表 4-4-3 的规定。试验室的布局和设施应满足试验检测工作和环境条件要求,具体如下:

(1)应采用独立的专用线路集中配电,并设置应急电源,保证试验检测工作正常、连续开展。电线、电缆的布设应符合有关技术标准,保证使用安全。

(2)应设置较完善的排水设施,并配备必要的应急水源。各功能室均应敷设上下水管道,配备水池,地面应设置地漏。水泥混凝土室、集料室等地面应设置环形水槽和沉淀池;标准养生室的墙体和屋顶应进行防潮和保温处理。

(3)各功能室均应设置操作台,操作台应选用大理石面板,外观应整洁、美观、方便操作。电源插座应整齐布置且高出地面 1.3m 以上。地面应铺贴瓷砖。

(4)试验检测设备应考虑平面位置、防振、安全防护等要求,安装应按照设备使用说明书及试验规程相关要求进行。

(5)仪器设备安装、调试完成后,经检定/校准或功能检验后方可投入使用。工地试验室应编制仪器设备的检定/校准计划,通过检定、校准和功能检验等方式对仪器设备进行量值溯源管理。

高速公路参建单位试验室建设最低标准　　表 4-4-3

项　　目	试验检测机构标准(m^2)	施工单位标准(m^2)		备　　注
		路面	路基桥隧	
资料室	25	25	25	
土工室	30	—	30	应配置温度控制设备
集料室	25	25	25	应配置温度控制设备
化学分析室	20	20	20	应配备专业药品箱,粘贴危险警示标志,上锁管理

续上表

项　　目	试验检测机构标准(m^2)	施工单位标准(m^2)		备　　注
		路面	路基桥隧	
力学室	30	30	30	应配备温度控制设备
水泥室	25	—	25	应配备温湿度控制设备
水泥混凝土室	30	—	30	应配备温湿度控制设备,完善排水设施
标准养生室	30	30	30	应配备温湿度控制设备,完善排水设施,保温防寒措施达标
沥青室	25	25	—	应配备温湿度控制设备、大功率排风设备
沥青混合料室	25	25	—	应配备温湿度控制设备、大功率排风设备
样品室	20	20	20	应按照样品状态分区
检测设备室	20	20	20	
办公室	48	40	40	≥6m^2/人

标准化试验室如图4-4-2所示。

图4-4-2　标准化试验室

7. 施工单位(主体工程)驻地

(1)施工单位(主体工程)驻地为院落式,有停车场和职工活动场所,办公区和生活区分离设置,并满足安全、卫生、通风、绿(美)化等要求。承建主体工程的施工单位驻地办公(含工地试验室)、生活用房建筑面积一般不小于1500m^2,场地占地面积不小于3000m^2。建设标准应符合表4-4-4的规定。

(2)活动板房应选用阻燃材料搭设。搭建不宜超过两层,每组最多不超过10栋,组与组之间的距离不小于8m,栋与栋之间的距离不小于4m,房间净高不低于2.8m。砖混结构墙面抹灰刷白,地面硬化,铺贴地板砖,墙体下部设50cm高的墙裙,地面设散水,排水坡度不小于3%。周围设置排水沟,保证排水畅通。

标准化项目经理部驻地如图4-4-3所示。标准化项目工区驻地如图4-4-4所示。

施工单位驻地建设最低标准

表 4-4-4

序　　号	名　　称	配备标准(m^2)
1	办公室(人均)	6
2	会议室	100
3	活动室	30
4	资料室	30
5	试验室	按照表 4-4-3 执行
6	餐厅	100,且人均≥1
7	厨房	30
8	宿舍(人均)	8
9	厕所	30,且人均≥0.2,人均蹲位≥0.1 个
10	浴室	30,且人均≥0.3

图 4-4-3　标准化项目经理部驻地

图 4-4-4　标准化项目工区驻地

4.4.2　三厂标准化建设技术标准

1. 一般规定

(1)工程施工推行集约化管理,工厂化、集中化、专业化生产,实现“三集中”,即水泥混凝土、路面混合料集中拌制,钢筋集中加工,混凝土构件集中预制,充分发挥集约化施工的优势。

(2)路基、桥涵防护排水工程预制块、隧道内预制构件以及其他设计要求集中预制构件须在小型预制构件厂统一工艺、集中生产、集中管理。

(3)拌和站、预制梁厂、小型构件预制厂等一般不得占用互通区、主线路基及房建场地,梁厂、预制厂应根据地域特点(山区或平原)设置,不影响附属工程施工。

(4)厂站选址须用地合法,周围无塌方、滑坡、泥石流、洪涝等地质灾害,无高频、高压电源及其他污染源;离集中爆破区 500m 以上;不得占用规划的取(弃)土场。

(5)施工单位进场后,应按要求进行选址与规划,选址要远离村镇,以免相互干扰。半个月内完成各厂站建设方案并报监理审批、报建设单位备案。方案内容包括位置、占地面积、功能区划分、厂内道路布置、排水设施布置、水电设施设置及施工设备的型号、数量等。

(6)厂站内设专人定期进行清理和打扫,保持厂内卫生。每次作业完成后,及时清洗机具,清理现场,做到场地整洁。地面应定期洒水,对粉尘源进行覆盖遮挡。

2. 场地建设

(1)应综合考虑施工生产情况,合理划分办公生活区、生产作业区、材料计量区、材料库及运输车辆停放区等,采用封闭式管理。生活区应同其他区隔离开,生活区的建设参照施工单位生活区。标准化综合厂站如图4-4-5所示。

图4-4-5 标准化综合厂站

(2)各厂站由施工单位直接进行建设及管理,不得分包、转包给其他单位或个人。厂区道路要保证各类施工车辆在晴天和雨天都能顺畅通行。

(3)拌和站、钢筋加工厂、预制梁厂、小型构件预制厂、材料堆放区、生产作业区及进出口便道,必须采取水泥混凝土硬化处理,其他部位可根据需要采取硬化与绿化美化相结合的方式。硬化标准应符合表4-4-5的规定。

道路及场地硬化标准 表4-4-5

层 位	结构要求	厚度(cm)	适用位置
垫层	片、碎石等垫层	≥15	
面层	C15混凝土面层	≥15	施工作业区
	C20混凝土面层	≥15	一般行车道路
	C30混凝土面层	≥20	重载车行车道路、重点作业区(如沥青混凝土拌和站)

(4)场地硬化按照四周低、中心高的原则进行,面层排水坡度不应小于1.5%,场地四周应设置排水沟。

(5)合理设置沉砂井及污水过滤池,废水严禁直接排放。垃圾要及时处理,防止污染环境。施工机械设备产生的废水、废油及污水应经过处理后排放,不得直接排入河流、湖泊或其他水域中,不得排入饮用水源保护区域。

(6)厂站出入口应设置洗车台(池),防止运送材料车辆、混凝土搅拌运输车等将泥土带进厂内。

3. 拌和站

(1)桥梁、涵洞、隧道工程和预制构件的混凝土(桥梁伸缩装置混凝土除外)必须采取集中拌和,严禁在施工现场使用小型拌和设备生产混凝土。拌和站产能必须保证施工高峰期混凝土供应需求。拌和设备的计量装置通过有关部门检定后方可投入生产,使用过程中应按要求进行检校,确保计量准确。

(2)拌和站选址除应符合一般规定外,还应根据构造物分布、运输条件、通电和通水条件等特点综合确定,做到运输便利、经济合理;远离生活区、居民区,尽量设在生活区、居民区的下风向。标准化水泥混凝土拌和站如图 4-4-6 所示。

图 4-4-6　标准化水泥混凝土拌和站

(3)拌和站作业平台、储料仓、集料仓、水泥罐等应设置安全防护装置,传送带等部位应进行有效防护。水泥罐罐体密封良好,罐顶应设有除尘装置。

(4)场地建设。

①水泥混凝土拌和站的占地面积应不小于 $10000m^2$/座,需根据拌和机的功率配备相应的备用发电机,确保拌和站有可靠的电源使用。拌和站场地应封闭。

②拌和站、办公区、生活区或周围其他建筑物的距离不小于 20m。拌和站各罐体应连接成整体,安装缆风绳和避雷装置,应在罐体上设置必要的固定拉线。

③罐体应喷涂成统一颜色,并绘制项目名称以及施工单位简称,两者竖向平行绘制,字体颜色醒目。罐体底脚安装必须采用预埋螺栓法兰盘加固连接,严禁采用焊接钢板连接。

(5)原材料存放。

①凡用于工程的砂石料应按级配要求,不同粒径、不同品种分仓存放,不得混堆或交叉堆放,并设置明显标志,隔墙应采用 37 墙砌筑或 30cm 厚的混凝土,隔墙高度应确保不串料(一般不小于 2.5m),隔墙端头设成 T 字形,端头长度不小于 2m,顶部预留材料标识牌插口。

②碎石储料仓的走向应与拌和站冷料仓的排列平行一致,并预留一定的空间,方便装载机上料。仓内地面设不小于 4% 的坡度,料仓分料墙下部设置排水孔,在储料仓前端设置排水暗沟,料仓内严禁积水。水泥混凝土拌和站储料仓如图 4-4-7 所示。

③水泥混凝土、路面面层储料场应搭设顶棚,禁止太阳直接照晒或雨淋,顶棚宜采用轻型钢结构,高度应满足机械设备操作空间要求(一般不宜小于 7m),并满足受力、防风、防雨、

防雪等要求。路面基层、底基层储料场中细集料堆放区应搭设防雨大棚,防止石料雨淋。所有拌和机的集料仓及传送装置均应搭设防雨棚,雨棚应采用半包围结构。料仓间应设置隔板,隔板高度不宜小于 50cm,确保不串料。

图 4-4-7　水泥混凝土拌和站储料仓

④集料应分层堆放,并控制每层的堆垛高度。底部卸料采用斜堆方式,顶部卸料采用平堆方式。装载机上料时应从底部 20cm 起按顺序装料,减少集料离析。现场砂、石等材料做到全覆盖,防止扬尘。

(6)水泥混凝土拌和站。

①每个站最少配备 2 台拌和机,每台拌和机至少 3 个水泥罐、4 个集料仓(3 个石料仓和 1 个砂仓)。拌和站单机生产能力应不低于 $90m^3/h$。必须达到自动计量标准。水和外加剂计量必须采用全自动电子称量法计量,禁止采用流量或人工计量方式。外加剂罐体应加设循环搅拌设备。

②拌和站应具有显示被称材料约定值和显示值(即设计量和实际投入量)的功能,显示方式应为数字式,并在显示器上动态模拟显示,数据应能随盘打印并长期存储,分段采集存储的数据应加密,避免随意修改。

③应设置洗石机和沉淀池,洗石机应砂石损失量小、清洁度高、节水高效,生产能力满足混凝土拌和需要。沉淀池污水处理能力满足施工需要,符合环保要求,严禁将站内废水直接排放。

④混凝土运输车数量应满足混凝土浇筑连续性的需要。运输车储料罐必须密封、不漏浆,容量不小于 $8m^3$。

4. 钢筋加工厂

每个合同段设一处钢筋加工厂,集中加工桥梁、隧道、涵洞等结构物的钢筋。加工厂应合理选择设置地点,采用集中加工配送方式,减少二次搬运量,做到加工与施工互不干扰。

(1)钢筋加工厂的规模及功能应满足施工需要。钢筋加工棚原则采用钢结构搭设,必须配备吊运、移动钢筋骨架的门式起重机。加工棚场地面积应根据钢筋加工量的大小、工期等要求设置,一般不低于表 4-4-6 的规定。

钢筋加工厂规模及面积　　表 4-4-6

规　模	加工总量 t(t)	场地面积(m^2)
大	$t>10000$	3500
中	$6000\leqslant t\leqslant 10000$	2000
小	$3000<t<6000$	1500

注:结合工程规模,可适当调整场地面积大小,但功能分区布局应合理、科学,并经批准。

(2)钢筋(材)加工机械设备应满足工程质量和进度需要,必须配备数控钢筋弯曲机、数控钢筋笼成型机以及自动钢筋调直机,主要钢筋由机械自动加工成型。机械设备应根据加工工艺的流水线要求合理布设,做到作业“无缝化”,并悬挂机械操作安全规定公示牌(即安全操作规程)和设备标示牌。钢筋(材)吊移采用门式起重机配合运输车等吊运。钢筋加工厂如图 4-4-8所示。

图 4-4-8　钢筋加工厂(钢筋笼加工)

(3)在加工制作区应悬挂各号钢筋的大样设计图,标明尺寸、部位,确保下料及加工准确。工作台应搭建稳固,厂内拼装钢筋应制作、使用拼装模架和大样板。桥梁下部结构钢筋可视实际情况在现场拼装。

(4)易产生粉尘、有害气体的加工厂、存放厂应采取除尘、有害气体净化措施,并远离生活区、居民区,尽量将加工厂设置在下风向。

(5)厂内应设置照明(含应急照明)设施,照明电路与工作用电电路分开,电路铺(架)设应科学、合理,一般沿棚的两侧设置,严禁乱拉、随地放置。

(6)钢筋(材)进行防腐处理时,制作区应远离办公生活区。焊接时,有可靠的接地装置,导线绝缘良好,焊接操作时应佩戴防护用品。

(7)人工断料工具必须牢固。切断小于 30cm 的短钢筋,应用钳子夹牢,并在外侧设置防护箱笼罩。

(8)各种气瓶应有标准色,气瓶间距不小于 5m,距明火不小于 10m 并采取隔离措施。气瓶使用和存放符合要求,应有防震圈和防护帽。

5. 梁板预制厂

(1)一般规定

①每个合同段(或工区)原则上只设置一座预制厂。预制厂选址以方便、合理、安全、经济和满足工期为原则,合理划分办公生活区、制梁区、存梁区、构件加工区域。预制厂建设要

与桥梁下部结构施工基本同步启动,避免出现“梁等墩”或“墩等梁”现象。预制厂建设标准应符合表 4-4-7 的规定。

预制厂建设标准　　表 4-4-7

序　号	项　目	建设标准
1	预制梁片	不少于 300 片
2	移动钢筋棚	至少 1 座
3	台座	应与预制时间相匹配,按 2 ~ 3 片/(座・月)控制
4	吊装设备	满足起吊吨位需要,至少 2 台
5	模板	不少于台座数量的 1/6
6	自动喷淋养生设施	每片梁板设喷淋管不得少于 3 条(顶部 1 条,侧面各 1 条);喷管长为梁体长 +1m,喷头间距 0.5m
7	必备的施工辅助设施	横隔板钢筋定位架、钢筋骨架定位架、横隔板底模支撑架等
8	其他施工设备	满足施工需要

②预制厂出入口宜设置洗车台(池),防止运送材料车辆、混凝土搅拌运输车等将泥土带进厂内。厂内应设置沉淀池,施工污水应先汇入沉淀池,处理达标后方可排放。

③预制梁板钢筋骨架应统一采用定位胎模进行加工,并设置满足强度要求的垫块,确保钢筋保护层满足规范要求。

(2)场地建设

①一般主体工程合同段预制厂的占地面积不小于 6000m^2。电气设备按安全生产的要求进行标准化安装,所有穿过施工便道的电力线路采用从硬化地面下预埋管路穿过或架空穿越。梁厂通道间须配备安全扶梯,便于施工及管理人员上下检查。

②场地内必须根据梁(板)养生时间及台座数量设置足够的梁体自动喷淋养生设施,喷淋水加压泵应能保证提供足够的水压,确保梁(板)的每个部位均能养生到位,尤其是翼缘板底面及横隔板部位。养生用水需进行过滤,避免出现喷嘴堵塞现象,输水管道应埋入地下。

(3)预制梁的台座设置

①预制梁板的台座宜设置于地质较好的地基上,具有足够的承载力,同时采取抗冻胀措施,必要时应进行地基处理。台座与施工主便道要有足够的安全距离。台座采用 C25 混凝土,端部受力处应设置钢筋网片,强度应满足梁预应力张拉要求。

②先张法施工的张拉台座应采用钢筋混凝土框架式台座,不得采用重力式台座。台座应满足不同长度梁片的制作要求,底模应采用长钢板,单片纵向长度不小于 10m,钢板厚度应为8 ~ 10mm,台座预拱度设置应符合设计要求。

③设计有调坡钢板的梁板,台座上要预留调坡槽口。预制台座、存梁台座间距应大于 2 倍模板宽度,以便吊装模板。预制台座与存梁台座数量应根据梁板数量和工期要求确定,并要有一定的富余。

(4)存梁管理

①梁板拆模后要及时养生,并对梁板进行全面检查(重点检查长度、梁底预埋钢板坡度、有无裂纹空洞等)。按规定要求喷涂统一标识和编号,标识内容包括预制时间、张拉时间、压浆时间、施工单位、梁体编号、部位名称等。

②存梁区排水良好、无积水,存梁区台座混凝土强度等级不低于C20,台座尺寸应满足使用要求,一般为2.0m×2.0m×0.5m,可根据预制梁大小调整。

③存梁台座必须设置在稳固的地基上,沉降指标符合存梁要求,地基及支撑面(点)牢固可靠。用于存梁的枕梁要视地基的承载力情况适当配筋,并应设在距梁两端面各50~80cm处,且不影响梁片吊装。层间支垫须采用承载力足够的非刚性材料,且不污染梁底。禁止使用混凝土试块支垫。

④梁板(尤其是T梁)预制和存放过程中,应设置足够的侧向支撑,以保证梁体稳定,不致倾倒,严禁无支撑存放。板梁存放叠加层数不多于3层,箱梁与T梁不多于2层。梁板存放时间(含在桥上存放时间)应符合设计规定。

⑤须定期对台座进行监测,不良地质区域的台座应加大监测频率,并建立观测数据档案。梁板存放时间如超限,应进行预压,上层预压采用顶部预压,下层预压可采用挑扁担方式。

(5)门式起重机设置

①预制厂内应设置起重设备(如门式起重机),便于预制梁(板)模板的安装拆卸、存梁码放以及浇筑混凝土的调运。门式起重机的安装、拆卸应严格进行专项管理。

②吊装作业区应封闭管理,作业场地应有安全执勤人员负责看守,严禁非工作人员进入,所有人员均不得在起吊和运行的吊物下活动,必须待吊物降落至距地面1.0m以内方准靠近,待吊物就位支撑好方可摘钩。

③门式起重机必须设置自动夹轨器、限位器和警报器等安全装置。轨道梁采用预埋螺栓与蝶形或B型弹条扣件固定(图4-4-9),轨道采用铝板或铜板接地。门式起重机使用前必须进行满载试吊,运梁轨道和龙门轨道在使用前应进行试运行,满足要求后方可正式使用。

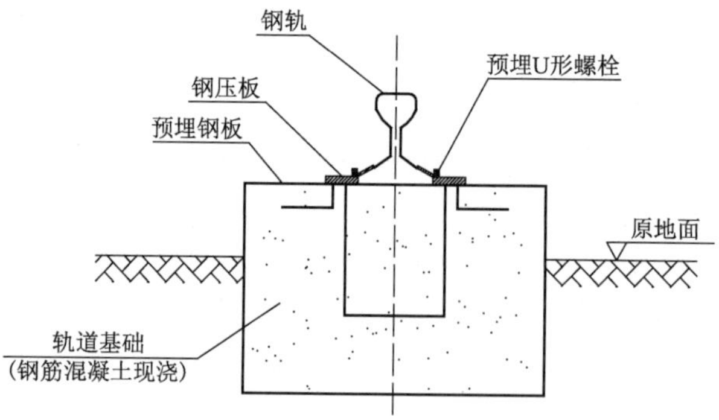

图4-4-9 轨道基础剖面示意图

④门式起重机供电应采用滑触线线缆装置。门式起重机设置铭牌,将检验合格证、操作人员证书、安全警告标志和操作规程进行公示。

6. 小型构件预制厂

(1)一般规定

每个主体合同段原则上只设置一座小型构件预制厂。对于山区高速公路,个别合同段确实因为预制场地、运输通道、工程数量等客观条件所限,小型构件的混凝土数量达不到5000m^3的,可以考虑相邻合同段合并预制。

(2)场地建设

主体工程合同段小型构件预制厂的占地面积应不小于2000m^2。混凝土养生封闭罩棚面积应不小于500m^2。根据小型预制构件特点,合理划分生产区、养生区、成品区以及办公区等,根据预制构件的类型设置生产线,并规范设置标志牌。

构件养生应在封闭的阳光棚内进行,采用自动喷淋养生设施结合土工布覆盖对构件进行养生,确保构件处于湿润状态。养生期要在7d以上,脱模时间应统一。预制件养生期内不得堆码存放,以防损伤。成品按不同规格分层堆码,一般不超过6层。层间需用土工布等软性材料进行隔离。用打包带打包,在运输过程中轻拿轻放,防止缺边掉角。

(3)设备配置

小型构件预制必须采用满足施工需要的机械设备,采用工厂化预制生产。混凝土由就近拌和站集中供应。

一般应使用高强度塑料模板或钢模板,强度、刚度满足周转需要,如发现变形、损坏应更换。必须选用优质脱模剂,以保证混凝土外观质量。

7. 材料存放

(1)应根据工程需要进行施工材料存放区的选址与规划,存放区应与拌和站、钢筋加工厂、预制厂等场地配套,明确其设置规模及位置。

(2)建立完善的材料管理台账,明确材料的生产厂家、规格、批号、数量、出厂日期、进场日期及使用部位等。

(3)各种材料应分类分区存放,整齐有序,材料存放一头齐、一条线,标识牌规范整齐,存放场地保持整洁。

(4)周转料具的存放应随拆、随整修、随保养,码放整齐。大模板存放时,应有可靠的防倾倒措施,不得靠在其他模板上或物件上,防止变形。

(5)钢材必须存放在仓库或防雨棚内,保持干燥,防止被水浸或雨淋。每批钢筋、钢绞线、型钢等钢材,均须办理进场手续,并提供产品合格证。

钢筋应堆放在离地50cm以上的垫木或其他支承上,下部支点间距不大于200cm,并应保护其不受机械损伤,避免暴露在可使钢筋生锈的环境中,以免引起钢筋表面锈蚀和破损。

(6)混凝土液体外加剂属于化学制剂,用桶装运、储存,应放置在阴凉干燥处,避免阳光直射挥发引起外加剂变质,冬季注意防冻。

(7)水泥、矿粉、纤维素等应入库存放,每批次进场入库必须提供产品合格证及检验单。施工单位应对材料品种、强度等级、包装、数量、出厂日期等进行检查验收。袋装水泥的储存时间不能过长,以免结块降低强度。出厂后超过3个月未使用的水泥,要及时抽样检查,经化验后按重新确定的强度等级使用。

(8)波纹管、锚具、支座、预埋件、直螺纹套筒等应存放在库房内,根据厂家、类型、规格分类码放整齐并标示，做好防潮、防锈和安保等工作。

4.4.3 施工便道、便桥

1. 一般规定

（1）施工现场的道路应保证畅通，相邻合同段间衔接顺畅。便道建设须满足施工车辆的行车速度、通行量、载重量等要求。沿主线施工便道宜建在永久用地范围内，支线便道应直达各厂站。

（2）便道设置应合理避让古树、大树及珍贵树木，尽量少破坏原生态植被，或按相关管理部门要求移栽，边坡应适当绿化。

（3）施工便道与路基相连接，要保证路基断面完整，边线顺直；一般禁止利用路基边坡打斜坡道的方式直接进入路基上层（受征地限制等特殊情况除外）。如施工便道在桥涵位置两侧上下路基，应距离桥头搭板端头至少5m，交角大于45°。

（4）便道、便桥混凝土应采用强制式拌和机拌制。

（5）施工期间应指定专业班组负责施工便道、便桥的日常检查和养护。配备必要的养护材料设备，及时填补路面坑槽，保证便道平顺，及时恢复损坏的标志。每5km至少配备1台洒水车，做到雨天不泥泞，晴天无扬尘，沿线无投诉。便道应确保运输车辆速度在35km/h时可顺利通行，无明显颠簸。

（6）便道、便桥应执行"设计→审批→施工→验收→使用"的程序。设计应经监理单位审批后进行建设。一般由使用单位自行组织验收，需进行专项评审的应按有关规定执行。

2. 施工便道

（1）施工便道路基宽度不小于4.5m，路面宽度不小于3.5m，曲线或地形复杂地段应适当加宽。视地形条件和视距要求，不大于400m设置1处错车道。错车道路基宽度不小于7.5m，路面宽度不小于6.5m，长度不小于25.0m。

（2）便道的最大纵坡一般不大于10%，山岭重丘区施工便道在保证施工车辆行驶安全的情况下，可适当调整，但最大纵坡不超过15%；挖方和低填方路段，应设置不小于0.3%的纵坡。便道边坡坡率不应陡于1∶0.5。

（3）便道土质路基地段垫层宜采用片（碎）石等，面层采用5cm的泥结碎石或级配碎石等。在软土或水田地带，基底应用砂砾、片（碎）石等进行处理，并做必要的防护。

（4）各厂（站）区、桥隧等重点作业区，进出厂的便道200m范围应采用厚度不小于20cm的C30混凝土进行硬化。路基应碾压密实，并设置碎石或灰土等垫层。

（5）施工便道应设排水沟，沟底宽度和深度不小于30cm，经过水沟地段，要埋置钢筋混凝土圆管或设置过水路面，做到排水畅通。

（6）便道路面应保持顺适、干净、美观，路况完好，无坑洼、无落石、无淤泥，不积水。

（7）便道路口应设置限速标志，在建筑物、道路转角、视线不良地段应设置明示标志，跨越（邻近）道路施工应设置警告标志，道路危险段应设置防护及警告标牌。途经小桥，应设置限载、限宽标志；途经通道，应设置限宽、限高警告标志。路线明显变化、便道平面交叉处，应设置指路和警告标志。

3. 施工便桥

（1）施工单位应结合现场实际情况对便桥做专门设计，满足承载、防洪、通航等要求，便桥桥面宽度不小于4.5m。特大桥施工期2年以上的便桥墩台应具备一定抗冰排冲击能力。

(2)便桥结构设计需收集以下资料:工程项目设计文件;沿线地形断面图、地层断面图、工程地质报告;气象、水文资料;便桥的功能和修建的目的;通过便桥的机械设备规格、外形尺寸、性能及轮压;通过便桥的最大和最重构件尺寸和重量。

(3)便桥平面位置要结合主体工程施工方案确定,并考虑以下因素:满足施工机械靠近作业现场,方便施工作业;保证施工通道畅通;尽量与钻机平台相结合;便桥轴线一般与主桥轴线平行;便桥布置应不影响水上通航,如需船舶配合作业,便桥设置在上游侧;不影响测量通视(重点是桥梁轴线)。

(4)便桥桥下净空应充分考虑洪水位影响,避免流冰、漂浮物阻塞桥孔。同时应考虑施工便道及施工平台高程,尽可能保持一致,避免纵坡过大。

(5)便桥施工应严格按照设计文件和规范要求使用合格钢材,确保工程质量和便桥运营安全。桥面设高1.2m的护栏,栏杆颜色标准统一,桥头设置限重标牌。

(6)便桥下部钢管桩施工质量须满足规范要求,其控制要点包括管桩焊接质量、管桩入土深度、垂直度以及桩位等。

(7)便桥纵横梁施工、主梁与桥面系连接等连接细部结构须满足稳定性要求,质量控制关键包括梁体布置间距、连接件断面尺寸、搭接长度等,并严格控制焊接质量,确保传力可靠和局部稳定。

(8)加强便桥钢管桩之间的平联,采用槽钢进行斜撑加固,增加安全储备。

(9)为防止水流冲刷,必要时可在墩台上游布设石笼等导流设施。

4.4.4　临时用电管理

(1)施工现场临时用电应符合《施工现场临时用电安全技术规范》(JGJ 46—2005)的规定,即采用工程专用的、中性点直接接地的220V、380V低压电力系统,并尽量与运营期永久用电相结合。施工临时供配电示意如图4-4-10所示。施工前应编制临时用电方案和临时用电施工组织设计,确定电源进线、总配电箱、分配电箱的位置及线路定向,进行负荷计算,选择变压器容量和导线截面,制订安全用电技术措施和电气防火措施。

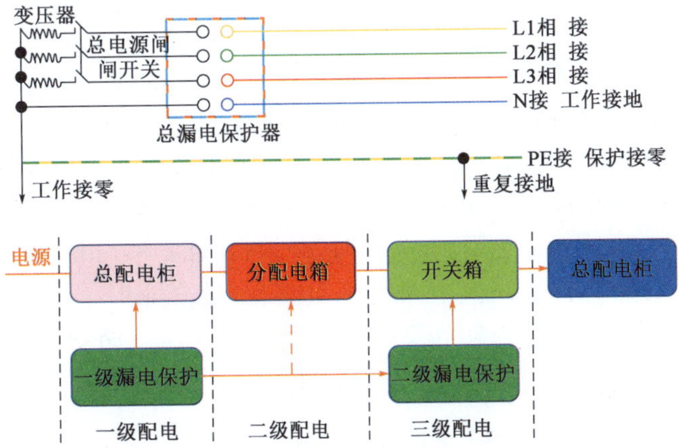

图4-4-10　施工临时供配电示意图

(2)施工现场临时用电应采用 TN-S 接地、接零保护系统,采用三相五线制(3 根火线、1 根工作零线、1 根保护零线)和三级配电三级保护方式(总控、分控、开关,分控、开关分设漏电保护)。

(3)严格按照施工用电专项组织设计与施工现场平面布置架设和管理电力线,动力和照明线应分开架设。

(4)用电设备实行"一机一闸一漏一箱"制,不得用一个开关直接控制两台及以上的用电设备;漏电保护器应符合《剩余电流动作保护电器(RCD)的一般要求》(GB/T 6829—2017)的规定,并与用电设备相匹配。

(5)配电系统需设置室内总配电箱和室外分配电箱,实行分级配电;总配电箱应设置在靠近电源处,分配电箱应设在用电设备或负荷相对集中处。接地线为黄绿色,垂直接地体一般采用角钢、钢管或光面圆钢,不得使用螺纹钢。

(6)开关箱由末级分配电箱配电,开关箱内应一机一闸,配电箱、开关箱应装设在干燥、通风及常温场所,并保证有足够两人同时作业的空间,其周围不得堆放任何有碍操作、维修的物品。

(7)所有配电箱、开关箱均编号配锁,标明负责人姓名、联系电话、使用部位,张贴安全警示标识牌,设专人负责管理。

(8)进入现场的电气设备、固定吊装设备、钢梁梁体等,可能因雷击或外壳带电造成人身伤害的设备、设施均应设接地装置。

(9)配电房(室)、变压器等固定电力设备均设安全防护屏障或网栅围栏,高度不低于 2.5m,应设置明显的禁止、警告标志。400kVA 及以下的变压器宜采用柱上式变压器,400kVA 以上的变压器宜采用室内装置,柱上式变压器台底部距地面高度不应小于 3m。

(10)配电箱、开关箱中导线的进线口和出线口应设置在箱体下底面,箱内的连接线应采用绝缘导线,导线的接头不得松动,不得有外露带电部分。配电箱内多路配电应有标记。严禁使用铜丝、铁丝等金属代替保险丝。

(11)各厂区、各作业区用电回路分开设置,加设断路器和漏电保护器,照明设施应加设网罩防护。

(12)施工现场高度在 15m 及以上的拌和楼、起重机等机械设备以及钢管脚手架和正在施工的在建工程等的金属结构,均应设置防雷装置。当最高机械设备上避雷针(接闪器)的保护范围能覆盖其他设备,且又最后退出现场时,其他设备可不设防雷装置。

(13)所有配电箱及开关箱在使用过程中必须按照下述顺序操作:送电操作顺序为总配电箱→分配电箱→开关箱;停电操作顺序为开关箱→分配电箱→总配电箱(出现电气故障的紧急情况除外)。检查、维修配电箱、开关箱时,必须将其前一级相应的电源开关分闸断电,并悬挂停电作业等标志牌,严禁带电作业。施工现场停止作业 1h 以上时,应将开关箱上锁。

(14)施工现场的机动车道与外电架空线路交叉时,架空线路的最低点与路面的最小垂直距离应符合以下要求:电压为 1kV 以下时,最小垂直距离为 7m;电压为 1~10kV 时,最小垂直距离为 8m。

4.4.5 标准化施工创新技术

集通高速公路桥梁涵洞工程施工全面实行首件认可制。本着"预防为主、先导试点、以点带面、全面推广”原则，对首件工程的各项技术、质量、安全指标和措施进行总结和综合评价，及时预防和纠正后续生产可能出现的各种质量问题，以指导规模生产。下文针对装配式混凝土桥梁标准化创新关键技术进行了总结。

1.模板工程

(1)模板应进行专业设计，设计文件一般应包括：设计说明（工程概况和工程结构简图）；结构设计依据和设计计算书；总装图和细部构造图；制作、安装的质量验收标准和精度要求；安装、拆除时的安全技术措施及注意事项；材料的性能质量要求及材料数量表等。

(2)单片模板及其组合结构应具有足够的强度、刚度和稳定性，能承受施工过程中所产生的各种荷载。模板材料和尺寸应能与构件的特征、施工条件和浇筑方法相适应，并保证结构物各部位形状和相互位置的准确。模板主肋和次肋的设置应满足结构刚度和施工荷载的要求，模板支架的着力点应设置在主肋上。模板组（套）数应与混凝土构件数量及工期要求相匹配。模板工程验收应符合表4-4-8的要求。

模板工程验收技术标准 表4-4-8

项目		技术标准
尺寸		符合设计要求，允许偏差为+0，-1mm
模板厚度	墩柱面板	不小于5mm
	盖梁面板	不小于6mm
	预制梁（板）侧模	不小于6mm
	预制梁（板）底模	不小于8mm
板面平整度		不大于1.0mm（用2m直尺及塞尺检查）
侧模加劲梁间距		翼缘环形钢筋间距的整数倍，不影响翼缘环形钢筋安装
侧模加劲梁宽度		小于翼缘环形钢筋间距，不影响翼缘环形钢筋安装
梳形板厚度		不小于10mm
横隔板底模		使用独立的底模，不与侧模连成一体
横坡		翼缘板能根据设计要求调整横坡
相邻模板面的高低差		不大于2mm
两模板之间拼接缝隙		不大于2mm
模板接缝错台		不大于1mm
预留孔洞		符合设计要求，位置允许偏差为±2mm； 应采用机具钻孔，严禁用电、气焊灼孔
堵浆措施		使用泡沫填缝剂或高强止浆橡胶棒，严禁使用砂石、砂浆或布条
脱模剂		专门审批，不得随意调换，严禁使用废机油

(3)箱梁端模设计应考虑斜交角度、张拉槽口及内模安拆等因素，尽可能避免锐角处楔角薄片导致拆模时引起混凝土损伤，确保侧模拼装严密。在满足刚度要求的情况下，侧模加劲肋选择宽度小于翼缘环形钢筋的设计净距，确保不影响翼缘环形钢筋安装。

(4)梁板外模应采用标准化整体钢模，加工时须采用铣边工艺。侧模长度一般比设计梁长0.1%，与底模交接处的侧模底边应设置圆弧倒角，严禁与底模直插对接。每套模板还应配备相应的调整模块，以适应调节不同梁长、偏角的需求。

(5)箱梁、T梁翼缘梳形模板厚度不得小于10mm，应设置加劲肋。

(6)箱梁芯模应使用定型钢模，空心板芯模可使用组合模板，不得使用气囊芯模。

(7)曲线、折角、弧面形的混凝土结构，如护栏底座、背(耳)墙、围挡墙的锐角边使用的模板必须为定型钢模，并对锐角边进行圆弧化处理(因圆弧化处理影响后续施工质量的，可不进行圆弧化处理，如涵洞八字墙处的圆弧化处理影响沉降缝设置)。

2. 钢筋工程

(1)开工前应详细核对设计文件，对钢筋构造与钢筋数量表及工程数量表进行对照复核，避免钢筋级别、直径、根数、间距、布置等出现差错。

(2)钢筋标准编号、产品名称、钢筋牌号、钢筋公称直径、长度及重量、力学性能、表面质量、标志以及特殊要求等必须符合国家标准，严禁使用不满足国标要求的杂牌钢筋和废旧钢筋。

(3)为了保证钢筋加工精度，采用数控机床加工钢筋构件。数控机床具有加工精度高、效率高的优点，机床边张贴加工钢筋大样图，实时校核加工尺寸。钢筋骨架的焊接拼装须在固定的工作平台上进行，箱梁、T梁等钢筋骨架制作应采用钢筋定位模具或模架，确保钢筋位置准确。

(4)安装箱梁腹板和底板钢筋网片时，腹板钢筋和底板钢筋应焊接牢固。横隔板钢筋安装必须位置准确，保证梁间对接良好，无漏筋现象。

微创新技术钢筋穿束机：由机架、传动夹紧机构、电机、变频控制电箱四部分组成，利用ϕ42mm钢管制作耐磨可更换的喇叭口，调整钢筋穿束位置。穿束机传动夹紧机构为手动设置，可控制穿束速度，钢筋顶端安装的喇叭口，在穿索过程中可进可退。

(5)箱梁底部可使用梅花形垫块并应增加保护层垫块密度，其他构件底部、外部应使用圆饼形垫块，垫块在浇筑混凝土前应保持湿润，绑扎牢固可靠，立面纵横向间距均不得大于80cm，梁底每平方米垫块数量不少于4块，应适当加密并均匀分布于纵向主筋。垫块可购买专业厂家生产的成品，其强度不得低于梁体混凝土强度。标准化梁板钢筋安装如图4-4-11所示。

图4-4-11　标准化梁板钢筋安装

(6)墩柱、桩基础钢筋笼保护层采用圆饼形混凝土垫块(桩基础垫块半径应略大于保护层厚度)，中心预留孔穿过焊接在纵向主筋上的定位钢筋，纵向间隔不大于2m，沿圆周对称设置不小于4块。标准化施工墩柱如图4-4-12所示。

(7)安装模板、预应力锚具、波纹管及其他预埋件时,若局部与钢筋冲突,则按设计要求进行调整,钢筋不得任意切断。设计无规定时,调整顺序为首先保证预应力管道位置,其次保证主要受力钢筋,其他钢筋可据实调弯或局部移动,钢筋弯折不大于 1:6。所有钢筋位置调整应以保证调整后的位置偏离设计位置最小、对受力影响最小为原则。

(8)应配置高压清洗机,在浇筑混凝土之前去除钢筋锈斑,重点针对梁板预埋外露部位的钢筋。

(9)混凝土浇筑后,对外露时间较长的预留(埋)钢筋,如预制梁湿接缝钢筋、伸缩装置预埋钢筋、墩台预埋钢筋等,必须进行防(阻)锈处理。结合不同的情况、部位选择适合的保护及防锈措施。

图 4-4-12　标准化施工墩柱

3. 钻孔灌注桩施工

(1)灌注桩施工前,施工单位应进行充分的现场调查,熟悉设计地质勘察报告,了解设计意图,取得全面的工程地质和水文地质资料。对于地质情况复杂的重要桥梁结构物,应请设计单位进行专项设计交底。

(2)搭设在陆地或水中的工作平台应牢固稳定,能承受施工作业时所有静、活荷载,保证施工人员、设备能安全进、退场。施工现场临时排水设施健全,满足施工期排水、防洪需要。

(3)桩基础的护筒应独立设置,不得受围堰偏位、倾斜和扭转的影响。成孔后需对孔位、孔深、孔径及倾斜度进行检查。

当护筒长度小于 6.0m 时,有钻杆的正反循环钻护筒内径须大于桩径 20cm;无钻杆导向的正反潜水电钻和冲抓、冲击锥护筒内径须大于桩径 30cm;深水区且无钻杆导向的护筒内径须大于桩径 40cm。

(4)钻机必须准确就位,开孔的孔位必须符合设计要求。每作业班开钻和钻进过程中,均应进行钻台水平位置、高程、钻杆倾斜度、钻头中心与护筒十字线中心对中、泥浆相对密度等项目的检查,发生异常及时纠正。成孔过程中和终孔后,要检验孔径,检孔器外径应等于桩孔直径,长度不得小于孔径的 4 ~6 倍。

(5)水下混凝土灌注首先应准确计算首批混凝土用量,单桩水下混凝土的灌注时间不得超过首批混凝土的初凝时间。为防止钢筋骨架上浮,当混凝土上升到接近钢筋笼下端时，应放慢浇筑速度，以免钢筋笼被顶托而上浮。当钢筋笼被埋入混凝土中有一定深度时再提升导管，减小导管埋入深度，使导管下端高出钢筋笼下端有相当距离时再按正常速度灌注。

(6)灌注桩混凝土强度达到设计强度的100%后方可破除桩头，禁止采用以掏代破、爆破破除桩头。应采用"基坑开挖→高程测量→无齿锯环切(桩顶高程2～4cm)→断桩头→起重机吊出→桩头清理"的破除工序。环切时不得伤及钢筋。桩头破除后，桩顶部分微凸，同时要保护好桩头钢筋和声测管。

4. 混凝土梁(板)预制

(1)立(合)模后应校核梁长，其长度及立面竖向、斜向偏转角度等均应符合设计要求。混凝土梁(板)预制流程如图4-4-13所示。

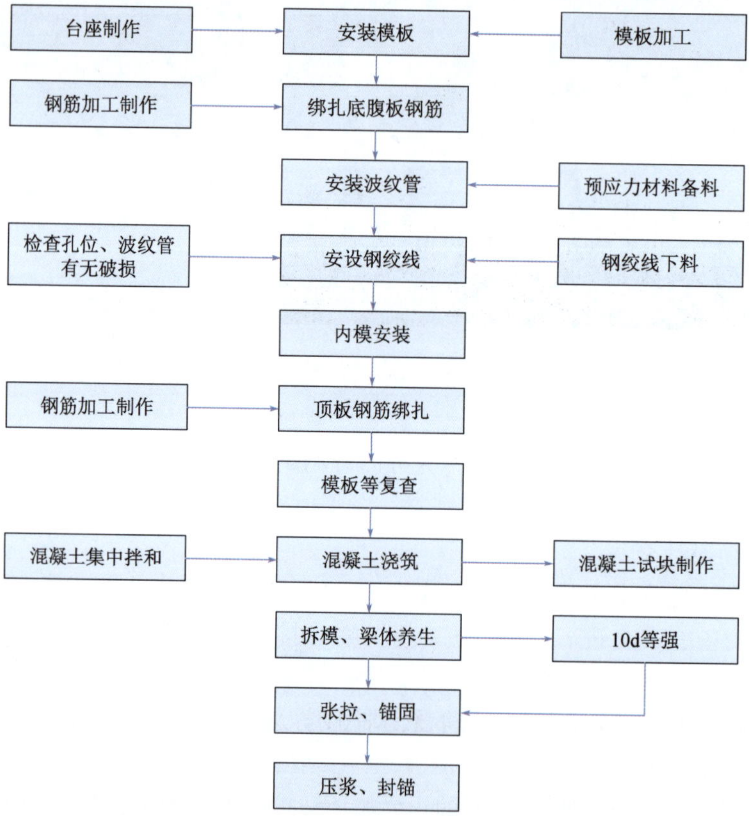

图4-4-13　混凝土梁(板)预制流程图

(2)预应力锚具的材料硬度、规格应符合规定要求；锚垫板厚度、边长及锚下螺旋筋匝数、结构尺寸均应符合设计要求；应确保锚垫板与预应力束垂直，锚垫板中心应对准波纹管中心。

(3)波纹管应采用环形或U形定位筋准确进行定位，环形或U形定位筋焊接时应位于腹板中心，不得贴在一侧，波纹管定位应准确。波纹管内应提前穿入一根或多根塑料圆管，抵抗混凝土浇筑压力，防止波纹管挤压变形、漏浆。塑料衬管应在混凝土初凝后及时抽出。

(4)调平钢板应根据设计要求精确定位,确保支座安装后受力均匀。

(5)对于曲线(斜弯)梁桥,梁体钝角边配筋密集,钢筋安装难度大,易产生冲突,应以保证受力主筋位置为原则,严禁私自减配钢筋。

(6)应配备适宜的振捣器,保证振捣到位,不得出现漏振,保证钢筋(束)密集区混凝土密实。预应力锚下及管道密集处混凝土应振捣密实,不得出现孔洞。

(7)混凝土浇筑完成后,顶板应振实抹平,并用专门工具进行表面拉毛。应严格控制拉毛时间和拉毛深度,不得对顶板混凝土强度造成损伤。

(8)对需凿毛部位,拆模后应立即用专用凿毛机进行凿毛。重点是梁体端头、翼板边缘、横隔板侧面等。及时清理箱内垃圾,疏通泄水孔,保证箱内积水排出,避免冬季冻胀导致梁体破坏。

标准化预制T形梁如图4-4-14所示。

图4-4-14　标准化预制T形梁

5. 预制梁(板)安装

(1)施工前应进行作业环境调查,针对运输、架设作业范围内的障碍物、高压输电(塔)线路等制订专项避让作业方案。跨越公路、铁路、航道时应提前做好架设报请许可事宜。

(2)对桥梁下部结构及支座位置、高程、水平度等进行复检,支座垫石顶面及梁底面必须清理干净。对拟吊装的梁、板逐片进行检查,重点是泄水孔疏通、箱内废旧模板等垃圾清理,并核对梁体编号,确保准确就位。

(3)应严格按照设计吊装位置起吊,起吊点应设在梁体的理论支撑线上。

(4)预制梁运输、起吊、安装应保持梁体的横向稳定,避免倾覆,移动过程中应防止外部作用(撞击等)损伤梁体,采用钢丝绳兜底吊装时须采取隔离措施(如加设护瓦)保护梁体。

(5)架桥机过孔时必须严格按照规定程序操作,支撑横梁应保持水平,前后天车与主梁连接牢固,支腿稳定可靠,起重小车置于稳定最有利位置。尤其有曲线、纵坡时,不允许出现溜车、滑行等现象。架桥机应一次过孔,不可中途停机,保证匀速平稳移位,避免出现失稳侧翻等事故。架桥机梁(板)安装如图4-4-15所示。

图 4-4-15　架桥机梁(板)安装

(6)安装在同一孔跨的梁(板),其预制施工的龄期差不宜超过 10d。梁板上有预留孔道的,其中心应在同一轴线上,偏差应不大于 4mm。支座须准确安装,应避免梁、板的支承出现脱空现象。

(7)梁(板)安装就位后,应及时设置保险垛或支撑将构件临时固定。对横向自稳性较差的 T 形梁和 I 形梁等,应与先安装的构件进行可靠的横向连接,防止梁体出现倾倒。须及早安排横隔板、顶板预埋钢筋的连接作业及后续施工。

(8)中途停工或架设完毕后必须及时将架桥机移至专门的停放场地,严禁架桥机(具)在施工位置长时间停放。

(9)梁(板)之间的横向湿接缝,应在一孔梁(板)全部安装完成后进行施工。钢筋连接应避免引起梁体移位。湿接缝底模应采用具有足够强度和刚度、平整密实的钢模板,横向尺寸适当,保证与梁翼板底面密贴。应尽量减少接缝,局部接缝不严时应用填缝剂填缝,不得漏浆。

6. 钢丝绳探伤仪应用

钢丝绳无损探伤仪的工作原理是采用电磁检测方法,将钢丝绳充磁,通过对钢丝绳缺陷处的漏磁或磁通的变化来检测钢丝绳的损伤,如断丝、磨损、锈蚀、变形等。钢丝绳探伤仪广泛应用在矿山、索道、起重设备、电梯、港口机械、缆索桥等领域。针对山区高速公路建设起重机械设备多、使用频繁的特点,为确保起重设备钢丝绳的安全,使用钢丝绳探伤仪定期对现场起重机械、架桥机等钢丝绳进行无损检测,加强对特种设备的监管。钢丝绳探伤仪可以现场检测钢丝绳的损伤情况并进行判定,即时出具检测报告,极大地提升了工程机械吊装作业安全管控能力和风险预控能力,有效避免了吊装作业伤害事故,省心省力,投入小、效益高,是集通高速公路推行“四新”技术应用的成功案例。

7. 预制梁板管理智慧化

为提升工程品质管理精度,规范标准化施工,推行智慧化管理,基于“互联网 +”理念,设立信息化规划与建设项目管理系统。首次使用“吉林省公路建设质量安全监管系统”(图 4-4-16),实现对高速公路建设过程全周期、全要素、重要部位、重要工程转序移交、特殊管理行为信息进行实时、无干扰采集,实现工程施工过程和管理痕迹的可追溯查询管理,包括试验检测、测量控制、施工记录、质量检验、质量评定,自动计算、分析、评定,自动绘制各类曲线图,竣工档案收集维护、管理分类、组卷,工程照片等声像文件管理等功能,提高了工程数据的准确性、及时性、真实性,提高了工作效率。

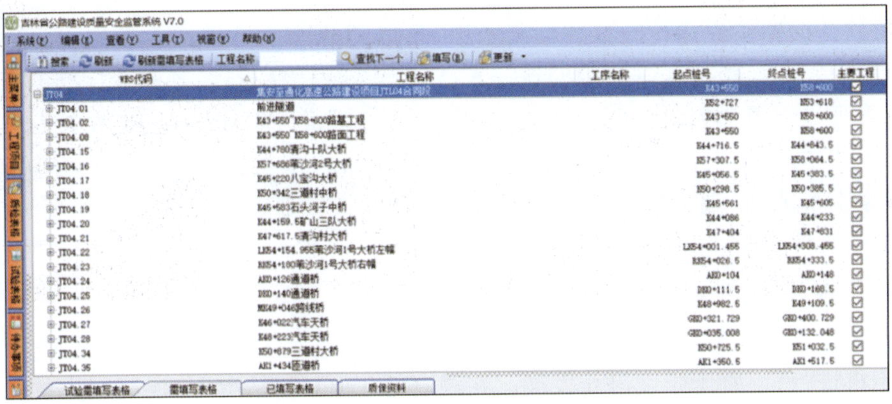

图 4-4-16　施工数据质量分析管理

通过移动终端应用程序与管理平台连接,实现工程现场与管理后台的数据即时传送和查询等功能(图 4-4-17)。重点针对标准化和规模施工的预制梁板构件,推广使用二维码标识对原材料、配合比、试验样品的信息、试验过程和结果、检验批次、数量、使用部位等进行统一管理,实现过程控制和质量溯源。

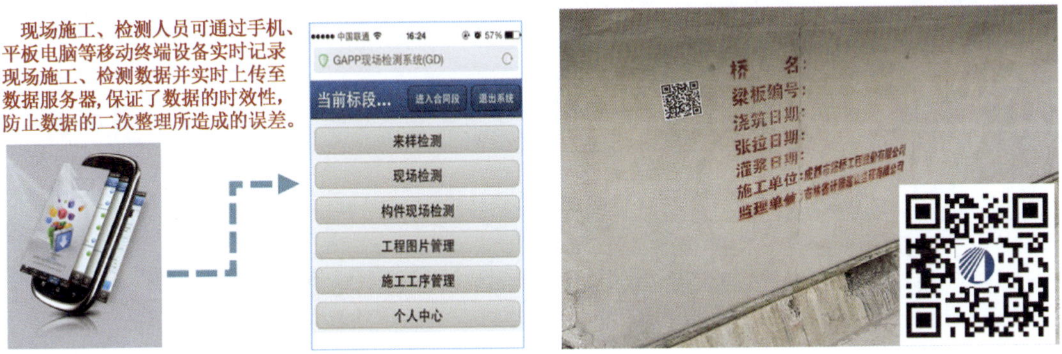

图 4-4-17　移动终端数据采集整理

预制梁板二维码标识信息包括:①工程信息——工程名称、建设单位、施工单位、监理单位、预制构件生产单位。②基本信息——构件名称、构件编号、规格尺寸、使用部位、重量、生产日期、钢筋规格型号、钢筋厂家、钢筋牌号、混凝土设计强度、水泥生产厂家、混凝土用砂石料产地、外加剂使用情况等。③质检信息——混凝土强度、尺寸偏差、观感质量、质检责任人、监理单位验收责任人、质量验收结果等。

基于互联网思维,围绕信息化、智能化、可视化的建设理念,将传统生产要素数字化,通过视频监控系统进行可视化传达和展现。管理流程经过系统自动上传下达,推动信息互通和共享。梁板预制数字化管理、场地动态管理、人员管理(面部识别考勤)、物料管理、设备管理、质量安全管理、档案管理等均纳入建设管理平台,以信息化建设推动管理水平和生产效率的提高。

4.5 季冻区桥涵工程创新技术

集通高速公路工程建设以科技创新为引领，以精益建造推进绿色发展。推广运用先进技术理论和方法，包括先进适用的新技术、新工艺、新材料、新装备和新标准的探索与应用；质量管理以保障工程耐久性为基础，体现建设与运营维护相协调、工程与自然人文相和谐，工程实体质量、功能质量、外观质量和服务质量均衡发展；积极推广应用"四新"技术；开展集中攻关和"微创新"，推动工程技术提升；总结季冻区特色工艺和工法，推进信息技术和工程建养技术深度融合。

4.5.1 标准化梁板蒸汽养生技术

季冻区冬季天气寒冷，温差变化较大。研究表明，当温度低于某一限值时，水泥水化反应将不再进行，混凝土强度停止发展。在温度低于0℃的情况下，混凝土中的水分开始结冰，冻胀力造成混凝土内部损伤，对预制梁板的品质影响较大。蒸汽热源可以根据混凝土特性进行温度、湿度、时间等的控制，对混凝土硬化程度、强度发展、耐久性等均有着重要影响。为保持混凝土高品质和总体稳定均衡，提升预制梁板的内在品质和外观质量，集通高速公路的标准化梁板均强制采用蒸汽养生技术。蒸汽养生全过程分为静停、升温、恒温、降温四个阶段。蒸汽养生时应实施跟踪养生，使棚温与梁体内水化热相适应。梁板蒸汽养生流程如图4-5-1所示。

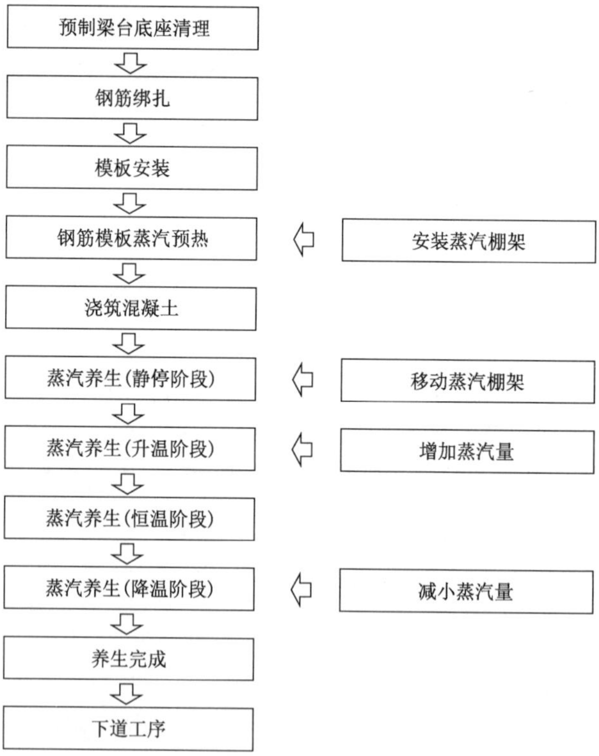

图4-5-1 梁板蒸汽养生流程图

(1)蒸汽养生棚必须结构稳固,具有足够的韧性和抗冲击能力,严密不透风,一般应外罩篷布,使保温性能满足养生需要,方便吊装和移动。蒸汽管道严格按设计布置,稳固、耐久、无漏点,便于维修更换。蒸汽管道一般纵向架空敷设,在施放蒸汽时不直接对着梁体和模板,避免产生局部高温,冬季蒸汽管外包裹保温套。

(2)在预制台座安装无线温度传感器,实时采集梁体周围温度数据,通过手机监控养生温度。养生通汽以后定时测温,升温、恒温、降温时每小时测温1次,并做好记录,及时绘制温度曲线图。当发现混凝土浇筑温度、内外温差或升降温速率出现异常时,应分析原因,采取有效解决措施。

(3)混凝土入模温度应不小于5℃,小于5℃时应按冬季施工方案,采取加热拌和用水,水泥、砂石材料提前入暖棚预加温等措施。浇筑混凝土收面时,蒸汽养生棚要及时跟进,做到收面与覆盖基本同步。

(4)蒸汽养生棚的湿度应维持在90%左右,温度维持在15~40℃。棚内最高温度不能超过50℃,棚内温度达到40℃以上时应打开蒸汽养生棚的天窗降温。

(5)预养期也叫静停期,梁体混凝土浇筑完毕至混凝土初凝之前的养生期为静停期,是将混凝土预制构件在浇筑完成后放置在室温下进行养生的过程。混凝土预制构件中的固体颗粒在重力作用下会下沉,内部气泡会向外扩散,这样做能够使内部气体顺利排放出去,并且能够提高水泥在蒸汽养生前的水化程度,使水泥具有一定的初始结构强度。在这一阶段,初始强度一般应控制在0.4~0.5MPa。

(6)升温期:温度由静停期升至规定的恒温阶段为升温期,升温速度不得大于10℃/h。升温期在蒸汽养生工艺操作过程中对混凝土性能的影响非常重要,产生的放气现象能够引起显著的破坏作用,因此升温的速度不能过快,先缓慢地升温,然后逐步加快升温速度。

(7)恒温期:恒温时棚内温度为(40±2)℃,不宜超过45℃;梁体芯部混凝土温度不宜超过60℃;恒温期一般保持24h。恒温期是混凝土预制梁板强度增长的重要时期,不得随意提升恒温养生的温度。水泥的水化反应比较剧烈,而混凝土中的微管多孔结构已经慢慢地产生,水化热反应会造成混凝土的内部温度在一定时间内超出介质温度,其内部的水分、气体都会继续产生膨胀,过高的温度会引发结构微裂缝发展,保持合理的恒温期有利于抵御不利因素的影响。

(8)降温期:达到规定恒温时间,取出同条件试件,经试验达到混凝土脱模强度后,停止供汽降温,降温速度不大于10℃/h。降温期混凝土结构慢慢定型,如降温速度太快,则降温梯度过大,水分的汽化会造成混凝土收缩和内部拉应力过大,导致混凝土梁板产生微裂缝。

(9)降温前如同条件试件达不到脱模强度的要求,则延长恒温蒸汽养生时间,直至混凝土达到脱模强度后方能降温。降温至25℃以下,且梁体表面温度与环境温度之差不超过15℃时,方可撤除蒸汽养生设施和测试仪表,移动蒸汽养生棚。蒸汽养生结束立即进入自然养生,特别是边角薄弱部位,拆完模后应立即覆盖,以防风吹干裂。及时洒淡水养生,时间不得少于14d。

(10)自然养生体外采用自动喷淋养生,体内采用箱室内蓄水养生。蓄水养生方式为箱梁两端砌筑挡水墙,挡水墙高约为箱室内高的2/3,对箱室内注水进行箱内混凝土养生。

4.5.2　预应力智能张拉技术

桥梁预应力智能张拉系统由系统主机、油泵、千斤顶三大部分组成。预应力智能张拉系统以应力为控制指标,伸长量误差作为校对指标。系统通过传感技术采集每台张拉设备(千斤顶)的工作压力和钢绞线的伸长量(含回缩量)等数据,实现多顶、双控、同步对称张拉,并实时将数据传输给系统主机进行分析判断,同时张拉设备接收系统指令,实时调整变频电机工作参数,实现张拉力及加载速度的实时精确控制。预应力智能张拉原理示意如图4-5-2所示。

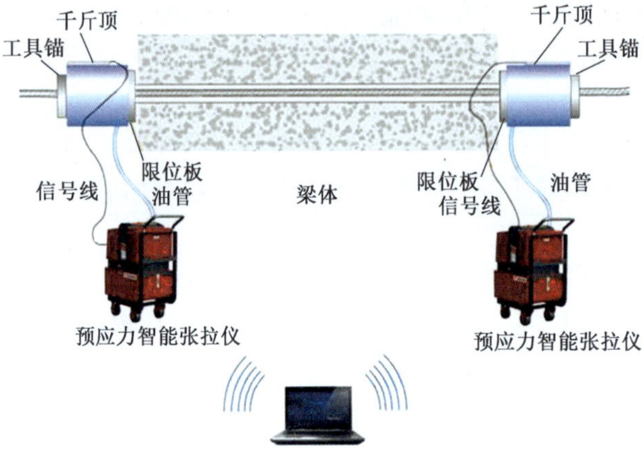

图4-5-2　预应力智能张拉原理示意图

(1)张拉机具设备应与锚具产品配套使用,并在使用前进行校正、检验、标定。在张拉作业之前,施工技术人员应对后张构件进行检验。构件强度和弹性模量满足设计要求和质量标准后,再进行张拉作业。

(2)现场收编穿束,安装千斤顶、锚具及夹片等,具体安装程序为:

①安装工作锚板、夹片,锚板必须与预应力筋的轴线垂直。

②安装限位板,限位板由止口与工作锚板定位。

③安装智能千斤顶,千斤顶止口应对准限位板。

④安装工具锚,应与工作锚板孔位一一对应,不得错位。

⑤连接主泵站、副泵站。

(3)启动智能张拉系统,张拉油泵和智能千斤顶,按系统预先设定的力值和张拉步骤进行对称同步张拉。张拉顺序应遵照设计要求,横向对称,避免偏心产生平弯开裂现象。

(4)安装在千斤顶内的压力传感器具有较高的采样频率,能快速反映实时的油压值,因此能够实现张拉施工中梁体两端预应力张拉值的精确控制,将误差范围缩小到±1%。张拉过程中实时生成位移和压力曲线图,曲线图中能直观形象地观测到张拉要素,还可根据图形的走势帮助查找张拉不合格原因。

(5)按预先设置的步骤分级加载、分级持荷,分级方式为$0 \rightarrow 10\% \sigma_k \rightarrow 20\% \sigma_k \rightarrow 100\% \sigma_k$($\sigma_k$为控制应力),张拉过程中系统将自动校核测量数据。当实际伸长值与理论伸长值相差大于±6%时,系统将自动报警,停止张拉。

张拉施工时实测钢束与孔道摩擦系数μ、孔道偏差系数k和锚具的锚口损失。当实测锚具的锚口损失大于5%时,应更换锚具或采取降低锚口损失的措施。

(6)自动存储张拉数据,生成报表。预应力张拉完成曲线如图4-5-3所示。

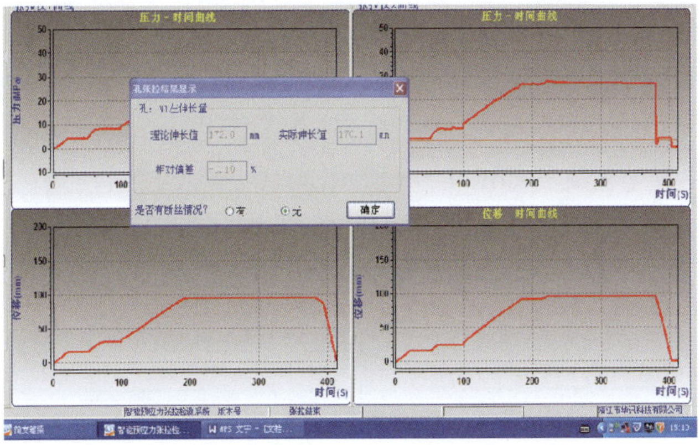

图 4-5-3　预应力张拉完成曲线图

(7)预应力筋的锚固应在张拉控制应力处于稳定状态下进行。锚固阶段张拉端锚具变形、预应力筋的内缩量应不大于设计规定。对夹片式锚具,锚固后夹片顶面应平齐,其相互间的错位不宜大于 2mm,且露出锚具外的高度不应大于 4mm。

(8)张拉现场应设有明显警示标志,张拉时由专人负责现场指挥,预应力筋两端的正面严禁站人和穿越。专用千斤顶支架必须稳定可靠,与梁端紧密衔接,严禁多加垫块,以防支架不稳或受力不匀,倾倒伤人。

4.5.3　智能循环压浆工艺

智能循环压浆系统采用智能压浆台车,主要由高速制浆机、低速储浆桶、螺杆泵、高压清洗装置、进浆压力测控仪、回浆压力测控仪、自动上料系统、自动称重系统、微型计算机自动控制系统、高压胶管等组成。压浆液在由预应力管道、制浆机、压浆泵组成的回路内持续循环以排净管道内空气,及时发现管道堵塞、漏浆等情况,并通过加大流量进行冲孔,排出杂质,消除导致压浆不密实的因素。智能循环压浆系统工作原理如图 4-5-4 所示。

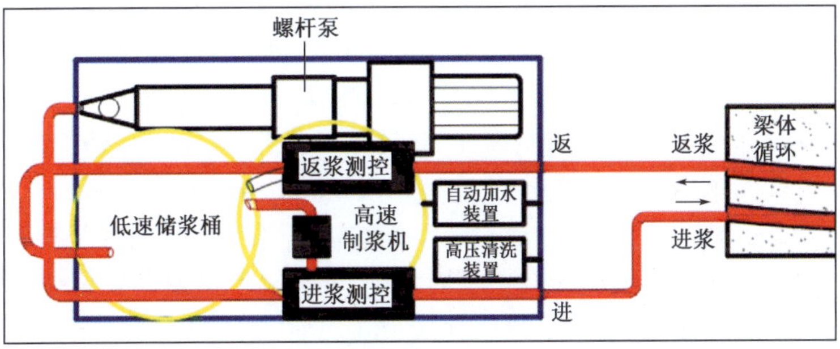

图 4-5-4　智能循环压浆系统工作原理

(1)智能压浆系统对压浆过程进行实时测控,保证施工的规范性和真实性。主机判断管道充盈的依据为进、出浆口压力差在一定的时间内是否保持恒定,同时以进、出口流量是否相近来进行校核。压浆料水灰比宜控制在 0.29,控制压力在 0.5 ~ 0.7MPa,持压时间不少于 180s。

(2)在梁体预应力孔道进、出浆口分别设置精密传感器实时监测压力、流量与浆液水胶比等各个参数,反馈给系统主机进行分析判断,测控系统根据主机指令进行压力与流量的调整。预应力管道的浆液质量、压力大小、稳压时间等重要技术指标全程智能控制,确保压浆饱满和密实。

(3)智能循环压浆工艺流程如图 4-5-5 所示。

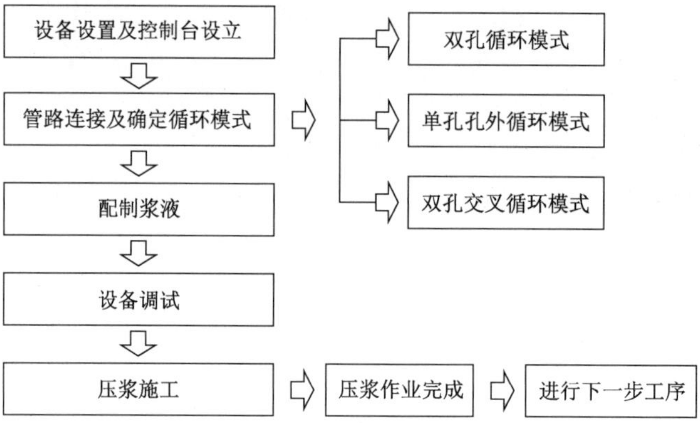

图 4-5-5　智能循环压浆工艺流程

(4)预应力孔道压浆后使预应力筋通过浆体与周围混凝土结成整体,增加锚固的可靠性,减少预应力损失,提高结构的抗裂性和承载能力,防止工作锚具的疲劳损坏。同时孔道压浆可以保护预应力筋免遭锈蚀,保证结构物的耐久性。

(5)采用原子灰代替砂浆,对梁端切割后的钢绞线进行封堵。原子灰具有灰质细腻、易刮涂、易填平、易打磨、干燥速度快、附着力强、硬度高、不易划伤、柔韧性好、耐热、不易开裂起泡、施工周期短等优点,便于规模化批量施工,并能确保封堵效果。

4.5.4　桥面系防水抗冻技术

复合桥面系早期破坏在北方季冻区具有普遍性,桥面防水层的过早破坏,加上桥面排水不畅,特别是冬季除雪时使用除冰盐渗入桥面板下的梁、墩台等部位,加速了桥梁结构混凝土的碳化和混凝土内钢筋的腐蚀,桥面整体化混凝土发生冻融破坏,严重影响行车舒适性和结构耐久性。

(1)桥面整体化采用 C50 防腐蚀混凝土,抗冻耐久性指数不小于 85%,抗渗等级不低于 P6,混凝土 28d 龄期的氯离子扩散系数 $D_{RCM} < 4 \times 10^{-12} m^2/s$。

(2)须加强梁端封锚混凝土及湿接缝施工质量控制,预制梁与后期浇筑混凝土结合面表面凿毛处理,现浇整体化混凝土加入微膨胀剂,避免梁端及湿接缝薄弱部位渗水及被除冰盐侵蚀,保证桥梁使用耐久性能,须在结冰期到来 15d 之前完工。

(3)桥面现浇混凝土最大水胶比宜为 0.36,胶凝材料(水泥与矿物掺合料)用量为 360 ~ 450kg/m^3,最大氯离子含量不大于 0.06%;掺用引气剂混凝土的含气量宜为 6%,气泡间距系数不大于 200μm;粉煤灰掺量不超过 20%,粉煤灰的含碳量不大于 2%。

(4)对桥面整体化混凝土面层进行精铣刨(图 4-5-6),厚度按设计要求的 2cm 控制,去除混凝土表层浮浆、浮皮、油渍等,露出洁净新鲜的碎石,不得二次污染。待表面完全干燥后,以异辛基三乙氧基硅烷膏体浸渍处理,硅烷浸渍应均匀、平整,无空鼓、脱落、破损等。

精铣刨在标准铣刨工艺的基础上更换密集刀头，普通铣刨鼓的刀间距是 15mm，而精铣刨的刀间距一般不大于 8mm。精铣刨处理浮浆效果更好，整个表面不留死角，施工速度快，可有效提高施工效率。桥面现浇层表面经精铣刨后，可以获得细密均匀的粗糙表面，增强与沥青面层的黏结性，大幅提高桥面使用寿命。

图 4-5-6　桥面整体化混凝土面层精铣刨

(5)施工 SBS 改性沥青防水黏结层。防水黏结层须具有良好的抗渗、抗剪、抗拉能力，其技术要求见表 4-5-1。施工作业应全程封闭交通，采用智能型同步碎石封层设备施工，边角部位人工辅助处理，并做好覆盖防尘工作。

SBS 改性沥青防水黏结层技术标准　　表 4-5-1

项　　目		指　　标	试 验 方 法
外观		黑色黏稠液体	JC/T 975—2005
延伸性		≥6mm	GB/T 16777—2008
断裂延伸率		≥80%	GB/T 16777—2008
低温柔韧性(-25℃ ±2℃)		无断裂纹	GB/T 16777—2008
黏结强度(25℃)		≥1.00MPa	参照 JC/T 975—2005，拉拔力试验仪
剪切强度(25℃)		≥1.00MPa	参照 JC/T 975—2005，夹角 40°
干燥性(25℃)	表干	≤4h	GB/T 16777—2008
	实干	≤12h	GB/T 16777—2008
不透水性(0.3MPa)		30min 不渗水	GB/T 16777—2008
耐热性		160℃ ±2℃，无流淌和滑动	JC/T 975—2005
抗冻性(-20℃)		20 次不开裂	JC/T 408—2005
抗刺破及渗水		暴露轮碾试验(0.7MPa，100 次)后，0.3MPa 水压下不渗水	GB 12952—2011

(6)采用摊铺机紧跟分层施工沥青混凝土铺装层(图 4-5-7)，既可以提高混凝土结构层与防水层的黏结效果，提升桥面系防水抗冻能力，又可以精细化提高桥面铺装的大面平整

度，避免早期破坏，保证桥面系的耐久性能。

图 4-5-7　桥面沥青混凝土铺装层施工

(7)沿纵桥向两侧设置桥面排水盲沟，在摊铺沥青下面层后锯切开槽，与桥面排水管连通，填充级配碎石(粒径 0.5 ~ 5cm)形成碎石盲沟。桥面泄水管须严格按设计位置和控制高程安装，泄水孔口不得高于铺装层，避免积水结冰引发桥面冻胀损伤。桥面排水盲沟及排水管设计如图 4-5-8 所示。

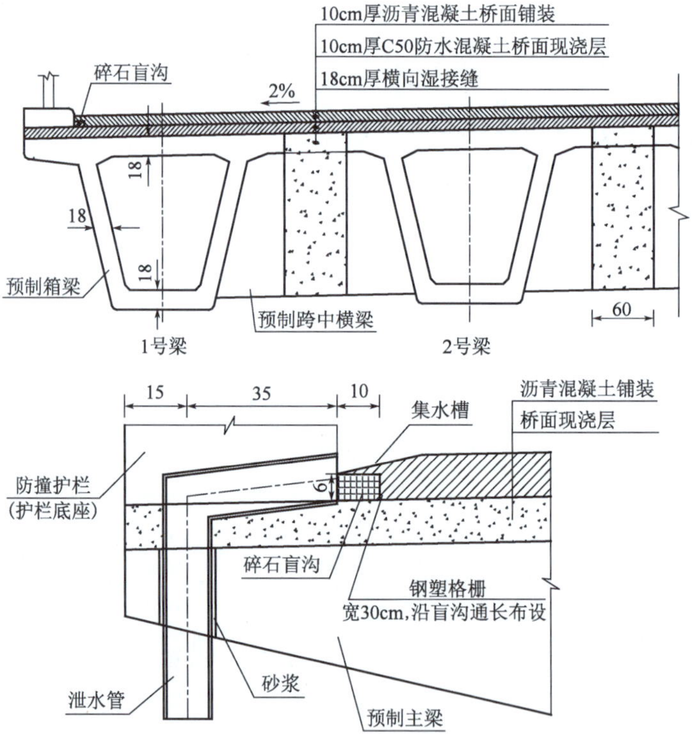

图 4-5-8　桥面排水盲沟及排水管设计图(尺寸单位：cm)

4.5.5　桥梁伸缩装置施工技术

为满足桥面变形的要求，通常在两梁端之间、梁端与桥台之间或桥梁的铰接位置上设置桥梁伸缩装置。要求伸缩装置在平行、垂直于桥梁轴线的两个方向均能自由伸缩,牢固可靠,车辆行驶过时应平顺,无突跳与噪声;要能防止雨水和垃圾泥土渗入造成阻塞;安装、检查、养护、清除污物都要简易方便。桥梁伸缩装置的作用在于调节由车辆荷载和桥梁建筑材料所引起的上部结构之间的位移。设计或施工、季冻区除冰盐侵蚀以及材料原因等均可能导致伸缩装置早期破坏,严重影响行车的速度、舒适性与安全,甚至造成行车安全事故。桥梁伸缩装置一般有对接式、钢制支承式、组合剪切式(板式)、模数支承式以及弹性装置。

1. 一般规定

(1)伸缩装置应由厂家或专业队伍到现场负责安装,厂家供货和施工作业队伍数量必须保证施工高峰期的需要,施工单位不得私自变更品牌或厂家。季冻区伸缩装置安装须采用C50级以上抗盐冻耐腐蚀混凝土。

(2)伸缩装置异型钢必须为整体热轧成型或整体热轧机加工成型,不得使用焊接成型的异型钢材,同一批次伸缩装置异型钢应进行随机抽样切头检验。异型钢原则上不得出现横向接缝,特殊情况下至多允许出现一个横向接缝,且不得设在行车道范围内。钢构件应外观光洁、平整,无毛刺或砂眼,不得扭曲变形。

(3)伸缩装置连接钢板几何尺寸、套筋长度、位置、数量、焊接长度等应满足设计及规范要求。应采用性能优良的天然橡胶密封带,不得使用再生橡胶或粉碎的硫化橡胶。橡胶密封带规格与异型钢必须配套,密封带严禁拼接。

(4)伸缩装置应在桥面铺装完成后,采用反开槽的方式进行安装,在伸缩装置的安装预留槽区准确标出边沿位置,并画出切割线。

(5)应先理顺、调整槽内预埋筋,全面除锈,对缺失的预埋钢筋应进行补植,补植深度不小于15cm,满足抗拔力要求。

(6)伸缩装置混凝土浇筑完成28d,采用硅烷浸渍技术进行表层处理,以增强混凝土抵御除冰盐侵蚀裂化损伤性能。

2. GQF-Z80型伸缩装置

施工工艺流程:预留槽口放样→切割伸缩装置预留槽→调整伸缩装置预埋钢筋→清除槽口杂物→安放伸缩装置→高程检查→绑扎钢筋→支模→浇筑混凝土→安装橡胶密封条。

(1)施工前应对型钢进行检查,检查是否有损坏、型钢变形等现象。模数式伸缩装置应按照安装时的气温确定安装的定位值,并用专用卡具将其固定。伸缩装置施工开槽前在槽口两端铺设防尘垫,避免开槽污染桥面。开槽横断面如图4-5-9所示。切缝前用3m直尺检查沥青混凝土面层的平整度,要求控制在1.5mm以内;梁端间距须符合设计伸缩量。切除伸缩装置处护栏底座混凝土时,先用切缝机切割表层4cm混凝土(护栏底座纵向钢筋禁止切断),再凿除其余混凝土,确保护栏底座新旧混凝土结合缝处直顺。

用起重设备将伸缩装置放在槽口内,使伸缩装置中心线与相邻两幅梁端间隙中心线重合,并调整使其顶面与桥面高程相同,其纵坡、横坡与桥面相符。在吊装过程中要防止伸缩装置扭曲变形。

(2)伸缩装置安放完毕须进行高程复测(不得出现正误差,低于路面0~2mm),确认无偏差后,由中间向两端对称焊接,防止焊接应力引起伸缩装置变形,伸缩装置与预埋筋焊接定位间距不大于100cm。定位焊接过程中应对伸缩装置位置、高程进行控制和调整。定位焊接后进行复测，确认合格后焊接其他全部连接钢筋。并随时用3m直尺、塞尺检测异型钢的平整度，应控制在2mm以内。在焊接连接钢筋、加强钢筋时不得使其高出路面，须保留3cm以上的混凝土保护层。

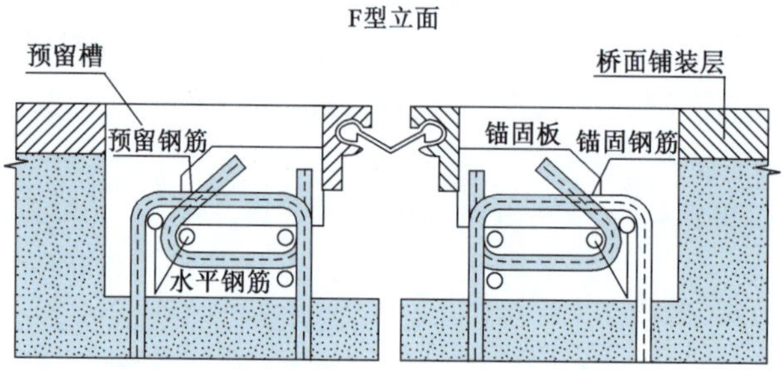

图4-5-9　伸缩装置开槽横断面图

(3)对于梁体预埋筋与异型钢梁锚固筋不相符的情况，应采用U形筋或相应的钢筋进行加固连接，缺失的钢筋采取植筋工艺补齐，植筋的质量符合技术标准，以确保伸缩装置与梁体的牢固连接。严禁出现点焊、跳焊、漏焊等现象。植筋施工工艺流程如图4-5-10所示。

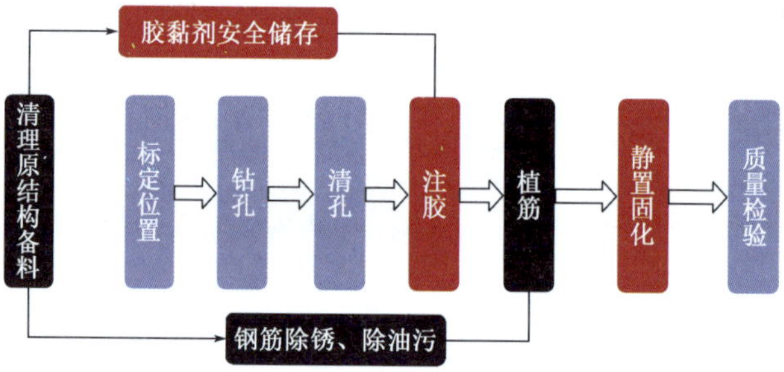

图4-5-10　植筋施工工艺流程图

(4)按设计绑扎钢筋，布设防裂钢筋网片(图4-5-11)。设计无防裂钢筋网片时，考虑混凝土抗冻融开裂需要，在距混凝土表面40~50mm的位置加设一层10cm×10cm的带肋钢筋网片。所有连接钢筋焊接完毕后，用专用机具解除锁定。

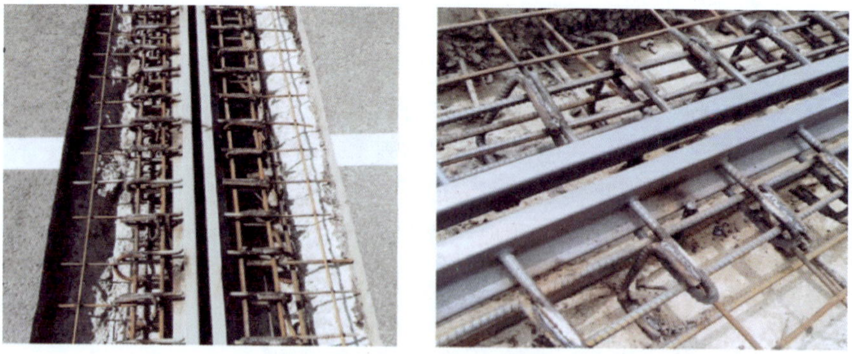

图4-5-11　伸缩装置钢筋绑扎

(5)模板安装须坚固、严密，防止砂浆流入伸缩装置内或渗入位移箱内。用大功率吹风机清除浮沉杂物,必要时用高压水清洗。

(6)采用低水胶比抗冻混凝土,混凝土应在施工现场用强制性拌和机拌和,依据批准的配合比提前分袋称量各种原材料用量,现场备用。

(7)混凝土浇筑应选用合适的振捣器具,确保伸缩装置底部及边角部位混凝土密实、无孔洞。混凝土浇筑应保证连续性,拌和料从搅拌机里卸出到浇筑完毕所需要的时间不宜超过30min,在浇筑过程中严禁因拌料干涩而加水。

(8)为避免失水造成塑性收缩而开裂,抹面后及时采用塑料薄膜进行覆盖。待混凝土终凝后用透水苫布覆盖潮湿养生,潮湿环境下的养生时间为10~14d。施工时产生的切缝料及时清除,严禁乱扔乱弃。伸缩装置安装完成后,应对桥面系、盖梁、台帽、桥下进行彻底清理。

(9)止水带安装须先将橡胶条整理顺直、收拢,缓缓塞入伸缩装置异型钢缝隙内卡紧。

3. KF-160型梳形板伸缩装置

跨缝式单元式多向变位梳形板桥梁伸缩装置由若干组标准模块和特殊模块组成,每组模块由多向变位铰、跨缝活动梳齿板、固定梳齿板、导水装置等组成,伸缩梳齿完全在伸缩装置一侧而用轴转跨缝板直接跨越伸缩装置(产品代号KF),一般适用于80~880mm的伸缩量范围。其工作原理和一般构造分别和图4-5-12、图4-5-13所示。施工工艺流程为:预留槽口放样→切割伸缩装置预留槽→调整伸缩装置预埋钢筋→槽口清理→安装变位箱→安装止水结构托架及止水带→安装梳齿板及调平→混凝土浇筑及养生→固定螺母,灌入环氧树脂。

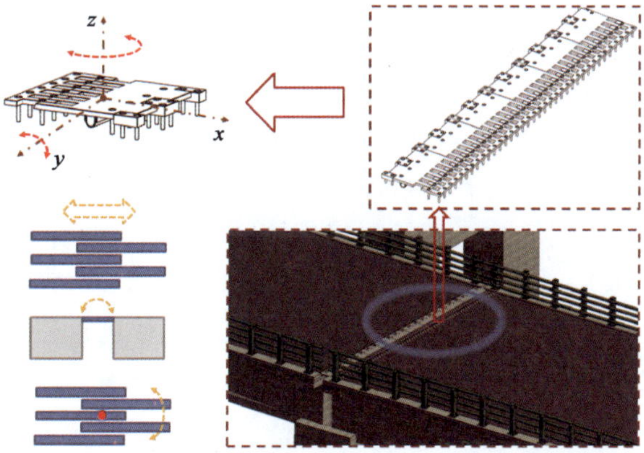

图4-5-12 梳形板伸缩装置工作原理

(1)预留槽口放样

施工前伸缩装置、辅料、设备工具等均应运抵施工现场,存放于指定的地点或区域。设置交通安全标志,现场封闭交通、封闭作业。依据设计要求,在伸缩装置的安装预留槽区准确标出边沿位置,并画出切割线。

(2)切割伸缩装置预留槽

切割时应保证槽口顺直,直线度满足1.5mm/m。切割完后切割线不得有肉眼可见的弯曲。开槽作业风镐枪不得沿切割线作业,以防破坏边沿的沥青路面的平整度;不得对槽区以外的沥青路面造成损伤(包括破角、抬起)。底面混凝土100%凿毛。

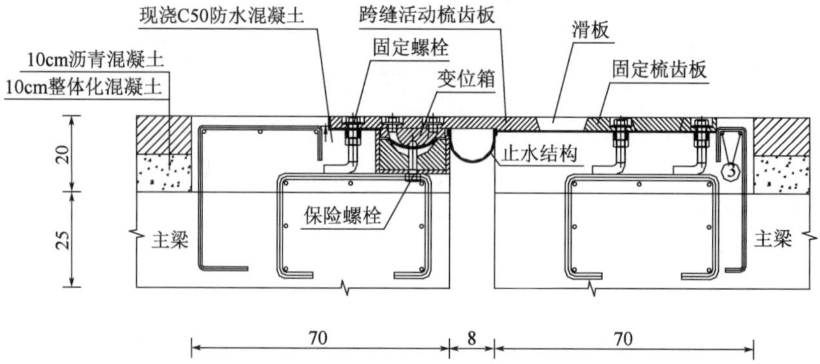

图 4-5-13　梳形板伸缩装置一般构造图(尺寸单位:cm)

(3)调整伸缩装置预埋钢筋

整理预埋钢筋,使其平顺,并根据预埋钢筋实际尺寸确定伸缩装置安装的详细方案。若槽中无预埋筋或预埋钢筋位置不正确,则应增设种植钢筋进行加固,种植钢筋的位置、规格、数量、锚固深度、抗拔力等均应满足规定要求。

(4)槽口清理

按照既定宽度切割,切割完成后采用风镐对切割部分进行破碎,人工配合空压机清理槽区内的破碎混凝土及残渣,必要时用高压水清洗,确保现浇混凝土与梁体结合牢固。检查槽区长、宽、深等尺寸是否符合设计要求。

(5)安装变位箱

将组装好的变位箱吊装就位,考虑便于安装伸缩止水胶带,并根据两端缝隙,调整 U 形螺栓组的直线度后定位。根据桥面高程,调整 U 形螺栓组平整度和安装高程,如不符合设计要求应及时调整,并用固定钢筋将托架与预埋钢筋点焊定位。符合要求后将 U 形螺栓组与预埋筋焊接牢固,每根锚筋上至少有一个焊点,焊缝长度不能小于 16cm,焊缝应均匀、饱满。如 U 形螺栓组无法与锚筋连接,应与植筋焊接,以确保连接牢固。

在焊接过程中应避免焊条刚碰 U 形螺栓,以免烧伤螺纹。在焊接连接钢筋、加强钢筋时不得使其高出路面,定位焊接过程中应对伸缩装置位置、高程进行控制和调整。安装螺栓上表面与路面高程误差在 -2 ~ 0mm 范围内,使用 3m 直尺每间隔 1m 进行检验。整体范围内不能有肉眼可见的弯曲。

(6)安装止水结构托架及止水带

在桥面较低侧,止水结构托架伸出护栏底座 15cm,桥面较高侧止水结构托架翘起 10cm,伸出的止水结构与止水结构托架用螺栓固定。安装伸缩橡胶止水带,使用卡座将止水带装在托架中间角钢上,必须伸出防撞护栏外侧 2cm。在焊接好的 U 形螺栓托架上安装微调螺母,小板每侧两端各安装 2 个,大板侧 8 个支座螺栓均需安装。在微调螺母上安装橡胶垫圈,调平橡胶垫螺圈。

(7)安装梳齿板、跨缝板及调平

吊装固定梳齿板就位,通过螺栓将梳齿板与 U 形螺栓组连成一体,螺母用加力杆一次性拧紧。在控制座上安装带有多向变位铰的活动跨缝板,安装过程中用水平尺调平,并调节连接螺栓,控制好由于伸缩装置方向的误差及横向伸缩等原因造成的梳齿之间的间隙偏差,然后将连接螺栓与槽区预留钢筋焊牢,复检螺栓是否拧紧,不能有漏拧或松动现象。

(8)绑扎钢筋网片及模板安装

按设计绑扎钢筋,布设防裂钢筋网片(图4-5-14)。设计无防裂钢筋网片时,考虑混凝土抗冻融开裂需要,在距混凝土表面40~50mm的位置加设一层10cm×10cm的带肋钢筋网片。伸缩装置两侧面安装模板,使用大于10mm厚的组合钢模板,构造缝等角隅处填塞密实、不漏浆,保证混凝土浇筑的强度和密实性。

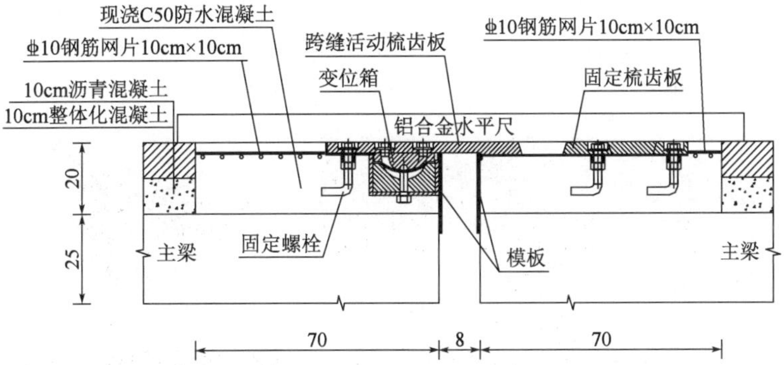

图4-5-14　梳形板伸缩装置钢筋网片布置(尺寸单位:cm)

(9)混凝土浇筑及养生

在浇混凝土之前复检模板是否牢固,是否有孔隙漏洞,以免混凝土振捣时发生胀模或漏浆现象。采用低水胶比耐腐蚀混凝土,混凝土应在施工现场用强制性拌和机拌和,依据批准的配合比提前分袋称量各种原材料用量,现场备用。

混凝土浇筑应选用合适的振捣器具,确保伸缩装置底部及边角部位混凝土密实、无孔洞。混凝土浇筑应保证连续性,用插入式振捣棒严格按要求快插慢拔、均匀振捣。混凝土完全振捣密实后,以微调垫圈上表面为基准刮平,铺装转角橡胶垫、缓冲垫和不锈钢滑板。

按编号装配大小板,然后以两侧路面为基准,使梳齿板上表面与路面相平,大小板高出路面的高差为0~1mm。底面与混凝土及不锈钢滑板贴紧,不符合要求的返工处理。轴转跨缝板吊装就位,通过螺栓将上压座安装定位,调整两梳齿板梳齿之间的间隙后,安装螺栓必须用加力杆一次性拧紧。在最高温度时,梳齿间横向间隙不应小于2mm,齿板间隙不应小于15mm。

浇筑梳齿板两侧混凝土,振捣密实,整平收面。混凝土表面和两侧路面、梳齿钢板面接平,误差控制在-2~0mm。混凝土初凝后覆盖,按时洒水养生。养生期间封闭交通(包括行人),保证平整度和耐久性。

(10)固定螺母,灌入环氧树脂

混凝土达到设计强度后,用加力杆(长度≥1.0m)拧紧螺母,在法兰盘螺母缺口处用电焊进行堆焊(以防在通车过程中螺母松动),高出板面部分用磨光机磨平。用空压机清理螺栓孔的焊渣等杂物,用环氧树脂灌满螺栓孔,将螺栓全覆盖,但不得高出板面,否则会影响行车舒适度。

4.5.6　混凝土防撞护栏创新技术

1.三足乌型混凝土景观护栏

按照交通运输部工程质量安全技术“微创新”攻关行动要求,集通高速公路开展“微创新”和“五小活动”，开展设备微改造、工艺微改进、工法微改良，提高生产效率，保障工程质量安全，提升施工作业标准，三足乌型混凝土景观护栏成为技术创新的典型代表成果。造型圆润饱满，辨识度高，图案抽象于八瓣莲花，且与三足乌图案相融合，鸟首朝向四面八方，同时体现着喜迎四海宾朋的寓意。

混凝土防撞护栏的镂空造型抽象于三足乌图案（图4-5-15）。创新型镂空景观护栏设计要综合考虑4个控制要素：①满足功能性需求，即抗冲击能力和结构设计指标符合国家标准；②通过工艺技术升级和工匠打磨，具备优良的品质，并且可以再现和复制；③结构抵抗环境侵蚀的耐久性能较常规显著改善；④地域文化植入符合常规的审美标准，彰显特色和人文关怀理念。三足乌型混凝土景观护栏结构设计如图4-5-16所示。

图4-5-15　集安高句丽古墓壁画及三足乌图腾

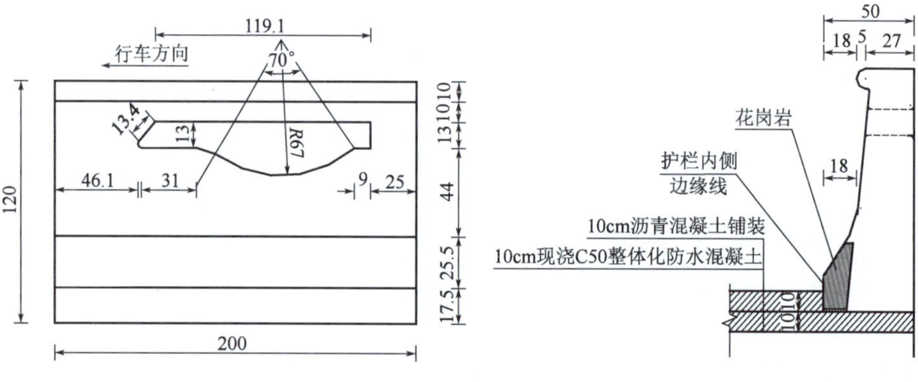

图4-5-16　三足乌型混凝土景观护栏结构设计（尺寸单位：cm）

（1）景观护栏的设计完全遵循公路行业标准执行，结构设计指标和耐冲击性能均不低于常规混凝土护栏结构。但由于采用了局部镂空设计，内部体系配筋做出了调整。因造型设计需要，镂空部位周边钢筋设置较为密集，钢筋加工形式变化多样，安装更为复杂，增加了后期施工难度。角隅部位施工模板造型多变，拼装难度大，个别部位还需要二次拼装。

（2）护栏施工技术创新升级，重点在于模板制作加工、安装拆除和混凝土浇筑技术。

①采用整体式钢模板，倒角与侧模整体加工成型，各部位尺寸加工更精准，模板拼缝均采取铣边工艺，纵向通长设置加劲肋，保证周转施工不翘曲变形。固定对拉螺栓开孔采取工厂机械冲压加工，保证安装结构强度、稳定性和定位精度满足要求。

②模板设计应综合考虑桥面平、竖曲线及梁体上拱等因素,一般单片模板长度不得小于200cm,平曲线半径较小时采用100cm,以保证纵向线形顺适。接头处用螺栓固定,模板拼缝加工成楔口,便于咬合。模板安装采用多布点、高精度放样,一般2m设置一个控制点,保证内外边线标准、顺畅。

③模板板面平整,具有良好的光洁度,接缝严密不漏浆,保证护栏外露面美观,线条流畅。大面钢板厚度不小于6mm,加劲肋间距不大于50cm。内侧模板封模严密不漏浆,外侧模板下端应与主梁翼缘板搭接重合不小于10cm,以保证安装能够密贴梁板外侧,不漏浆。

④预埋钢筋、预埋钢板的焊接强度必须符合规定,钢板双面焊接无翘曲变形,定位准确牢固。混凝土浇筑过程中支架、模板、钢筋和预埋件等稳固无松动变形,无胀模漏浆。

⑤景观护栏墙体开设有通视效果的镂空造型,浇筑作业须加强混凝土工作性和施工振捣控制,局部浇筑困难可采取二次拼模工艺。护栏顺桥向每隔6m设一道假缝,伸缩装置以外的其余墩顶设置1.0cm宽断缝,内填浸油木板或泡沫板(尺寸较防撞墙轮廓略小),外围封灌嵌缝聚硫橡胶密封膏。

⑥脱模时护栏混凝土强度不得低于设计强度的80%,应严格执行后支的先拆、先支的后拆原则;先卸下对拉螺栓的螺母及钩头螺栓、钢楞,退出要拆除模板上的U形卡,然后由上而下地逐块拆卸;先拆除非承重部分,后拆除承重部分,并不损伤构件或模板,严禁蛮撬硬拽作业。脱模后立即保湿养生。

(3)考虑结构抵抗环境侵蚀的耐久性要求,护栏采用C50抗渗防腐蚀混凝土,针对冬季桥面撒布融雪剂,在护栏内侧立面设置了43cm高的花岗岩贴面石。充分利用花岗岩材料耐久抗侵蚀和外观优美等优势,有效提高护栏结构的抗腐蚀耐久性能,兼顾石材艺术价值。

花岗岩主要组成物质为石英、长石等矿物,能够在长时间的温度变化、空气和水分侵蚀、环境影响下保持稳定的力学性能和外挂形态。花岗岩被定义为具有高度美感、艺术表现多样的建筑材料。花岗岩贴面工艺用于桥梁工程属于艺术的再创造和文化的再展现。

①花岗岩贴面石选材要素包括立面色泽和密实性、力学性质、化学特性,几何尺寸包括厚度、转角角度、长度、宽度、圆弧形状等基础参数,要能够适应混凝土的技术要求。重点控制花岗岩表面颜色、整体线条、板材光泽度等核心参数,避免暗纹、裂缝、崩坏等缺陷对护栏外观的影响。

②贴面石安装顶面须挂线施工,石材接缝宽度均匀一致。贴面石支架与墙身模板整体连接牢靠,墙体模板与贴面石的交角平顺,立面无错位,接缝密闭不漏浆,保证花岗岩外立面线形与墙身总体线形一致、顺适,无突变拐点。

③贴面石嵌至墙身实体内,必须与混凝土同步浇筑,以保证墙体和花岗岩有效黏结。混凝土选用较小水胶比和坍落度,浇筑分层厚度不得超过15cm,在下层混凝土初凝或能重塑前浇筑完成上层混凝土,不得随意设置施工缝。对于边角等部位,要加强振捣,并采取适当措施,保证弧面部位的气泡能够被排除。

④混凝土浇筑完毕应及时修整收面,以达到抗渗要求。在低温条件下(当昼夜平均气温低于5℃或最低气温低于-3℃时)应采取保温防冻措施,混凝土强度达到5MPa前不得受冻。

⑤花岗岩贴面工艺美学标准高,工程施工控制重点包括护栏的几何尺寸、线形、三足乌造型姿态等,横向接缝和转角部位尺寸误差控制在2mm以内。对局部漏浆和泌水进行规范的清除和处理,对外立面进行精细打磨,石材接缝采用建筑结构胶封闭,接缝须密实平顺,整

体线形协调美观，展现石材工艺的艺术美感，给通行公众以舒适的感观和视觉诱导。花岗岩工艺三足乌桥梁景观护栏如图4-5-17所示。

图4-5-17 花岗岩工艺三足乌桥梁景观护栏

2. 透水模板布应用技术

混凝土防撞护栏冬季处于除冰盐侵蚀工作状态，为改善结构耐久性能，采用C50抗冻混凝土。出于改善表层密实性的考虑，引入透水模板布技术。透水模板布是以改性高分子聚合纤维为主要原料，经过特殊加工工艺而成。材料质地柔软、坚韧、无毒且价格适当，能够适用于各种类型的混凝土模板。使用时贴敷于模板内侧，可有效将混凝土表面多余的气泡和水分排出，降低混凝土表面水与水泥的比值，提高混凝土强度和密实性，增强抗冻、抗渗、抗碳化、抗冲耐磨等耐久性能，抑制除冰盐等化学侵蚀对混凝土的破坏，解决气泡、砂线、蜂窝等病害，避免脱模剂使用不当造成混凝土表面颜色不均等施工缺陷，提高混凝土外观质量。

(1)采用强度高、不易变形的钢模板，施工前先调平打磨和清洁模板，确保模板表面平整光洁，没有脱模剂及其他杂物，保证与模板布的黏结性能。

(2)粘贴模板布须从中间向四周压实，出现褶皱时应揭起重贴。确保透水模板布粘贴平滑，无褶皱和气泡，贴布接缝处对接压紧，确保连接紧密。

(3)用气泵在模板表面及四周喷涂一层封闭胶(也可刷涂)，以涂匀不流淌为宜。模板组合缝隙处、拼接处及模板开孔处适当增加涂胶量，以免水泥浆渗入。

(4)贴布后须保持模板表面清洁，施工时振捣棒不要碰触模板，避免损伤贴布影响混凝土浇筑质量。

(5)混凝土浇筑应选用合适的振捣器具，确保结构底部及边角部位混凝土密实、无孔洞。混凝土浇筑应保证连续性，在混凝土初凝前完成浇筑，浇筑时间过长可能导致结构分层，浇筑过程中严禁因拌料干涩而加水。

(6)为避免混凝土失水产生塑性收缩而开裂，抹面后及时采用塑料薄膜进行覆盖。待混凝土终凝后用透水苫布覆盖保湿养生，潮湿环境下的养生时间为10～14d。

使用模板布提高了混凝土表层密度，使混凝土致密、坚实、均匀，结构耐磨性、耐冲蚀性能得到明显改善。因抑制了除冰盐中氯离子的扩散，同时抑制了水分、氧气和二氧化碳的渗透而延长了防撞护栏的使用寿命，并有效提升了混凝土外观质量。结合工程实践总结了模板布施工中的常见问题、原因分析及其预防处治对策，具体见表4-5-2。防撞护栏拆模后效果如图4-5-18所示。

表 4-5-2

模板布施工通病及处理对策

序号	外观通病	外观描述	原因分析	预防对策/整改措施
1	假“断层”现象	防撞墙表面会出现一层一层的混凝土，形成冷断层	每一层都是在一辆搅拌运输车混凝土浇筑完成时出现的，由于模板布在接触混凝土后吸收混凝土中的水分，搅拌运输车浇筑间隔时间不同，接缝处会出现不同的混凝土颜色	（1）优化工序衔接，减少搅拌运输车之间的时间间隔。 （2）在振捣时振捣棒必须插入下一层混凝土 10cm，振捣均匀，减少两层混凝土时间差
2	褶皱现象	混凝土外观出现褶皱，高低不平，导致保护层不足	在粘贴模板布或安设垫块时模板布产生褶皱，混凝土塑性期产生褶皱	（1）粘贴模板布时应选择干燥的天气，胶水喷涂均匀，先固定好模板布位置，然后由中心向四周展开压实，确保模板布密贴在模板表面。 （2）垫块安设数量和部位准确，不能碰撞模板布，避免使模板布产生扭曲。如有皱褶，可将模板布掀起，重新粘贴
3	出现腰带状凹槽	在防撞墙两块模板布重贴的位置出现了凹槽，深度为 3～4mm	接缝处模板布重叠导致模板不平整，接缝处高出两块模板布的厚度使防撞墙表面出现腰带状凹槽	（1）模板布接缝处采用直接对接的方式，对需要拼接的部位用两张模板布先重叠粘贴，再进行剪裁。 （2）在模板四周和拼接处增加用胶量，确保粘贴牢固
4	存在小坑	拆除模板后发现一些部位混凝土之间夹杂着模板布，将模板布外侧的混凝土凿除后墩柱表面存在一些坑槽	（1）振捣时振动棒将模板布破坏，有部分灰浆渗入模板和模板布中间致使模板布鼓起，混凝土凝固后将模板布夹杂在墩柱内。 （2）拆除模板后被破坏的模板布粘在墩身上，导致表面出现凹槽	（1）注意振捣棒与侧模的距离，避免振捣棒碰触模板布，振捣棒应距离模板布 20cm 进行振捣。施工中发现模板布有破损现象，应对破损部位进行更换。 （2）振捣时既不能过振，也不能漏振
5	出现白色斑点	防撞墙表面存在模板布残留，拆除模板布后出现白色斑点	混凝土从高处自由倾落时底部发生迸溅，水泥浆黏附在模板布上，模板布吸水后水泥浆变干凝固，后续混凝土没有及时跟进，造成水泥浆分离	（1）必须采用钢串筒放料，避免混凝土下落离析。 （2）混凝土水平分层浇筑，不得随意中断，分层厚度不大于 30cm

图 4-5-18　防撞护栏拆模后效果

3. 混凝土护栏硅烷浸渍技术

从混凝土桥梁护栏耐久性损伤的机理来看，在冬季有水作用下的冻融破坏，尤其是撒布融雪剂的除冰盐环境是最具破坏力的。吉林省高速公路运营历史经验证实，未采取特殊措施的普通混凝土构件，还没有发现可有效抵御融雪剂侵蚀一个冬季，有效避免结构劣化损伤的先例。硅烷浸渍技术最早应用于港湾码头的海工混凝土构件，以增强结构抵御海水冻融侵蚀性能。吉林省在 2009 年开展了硅烷浸渍技术在高速公路桥梁伸缩装置、混凝土护栏(护栏底座)等的实践应用，取得了较好的改善效果，目前已经成为吉林省高速公路混凝土桥梁的标准工艺措施。

硅烷一般指异丁烯三乙氧基硅烷，无色透明液体，是一种性能优异的渗透型浸渍剂。小分子结构可穿透胶结性表面，渗透到混凝土内部，与暴露在酸性或碱性环境中的空气及基底中的水分子发生化学反应，形成一斥水封闭层，从而抑制水分进入基底中，降低混凝土毛细孔吸水率，并保持混凝土结构的透气功能，有效降低水和有害氯离子等的侵入，延迟混凝土结构遭受侵蚀裂化损伤的时间。硅烷浸渍混凝土作用机理如图 4-5-19 所示。

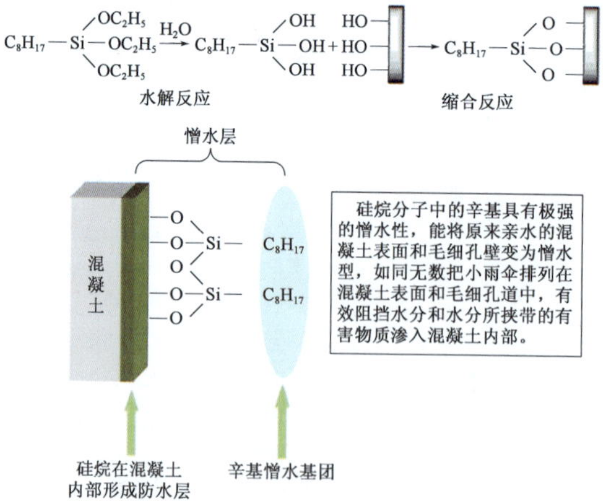

图 4-5-19　硅烷浸渍混凝土作用机理

硅烷浸渍是持久高效防水、提高混凝土结构耐久性的重要措施。一般工程技术要求如下：

(1)浸渍硅烷应原罐密封，储存于阴凉干燥处，首先应选择适合部位进行喷涂试验。喷涂设备应为不断循环的泵送系统，喷嘴压强为 60 ~ 70kPa，不得有水混入。

(2)浸渍硅烷前应对混凝土基面缺陷进行清理处置，彻底清除脱模剂或养生剂等污迹，对大于 0.2mm 的混凝土裂缝灌入环氧树脂封闭。

(3)喷涂硅烷时混凝土表面应清洁干燥，现场无热源、明火。混凝土龄期应不少于 28d，或混凝土修补后应不少于 14d，混凝土表面温度应为 5 ~ 45℃，下雨或有强风或强烈阳光直射时不宜喷涂硅烷。护栏底座硅烷喷涂施工如图 4-5-20 所示。

图 4-5-20　护栏底座硅烷喷涂施工

(4)浸渍硅烷工作应连续喷涂实施，使被涂表面饱和溢流。在立面上自下向上喷涂，喷涂面至少有 5s 保持湿润状态，喷涂两遍，每遍喷涂量为 250 ~ 300mL/m^2，两遍之间的间隔时间为 2 ~ 4h。

(5)硅烷材料启封后应于 72h 内用完，否则应予废弃。硅烷暴露在水中可能固化，应避免与氯丁橡胶、沥青质材料等接触。

(6)施工人员须穿戴护目镜和防护手套，如接触到皮肤和眼睛，立即用水清洗 15min，必要时采取后续措施。

(7)硅烷浸渍效果主要通过检测混凝土吸水率、浸渍深度和氯化物吸收量降低比值进行评价：吸水率平均值不应大于 0.01mm/min$^{1/2}$；强度等级不高于 C45 的混凝土硅烷浸渍深度应达到 3 ~ 4mm，强度等级高于 C45 的混凝土硅烷浸渍深度应达到 2 ~ 3mm；氯化物吸收量降低比值平均值不小于 90%。

4.6　钢桥在复杂结构中的应用

2016 年交通运输部印发《关于推进公路钢结构桥梁建设的指导意见》(交公路发〔2016〕115 号)，提出深入贯彻落实现代工程管理人本化、专业化、标准化、信息化、精细化的“五化”要求，提升公路桥梁品质和耐久性，降低全寿命周期成本，充分发挥钢结构桥梁性能优势，推进公路钢结构桥梁(包括钢箱梁、钢桁梁、钢混组合梁等桥梁)建设，促进公路建设转型升级、提质增效。应结合经济社会发展水平、资源禀赋、自然条件和工程特点，确定钢结构桥梁推广应用技术发展路线，因地制宜，有序推进钢结构桥梁建设。

4.6.1 推进钢结构桥梁建设主要措施

(1)加强方案比选,鼓励选用钢结构桥梁

公路桥梁方案应从工程可行性研究阶段开始,综合考虑桥梁建设成本、安全耐久、管理养护等方面的因素,加强对混凝土桥梁和钢结构桥梁方案的比选论证,鼓励择优选用钢结构桥梁。特大跨径桥梁、地震烈度 7 度及以上地区的高墩大跨径桥梁、弯坡斜等特殊形状桥梁,优先选用钢结构;新改建其他桥梁以及危桥改造工程,桥梁方案比选应遵循因地制宜原则,重点考虑施工组织、工程安全度和全寿命周期成本等因素,择优选用。

(2)合理选型,更好地发挥钢结构桥梁的优势

桥梁结构选型应根据桥梁使用功能和所处区域环境综合确定。特大跨径桥梁推荐选择钢桁梁、钢箱梁等构件受力明确、节点工作状态清晰、便于维修更换的结构;大跨径桥梁应着重对工程造价、施工装配、安全控制、养护便利等进行综合比选,择优选择适宜的钢结构;中等跨径桥梁推荐选用标准化程度高、桥面耐久性好的钢混组合结构。

(3)重视钢结构桥梁的构造设计

钢结构桥梁构造设计对桥梁安全和耐久性影响显著,应重视钢结构纵、横向受力的连续性和均衡性,细化截面过渡和连接设计,有效避免应力集中引起的疲劳损伤;加强排水系统的可靠性设计,防止渗漏引发结构腐蚀破坏;完善防火构造措施,提高应对火灾能力;环境条件适合的项目推广使用耐候钢,提高结构抵抗自然环境腐蚀能力,降低养护成本。

(4)全面提高结构可维护性

钢结构桥梁设计应充分考虑后期管理养护的功能性需要,完善检修构造措施,做到可达、可检、可修、可换,提高日常检测维修工作的便利性、安全性。检修构造应与主体结构同步设计。

(5)推进钢结构桥梁工业化、标准化、智能化建造

应大力推进钢结构桥梁建设标准化设计、工业化生产、装配化施工,提升桥梁工程的质量品质。桥梁构件应以工厂制造为主,结合装配、运输、场地条件等,合理确定桥梁结构现场拼装界面,尽量减少钢结构现场焊接和防腐涂装工作,提高质量保证率;推广应用建筑信息模型(BIM)技术,推动钢结构桥梁设计、制造、安装和管养各类信息的共享利用;积极应用自动化、智能化的制造、焊接、涂装和质量检测技术,提高钢结构建造质量。

(6)加强科研和技术推广

公路建设单位应结合具体项目,组织开展提升钢结构桥梁品质、保证结构安全耐久、推进标准化建造等方面的专题研究,推广科技成果,夯实技术基础,推动钢结构桥梁整体技术水平的提高。

4.6.2 钢-混凝土组合梁桥结构原理分析

钢-混凝土组合梁是指钢梁和所支持的钢筋混凝土板组合成一个整体而共同抗弯的构件。钢材与混凝土相互支持与约束,增大了结构强度与抗变形能力,将抗拉性能强的钢材、抗压性能强的混凝土分别有效地用在结构构件的抗拉区及抗压区,使钢-混凝土组合梁的使用性能、经济性和耐久性能均高于两种材料的各自性能。

1. 组合梁发展概述

钢-混凝土组合梁发展可以追溯到 1910 年美国开始进行组合构件的理论研究;1922 年

对外包混凝土的T字形钢梁进行研究;1968年对钢-混凝土组合简支梁的弹性阶段进行研究;1971年对钢-混凝土组合梁的极限状态进行研究;1975年对连续组合梁最终强度进行研究等。组合梁的设计理论也逐步得到了完善,由弹性理论分析逐渐转入弹塑性理论分析阶段。日本自1959年颁布相关规范后,约有80%的公路钢桥改为了组合式桥。组合结构在民用建筑中也被广泛采用。此后,在基本的组合梁形式上又出现了多种新型的组合梁形式,如叠合板组合梁、钢板夹心组合梁等。

钢-混凝土组合梁在我国的应用很早,在20世纪60年代初已将组合梁结构运用于工业与民用建筑及桥梁工程。1957年建成的武汉长江大桥,其上层跨度18m的公路桥纵梁就使用了组合梁。唐山陡河电厂采用的平台组合梁经受住了地震的考验。进入20世纪80年代,钢-混凝土组合结构应用更加广泛,各类高层建筑和大跨度桥梁均有了长足的发展,结构跨度和创新结构不断取得突破。实践证明,钢-混凝土组合梁将钢梁和钢筋混凝土板进行合理的组合,极大限度地追求高性能、经济性是钢-混凝土组合梁的结构设计和工程应用原则及目标。

2. 组合梁应用性能分析

组合梁的优点是结构自重小,延性、韧性好,抗震性优越,适用于大跨度桥梁,同时由于上部结构自重减轻,桥梁下部结构的造价也会降低。抗拉强度高,弹性模量高,材料利用效率高,能有效发挥钢板的承载能力,不存在冗余构件。钢箱梁没有收缩徐变的不确定性,用于大跨度梁桥时,无预应力混凝土连续梁的跨中下挠等病害。正常涂装管养情况下,物理寿命长。工厂制作现场安装,减少工地连接数量,质量易于保证,可靠性高。工厂施工与现场其他构造施工分离,无须增加场地,节约施工成本,缩短工期。尤其在施工周期节点和作业环境受限工况下,施工快速方便,出厂时已为大节段成型单元,在施工时可纵向拖拉或顶推架设,吊装也方便,极大提高架设效率。无支架施工保畅通,无障碍跨越铁路、高速公路、城市交叉口等。发挥桥梁先进施工工艺和设备效能,施工更安全。

组合梁的缺点是作为受压构件或板件时,承载能力受压曲性能控制;作为受拉构件时,有结构疲劳问题。钢构件纵横交错开孔多,属于高次超静定结构,需要控制好相当多的构造细节以保证稳定、疲劳、焊接等耐久性。混凝土桥面板受温度、收缩徐变、施工方法等影响,尤其连续梁桥面板负弯矩区易发生早期开裂破坏、纵向剪力破坏等。钢构件不可避免地存在初始偏心和残余应力,使得受压构件强度小于材料屈服强度和弹性屈曲欧拉应力,截面弯、剪耦合作用对结构抗力影响较大。而且构造细部以及焊接质量(残余应力场)、行车荷载反复作用引起累积损伤、结构疲劳等。建设期一次性直接投入费用较高,经济耐久性指标低,耐腐蚀性差,涂装管养维修费用高。

3. 组合梁的构造形式和机理

为了使钢梁与混凝土板组成一个构件共同参与受力,连接件必须具有足够的强度和刚度。根据二者共同作用的机理,一般可将连接作用形式分为无连接作用、刚性连接作用和柔性连接作用。

(1)无连接作用

一般梁格中,钢筋混凝土板搁置于钢梁上,只起板跨方向受弯和把荷载传递给钢梁的作用,混凝土板和钢梁之间忽略黏结和摩擦作用。在垂直荷载作用下,混凝土板和钢梁各自独立承担部分荷载作用,混凝土板和钢梁各自独立变形,两者在界面处不发生连续,与界面处的水平应变无关,混凝土板和钢梁间仅有垂直力作用。混凝土板和钢梁有各自的中和轴,总的抵抗弯矩为 $M = M_{板} + M_{梁}$。由于两者在任意截面上的曲率相等,所以组合梁弯矩-曲率关系为简单求和:$M = K(E_c I_c + E_s I_s)$。

(2)刚性连接作用

混凝土板和钢梁之间的连接是刚性连接(完整的共同作用),两者在界面处的水平滑移为零,或者在计算应力和挠度时可以忽略水平滑移,水平应变无突变,两者间无应变差,中和轴只有一条(在混凝土板的中和轴之下,钢梁的中和轴之上),沿整个截面的应变是一条连续的直线。事实上真正意义上的完全连接是不存在的,界面处的水平滑移是客观存在的,只不过滑移量的大小跟连接件的刚度有关。

(3)柔性连接作用

混凝土板和钢梁之间的连接件总是存在某种程度的柔性,因此界面上的水平滑移是不可避免的,但又受到部分阻止,使其水平应变减少(相对无连接),因此部分共同作用总是存在的。截面处的平衡必须考虑应变差,板中的应力取决于弯矩和应变差。部分共同作用的应变分布可以分解成无共同作用部分和在中和轴压力相等共同作用部分两个部分。

4. 组合梁的计算理论

(1)组合梁截面计算理论

组合梁截面的计算理论基本可分为按弹性理论进行分析计算和考虑塑性变形发展的塑性理论分析计算。无论按那种理论进行分析,均需考虑混凝土硬化前和硬化后两个受力阶段,并考虑施工时有无临时支承等因素。常规的不设临时支承施工,可按以下两个受力阶段进行分析:①第一受力阶段(混凝土板达到强度设计值以前),此时荷载考虑钢梁自重、模板重、现浇混凝土板重以及施工活载等,全部由钢梁承担;②第二受力阶段(混凝土板达到强度设计值以后),荷载考虑桥面铺装等二期恒载以及车辆活载等由钢梁和混凝土桥面板共同承担。

按弹性理论分析计算组合梁的强度、挠度(包括恒载、活载作用)时,一般采用以下假定:①混凝土翼板和钢梁整体工作,接触面无相对滑移(其值很小忽略不计);②梁受弯后混凝土板和钢梁整体截面保持平面,呈现出弹性受力和三角形应力分布;③忽略托板以及翼板、托板内的钢筋,均不计入截面;④混凝土翼板不分受压区和受拉区,一律全部计入截面。在分析计算时,对于荷载的短期效应组合,可以把混凝土板的计算宽度除以 α_E($\alpha_E = E/E_c$,为钢材与混凝土弹性模量的比值),换算为钢截面;对荷载的长期效应组合,则除以 $2\alpha_E$,换算为钢截面(考虑混凝土的徐变影响)。换算截面后,可按纯钢梁弹性受弯的一般材料力学公式计算弯曲应力、剪应力和挠度等。其中混凝土压应力按换算截面压应力除以相应的 α_E 和 $2\alpha_E$。

组合梁截面按弹性理论分析在使用阶段比较符合实际情况,但由于未考虑塑性变形发展带来的强度潜力,故计算承载力趋于保守。基于塑性理论较弹性理论分析更为合理的认识基础上,英国在《钢与混凝土组合结构 · 房屋建筑中的简支梁》(CP117:Part 1)的附录 A 中列入了塑性理论计算方法。我国《钢结构设计标准》(GB 50017—2017)规定组合梁考虑全截面塑性发展进行强度计算。进行塑性设计的前提条件是组合梁必须形成塑性铰。钢梁一部分形成塑性铰,塑性铰处的弯矩等于全部塑性弯矩,使塑性铰能够充分转动、变形直至最后形成破坏机构。按塑性理论设计的组合梁截面一般可分为密实截面和纤细截面两种,密实截面的组合梁可按塑性理论计算其极限承载能力,而纤细截面的组合梁则应该按弹性理论进行分析计算。需要指出的是按塑性理论设计的组合梁,如果钢梁的局部厚度过薄,则可能发生局部压屈、侧向压屈和弯扭压屈。因此在设计时应该控制钢梁不发生局部压屈,必要时适当设置支承构件。

(2)结构稳定计算

结构稳定实质上是外荷载与结构内部抵抗力间的不平衡状态,在微小干扰下结构变形急剧增长的状态,是一个变形问题。内因是材料特性、构件长细比、支撑条件、初始偏心、残余应力。外因是荷载使受力构件所受到的压力,以构件的压溃强度为依据,借此确定应力限值,荷载使该构件所产生的压应力不大于该限值。稳定问题包括整体稳定与局部稳定。

①组合梁的整体稳定分析。

受压构件整体稳定转化为类似强度验算,以轴心受压杆件为例,将验算面积(局部稳定折减后的有效面积)乘以一个小于1的系数(此系数根据杆件截面类型及相对长细比由图4-6-1得到),控制总体稳定应力小于容许应力。组合梁的钢梁在施工阶段丧失整体稳定时,也使钢梁发生较大的侧向弯曲和扭转变形。为提高钢梁的稳定承载能力,在钢梁端部支承处采取相应的措施(设置加劲肋等)防止端部截面的扭转。《钢结构设计标准》(GB 50017—2017)中对工字形钢梁截面的受压翼缘自由长度 l_1 与其宽度 b_1 之比(l_1/b_1)有一定的限制,超过限制值时需验算梁的整体稳定。组合梁在使用阶段钢筋混凝土板与钢梁牢固结合,能够阻止钢梁受压翼缘的侧向位移,可不必计算其整体稳定性。

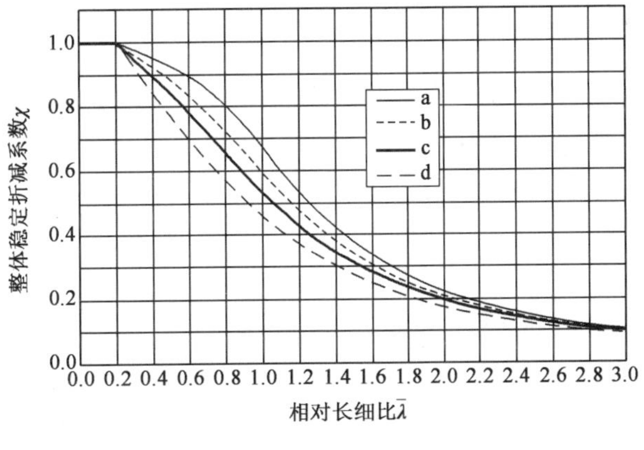

图4-6-1　轴心受压构件整体稳定折减系数

②组合梁的局部稳定分析。

受压构件通过宽厚比控制局部稳定,宽厚比过大,通过设置加劲肋解决。加劲肋设置后根据加劲肋的刚柔性计算局部稳定折减面积,得到局部稳定折减后的验算面积。组合梁的钢梁局部厚度不足时,可能会在整体梁失稳前出现钢梁局部失稳或翘曲,并且局部失稳可能导致整体稳定的更早丧失。组合梁的钢梁可能在弯曲压应力、剪应力或有较大集中荷载时腹板边缘的局部压应力作用下丧失局部稳定。一般情况下剪应力对腹板局部失稳起主导作用，因此设计中必须设置钢梁腹板加劲肋以提高腹板的抗失稳能力，进而保证结构的整体稳定性。

（3）组合梁的抗剪连接

抗剪连接件在组合梁中是用来承受钢与混凝土之间的纵向水平剪力及抵抗混凝土板与钢梁之间掀起的作用。连接件由于受外部环境、施工条件件等因素影响比较多，因而形式多样，其中以圆柱头焊钉应用比较广泛。圆柱头焊钉具有便于施工、焊接速度快以及经济性好等优点。抗剪连接件按其受力特性可分为刚性连接件（加肋的角钢或焊上环筋的方钢等）和柔性连接件（槽钢、圆柱头焊钉、弯起钢筋等）两大类。刚性连接件易于在周围混凝土中引起较高的集中应力，使混凝土压碎或剪切破坏，甚至焊接破坏。柔性连接件的破坏形态比较协调一致，很少突然破坏，因此在冲击荷载作用下，柔性连接件较好。

（4）组合梁的疲劳特性

疲劳现象是指组合梁中的钢梁在反复荷载（车辆荷载、风荷载等）或由此引起的脉动应力的作用下，由于缺陷或瑕疵处局部细裂纹的形成和发展直至最后发生脆性断裂的一种进行性破坏过程。疲劳破坏一般经历三个阶段：裂纹的形成、裂纹的扩展、迅速断裂。钢结构原始缺陷、微裂纹在重复或者交变荷载作用下不断发展，最后达到临界尺寸而出现断裂。构件可能首先出现疲劳破坏，材料强度没有充分利用。由于钢材的疲劳破坏必须有拉应力、应力反复和塑性变形三者的同时作用，故而和纯粹由局部拉应力高峰所造成的脆性破坏是有区别的。应力脉动的幅度越大，即使平均应力远小于屈服强度，也能发生疲劳破坏。导致疲劳的荷载主要为活载，因为活载是一种循环次数多的高周疲劳荷载。有些结构温度、风力变化也会引起疲劳问题。我国规范采用名义应力法研究结构的疲劳特性，疲劳检算主要是检算相应疲劳细节的应力幅。

造成疲劳破坏的内因是钢材的特性和局部拉应力的集中程度，后者取决于构件截面形式、连接方式和接头方式；外因是应力反复的循环特征和次数。可以认为只要是受拉构件就有疲劳问题，裂纹随着拉应力的变化而扩展，所以受压构件无须检算疲劳。受拉或者是拉压交替会有裂纹扩展的可能，就需要检算疲劳稳定。基于断裂力学原理的分析方法在钢梁的疲劳研究中发挥了重要作用，为传统的经典疲劳分析方法提供了有力的理论依据和补充。它是以初始存在裂纹来分析断裂时所具有的剩余疲劳寿命，还可以判定初始裂纹在给定的应力状态下是否会扩展。

5. 组合梁桥的计算理论应用

（1）容许应力法

《铁路桥梁钢结构设计规范》（TB 10091—2017）采用容许应力法，主梁荷载组合系数：1.0×恒载+1.0×活载+1.0×支座沉降。荷载组合下的应力小于规范中的容许应力（200MPa）。抗力分项系数1.7=1/0.8×1.35×1［钢材匀质系数0.8、超载系数（活载发展系数）1.35和工作条件系数1.0］。

（2）极限状态法

《公路钢结构桥梁设计规范》（JTG D64—2015）采用极限状态法，外荷载组合系数：1.2×恒载+1.4×活载+1.4×其他可变活载×0.75（结构重要性系数未列）。极限状态法分项，荷载综合系数采用1.35。荷载组合下的应力小于规范中的容许应力（275MPa）。材料分项系数 1.25 = 1/0.8(钢材匀质系数 0.8)。

综上可知,我国公路规范极限状态法与铁路规范容许应力法在应力水平控制上基本一致。此外,2017 年实施的《铁路桥涵设计规范》(TB 10002—2017)已和《公路钢结构桥梁设计规范》(JTG D64—2015)统一,采用极限状态法进行钢结构设计。

4.6.3　季冻区复杂工况条件工程实践

集安至通化高速公路设黎明互通(图 4-6-2)与鹤大高速公路相接,地处山区城市周边,受地形及线位条件等因素限制,要上跨和下穿既有铁路、高速公路、城市道路以及河流,展线十分困难,尤其上跨既有高速公路小半径曲线和大纵坡叠合,设计采用了钢-混凝土组合梁结构。为避免长期封闭交通,尽量少利用或不利用既有高速公路桥,全面推行专业化、标准化、信息化、精细化施工技术,全部钢构件由专业钢结构桥梁厂定制生产,公路运输到现场,上跨主孔采取顶推安装方案,配孔采取现场吊装方案施工。顶推安装落梁就位后,吊装配孔梁段,连接拼装成整体再浇筑预应力混凝土桥面板,转化为组合梁结构,完美解决跨越施工窗口期等问题。

图 4-6-2　黎明互通全景

1. 组合梁总体设计

黎明互通共设置 4 联钢-混凝土组合梁结构,其中 D 匝道中组合梁跨径为 33m + 52m + 33m,全桥重 563t。其 52m 孔上跨既有鹤大高速公路,位于(R_1 = 1800m 圆曲线) + (A = 155m 缓和曲线) + (R_2 = 290m 圆曲线)上,桥面横坡由 2% 渐变到 4%,钢箱梁底板横向均为水平,桥面横坡由钢箱内外侧腹板高度不等形成。截面采用单箱双室,由预制闭口钢箱梁和现浇混凝土桥面板通过抗剪连接器组成。钢梁根据实际分为 5 个制作段,各分段长度分别为:22.977m(A 制作段) + 20m(B 制作段) + 32.194m(C 制作段) + 20m(B 制作段) + 23.138m(D 制作段),如图 4-6-3 所示。上跨既有高速公路交角 144.4°。

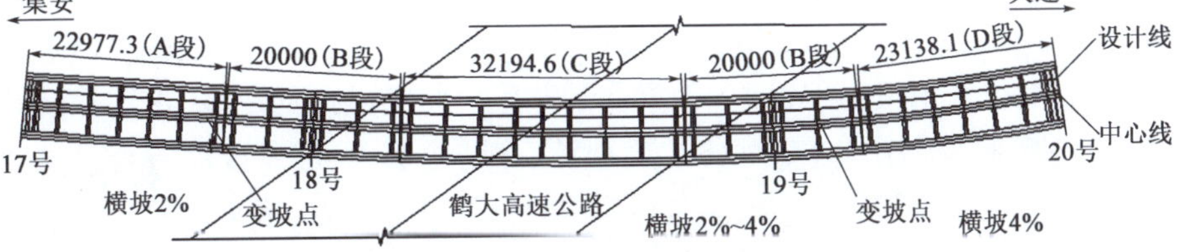

图 4-6-3　DK1 + 135.4 匝道第六联平面图(尺寸单位:mm)

2. 组合梁结构参数

钢箱梁为单箱双室开口箱形截面。钢箱梁中心线处高 1.9m，底宽 6.56m，顶宽 7.6m。各细部结构尺寸如图 4-6-4 所示。

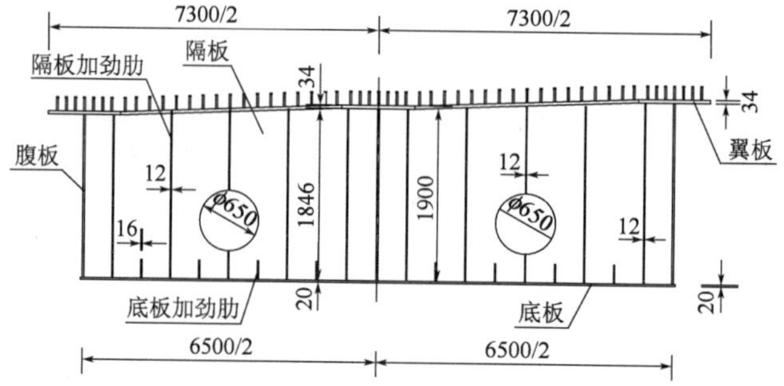

图 4-6-4　DK1 + 135.4 匝道第六联截面图(尺寸单位:mm)

3. 工厂制造工艺控制技术条件

(1)钢结构桥梁厂应先行对设计文件进行工艺性审查,结合施工现场情况,绘制加工图,编制制造工艺方案,并严格按照加工图和制造工艺生产钢梁构件。钢桥制造使用的材料必须符合设计要求和国家标准规定,制造厂应进行抽样复验合格后方可使用。

(2)钢梁的制造工艺应通过专业评审,并按评审通过的制造工艺组织钢梁制造。钢材零件加工采用精密切割下料,严格控制精度。剪切仅适用于次要零件或切割后仍需加工的零件,手工切割仅适用于工艺特定的或切割后仍需加工的零件。杆件的组装应在工作台上或工艺装备内进行。焊接工艺、焊接性能应与基材相匹配,焊接材料、接头焊接工艺应符合设计要求。

在工厂或工地首次焊接工作之前,或材料、工艺在施工过程中遇有需重新评定的变化,必须分别进行焊接工艺评定试验。CO_2气体保护焊的气体纯度应大于 99.5%。工厂制造应优先采用焊接机器人进行自动焊接,小型构件可采用人工焊接。所有焊缝必须进行外观检查,不得有裂纹、未熔合、夹渣、未填满弧坑、漏焊和超限缺陷。外观检查合格后,还应进行无损检测。

(3)钢梁杆件成品经检验符合要求后,应进行钢梁试拼装。试拼装应选择具有代表性的局部试拼装法,经试拼装合格方可成批生产,每拼完一个单元(或节间)应检查并调整好几何尺寸。连续梁试拼装应包括所有变化节点,每批试拼装的梁段数不应少于 5 段,试拼装检查合格后,留下最后一个梁段并前移参与下一批次试拼装,其余梁段吊运出台架。

(4)钢梁涂装前应进行表面和摩擦面除锈,采用机械除锈应达到的 Sa2.5 级,表面粗糙度应达到 25 ~ 60μm;采用手工除锈应达到 St3 级,粗糙度应达到 35 ~ 80μm。涂装应在防锈处理符合要求 4h 内开始,8h 内完成。钢梁在制造厂内应完成全部底漆、中间漆及第一道面漆涂装,钢梁安装完成后涂装外表面第二道面漆,涂装层数、涂层厚度应符合设计要求。每层涂装前应对上一层涂层进行检查,涂装后应进行涂层外观检查,表面应均匀,无气泡、裂纹等缺陷。工厂定制钢箱梁生产工艺流程如图 4-6-5 所示。

a) 数控下料　b) 工厂焊接　c) 线形矫正

d) 剪力钉　e) 钢板涂装　f) 过程检测

图 4-6-5　工厂定制钢箱梁生产工艺流程

4. 顶推施工最大悬臂状态计算分析

对导梁侧的主梁最大悬臂段进行计算分析，考虑重力荷载、施工机具等因素，荷载为重力乘以1.05的系数。采用ANSYS15.0对导梁侧的主梁最大悬臂状态进行计算。导梁采用BEAM44梁单元进行模拟。导梁全长24m，梁单元截面分为两种，其中导梁前端6m范围内采用工字形截面，导梁后端18m范围内采用王字形截面。主梁板采用SHELL63进行模拟，各部分厚度按照钢箱梁实际厚度模拟。梁单元共划分24个，板单元共划分91659个。主梁及导梁模型如图4-6-6所示。

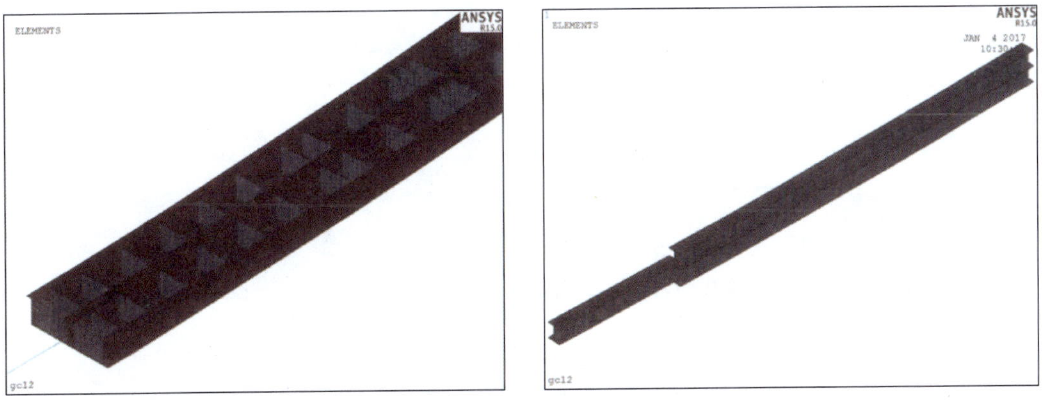

图 4-6-6　主梁及导梁模型图

(1) 结构分析边界条件

施工阶段边界条件以滑道为支点，竖向和横桥向的平动进行约束；锚点三个平动方向及三个转动方向均进行约束；其余支点处对横桥向、竖向的平动及竖向的转动进行约束。方案初期顶推示意如图4-6-7所示。

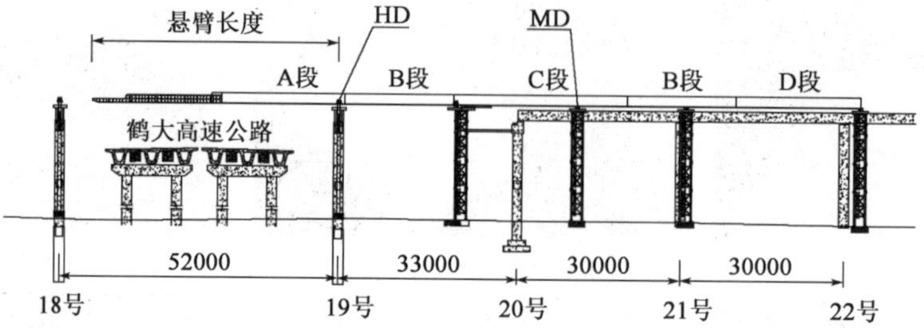

图4-6-7 方案初期顶推示意图(尺寸单位:mm)

最大悬臂状态时，第一个支点的编号为滑道HD，HD在横桥向的位置分别为图4-6-8中的几种形式。

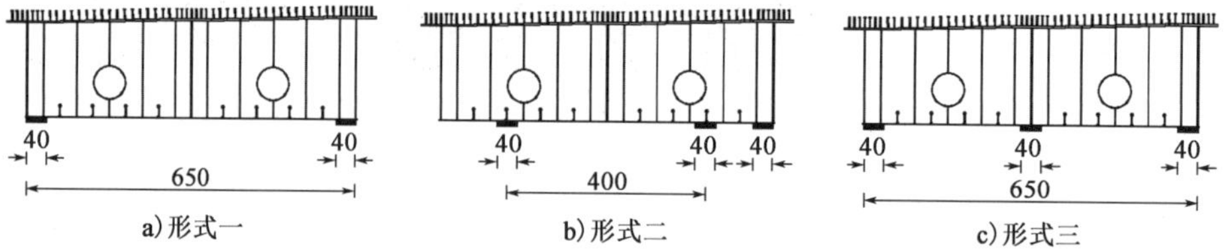

图4-6-8 滑道布置图(尺寸单位:cm)

具体工况及滑道布置如下(图4-6-9、图4-6-10)。

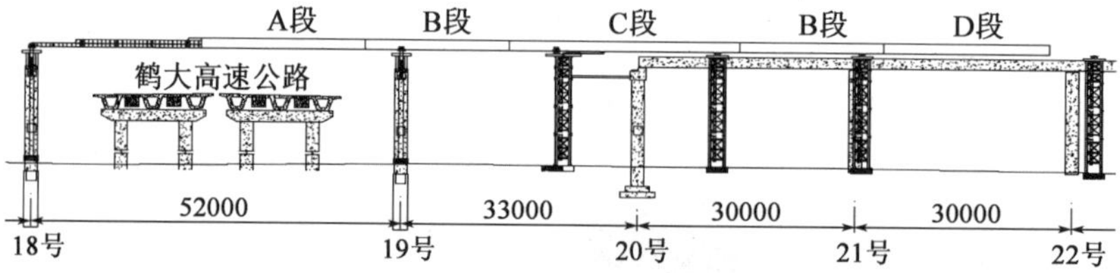

图4-6-9 工况一～工况三示意图(尺寸单位:mm)

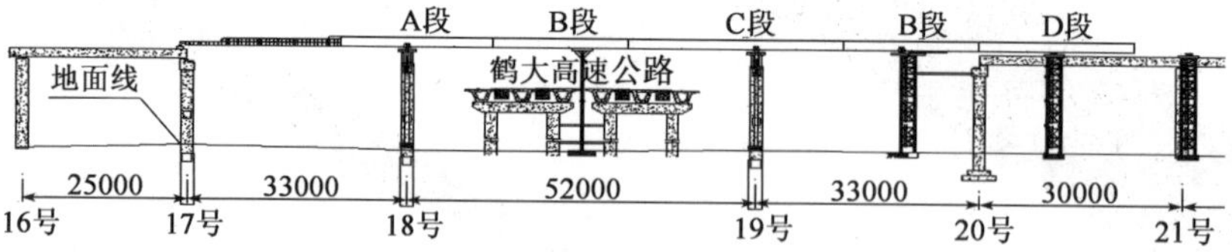

图4-6-10 工况四示意图(尺寸单位:mm)

工况一：跨径28m+22.5m+21.5m+20m+26m，横向支撑为形式一。第一个支撑滑道上无横隔板。

工况二：跨径28m+22.5m+21.5m+20m+26m，横向支撑为形式二。第一个支撑滑道上无横隔板。

工况三:跨径28m+22.5m+21.5m+20m+26m,横向支撑为形式三。第一个支撑滑道上无横隔板。

工况四:跨径9m+26m+26m+22.5m+21.5m+13m,横向支撑为形式一。第一个支撑滑道上无横隔板。

(2)方案计算分析结论见表4-6-1。

①由于顶推跨径52m时,导梁前端变形较大,支撑处腹板及底板局部应力超限,存在失稳破坏危险。故方案优化为在鹤大高速公路中央分隔带处增设临时支墩及相应滑道,减小顶推跨径。

②原施工方案横向支撑(滑道)采用形式二(原方案考虑利用永久墩作为顶推支架,滑道位置限制较大),滑道位于底板范围内,支撑间距4.0m。在该状态下,底板应力超限且超限范围较大。为解决该问题,方案优化为在每个永久墩旁搭设临时支架作为顶推支架使用,横向支撑可调整为形式一(支撑位于腹板下)。

③为了降低施工难度及顶推风险,方案在顶推跨径上优化为顶推前四段,落梁后再吊装最后一段。可避免顶推过程中钢箱梁尾部摆动过大的问题,降低临时支架的宽度,有利于过程纠偏。

各方案计算分析汇总表

表4-6-1

项目	工况一	工况二	工况三	工况四
工况描述	(1)支撑位于钢板变厚处(主梁悬臂49.5m);(2)横向支撑为形式一	(1)支撑位于钢板变厚处(主梁悬臂49.5m);(2)横向支撑为形式二	(1)支撑位于钢板变厚处(主梁悬臂49.5m);(2)横向支撑为形式三	(1)最大跨径跨中设临时墩(主梁悬臂33m);(2)横向支撑为形式一
顶板应力(MPa)	132	155	115	39
腹板应力(MPa)	742(应力集中>345)	159	634(应力集中>345)	197
底板应力(MPa)	局部(范围极小)>345	1470(应力集中>345)	局部(范围极小)>345	114
隔板应力(MPa)	74	345	43	35
底板加劲肋应力(MPa)	82	2030(应力集中>345)	77	23
导梁悬臂端位移(cm)	45.3	54.4	44	16.3
主梁前端位移(cm)	15.1	20.8	14.4	10.8
主梁前端横桥向位移(cm)	15.5/14.6	22.1/19.4	14.8/13.9	10.9/10.8

5. 钢箱梁顶推施工工况分析

黎明互通钢箱梁在北京某钢桥厂内制作,并进行预拼装和工厂涂装,经验收合格后汽车运输至桥址区。DK1 +135.4 匝道桥现场进行顶推拼装支架的搭设,支架搭设完毕后利用 1 台 350t 汽车起重机依次吊装钢箱梁分段及导梁。先吊装前三段,并焊接成整体后采用 1 台 200t 牵引千斤顶顶推 52m(导梁过 18 号墩),再吊装第四段,然后将钢箱梁顶推至设计位置,利用千斤顶及钢梁交替支撑进行落梁,最后吊装第五段。钢箱梁顶推施工工艺流程如图 4-6-11所示。

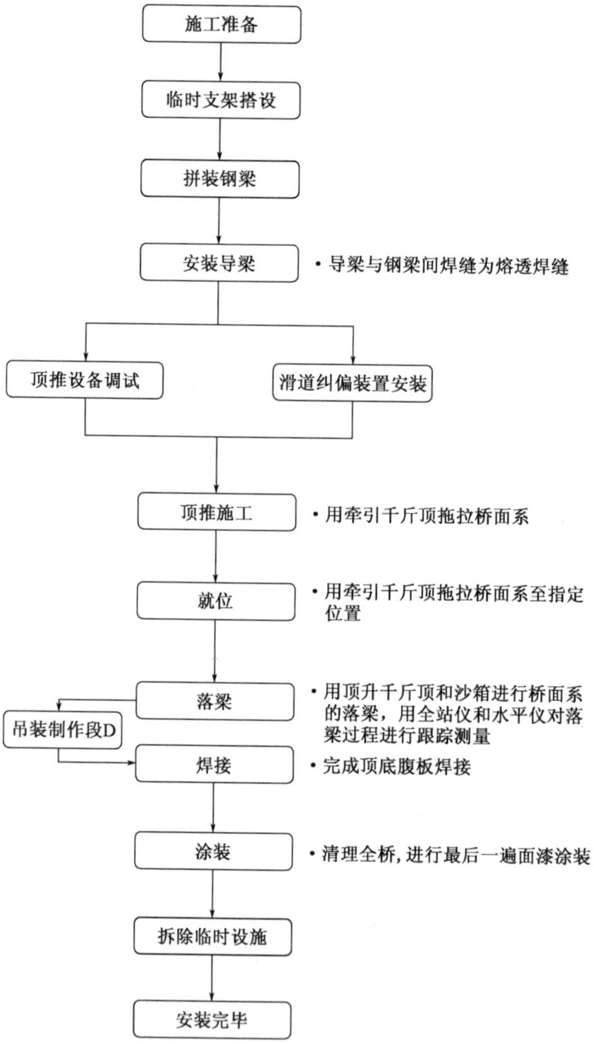

图 4-6-11　钢箱梁顶推施工工艺流程图

采用有限元分析软件 Midas/Civil 对滑移施工结构全过程进行仿真模拟分析,支架采用的单元为梁单元,钢箱梁和导梁采用的是板单元,顶推过程中按每前进 5m 为一个工况,计算分析结果见表 4-6-2,工况模拟如图 4-6-12 所示。

计算分析结果 表4-6-2

工况名称	工况内容	有效应力（MPa）	剪应力（MPa）	变形（mm）	支座反力（kN）
工况1	顶推至5m，还需顶推101m	44	24	32	655
工况2	顶推至10m，还需顶推96m	29	15	32	518
工况3	顶推至15m，还需顶推91m	50	26	72	322
工况4	顶推至20m，还需顶推86m	70	36	109	363
工况5	顶推至25m，还需顶推81m	22	12	5	296
工况6	顶推至30m，还需顶推76m	21	12	10	311
工况7	顶推至35m，还需顶推71m	29	15	22	539
工况8	顶推至40m，还需顶推66m	34	18	40	425
工况9	顶推至45m，还需顶推61m	50	26	71	379
工况10	顶推至50m，还需顶推56m	70	36	108	405
工况11	顶推至52m，还需顶推54m	20	11	5	302
工况12	顶推至55m，还需顶推51m	20	11	7	460
工况13	顶推至60m，还需顶推46m	24	14	16	407
工况14	顶推至65m，还需顶推41m	28	14	29	329
工况15	顶推至70m，还需顶推36m	42	22	53	326
工况16	顶推至75m，还需顶推31m	60	31	88	866
工况17	顶推至80m，还需顶推26m	73	37	117	645
工况18	顶推至85m，还需顶推21m	16	9	4	489
工况19	顶推至90m，还需顶推16m	20	11	10	478
工况20	顶推至95m，还需顶推11m	24	14	24	473
工况21	顶推至100m，还需顶推6m	42	22	55	446
工况22	顶推至106m，顶推完成	19	10	6	460

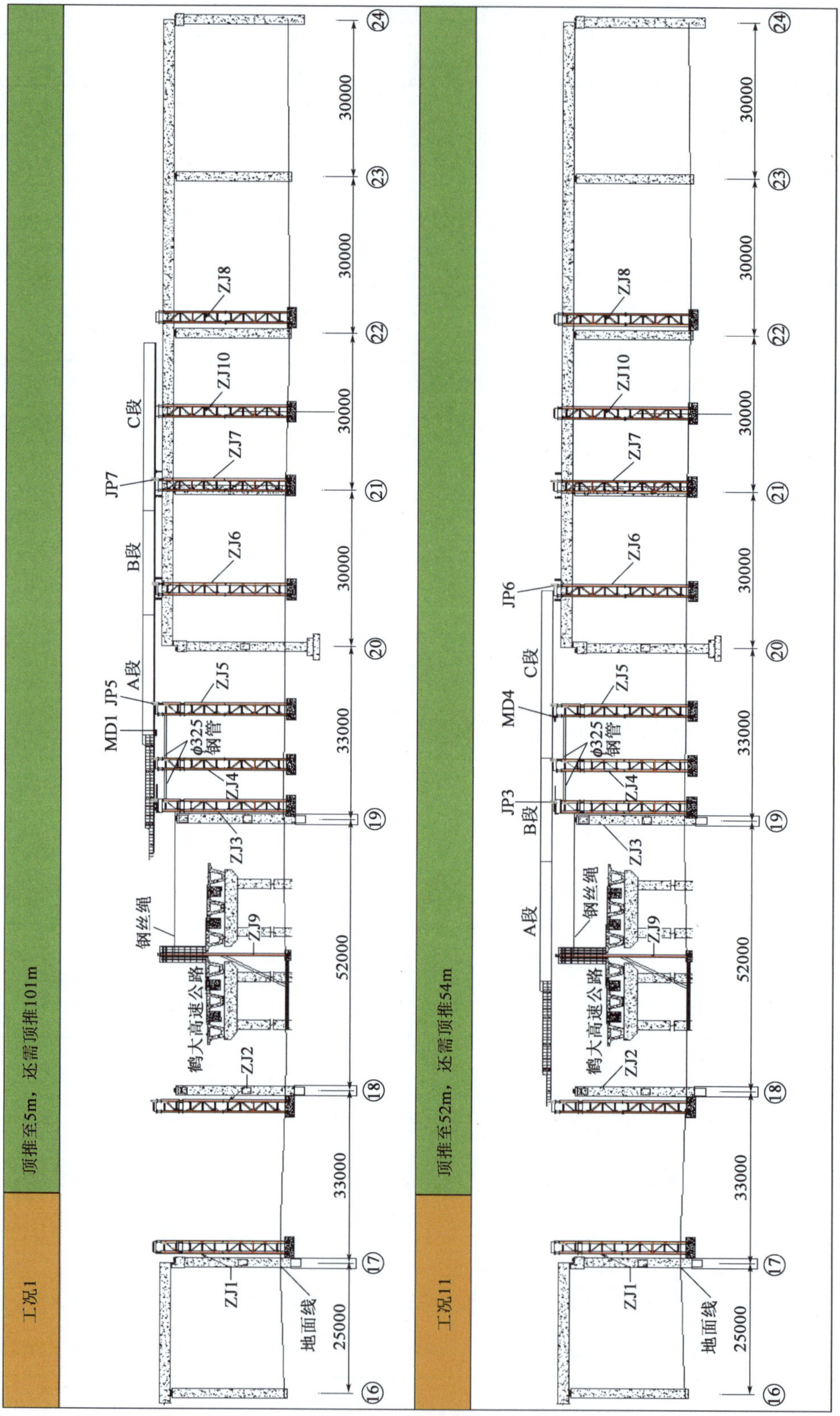
工况1
顶推至5m，还需顶推101m
工况11
顶推至52m，还需顶推54m
ZJ1
ZJ2
ZJ3
ZJ4
ZJ5
ZJ6
ZJ7
ZJ8
ZJ9
ZJ10
地面线
鹤大高速公路
钢丝绳
φ325钢管
MD1
MD4
JP3
JP5
JP6
JP7
A段
B段
C段
25000
33000
52000
33000
30000
30000
30000
30000
30000
⑯
⑰
⑱
⑲
⑳
㉑
㉒
㉓
㉔

图 4-6-12

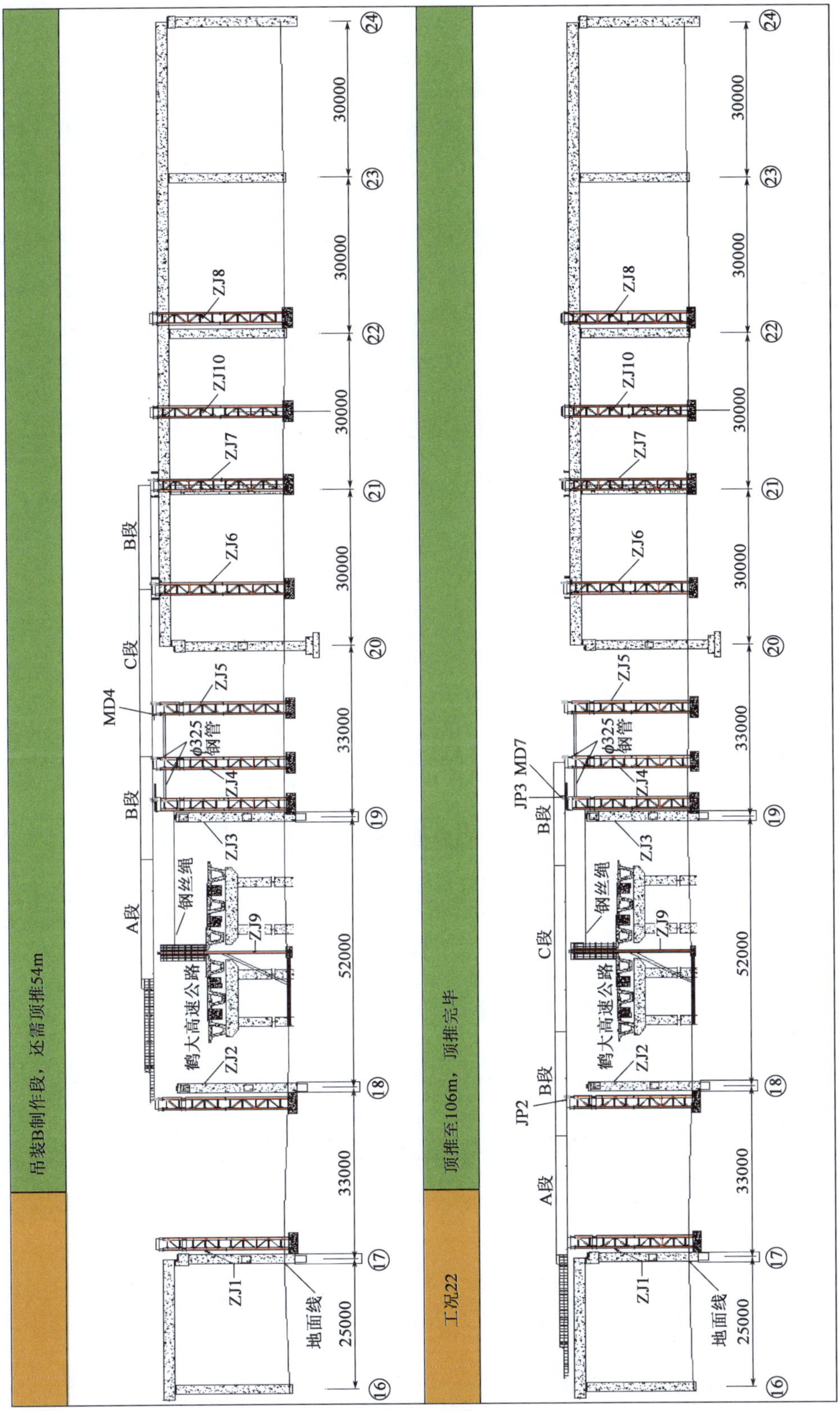

图4-6-12　顶推过程工况模拟图(尺寸单位：mm)

6. 搭设临时支架

桥址区位于河道内,地质条件较好,支架基础直接坐落在基岩上,基础顶面与地面平齐,地基承载力满足要求,且不会发生基础沉降问题。支架基础均为钢筋混凝土结构,基础内做预埋件,支架立柱与基础进行焊接。支架是由 $\phi630\times10$ 钢管(外径 630mm,壁厚 10mm)、纵梁(双拼 HN700 型钢)、横梁(双拼 HN700 型钢)和斜撑($\phi630\times10$ 及 I16a)焊接成的桁架结构。

17 号永久墩处设置 ZJ1 作为落梁支架;18 号、19 号永久墩处布置顶推及落梁支架,编号为 ZJ2、ZJ3;拼装及顶推临时支架共计 7 个,编号为 ZJ4 ~ ZJ10;为缩短跨径,在鹤大高速公路分隔带间设置 ZJ9 作为顶推支架(图 4-6-13)。

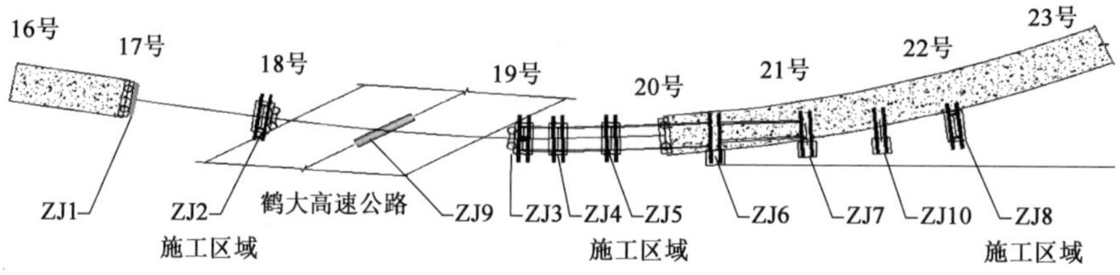

图 4-6-13　搭设临时支架

7. 钢箱梁吊装

支架及顶推设施安装完毕后依次进行分段和导梁的吊装,分段按照从内弧侧至外弧侧、小里程至大里程顺序依次运输至施工现场。

(1)吊装 D-AN 分段(图 4-6-14),调整高程、里程、轴线,定位。

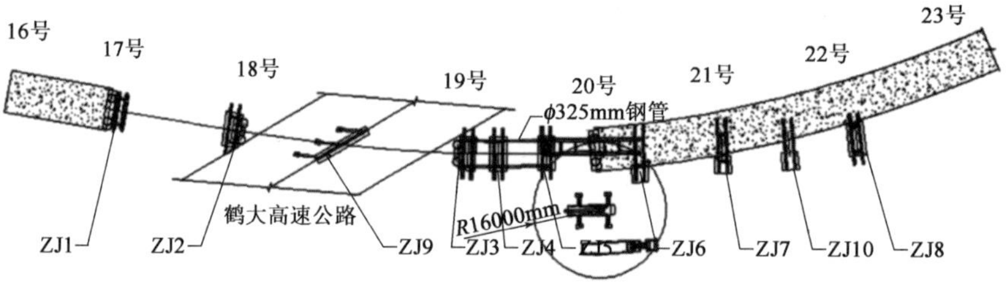

图 4-6-14　吊装 D-AN 分段

(2)吊装 D-AW 分段(图 4-6-15),调整高程、里程、轴线,定位。

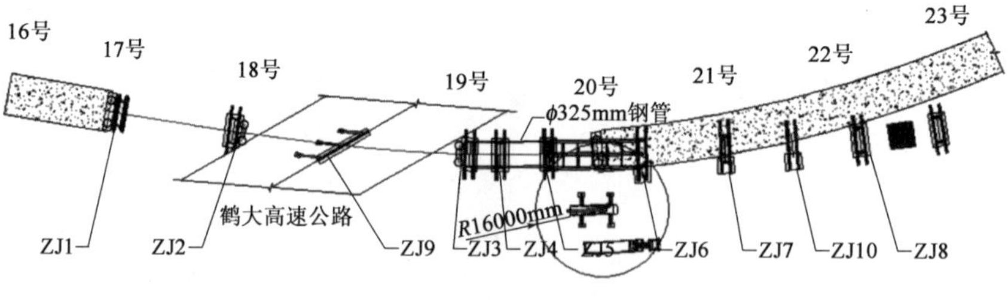

图 4-6-15　吊装 D-AW 分段

(3)依次吊装 D-AW 后续分段(图 4-6-16),调整高程、里程、轴线,定位,完成纵缝焊接及环口焊接。

(4)安装悬臂模板(图 4-6-17),调整高程,定位,焊接。

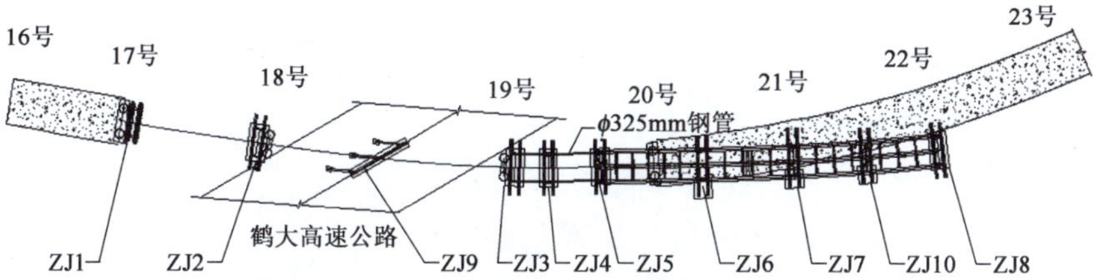

图4-6-16 吊装D-AW后续分段

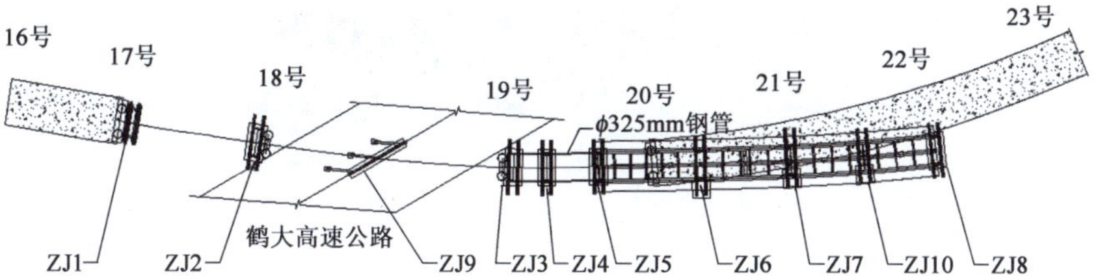

图4-6-17 安装悬臂模板

(5)吊装导梁,导梁超出支架ZJ4的距离为5.2m,调整高程、里程、轴线,定位,与箱梁焊接。

(6)顶推至52m时,吊装B2制作段,调整高程、里程、轴线,定位,完成纵缝焊接及环口焊接。

8.钢箱梁顶推施工

钢箱梁在顶推过程中受力变化复杂,梁段截面要多次承受交替变化的正负弯矩,尤其是开口钢箱梁要充分考虑整体施工抗倾覆稳定性和梁体局部稳定、应力集中、构件疲劳等问题。受山区复杂地形和既有高速公路、铁路布线控制,黎明互通DK1+135.4匝道桥线形为小半径曲线和大纵坡叠合,在国内桥梁顶推施工中未见同类案例。

(1)顶推设备安装

①滑道及纠偏装置安装(图4-6-18)

采用带橡胶板的聚四氟乙烯滑板,滑块最下层为聚四氟乙烯板,上层为橡胶层,滑块与钢箱梁底面直接接触。聚四氟乙烯板表面涂硅脂油以减少拖拉摩阻力,滑道表面保持清洁并避免划伤。滑块在拖拉过程中承受的最大压力不超过10MPa。在拖拽过程中,滑块始终与滑枕上覆盖的不锈钢钢板之间滑动。聚四氟乙烯滑板与不锈钢钢板的滑动摩擦系数约为0.05。

图4-6-18 顶推施工滑道及纠偏装置

微创新技术——可移动后挂式拉锚器(图4-6-19):该拉锚器直接悬挂在钢箱梁尾部,可横向移动。在顶推过程中,可以随时调整横向位置,确保顶推方向与钢箱梁曲线切线方向一致。

图4-6-19　钢箱梁顶推设备安装(拉锚器)

采用纠偏千斤顶布置在钢梁横向两侧,起到限位作用。当中线偏差超过10mm时,利用纠偏千斤顶主动顶紧。

②后锚点布设安装(图4-6-20~图4-6-22)

后锚点共计7处,编号为MD1~MD7,其中MD1~MD6为固定锚,MD7为活动锚,固定式拉锚器采用高强螺栓与钢箱梁底板栓接,钢箱梁尾部采用悬挂可活动式后锚点。

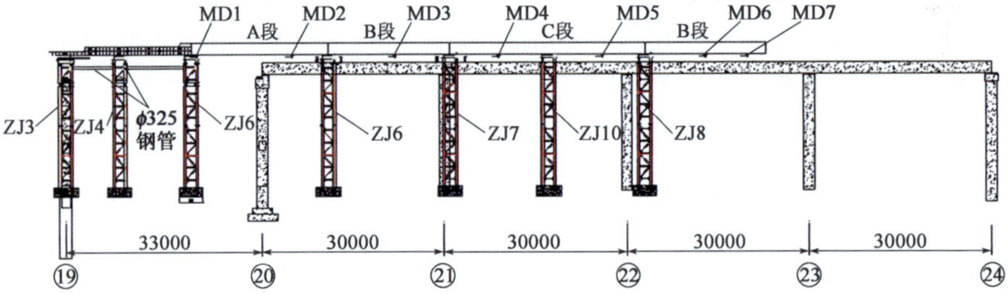

图4-6-20　后锚点安装示意图(尺寸单位:mm)

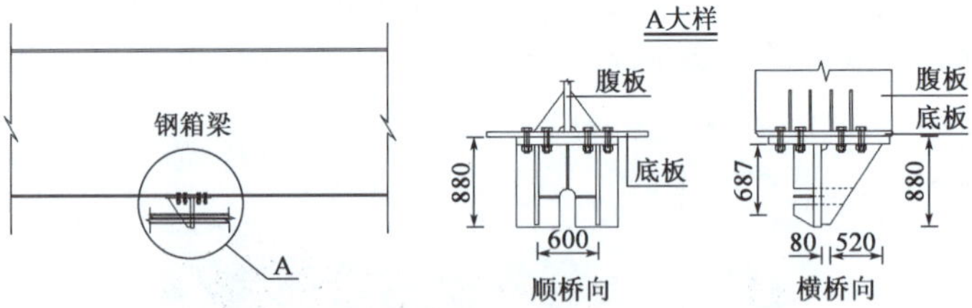

图4-6-21　固定后锚点安装示意图(尺寸单位:mm)

③牵引千斤顶

配备一个200t自动连续顶推千斤顶,千斤顶固定在ZJ3顶部。自动连续顶推千斤顶由双主顶组成,即每个主顶都带有导管部件、夹持器和传感器支架,主顶提供能拉动重物的动力,导管部件用于梳理钢绞线,夹持器用于夹紧钢绞线,传感器支架上装有传感器,控制系统通过控制千斤顶活塞的伸缩来控制夹持器夹紧或放松钢绞线等动作。

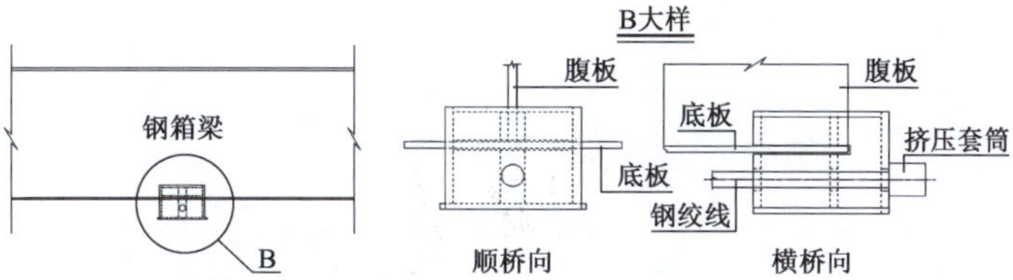

图 4-6-22　活动后锚点安装示意图

(2)顶推施工作业流程

钢箱梁节段拼装成整体安装导梁后,采用连续顶推千斤顶拖拽,千斤顶通过预应力钢绞线与后锚点连接,将梁段顶推就位后整体落梁(图 4-6-23)。根据摩阻力大小及现有设备情况,采用 1 台 200t 连续顶推千斤顶,顶推速度约为 0.2m/min。单个千斤顶配 6 根 ϕ15.2mm 预应力钢绞线。在顶推支架上将钢绞线从牵引千斤顶内穿过,钢绞线尾部采用 P 型锚固定在活动式后锚点孔内,钢绞线从距离最近的固定式后锚点中间穿过。

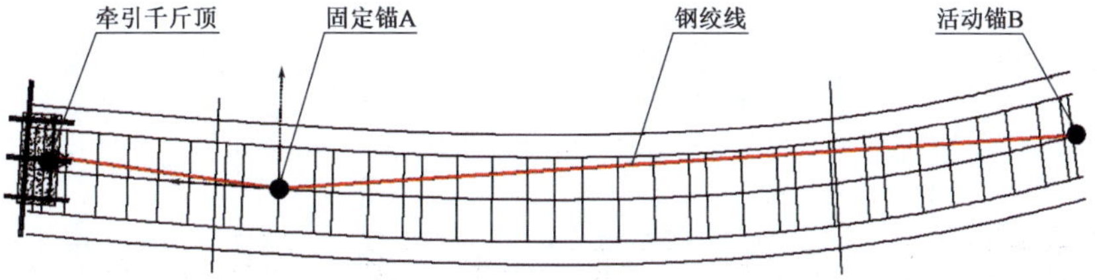

图 4-6-23　顶推施工原理示意图

钢箱梁和导梁连接完毕后降低支撑用沙箱,使钢梁和导梁落在滑道上面,固定纠偏设备,撤出沙箱,降落时多点同时进行,每次降落不超过 2cm,落梁高度 100mm(图 4-6-24)。

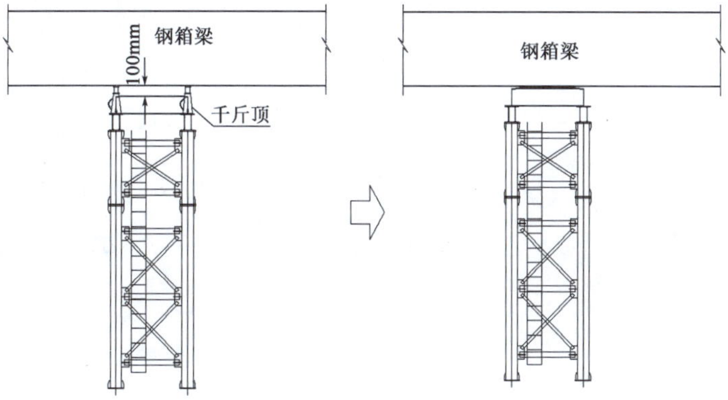

图 4-6-24　钢箱梁落位示意图

首先进行人工手动试顶推,试顶推距离为 3 ~ 5m,待设备检查无误后进行正式顶推,具体施工作业流程见图 4-6-25。

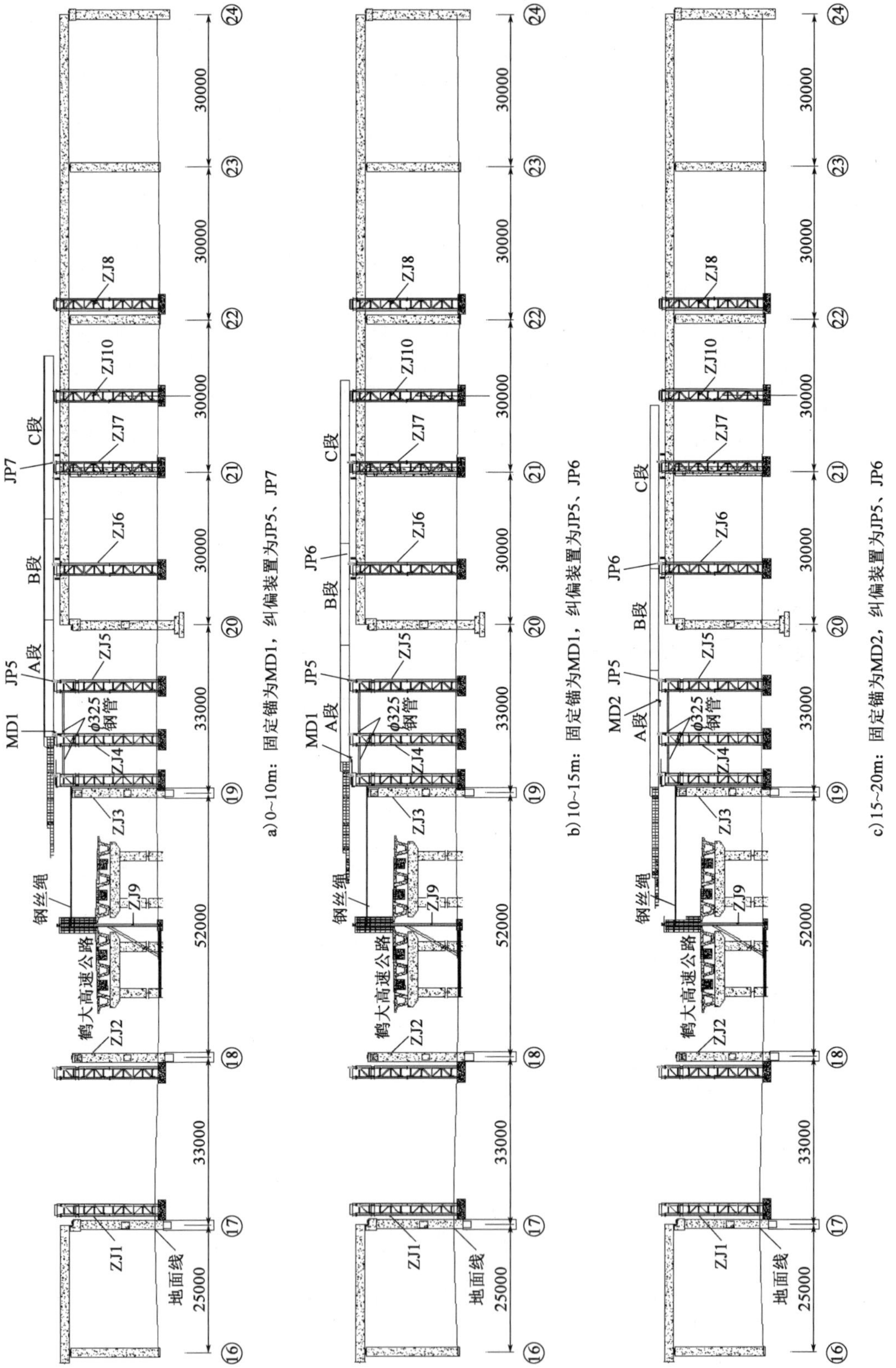

a) 0~10m：固定锚为MD1，纠偏装置为JP5、JP7

b) 10~15m：固定锚为MD1，纠偏装置为JP5、JP6

c) 15~20m：固定锚为MD2，纠偏装置为JP5、JP6

图 4-6-25

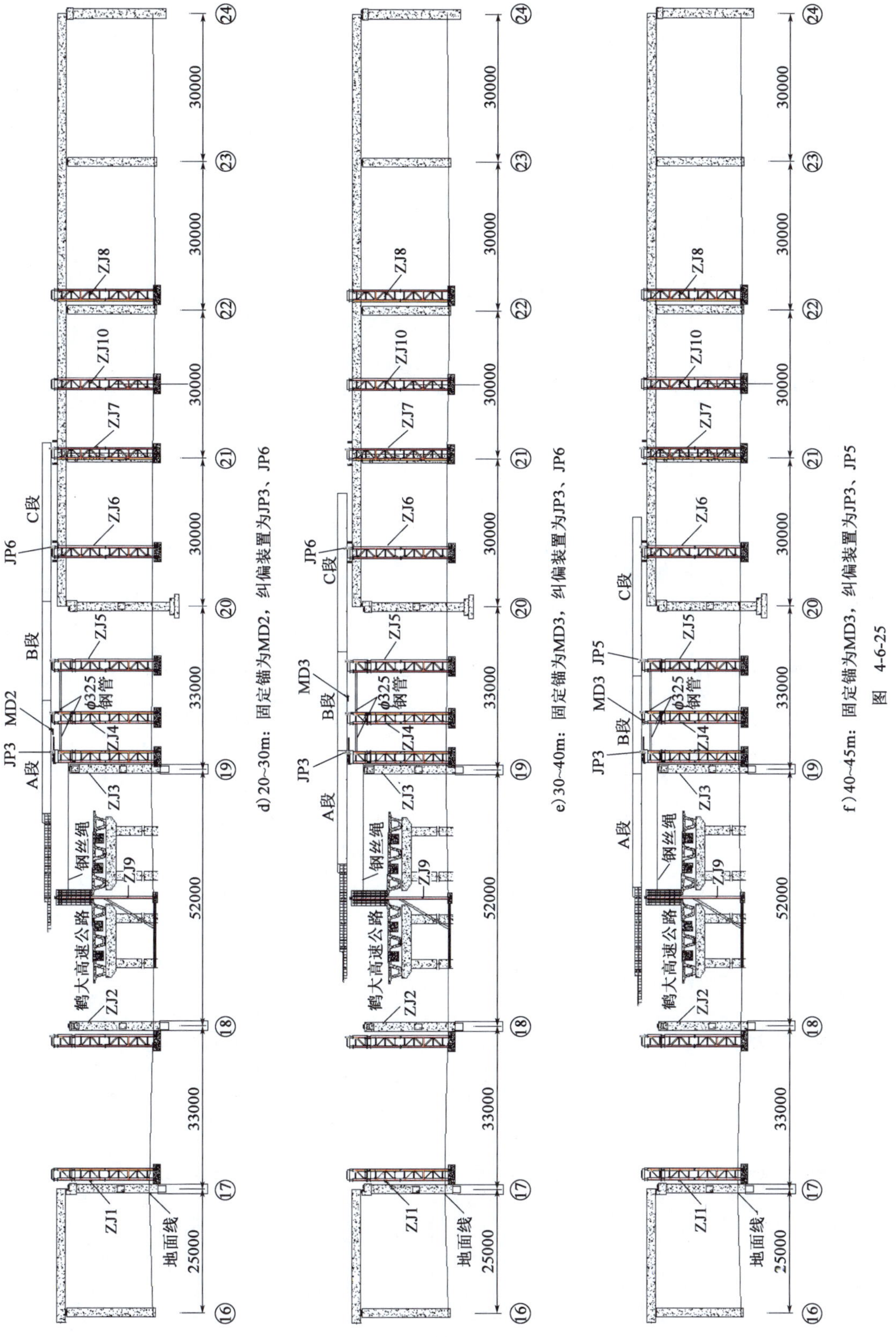

d) 20~30m：固定锚为MD2，纠偏装置为JP3、JP6

e) 30~40m：固定锚为MD3，纠偏装置为JP3、JP6

f) 40~45m：固定锚为MD3，纠偏装置为JP3、JP5

图 4-6-25

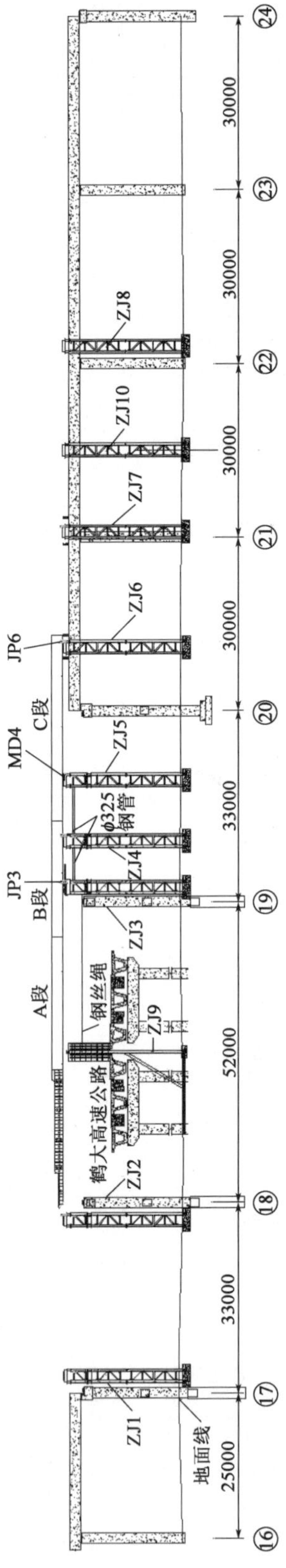

g) 45~52m：固定锚为MD4，纠偏装置为JP3、JP6

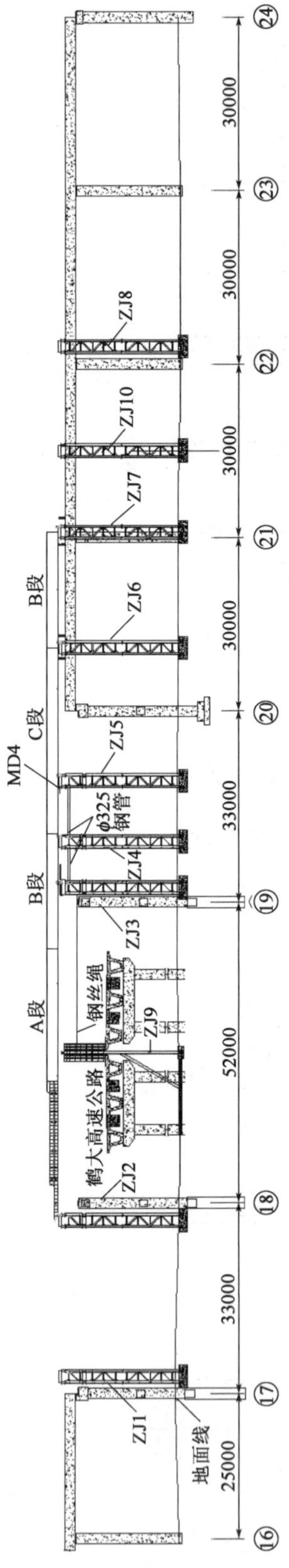

h) 吊装制作段B，调节高程，焊接

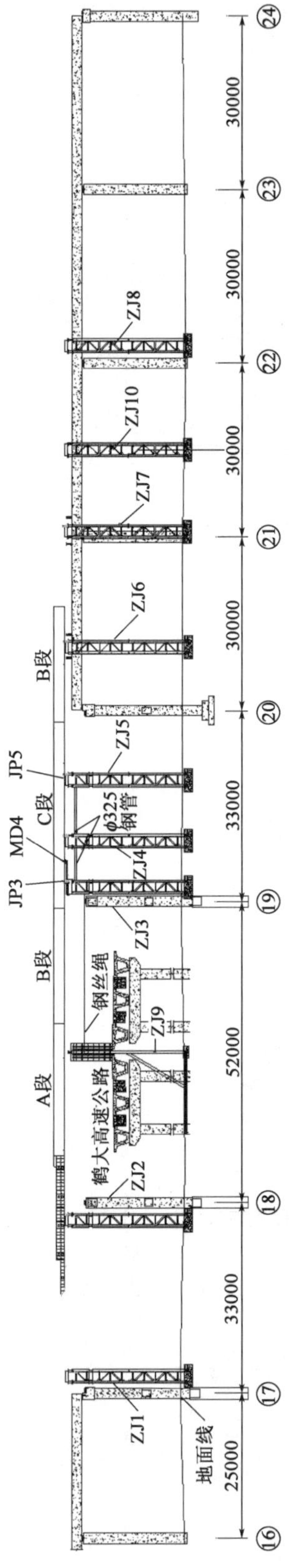

i) 52~65m：固定锚为MD4，纠偏装置为JP3、JP5

图 4-6-25

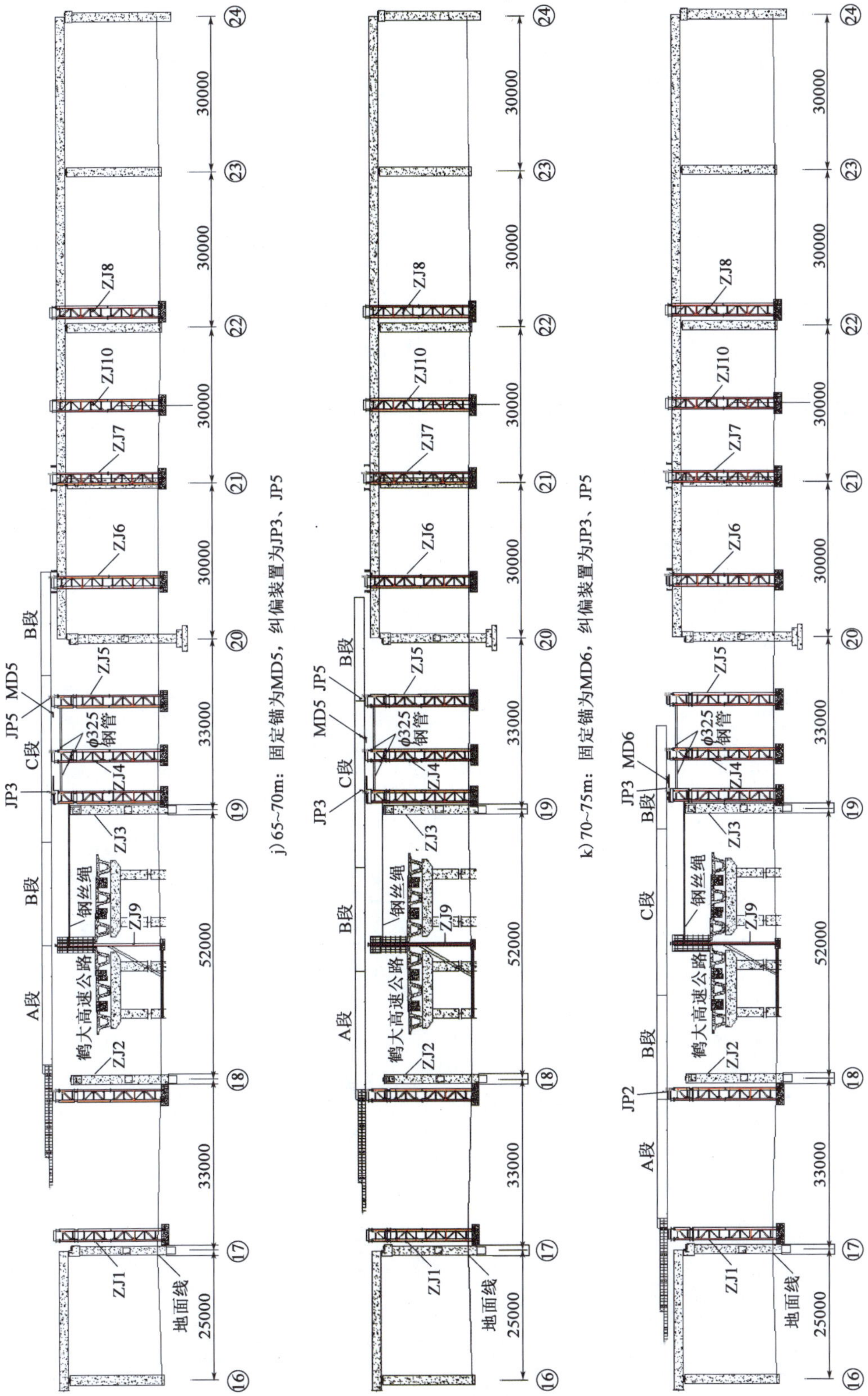

j) 65~70m：固定锚为MD5，纠偏装置为JP3、JP5

k) 70~75m：固定锚为MD6，纠偏装置为JP3、JP5

l) 75~100m：固定锚为MD6，纠偏装置为JP3、JP2

图 4-6-25

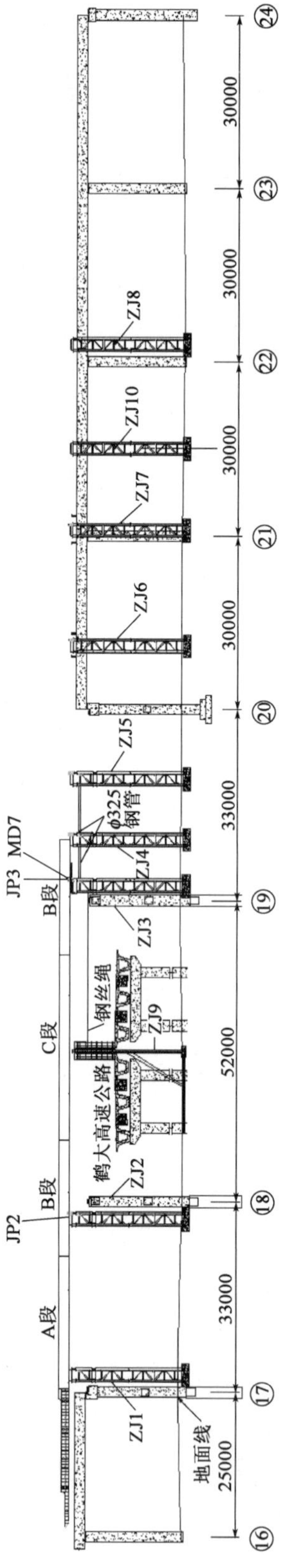

m) 100m至顶推完成：仅使用活动锚MD7，纠偏装置为JP3、JP2

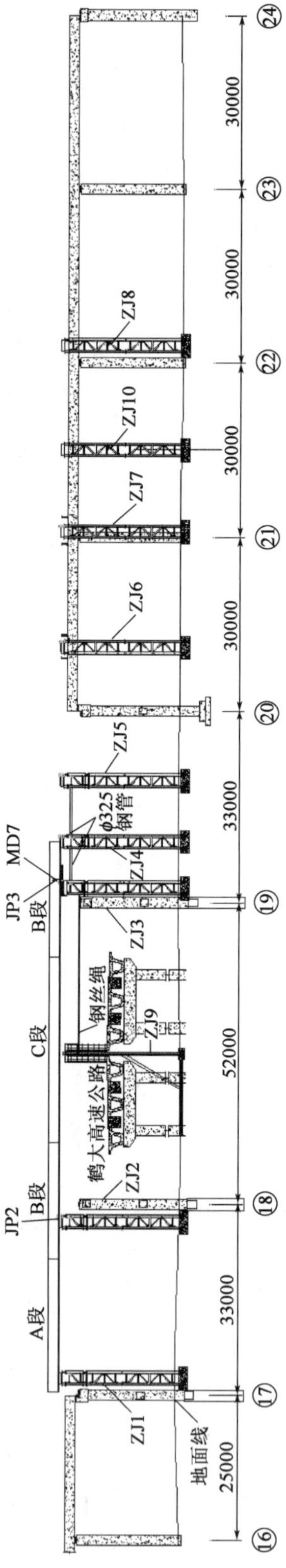

n) 最后拆除导梁，进行落梁作业

图4-6-25 顶推施工作业流程图(尺寸单位：mm)

(3)顶推安装定位

顶推至52m,按预定工序吊装B2制作段,调整高程、轴线,定位(图4-6-26)。

图4-6-26　钢箱梁顶推调整和定位

9. 钢箱梁顶推监控

顶推过程中监测对象为主梁、导梁和临时支撑(图4-6-27),测点包括应力测点和变形测点两类。测点命名规则:①应力测点示例:SS01-B-UF,500。测点编号为SS01,B表示梁构件(C表示柱构件),UF表示截面上翼缘位置(W表示截面腹板位置,DF表示截面下翼缘位置),500表示距离主梁梁端500mm。②变形测点示例:DE03-B,500。测点编号为DE03(DE为挠度测点,SP为水平变形测点),B表示梁构件(C表示柱构件),500表示距离主梁梁端500mm。梁构件测点位置均以主梁梁端为参照,柱构件测点位置均以地面高程为参照。

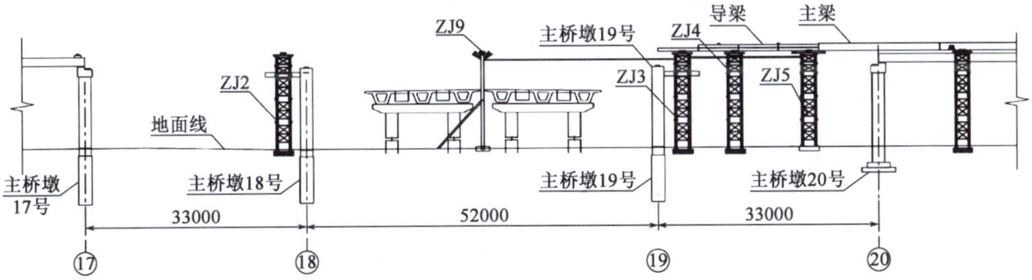

图4-6-27　监测对象图(尺寸单位:mm)

(1)应力测点布设

主梁应力测点共6个,编号为SS01～SS06。测点布置在主梁靠近导梁的交接处,每个测点布置1个应变计。测点立面布置如图4-6-28所示,详图如图4-6-29所示。

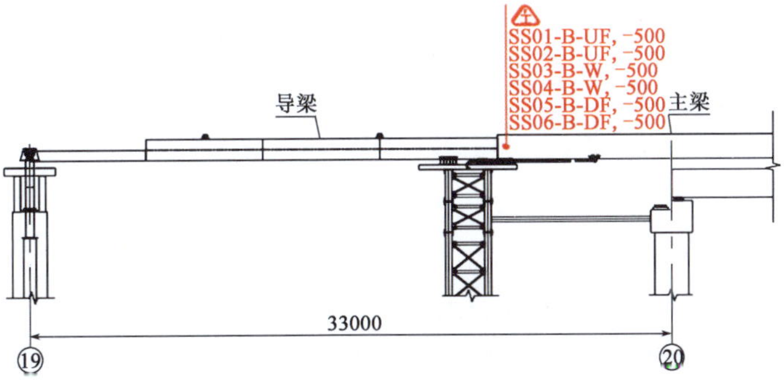

图4-6-28　主梁测点立面布置图(尺寸单位:mm)

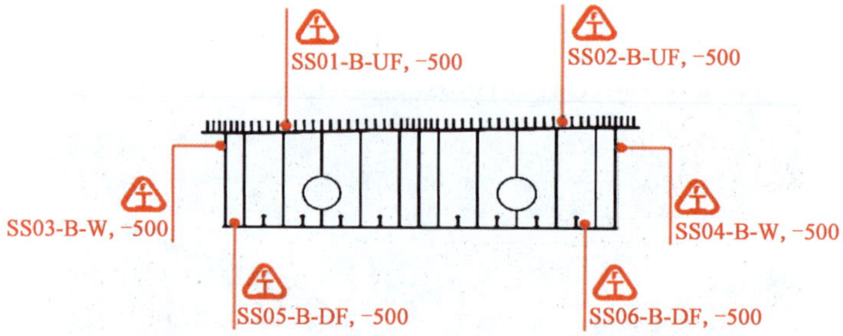

图 4-6-29　主梁测点详图

导梁应力测点共 8 个,编号为 SS07 ~ SS14。测点布置在导梁靠近主梁的交接处以及导梁跨中位置,每个测点布置 1 个应变计。测点立面布置如图 4-6-30 所示,测点详图如图 4-6-31所示。

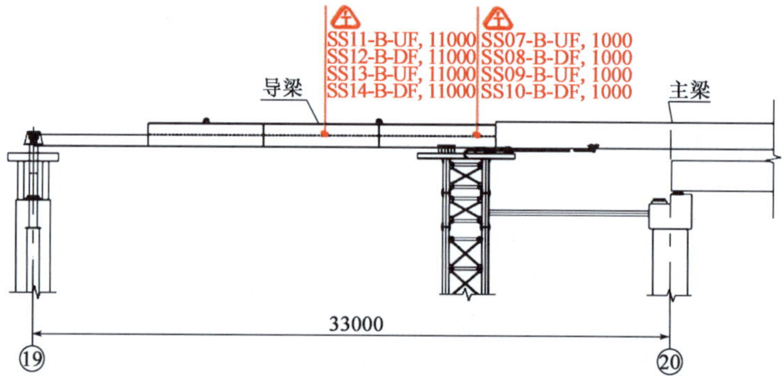

图 4-6-30　导梁测点立面布置图(尺寸单位:mm)

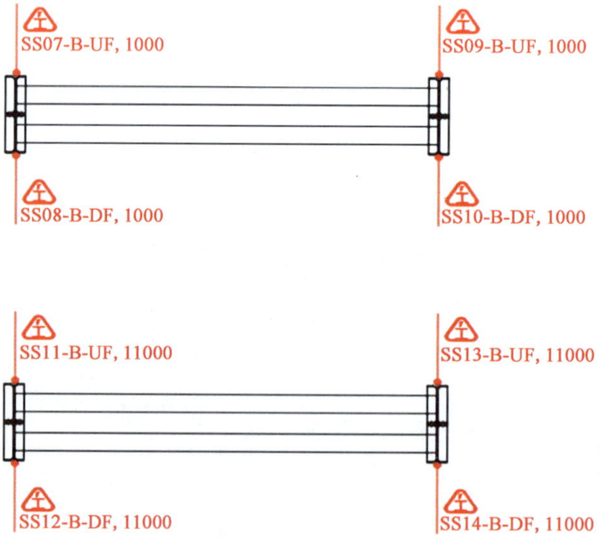

图 4-6-31　导梁测点详图

临时支架应力测点共 16 个,编号为 SS15 ~ SS30。测点位于临时支架 ZJ2、ZJ3、ZJ5 和 ZJ9 上,每个测点布置 1 个应变计。测点详图如图 4-6-32 ~ 图 4-6-35 所示。

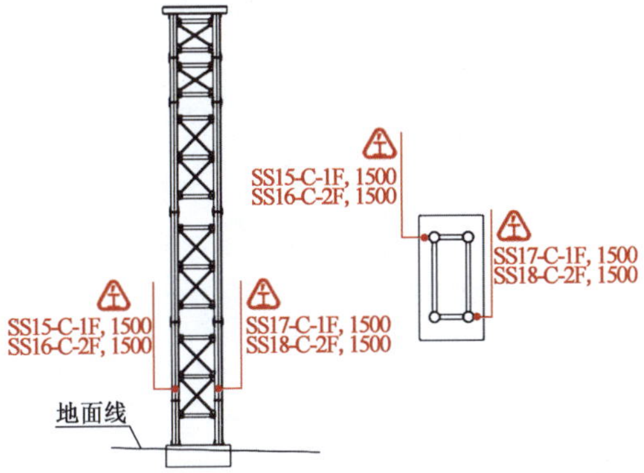

图 4-6-32　临时支架 ZJ2 应力测点布置图

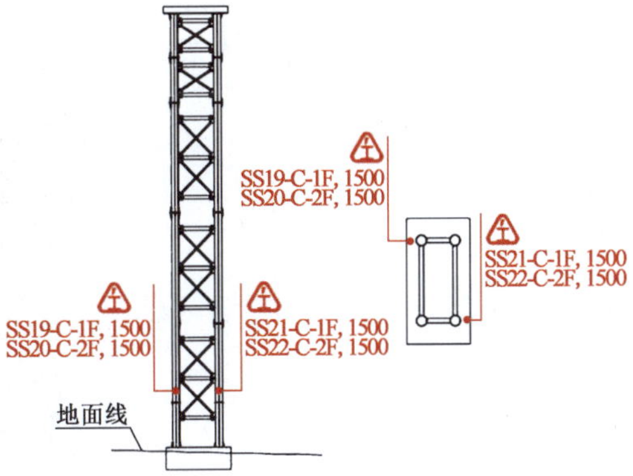

图 4-6-33　临时支架 ZJ3 应力测点布置图

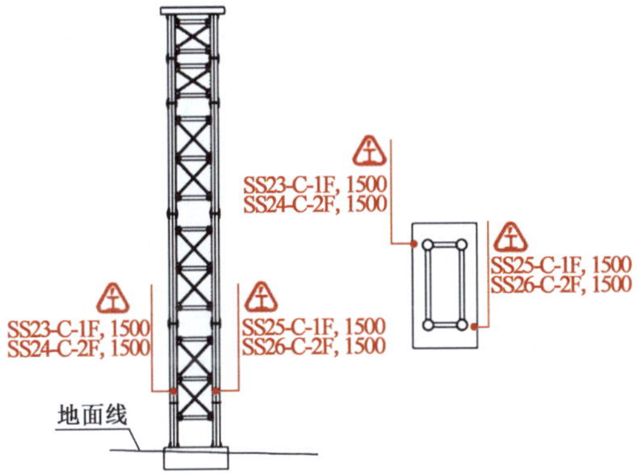

图 4-6-34　临时支架 ZJ5 应力测点布置图

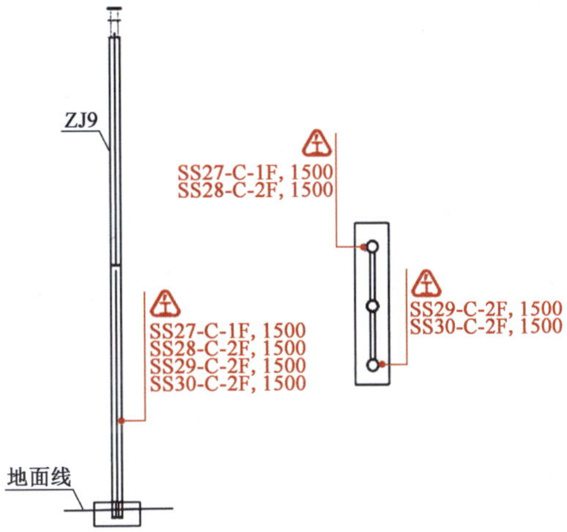

图 4-6-35　临时支架 ZJ9 应力测点布置图

(2)导梁挠度测点布设

导梁挠度测点共计 3 个,编号为 DE01 ~ DE03。每个测点布置 1 个倾角计。测点立面布置如图 4-6-36 所示。

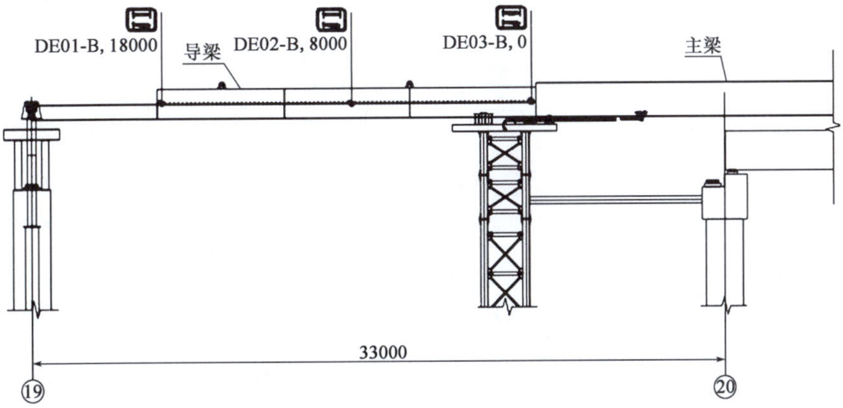

图 4-6-36　导梁挠度测点立面布置图(尺寸单位:mm)

临时支架倾斜测点共计2个,编号为SP04~SP05。测点位于临时支架ZJ3上,每个测点布置1个倾角计。测点立面布置如图4-6-37所示。

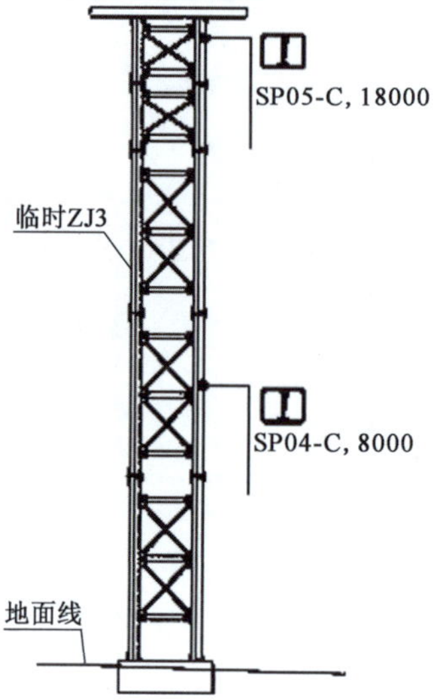

图4-6-37 临时支架ZJ3倾斜测点立面布置图

(3)采集箱和监测传感设备布设

监测传感器与采集箱采用四芯屏蔽电缆线有线连接方式,按照电缆线总长最短原则,采集箱布置位置及其覆盖测点范围如图4-6-38所示。采集箱共计3个,每个采集箱连接的测点编号见表4-6-3。监测设备采用有线数据采集方式,采集器到基站采用无线通信进行数据传输,监测基站数据实时传输,关键施工步骤现场可视化操作。

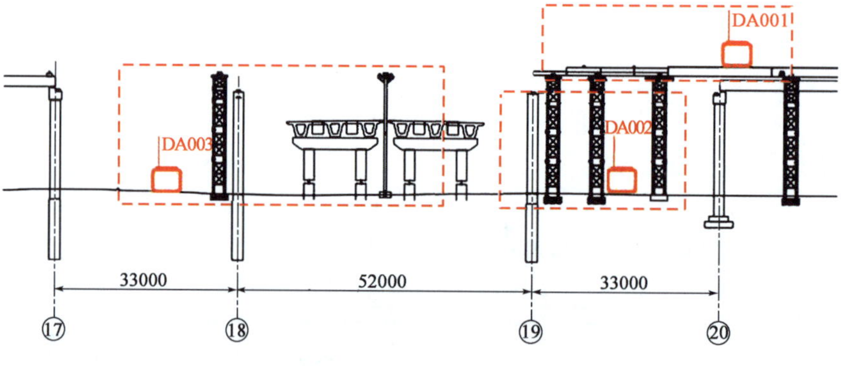

图4-6-38 采集箱布置图(尺寸单位:mm)

测点统计表 表4-6-3

采集箱编号	测点编号		通道数
	应力测点	变形测点	
DA001	SS01~SS06、SS07~SS14	DE01~DE03	6+8+3×2=20
DA002	SS19~SS26	SP04、SP05	8+2×2=12
DA003	SS15~SS18、SS27~SS30	—	8

注:每个应力测点占用1个通道,每个变形测点占用2个通道。

(4)应力监控

因现场条件限制,钢箱梁整个滑移过程在 4 个工作日完成。钢箱梁的实际滑移过程见表 4-6-4。

钢箱梁滑移过程　　表 4-6-4

日　期	时　刻	施 工 步 骤	备　注
6 月 12 日	14:30	开始滑移	试顶推
	15:30	钢箱梁滑移 5m	
6 月 18 日	07:30	开始滑移	在 13:50 时,导梁的右侧(滑移前进方向)先至 ZJ9,之后现场进行纠偏
	08:00	钢箱梁滑移至 ZJ4	
	09:20	钢箱梁滑移至 ZJ3	
	16:20	钢箱梁滑移至 ZJ9	
6 月 20 日	15:00	开始滑移	
	18:00	钢箱梁滑移 25m	钢箱梁接近 ZJ2
6 月 28 日	09:20	开始滑移	
	18:00	钢箱梁就位	

①主梁监控

6 月 12 日 14:30 钢箱梁正式开始滑移,测点的实际应力值如图 4-6-39 和图 4-6-40 所示。

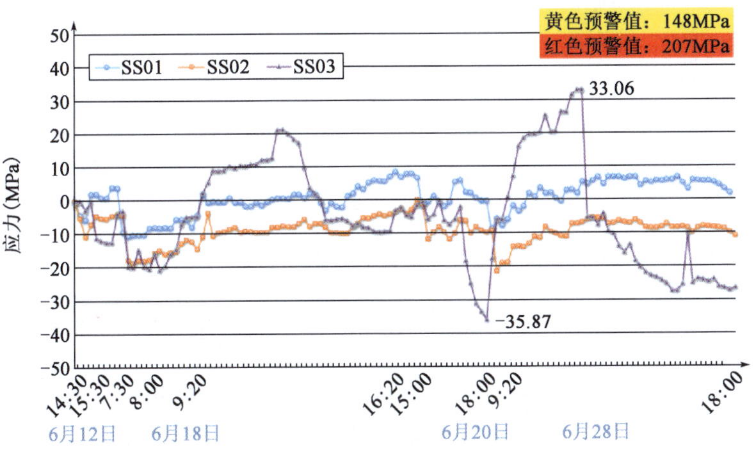

图 4-6-39　SS01 ~ SS03 应力图

由图 4-6-39、图 4-6-40 可知:

6 月 12 日 14:30—15:30,钢箱梁试顶推滑移了 5m(即钢箱梁由原位置 ZJ5 向前滑移 5m),SS01 ~ SS06 的应力值变化范围为 −20 ~ 10MPa,小于黄色预警值 148MPa,钢箱梁处于安全状态。

6 月 18 日 07:30—09:20,SS01 ~ SS06 的应力值绝对值变化趋势为先增大后减小。其原因为钢箱梁由 ZJ5 滑移至 ZJ3,钢箱梁经历了从有支撑到无支撑再到有支撑的过程,钢箱梁测点区域由多点支撑梁的梁端变化为梁跨中再变化为梁端,即可以判断 SS01 ~ SS06 的应力值绝对值变化趋势为先增大后减小。

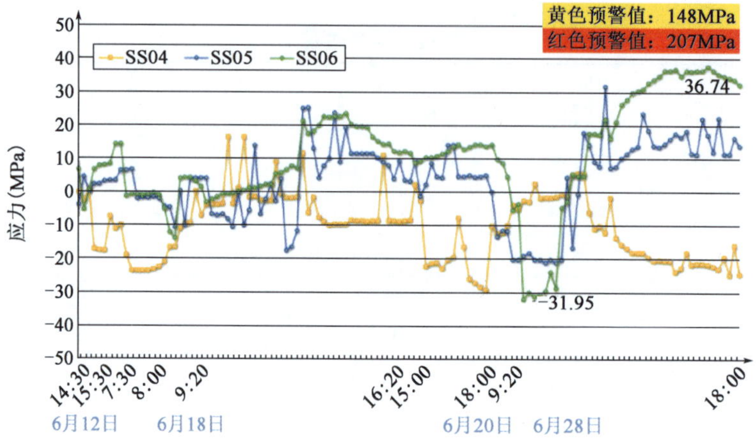

图 4-6-40　SS04 ~ SS06 应力图

6 月 18 日 09:20—16:20,钢箱梁由悬臂状态变化成多点支撑状态,因此 SS01 ~ SS06 应力值最初变化较为平稳,之后由于导梁右侧先滑移(按照滑移前进方向)至 ZJ9,现场对钢箱梁位置进行纠偏,受现场操作因素影响,SS01 ~ SS06 应力值变化趋势无规律。

6 月 20 日 15:00—18:00,钢箱梁滑移至接近 ZJ2 的位置,SS01 ~ SS03 应力值绝对值最大为 35.87MPa,SS04 ~ SS06 应力值绝对值最大为 29.07MPa,小于黄色预警值 148MPa,钢箱梁处于安全状态。

6 月 28 日 09:20—18:00,钢箱梁滑移就位,滑移过程中 SS01 和 SS02 变化平稳,SS03 ~ SS06 应力值绝对值先逐渐增大后变化平稳,应力值最大为 36.74MPa,小于黄色预警值 148MPa,钢箱梁处于安全状态。

②导梁监控

导梁测点的实际应力值如图 4-6-41 和图 4-6-42 所示。

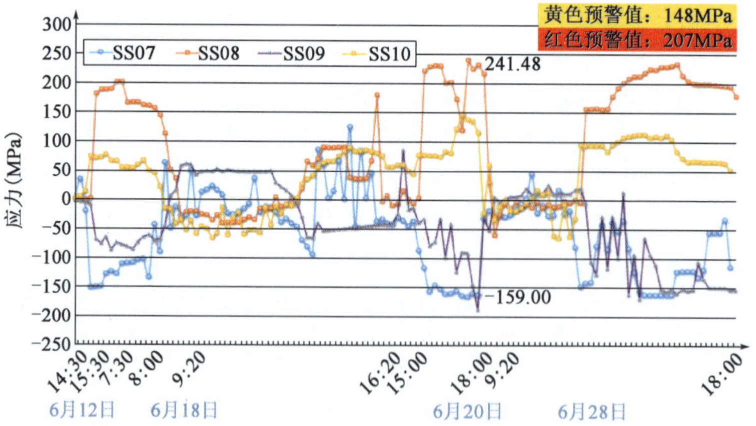

图 4-6-41　SS07 ~ SS10 应力图

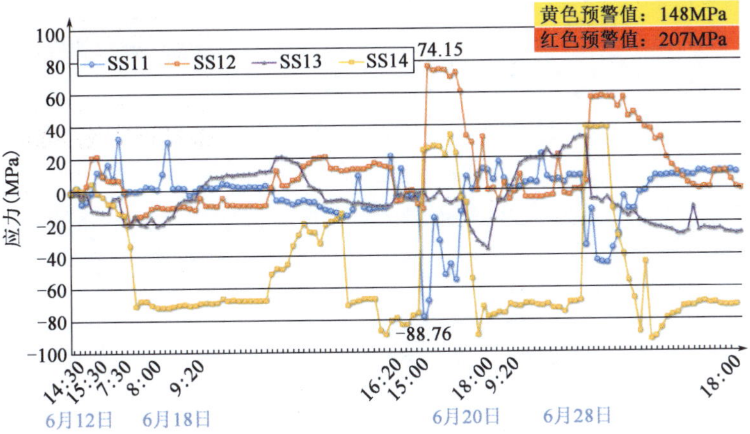

图4-6-42 SS11～SS14应力图

由图4-6-41、图4-6-42可知：

6月12日14:30—15:30，钢箱梁试顶推滑移了5m（即钢箱梁由原位置ZJ5向前滑移5m），SS07和SS08应力值符号相反且应力值绝对值都增大，SS07应力值绝对值最大为147.98MPa，SS08最大值为181.96MPa；SS09和SS10应力值符号相反且应力值绝对值都增大，SS09应力值绝对值最大为67.41MPa，SS10最大值为75.48MPa；SS11～SS14应力都较小，应力最大值出现在SS12处，为22.25MPa。SS07应力最值接近于黄色预警值148MPa，SS08应力最值介于黄色预警值与红色预警值之间，SS09～SS14应力值均小于黄色预警值148MPa。SS07、SS08应力值分别大于SS09、SS10，说明导梁右侧（滑移前进方向）高度比左侧偏低。

6月18日07:30—09:20，SS07和SS08应力值的绝对值先增大后减小，因为此时钢箱梁从ZJ5滑移至ZJ3，应力的变化原理与主梁监测中第二点相同，SS08应力值绝对值最大为202.09MPa，介于黄色预警值与红色预警值之间；SS09和SS10应力值绝对值最大为85.18MPa，小于黄色预警值148MPa；在SS11～SS14中，测点SS14应力值波动较大，其应力值绝对值最大为70.23MPa，小于黄色预警值148MPa。此时导梁右侧（滑移前进方向）高度仍然比左侧偏低，现场应及时采取措施，保证导梁两侧高度相同。

6月18日09:20—16:20，SS07～SS10应力值绝对值最大为93.03MPa；SS11～SS14应力值绝对值为88.76MPa，小于黄色预警值148MPa，导梁处于安全状态。

6月20日15:00—18:00，钢箱梁从ZJ9滑移至ZJ2过程中，SS08的应力值最大，达到了241.18MPa，超过了红色预警值207MPa。现场及时发布预警暂停施工，查明原因是导梁右侧（滑移前进方向）高度比左侧偏低，现场调整高差后，SS08的应力值减小，导梁继续滑移至ZJ9时，SS08的应力值为30.38MPa，小于黄色预警值148MPa，导梁处于安全状态。

6月28日09:20—18:00，SS08的应力值最大，达到了235.32MPa。现场及时发布预警暂停施工，立即调整钢箱梁高差，SS08的应力值减小为200.63MPa，小于红色预警值207MPa。

③临时支架监控

临时支架测点的实际应力值如图4-6-43～图4-6-46所示。

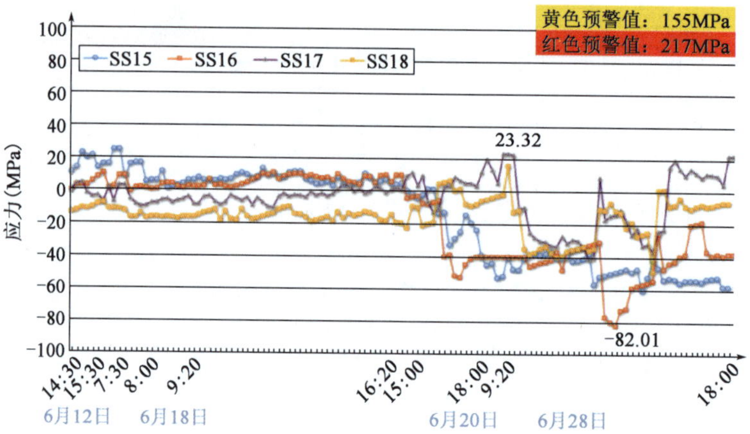

图 4-6-43　ZJ2 测点 SS15 ~ SS18 应力图

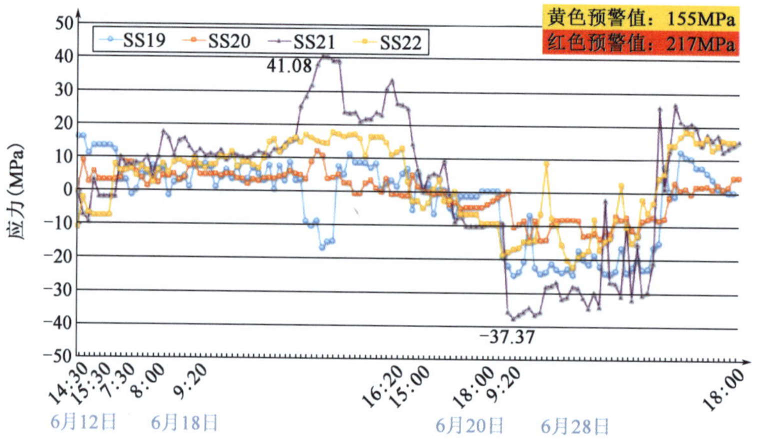

图 4-6-44　ZJ3 测点 SS19 ~ SS22 应力图

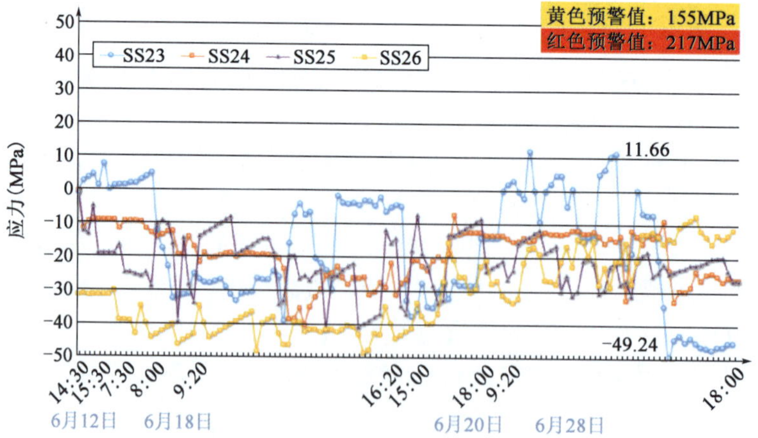

图 4-6-45　ZJ5 测点 SS23 ~ SS26 应力图

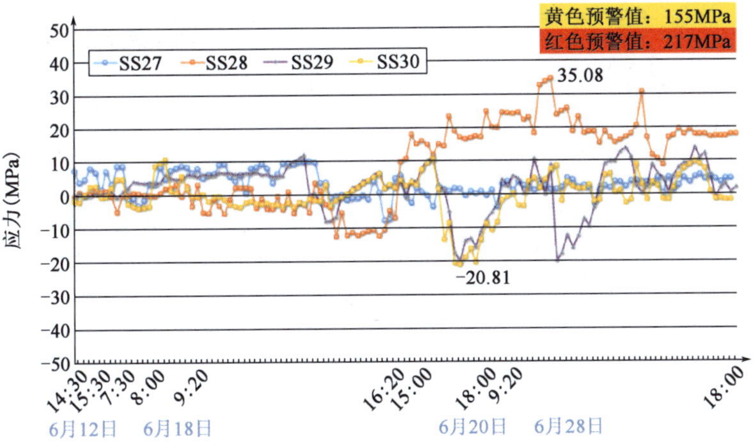

图 4-6-46　ZJ9 测点 SS27 ~ SS30 应力图

由图 4-6-43 ~ 图 4-6-46 可知：

6 月 12 日 14:30—15:30，钢箱梁试顶推滑移了 5m（即钢箱梁由原位置 ZJ5 向前滑移 5m），ZJ2、ZJ3 和 ZJ9 应力变化平稳，此时钢箱梁还未滑移至 ZJ3；ZJ5 的测点应力值绝对值最大为 31.10MPa，小于黄色预警值 155MPa，临时支架处于安全状态。

6 月 18 日 07:30—09:20，ZJ2、ZJ3 和 ZJ9 应力变化平稳，此时钢箱梁还未滑移至 ZJ3；ZJ5 的测点应力值绝对值最大为 44.06MPa，小于黄色预警值 155MPa，临时支架处于安全状态。

6 月 18 日 09:20—16:20，ZJ2 和 ZJ9 应力变化平稳，钢箱梁还未滑移至 ZJ9；此时 ZJ3 和 ZJ5 共同受力，ZJ3 和 ZJ5 的测点应力值绝对值最大为 48.55MPa，小于黄色预警值 155MPa，临时支架处于安全状态。

6 月 20 日 15:00—18:00，ZJ2、ZJ3、ZJ5 和 ZJ9 的测点应力值绝对值最大为 52.74MPa，小于黄色预警值 155MPa，临时支架处于安全状态。

6 月 28 日 09:20—18:00，ZJ2、ZJ3、ZJ5 和 ZJ9 的测点应力值绝对值最大为 82.01MPa，小于黄色预警值 155MPa，临时支架处于安全状态。

（5）变形监控

①导梁挠度

导梁的挠度测点布置如图 4-6-47 所示，测点的实际变形值如图 4-6-48 所示。

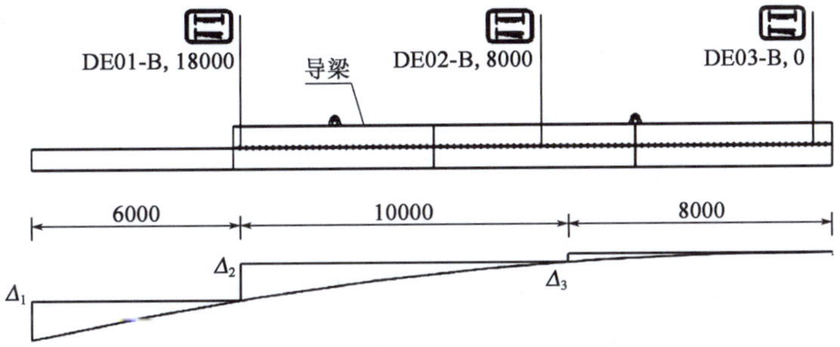

图 4-6-47　导梁挠度示意图（尺寸单位：mm）

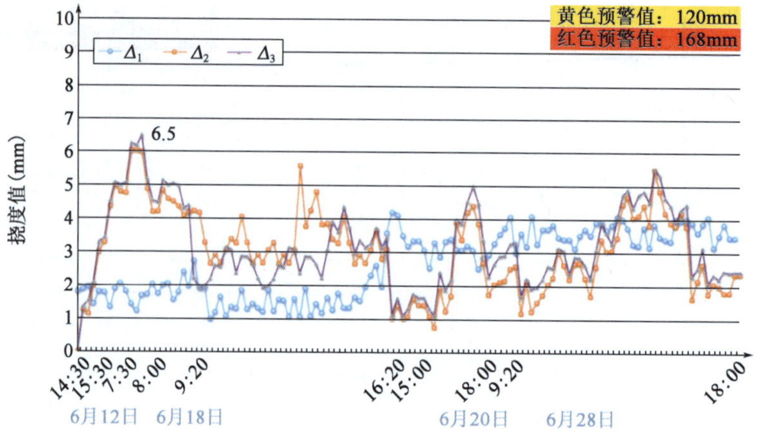

图 4-6-48　Δ_1 ~ Δ_3 挠度值

由图 4-6-47 和图 4-6-48 可知：

6 月 18 日 07:30—09:20，钢箱梁从 ZJ5 滑移至 ZJ3，Δ_2 和 Δ_3 的变化趋势一致，都是先增大后减小，说明钢箱梁刚脱离 ZJ5 时，导梁的挠度增大，在逐渐接近 ZJ3 时，导梁的挠度减小。在整个钢箱梁滑移过程中，钢箱梁的分段挠度值最大为 6.5mm，小于黄色预警值 120mm，导梁处于安全状态。

②临时支架倾斜

临时支架的倾斜测点实际变形值如图 4-6-49 所示。

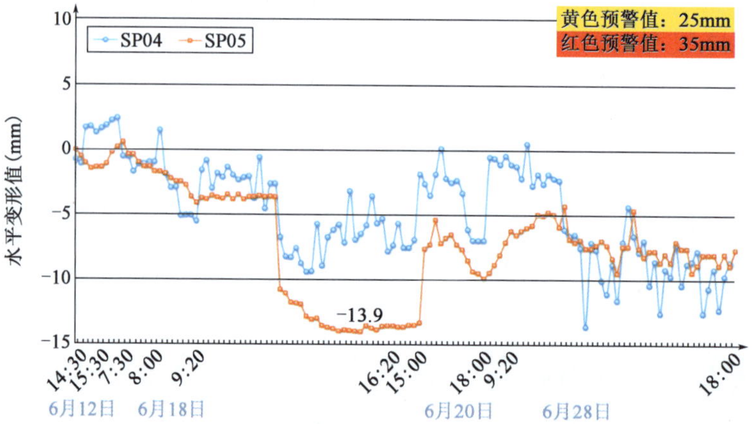

图 4-6-49　ZJ3 测点 SP04、SP05 水平变形

注：图中负值代表 ZJ3 向钢箱梁滑移方向倾斜。

由图 4-6-49 可知：

钢箱梁滑移过程中，测点 SP04 和 SP05 出现明显向钢箱梁滑移方向倾斜的趋势，并且倾斜值呈缓慢增大趋势。ZJ3 柱顶的总水平位移 δ 为测点 SP04 与测点 SP05 位移值的和。δ 的绝对值最大为 22.43mm，小于黄色预警值 25mm，临时支撑 ZJ3 处于安全状态。

（6）监控结论

通过钢箱梁顶推施工监测，经结构验算和监测数据分析，可得出以下结论：

最大应力：在整个施工过程中，主梁的最大拉应力出现在测点SS06，其值为36.74MPa；最大压应力出现在测点SS03，其值为35.87MPa。主梁的应力值小于黄色预警值148MPa，主梁处于安全状态。导梁的最大拉应力出现在测点SS08，其值为241.48MPa；最大压应力出现在测点SS09，其值为159.00MPa。现场预警后及时调整，控制应力最值小于红色预警值207MPa。临时支架最大拉应力出现在测点SS21，其值为41.08MPa；最大压应力出现在测点SS23，其值为49.24MPa。临时支架的应力值小于黄色预警值155MPa，临时支架处于安全状态。

结构变形：在整个施工过程中，导梁的挠度值最大为6.5mm，小于黄色预警值120mm，导梁处于安全状态；ZJ3柱顶的总水平位移δ绝对值最大为2.43mm，小于黄色预警值25mm，临时支架ZJ3处于安全状态。

综上，钢箱梁顶推过程中针对墩台和临时墩承受的竖直荷载和水平推力产生的竖向、水平位移和应力变化，主梁和导梁控制截面的挠度和应力变化指标等均进行了全程监测。监测结果显示，主梁、导梁应力、变形等指标均处于安全合理范围，结构处于稳定安全状态。顶推方案有效规避了施工风险，施工组织高效，对于同类复杂体系钢箱梁架设安装有很强的借鉴意义。

10. 钢箱梁落梁施工

落梁是顶推施工的最后环节，利用千斤顶和钢管立柱轮流支撑完成。利用ZJ1、ZJ2、ZJ3上第一平台与第二平台间的4根钢管立柱，然后利用千斤顶顶起钢箱梁，依次抽出支架顶层平台上的滑道及横梁。再利用4根钢管立柱，用两个千斤顶辅助，交替采用钢管立柱及千斤顶降低钢管立柱高程的方法，将钢箱梁缓慢降落至设计位置。钢箱梁落梁支架布置如图4-6-50所示。

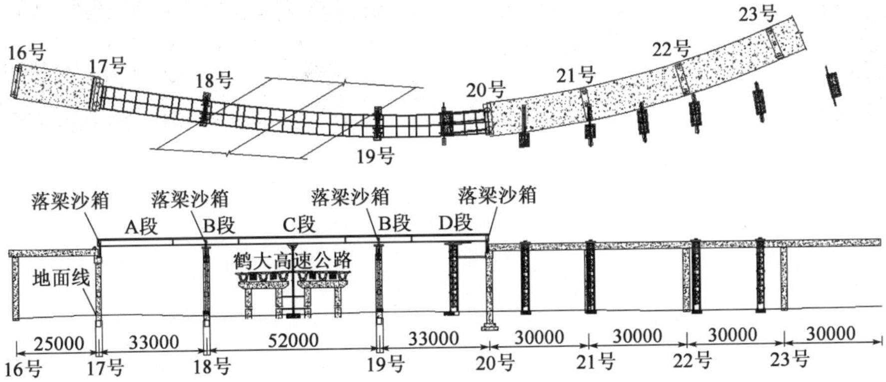

图4-6-50 钢箱梁落梁支架布置图（尺寸单位：mm）

（1）对钢箱梁轴线偏距及纵向偏差进行测量，在下层平台上放出设计钢箱梁底外边缘位置。拆除鹤大高速公路中间单排支架。

（2）每个临时支架上利用两个200t千斤顶依次将钢箱梁顶起2cm，将滑道拆除，并拆除一道横梁，将横梁下两根立柱接长至钢箱梁顶起前高程 - 3cm 的位置，再降低千斤顶，由接长立柱支撑钢箱梁。然后拆除支架另一侧横梁。一个临时支架更替完毕后再进行另一个支架施工。将钢箱梁顶起 2cm 后，利用起重机拆除钢箱梁下部顶推设备，如滑道、牵引千斤顶、纠偏装置等。千斤顶工作布置如图 4-6-51 所示。

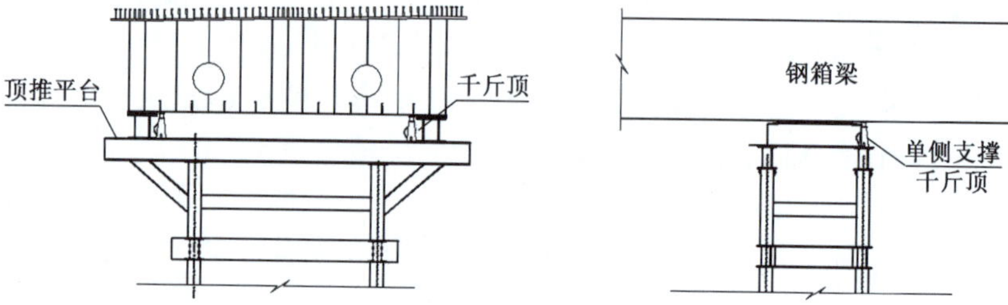

图 4-6-51　千斤顶工作布置图

（3）在多次落梁后，千斤顶下部的立柱顶面至钢箱梁底面距离接近千斤顶最小工作空间时，需进行倒顶作业。首先将千斤顶取出，利用切割设备将两根立柱切掉一段，保证切割后立柱顶面距离钢箱梁底面不大于千斤顶调至最大行程的高度，然后在立柱顶面焊接钢板，确保千斤顶支撑稳定。再放置千斤顶，进行循环落梁施工（图 4-6-52）。

（4）吊装制作段 D，完成环口焊接，整体清理，完成最后一道面漆的施工，拆除沙箱、落梁支撑块、支架等，安装完毕（图 4-6-53）。

图 4-6-52　钢箱梁落梁施工

图 4-6-53　钢箱梁安装就位

11. 混凝土桥面板施工要点

（1）桥面板预制

桥面板预制须按设计要求和有关规范进行，桥面板预留预埋件须仔细核对，不得漏埋、错埋。桥面板平整度符合规定要求。预制板存放临时支点位置与安装后永久支点位置一致。桥面板存放期间，须对外露钢筋采取保护措施，存放时间不得少于 6 个月，以保证混凝土完成设计考虑的收缩徐变量，控制组合梁顶板混凝土浇筑完成后结构应力引起的混凝土早期裂缝问题。研究表明混凝土龄期 180d 可以完成约 80% 的收缩徐变量。

（2）桥面板安装

桥面板安装前须清除外露钢筋的水泥浆等杂物，并进行除锈处理，对每块预制板进行核查。预制板安装时，先将橡胶条牢固粘贴在钢梁上翼缘板外侧。检查橡胶条四周是否压紧，避免浇筑接缝混凝土出现漏浆现象。接缝混凝土浇筑前，应对安装过程中变形的连接钢筋予以校正和调直，对损伤的连接件予以修补。采取有效措施保护好预留预埋件。桥面板吊装就位过程需准确、轻缓，不得损坏剪力钉，更不允许因对位不准确而切割钢筋或剪力钉。

(3)桥面板整体化施工

①浇筑混凝土前应将预制桥面板侧立面凿毛露出粗集料，清理接缝和剪力槽内浮浆、浮石等杂物，并用水湿润。

②混凝土浇筑顺序为先剪力钉预留槽，后接缝。每道混凝土接缝需一次完成。各部分应均匀、充分振捣，确保混凝土的密实性，对新老混凝土接触面处进行重点控制。保持养生期10d以上方可解除封闭。

③混凝土桥面板浇筑完成形成连续结构，混凝土强度达到设计强度100%，同时混凝土龄期达到10d后，张拉预应力。先张拉所有横向预应力，张拉由外向内，对称于桥墩中心线进行，横向钢束采用双控一次单端张拉工艺，张拉控制应力为1350MPa。再张拉纵向预应力。张拉顺序：先张拉中墩短束，再张拉通长钢束。纵向钢束张拉采用双控一次两端张拉工艺，张拉控制应力为1310MPa。钢-混凝土组合梁顶推施工全过程如图4-6-54所示。

12. 钢箱梁防腐涂装

为保证组合梁结构使用寿命，钢构件表面均需作防腐处理。在涂层体系保护年限内，涂层95%以上区域的锈蚀等级不大于ISO 4628规定的涂层锈蚀Ri2级(生锈面积0.5%)，无气泡、剥落和开裂现象。钢箱梁外表面涂层采用长效型，保护年限为15~25年，腐蚀环境采用C3。钢箱梁内表面涂层配套体系采用普通型，保护年限为10~15年，腐蚀环境采用C3。外表面涂层厚度指标见表4-6-5，内表面涂层厚度指标见表4-6-6。组合梁成桥状态如图4-6-55所示。

桥梁钢结构外表面涂层厚度指标　　表4-6-5

涂　层	涂料品种	道数/最低干膜厚(μm)
底涂层	环氧富锌底漆	1/60
中间涂层	环氧(厚浆)漆	(1~2)/100
面涂层	丙烯酸脂肪族聚氨酯面漆	2/80
总干膜厚度		240

桥梁钢结构封闭环境内表面涂层厚度指标　　表4-6-6

涂　层	涂料品种	道数/最低干膜厚(μm)
底涂层	环氧富锌底漆	1/50
面涂层	环氧(厚浆)漆(浅色)	200~300
总干膜厚度		250~350

图4-6-54 复杂线形钢-混凝土组合梁顶推施工流程图

图4-6-55　DK1 +135.4 匝道桥组合梁成桥状态

13. 结论

钢-混凝土组合梁是适用耐久、经济合理、功能可靠的建筑结构形式的典型,它有效利用了钢结构和钢筋混凝土结构各自优点,也克服了两者的缺点,结构刚度大,防火、耐腐蚀性能好,具有较大的抗扭刚度及抗倾覆能力,重量轻、延性好、结构形式美观,特别是在复杂结构环境工况下,充分发挥工厂化生产的优越性,高效利用施工窗口期,压缩现场工期,极大程度降低施工干扰,从而有效降低工程造价。

本章参考文献

[1] 王岩松,等. 集安至通化高速公路品质工程示范建设成果总结[R]. 长春:吉林省高等级公路建设局,2019.

[2] 王岩松,等. 集安至通化高速公路绿色公路示范建设成果总结[R]. 长春:吉林省高等级公路建设局,2019.

[3] 中华人民共和国交通运输部. 交通运输部关于推进公路钢结构桥梁建设的指导意见[Z]. (2016-7-1).

[4] 周绪红,张喜刚. 关于中国桥梁技术发展的思考[J]. 中国工程院院刊,2019,5(6):1120-1130.

[5] 吉林省交通运输厅. 吉林省高速公路施工标准化技术指南[M]. 北京:人民交通出版社股份有限公司,2018.

[6] 吉林省交通规划设计院. 鹤大高速公路集安至双辽联络线集安至通化段两阶段施工图设计绿色公路专项设计[R]. 长春,2018.

[7] 吉林省交通运输厅. 长白山区鹤大高速公路资源节约循环利用科技示范工程技术总结报告[R]. 长春,2018.

[8] 中华人民共和国交通运输部. 交通运输部关于打造公路水运品质工程的指导意见[Z]. (2016-12-12).

[9] 中华人民共和国交通运输部. 交通运输部关于实施绿色公路建设的指导意见[Z]. (2016-7-20).

[10] 项海帆,等. 高等桥梁结构理论[M]. 2版. 北京:人民交通出版社,2013.

[11] 中华人民共和国交通运输部. 公路钢筋混凝土及预应力混凝土桥涵设计规范:JTG

3362—2018[S]. 北京:人民交通出版社股份有限公司,2018.

[12] 中华人民共和国交通运输部. 公路钢结构梁桥设计规范:JTG D64—2015[S]. 北京:人民交通出版社股份有限公司,2015.

[13] 吉林省高等级公路建设局,交通运输部公路科学研究院. 集安至通化高速公路品质工程典型示范实施方案[R]. 长春,2017.

[14] 吉林省高等级公路建设局. 集通高速公路黎明互通施工技术总结[R]. 长春,2019.

[15] 中华人民共和国住房和城乡建设部,中华人民共和国国家质量监督检验检疫总局. 普通混凝土长期性能和耐久性能试验方法标准:GB/T 50082—2009[S]. 北京:中国建筑工业出版社,2010.

[16] 中华人民共和国交通运输部. 公路工程混凝土结构耐久性设计规范:JTG/T 3310—2019[S]. 北京:人民交通出版社股份有限公司,2019.

[17] 田克平.《公路桥涵施工技术规范》实施手册[M]. 北京:人民交通出版社,2011.

[18] 吉林省质量技术监督局. 水泥混凝土抗冻防腐设计与施工技术指南:DB22/T 2785—2017[S]. 长春,2016.

[19] 冯乃谦. 高性能混凝土结构[M]. 北京:机械工业出版社,2004.

[20] 中华人民共和国交通运输部. 公路钢桥面铺装设计与施工技术规范:JTG/T 3364-02—2019[S]. 北京:人民交通出版社股份有限公司,2019.

第 5 章　隧道工程创新实践

随着我国公路网不断向崇山峻岭、离岸深水区延伸，公路隧道总量和建设规模持续增大。隧道是公路网的控制工程，安全风险高，通行需求大。隧道工程涉及工程结构、防排水、岩土、地质、地下水、空气动力、光学、消防、交通工程、自动控制、环境保护等多种学科，需要多学科进行联合攻关。长期以来，我国高度重视隧道工程健康可持续发展，公路隧道在发展规模、结构形式、技术进步、养护管理等方面都取得了突出成效。截至 2018 年底，我国公路隧道为 17738 处、1723.61 万 m，代表性隧道工程不断取得新突破（图 5-0-1、图 5-0-2）。

图 5-0-1　公、铁、水三座隧道组成的秦岭隧道群

图 5-0-2　雅康高速公路新二郎山隧道

5.1　我国隧道建设现状

截至 2019 年底，我国全年完成公路建设投资 21895 亿元，比上年增长 2.6%。全国公路总里程 501.25 万 km，比上年增加 16.60 万 km。全国公路隧道 19067 处、1896.66 万 m，增加 1329 处、173.05 万 m，其中特长隧道 1175 处、521.75 万 m，长隧道 4784 处、826.31 万 m。

2014—2019 年我国长、特长公路隧道数量和长度统计详见表 5-1-1。近 10 年来,我国公路隧道每年新增里程 1100km 以上,是目前世界上公路隧道规模最大、数量最多、地质条件和结构形式最复杂、发展速度最快的国家。2007—2019 年我国公路隧道数量及运营里程如图 5-1-1 所示。

2014—2019 年我国长、特长公路隧道数量和长度统计 表 5-1-1

年　份	长公路隧道(长度 1 ~ 3km)		特长公路隧道(长度 > 3km)	
	数量(处)	长度(km)	数量(处)	长度(km)
2014	2623	4475.4	626	2766.2
2015	3138	5376.8	744	3299.8
2016	3520	6045.5	815	3622.7
2017	3841	6599.3	902	4013.2
2018	4315	7421.8	1058	4706.6
2019	4784	8263.1	1175	5217.5

注:数据来源于《2019 年交通运输行业发展统计公报》。

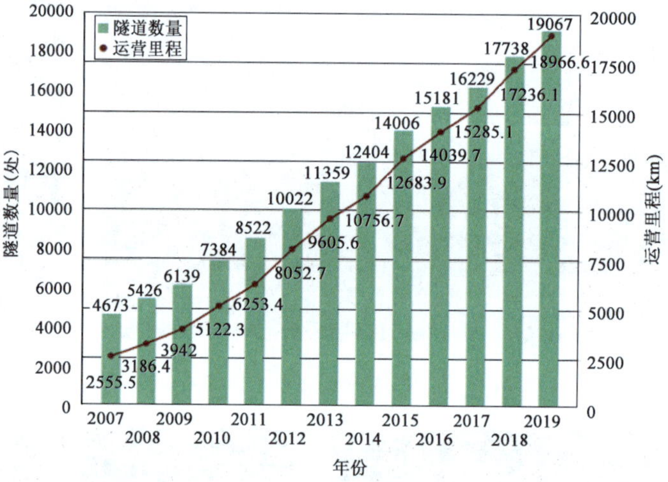

图 5-1-1　公路隧道数量及运营里程(2007—2019 年)

近年来,为追求工程品质和工程创新,通过大量科技探索与工程实践,我国在公路隧道地质勘察、支护结构、围岩稳定、防水排水、通风照明、防火减灾、交通监控、运营管理等方向取得了长足的科技进步。2019 年交通运输部印发了《公路隧道提质升级行动技术指南》,开展"公路隧道提质升级行动",着力补齐公路隧道运营管理短板,推动我国由"公路隧道大国"向"公路隧道强国"迈进。

5.1.1　隧道发展简要历程

隧道是指在既有建筑或土石结构中挖出来的通道,供交通立体化、穿山越岭、地下通道、越江、过海、管道运输、电缆地下化、水利工程等使用。在我国最早有文字记录的地下人工建筑物,出现在东周初期。最早用于交通的隧道为"石门"隧道(图 5-1-2),位于今陕西省汉中市褒谷口内,建于东汉明帝永平九年。用作地下通道的还有安徽亳州城内的古地下通道,建于宋末元初,是我国最早的城市地下通道。这个时期开挖主要依靠"火焚法"和铁锤钢钎等原始工具,体力劳动和施工难度非常高。隧洞开凿还处于经验摸索阶段,依据建造者的长期经验积累,没有什么理论作为指导。

图 5-1-2　石门(人工古隧道/石门石刻)

近代岩石力学关于地层压力的研究也在 14 世纪有所发展。到 20 世纪初期,岩石力学已经有了质的飞跃,形成了“连续介质理论”和“地质力学理论”。而这些理论已经被用在地下工程中,前一理论被用来对隧道开挖、围岩与支护共同作用进行数值分析计算(图 5-1-3)。后一理论是现代信息岩石理论的雏形,也就是著名的新奥地利隧道施工方法(New Austrian Tunneling Method,NATM),简称“新奥法”。新奥法是以隧道工程经验和岩体力学的理论为基础,将锚杆和喷射混凝土组合在一起,作为主要支护手段的一种施工方法,经过一些国家的实践和理论研究,于 20 世纪 60 年代取得专利权并正式命名。之后此方法在西欧、北欧、美国和日本等许多地下工程中获得迅速发展,已成为现代隧道工程新技术标志之一。20 世纪 60 年代 NATM 被介绍到我国,70 年代末开始得到迅速应用发展。

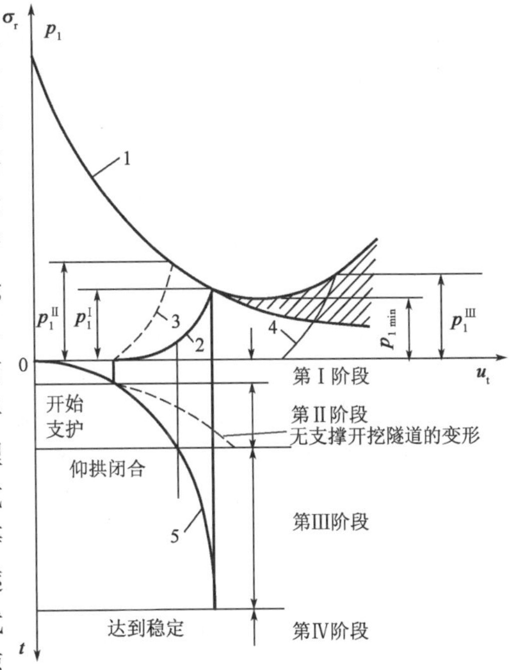

图 5-1-3　隧道围岩应力再分布和支护反力关系图

5.1.2　结构计算理论发展历程

隧道结构计算理论的发展历程大概可分为 3 个阶段:

1. 刚性结构阶段

19 世纪初期的地下建筑物大多是以砖石材料砌筑的拱形圬工结构,这类建筑材料的抗拉强度很低,且结构物中存在较多的接触缝,容易产生断裂。为了维护结构的稳定,当时的地下结构截面都拟定得很大,结构受力后产生的弹性变形较小,因而最先出现的理论是将地下结构视为刚性结构的压力线理论。压力线理论认为,地下结构是由一些刚性块组成的拱形结构,所受的主动荷载是地层压力,当地下结构处于极限平衡状态时,它是由绝对刚体组成的三铰拱静定体系,铰的位置分别假设在墙底和拱顶,其内力可按静力学原理进行计算。这种计算理论认为,作用在支护结构上的压力是其上覆岩层的重力,没有考虑围岩自身的承载能力。

2. 弹性结构阶段

19 世纪后期,混凝土和钢筋混凝土材料陆续出现,并用于建造地下结构,使地下结构具有较好的整体性。从这时起,地下结构开始按弹性连续拱形框架用超静定结构力学方法计算结构内力。作用在结构上的荷载是主动的地层压力,并考虑了地层对结构产生的弹性反力的约束作用。这类压力理论认为,当地下结构埋置深度较大时,作用在结构上的压力不是上覆岩层的重力,而只是围岩坍落体内松动岩体的重力——松动压力。对于围岩自身承载能力的认识又分为两个阶段:①假定弹性反力阶段,这种理论假定了弹性反力的形状,以此来计算结构内力;②弹性地基梁阶段,将隧道边墙视为支承在侧面和基底地层上的双向弹性地基梁,即可计算在主动荷载作用下拱圈和边墙的内力。

3. 连续介质阶段

由于人们认识到地下结构与地层是一个受力整体,20 世纪中期以来,随着岩体力学开始形成一门独立的学科,用连续介质力学理论计算地下结构内力的方法也逐渐发展起来。这种计算方法以岩体力学原理为基础,认为坑道开挖后向洞室内变形而释放的围岩压力将由支护结构与围岩组成的地下结构体系共同承受。一方面围岩本身由于支护结构提供了一定的支护阻力,从而引起它的应力调整,达到新的平衡;另一方面,由于支护结构阻止围岩变形,它必然要受到围岩给予的反作用力而发生变形。

连续介质模型也可归之为连续介质力学法。包括解析法和数值法,解析法中有封闭解和近似解。数值分析方法是一种相对于弹性力学精确解析解的近似解求解方法,包含有限元法、有限差分法、边界元法等。有限元法将结构离散化为有限个单元,建立结构体系的总体刚度矩阵和平衡方程,按各节点位移推求各单元的应力,得出满足工程精度的近似结果来替代对实际结构的分析,解决很多实际工程需要解决而理论分析又无法解决的复杂问题。用有限单元法对地下洞室受力变形的影响因素进行分析,将力学分析引入非连续岩体。近年来,无限单元法、边界单元法、离散单元法等也被越来越多地应用到结构内力分析中。

隧道工程结构计算理论大致经历了结构工程、岩土工程、地质工程三个不同的发展阶段。其中,结构工程设计理论即规范常用的“荷载-结构法”,岩土工程设计理论即“地层荷载法”。从结构工程理论过渡到岩土工程概念,主要是围绕如何认识岩土(体)、环境因素、工程措施及它们三者相互作用而展开的。岩土工程在结构工程概念之上,考虑了岩体的自承能力,超越了经典的结构工程理论“荷载-结构”模式。相对岩土工程概念而言,地质工程在考虑岩体的自稳能力的基础上,强调岩体环境、自稳能力、工程措施三者之间的相互作用,注重维护和改善岩体稳定性,使工程地质岩体的抗力达到最大,从而获得地质工程系统的最佳效果。然而,结构工程设计理论有很好的计算模型及相应的计算公式,而岩土工程、地质工程设计理论只能进行数值模拟,结合现场监控量测结果采用分析模型、选取计算参数。因而将岩土工程、地质工程的数值模拟用于进行现场施工控制及结构复核,隧道的设计目前还是以结构计算为主。

5.2 我国隧道的成就与问题

20 世纪 50—60 年代是我国隧道发展的起步阶段,采用钻爆法施工,以人工和小型机械凿岩、装载为主。临时支护采用原木支架和扇形支撑。由于技术水平落后,工作效率、生产环境较差。20世纪70年代开始逐步学习国外的先进经验，形成一整套隧道施工技术。如针对不同的地质条件采用不同的施工方法，对于长隧道则充分利用辅助坑道等，并形成了一套对付自然灾害的方法和措施，进入了隧道施工的主动时代，代表性工程是京原铁路驿马岭隧道（图5-2-1），全长7032m，于1969年10月贯通。这一时期施工机具装备有了较大的改善，普遍采用了带风动支架的凿岩机、风动或电动装载机、混凝土搅拌机、空压机和通风机等。20世纪80—90年代我国引进了一系列液压凿岩台车等设备，大大提高了国内隧道机械化施工的水平。20世纪90年代中期我国隧道修建技术到达新的阶段（图5-2-2），代表性工程西康铁路秦岭隧道，全长18460m，于2001年竣工。隧道施工采用了同期最先进的全断面隧道掘进机（TBM）技术，证明我国隧道修建技术已与世界先进水平接轨。

图5-2-1　驿马岭隧道/铁道兵战士打风枪

图5-2-2　我国自主研发三臂全液压凿岩台车

5.2.1　关键技术成就

近40年来，我国公路隧道由单洞2车道逐步向双洞4车道、6车道、8车道隧道发展。通过大量的科技探索与工程创新实践，对围岩动态量测反馈分析技术，组合式通风技术，运营交通简易监控技术，新型防水、排水、堵水技术，围岩稳定技术，支护及衬砌结构技术等都有许多成功实例，其中大部分成果已处于国内领先水平，还有一些成果已达到国际先进水平。此外，我国工程科技人员还在开展悬浮隧道建设关键技术研究。主要创新性科技成果如下：

(1)断层、岩溶、富水、瓦斯、黄土、高海拔等复杂环境修建技术；

(2)大跨、小净距、连拱、分岔、立交、螺旋、半隧道-棚洞等非常规技术；

(3)抗震、围岩荷载与分级等设计理论方法；

(4)隧道地质超前预报与信息化设计及施工；

(5)特长隧道(群)通风、防灾和监控技术；

(6)公路隧道结构健康监控和诊断技术；

(7)LED 与新型能源照明等新材料与新方法；

(8)超大断面盾构隧道设计与施工技术(图 5-2-3)；

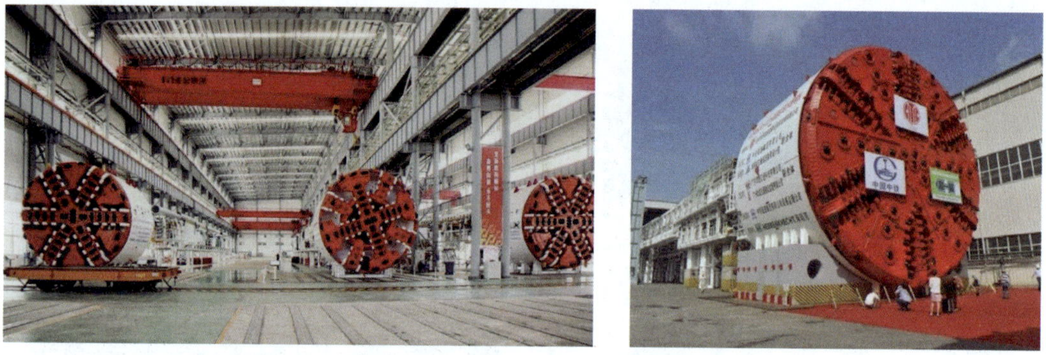

图 5-2-3　自主研发超大断面隧道盾构机

(9)海洋环境沉管隧道管节制作、出坞、浮运、沉放与对接技术等。

结构形式方面,我国已全面掌握钻爆、盾构、沉管等多种工法的公路隧道成套技术,代表性工程为秦岭终南山隧道(钻爆法)、上海长江隧道(盾构法)、港珠澳海底隧道(沉管法)、珠海拱北隧道(管幕冻结暗挖法)。在建的世界级工程有深中通道(沉管法)、新疆天山胜利隧道(钻爆法)。与此同时,我国公路隧道断面不断加大,由单洞 2 车道、双洞 4 车道,向 6 车道、8 车道发展。山东济南东南二环已建成全国乃至世界上最大规模的 8 车道公路隧道群。

技术进步方面,经过大量科技探索与工程实践,我国公路隧道在地质勘察、支护结构、围岩稳定、防水排水、通风照明、防火减灾、交通监控、运营管理等方面取得了长足的进步,特别是大跨、小净距、连拱、分岔、立交、螺旋、半隧道-棚洞等非常规建设技术,隧道地质超前预报、信息化设计与施工监控,特长隧道(群)通风、防灾和监控技术,公路隧道结构运营健康监控和诊断技术,LED 与新型能源照明等新材料与新方法,海洋环境沉管隧道管节制作、出坞、浮运、沉放与对接技术等方面都取得了创新性科技成果,有效地提高了隧道建设运营管理水平。

养护管理方面,于 2015 年修订了《公路隧道养护技术规范》(JTG H12—2015),首次提出了分类分级隧道养护新理念,制定了《公路隧道加固技术规范》(JTG/T 5440—2018)等行业标准规范。2016 年起将公路隧道纳入国家公路网技术状况监测范围,督促各地加强公路隧道养护管理,大力推广隧道信息系统、隧道三维激光红外扫描检测、公路隧道多功能机器人等新技术、新设备、新工艺,公路隧道养护技术应用取得了长足进步。2019 年 3 月交通运输部发布《公路隧道提质升级行动技术指南》,全力推进公路隧道提质升级,为社会公众提供安全、便捷、舒适、高效的出行服务。

5.2.2　存在的薄弱环节

1. 隧道主体结构设计深度不足,勘察与设计脱节,设计参数选取不合适

(1)隧道设计选址受限,公路选线前期地质调查未能合理避让不良地质条件,导致建设期施工困难,甚至于后期病害多发。隧道进洞和穿越区应尽可能避让山体滑坡、松散堆积体、冲沟区域以及沟谷富水区域。病害产生不是单一因素,还与时间轴有线性关系。确定最优的结构选型,考虑非线性影响及累加,如曲线隧道会对结构状态产生更为不利的影响,病害因素积累。

(2)设计阶段穿越区地质条件围岩类别判定与选用的隧道支护结构形式不完全匹配,存在设计结构选型过于保守和支护能力偏弱两方面的问题,如施工期现场管理不到位会出现结构支护富余浪费,以及结构支护能力不足偏于不安全两方面问题。施工过程中要及时合理调整支护参数,四级围岩和穿越富水区二衬建议加钢筋。

(3)不同专业设计工作界面划分不清,导致不同阶段的施工图不匹配或存在设计空白,尤其是公路体系以外的影响因素没有考虑,如隧道供配电、通信设施等,有些设计上管路连接不通,预留预埋不合理,导致后期综合性服务能力达不到设计预期。

2. 隧道快速施工效率低,常规开挖工艺落后,机械化综合运用水平有待提升

(1)常规钻爆作业装药工序采用人工为主处于落后状态,钻爆作业人工找顶工作时间长,劳动强度大,危险性高,所用机械仅限于解决高位孔的装药问题。应研发适合长大隧道工况的装药机械,从根本上改变用人多、效率低的手工操作现状。施工出渣组织能力低下,单车装渣时间和出渣总时间过长。在车辆的组合,轨道的种类、铺设、进料等工序的协调方面应改进效率,尽量缩短作业面出渣时间。

(2)施工组织管理综合水平不高,施工中各类机械本身效率没能得到有效发挥,各工序之间衔接疏漏,风管路等辅助工序的保障能力等对隧道的快速施工影响较大。应整体提高长大隧道施工组织管理能力,缩短循环作业时间。提升隧道快速施工能力在于提高智能化和机械化应用水平,应采用液压台车或液压钻取代手风钻,推广自动化装药设备以及喷射机械手(喷浆机器人)的应用。

(3)长大隧道的单侧快速综合施工能力还有较大的提升空间。钻爆法施工长大隧道一般利用地形设置斜井、竖井、平导或横洞,另辟通风口及工作面,缺点是增大工程成本,工人劳动强度大、安全风险高,并加重了对自然生态环境的破坏。采用全断面隧道掘进机,推行掘进机与钻爆法结合技术运用,提高长大隧道钻爆法单侧掘进技术极限能力是山岭隧道发展的趋势。

(4)地质超前预报技术在隧道地质灾害防治应用还不够深入。长大隧道一般埋深较大,常常要穿越断层、涌水、高温、瓦斯、溶洞、暗河、岩爆、泥石流等水文地质及工程地质条件十分复杂而多变的地层。如宜万铁路隧道突水,遂渝高速公路隧道突泥淤塞洞室等均产生较大的破坏后果。超前预报技术是以中、长物探和水平地质钻探验证为主,短距离地质素描分析和红外探水为辅,超长炮孔加密确认为主要内容的“多阶段、多层次、多方法”的“综合立体式超前地质预测预报技术”。重视隧道动态设计、动态施工,施工过程中地质超前预报及变位量测及时进行信息化反馈。动态设计和施工符合地下工程不确定性客观规律,是克服

施工中不确定性因素的重要手段。

3. 主体结构存在工后病害

(1)季冻区隧道衬砌渗漏水、挂冰。此类病害主要发生在施工缝、沉降缝、预留洞室等薄弱环节。尤其是严寒季冻区,冻胀是产生结构病害的主要原因,衬砌渗漏水、挂冰皆与冻胀有关。春融季节,隧道衬砌背后的地下水开始冻融循环,而衬砌背后的排水系统仍处于冻结状态,致使地下水无法排出,水压变大,在施工缝、沉降缝等薄弱位置渗出,进而形成挂冰。此类问题的处治应遵循堵排结合、综合治理的原则,主要有止水法、导水法、注浆法及降水法等。

(2)隧道初支或二衬变形开裂。一般认为此类病害与结构受力有关,处治可以采取卸载、注浆稳定围岩、提前施作仰拱、加强支护等措施,发生较大变形侵限的要采取换拱等处治措施。

(3)衬砌后空洞及厚度不足。此类病害常发生在拱顶及两侧拱腰等部位,与施工工艺有关。受现有施工技术影响,公路隧道土建施工缺乏专业化、机械化,仍以人工为主,导致工程质量水平不均衡。一是泵送混凝土在输送管远端压力损失严重,一次注浆及二次注浆时,超挖部分难以回填饱满,导致产生空洞。二是防水板采用人工挂铺,松弛度难以控制,导致衬砌厚度不足。此类问题应在施工过程中加以控制,尽量采用机械化施工,控制初支平整度、防水板铺设质量及二次浇筑质量。

(4)衬砌混凝土掉块。掉块主要发生在隧道围岩较好的段落。围岩强度较高,完整性较好,自承能力较强,设计时一般不考虑二衬参与受力,只是作为承受后期围岩形变压力的安全储备,衬砌内未设置钢筋。隧道掉块部位衬砌背后存在空腔,若该段落地下水丰富,则空腔内积水后体积膨胀产生冻胀力,当冻胀力超过混凝土的抗剪强度时,会产生掉块。此类问题的处治措施主要有局部换拱、拆除重新建、内衬波形钢板等。

(5)隧道二衬表面剥落、疏松、腐蚀等局部混凝土劣化病害。此类病害多发生于运营期,影响结构耐久性。一般可采取清除表面受损层,重新进行补强处治。

(6)隧道保温层防火板脱落。季冻区隧道穿越的区域大多气候条件较特殊,每年7—9月山区空气湿度大,隧道洞内水汽大,冷凝水作用明显,对隧道保温层施工及正常使用造成影响,个别隧道局部防火板脱落。

(7)防排水系统失效。此类问题主要由施工工艺水平不均衡引起。要求初支基面平整,无尖刺外凸硬物,渗漏水部位预埋排水管及环向排水管安装规范有效,防水板铺设平整规范,不得局部褶皱,破损处按照规定方法修补好。防水板的松铺系数取值适当。

(8)隧道电缆沟采用现浇结构形式不合理,建议改为预制安装高强复合材料结构,并合理调整线形和高程,优化盖板设计,使电缆沟和隧道路面高程相吻合。季冻区使用融雪剂对电缆沟壁的侵蚀破坏问题突出。

4. 机电设施综合配置不协调

(1)机电设备与应用软件兼容性差。高速公路隧道机电一般均采用同期比较先进的设备,如智慧照明系统、智慧通风系统等,而与之相匹配的软件更新速度较慢,难以与最新的设备兼容,导致部分功能难以实现。尤其是隧道监控系统、照明系统、通风系统、广播系统及消防系统不能正常协同工作,达不到预期设计要求。

(2)隧道机电设计标准化和智慧化程度不够,预留预埋洞室尺寸、布置烦琐凌乱,不同专业之间协调性差。据实际调查,某些隧道的预留洞室减少一半完全可以满足功能要求。此外,隧道机电设备所处的工作环境相对恶劣,常规的损耗配件管养和更换不及时,导致机电系统达不到设计预期服务能力。

(3)隧道照明灯具照度不足。一般认为是施工质量问题,一是灯具本身质量不符合设计要求,耐用性能不足,还包括灯具色温色调的选择等;二是施工安装不规范,照射角度和安装部位都可能存在偏差;三是没有进行后期的联合调试,灯具与控制系统不协调,没有达到最优照明效果。

(4)隧道水消防系统实用性不强。常规公路隧道采用水消防系统,受气候条件影响,冬季消防水管采用电伴热保温,运营期实用性不高但成本极高,应进一步研究优化消防设计,采用更高效、更经济适用的消防系统。

(5)特长隧道缺少针对性设计,对于常规以外状况需求,如旅游旺季出现车流量激增,隧道内容易出现车辆拥堵,设计中未考虑车辆疏通及特殊路段监控方案等。

5.交安设施设置不完善

(1)交安问题主要体现在隧道进出口,该处因光线明暗交替、道路由宽变窄,易引发交通事故。此外,有些隧道变电所开口距离隧道洞口较近,车辆、人员进出造成安全隐患。建议加强洞口过渡段标志、标线及护栏设置,优化隧道变电所位置选择,做到一洞一设计。

(2)隧道洞内交安设施损伤后修复管养不及时,尤其是有源轮廓标、路面标线等交安设施,一旦破损后修复不及时会影响行车安全。

5.3　季冻区隧道工程创新背景

2016年,交通运输部印发《关于开展公路水运品质工程示范创建工作的通知》(交办安监〔2016〕193号),提出推进公路水运品质工程建设,提升公路水运工程质量。同时自2016年起将公路隧道纳入国家公路网技术状况监测范围,推广隧道信息系统、隧道三维激光红外扫描检测、公路隧道多功能机器人等新技术、新设备、新工艺。我国幅员辽阔,不同区域间经济发展水平、地形地貌特征、道路交通环境差异大,隧道建设条件复杂、建设年代跨度大,随着公路隧道规模不断扩大、出行需求大幅度增加及公路运输趋于重型化,公路隧道安全运营面临极大挑战。为了进一步加快推进公路隧道运营管理水平提升,更好地为社会公众提供安全、便捷、舒适、高效的出行服务,交通运输部于2019年部署开展公路隧道提质升级行动。

5.3.1　吉林省隧道工程发展历程

截至2020年4月,吉林省共有高速公路隧道82座,总长度128.510km。其中已建成通车隧道75座,总长度110.039km;在建隧道7座,总长度18.471km。吉林省公路隧道发展大致经历了4个阶段。

1.矿山法无衬砌隧道建设阶段

新中国成立后交通事业获得了新的发展机遇,但限于早期的技术水平和经济状况,修建的公路主要集中在吉林中西部平原区,东部山区受地形条件限制,道路选线也多采用盘山公路。最早修建的隧道都是在岩石条件较好的孤山断崖处无衬砌的"毛洞"。代表性的工程主要有1952年10月建成的白山市花山至铅锌矿的珍珠门隧道;1975年11月建成的白山市青山湖村的青山湖隧道;20 世纪 80—90 年代修建的集安老虎哨隧道(图 5-3-1)及鹤大公路抚松县北江桥隧道。这些隧道均采用人工开凿或炸药爆破施工,隧道长度一般不超过 100m,洞内岩石裸露,完全依靠围岩的自承能力维持洞室稳定,未采取支护和防排水措施,隧道建设水平较低。

图 5-3-1　集安老虎哨隧道

2. 矿山法有衬砌隧道建设阶段

20 世纪 80 年代末期至 90 年代初期,吉林省修建了一些山区国道,包括珲乌线、鹤大线等,代表性隧道有 G302 珲乌公路密江隧道(图 5-3-2)、小盘岭隧道、五虎岭隧道、鹤大线上甸子隧道等。采用传统矿山法修建,施工难度较大,建设周期长,材料消耗大。施工期间采用木支撑或钢支撑进行临时支护,采用模筑混凝土衬砌作为承载结构,衬砌背后多数未设置防水层,表面均未设置装饰层。

3. 全面引入新奥法建设阶段

2000 年以后建设的隧道全面引入了新奥法设计施工理念,采用锚杆喷射混凝土作为初期支护,模筑混凝土或钢筋混凝土二次衬砌,在初期支护与二次衬砌之间设置高分子卷材防水层。代表性工程主要有延吉至图们高速公路长安隧道和小盘岭隧道,吉林至延吉高速公路老爷岭隧道(图 5-3-3)、下庆沟隧道、新交洞隧道、梅花洞隧道等。这期间修建的隧道洞内兼顾防火与内装饰功能,多采用防火涂料进行喷涂。

图 5-3-2　G302 珲乌公路密江隧道

图 5-3-3　老爷岭隧道

4. 规模和数量快速增长阶段

2010年以后随着吉林省公路建设进入快速发展阶段,隧道的规模和数量均增长较快。先后建成了东北地区最长的普通公路隧道丹阿公路(G331)长松岭隧道(4825m)和集安至通化高速公路五女峰隧道(7930m)(图5-3-4)。这期间隧道的建设技术也得到了很大提高,五女峰隧道采用了斜井分段送排通风方式,建成了1537m的斜井和地下风机房。鹤大高速公路和辉白高速公路隧道洞内根据地下水情况设置了保温层,集通高速公路全部隧道采用瓷砖+无机涂料的亮化提升技术方案。

图5-3-4 集通高速公路五女峰隧道

这一阶段我国公路隧道修筑技术有了长足的发展,围岩动态量测反馈分析技术,组合式通风技术,运营交通监控技术,新型防水、排水、堵水技术,围岩稳定技术,支护及衬砌结构技术等都有许多成功应用实例,其中大部分成果已处于国内领先水平,还有一些成果已达到国际先进水平。

5.3.2 建设经验总结

吉林省地处严寒季节性冰冻地区,隧道建设和运营过程中出现了一些季冻区隧道特有的状况,严重的可能危及结构耐久和行车安全。主要经验有以下几个方面:

1. 提高围岩等级划分精度,细化支护参数

从已建成的隧道围岩分级来看,吉林省已建成的隧道从岩性判断到围岩分级基本可以满足工程建设需要,但个别隧道围岩分级与实际有一定偏差,尤其是断层破碎带位置准确性有待提高。另外,隧道围岩的变化一般是有一定的过渡地带的,过渡段长度也较难判断,可以进一步细化隧道支护参数,设置过渡类型的支护结构。

2. 强化隧道结构的细节处理

吉林省隧道建设中的一些细节问题主要有以下几个方面:中心排水沟和纵横向排水管的基座埋置处理,施工过程中的质量控制措施,监控量测和超前地质预报,施工缝及沉降缝的防水细节,隧道洞口与洞外工程的衔接处理等。这些细节问题对隧道结构耐久性和后期的运营使用有较大影响。

3. 加强隧道施工过程中的检测管控

隧道结构总是处在相对潮湿环境中,随着时间的推移,会出现混凝土衬砌恶化、钢筋锈蚀、衬砌背后空洞、渗水冻胀等病害,威胁隧道的运营安全。总结吉林省隧道工程使用过程中出现的开裂、渗水冻胀、掉块等问题,分析原因大部分是隧道施工过程中超欠挖和衬砌浇

筑不密实、局部存在空洞等缺陷或初始损伤造成的。要从根本上解决问题,应该加强施工过程中的检测工作,强化施工期的管控。二次衬砌完成后采用地质雷达检测衬砌厚度和空洞、地下水情况等,发现问题及时处理,不给运营使用期留下隐患。

4. 有效治理冬春季节隧道渗漏水、挂冰、掉块病害

产生隧道冬春季节渗漏水及挂冰现象的内因为地下水丰富,或局部区域地下水异常积聚;外因为洞内气温低至冰点以下,冬季衬砌背后排水系统冻结,加之衬砌背后防水层破损,至春融季节,隧道衬砌背后的地下水开始冻融循环,而衬砌背后的排水系统尚未解冻,仍处于冻结状态,致使地下水无法排出,地下水位持续上升,水压力也就持续升高,当水压力超过施工缝及沉降缝或衬砌的薄弱环节的承受能力时,地下水就将从这些位置渗出,气温足够低时就在隧道洞内形成挂冰(图 5-3-5)。目前存在冬季渗漏水和挂冰的隧道主要有珲乌高速公路老爷岭隧道、梅花洞隧道,长长高速公路龙岗隧道(图 5-3-6)、长坂坡隧道,鹤大高速公路白水滩隧道。渗漏水部位主要在隧道的施工缝及沉降缝位置。

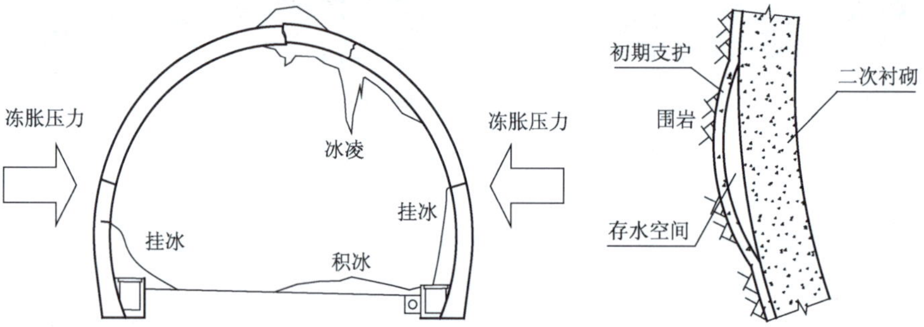

图 5-3-5　季冻区隧道结构积水冻胀作用模型

图 5-3-6　龙岗隧道结构渗漏水挂冰

季冻区隧道结构冻胀力大小与约束条件密切相关。根据苏联的有关资料,当岩石裂隙中有水侵入时,冻结时可能产生的冻胀力为 15MPa;当采用封闭容器时,即在没有体积膨胀的条件下测得冰的冻胀力为 211MPa。隧道衬砌与含水围岩的冻结膨胀是一个约束的壳体,隧道衬砌所受的冻胀力不仅和冻土的体积膨胀力有关,还和隧道衬砌对冻结围岩的约束作

用有关。理论研究及工程实践表明:冻胀力随冻结圈外围岩与隧道衬砌刚度的增大而增大,冻胀力随围岩的冻结圈深度增大而增大。青海大坂山公路隧道的现场测试表明,当冻结圈深度由1m增至4m时,隧道所受的冻胀力要增大4~5倍;冻结围岩的含水率大小对冻胀力影响极大,冻胀力几乎随着冻结围岩含水率相同倍数的增大而增大。季冻区隧道无配筋二衬混凝土在冻胀(含部分水压力)作用下,衬砌结构压剪破坏,产生开裂崩解脱落,局部失稳破坏。分析其原因是富水区段隧道结构体初支与二衬之间存在空隙,围岩中存在空腔,高承压地下水异常积聚,在持续低于冰点气温的条件下,空隙与空腔的水冻结成冰,在地下水补充下冰相体积不断变大,受围岩径向约束,作用于衬砌上的冻胀压力随之增加,薄弱部位超过结构抗力后衬砌被压剪破坏。

5.破解消防系统冬季冻结失效难题

维持隧道洞内水消防运行一直是困扰季冻区隧道运营管理的一个难题,为了防止水消防管道冻结,一般做法是在消防管道外设置伴热带和保温层。由于伴热带使用耐久性较差,再加上考虑冬季运营成本,很多管养部门往往在冬季将消防管道内的水放掉,这也给运营安全带来了极大的隐患,一旦发生火灾,将导致难以承受的后果。

5.3.3 季冻区公路隧道发展机遇与挑战

当前公路建设已从平原延伸到山区,工程艰巨,技术难度大,公路隧道呈现"长、大、高、深"的工程特征,具体表现为:特长和超特长隧道逐步增多;大断面高扁平率三车道隧道初步呈现;由于部分路线交通量大,采用三车道和四车道的趋势越来越大,因此隧道断面净空也越来越大、越来越扁平;高寒隧道技术难点多,结构的抗防冻问题有待深入解决;大埋深隧道的岩爆和大变形问题显现,隧道建设过程中出现高地应力岩爆和大变形问题,斜竖井规模也越来越大;大涌水隧道的设计和施工问题突出等。针对吉林省隧道工程的现状,精细化设计和施工是永不过时的课题,值得设计和施工人员用毕生的精力去努力,可以从以下几方面开展技术攻关工作。

1.提高隧道防冻保温技术水平

季冻区隧道工程病害呈现明显的季节性特点,渗漏水病害主要出现在春融期。隧道穿越季节性冻土地带,在热平衡作用下高温季节地质结构内的冰融化成水,在低温季节地质结构内的水冻结成冰,并同时产生冻胀作用。在隧道工程防冻结构中,冻胀类型主要分为微观冻胀、细观冻胀、宏观冻胀三种。

微观冻胀,是指围岩中的裂隙水渗入隧道衬砌混凝土内部形成的冻胀(图5-3-7)。这种冻胀类型会对隧道工程防冻结构中混凝土施加一定压力,使混凝土内部浸出一定水量,进而进一步扩大冻胀作用范围,最终发生衬砌结构损伤问题。

图5-3-7 微观冻胀破坏进入内部薄壁结构

细观冻胀,是指混凝土不密实状态下形成的冻胀作用。这种冻胀类型主要存在于衬砌混凝土表面,当环境处于低温状态时,混凝土表面冻胀反应会随之加剧,甚至会由表面深入到混凝土集料部分(图5-3-8),进而在混凝土孔隙逐渐变化基础上增加水体侵入,损伤积累造成集料脱落(图5-3-9),强度下降,引发隧道结构破坏问题。

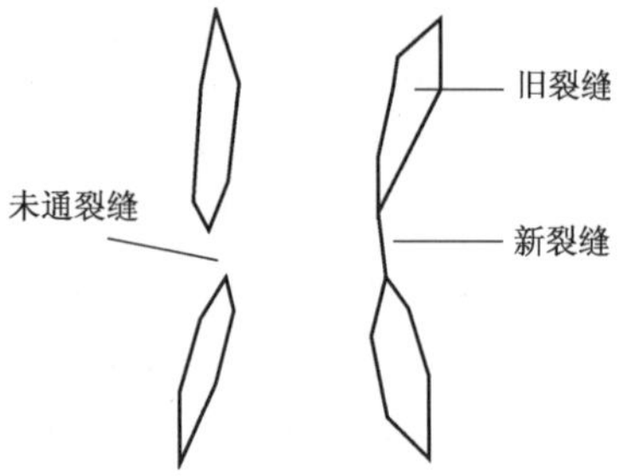

图 5-3-8 细观冻胀使内部裂缝发展

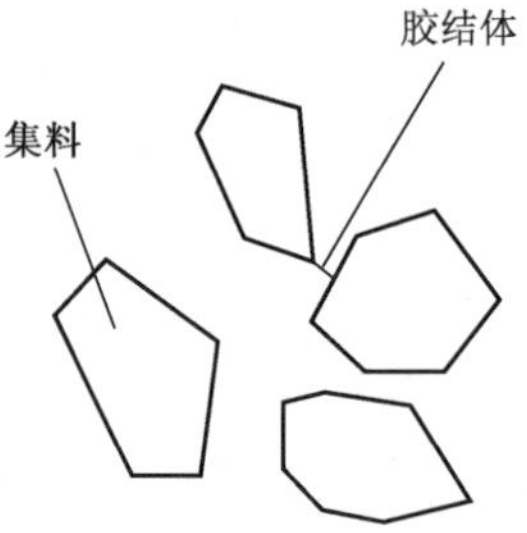

图 5-3-9 细观冻胀破坏集料间的胶结

宏观冻胀，是指水体结冰而引起的冻胀，主要是因隧道外部含水率增大而引起的，这种冻胀类型会产生一定冻胀压力（图 5-3-10），增加隧道结构附加荷载，对隧道结构产生一定破坏作用。宏观表现为渗漏水挂冰、局部混凝土结构损伤开裂、二衬局部破损掉块、结构失稳等。

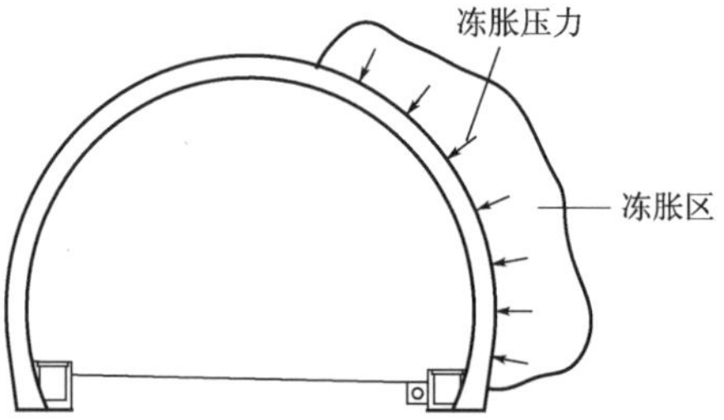

图 5-3-10 宏观冻胀增加衬砌上的压力

针对隧道冻胀问题目前国内主要有两种处治理念：一种认为是隧道防排水失效造成的，只要保证隧道的防排水系统正常就不会出现这种病害；另一种认为隧道病害主要由冻融产生，应对隧道进行保温。两种观点目前都主要停留在理论上，东北地区虽然做了一些隧道防冻保温方面的研究，但追根溯源都缺乏隧道内温度场的实测数据支撑，主要原因是温度测点在实际工程中较难维护和持续的监测数据采集困难。

（1）深入研究隧道产生冻害问题的机理，采取有针对性的冻害治理方案

影响隧道工程防冻结构稳定性、安全性的因素较为复杂，需考虑隧道工程承建地区气候、地质、温度、地下水等客观因素，综合分析新建隧道工程防冻抗冻等级以及隧道冻害程度，为采用有效技术建设优质防冻结构提供依据，确保季节性冻土地区隧道工程防冻结构设计、建设方案科学、可行。

季节性冻土层受温度影响，地质结构内出现冻融循环现象，为此在隧道工程设计阶段应将冻胀力考虑进去，同时考虑破坏“冻融圈”，采用提高围岩隔热保温能力的有效方法，改善防冻结构稳定性和有效性。设置保温层虽然对防止衬砌后排水系统冻结能起到一定作用，但吉林省的气候条件具有一定的特殊性，隧道洞内的地温较低，加之夏季空气湿度大，极易在隧道洞内产生冷凝水附着在衬砌表面，对防火保温材料的耐久性也会造成一定影响，一旦材质选择不当或施工控制不严易造成防火板变形脱落等问题。另外，保温层的造价较高，相对于加强排水，防冻法经济性较差。

(2)加强地下富水区段的排水措施设计

季节性冻土地区内的水是造成隧道工程冻害问题的主要因素。对于地下水丰富的段落,可在衬砌背后围岩凿槽至冻结线以外,埋设排水盲沟,通过冻深线以下的横向排水管路排至中心排水沟。通过设置双侧保温水沟、环向透水盲管、中心深埋排水沟、纵向排水管、保温出口、检查井完善排水系统,设置缓冲层确保排水管免受压力影响,不出现形变、破裂等质量问题,使排水系统可正常运行,避免发生冻害。为改进排水泄压效果可在围岩内钻泄水孔,排除围岩裂隙水,降低水压力,在冬季衬砌背后排水系统冻结的情况下,冻结线以外仍然有排水通路,使水压力维持在常压状态,就不会产生漏水挂冰乃至掉块现象。

(3)改进施工工艺提升隧道结构的内在质量,降低因结构缺陷导致的冻胀破坏概率

隧道围岩、衬砌之间容易出现间隙诱发冻害,衬砌后间隙积水冻胀是造成隧道衬砌失稳破坏的直接因素。隧道围岩富水条件下,间隙存水发生冻结时会产生体积膨胀,当体积膨胀受到隧道衬砌与周围围岩的约束时就会产生冻胀力,冻胀力是季冻区隧道衬砌冻害产生的最根本原因。季冻区山岭隧道一般采用钻爆法开挖,全幅式铺挂防水排水设施,整体式台车模筑二衬混凝土。这一套施工工艺有着先天的局限和不足,必然会给最终的工程质量带来缺陷:①钻爆法施工因围岩天然的不均匀性,施工超欠挖难以控制,在隧道施工规范中规定了限制值,实际上超欠挖不能避免。②防水排水设施施工受洞身开挖条件和材料自身性能等条件限制,防水板无法严密铺设,在围岩与二次衬砌之间留下间隙。受安装工艺限制,自身重力作用下拱顶部位松弛量不足而拱脚部位富余量过大,会导致二衬与围岩之间形成空腔(图 5-3-11),或防水板推挤折叠破损。此外,围岩后渗出层间水进入排水管路受到多因素条件限制,要求施工安装的排水通路能如预想一样发挥排水作用并不客观,理想中的立体式防渗漏效果并不存在。③整体式台车模筑工艺特点决定了大功率振捣混凝土条件下,混凝土浇筑浮力会引起台车整体上浮和横向摆动,这正是导致二衬拱顶总体平均厚度偏小,而起拱线以下局部超厚的原因。施工规范中对厚度的允许偏差进行了限制,但拱顶厚度不足对结构抗力是偏于不安全的。此外由于整模混凝土是有选择地控制部位振捣,加之养生困难,导致混凝土内部质量存在不均匀性甚至存在孔洞、裂隙等质量缺陷,而在拱顶存在质量缺陷的概率更大。

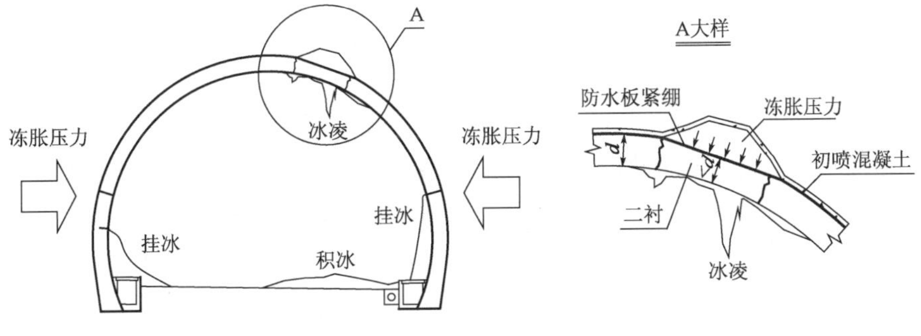

图 5-3-11　隧道二衬背后局部空腔间隙冻胀模型

综上所述,从解决隧道施工质量缺陷和引发冻胀破坏作用机理出发,改进隧道施工过程工艺不足,在隧道钻爆开挖环节采用更精确的爆破工艺技术,减小超欠挖量;在防排水系统

施工环节排水通路设置更有针对性，结合现场开挖切实做好引排水，排水管路连接节点通畅牢固，深埋排水管路防冻措施得当，通过采用整体式铺挂台车、增加防水板铺挂吊点等改进铺挂工艺，解决不同部位的松弛度问题，避免形成空腔和引发二衬厚度不足；在二衬浇筑环节严格控制台车长度、重量和面板厚度，液压系统和电气控制系统、振捣器安设根据需要优化，台车就位后定位牢靠，针对拱顶适当增加富余量以保证二衬厚度，确保端头板牢固不漏浆等。工程实践证明二衬拱顶平均厚度偏小和混凝土不密实、拱顶空腔间隙具有普遍性。目前最好的解决措施就是拱顶带模注浆工艺，通过围岩灌浆规避间隙，减少缝隙中水体含量，降低工程局部积水现象发生概率，避免隧道工程受冻胀力破坏影响。

2. 推行工程建设标准化、工业化、专业化

建筑工程行业正向着标准化、工厂化、专业化的方向发展，构件均由工厂制作完成，安装由专业工人完成，即专业的工作由专业人员完成，施工的精细化程度更高，进度快，质量更容易控制，隧道工程也要遵循这个发展方向。如防排水工程中的防水板、中心排水沟及预制边沟(图5-3-12)、电缆沟及盖板、排水管、衬砌保温层等都可以采用专业的制作和安装队伍。鹤大高速公路、集通高速公路在设计中对电缆沟盖板进行了深入的调查研究，采用高速铁路和电力系统的无机复合式盖板，引入了工厂化专业制作队伍，不仅降低了盖板重量，而且外观质量有了显著提高，造价也与传统盖板相差无几，取得了较好的效果。

图5-3-12 隧道预制边沟(节段)示意图

3. 开展创作设计，科学选址优化进出洞设计，设置隧道洞内综合管沟

针对季冻区隧道防冻害制定系统的设计、施工和后期管养技术标准，强化针对性创作设计。结合工程实践，避让不良地质条件，创造性设计进出洞方式和洞门形式(图5-3-13)，规避后期隧道病害隐患。为彻底解决排水防冻问题，可以考虑将消防管道设置在冻深线以下，与隧道内的中心排水沟、电缆沟等合并在隧道中心行车道底部；设置可检修维护的综合管沟，将隧道内的强电、弱电、消防管道、纵向中心排水沟等合并设置在综合管沟内，有效利用隧道底部的仰拱空间。

4. 积极慎重应用新技术、新材料

提倡研究新型防冻结构，推动先进技术、材料创新发展，创研新型高效保温材料，整合创新应用成果，如喷涂式防水板等，提高相关材料延展性、防水性，确保防水层与衬砌、围岩可紧密贴合。采用三维立体成像信息技术，科学模拟计算结构参数，优化结构设计。

图5-3-13　集通高速公路河口隧道进口

5.落实管养长效机制,防患于未然

加强日常专业管养,按照《公路隧道养护技术规范》(JTG H12—2015)规定的日常巡查频率,冬春重点季节和时段适当加密巡查频率,发现有渗漏水和挂冰现象及时处治;对重点段落衬砌进行检测,发现衬砌后存在空洞或厚度不足时,采取钻孔泄压埋管排水措施,防止掉块危及行车安全。隧道发生病害是一个由小到大的过程,发生前均会有一定的征兆,若及时发现并采取措施,就可有效避免病害的扩展。

5.4　季冻区隧道标准化施工创新技术

公路隧道往往都是项目建设的控制性工程,季冻区隧道标准化施工能力是决定工程内在品质的控制性因素。对于常规Ⅲ、Ⅳ级较好围岩条件时两车道隧道工程,多采用全断面施工或台阶法施工,设计施工技术成熟、标准化程度高,依照相关规范、技术规程基本可以满足施工需要,施工优化空间与优化意义不大。而针对特长隧道高地应力段施工,单侧快速综合施工优化组织还有较大的提升空间。钻爆法施工工程成本较大,工人劳动强度大、安全风险高,提高长大隧道钻爆法单侧掘进技术极限能力是山岭隧道施工的重点方面。

5.4.1　标准化施工创新背景

隧道工程施工风险高、难度大、作业环境恶劣。2018年2月交通运输部印发《品质工程攻关行动试点方案(2018—2020年)》(交办安监〔2018〕18号),要求围绕品质工程六方面攻关任务,开展隧道施工质量安全管控能力提升攻关行动。总结提炼先进技术和管理经验,重点攻关解决隧道开挖、初期支护、二衬浇筑、超前地质预报、监控量测、隐蔽工程检测等施工环节存在的突出问题,研究制定隧道工程质量安全管控指南,提高隧道施工质量安全管理水平。开展工程质量安全技术"微创新"攻关行动。开展设备微改造、工艺微改进、工法微改良是提高生产效率、保障工程质量安全的重要措施和必经途径。重点攻关解决梁板胎架、锚杆安装与注浆、混凝土凿毛等施工工艺改进的难题,广泛开展微创新活动,取得一批微创新成果,研究编制一套行之有效的微创新目录及应用技术指南,提升施工作业标准化、专业化水平。

集通高速公路五女峰特长隧道位于吉林省东南部老岭山脉西南段的南侧，鸭绿江西北部。隧址区属侵蚀构造中低山地貌，北温带大陆性气候，老岭以南具有明显的半大陆海洋性季风气候特征。沿线四季分明，春季干燥风大，夏季高温多雨，秋季凉爽，冬季寒冷。最大冻土深度 1.45m，标准冻深 1.30m。

五女峰隧道为我国东北地区最长的公路隧道，长约 7.9km，左幅进、出口底板高程分别为 489.15m 和 632.78m，右幅进、出口底板高程分别为 486.88m 和 633.86m。衬砌后跨度 11.0m，高度 8.0m。隧道断面采用三心圆拱形式。洞身采用复合式衬砌结构，采用复合式路面结构。五女峰隧道运营通风采用斜井分段通风方式，于右线隧道中部 YK24 + 180 开始设置 1537m 地下风机房及斜井。根据隧址区的地形地质条件、交通条件，综合斜井通风和施工组织等因素，将风机房设于地下，占地面积为 7912m^2。地下风机房上覆岩体厚度 395m。洞身围岩为微风化花岗岩片麻岩，为较完整Ⅲ级围岩，地下水位高出洞顶 312 ~ 363m。隧道设计速度 80km/h。五女峰隧道主要技术参数见表 5-4-1。

五女峰隧道基本参数表 表 5-4-1

项　目	单　位	右　洞	左　洞
长度	m	7871	7930
行车方向纵坡/长度		+3.531%/259m +1.883%/7846m	-1.825%/7930m
进出口桩号		RK20 +405 ~ RK28 +276	LK20 +379 ~ LK28 +309
进口设计高程	m	487.7	490.2
出口设计高程	m	633.8	633
内空断面面积	m^2	63.28	63.28
内空断面当量直径	m	8.17	8.17
设计速度	km/h	80	80

五女峰特长隧道工程不良地质段落多，条件复杂，埋深特大，主要有软弱围岩、断层破碎带、涌水及可能存在的高地应力硬岩岩爆。同时，高寒地区隧道施工保温措施和隧道内地下水防冻问题会影响隧道施工和运营安全。隧址处于国家自然保护区（五女峰国家森林公园），并且作为品质工程和绿色公路的示范项目，施工标准化和环境保护要求十分严格。隧道施工中推行智慧工地系统应用平台（图 5-4-1），采用隧道门禁系统、人车分流系统、人员管理系统、环境参数检测系统、场外监控系统等。采用的极光摄像头清晰、低照度，实时无线桥接进行数据传输，信号源数据稳定，可不间断地进行监测，实现远程操作和管理。针对五女峰隧道高地应力段开展了 50 多组三维模型计算，进行了施工标准化研究探索，结合施工安全、施工难度、控制成本、工期要求等特性，得出最适宜的开挖工法及其控制指标。

5.4.2　隧道标准化施工技术研究

隧道钻爆法施工中导致支护结构变形失稳的应力有构造应力、膨胀应力、围岩松动引起的自重应力以及邻近隧道施工引起的工程偏应力。由于围岩的不均质性和受节理裂隙影响而导致的各向异性，支护结构受力极其复杂，计算分析困难，这给支护结构的选型、支护参数的选择带来困难。支护结构大变形失稳破坏后，围岩因变形量大而松弛，此时拆除支护结构可能导致大面积坍塌，松动圈加大，降低了围岩的自承能力，松弛围岩的自重应力加大，支护结构的受力增大，因而单纯采取加强措施不能有效阻止围岩进一步变形。

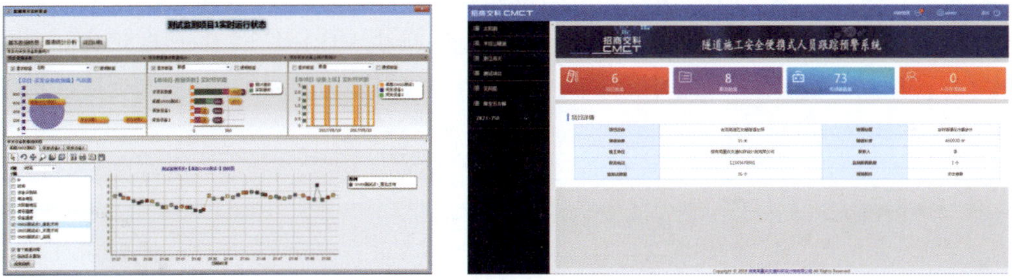

图5-4-1　智慧工地系统应用平台

1. 大变形隧道施工控制要点

(1)加强对围岩压力、流变的调查和量测

对于大变形隧道，除了开挖前应调查其围岩特性和规模，并参考其他类似情况的工程参数，严格落实技术要求外，在施工过程中还应对围岩压力及其流变情况进行充分的调查和量测，分析其变化规律。对地下水亦应探明其分布范围及规律，了解地下水对隧道施工的影响程度，以便根据围岩动态采取相应的施工措施。

(2)选择合理的开挖方法和安全步距

软岩隧道围岩存在膨胀和挤出压力，导致隧道围岩和支护衬砌结构变形，因此，采用合理施工开挖方法，严格控制安全步距，对确保隧道结构稳定和施工安全具有十分重要的作用。

(3)及时施作初期支护和结构封闭

软岩大变形隧道开挖后，需立即喷射混凝土，并应及早进行支护。在变形挤出和膨胀压力较大时，可采用不同类型的型钢支撑、钢管环箍支撑和钢筋格栅支撑等。拱圈二衬混凝土浇筑后，拱脚设置足够强度的横撑，以抵挡两侧围岩向内挤压变形。

2. 标准化开挖工法研究

结构计算分析过程中，根据圣维南原理，为减小边界条件取值对计算结果的影响，模型左、右及下部边界长度取60m，隧道纵向长度取30m，上部边界高度与隧道埋深相符，结合工程实际，取为140m，为便于数据分析处理，将围岩部分网格分为两部分，内侧围岩与隧道边界距离为30m。不同方法开挖时，隧道区域内网格划分中，上半部分为CD法开挖网格划分，下半部分为台阶法、台阶法+临时仰拱法开挖网格划分，如图5-4-2所示。

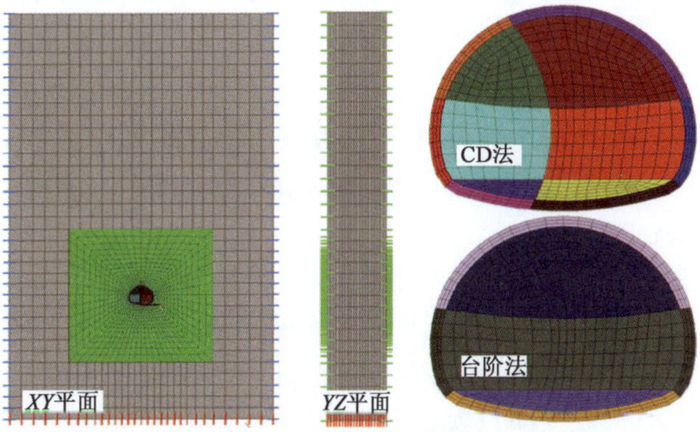

图5-4-2　边界条件及区域网格划分

隧道开挖过程中,不同工法开挖对围岩位移变形过程影响较小,对于最终变形结果影响相对较大。对于拱顶下沉:台阶法 > 台阶法 + 临时仰拱法 > CD 法,位移极差为 49mm;对于仰拱隆起:CD 法 > 台阶法 > 台阶法 + 临时仰拱法,位移极差为 38mm,CD 法与台阶法结果相近(图 5-4-3、图 5-4-4)。

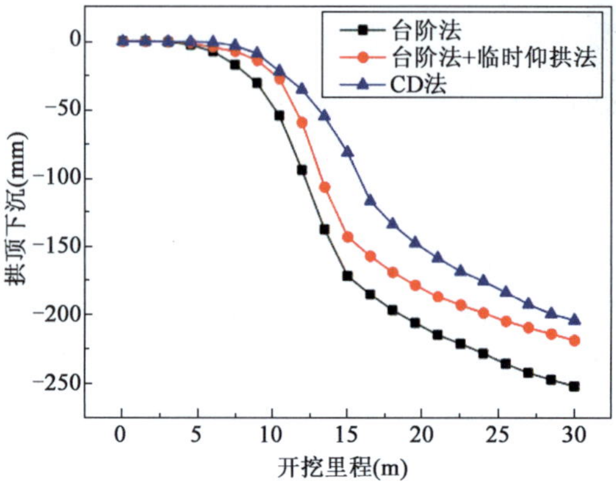

图 5-4-3　不同工法开挖拱顶下沉变化曲线

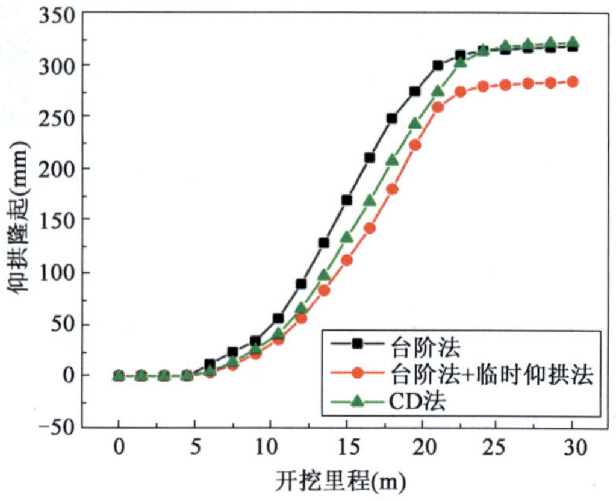

图 5-4-4　不同工法开挖仰拱隆起变化曲线

不同工法开挖完成后,对于软弱围岩,隧道掌子面开挖至监测里程时,围岩已经发生较大变形,对于台阶法、台阶法 + 临时仰拱法、CD 法,拱顶预收敛变形分别占总变形量的 68%、65%、40%,仰拱预收敛变形分别占总变形量的 53%、39%、41%。表明 CD 法开挖有利于控制围岩预收敛变形,台阶法、台阶法 + 临时仰拱法开挖对于预收敛变形控制较差,预收敛变形支护加固,变形控制应着重于超前支护加固。分析仰拱隆起预收敛变形百分比可知,台阶法数值明显大于台阶法 + 临时仰拱法与 CD 法,三者数值均小于拱顶竖向位移百分比,但整体数值均较大。由此可知,隧道预收敛变形控制过程中,竖向位移控制居主要位置,但加固区域需覆盖整个隧道开挖区域。

通过对比分析台阶法、台阶法 + 临时仰拱法、CD 法开挖完成后围岩与支护结构的位移和应力分布情况,得出台阶法 + 临时仰拱法与 CD 法在限制围岩位移方面具有一定优势,但由于工序相对台阶法更为复杂,加之临时支护结构的作用,使得开挖完成后水平位移较小、支护结构受力不均、弯矩较大、二衬受力较大,不利于结构运营稳定,综合施工成本与施工安全,在变形实时监控的基础上,可采用带全断面超前支护的台阶法开挖。

3. 台阶高度选取

台阶高度计算时,上台阶取 4 种不同高度,分别为 $h/3$,$h/2$,$2h/3$,$5h/6$,不同模型围岩条件、边界类型、开挖工况均相同。不同台阶高度网格划分如图 5-4-5 所示。

绘制不同上台阶开挖高度下,拱顶下沉与仰拱隆起随开挖高度的变化曲线可知,隧道开挖完成后,测点位移随上台阶高度呈线性增长(图 5-4-6),拱顶下沉极差为 37mm,仰拱隆起极差为 18mm,隧道开挖位移因上台阶高度产生的变化占总变形量的 10% ~15%。综合以上围岩位移、初支结构位移与受力情况分析可知,随着上台阶开挖高度的增加,围岩拱顶下沉和仰拱隆起加大,水平位移无明显变化,初支拱顶下沉与仰拱隆起减小,初支轴力与初支弯矩减小。上台阶高度增加不利于围岩变形,有利于初支结构受力,当上台阶高度由 $h/2$ 增

加至 $2h/3$ 时，初支受力明显减小。

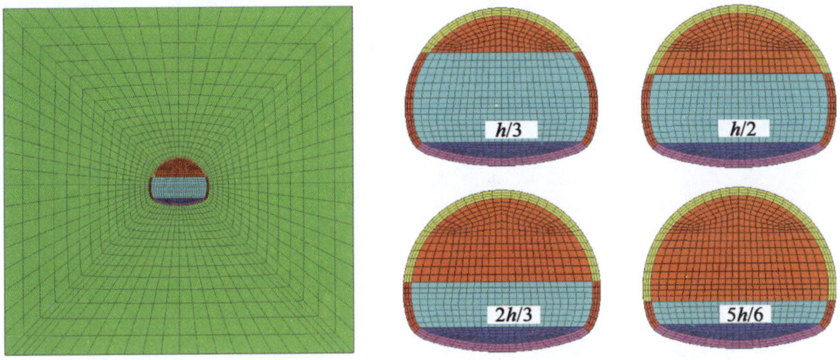

图 5-4-5　不同台阶高度网格划分示意图

开挖工法比选时分析得出隧道大变形易造成初支结构功能性损坏，隧道开挖过程在保证围岩稳定的前提下尽可能减小初支结构受力具有重要作用。故台阶高度确定时，应尽可能增加上台阶高度以减小结构受力，但考虑到施工过程中开挖高度的加大必然导致开挖支护速度的降低，模拟过程中支护一次施加的形式缺乏对施工时间的考虑，综合考虑台阶高度对施工受力与施工便利性的影响，上台阶高度可取用 $2h/3$。

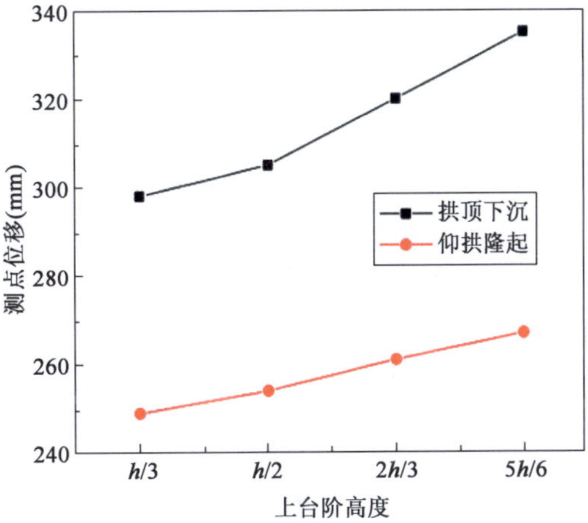

图 5-4-6　不同上台阶高度围岩竖向位移曲线

4. 台阶长度选取

计算过程中，上台阶取 4 种不同长度，分别为 3.0m、4.5m、6.0m、7.5m，不同模型围岩条件、边界类型、开挖工况均相同。不同台阶长度网格划分如图 5-4-7 所示。

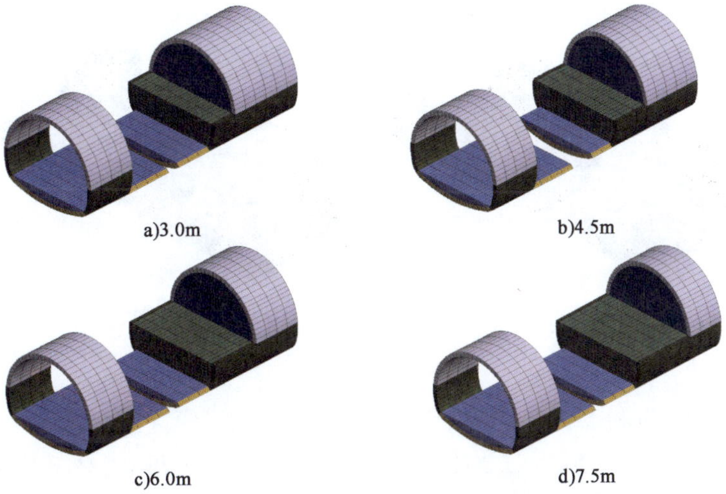

图 5-4-7　不同台阶长度网格划分示意图

隧道最大拱顶下沉值为261mm、281mm、294mm、317mm，最大仰拱隆起值为320mm、358mm、361mm、384mm，开挖台阶长度对隧道开挖完成后拱顶下沉及仰拱隆起均有较大影响（图5-4-8、图5-4-9）。台阶长度越大，下沉值与隆起值越大，下沉值极差为56mm，约占总下沉值1/5，隆起值极差为64mm，约占总隆起值1/5。

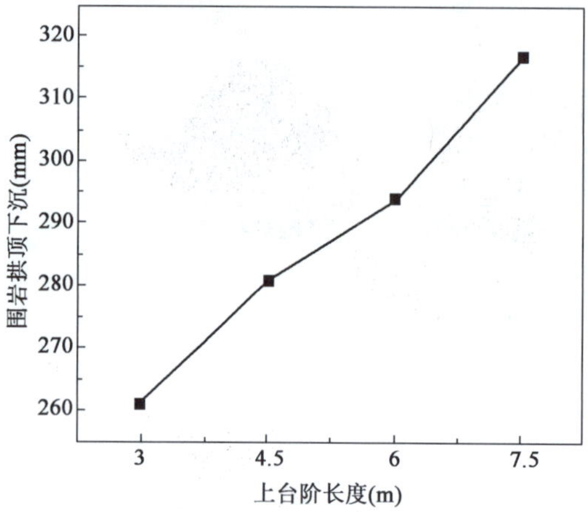

图5-4-8　不同上台阶长度围岩拱顶下沉曲线

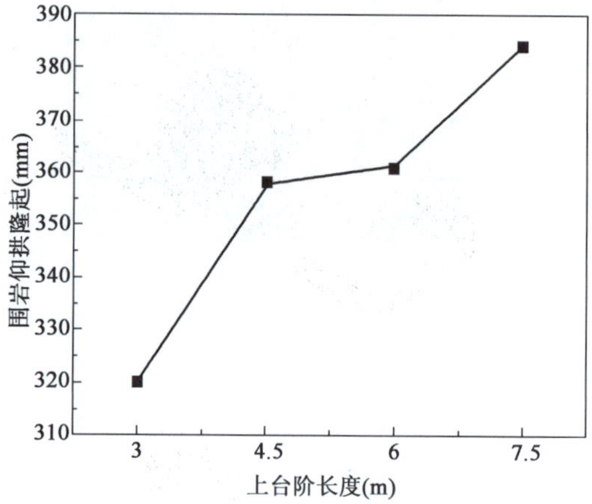

图5-4-9　不同上台阶长度围岩仰拱隆起曲线

由不同台阶长度布置下，隧道开挖完成后围岩变形、支护变形与支护受力情况，得出台阶长度对围岩拱顶下沉具有较大影响，台阶长度的增加会导致拱顶下沉快速增加，对围岩水平位移影响较小，台阶长度对初支位移的影响规律相似，对初支结构受力影响较小。故隧道开挖台阶布置时，为防止过大拱顶下沉而导致拱顶坍塌，应尽量减小台阶长度，考虑实际工程施工情况，台阶长度可取为3m。

5. 开挖进尺步距

模拟计算过程中，分别取开挖进尺步距为1.5m、3.0m两种形式，不同模型围岩条件、边界类型、开挖工况均相同。不同开挖进尺步距网格划分如图5-4-10所示。

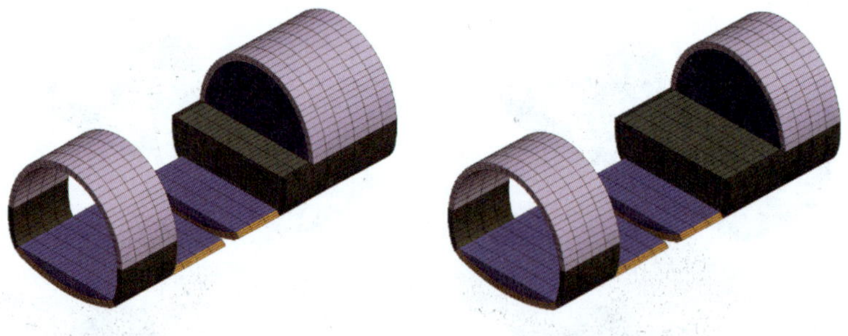

a)1.5m　　b)3.0m

图5-4-10　不同开挖进尺步距网格划分示意图

开挖进尺的加大有利于减小围岩拱顶位移及初支环向弯矩，但不利于围岩仰拱隆起、初支位移与初支环向受力。施工过程中，为控制围岩变形，使初支稳定，应尽可能缩小开挖进尺，增强开挖后支护施作的及时性，防止支护施作过程中拱顶坍塌与支护完成后失稳破坏。

6. 仰拱跟进步距

模拟计算过程中，分别取仰拱跟进步距为 1.5m、3.0m、4.5m、6.0m 四种形式，不同模型围岩条件、边界类型、开挖工况均相同。不同仰拱跟进步距网格划分如图 5-4-11 所示。

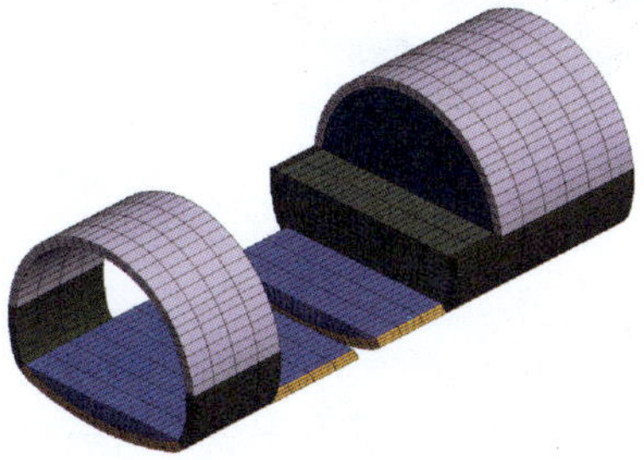

a)1.5m

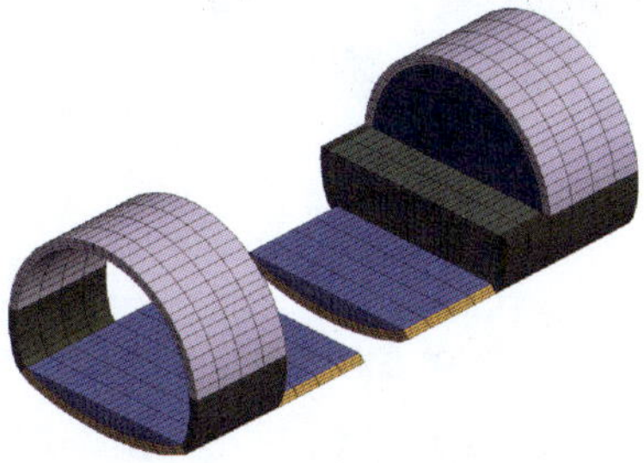

b)3.0m

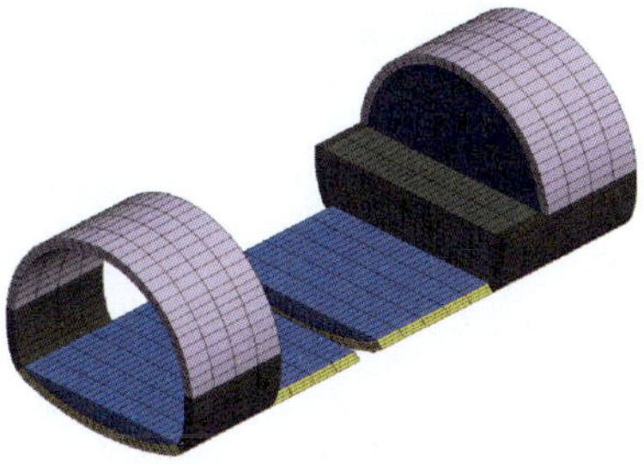

c)4.5m

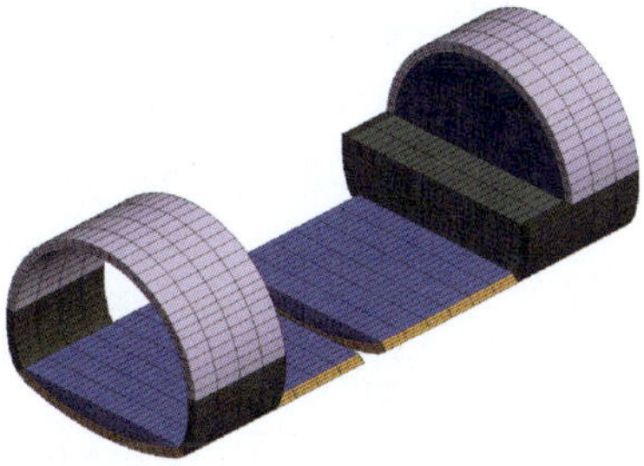

d)6.0m

图 5-4-11　不同仰拱跟进步距网格划分示意图

隧道开挖过程中，由于软弱围岩开挖位移较大，稍有不慎易造成过大拱顶下沉而发生初支失稳、围岩坍塌、二衬厚度不足等施工缺陷，不利于运营安全，不利于结构长期稳定，故施工过程中，应加强施工组织，减小仰拱跟进步距。

7. 二衬跟进距离

模拟计算过程中，分别取二衬跟进距离为 3m、6m、9m、12m 四种形式，不同模型围岩条件、边界类型、开挖工况均相同。不同二衬跟进距离网格划分如图 5-4-12 所示。

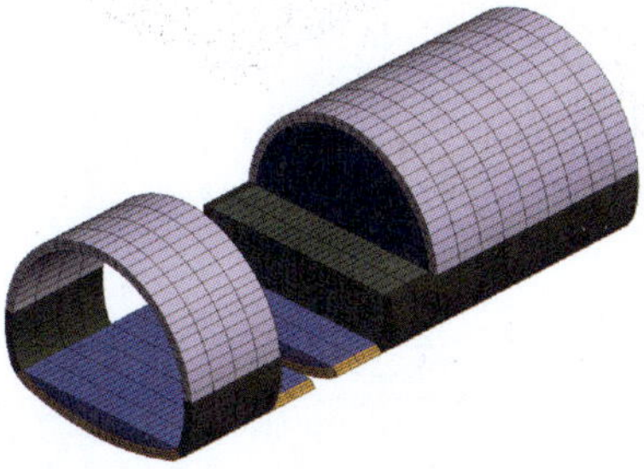

a)3m

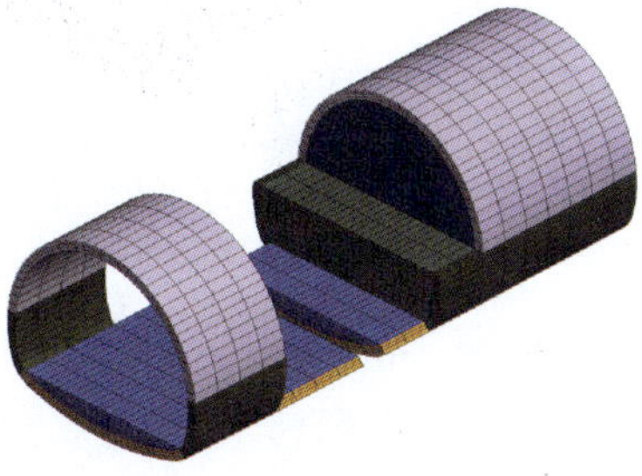

b)6m

图　5-4-12

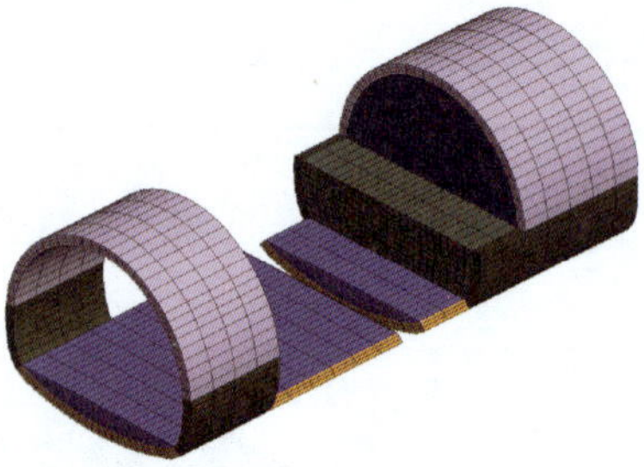

c)9m

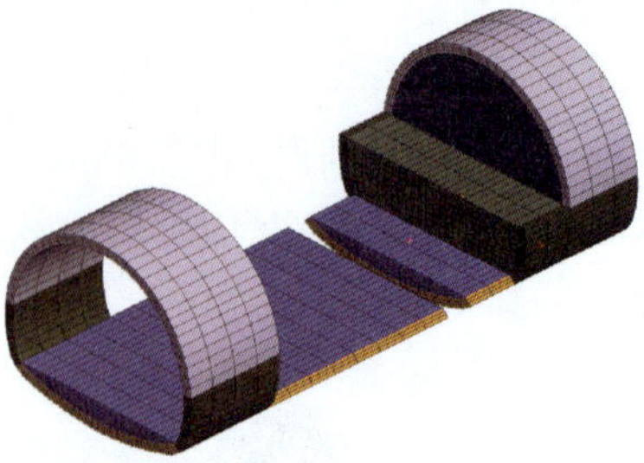

d)12m

图 5-4-12 不同二衬跟进距离网格划分示意图

二衬跟进距离的加大会导致围岩拱顶下沉、初支拱顶下沉的小幅增加，影响初支位移及初支受力情况。隧道开挖过程中，由于软弱围岩开挖位移较大，稍有不慎易造成过大拱顶下沉而发生初支失稳、围岩坍塌、二衬厚度不足等施工缺陷，不利于运营安全，不利于结构长期稳定，故施工过程中，应加强施工组织，根据施工要求，适当减小二衬跟进距离。

8. 工法对比分析结论

通过对五女峰隧道断层高地应力段施工方法的研究，得到以下结论：

(1)台阶法+临时仰拱法与 CD 法在限制围岩位移方面具有一定优势，但由于工序相对台阶法更为复杂，加之临时支护结构的作用，使得开挖完成后水平位移较小，支护结构受力不均、弯矩较大，二衬受力较大，不利于结构运营稳定，综合考虑施工成本与施工安全，在实时变形监控量测的基础上，施工可采用带全断面超前支护的台阶法(微台阶法)开挖。各工法的优缺点对比见表 5-4-2。

工法优缺点对比分析表

表 5-4-2

工法类别	变形控制	应力分析	施工难度	施工风险	高寒条件下的工效	工期	成本
微台阶法	变形可控	支护结构受力较均匀、弯矩较小，二衬受力较小	简单	较低	高	较短	较低
台阶法+临时仰拱法	水平收敛可控	支护结构受力不均、弯矩较大，二衬受力较大	较复杂	较低	较高	较长	较高
CD 法	拱顶沉降可控	支护结构受力不均、弯矩较大，二衬受力较大	复杂	低	低	长	较高

(2)综合考虑台阶高度对施工受力与施工便利性的影响，上台阶高度可取用 $2h/3$。

(3)台阶长度对围岩拱顶下沉具有较大影响，台阶长度的增加会导致拱顶下沉快速增加，对围岩水平位移影响较小，台阶长度对初支位移的影响规律相似，对初支结构受力影响较小，故隧道开挖台阶布置时，为防止过大拱顶下沉而导致拱顶坍塌，应尽量减小台阶长度。

(4)开挖进尺的加大有利于减小围岩拱顶位移及初支环向弯矩，但不利于围岩仰拱隆起、初支位移与初支环向受力。由于计算过程中，不同开挖进尺计算时步相同，现场施工过程中，开挖进尺越大，开挖、支护时间越长，故实际开挖过程中，台阶长度的加大造成的影响程度较计算结果更为不利。施工过程中，为控制围岩变形，初支稳定，应尽可能缩小开挖进尺,增强开挖后支护施作的及时性,防止支护施作过程中拱顶坍塌与支护完成后失稳破坏。

(5)二衬跟进距离的加大会导致围岩拱顶下沉、仰拱隆起、初支拱顶下沉的大幅增加,对围岩与初支水平位移及初支受力的影响较小。隧道开挖过程中,由于软弱围岩开挖位移较大,稍有不慎易造成过大拱顶下沉而发生初支失稳、围岩坍塌、二衬厚度不足等施工缺陷,不利于运营安全,不利于结构长期稳定,故施工过程中,应加强施工组织,减小仰拱跟进距离。

(6)断层高地应力段微台阶工法参数可按表5-4-3进行取值。

微台阶工法参数表　　表5-4-3

上台阶高度	上台阶长度	开挖进尺	仰拱与掌子面距离	二衬与掌子面距离
$2h/3$	3~5m	逐榀(0.5m)	≤15m	≤30m

5.4.3　吉林省隧道标准化施工关键技术

1. 技术准备与设备配置

(1)开工前应根据设计和施工控制网,对交付使用的隧道轴线桩、平面控制三角网基点桩以及高程控制的水准基桩等,进行详细的测量检查和核对。防水板、止水带、止水条等产品应结合工程实际提前到专业生产厂家订购,相应技术指标满足设计规定。

(2)隧道施工应优选机械化程度高的施工设备及试验检测设备,性能稳定可靠,生产能力满足施工需要,并具有一定的生产富余储备。易损件的备品、备件应齐全。

(3)隧道开挖进洞前,二次衬砌模板台车、湿喷机、锚杆机必须进场。凿岩台车、雾炮机、施工台架、管棚机、风水电供应设备等配备齐全。

2. 施工供风、供水、供电

(1)空气压缩机站应在洞口旁选址修建,并宜靠近变电站,应有防水、降温、保温和防雷击设施。供风能力须满足隧道正常施工需要,供风管路布置应尽量避免压力损失,保证工作面使用风压不小于0.5MPa。掘进100m以上时,洞内必须强制通风。当主风流的风量不能满足隧道掘进要求时,应设置局部通风系统。供风管道前端至开挖面距离不应大于20m。

(2)施工供水应确保施工和生活用水设施的提供、安装和保养满足施工及生活需要,必要时采用变频高压供水装置,水质应达标。管道前端至开挖面一般不超过20m。

(3)隧道施工临时供电的施工组织设计、建设及维护应符合电力行业规定。短隧道应采用高压至洞口,再低压进洞;长隧道及特长隧道应考虑高、中压进洞,以满足施工需要。施工期间"三管两线"架设、安装应顺直、整齐,各类管线应接头严密,无扭曲、褶皱、漏风,悬挂牢固,破损及时修复。"三管两线"布置示意如图5-4-13所示。

3. 洞口与明洞工程

(1)隧道洞口开挖前,应对洞口段地形地貌进行详细复测,认真调查地质情况,并编制隧道进洞专项施工方案。洞口施工前,监控量测人员必须进场并埋设好监测点。严禁大开大挖,原则上不采用临时砌筑防护边仰坡,尽可能放缓坡脚,保护原生态地貌。洞顶临时截水沟采用生态沟形式,一般不得采用圬工防护。

(2)推行"零开挖"进洞,严格执行"早进晚出"原则,按设计完成超前支护后方可开始正洞的施工,洞口段应及时形成封闭结构,严禁采用长台阶施工。开挖进洞按照人、机、水三路分离设置。

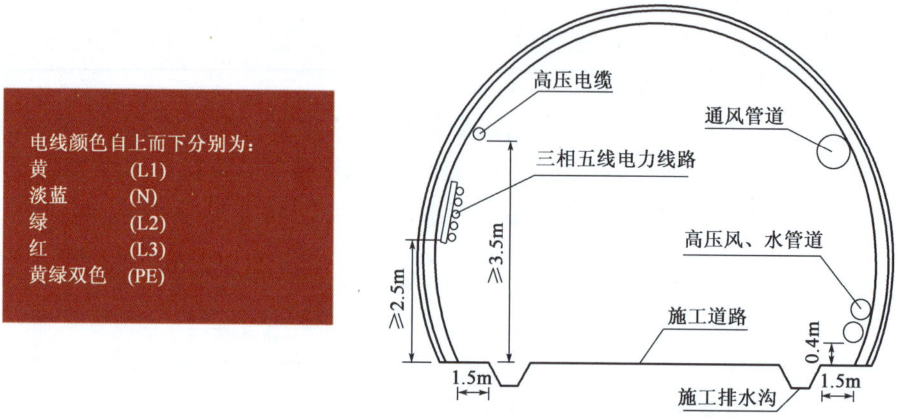

图5-4-13 “三管两线”布置示意图

(3)洞口边坡、仰坡土石方的开挖应随挖随支护，随时监测、检查边、仰坡稳定情况，减少对岩、土体的扰动，严禁采用大爆破。边坡和仰坡上可能滑塌的表土、灌木以及边坡和仰坡上的浮石、危石要清除或加固，坡面凹凸不平应予整修平顺。洞口永久性支挡工程应紧跟土石方开挖及早完成。偏压洞口施工应做好支挡、反压回填等工作后再开挖。开挖方法应结合偏压地形情况选定，不得因人为因素加剧偏压。

(4)隧道洞顶截水沟或排水沟应于洞口土石方开挖前完成，防止地面水冲刷而导致边坡、仰坡落石、塌方。如坡体含水率较大或有地下水且坡面渗漏水较多时，应增设泄水孔或平孔排水。边仰坡上方积水时，应及时疏导引排，隧道洞内排水应与洞外排水系统合理连接，不得浸泡隧道边墙基础，不得冲刷洞口前路基边坡及桥涵锥坡等设施。

(5)洞门端墙的砌筑(或浇筑)与墙背回填，应两侧同时进行，防止对衬砌产生偏压。基础施工完成后应及时回填，避免积水等浸泡地基。明洞拱圈外模拆除且拱圈混凝土达到设计强度的50%后，应及时按设计要求施作防水层及拱脚纵向排水管、环向渗沟，防水卷材接头搭接长度不小于10cm，并应向隧道内延伸不小于50cm，与暗洞防水板连接良好。明洞黏土隔水层应与边坡、仰坡搭接封闭良好。

4. 浅埋段工程

(1)根据围岩及周围环境条件，选择合适的开挖方法，控制围岩变形。爆破开挖时，应短进尺、弱爆破、早支护，减少对围岩的扰动；设置锁脚锚杆，提高拱脚处围岩的承载力；及时施工仰拱或临时仰拱。地质条件差或有涌水时，可采用地表预注浆结合洞内环形固结注浆。

(2)应严格控制地表沉降，减小循环开挖进尺和防止塌方。应加强对地表沉降、拱顶下沉的量测及反馈。

(3)穿越覆盖层薄的土石地层时，要结合地表防排水措施，进行有效的地层注浆加固。如出现开裂、涌水激增、支护变形等问题，须及时反馈，并及时采取加固措施，防止冒顶、压溃等事故的发生。

5. 洞身开挖

(1)洞身开挖过程中应随时测定隧道轴线位置和高程，在洞内每隔50m设置一个控制点。开挖方法选择按以下原则控制：

①Ⅰ～Ⅲ级围岩的中小跨度隧道可采用全断面法施工。

②Ⅲ、Ⅳ级围岩的中小跨度隧道，Ⅴ级围岩的中小跨度隧道在采取了有效的预加固措施后可采用台阶法开挖。

③Ⅳ、Ⅴ级围岩或一般土质围岩的中小跨度隧道宜采用环形开挖留核心土法施工。

④围岩较差、跨度大、浅埋、地表沉降需要控制的场合应采用中隔壁法（CD 法）或交叉中隔壁法（CRD 法）施工（图 5-4-14）。两车道土质和类土质、含水率大、承载力低的围岩必须采用中隔壁法或交叉中隔壁法施工。

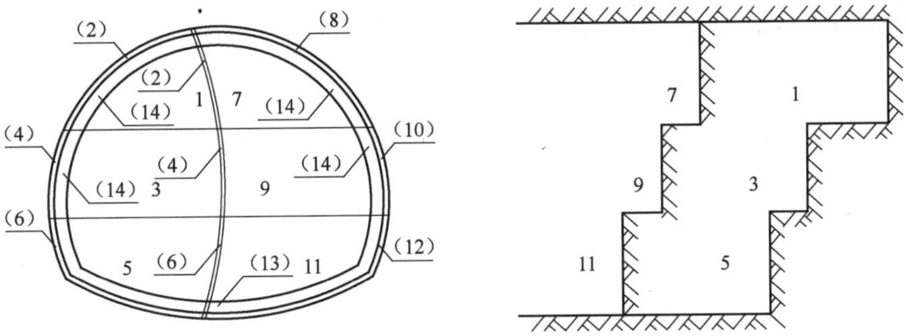

图 5-4-14　中隔壁法（CD 法）施工工序横断面及纵断面示意图

⑤浅埋大跨度隧道及地表下沉量要求严格而围岩条件很差时应选用双侧壁导坑法施工（图 5-4-15）。

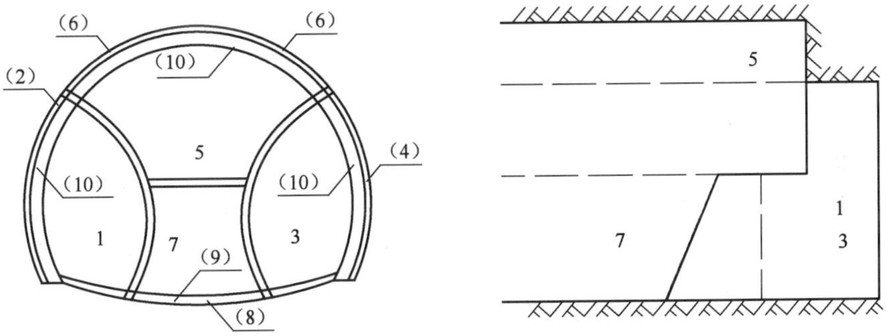

图 5-4-15　双侧壁导坑法施工工序横断面及纵断面示意图

（2）开挖作业应符合下列规定：

①确定合理的开挖步骤和循环进尺，保持各开挖工序相互衔接，均衡施工。

②开挖断面尺寸应满足设计要求，应采用有效的测量手段控制开挖轮廓线。边沟、电缆沟及边墙基础应同时开挖，所有开挖应按设计标明的开挖线并加入预留变形量后的尺寸进行施工，开挖质量应符合设计及规范要求，严禁二次爆破开挖。在开挖过程中，施工单位应随时测定隧道轴线位置和高程。

③开挖后应做好地质构造的核对，及时做好监控量测工作，地质变化处和重要地段应有相应照片或文字描述记载。

④开挖作业必须保证安全，不得危及初期支护、二次衬砌和设备的安全并应保护好量测用的测点，减少对围岩的扰动。

⑤开挖爆破作业应在上一循环喷射混凝土终凝不少于4h后进行。

(3)隧道爆破应采用光面爆破,必要时采用预裂爆破技术;爆破作业及爆破物品管理必须符合现行《爆破安全规程》(GB 6722)的有关规定;施工中应优化钻爆设计,提高钻孔效率和爆破效果,降低工料消耗。开挖爆破应采用合理的起爆方式,选用适当的炸药品种和型号,在漏水和涌水地段应采用非电导爆管起爆。

(4)钻爆作业应严格控制欠挖,尽量减少超挖,不同地质围岩超挖允许值应符合表5-4-4的规定。

平均和最大超挖允许值 表5-4-4

<table>
<tr><th colspan="2">项　　目</th><th>规定值或允许偏差(mm)</th><th>检查方法和频率</th></tr>
<tr><td rowspan="3">拱部</td><td>破碎岩、土(Ⅳ、Ⅴ级围岩)</td><td>平均100,最大150</td><td rowspan="3">水准仪或断面仪,每20m检查1个断面</td></tr>
<tr><td>中硬岩、软岩(Ⅱ、Ⅲ、Ⅳ级围岩)</td><td>平均150,最大250</td></tr>
<tr><td>硬岩(Ⅰ级围岩)</td><td>平均100,最大200</td></tr>
<tr><td rowspan="2">边墙</td><td>每侧</td><td>+100,0</td><td rowspan="2">尺量,每20m检查1处</td></tr>
<tr><td>全宽</td><td>+200,0</td></tr>
<tr><td colspan="2">仰拱、隧底</td><td>平均100,最大250</td><td>水准仪,每20m检查3处</td></tr>
</table>

注:1. 最大超挖值系指最大超挖处至设计开挖轮廓切线的垂直距离。
2. 表列数值不包括测量贯通误差、施工误差。

(5)在施工过程中,应根据对开挖面的直接观察、围岩变形的量测结果,辅以超前地质预报,结合岩层构造、岩性及地下水情况,提出围岩分类的修改意见,并判定隧道围岩稳定性,提出相应的处理措施。

(6)应采取综合防尘防毒措施,定期检查粉尘及有害气体浓度,保证隧道作业环境空气中含有的有害气体、瓦斯、粉尘等的浓度不超标。瓦斯地层隧道施工应按《煤矿安全规程》的有关规定执行。洞内不得存放汽油、煤油、柴油、炸药、雷管等危化品。

特长隧道进洞掘进较深,施工中采取混合式接力通风措施,即在掌子面附近用射流式风机压入新风,在其后中间段用抽排式风机接力通风,以改善洞内施工环境。

6. 初期支护与辅助工程措施

(1)初期支护应配合开挖作业及时进行,确保围岩稳定及施工安全。当掌子面自稳能力差时,应采取增加辅助工程措施或改变开挖方法等措施。软弱围岩地段施工必须坚持“先支护(强支护)、后开挖(短进尺、弱爆破)、快封闭、勤量测”的施工原则,初期支护紧跟掌子面。Ⅳ~Ⅵ级围岩初期支护必须保证尽早封闭成环。

(2)隧道支护应根据现场监控量测结果,分析施工中的各种信息,及时调整支护措施和支护参数。在浅埋、严重偏压、自稳性差的地段,以及大面积淋水或涌水地段施工时,应采用稳定地层和处理涌水的辅助工程措施,结合实际情况综合运用。岩面有渗水出露时,应先引排处理。当局部出水量较大时,可采用埋管、凿槽、树枝状排水渗沟等措施,将水引导疏出后再喷射混凝土。

(3)初期支护完成后应及时进行检测,发现背后存在空洞及时压注水泥砂浆,保证初期支护与围岩贴合密实。

(4)喷射混凝土应采用湿喷工艺施工,并符合以下要求:

①喷射混凝土配合比应通过试验确定并满足设计强度和喷射工艺的要求，坍落度宜控制在80～120mm。液体速凝剂应环保无碱，对作业人员身体无害。

②隧道开挖后及时初喷，硬岩地段复喷作业距离掌子面不得大于60m，软岩地段初期支护应紧跟掌子面，爆破作业距喷射混凝土作业完成时间的间隔不小于4h。喷射混凝土均匀密实，表面平顺，无明显拱肋突出及坑凹。

③喷射混凝土与围岩黏结强度按设计要求执行，设计无规定时，Ⅰ级和Ⅱ级围岩不低于0.8MPa，Ⅲ级及以下围岩不低于0.5MPa。

④喷射作业应分段、分片依次进行，喷射顺序自下而上进行，每次作业区段纵向长度不应超过6m。喷射混凝土混合料应随拌随喷，回弹料不得二次利用。

⑤一次喷射厚度应根据设计厚度和喷射部位确定，初喷厚度为4～6cm。复喷一次喷射厚度拱顶不得大于10cm，边墙不得大于15cm。湿喷机喷嘴距岩面距离以60～120cm为宜，喷射料束与受喷面垂线成5°～15°夹角，使喷射料束螺旋形运动。喷射机工作压力应控制在0.1～0.15MPa。

⑥钢架与岩面之间的间隙应用喷射混凝土充填密实，由两侧拱脚向上对称喷射，保证钢架背面喷射填满，黏结良好。拱脚基础喷射混凝土要密实，严禁悬空。

⑦喷混凝土终凝2h后，采用雾炮机养生，养生时间不少于7d。隧道内环境温度低于5℃时，不得喷水养生。

(5)锚杆施工。

①为保证拱部锚杆的施作质量，要求对拱部锚杆采用锚杆机进行施作，锚杆机性能必须适合硬岩条件下的钻孔要求。侧墙及拱腰部位可采用一般气腿式凿岩机钻孔。

②锚杆施工在初喷后及时进行，钻孔应保持直线，系统锚杆钻孔方向宜与开挖面垂直。当岩层层面或主要结构面明显时，应尽可能与其成较大夹角，但与其开挖面的垂直偏差不应大于20°。局部锚杆应尽可能与岩层层面或主要结构面成大角度相交。

③锚杆都必须安装垫板，垫板应与喷射混凝土紧密接触。Ⅳ、Ⅴ级围岩系统锚杆尾端应预留足够长度，确保锚杆垫板能够在复喷后安装，以便于锚杆质量检测。锚杆施作位置用红漆进行标识。

④水泥砂浆锚杆孔深允许偏差为±50mm。药包不应有受潮结块现象。砂浆的初凝不得小于3min，终凝不得大于30min。早强药包锚杆孔深应与杆体长度配合适当。砂浆锚杆杆体插入到设计深度时，孔口应有砂浆流出，若孔口无砂浆流出，则应拔出杆体重新灌浆。

⑤锚杆抗拔力按照设计指标控制，设计无规定时，普通砂浆锚杆抗拔力不得小于80kN，中空注浆锚杆不得小于100kN。锚杆用的各种水泥砂浆强度不低于M20。

(6)钢筋网。

①钢筋在使用前应调直，清除锈蚀和油渍。钢筋网应与锚杆或钢架连接牢固，在喷射混凝土时不得晃动。钢筋搭接长度不得小于30倍钢筋直径，并不得小于一个网格长边尺寸。

②在初喷一层混凝土后进行钢筋网的铺设。钢筋网宜随受喷面起伏铺设，并在锚杆安设后进行，与受喷面的最大间隙控制在20～30mm。钢筋网每个交叉点都应进行焊接或绑扎。

(7)钢架。

①型钢及配件应按设计要求的材质、规格、型号采购进场，非标产品严禁进场。

②钢架节段应采用工厂化加工制作方案，型钢钢架采用冷弯法成型。格栅钢架应按1:1胎模控制尺寸，所有钢筋节点必须采用焊接。每片节段应编号，注明安装位置。拱架接头钢板厚度及螺栓规格必须符合设计要求。接头钢板螺栓孔必须采用机械钻孔，并清除毛刺和钢渣，严禁采用气割冲孔。

不同规格的首榀钢架加工完成后，应在加工厂内试拼，周边拼装允许偏差为±30mm，平面翘曲应小于20mm，并与开挖断面相适应。经试拼合格的单元钢架须编号挂牌，分单元堆码。

③钢架安装应确保两侧拱脚必须放在牢固的基础上。分段安装前应将底脚处的虚渣及其他杂物彻底清除干净；拱脚超挖时，应用喷射混凝土填充；拱脚高度应低于上半断面底线15～20cm；当拱脚处围岩承载力不够时，应向围岩方向加设钢垫板、垫梁或浇筑强度不低于C20的混凝土，以加大拱脚接触面积。

④钢架应分节段安装，节段之间应按要求连接。连接钢板平面应与钢架轴线垂直，钢板连接紧密。相邻两榀钢架之间必须用纵向钢筋连接。钢架安装应垂直于隧道中线，竖向不倾斜，平面不错位、不扭曲，纵向间距符合规定指标，用定位筋和纵向连接筋固定牢靠。上下左右的允许偏差为±50mm，钢架倾斜度应小于2°。

⑤钢架安装后应及时安装锁脚锚杆（图5-4-16），确保锁脚锚杆与钢架有效连接，控制钢架沉降变形。施工中如出现钢架破裂、倾斜、弯曲、变形以及接头松脱、填塞露空等异状，必须立即加固。钢架的抽换、拆除应本着“先顶后拆”的原则进行，防止围岩松动坍塌。

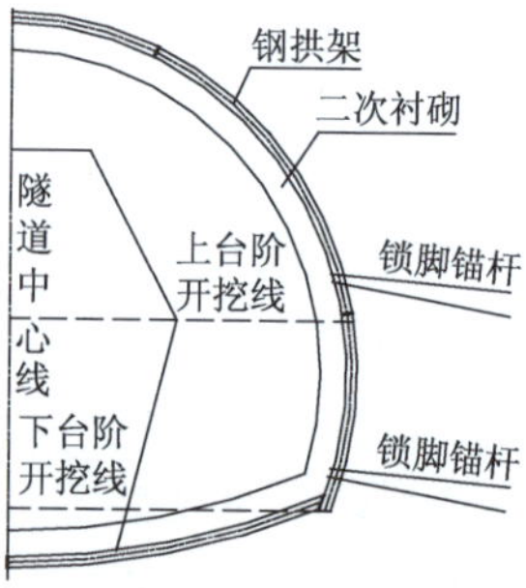

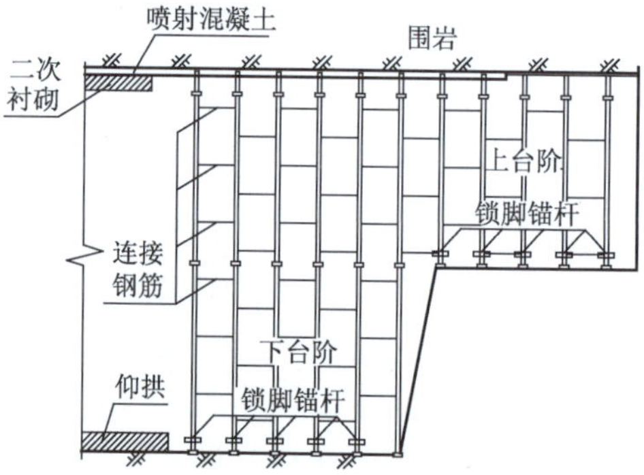

图5-4-16　隧道开挖锁脚锚杆安装

（8）超前小导管预注浆支护。

①超前小导管直径应按设计要求选用和加工，长度应满足设计要求，纵向搭接长度应不小于1.0m。

②导管和钢架联合支护时，应从钢架腹部穿过，尾端与钢架焊接，超前小导管沿隧道纵向开挖轮廓线向外以10°～15°的外插角钻孔。

③注浆前，应对开挖面及5m范围内的坑道喷射厚为50～100mm混凝土或用模筑混凝土封闭，以防止注浆作业时发生孔口跑浆现象。注浆顺序应由下至上，浆液先稀后浓，注浆量先大后小。结束标准以终压控制为主，以注浆量校核。当注浆压力达到1.0MPa时，持荷时间不少于10min。

(9)超前管棚支护。

①超前管棚支护的长度和钢管外径应满足设计要求,纵向搭接长度应不小于3m。孔径比管棚钢管直径大20~30mm,钻孔顺序为先高孔位后低孔位。管棚以套拱内预埋的孔口管定向、定位,严格控制管体上抬量和角度。

②管棚施工应采用履带式潜孔钻机,根据工程地质情况选择跟管钻机或者引孔顶入法施工,长管安装一次完成。应选在拱脚部位做试验孔,找出地层特点,并进行注浆和砂浆充填试验。

③安装钢管时,先打有孔钢花管,注浆后再打无孔钢管,每钻完一孔便顶进一根钢管。钢花管安装后,管口用麻丝和锚固剂封堵钢管与孔壁间空隙,钢管自身利用孔口安装的封头将密封圈压紧,压浆管口上安装三通接头。

④管棚注浆应采用袖阀管分段注浆方式,不得采用全管一次注浆。用双液注浆泵按先下后上,先单液浆再双液浆,先稀后浓的原则注浆。注浆量以压力控制,初压为0.5~1.0MPa,终压为2.0MPa。持荷结束后中止注浆。

7.施工防水与排水

(1)隧道施工防排水设施应与运营防排水工程相结合,遵循"防、排、截、堵相结合,因地制宜,综合治理"的原则,保证隧道结构和运营设备的正常使用和行车安全。对地表水和地下水妥善处理,形成一个完整通畅的防排水系统。防排水不得污染环境,隧道排水不得直接排入饮用水源。

(2)隧道施工防排水必须全面考虑洞外、洞内、辅助坑道,临时和永久排水系统相结合,建立起一个完整通畅的排水系统,既要能够保证施工期洞内积水顺畅排出洞外,又要能够防止洞外积水倒灌洞内。确保工程结构安全和人员施工生产安全。

(3)洞内顺坡排水一般采用临时排水沟,并经常清理排水设施,防止淤塞,确保畅通。不良地质地段隧道中的排水沟可用管槽代替或采用浆砌片石铺砌,排水沟中不得有积水,严禁漫流浸泡下台阶。水沟位置应远离边墙,距边墙基脚不小于150cm。

(4)洞内反坡排水可根据距离、坡度、水量和设备等因素布置排水管道,可采用分段接力将水排出洞外。接力排水时应在掌子面设置临时集水坑,并每隔200m设置集水坑,通过水泵逐级抽排至洞外。抽水机功率应大于排水所需功率的1.5倍,并应有备用抽水机。集水坑容积应按实际排水量确定,其设置的位置不得影响洞内运输和安全。

(5)洞内有大面积渗漏水或水流集中时,宜集中汇流引排。明挖基坑和隧道洞口处应保持地下水位稳定在基底开挖线50cm以下,可采取必要的降水措施,如钻孔集中汇流引排等。隧道开挖工作面前方有承压水时,在保证不影响围岩稳定的条件下,可采用超前钻孔或辅助坑道排放承压水。超前钻孔及辅助坑道应保持10~20m的超前距离。

(6)隧道施工中遇有高压涌水时,应先采用排水的方法降低地下水的压力,然后用注浆法进行封堵。封堵应先周围注浆切断水源,然后顶水注浆,堵住涌水。集通高速公路五女峰隧道施工反坡排水技术取得省级工法认定。

8.结构防排水

(1)隧道防水卷材应具有足够强度及延伸率,易操作、易焊接,且焊接时无毒、无害。防水板与土工布应严格按照设计要求分层铺挂,不得采用复合式防水板。

(2)衬砌背后防排水设施。

①排水管系统应严格控制排水管道的连接,管路连接采用三通方式,连接牢固、畅通,安装坡度符合设计要求。纵向排水管与三通接头连接后,要用土工布进行包裹。要做好纵向排水管的高程控制,确保排水通畅。纵向排水管底部必须按设计要求设置混凝土基座,严禁将纵向排水管置于虚渣之上。

②环向排水管在地下水较大的地段应适当加密。环向排水盲管应紧贴支护表面或渗水岩壁安设,排水盲管布置应圆顺,不得起伏不平。

③中心排水管(沟)施工前必须对基底进行清理,必须按设计要求设置混凝土基座,严禁将中心排水管置于虚渣之上。基础的总体坡度、段落坡度、单管坡度应协调一致,并符合设计要求,不得高低起伏,应和仰拱、铺底同步施工。沟管节间连接必须采用防水土工布严密包裹,防止泥沙从节间流入阻塞水沟。洞内灌注混凝土或压浆时,浆液不得浸入沟管内,确保预埋的透水盲管不被堵塞。

④中心排水沟完成后必须进行通水试验,发现积水、漏水应及时处理,施工期保持沟管畅通,不得因施工等因素(如钻渣流入并沉淀)堵塞沟管。

⑤应严格按设计要求施工保温出水口。保温出水口根据地形设置,尽可能设置在阳面,采取有效保温措施避免冬季结冰堵塞。

(3)防水板铺设。

①防水板铺设应采用专用台车(架),铺设进度应超前二次衬砌施工1~2个衬砌段,并尽量减少接头。

②初期支护基面平整度应满足拱脚$D/L \leq 1/6$,拱顶$D/L \leq 1/8$(D为初期支护表面相邻两凸面间的距离,L为该两凸面之间凹进去的深度)。基面明水应提前设盲管引排。

③防水板须采用无钉铺挂工艺。应先进行试铺定位,固定点间距拱部为50~70cm,侧墙为100~120cm,在凹凸处应适当增加固定点,布置均匀。防水板环向松弛率经验值一般取10%,纵向松弛率一般取6%。

④防水板拼接采用热合机双焊缝焊接,接头板面洁净,不得粘有土工布等杂物。焊接时应避免漏焊、虚焊、烤焦或焊穿。焊接完毕后必须采用"充气法"检验,充气压力达到0.25MPa,持压15min内压力下降小于10%。

⑤防水板的接头处不得有气泡、褶皱及空隙,接头处应牢固,焊缝强度不低于母材强度。推荐采用电磁焊机或超声波焊机焊接。紧急停车带、横通道与正洞连接处的防排水工程应与正洞同时完成,其搭接处应平顺,不得有破损和褶皱。对于结构边角等特殊部位的丁字焊缝等不易焊接处,应采用焊胶打补丁等方法补强处理。修补(补强)防水板的补丁不得过小,形状剪成圆角,不得有长方形、三角形等尖角,修补后必须采用真空法检验。

⑥沿隧道纵向一次铺挂长度宜比二次衬砌施工长100cm,同时防水层接缝与衬砌混凝土接缝错开。

(4)变形缝设置应使拱圈、边墙和仰拱在同一断面处贯通。变形缝应满足密封防水、适应变形的要求。变形缝两侧应平整、清洁、无渗水;缝内应设置与嵌缝材料无黏结力的背衬材料,嵌缝应密实。施工缝设置宜与变形缝相结合。

(5)止水带埋设中间空心圆环应与变形缝的中心线重合。止水带不得设置接头。止水带定位时，应使其在界面部位保持平展，防止止水带翻滚、扭结，确保其不被钉子、钢筋和石子等刺破。可采用定位钢筋精确定位，防止偏移。

9. 二次衬砌

二衬施工必须采用全断面模板台车和泵送作业，混凝土一次浇筑成型。采用二衬全断面整体液压浇筑台车（图 5-4-17），推行二衬边墙及电缆沟槽壁一体式施工技术，提升拱脚部位混凝土的浇筑质量。消除传统矮边墙与模板台车二次衬砌之间经常出现的电缆沟盖板台阶高低不平以及错台、跑浆、漏浆等质量问题。一体式施工墙身衬砌贴合更加圆顺，整体线形易于控制，电缆沟内侧墙和二衬混凝土颜色一致。该施工工艺较传统施工工艺减少一道工序，节省工时，降低施工成本。

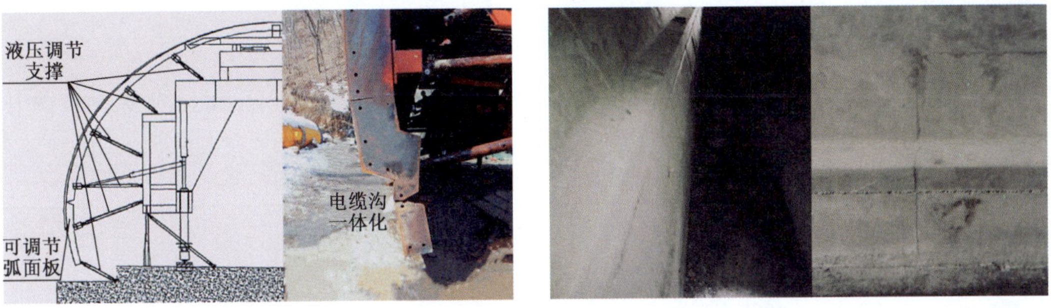

图 5-4-17　二衬全断面整体液压浇筑台车（电缆沟一体浇筑）

（1）台车制作。

①二次衬砌施工（含加宽段）应采用全液压自动行走的整体衬砌台车，衬砌台车应结构尺寸准确，各种伸缩构件、液压系统、电气控制系统运行良好，合理设置各支承机构，同时设置边墙混凝土逐窗入模浇筑系统。台车整体移动自动行走，有上下爬梯，并有闭锁装置，保证定位准确。

台车制作过程中，同步加工边墙混凝土滑槽逐窗入模装置，通过设置混凝土主料斗、分流槽、三通分流槽、分流串筒、入窗分流槽等一整套装置，通过抽插阀门，控制混凝土流向各级工作窗口，实现混凝土逐窗入模。

②台车模板及支架应具有足够的强度、刚度、稳定性和抗上浮能力，能安全地承受所浇筑混凝土的重力、侧压力以及在施工中可能产生的各项荷载，保证混凝土浇筑过程中不变形、不跑模、不移位。弧面板无凹凸，支架不偏移、不扭曲，多次重复使用不变形。当衬砌断面较大、所承受荷载较大时，支撑骨架应制成桁架结构，并尽量减少板块接缝数量。两车道二衬台车面板钢板厚应不小于 10mm；三车道二衬台车面板钢板厚应不小于 12mm，板间接缝按齿口搭接或焊接打磨。

③台车支撑桁架门下净空应满足隧道衬砌前方施工所需大型设备通行要求。桁架各层平台的高度要满足混凝土施工要求，设有上下通行爬梯。

④台车拱脚以上 3.0m、5.3m 和拱顶处设置作业窗，作业窗口间距纵向不大于 3m，横向不大于 2.5m，窗口尺寸 50cm × 50cm，且应整齐划一。作业窗周边应加强，防止变形，窗门应平整、严密、不漏浆。

⑤台车验收分为进场前验收和进场拼装验收，验收标准应符合表 5-4-5 的规定。

衬砌台车验收标准　　表 5-4-5

项　　目	技 术 要 求
衬砌台车长度	一般为10m;平曲线半径小于1200m,二衬台车不大于9m
模板外观尺寸	满足设计要求
两端的结构尺寸相对偏差	不大于3mm
梁体模板厚度	两车道不小于10mm,三车道不小于12mm
每块模板宽度	不小于1.5m,推荐为2.0m
边墙拱脚弧面板	弧面长度满足要求,向底部延伸到位,与仰拱(底板)曲面吻合良好,纵向施工缝避开最大弯矩、剪力区,接缝不漏浆
每延米台车重量	两车道不小于6.8t,三车道不小于8.5t
行走机构	行动自如,制动良好,带有液压推杆制动器
台车架、液压、支撑系统	具有足够的刚度和强度;液压缸采用液压锁锁定,同时采用支撑丝杠进行机械锁定
工作窗口	布局合理,封闭严密平整

(2)二次衬砌的施作时间,应满足下列条件:

①各测试项目所显示的位移率明显减缓并已基本稳定。

②已产生的各项位移已达预计位移量的80% ~90%。

③周边位移速率小于0.2mm/d,或拱顶下沉速率小于0.15mm/d。

④软弱围岩及不良地质隧道的二次衬砌应及时施作。二次衬砌距掌子面的距离Ⅳ级围岩不得大于90m,Ⅴ级及以上围岩不得大于70m。

(3)隧道内的台架、工作平台应搭设牢固,留足施工净空。平台上满铺底板,周边应设置栏杆。跳板、梯子应安装牢固并防滑,应设明显的限界及缓行、警示、承载等标志。在隧道所有作业台架上安装警示灯并粘贴反光标志,侧墙上挂照明灯箱,确保车辆通行安全,在台架底部配置消防器材。

(4)端头模板。

①台车端部的挡头模板应按衬砌断面制作以保证设计衬砌厚度,可适当调整以适应其不规则性,其单片宽度不小于300mm,厚度不小于30mm。

②挡头模板结构应能保证衬砌环接缝榫接,以保证接头处质量,增强其止水功能。

③挡头板应定位准确、安装牢固,其与岩壁间隙应嵌堵紧密,保证浇筑混凝土时不变形、不漏浆。顶部应留有观察小窗口,以观察封顶混凝土情况。

(5)二衬钢筋须工厂化加工,统一配送。钢筋安装必须采用专用台车(架)。应先定位受力主筋,再绑扎其他钢筋。片网间距、保护层厚度、纵横向连接、定位钢筋数量及位置须符合设计要求。钢筋保护层应全部采用高强砂浆垫块来控制,不得使用塑料垫块。二衬纵向钢筋在施工缝、沉降缝处断开设置,交叉处不得漏绑漏焊。

(6)二衬混凝土。

①二衬混凝土采用拌和站集中拌制,强度和耐久性能满足设计要求。采用干缩性小的抗渗混凝土,抗渗指标满足规定要求。

②二衬台车定位后,应对钢筋、防水板、排水(盲)管、止水带、预埋管件等进行全面复查,

清理拱脚的混凝土基面,不得积水。调试施工机具、振捣设备和混凝土传输管路。

③混凝土由下至上分层、左右交替、从两侧向拱顶对称浇筑。为防止浇筑过程中两侧压力偏差过大造成台车移位,应均匀布料,两侧浇筑面高差控制在 50cm 以内,并合理控制浇筑速度。

④浇筑混凝土应直接入仓,混凝土不得直冲防水板板面,输送管与浇筑面的垂距应控制在 120cm 以内,严禁混凝土沿台车面板下落,以防混凝土离析。

⑤施工过程中输送泵应连续运转,尽可能避免停歇造成“冷缝”。如因故中断,其中断时间应小于前层混凝土的初凝时间或能重塑时间。当超过允许时间时,应按施工缝处理,在初凝以前将接缝处的混凝土振实,并使缝面具有合理、均匀稳定的坡度。

⑥加强隧道衬砌起拱线以下的反弧部位施工控制,对混凝土性能、坍落度及捣固方法进行有效控制,以减少反弧段气泡,有效改善衬砌混凝土表面质量。

⑦封顶采用顶模中心封顶器接输送管,逐渐压注混凝土封顶。挡头板上观察孔有浆溢出,即标志封顶完成。拱部混凝土衬砌浇筑时,应在拱顶预留注浆孔(应为 T 形注浆孔),注浆孔间距应不大于 3m,且每模板台车范围内的预留孔应不少于 4 个。

⑧采用带模注浆工艺进行拱顶注浆回填,注浆压力应控制在 1.0MPa 以内。在台车端头模板上部安装摄像头,实时监控混凝土在台车顶部的流动状态及饱满情况,有效防止投料口填塞。

⑨二次衬砌完成后,应采用地质雷达等方法对衬砌后密实情况进行检测,发现问题及时处理。

10. 大坡率隧道混凝土衬砌

五女峰隧道斜井纵面最大纵坡为 12.7%,由于混凝土浇筑对台车的压力,可能导致衬砌台车滑移,影响施工质量和安全。在施工过程中,在采用“五点定位法”对台车进行准确定位的基础上,加设卷扬机,利用卷扬机的自锁装置、轨道止滑楔块以及衬砌台车走行系统的锁定装置对衬砌台车进行固定,实现施工台车自重、二衬混凝土施工重力、卷扬机自锁拉力的系统内力平衡。卷扬机预加外力保证了施工台车定位稳定、避免滑移,此项技术已获得省级创新型工法认定。

11. 附属工程

(1)设备洞、横通道及其他预留孔

①消防洞、设备洞、车行或人行横通道及其他各类洞室的设置应满足设计要求,洞室不得设在衬砌断面变化及衬砌接缝处。各类洞室的设置应满足结构安全及使用功能要求,横纵向定位准确,线形协调,外观整齐规范。

②隧道边墙内的各类洞室以及消防洞、设备洞和横通道等与正洞连接地段,宜在正洞掘进至其位置时将该处一次挖成。设备洞、横洞、斜(竖)井、地下风机房等须采用定制钢模板。设备洞、横通道及其他各类洞室的永久性防排水工程,应与正洞一次同时完成。各类洞室及横通道与正洞连接的折角处,防水层应根据铺设面的形状平顺铺设,不得漏铺或损伤。

③衬砌中各类预埋管件、预留孔、槽及边墙内的各类洞室应按设计位置定位。模板架设时应将经过防腐与防锈处理后的预埋管件绑扎牢固,留出各类孔、槽及边墙内的各类洞室位置。浇筑混凝土时应确保各类预埋管件、预留孔、槽不产生移位。

④设备洞、横通道与正洞连接处的钢筋应互相连接可靠,绑扎牢固。人行横通道洞口内

长5m、车行横通道洞口内长10m范围内的衬砌应与该处正洞衬砌一次同时完成，且混凝土在浇筑过程中不得中断，保湿养生时间不得少于10d。

(2)水沟、电缆沟

①水沟、电缆沟开挖应与边墙基础开挖同时进行。

②电缆沟和水沟外侧钢模必须采用全尺寸(圆弧面与竖向钢板整体成型)整体式钢模，电缆沟壁与边墙应连接牢固，宜采用自行式整体液压台车。

③边沟接头应保证紧密、不渗漏，与衬砌排水、路面排水管路保持顺畅，与相邻路面接缝平整。

④电缆沟盖板应平顺、整齐、无翘曲；盖板铺设应平稳。盖板、路侧边沟等构件应统一预制。

⑤检查井壁混凝土的质量及尺寸，严格按设计要求施工，采用防腐混凝土，达到抗盐蚀、抗冻的要求。井盖的强度、刚度及耐久性能满足规定要求。宜采用预制构件。

(3)装饰工程

①装饰工程应进行装饰首件样板试验，验证装饰敷设和喷涂的质量、颜色以及与基底层黏结牢固程度。装饰前检查衬砌表面的渗漏水情况，必要时应采取措施做好装饰前的防、排水工作。装饰作业应选择适宜的温湿度环境。

②二衬表面装饰前应清理基面。内墙涂料应按设计要求做到色调均匀，不得出现色斑或杂色。饰面砖施工应先行对基面机械凿毛，铺贴应横、竖缝通直，外表面应平整、牢固、美观，严禁背后脱空。

③各类洞室的防护门框及门扇骨架应在平整的场地上先放样。各种钢材应调直、调平后下料加工成所需的形状，且不得产生裂纹，并按现行《钢结构工程施工质量验收标准》(GB 50205)的有关规定与要求办理，构件应进行防腐处理。

④洞口装饰应表面平整、清洁，隧道铭牌字样应美观、醒目，符合国家相关规定。

12.隧道冬季施工

(1)冬季施工期限划分原则：根据多年气象资料统计，当室外日平均气温连续5d稳定且低于5℃即进入冬期施工，当室外日平均气温连续5d稳定且高于5℃即解除冬期施工。

图5-4-18　五女峰隧道冬季施工

(2)隧道未进洞则不得在冬季进行施工。进洞长度在100m以上且具有保温条件时，需进行专门的施工组织设计。冬季施工混凝土拌和站和储料仓须搭设全封闭保温棚。棚内安装锅炉，砂石料仓铺设加热管道，混凝土采用热水拌和。

(3)在隧道洞口设置防寒门，洞门中间部位设一可开启保温门帘，专人看管，确保洞内温度不低于10℃。结合施工需要可在洞内搭设加热保温墙。五女峰隧道冬季施工如图5-4-18所示。

(4)施工控制要点。

①冬季施工中，钢筋混凝土不得掺加防冻剂。素混凝土如掺加防冻剂，掺加量不得大于水泥用量的3%。混凝土砂石料须提前备料入仓，使用前须过筛，清除结团、未融解的冻块。

②拌和机配挂温度计，连续测量混凝土出料温度，保证出料温度大于 15℃，温度不满足要求的混凝土严禁使用。

③混凝土配制选用较小的水胶比。应严格按配合比下料，并结合现场情况进行适当调整，混凝土坍落度一般取下限值。

冬季施工投料顺序：先投入粗细集料，然后加水，拌制 30s 再加入水泥和外加剂拌制 120～180s。注意观察拌制的混凝土状态，如果在加热条件下出现坍落度过小或发生速凝现象，应适当降低拌和料的温度。

④水加热至 50℃以上，当水温高于 80℃时，必须先投入集料，先使集料与热水预拌，拌匀后再投入水泥，严格避免 80℃以上的水直接与水泥接触。水池内放温度计，温度每 2h 检查 1 次。

⑤拌制混凝土前及停止拌制后，应用热水冲洗机器。为使原材料均匀，混凝土拌和时间为 2～3min，较常温施工延长 50%。

⑥混合料进入喷射机的温度不应低于 5℃，喷射混凝土作业区的温度不应低于 8℃，在结冰的岩面上不得进行喷射混凝土作业。二衬混凝土入模温度不低于 10℃。

（5）冬季隧道洞内保湿养生温度不低于 10℃，保湿养生 3d 且混凝土强度达到 5MPa 前不得受冻。拆模时间采用最后一盘封顶混凝土同期试件达到的强度来控制，不承受外荷载的拱、墙混凝土强度应达到 5MPa 以上，或在拆模时混凝土表面和棱角不被损坏，能承受自重时拆模。当衬砌施作时间提前，拱墙承受围岩压力时，一般应在混凝土强度达到设计强度的 70% 以上后拆模。

5.5　季冻区隧道温度场分布规律及防冻技术研究

隧道冻害问题一直是季冻区公路运营期间的顽疾，包括衬砌渗漏水、挂冰，防排水系统冻胀失效，隧道初支或二衬变形开裂等。工程设计、建设和运营单位对隧道围岩温度场分布规律和结构保温防冻设计认识并不深入。一些科研院所也对围岩温度场的分布进行过监测研究，但监测数据多为阶段性的结果，隧道运营期的温度场监测基本中断，没有系统应用指导意义。科技进步使得围岩温度场的长期自动监测研究变为可能，基于此，以五女峰隧道为依托设计开发了一套季冻区公路隧道围岩温度远程监测系统（图 5-5-1），沿隧道纵轴向总共布置了 58 个监测断面，监测系统设备运行记录如图 5-5-2 所示。

图 5-5-1　围岩温度远程监测系统

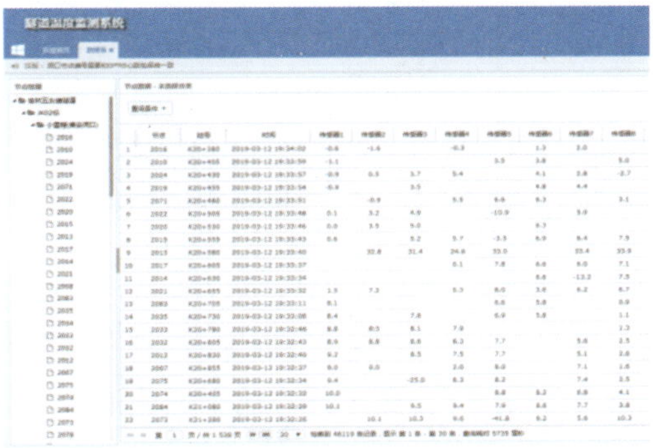

图 5-5-2　设备运行记录

五女峰隧道围岩温度远程监测系统包括:①分布式温度监测传感器(热敏元器件),埋设于围岩与衬砌结构内部;②数据自动采集传输设备(由热敏电阻温度采集模块、无线通信模块和持续供电模块组合而成),与监测传感器采用有线连接;③网转(传)设备,实现监测数据从自主网络向3G(第三代移动通信技术)/4G(第四代移动通信技术)网络转化和传输功能;④数据存储和读取设备,实现监测数据的存储、读取和展示;⑤配套的软件设备等。

5.5.1 施工期围岩温度场测试与分析

1. 典型断面围岩温度时程监测

结合五女峰隧道工程现场实际,选取进口端LK28+259、LK28+184、LK28+159、LK28+134四个典型断面,分析围岩温度场的变化规律。

(1)LK28+259断面围岩温度监测结果

LK28+259断面距洞口50m的围岩温度变化如图5-5-3所示。该隧道断面在1月12日刚开挖之后,围岩温度均为负值,其中4m深处温度最低,为-1.38℃。之后受洞内施工影响及混凝土水化热的影响,围岩温度开始逐渐升高。深度小于2m的围岩温度,围岩温度均达到了3.5℃,深度大于2m的围岩温度变化不明显。25d后,深度小于0.8m处围岩温度受一次模筑混凝土水化热的影响,有稍许上升。但在41d后,温度也基本不变,隧道融化深度大致在1.5m左右。在6月之后,深度小于1.5m处的围岩温度受外界环境温度的影响,呈上升趋势,在8月5日左右达到最大。不同深度处的围岩温度变化幅度呈梯度增加。深度大于1.5m的围岩温度基本不变。在9月之后,深度小于1.5m处的围岩温度又下降。在11月之后,深度越小,围岩温度越低。说明保温隔热层有减小空气与围岩之间的热对流,但是并不能完全消除围岩受环境温度的影响。

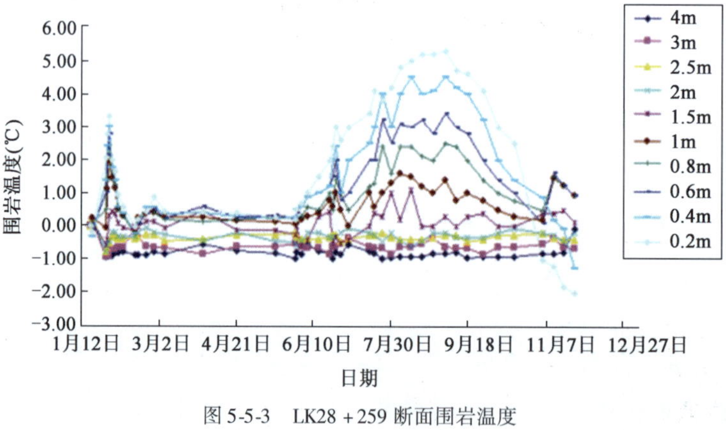

图5-5-3 LK28+259断面围岩温度

(2)LK28+184断面围岩温度监测结果

LK28+184断面距洞口125m的围岩温度变化如图5-5-4所示。5月4日刚开挖之后,左右边墙围岩温度均在0℃左右,之后受洞内施工影响及混凝土水化热的影响,围岩温度迅速升高,当开挖一周之后,温度有所回落,但深度在小于4m处围岩温度均为正温。在6月时温度均变化不大,深度越小的围岩温度越高。在8月15日,深度小于2m处围岩温度有所升高,受外界环境温度影响,之后围岩温度又降低。9—10月温度均变化不大,10月之后深度为0.2m处的围岩温度又有所降低。左右边墙及仰拱处围岩温度变化规律基本趋于一致。

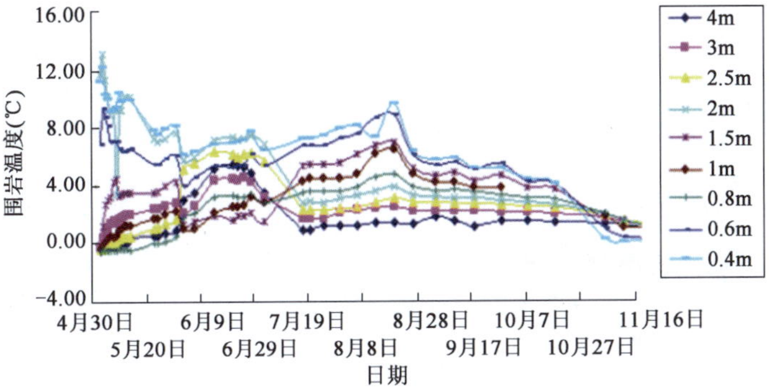

图5-5-4　LK28+184断面围岩温度

(3)LK28+159断面围岩温度监测结果

LK28+159断面距洞口150m的围岩温度变化如图5-5-5所示。该断面在4月已经开挖完成。该断面未能采集到围岩的初始温度,是由于使用锚固剂埋设温度计时锚固剂失效,重新锚固延误了测量的时间。5月21日之后在深度小于1m处围岩温度都有很明显的降低。在6—7月不同深度处的围岩温度变化不大,且温度大小呈梯度变化。在7—8月,受外界环境温度影响,不同深度处围岩温度有所增加,深度越小,增加越大。在11月之后,深度小于1.5m处围岩温度均有减小,深度大于2m处围岩温度变化不大。

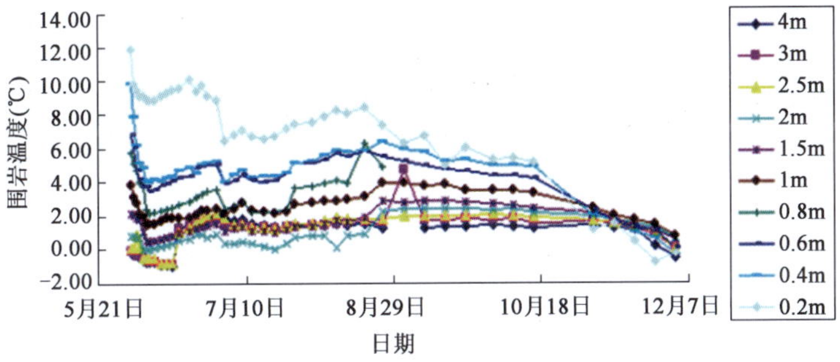

图5-5-5　LK28+159断面围岩温度

(4)LK28+134断面围岩温度监测结果

LK28+134断面距洞口175m的围岩温度变化如图5-5-6所示。6月12日刚开挖完成后,左右边墙围岩温度均受洞内施工影响及混凝土水化热的影响,温度迅速升高,当开挖1周之后,不同深度处温度都降低。在7—8月时受外界环境温度影响,围岩温度升高。之后不同深度处围岩温度在9月之后均下降。在3月17日后,围岩温度上升,不同深度处变化规律一致。到下一年的7—8月围岩温度又达到最高,8月之后又有所下降。

分析不同断面围岩温度时程变化,可得出以下规律:开挖前初始围岩温度都较低,大致在0℃,开挖后的较短时间内不同深度处的围岩温度明显快速升高,施工时的洞内环境温度及喷射混凝土时产生的水化热对围岩温度有较大影响。在开挖1周之后,不同深度处的围岩温度均慢慢回落,在1个月左右时间,围岩温度基本保持不变。距离初期支护越近围岩温度变化越明显,距离越远变化越小。不同断面处围岩温度变化均在7—8月达到最高,在1—2月达到最低,深度越小,变化幅度越大。

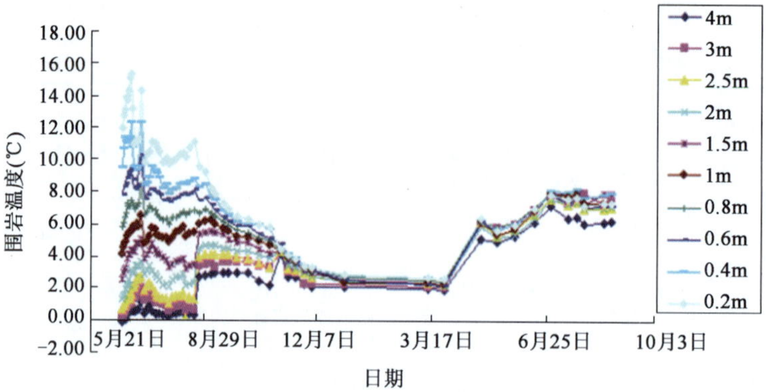

图 5-5-6　LK28 + 134 断面围岩温度

2. 径向围岩温度变化分析

为明确得出围岩温度在径向和纵向的变化规律，提取纵轴向不同典型断面的月平均围岩温度，按照径向深度和纵向进深两种方式进行排列，绘制出围岩温度随径向和进深的变化曲线。径向围岩温度变化曲线选取了 1 月、3 月、5 月、7 月、9 月和 11 月 6 个月份的围岩温度平均值，其余月份内插计算。不同断面围岩温度随径向变化曲线如图 5-5-7 ~ 图 5-5-10 所示。

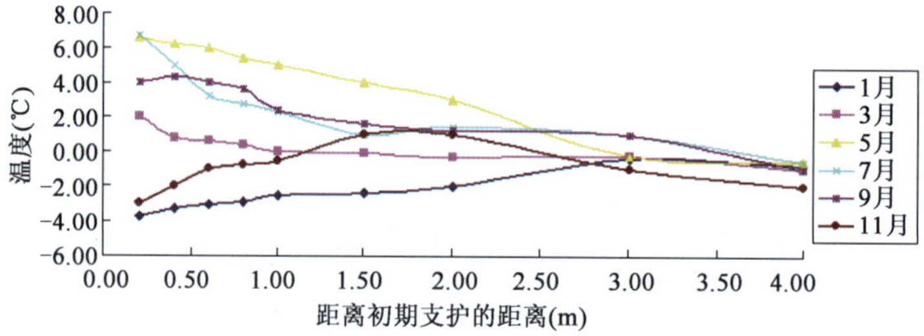

图 5-5-7　LK28 + 259 断面围岩温度径向变化

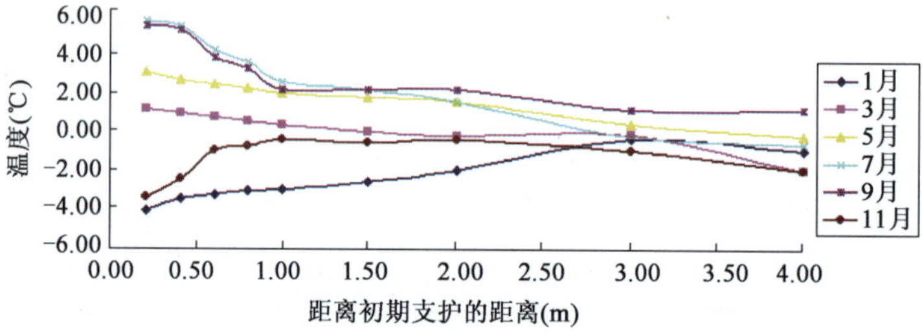

图 5-5-8　LK28 + 184 断面围岩温度径向变化

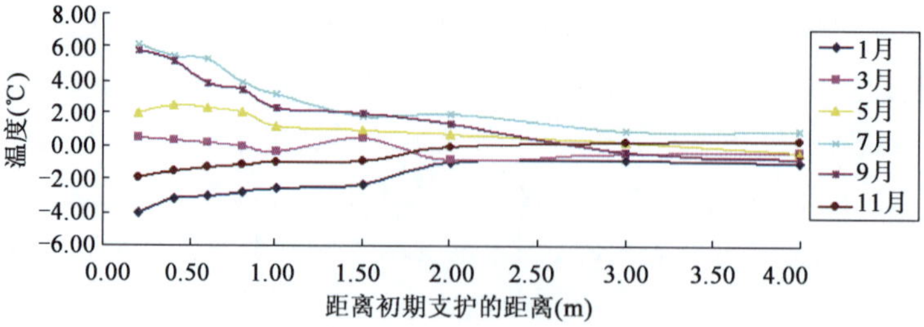

图 5-5-9　LK28 + 159 断面围岩温度径向变化

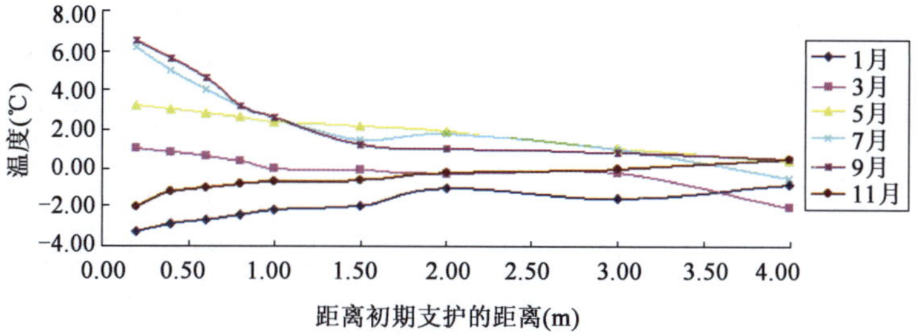

图 5-5-10 LK28 +134 断面围岩温度径向变化

通过分析不同断面围岩温度变化,得出围岩温度在径向的分布规律:

(1)冬季,距离二次衬砌表面越远,围岩温度越高;夏季,距离二次衬砌表面越远,围岩温度越低。

(2)从全年围岩温度变化看,与初期支护距离越大,围岩变化越小;距离初期支护距离越小,围岩温度变化越明显。

(3)在纵轴径向不同深度处的围岩温度大致呈非线性的梯度变化,深度在 3 ~ 4m 处围岩温度相差不大,在距离初期支护 0 ~ 2m 处变化较大。

3. 纵向围岩温度变化分析

不同月份隧道围岩温度在纵向进深方向上的变化不同。1 月、3 月、5 月、7 月、8 月、10 月、11 月、12 月 8 个月份的围岩月平均温度随纵向进深的变化曲线如图 5-5-11 ~ 图 5-5-18 所示。

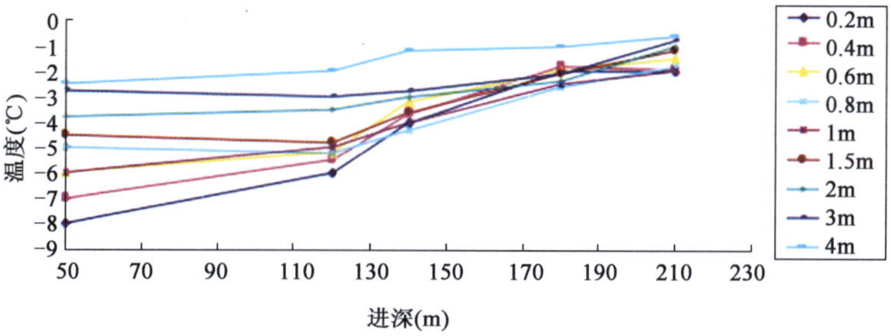

图 5-5-11 1 月围岩温度纵向变化

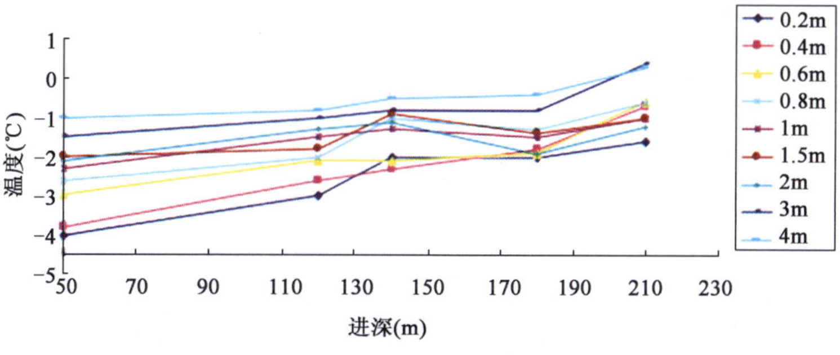

图 5-5-12 3 月围岩温度纵向变化

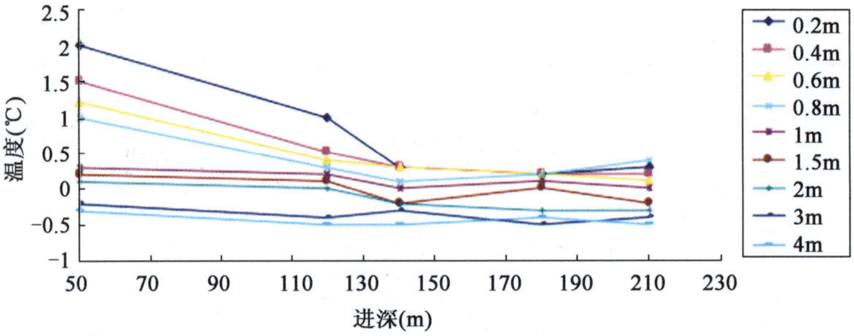

图 5-5-13　5 月围岩温度纵向变化

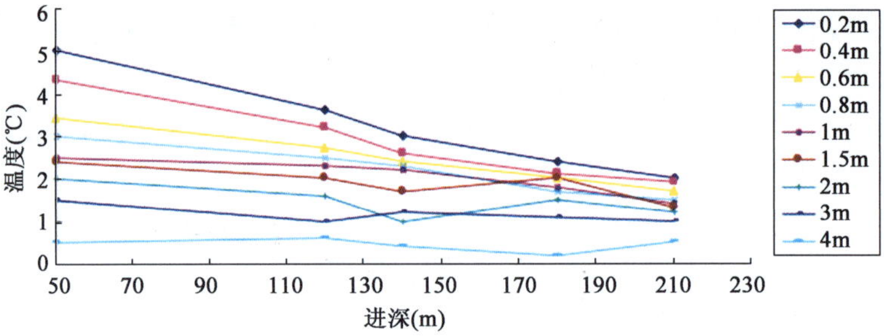

图 5-5-14　7 月围岩温度纵向变化

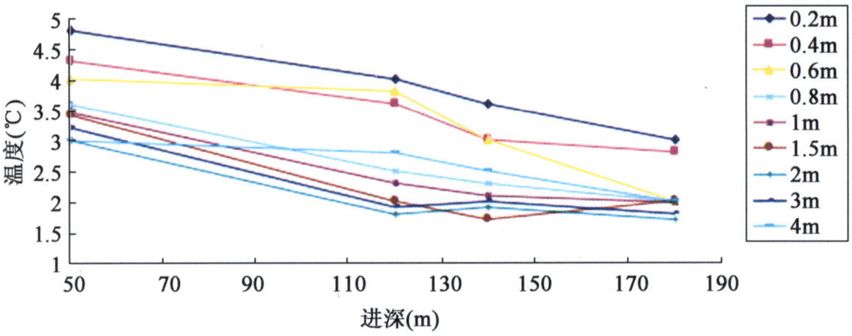

图 5-5-15　8 月围岩温度纵向变化

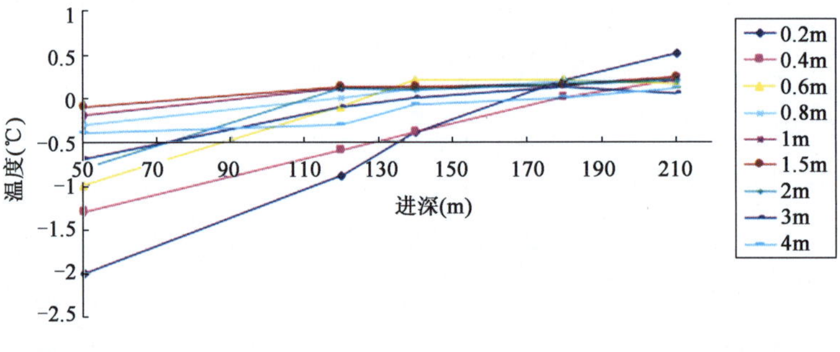

图 5-5-16　10 月围岩温度纵向变化

分析纵轴向围岩在不同月份变化曲线,得出围岩温度的变化规律如下:

(1)在 1 月时,距离洞口 50m 处围岩温度为 −8℃,而在距离洞口 210m 处围岩温度只有

-1℃左右。说明在寒季,距离洞口越近的位置,围岩温度越低;距离洞口越远的位置,围岩温度越高。

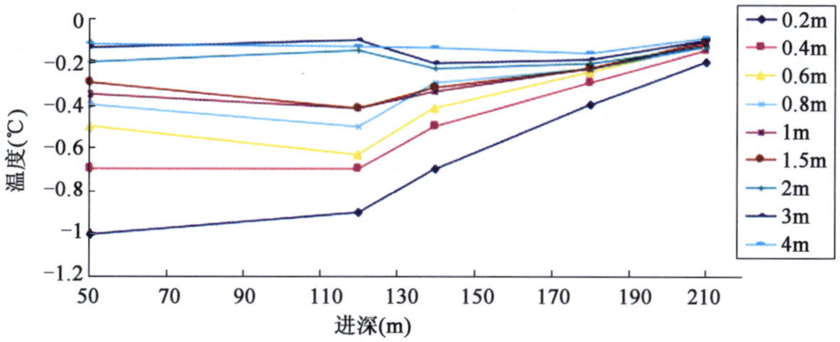

图 5-5-17　11 月围岩温度纵向变化

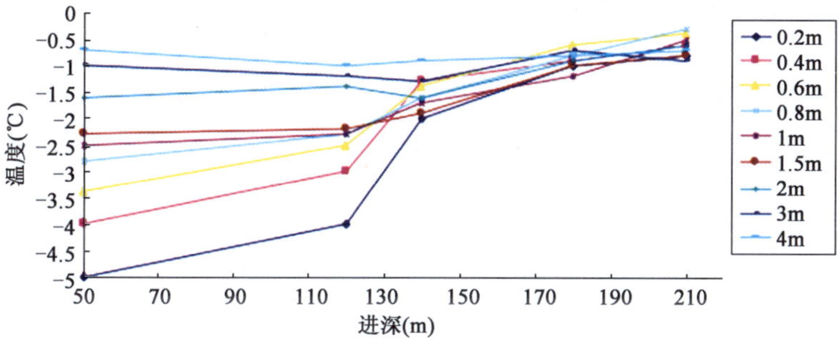

图 5-5-18　12 月围岩温度纵向变化

(2)在 8 月时,距离洞口 50m 处围岩温度为 4.7℃,而在距离洞口 210m 处围岩温度只有 -1.2℃左右。说明在暖季,距离洞口越近的位置,围岩温度越高;距离洞口越远的位置,围岩温度越低。

(3)在 5 月和 10 月时,围岩温度在纵向上变化并不是很大,温度差大致在 2℃。1 月、12 月温度差大概为 5℃,7 月、8 月温度差也大致为 5℃。围岩在寒季和暖季温度差值均较大,在其他季节差值较小。分析原因为在纵向进深方向,围岩温度的分布规律同样与外界环境温度密不可分。

(4)在 1 月、3 月、11 月、12 月,距离洞口 0～130m 区段温度随纵向进深变化较为明显,距离洞口在 130～210m 随纵向进深变化较为平缓。说明隧道洞口段围岩温度受洞外环境温度的影响较大。

5.5.2　运营期围岩温度场测试与分析

1. 典型断面围岩温度时程变化

监测数据选取集安和通化洞口各 2 个断面进行分析,通化方向 K27+125、K26+950 距离洞口分别为 75m 和 250m;集安方向 K19+290、K19+390 距离洞口分别为 50m 和 150m。通化洞口 2 个断面围岩温度时程变化曲线如图 5-5-19、图 5-5-20 所示。

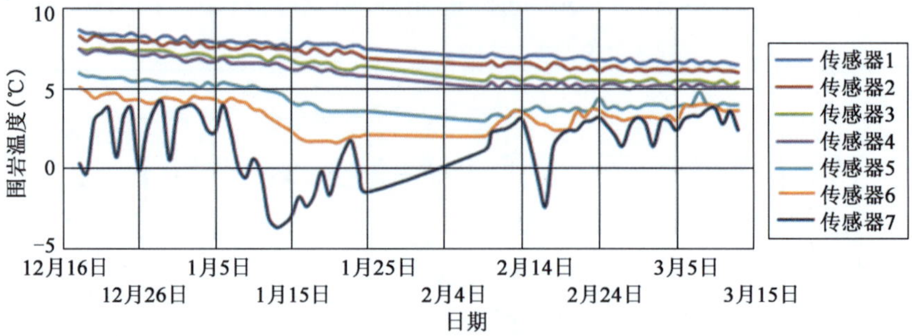

图 5-5-19　K27 + 125 断面围岩温度(通化洞口)

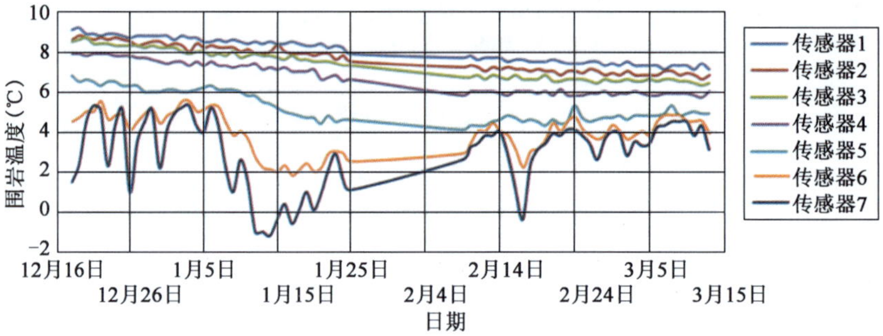

图 5-5-20　K26 + 950 断面围岩温度(通化洞口)

分析同一断面、不同深度、不同日期的温度数据,能得出如下温度分布规律:

(1)传感器 1 ~ 传感器 6 指示的温度均为围岩内温度,2019 年 12 月 19 日—2020 年 3 月 15 日,温度均为 0℃以上,K27 + 125 断面处的围岩温度最低 1.6℃,最高 8.7℃;K26 + 950 断面处的围岩温度最低 1.8℃,最高 9.2℃。传感器 7 的温度数据指示为电缆沟内温度,因电缆沟在洞口做了封闭措施,电缆沟内温度在冬季高于外部环境温度。

(2)距离通化洞口 125m 位置安装了环境温度传感器(图 5-5-21)。从图中分析可知,2019 年 12 月 19 日—2020 年 3 月 15 日,环境最高温度 4.2℃,最低温度 -10.5℃,且 2 月 18 日前温度普遍为 0℃以下,之后温度数据以 0℃以上居多,其间隧道洞口环境温度波动较大。

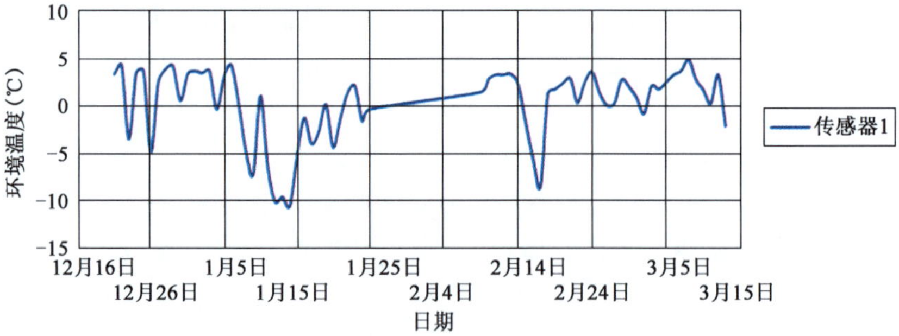

图 5-5-21　隧道内环境温度(通化洞口)

(3)隧道内环境温度随着天气回暖逐渐上升,而围岩内温度在监测期间一直呈下降趋势,下降斜率较小,预计之后(4—5 月)会出现上升拐点。

(4)距集安洞口 50m 和 150m 处电缆沟内温度在监测期间为 -7.2 ~ 0.5℃,其最低温度出现于 2020 年 1 月 1 日,且监测期间的绝大部分温度值在 0℃以下。传感器 1 ~ 6 指示的温度为围岩温度(图5-5-22、图5-5-23),在0.2m深度位置的温度值在监测期间已达到0℃以下。

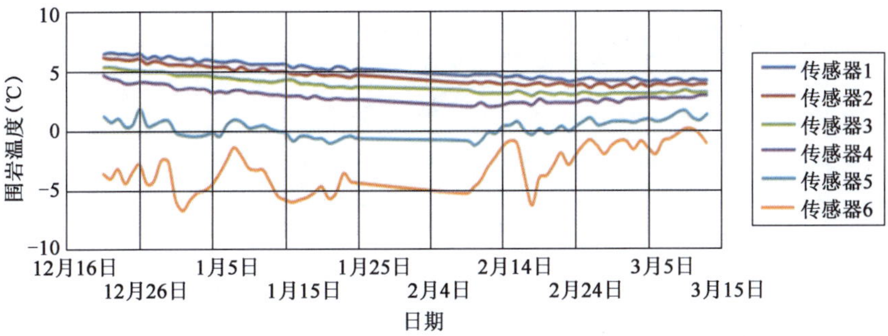

图5-5-22 K19+290断面围岩温度(集安洞口)

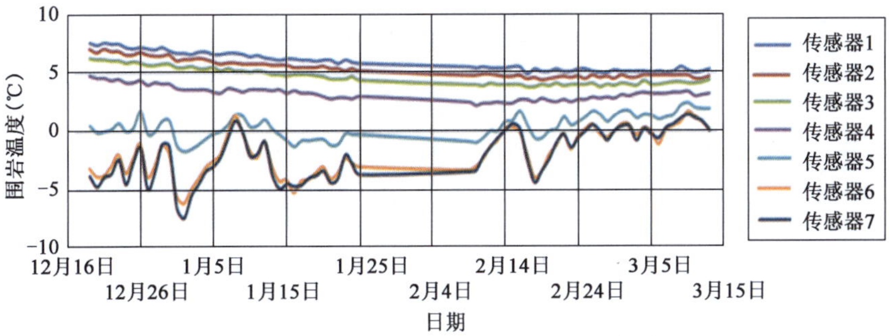

图5-5-23 K19+390断面围岩温度(集安洞口)

2.径向围岩温度变化分析

监测数据选取集安和通化洞口各2个断面进行分析,通化方向K27+125、K26+950距离洞口分别为75m和250m;集安方向K19+290、K19+390距离洞口分别为50m和150m。选取2019-12-20、2020-01-20、2020-02-20、2020-03-10四个日期作为分析对象,各断面径向围岩温度变化曲线如图5-5-24~图5-5-27所示。曲线图中传感器在围岩内的埋设深度见表5-5-1。

传感器编号及位置 表5-5-1

传感器编号	传感器1	传感器2	传感器3	传感器4	传感器5	传感器6	传感器7
深度位置	3.0m	2.0m	1.5m	1.0m	0.8m	0.6m	0.7m

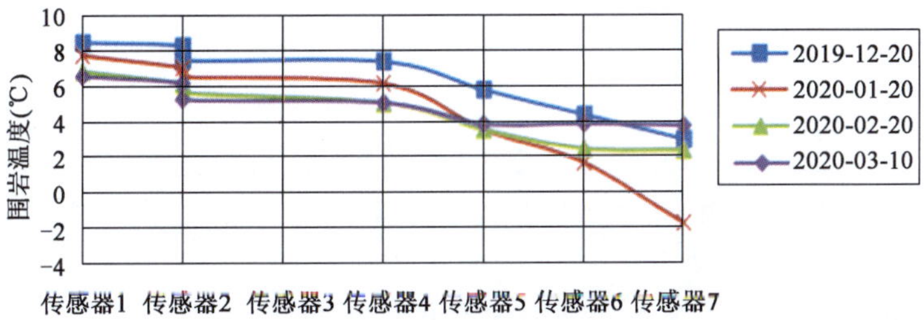

图5-5-24 K27+125断面径向围岩温度(通化洞口)

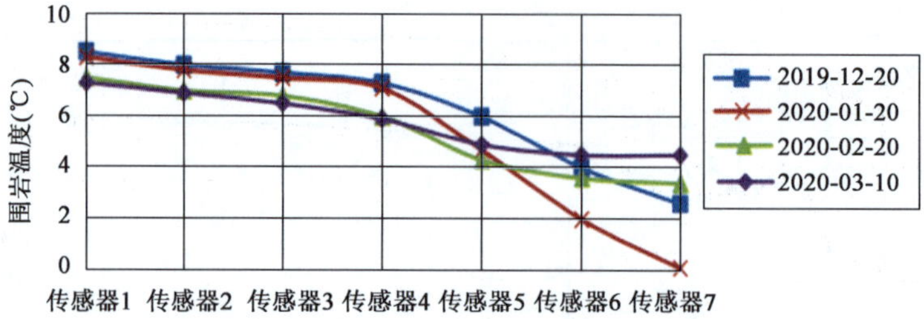

图 5-5-25　K26 + 950 断面径向围岩温度(通化洞口)

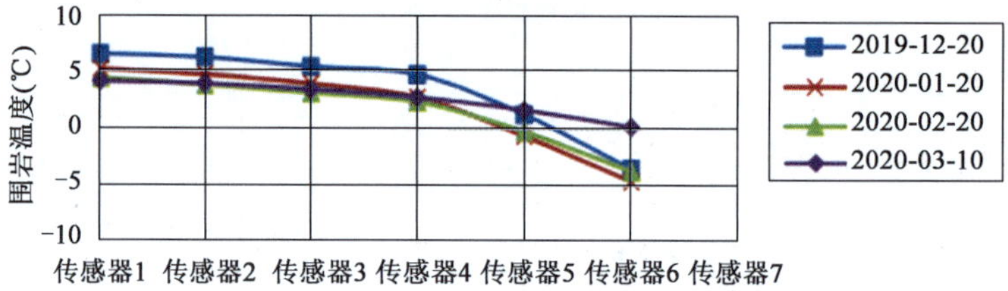

图 5-5-26　K19 + 290 断面径向围岩温度(集安洞口)

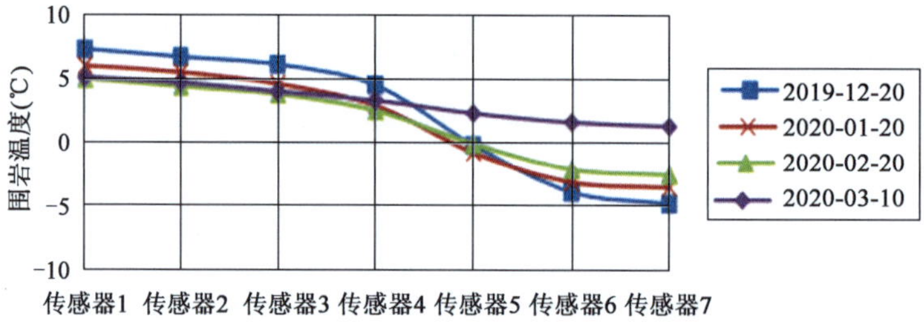

图 5-5-27　K19 + 390 断面径向围岩温度(集安洞口)

从温度曲线分析可知：

(1)在冬季(监测期),距离二次衬砌表面越远,围岩温度越高。

(2)与初期支护距离越大,围岩温度变化越小;与初期支护距离越小,围岩温度变化越明显。

(3)在径向方向上,不同深度处的围岩温度大致呈非线性的梯度变化。深度在 3 ~ 4m 处围岩温度相差不大;在距离初期支护 0 ~ 2m 处,变化较大。

以上分析结果与施工期一致。

3. 纵向围岩温度变化分析

从 2019 年 12 月 20 日—2020 年 2 月 20 日的平均温度分析监测期内围岩温度沿隧道纵向的分布情况。温度曲线如图 5-5-28、图 5-5-29 所示。

由图 5-5-28、图 5-5-29 分析可得：

(1)距离隧道洞口位置越远,电缆沟内环境温度越高。

(2)距离隧道洞口位置越远,围岩温度越高,但上升趋势不大。

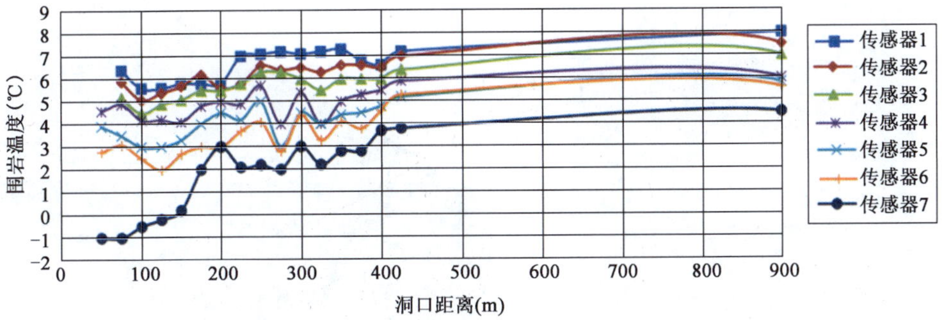

图 5-5-28　2019 年 12 月 20 日—2020 年 2 月 20 日纵向围岩温度(集安洞口)

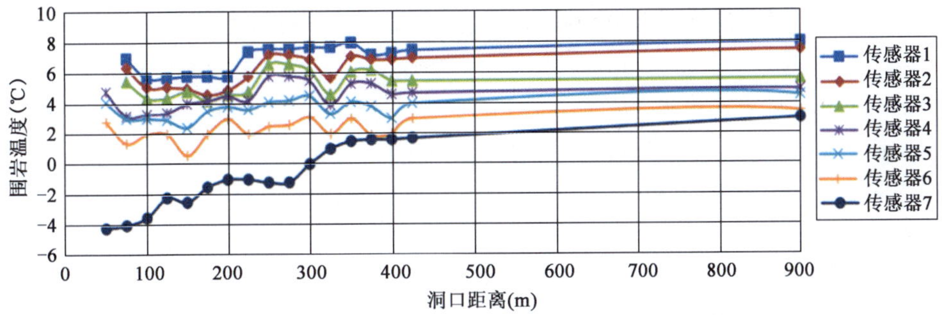

图 5-5-29　2019 年 12 月 20 日—2020 年 2 月 20 日纵向围岩温度(通化洞口)

5.5.3　隧道围岩温度场的数值模拟

1. 计算模型的热学参数

隧道围岩温度场数值模拟要先确定模型各部分的热力学参数。模型包括保温层、支护结构和围岩三部分,模型各部分热力学参数见表 5-5-2。

围岩热力学参数　　表 5-5-2

材　　料	冻　胀　率	导热系数 λ[W/(m·K)]	比热容 C[J/(kg·K)]
C30 混凝土	—	1.510	840
冻结围岩(Ⅳ)	—	1.901	970
未冻结围岩(Ⅳ)	最大值:5%	1.124	1164
聚氨酯泡沫	—	0.027	—

2. 有限元计算模型

采用 ANSYS 有限元软件建立二维隧道模型,模拟围岩温度场。有保温层时,有限元模型包括三部分——保温层、衬砌和未冻结围岩,计算模型未考虑聚氨酯泡沫保温材料保温性能衰减因素。无保温层时,有限元模型包括两部分——衬砌和未冻结围岩。模型左右两侧范围取 40m,下边界距隧道中心 65m,上边界距隧道拱顶(衬砌表面)35m。有限元模型如图 5-5-30、图 5-5-31 所示。

图 5-5-30 隧道平面二维有限元计算模型

图 5-5-31 隧道衬砌三维有限元计算模型

3. 计算结果分析

在隧道纵向选择了 6 个典型断面,计算其平面温度场。这些断面到洞口的距离 Z 分别取 0m、50m、100m、150m、200m、300m。在每个断面的拱顶处,沿着径向选取了 5 个典型节点,记录其温度随时间的变化曲线。5 个节点距衬砌外表面的距离分别为 0m、0.5m、1.0m、1.5m、2.0m。

(1)无保温层围岩温度的时程变化规律

分析 6 个断面径向 5 个节点温度随时间变化的曲线(图 5-5-32),得到围岩温度随时间变化规律如下:

①在 1 个计算周期内(12 个月),6 个断面的 5 个节点处温度均呈周期性波动。温度在 1 月达到最低,7 月达到最高。

②在 1 月,沿拱顶径向,随着深度增加温度逐渐升高。0m 处温度最低,2m 处温度最高(计算距离范围为 2m)。

③在 7 月,沿拱顶径向,随着深度增加温度逐渐减小。0m 处温度最高,2m 处温度最低(计算距离范围为 2m)。

④通过分析同一断面上、不同深度处节点温度随时间变化的幅值(最高温度与最低温度的差值),可以看出不同深度处温度幅值不一样。在 0m 处最大,2m 处最小。可知同一断面上,随着径向深度的增加,环境温度变化对围岩温度的影响越来越小。

⑤通过分析不同断面上、同一深度处节点温度变化曲线可知,随着纵向深度增加,节点温度变化幅值越来越小。说明在一定纵向范围内,围岩温度受隧道外环境温度影响越来越小。

(2)有保温层围岩温度的时程变化规律

分析 6 个断面径向 5 个节点温度随时间变化的曲线(图 5-5-33),得到围岩温度随时间变化规律如下:

①在 1 个计算周期内(12 个月),6 个断面的 5 个节点处温度均呈周期性波动。温度在 1 月达到最低,7 月达到最高。

②在 1 月,沿拱顶径向,随着深度增加温度逐渐升高。0m 处温度最低,2m 处温度最高(计算距离范围为 2m)。

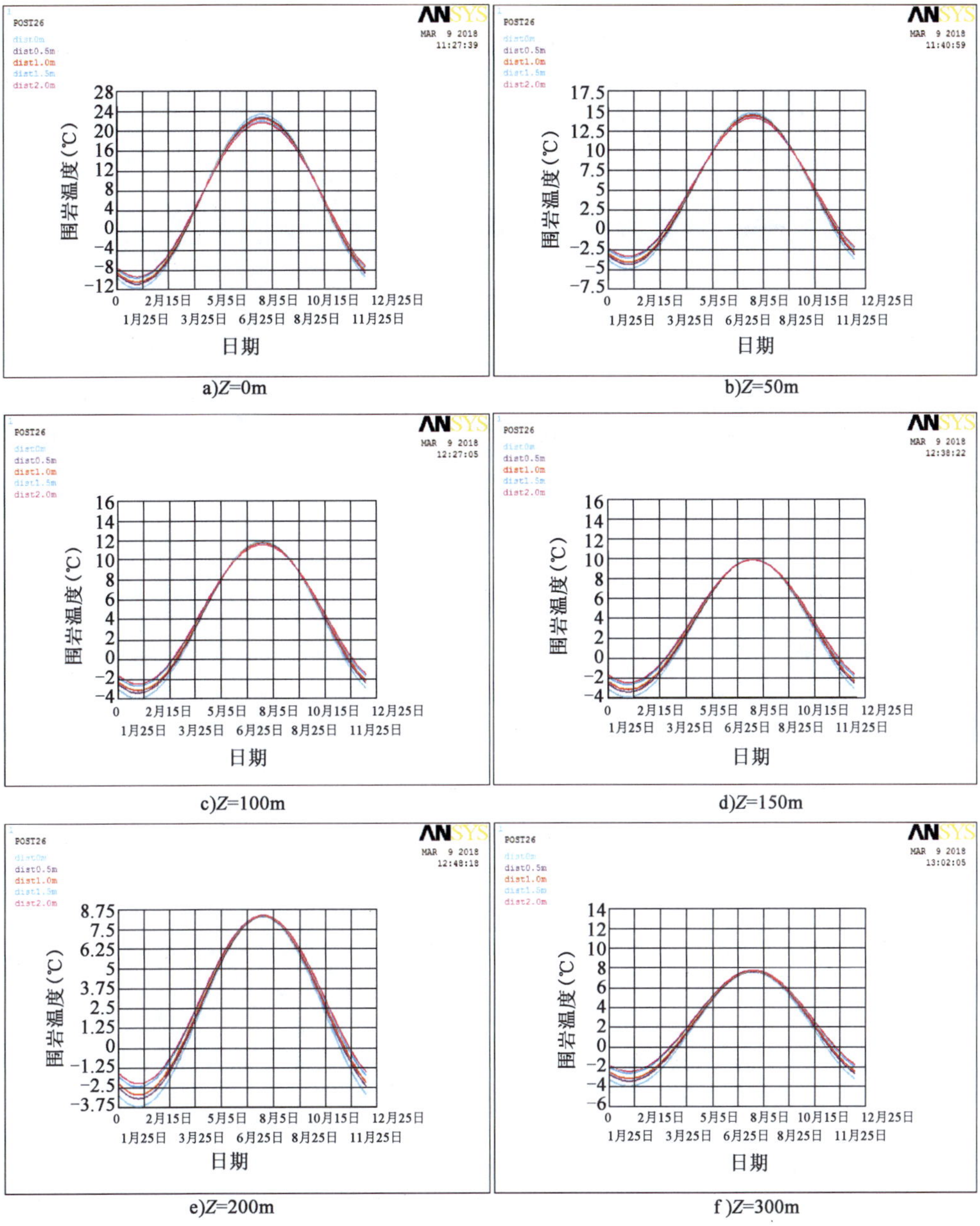

图 5-5-32　围岩温度的时程变化曲线(无保温层)

③在 7 月,沿拱顶径向,随着深度增加温度逐渐减小。0m 处温度最高,2m 处温度最低(计算距离范围为 2m)。

④通过分析同一断面上、不同深度处节点温度随时间变化的幅值(最高温度与最低温度的差值),可以看出不同深度处温度幅值不一样。在 0m 处最大,2m 处最小。可知同一断面上,随着径向深度的增加,环境温度变化对围岩温度的影响越来越小。

⑤通过分析不同断面上、同一深度处节点温度变化曲线可知,随着纵向深度增加,节点温度变化幅值越来越小。说明在一定纵向范围内,围岩温度受隧道外环境温度影响越来越小。

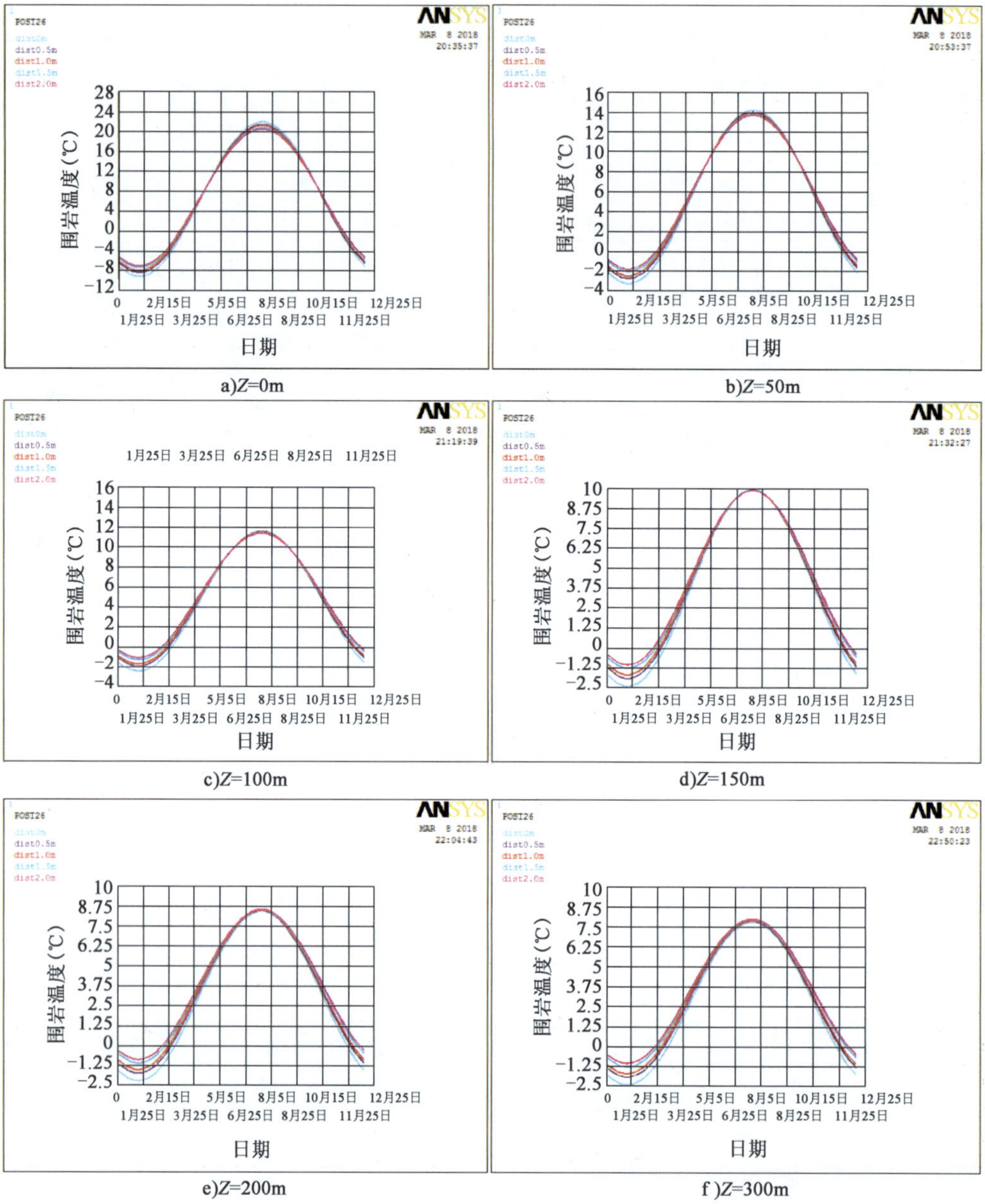

图 5-5-33 围岩温度的时程变化曲线(有保温层)

⑥通过对比有保温层和无保温层时,同一断面上、同一径向深度处 1 月的围岩温度,发现有保温层时围岩温度比无保温层时围岩温度明显升高。可知保温层可以有效阻止围岩向环境空气的传热。

⑦通过对比有保温层和无保温层时,同一断面上、同一径向深度处 7 月的围岩温度,发现有保温层时围岩温度比无保温层时围岩温度明显降低。可知保温层可以有效阻止环境空气向围岩的传热。

(3)围岩温度的径向变化规律(1 月)

分别计算了 6 个断面在最冷月份(1 月)时的温度场,温度分布云图如图 5-5-34 所示。

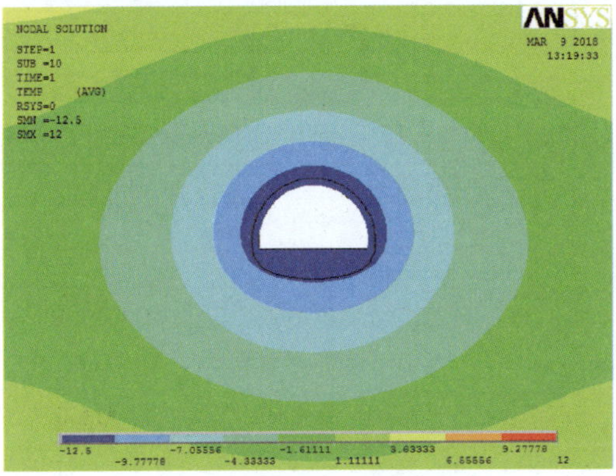

a)Z=0m(无保温层)

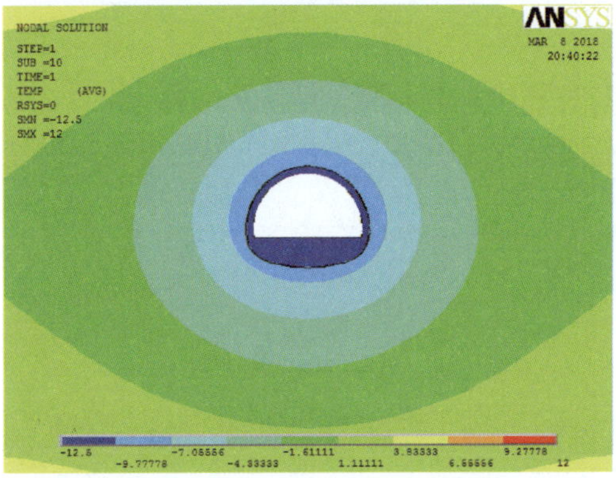

b)Z=0m(有保温层)

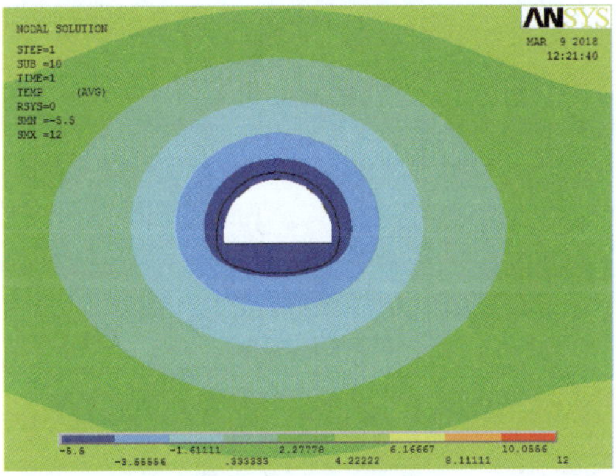

c)Z=50m(无保温层)

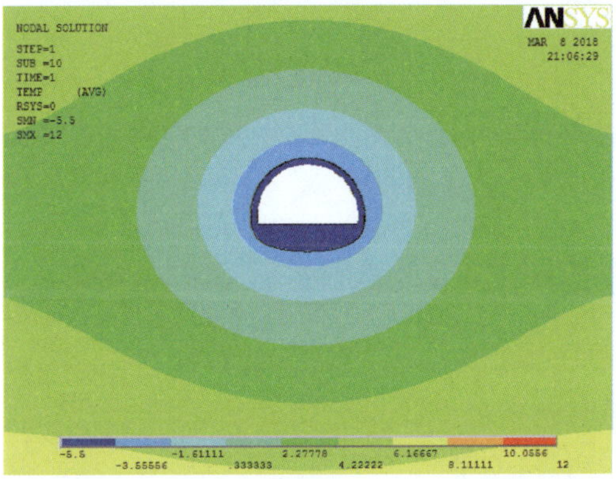

d)Z=50m(有保温层)

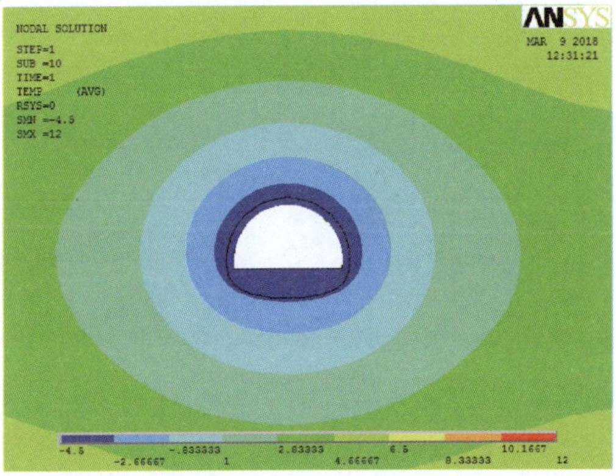

e)Z=100m(无保温层)

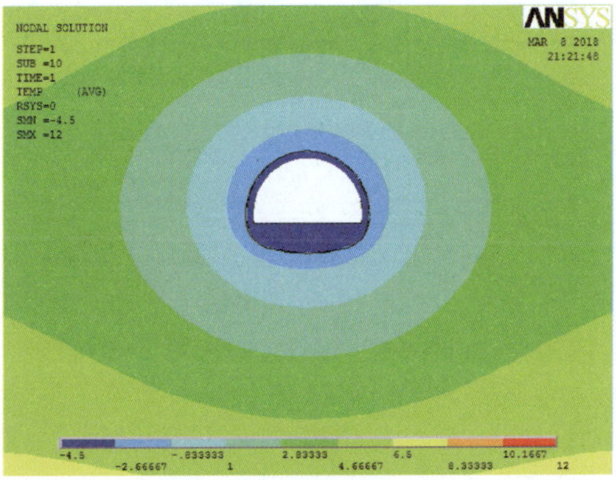

f)Z=100m(有保温层)

图　5-5-34

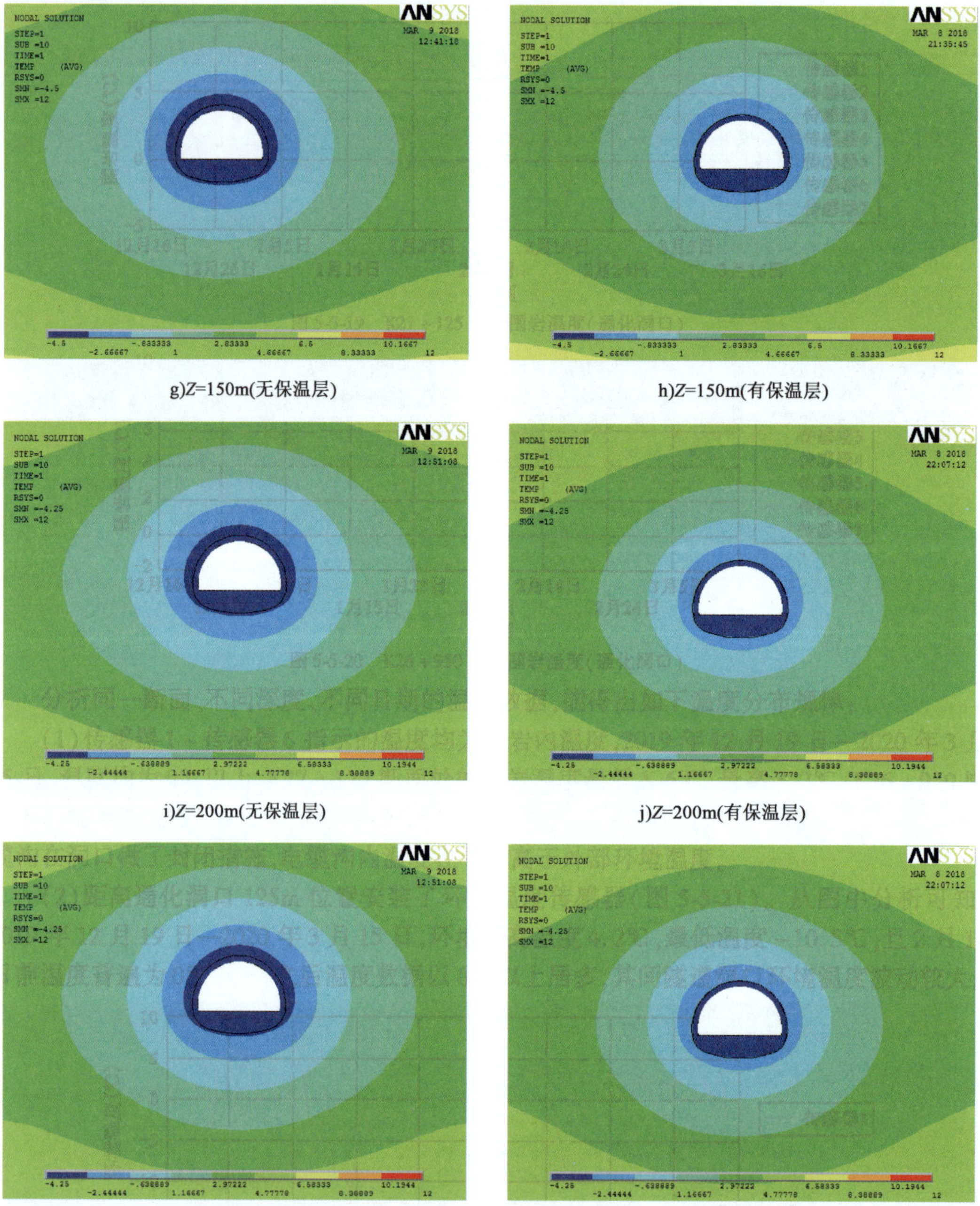

g)Z=150m(无保温层)　h)Z=150m(有保温层)

i)Z=200m(无保温层)　j)Z=200m(有保温层)

k)Z=300m(无保温层)　l)Z=300m(有保温层)

图5-5-34　围岩温度分布云图(1月)

从围岩温度场云图分析可以得出以下规律:

①同一断面上、同一径向深度处,无保温层时围岩温度比有保温层时围岩温度明显偏低。说明保温材料影响环境与围岩之间的传热,设置保温材料可以阻止围岩热量向低温环境传播,从而起到保温作用。

②沿隧道纵向方向上,同一径向深度处,围岩温度越来越高。说明随着隧道纵深的增加,隧道外环境温度变化对围岩温度的影响越来越小。

③对比无保温层和有保温层时围岩负温区面积，后者面积明显小于前者。说明保温层可以阻止围岩冻结圈的扩大。

④不同断面上，径向深度 2m 以上的范围始终处于负温状态。说明围岩冻结圈厚度有可能达到 2m（围岩冻结除了与温度有关，还与其他因素有关，即使围岩处于负温状态，也不一定发生冻结）。

(4) 围岩温度的径向变化规律（7 月）

分别计算了 6 个断面在最热月份（7 月）时的温度场，温度分布云图如图 5-5-35 所示。

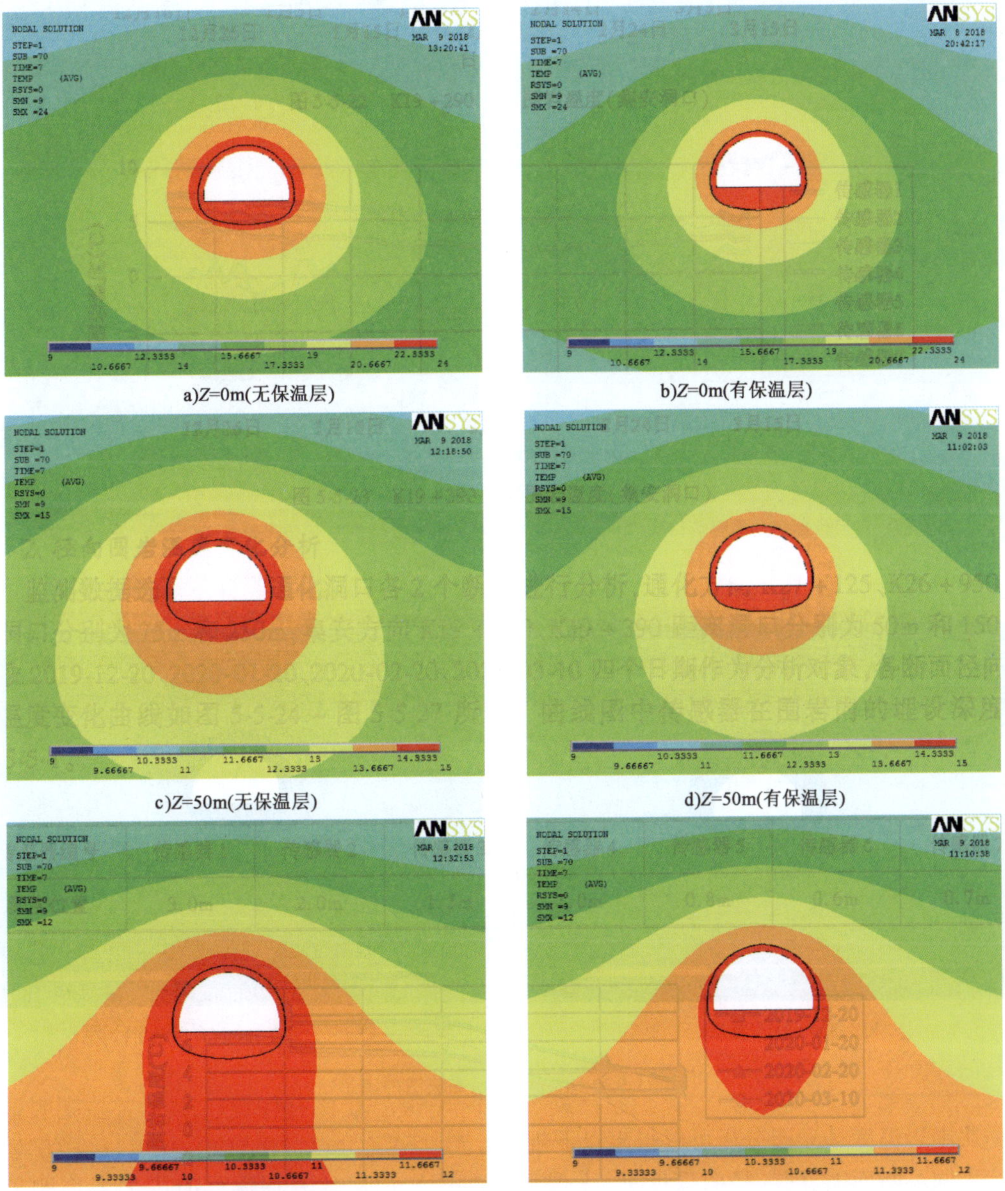

a) Z=0m(无保温层)　b) Z=0m(有保温层)

c) Z=50m(无保温层)　d) Z=50m(有保温层)

e) Z=100m(无保温层)　f) Z=100m(有保温层)

图 5-5-35

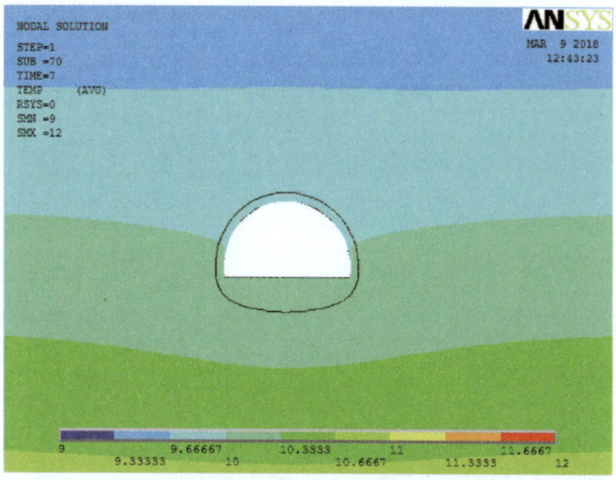

g)Z=150m(无保温层)

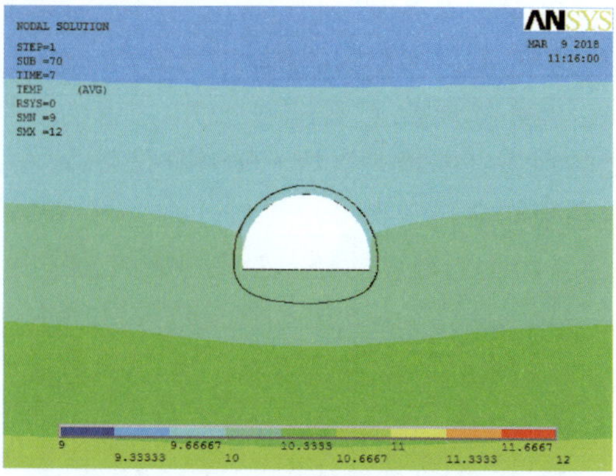

h)Z=150m(有保温层)

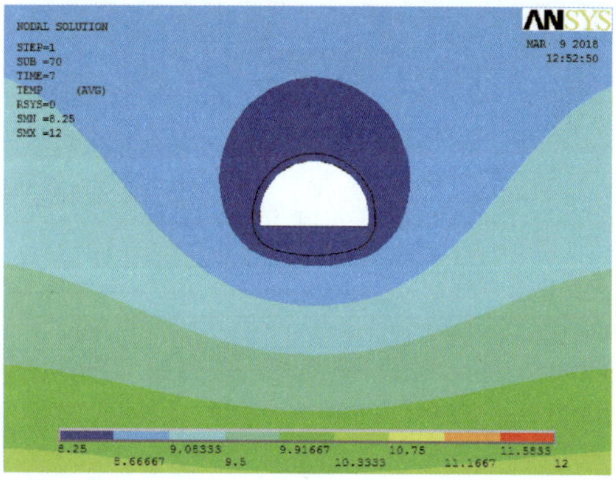

i)Z=200m(无保温层)

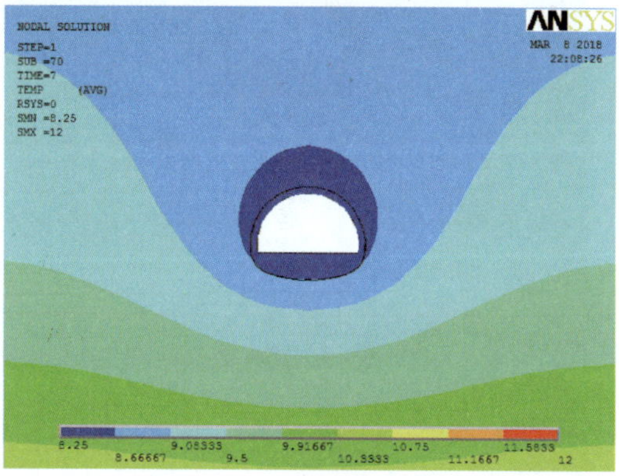

j)Z=200m(有保温层)

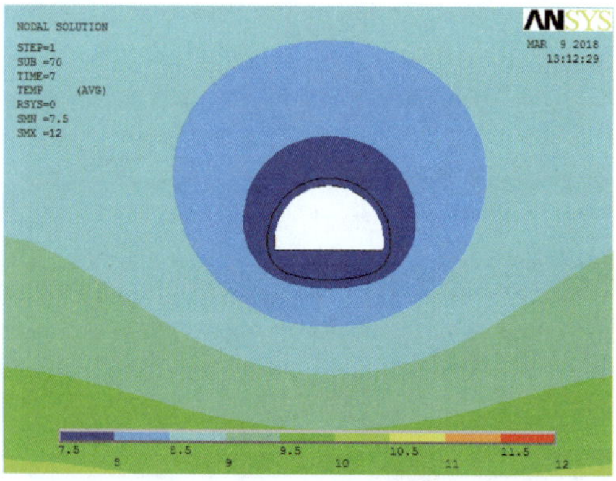

k)Z=300m(无保温层)

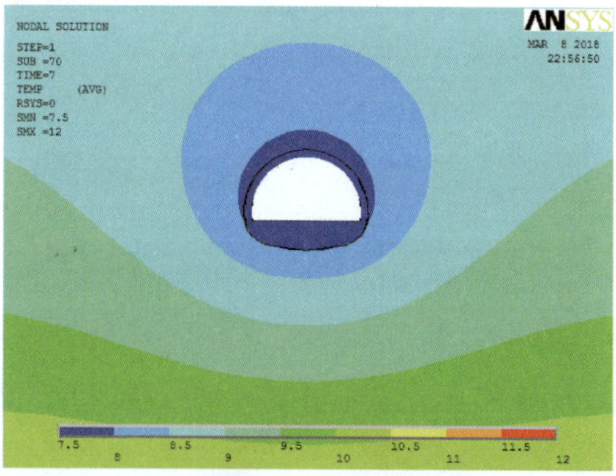

l)Z=300m(有保温层)

图 5-5-35　围岩温度分布云图(7 月)

从围岩温度场云图分析可以得出以下规律：

①同一断面上、同一径向深度处，无保温层时围岩温度比有保温层时围岩温度明显偏高。说明保温材料影响环境与围岩之间的传热，设置保温材料可以阻止高温环境热量向围岩的传播，从而起到保温作用。

②沿隧道纵向,同一径向深度处,围岩温度越来越低。说明随着隧道纵深的增加,隧道外环境温度变化对围岩温度影响越来越小。

4. 温度场数值模拟结论

针对有保温层和无保温层两种工况的数值模拟,分析围岩温度随时间和空间变化关系,总结出以下几点规律:

(1)围岩温度受环境温度的影响呈周期性变化,保温层可以有效阻止围岩和环境之间的传热。

(2)在寒冷月份(1 月),围岩温度高于环境温度,沿隧道径向,围岩温度逐渐升高;在炎热月份(7 月),围岩温度低于环境温度,沿隧道径向,围岩温度逐渐降低。

(3)随着隧道纵深的增加,隧道外环境温度变化对围岩温度的影响越来越小。

(4)通过斯蒂芬公式计算得到隧道围岩的最大冻结深度为 1.5m。

5.5.4　隧道冻胀力理论计算与分析

1. 弹性力学计算理论

在多个物理场的耦合作用下,围岩的冻胀力计算十分复杂。冻胀力弹性力学计算模型如图 5-5-36所示。对冻胀力的弹性解析解求解做如下假定处理:

(1)隧道处在一个无限大的土体当中,并且形状为圆形孔洞。

(2)隧道围岩为连续介质,并具有均质和各向同性的特性。

(3)隧道围岩及衬砌受力属于弹性应变中的平面应变问题。

(4)为了简化计算,将隧道周围的土体由三相介质(土、气、水)视为二相介质(土、水)。

(5)假设冻土为弹性介质。

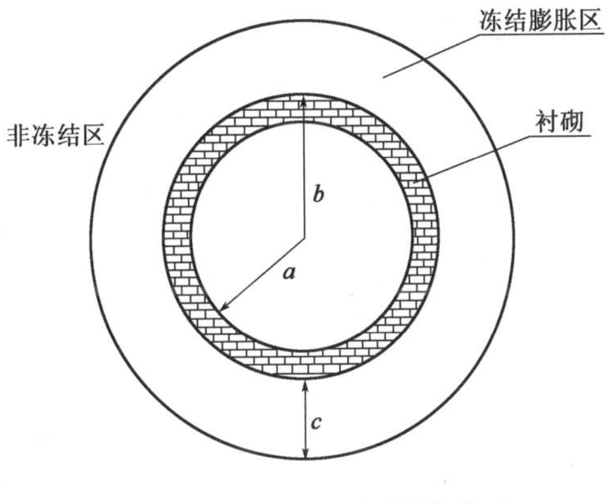

图 5-5-36　冻胀力弹性力学计算模型

a-隧道衬砌内径;b-隧道衬砌外径;c-冻结圈厚度;$b+c$-隧道冻结圈外径

当冻结围岩的冻结率为 α 时,冻结围岩的总体膨胀量为:

$$\alpha = \pi[(a+c)^2 - b^2]$$

冻结围岩外壁的膨胀量 Δh 为:

$$\Delta h = \sqrt{(b+c)^2 + \alpha(b+c)^2 - \alpha b^2} - (b+c)$$

根据冻土隧道冻胀力弹性力学计算方法的计算模型,隧道衬砌、冻结围岩和未冻结围岩是三个相互接触的轴对称弹性体组成的受力体系,若隧道衬砌仅承受冻胀力 σ_1 的作用,其位移方程为:

$$u(r) = -\frac{(1\ \ \mu_1)\sigma_1 b^2 r}{E_1(b^2 - a^2)} - \frac{(1+\mu_1)\sigma_1 a^2 b^2}{E_1 r(b^2 - a^2)}$$

式中：E_1 ——隧道衬砌弹性模量(MPa)；

μ_1 ——隧道衬砌泊松比。

在隧道衬砌外侧，当 $r = b$ 时，位移为：

$$\delta_1 = -\frac{b\sigma_1}{E_1}\left(\frac{b^2 + a^2}{b^2 - a^2} - \mu_1\right)$$

冻结圈内、外径分别为 b 、$b + c$ ，内受冻胀力 σ_1 ，外受未冻结围岩的围岩压力 σ_2 作用，其位移方程为：

$$u(r) = \frac{[\sigma_1 b^2 - \sigma_2 (b + c + \Delta h)^2] \cdot (1 - \mu_2) \cdot r - (1 + \mu_2) \cdot a^2 \cdot b^2 \cdot (\sigma_2 - \sigma_1) \cdot r}{E_2[(b + c + \Delta h)^2 - b^2]}$$

式中：E_2 ——未冻结围岩弹性模量(MPa)；

μ_2 ——冻结围岩泊松比。

在冻结圈内侧，当 $r = b$ 时，位移为：

$$\delta_{f_1} = \frac{b}{E_1}\left\{\left[\frac{(b + c + \Delta h)^2 + b^2}{(b + c + \Delta h)^2 - b^2} + \mu_2\right] \cdot \sigma_1 - \frac{2(b + c + \Delta h)^2}{(b + c + \Delta h)^2 - b^2} \cdot \sigma_2\right\}$$

在冻结圈外侧，当 $r = b + c + \Delta h$ 时，位移为：

$$\delta_{f_2} = \frac{b + c + \Delta h}{E_2}\left\{\left[\frac{(b + c + \Delta h)^2 + b^2}{(b + c + \Delta h)^2 - b^2} - \mu_2\right] \cdot \sigma_1 - \frac{2b^2}{(b + c + \Delta h)^2 - b^2} \cdot \sigma_1\right\}$$

未冻结围岩内侧受到未冻结围岩压力 σ_2 作用，外侧为不受力无限大平面，其内侧 $(b + c + \Delta h)$ 位移为：

$$\delta_2 = \frac{b + c + \Delta h}{E_3} \cdot (1 + \mu_3) \cdot \sigma_2$$

式中：E_3 ——未冻结围岩弹性模量(MPa)；

μ_3 ——未冻结围岩泊松比。

显然，由模型的几何关系可以得到：

$$\begin{cases} \delta_1 - \delta_{f_1} = 0 \\ \delta_2 - \delta_{f_2} = \Delta h \end{cases}$$

求解得到：

$$\sigma_1 = \frac{\Delta h}{\left[\frac{1}{E_2}\left(\frac{B}{C} + \mu_2\right) + \frac{D}{E_1}\right]\left[\frac{A}{E_2}\left(\frac{B}{C} - \mu_2\right) + \frac{(b + c)(1 + \mu_3)}{E_3}\right] \cdot \frac{E_2 C}{2A^2} - \frac{2b^2 A}{E_2 C}}$$

式中：$A = b + c + \Delta h$ ；

$B = (b + c + \Delta h)^2 + b^2$ ；

$C = (b + c + \Delta h)^2 - b^2$ ；

$D = \frac{b^2 + a^2}{b^2 - a^2} - \mu_1$。

2. 弹性力学计算参数的确定

根据五女峰隧道地勘设计资料，确定计算模型力学和几何参数，具体见表5-5-3。

围岩和衬砌力学参数　　表5-5-3

结构类型	材料	弹性模量(GPa)	泊松比	几何参数	数值(m)
隧道衬砌	混凝土	变化	0.20	a	5.50
冻结围岩	Ⅴ级围岩	4×10^9	0.27	b	变化
未冻结围岩	Ⅴ级围岩	2×10^9	0.30	c	变化

3. 冻胀力计算结果

五女峰隧道洞口段围岩级别包括Ⅲ级、Ⅳ级、Ⅴ级，选取围岩级别为Ⅴ级，隧道衬砌厚度取值为0.5m、0.8m和1.0m(按衬砌厚度假设3种工况)，隧道冻土圈厚度取值为0.5m、1.0m和1.5m，冻结围岩的平均冻胀率取值为2%和5%，隧道衬砌弹性模量(简称衬砌弹模)取值为3.5×10^8～3.5×10^{14}Pa。

(1)第1种工况计算结果见表5-5-4～表5-5-6。

0.5m衬砌厚度，0.5m冻结圈深度，冻胀力和位移计算结果　　表5-5-4

衬砌弹模E(Pa)	2%冻胀率		5%冻胀率	
	应力P(MPa)	变形δ(μm)	应力P(MPa)	变形δ(μm)
3.50×10^{14}	2.319	4.50×10^{-7}	5.795	1.12×10^{-6}
3.50×10^{13}	2.318	4.50×10^{-6}	5.792	1.12×10^{-5}
3.50×10^{12}	2.306	4.48×10^{-5}	5.763	1.12×10^{-4}
3.50×10^{11}	2.197	4.26×10^{-4}	5.489	1.07×10^{-3}
3.50×10^{10}	1.492	2.90×10^{-3}	3.721	7.22×10^{-3}
3.50×10^{9}	0.354	6.87×10^{-3}	0.882	1.71×10^{-2}
3.50×10^{8}	0.041	7.97×10^{3}	0.102	1.98×10^{-2}

0.5m衬砌厚度，1.0m冻结圈深度，冻胀力和位移计算结果　　表5-5-5

衬砌弹模E(Pa)	2%冻胀率		5%冻胀率	
	应力P(MPa)	变形δ(μm)	应力P(MPa)	变形δ(μm)
3.50×10^{14}	4.249	8.25×10^{-7}	10.610	2.06×10^{-6}
3.50×10^{13}	4.246	8.24×10^{-6}	10.604	2.06×10^{-5}
3.50×10^{12}	4.223	8.20×10^{-5}	10.546	2.05×10^{-4}
3.50×10^{11}	4.007	7.78×10^{-4}	10.002	1.94×10^{-3}
3.50×10^{10}	2.647	5.14×10^{-3}	6.594	1.28×10^{-2}
3.50×10^{9}	0.603	1.17×10^{-2}	1.497	2.90×10^{-2}
3.50×10^{8}	0.069	1.34×10^{-2}	0.171	3.33×10^{-2}

0.5m 衬砌厚度，1.5m 冻结圈深度，冻胀力和位移计算结果 表 5-5-6

衬砌弹模 E (Pa)	2%冻胀率		5%冻胀率	
	应力 P(MPa)	变形 δ(μm)	应力 P(MPa)	变形 δ(μm)
3.50×10^{14}	5.867	1.14×10^{-6}	14.641	2.84×10^{-6}
3.50×10^{13}	5.863	1.14×10^{-5}	14.632	2.84×10^{-5}
3.50×10^{12}	5.830	1.13×10^{-4}	14.547	2.82×10^{-4}
3.50×10^{11}	5.511	1.07×10^{-3}	13.746	2.67×10^{-3}
3.50×10^{10}	3.562	6.91×10^{-3}	8.864	1.72×10^{-2}
3.50×10^{9}	0.785	1.52×10^{-2}	1.947	3.78×10^{-2}
3.50×10^{8}	0.089	1.73×10^{-2}	0.221	4.29×10^{-2}

(2)第 2 种工况计算结果见表 5-5-7 ~ 表 5-5-9。

0.8m 衬砌厚度，0.5m 冻结圈深度，冻胀力和位移计算结果 表 5-5-7

衬砌弹模 E (Pa)	2%冻胀率		5%冻胀率	
	应力 P(MPa)	变形 δ(μm)	应力 P(MPa)	变形 δ(μm)
3.50×10^{14}	2.218	2.88×10^{-7}	5.543	7.19×10^{-7}
3.50×10^{13}	2.217	2.88×10^{-6}	5.541	7.19×10^{-6}
3.50×10^{12}	2.210	2.87×10^{-5}	5.523	7.17×10^{-5}
3.50×10^{11}	2.143	2.78×10^{-4}	5.354	6.95×10^{-4}
3.50×10^{10}	1.641	2.13×10^{-3}	4.097	5.32×10^{-3}
3.50×10^{9}	0.491	6.37×10^{-3}	1.223	1.59×10^{-2}
3.50×10^{8}	0.213	2.76×10^{-2}	0.273	3.54×10^{-2}

0.8m 衬砌厚度，1.0m 冻结圈深度，冻胀力和位移计算结果 表 5-5-8

衬砌弹模 E (Pa)	2%冻胀率		5%冻胀率	
	应力 P(MPa)	变形 δ(μm)	应力 P(MPa)	变形 δ(μm)
3.50×10^{14}	4.080	5.29×10^{-7}	10.188	1.32×10^{-6}
3.50×10^{13}	4.078	5.29×10^{-6}	10.185	1.32×10^{-5}
3.50×10^{12}	4.064	5.27×10^{-5}	10.150	1.32×10^{-4}
3.50×10^{11}	3.929	5.10×10^{-4}	9.811	1.27×10^{-3}
3.50×10^{10}	2.951	3.83×10^{-3}	7.357	9.55×10^{-3}
3.50×10^{9}	0.846	1.10×10^{-2}	2.101	2.73×10^{-2}
3.50×10^{8}	0.104	1.35×10^{-2}	0.258	3.35×10^{-2}

0.8m 衬砌厚度,1.5m 冻结圈深度,冻胀力和位移计算结果　　表 5-5-9

衬砌弹模 E (Pa)	2% 冻胀率		5% 冻胀率	
	应力 P(MPa)	变形 δ(μm)	应力 P(MPa)	变形 δ(μm)
3.50×10^{14}	5.652	7.33×10^{-7}	14.107	1.83×10^{-6}
3.50×10^{13}	5.650	7.33×10^{-6}	14.102	1.83×10^{-5}
3.50×10^{12}	5.630	7.31×10^{-5}	14.050	1.82×10^{-4}
3.50×10^{11}	5.431	7.05×10^{-4}	13.550	1.76×10^{-3}
3.50×10^{10}	4.014	5.21×10^{-3}	9.995	1.30×10^{-2}
3.50×10^{9}	1.112	1.44×10^{-2}	2.758	3.58×10^{-2}
3.50×10^{8}	0.135	1.75×10^{-2}	0.335	4.34×10^{-2}

(3)第 3 种工况计算结果见表 5-5-10 ~ 表 5-5-12。

1.0m 衬砌厚度,0.5m 冻结圈深度,冻胀力和位移计算结果　　表 5-5-10

衬砌弹模 E (Pa)	2% 冻胀率		5% 冻胀率	
	应力 P(MPa)	变形 δ(μm)	应力 P(MPa)	变形 δ(μm)
3.50×10^{14}	2.156	2.34×10^{-7}	5.386	5.84×10^{-7}
3.50×10^{13}	2.155	2.34×10^{-6}	5.385	5.84×10^{-6}
3.50×10^{12}	2.149	2.33×10^{-5}	5.371	5.83×10^{-5}
3.50×10^{11}	2.096	2.27×10^{-4}	5.237	5.68×10^{-4}
3.50×10^{10}	1.679	1.82×10^{-3}	4.191	4.55×10^{-3}
3.50×10^{9}	0.561	6.09×10^{-3}	1.398	1.52×10^{-2}
3.50×10^{8}	0.073	7.95×10^{-3}	0.182	1.98×10^{-2}

1.0m 衬砌厚度,1.0m 冻结圈深度,冻胀力和位移计算结果　　表 5-5-11

衬砌弹模 E (Pa)	2% 冻胀率		5% 冻胀率	
	应力 P(MPa)	变形 δ(μm)	应力 P(MPa)	变形 δ(μm)
3.50×10^{14}	3.974	4.31×10^{-7}	9.925	1.08×10^{-6}
3.50×10^{13}	3.973	4.31×10^{-6}	9.922	1.08×10^{-5}
3.50×10^{12}	3.962	4.30×10^{-5}	9.894	1.07×10^{-4}
3.50×10^{11}	3.855	4.18×10^{-4}	9.626	1.04×10^{-3}
3.50×10^{10}	3.037	3.30×10^{-3}	7.574	8.22×10^{-3}
3.50×10^{9}	0.973	1.06×10^{-2}	2.418	2.62×10^{-2}
3.50×10^{8}	0.125	1.35×10^{-2}	0.310	3.36×10^{-2}

1.0m 衬砌厚度,1.5m 冻结圈深度,冻胀力和位移计算结果 表 5-5-12

衬砌弹模 E (Pa)	2%冻胀率		5%冻胀率	
	应力 P(MPa)	变形 δ(μm)	应力 P(MPa)	变形 δ(μm)
3.50×10^{14}	5.518	5.99×10^{-7}	13.772	1.49×10^{-6}
3.50×10^{13}	5.516	5.98×10^{-6}	13.768	1.49×10^{-5}
3.50×10^{12}	5.500	5.97×10^{-5}	13.727	1.49×10^{-4}
3.50×10^{11}	5.342	5.80×10^{-4}	13.331	1.45×10^{-3}
3.50×10^{10}	4.152	4.50×10^{-3}	10.343	1.12×10^{-2}
3.50×10^{9}	1.286	1.39×10^{-2}	3.191	3.46×10^{-2}
3.50×10^{8}	0.163	1.77×10^{-2}	0.403	4.37×10^{-2}

4. 冻胀力计算数据分析

(1)衬砌弹模对冻胀力的影响

0.5m 衬砌厚度、不同冻胀率、不同衬砌弹模下冻胀力的变化如图 5-5-37、图 5-5-38 所示。

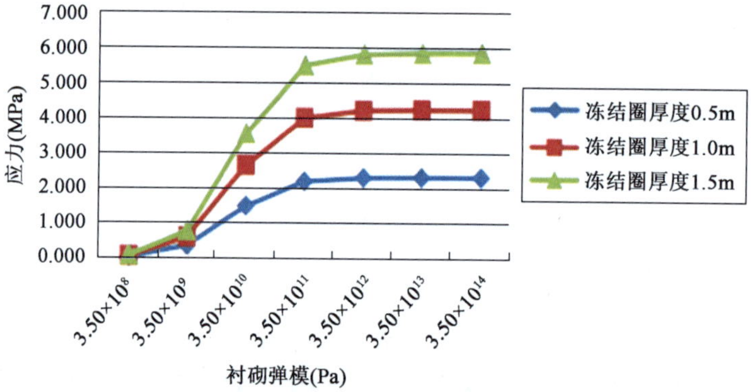

图 5-5-37 冻胀率 2%,不同冻结圈厚度下冻胀力随衬砌弹模的变化(0.5m 衬砌厚度)

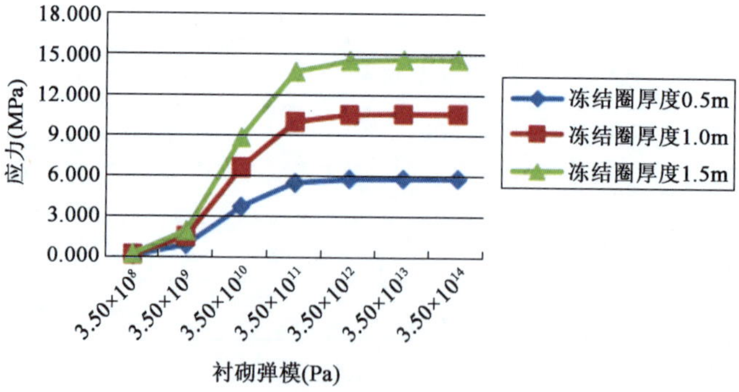

图 5-5-38 冻胀率 5%,不同冻结圈厚度下冻胀力随衬砌弹模的变化(0.5m 衬砌厚度)

0.8m 衬砌厚度、不同冻胀率、不同衬砌弹模下冻胀力的变化如图 5-5-39、图 5-5-40 所示。

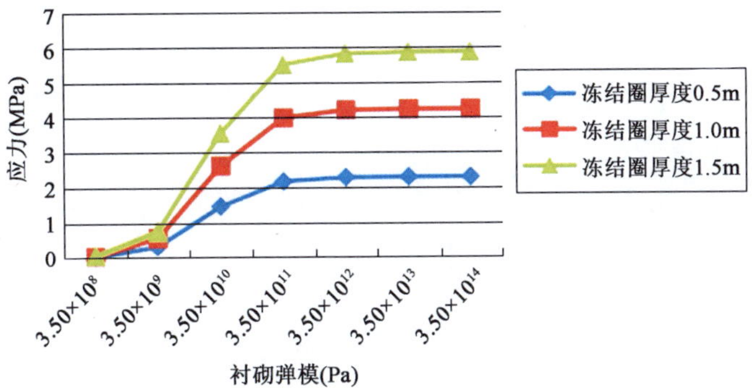

图 5-5-39　冻胀率 2%，不同冻结圈厚度下冻胀力随衬砌弹模的变化(0.8m 衬砌厚度)

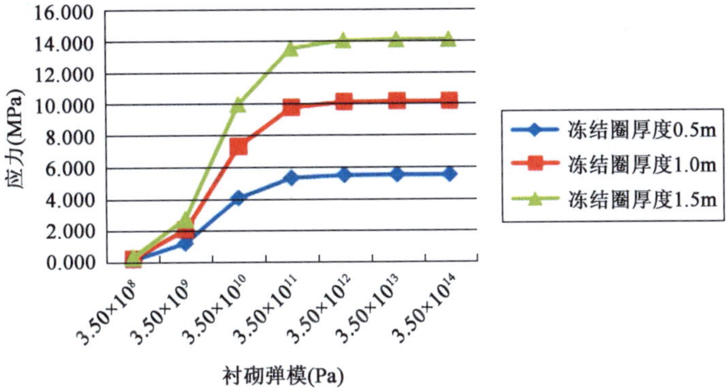

图 5-5-40　冻胀率 5%，不同冻结圈厚度下冻胀力随衬砌弹模的变化(0.8m 衬砌厚度)

1.0m 衬砌厚度、不同冻胀率、不同衬砌弹模下冻胀力的变化如图 5-5-41、图 5-5-42 所示。

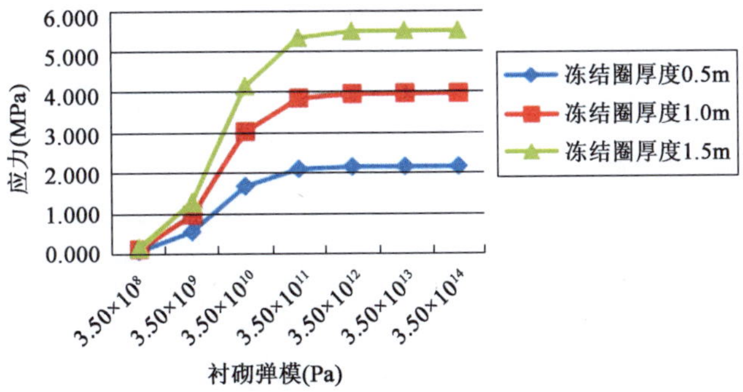

图 5-5-41　冻胀率 2%，不同冻结圈厚度下冻胀力随衬砌弹模的变化(1.0m 衬砌厚度)

分析衬砌弹模变化时冻胀力的变化曲线，得到如下规律：

①从图 5-5-37 中可以看出，衬砌厚度、冻胀率以及冻结圈厚度不变时，衬砌弹模不断增大，则衬砌所受应力也不断增大。衬砌弹模在 $3.5\times10^{8}\sim3.5\times10^{11}$Pa 时，应力增长率较大。衬砌弹模达到 3.5×10^{12}Pa 时应力增长率趋于零，即应力增长缓慢，应力值基本保持不变。

衬砌弹模在 $3.5\times10^{12}\sim3.5\times10^{14}$Pa 时，应力增幅小于 0.02MPa，增长率小于 0.9%。

②从图 5-5-38～图 5-5-42 中同样可以得出以上规律。从而进一步验证了随着衬砌弹模的增大，衬砌应力不断增大。当弹模增大到 3.5×10^{12}Pa 时，衬砌应力保持稳定，变化幅度较小。

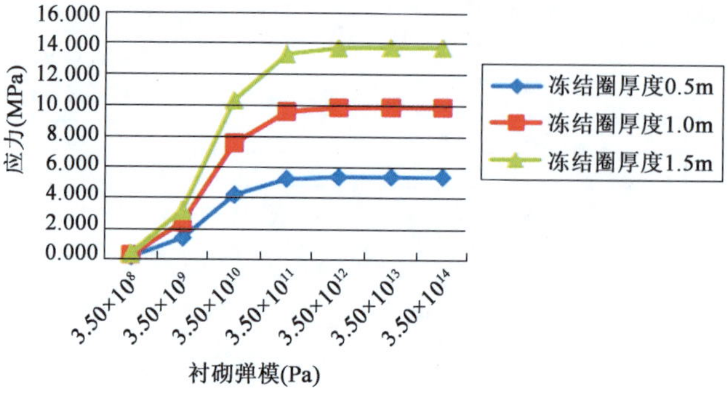

图 5-5-42　冻胀率 5%，不同冻结圈厚度下冻胀力随衬砌弹模的变化(1.0m 衬砌厚度)

(2)冻结圈厚度对冻胀力的影响

在分析围岩冻结圈厚度变化时的冻胀力时，衬砌弹模取实际值，即 3.5×10^{10}Pa。计算得到冻结圈厚度变化时冻胀力的变化规律如图 5-5-43～图 5-5-45 所示。

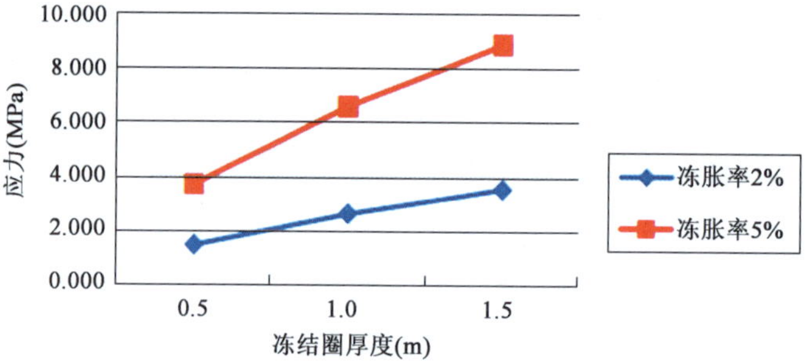

图 5-5-43　衬砌厚度 0.5m，不同冻胀率下冻胀力数值随冻结圈厚度的变化

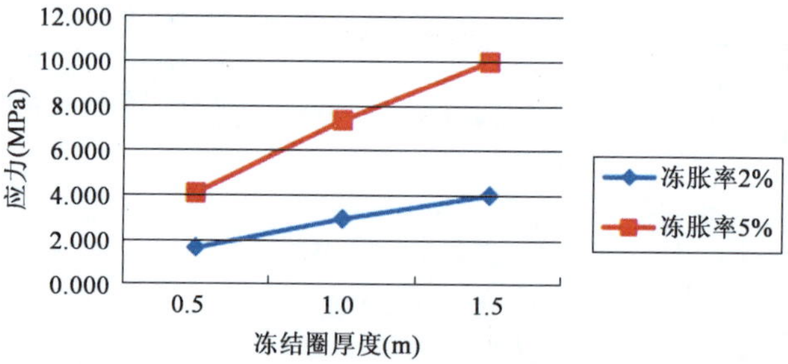

图 5-5-44　衬砌厚度 0.8m，不同冻胀率下冻胀力数值随冻结圈厚度的变化

分析冻结圈厚度变化时冻胀力的变化曲线，得到如下规律：

①由图 5-5-43 可知，衬砌弹模、衬砌厚度和冻胀率不变时，冻胀力随冻结圈厚度的增大而增大。

②从图 5-5-44、图 5-5-45 中同样可以得到以上规律。从而进一步验证了衬砌弹模、衬砌

厚度和冻胀率不变时，冻胀力随着冻结圈厚度的增大而增大。

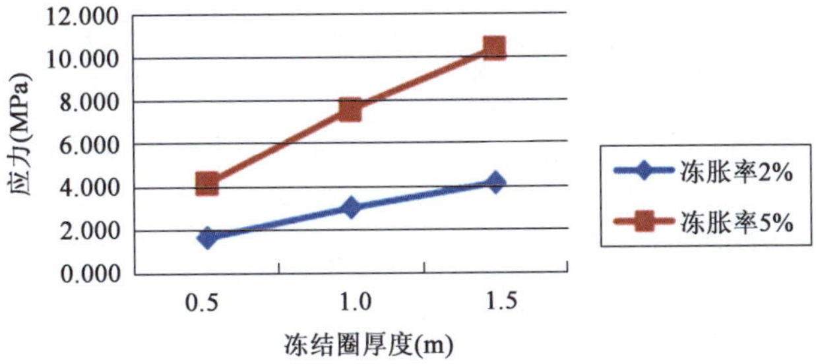

图 5-5-45　衬砌厚度 1.0m，不同冻胀率下冻胀力数值随冻结圈厚度的变化

(3) 冻胀率对冻胀力的影响

分析冻胀率变化时冻胀力的变化曲线，得到如下规律：

①对比图 5-5-43 中两条曲线可知，衬砌弹模、衬砌厚度和冻胀率不变时，2% 冻胀率下冻胀力平均增长速率为 2.07MPa/m，5% 冻胀率下冻胀力平均增长速率为 5.143MPa/m。则可知衬砌弹模、衬砌厚度和冻胀率不变时，冻胀力平均增长速率随着冻胀率的增大而增大。

②从图 5-5-44、图 5-5-45 中同样可以得到以上规律。从而进一步验证了衬砌弹模、衬砌厚度和冻胀率不变时，冻胀力平均增长速率随着冻胀率的增大而增大。

(4) 衬砌厚度对冻胀力的影响

在分析衬砌厚度变化时的冻胀力时，衬砌弹模取实际值，即 3.5×10^{10}Pa。计算得到衬砌厚度变化时冻胀力的变化规律如图 5-5-46 ~ 图 5-5-48 所示。

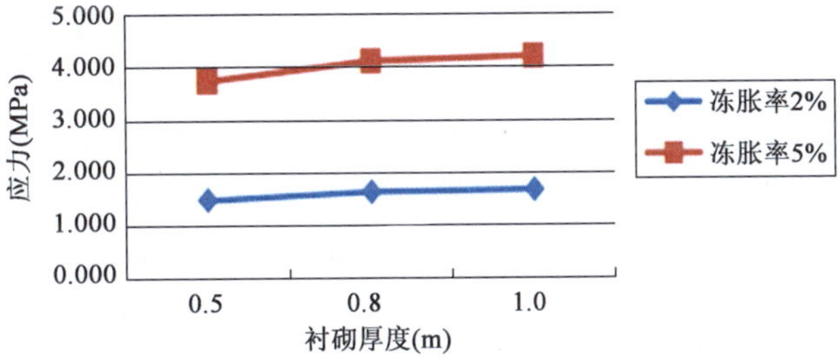

图 5-5-46　冻结圈厚度 0.5m，不同冻胀率下冻胀力随衬砌厚度的变化

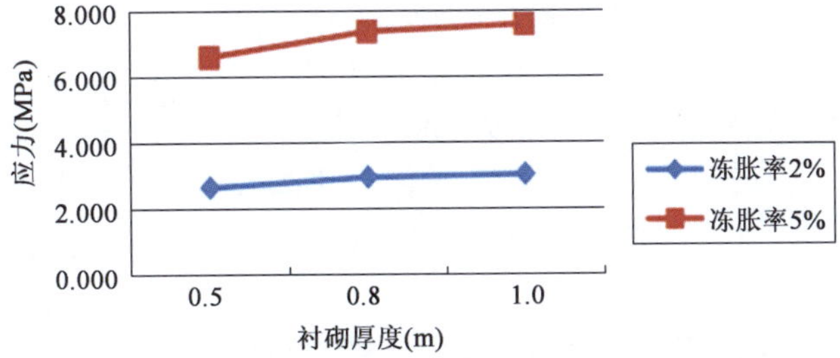

图 5-5-47　冻结圈厚度 1.0m，不同冻胀率下冻胀力随衬砌厚度的变化

分析衬砌厚度变化时冻胀力的变化曲线，得到如下规律：

①由图 5-5-46 可知：衬砌弹模、冻胀率和冻结圈厚度不变时，冻胀力随着衬砌厚度的增

加而增大。

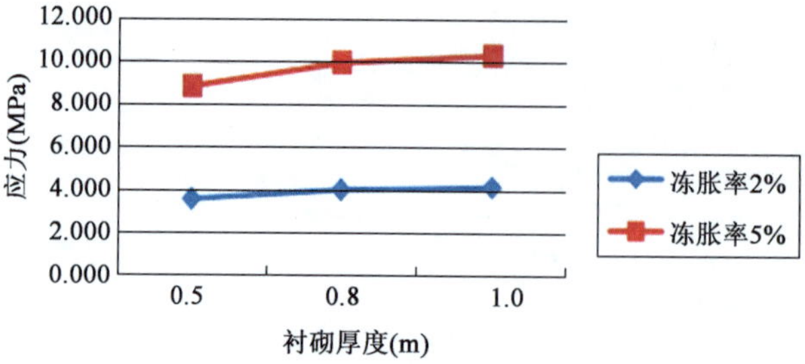

图 5-5-48　冻结圈厚度 1.5m,不同冻胀率下冻胀力随衬砌厚度的变化

②由图 5-5-46 可知:衬砌弹模、冻胀率和冻结圈厚度不变时,冻胀力增长速率随着衬砌厚度的增大而减小。

③从图 5-5-47、图 5-5-48 同样可以得到以上规律。从而进一步验证了衬砌弹模、冻胀率和冻结圈厚度不变时,冻胀力随着衬砌厚度的增加而增大,冻胀力增长速率随着衬砌厚度的增大减小。

(5)冻胀力和变形的关系曲线

在分析衬砌变形时的冻胀力时,衬砌弹模取实际值 3.5×10^{10}Pa,衬砌厚度取实际值 0.5m。计算得到衬砌变形时冻胀力的变化规律如图 5-5-49 所示。

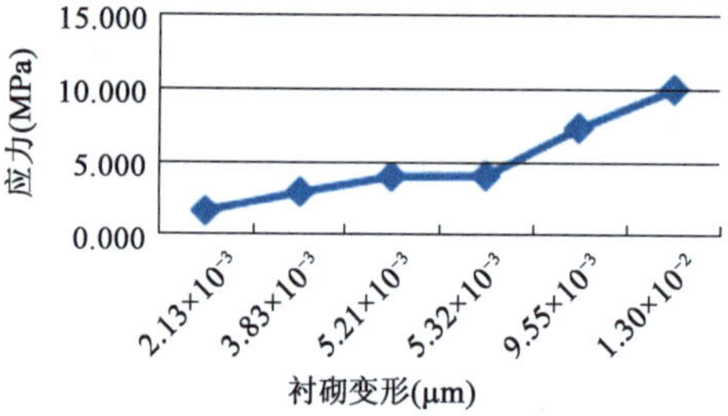

图 5-5-49　冻胀力和衬砌变形关系曲线

由图 5-5-49 可知:随着衬砌变形不断增大,冻胀力不断增加。

5. 冻胀力的有限元计算

隧道应力的计算方法一般分为两种:将隧道衬砌看成独立的结构,围岩压力看成作用于其上的外荷载,则该方法称为荷载-结构法;将隧道和衬砌看成一个整体,计算整体在自重和其他内部附加应力的作用下的内部应力,则该方法称为地层-结构法。隧道冻胀力的弹性解析计算模型中假设隧道为圆形,围岩为均匀膨胀的弹性介质,使得弹性解析解公式可以快速求解,但同时也导致弹性解析解的应用具有一定局限性。采用 ANSYS 计算软件按照地层-结构法进行热-结构耦合计算热应力,数值模拟冻胀力。图 5-5-50、图 5-5-51 为两个典型断面计算应力图。

有限元计算分析显示:冻结圈厚度不变时,随着埋深的增大,冻胀力平均增长速率逐渐减小。由此可推定随着埋深的增大,冻胀力趋于稳定,不再增大。衬砌最大冻胀应力出现在仰拱中部,未冻结围岩的最大冻胀应力出现在左、右拱脚处。对比计算进一步验证了当冻结圈厚度和冻胀率不变时,冻胀力随着埋深的增大而增大,最终趋于稳定,保持不变。

6. 冻胀力计算分析结论

利用弹性力学的方法计算分析得到了季冻区隧道的冻胀力变化规律。通过计算得到不同衬砌弹模、衬砌厚度、冻结圈厚度和冻胀率工况下的衬砌冻胀应力。通过分析得到衬砌冻胀应力与以上 4 个变量之间的关系,并通过有限元计算进行了验证。分析冻胀力(指未冻结围岩的最大冻胀应力)随隧道埋深的变化曲线,可以得到以下结论:

(1)衬砌厚度、冻胀率和冻结圈厚度不变时,随着衬砌弹模的增大,衬砌冻胀应力增大;当衬砌弹模增大到一定范围时,衬砌冻胀应力变化幅度较小,保持稳定。

(2)衬砌弹模、冻胀率和冻结圈厚度不变时,随着衬砌厚度的增大,衬砌冻胀应力增大;衬砌冻胀应力增长速率随着衬砌厚度的增大而减小。

(3)衬砌弹模、冻胀率和衬砌厚度不变时,随着冻结圈厚度的增大,衬砌和未冻结围岩冻胀应力增大。

(4)衬砌弹模、衬砌厚度和冻结圈厚度不变时,随着冻胀率的增大,衬砌和未冻结围岩冻胀应力增大;衬砌和未冻结围岩冻胀应力增长速率随着冻胀率的增大而增大。

(5)衬砌弹模、衬砌厚度、冻胀率和冻结圈厚度不变时,衬砌和未冻结围岩冻胀应力随着埋深的增大而增大,最终趋于稳定,保持不变。

(6)衬砌最大冻胀应力出现在仰拱中部,未冻结围岩的最大冻胀应力出现在左、右拱脚处。

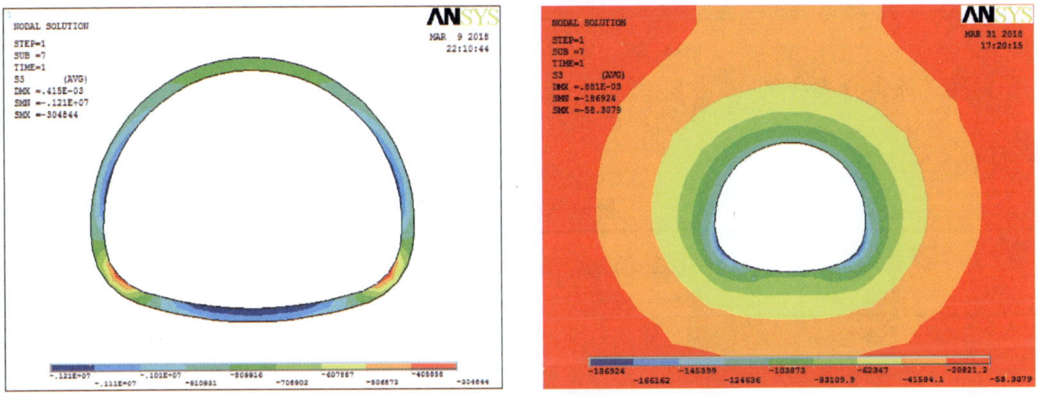

图5-5-50　埋深15m,冻结圈厚度1.0m,冻胀率2%下衬砌应力图、围岩应力图

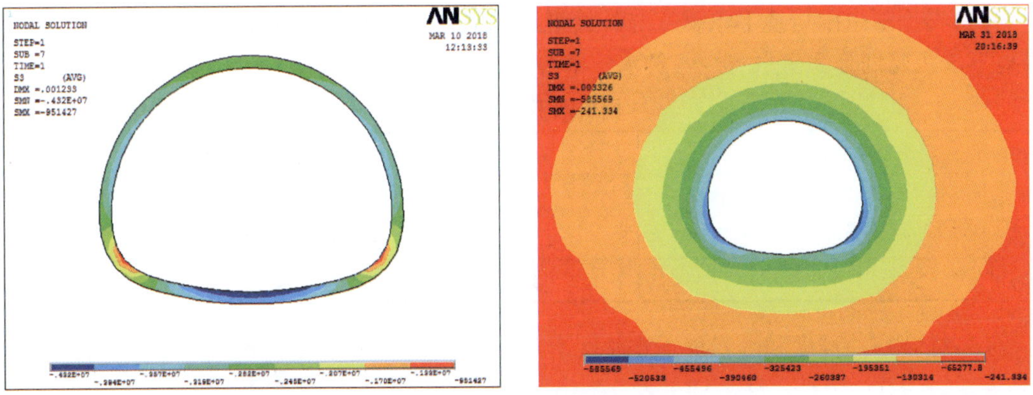

图5-5-51　埋深35m,冻结圈厚度1.5m,冻胀率5%下衬砌应力图、围岩应力图

5.5.5　隧道防冻保温技术应用

吉林省在鹤大高速公路开展科技示范,对隧道工程防冻保温技术创新进行了深入研究和探索,一般可分为被动防寒和主动供暖两大类技术措施,详见图5-5-52。考虑寒冷程度和围岩地下水状况对隧道冻害的影响,对隧道不同段落按照重、中、轻三级进行抗冻设防等级划分,依据抗冻等级选择隧道抗冻保温措施。

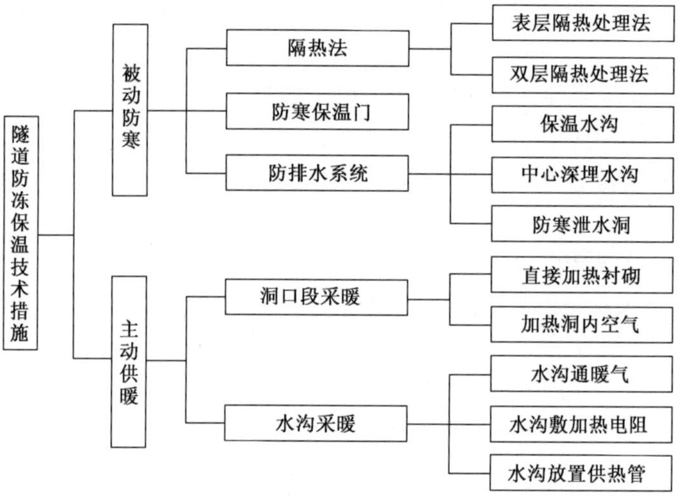

图 5-5-52 隧道防冻保温技术措施分类

1. 隧道冻害分类分级

(1)按月平均气温或围岩冻结深度指标,将隧道的寒冷程度划分为严寒、寒、冷三个等级,见表 5-5-13。

隧道寒冷程度分级 表 5-5-13

寒冷程度	气候条件	
	最冷月平均气温(℃)	围岩冻结深度(m)
严寒	< -15	>1.8
寒	-8 ~ -15	1.0 ~ 1.8
冷	0 ~ -8	0.2 ~ 1.0

(2)根据隧道围岩地下水赋存与补给形式和地下水渗入隧道情况,将隧道不同段落的围岩地下水状况划分为富水、含水、贫水三个等级,见表 5-5-14。

围岩地下水状况分级 表 5-5-14

围岩地下水状况	地下水赋存与补给形式
富水	富水隧道,水平或垂直补给
含水	含水隧道,无补给
贫水	干燥隧道或含少量水隧道,无补给

(3)综合寒冷程度和围岩地下水状况对隧道冻害的影响,将季冻区隧道不同段落抗冻设防等级划分为重、中、轻三级,详见表 5-5-15。

季冻区隧道抗冻设防等级 表 5-5-15

抗冻设防等级		围岩地下水状况		
		富水	含水	贫水
寒冷程度	严寒	重	重	中
	寒	重	中	轻
	冷	中	轻	轻

2. 隧道工程抗冻技术创新

基于“防水是基础、排水是核心、保温是关键”的隧道抗冻准则，将防水、排水、保温三者有机结合，对季冻区隧道冻害进行综合治理，解决因冻胀力可变荷载引发的隧道冻害问题。

(1)根据隧道抗冻设防等级分别选取增加衬砌厚度、衬砌配筋、增设保温层三种不同的衬砌结构抗冻措施，详见表5-5-16。隧道表面保温抗冻构造依次为黏结层、保温层、防火层，保温层采用硬质聚氨酯泡沫、酚醛(或聚酚醛)泡沫或干法硅酸铝纤维等隔热材料。

隧道衬砌结构冻害预防措施 表5-5-16

抗冻设防等级	衬砌结构冻害预防措施
重	应设防冻保温层
中	宜设防冻保温层、增大衬砌厚度或加强配筋
轻	宜增大衬砌厚度或结构配筋

(2)采用岩棉保温层对隧道纵向及环向排水管路进行局部保温。

(3)设埋入冻结线以下的纵向中心排水沟(图5-5-53)，适当加大横向排水管坡度，隧道洞外出水口设在排水顺畅、背风向阳的位置，并适当加大排水坡度，采用有利于蓄热和保温的出水口构造及材料。

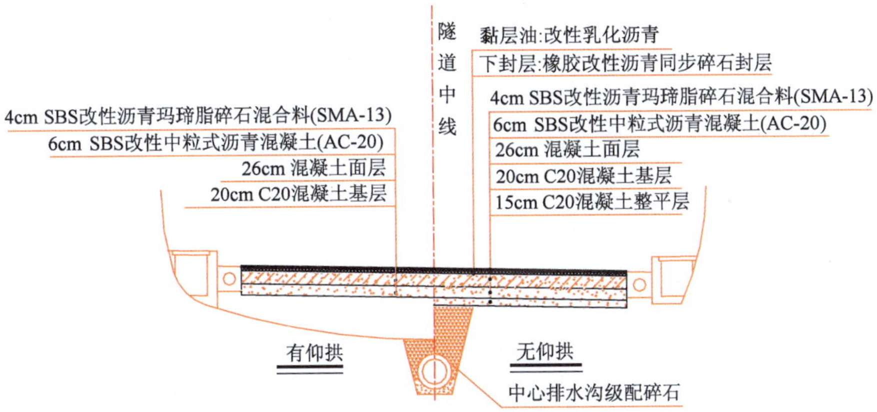

图5-5-53 隧道主洞中心排水沟标准断面图

(4)隧道立体防渗漏技术(图5-5-54)。采用高性能抗冻混凝土，提高二衬混凝土抗渗等级和密实性，强化材料及施工质量控制，提高衬砌抗渗及抗裂能力。应用水泥基渗透结晶型防水涂料解决隧道背水面防渗抗漏问题。采用蝶形中埋式可排水止水带或梯形背贴式可排水止水带，改进防水排水系统技术性能。

3. 季冻区隧道结构防排水技术

隧道防排水设计原则为“以排为主，防排结合，综合治理”。防、排、截、堵相结合形成完整的防排水体系，使隧道防水可靠、排水畅通。洞内复合式衬砌采用双层土工布加乙烯-醋酸乙烯共聚物(EVA)防水板，环向采用ϕ100mm半圆排水管、ϕ50mm软式透水管，墙脚纵向排水管采用ϕ160mm双壁打孔聚乙烯波纹管，横向采用ϕ100mm聚氯乙烯(PVC)排水管。暗洞防排水设计如图5-5-55所示。

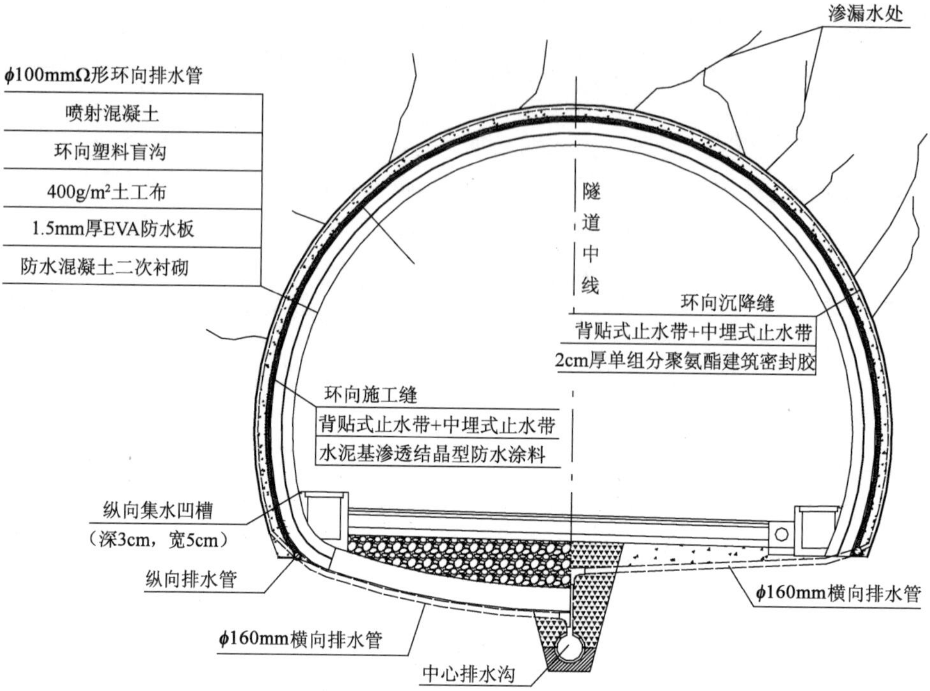

图 5-5-54　隧道立体防渗漏技术创新应用

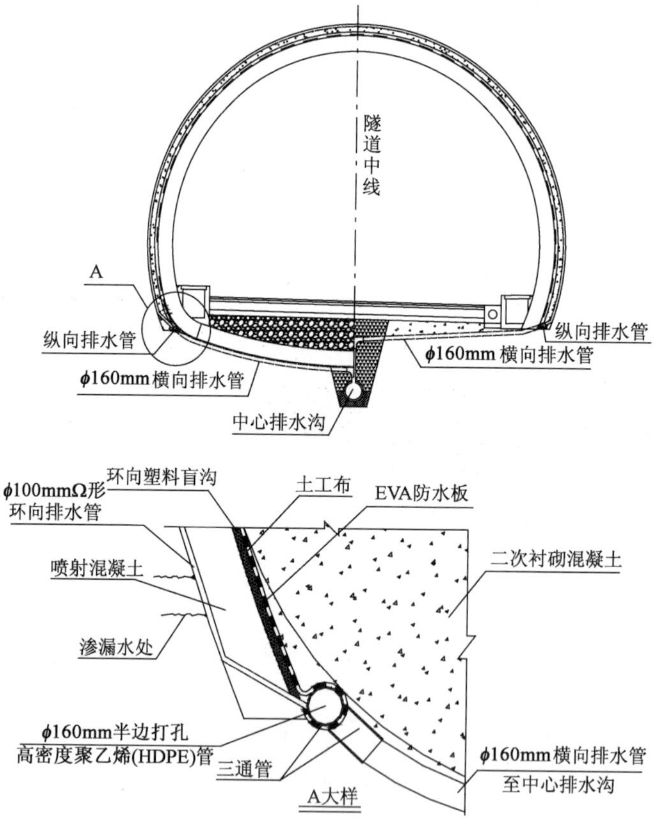

图 5-5-55　暗洞防排水结构形式

明洞段采用双层土工布加 EVA 防水板和黏土隔水层防水。明洞沉降缝、洞内施工缝处均加设橡胶止水带。洞内全长范围设中央排水沟,以横向 PVC 排水管连通双壁打孔聚乙烯波纹管和中央排水沟,引水至洞外。洞门上方设截排水沟,引地表水至路基边沟或洞门外侧自然沟谷,以此形成完善的洞内外排水系统。明洞防排水设计结构形式如图 5-5-56 所示。保温出水口设计结构形式如图 5-5-57 所示。

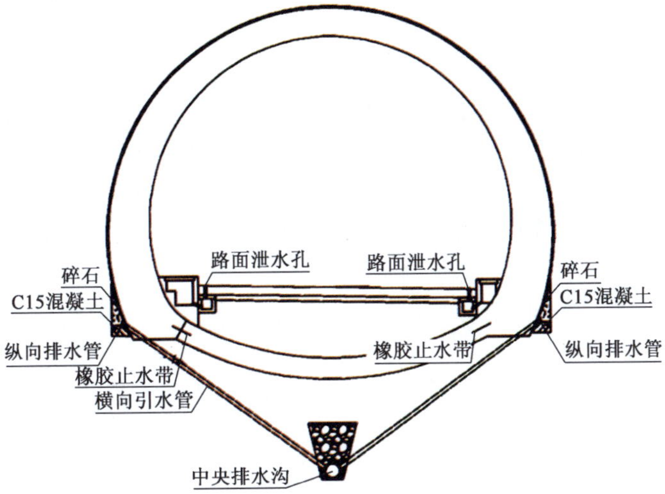

图 5-5-56　明洞防排水设计结构形式

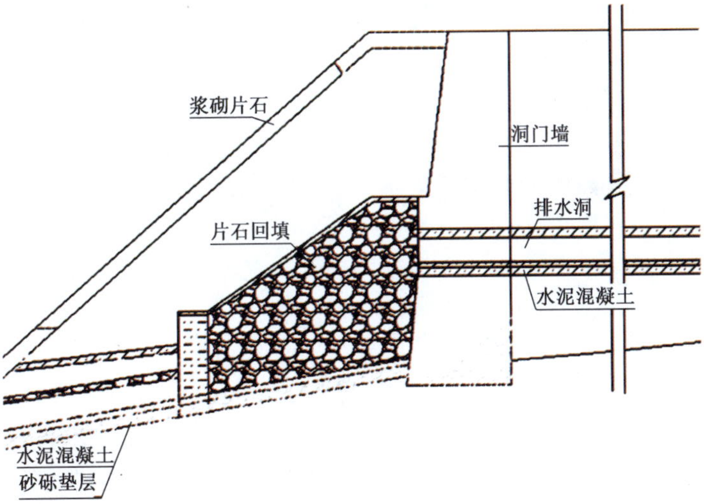

图 5-5-57　保温出水口设计结构形式

复合式衬砌防水卷材主要有聚氯乙烯(PVC)防水板、聚乙烯(PE)防水板、高密度聚乙烯(HDPE)防水板、低密度聚乙烯(LDPE)防水板、乙烯-醋酸乙烯与沥青共聚物(ECB)防水板和乙烯-醋酸乙烯共聚物(EVA)防水板。EVA 防水卷材具有机械强度高、耐老化、抗穿刺性强、摩擦系数大、柔韧性好、耐腐蚀等特点,同时兼有质轻、幅宽、耐低温、防水性好、铺设加工容易、焊接性好等优点。EVA 土工膜是一种新型防水材料,其材质软,在聚烯烃类中柔韧性及耐低温性最优,是 PVC 防渗膜的替代产品。EVA 土工膜突出的低温柔韧性特别适于寒冷地区的施工。隧道 EVA 防水卷材性能指标见表 5-5-17。

隧道 EVA 防水卷材性能指标　　表 5-5-17

项目	拉伸强度（MPa）	断裂伸长率（%）	不透水性 24h（MPa）	低温弯折性（℃）	热处理尺寸变化率（%）
性能指标	16	600	0.3	-40	1.8

(1)隧道中心排水沟保温防冻数值模拟

中心排水沟是隧道的核心排水设施,它将衬砌背后的渗水汇集排出隧道,进入路基排水边沟。其主要作用有两个:一是集中排放由上游管路流来的地下水;二是通过其上部的众多小孔竖排路基中的各种积水。季冻区隧道的排水系统处于负温条件下,中心排水沟和路面排水沟会出现结冰堵塞导致排水不畅,隧道内的水无法排出,造成隧道结构冻害和路面结冰等问题。一般公路隧道设计中心排水沟位于路面下部、仰拱之上。季冻区隧道冻深一般在 1.5～2.0m 之间,中心排水沟处于冻深之内会使管内的水冻结,堵塞排水沟。因此采取两种抗冻保温处理措施:一是在中心排水沟周围敷设保温层,使排水沟不受冻深影响;二是深埋中心排水沟,将排水沟埋置于洞内相应的冻结深度以下,利用地温使排水沟内水流不致冻结。

①浅埋中心排水沟数值计算模型如图 5-5-58 所示,排水管设置在隧道路面下方 1.5m 处。

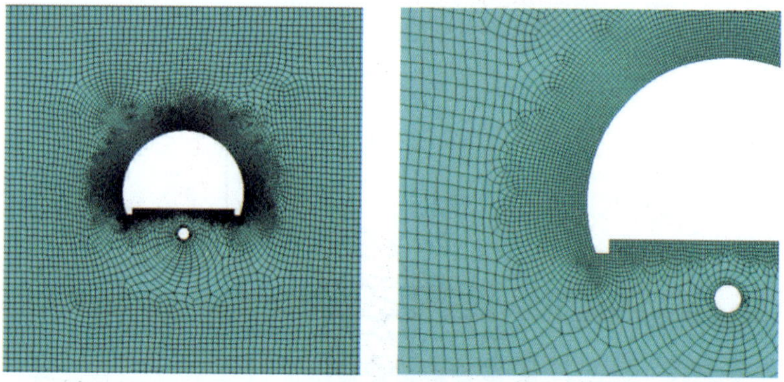

图 5-5-58　一般浅埋中心排水沟数值计算模型

隧道区域大气气温循环加载 10 年后,无保温层浅埋中心排水沟温度分布如图 5-5-59 所示。从图中可以看出,中央排水管明显处于冻深范围内,会导致中央排水管内的水流冻结造成排水不畅,因此必须采取措施解决冻害问题。

有保温层浅埋中心排水沟温度分布如图 5-5-60 所示。从图中可以看出,在敷设保温层后,保温层有效阻止了低温向中央排水管处发展,使中央排水管内的水流不致冻结,可有效防止中央排水管的冻害。

②深埋中心排水沟的计算模型如图 5-5-61 所示,排水管设置在隧道路面下方3.0m处。深埋中心排水沟温度分布如图 5-5-62、图 5-5-63 所示。

图 5-5-59　无保温层浅埋中心排水沟温度分布

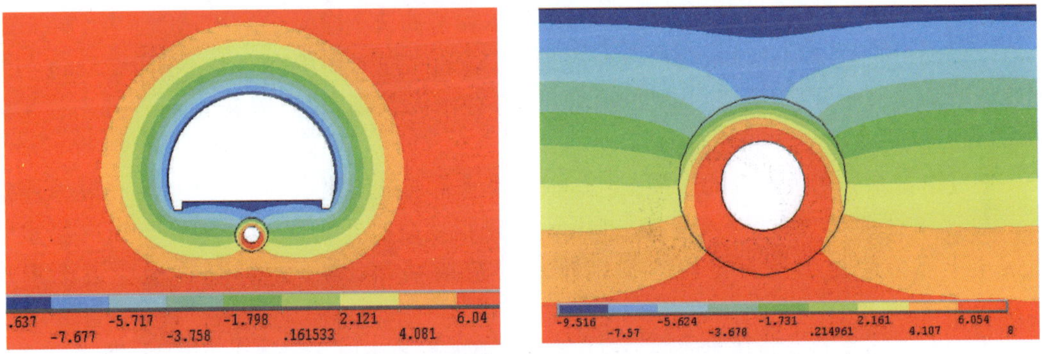

图 5-5-60　有保温层浅埋中心排水沟温度分布

图 5-5-61　深埋中心排水沟计算模型

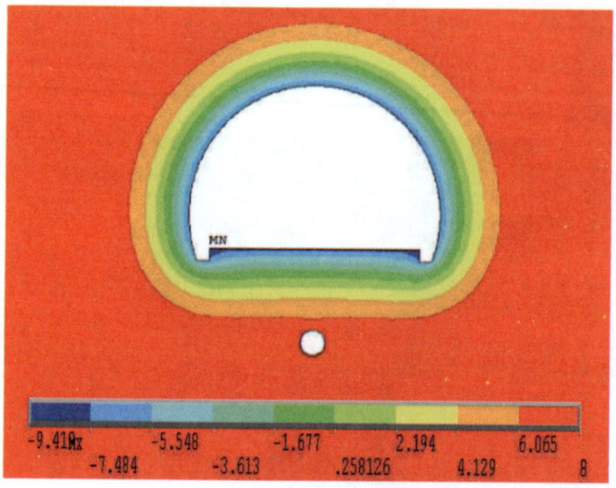

图 5-5-62　深埋中心排水沟温度分布(整体)

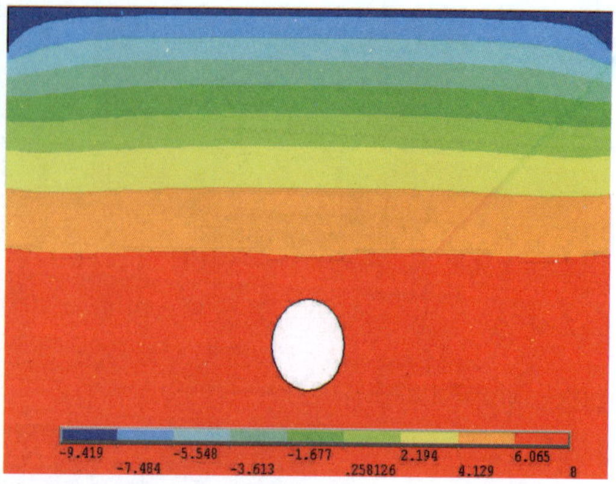

图 5-5-63　深埋中心排水沟温度分布(局部)

从中央排水管埋至路面以下 3m 后温度加载情况可以看出:外界温度影响不到中央排水管所在区位,中央排水管长期处于正温环境下,不受冬季冰冻影响。

(2)防排水结构抗冻施工关键技术

①中心排水沟开挖断面形状按设计尺寸,超挖量按 10cm 控制,否则用与回填层混凝土强度等级相同的混凝土回填;水沟底面高程每 50m 随机抽查 10 个点,误差应小于 5mm;水沟盖板预制、搬运、安装不得有断板现象,预留透水孔不得有盲孔;盖板安装就位,用砂浆填缝密实;碎石回填要分层;浇筑路面混凝土前用土工布覆盖碎石顶面,防止水泥浆漏入水沟;浇筑路面混凝土后,立即进行通水试验,将漏入的水泥浆冲洗干净。

②横向排水管与中心排水沟检查井连通时,管端应埋入回填碎石中不少于 25cm;与纵向集水管连接应牢靠,并用防水板包裹好,不得有水泥浆漏入;隧道衬砌背后排水管采用 ϕ50mm 的软式透水管。

③隧道排水管与集水管的连接工艺。横向排水管与纵向集水管直径相近,一般采用定制三通管和对接管,直接插入连接,并用环氧树脂堵缝粘牢。横向排水管与纵向集水管衔接不牢靠会使衬砌混凝土流入横向排水管造成堵塞,地下水结晶物也会逐渐形成淤塞。

④防水板铺挂前进行基面清理,铺挂固定点每平方米不应少于 4 个,水泥钉要求完全打入不得外露;铺挂应由拱顶开始向两边进行,尽量与喷射混凝土层表面密贴,并有富余量;宜采用热焊机双缝连接防水板,对焊缝的检查采用肉眼检查的方法;对所有损伤和未焊接处进行修补。

⑤明洞衬砌外沿先涂层沥青,再铺设防水板和双层土工布,明洞夯填时应注意防止防水板和土工布破损;纵向排水管埋设位置为设计高程以下 80cm,坡度与隧道纵坡一致;中心纵向排水管按 2m 一节预制,搭接 20cm。环向施工缝及墙角施工缝处均需设置厚度 10mm 的橡胶止水带。两侧拱脚横向引水管设置间距为 10m,施工时应做好防护以避免破损。

4. 隧道二衬保温层技术分析

鹤大高速公路吉林段隧道结构采用锚喷支护衬砌,模筑混凝土二衬,表层设置保温层,详见图 5-5-64。由于围岩、衬砌和冷空气之间的热交换系数很大,设置保温层能有效阻止围岩、衬砌和冷空气之间的热传递。采用保温层有两方面的优点：①在多年冻土地区，保温层在夏季能阻止热量向隧道衬砌背后流动，使隧道周边多年冻土不致融化，以减轻冻融循环的影响，防止冻融循环导致衬砌背后出现空洞，减轻积水冻胀的可能性；②在季节性冻土地区，保温层在寒冷的冬季能阻止隧道衬砌和围岩热量的散失，使围岩不致冻结，减轻冻胀影响。

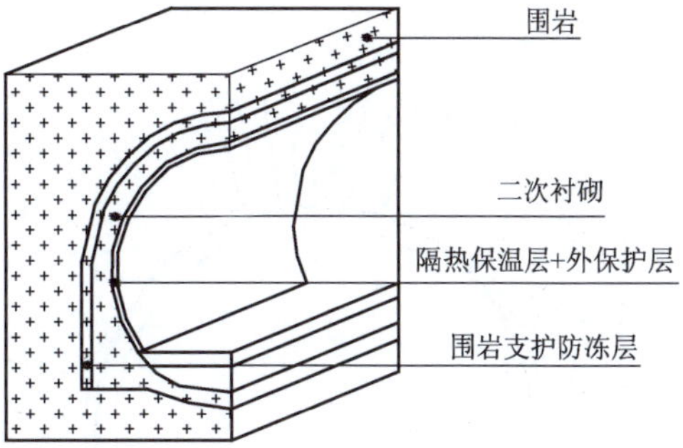

图5-5-64　隧道表面保温层示意图

(1)保温层厚度(等效厚度)的近似计算

依据绝热原理，对在隧道衬砌表面或内部铺设保温隔热材料的情况，可利用等效厚度换算法计算隔热层厚度。季冻区隧道围岩冻结深度较大，可按圆筒壁计算其热流量。五女峰隧道围岩冻结深度为1.5m。比照同类工程经验，围岩的导热系数在1.43～2.15W/(m·℃)之间，保温层常用材料的导热系数在0.019～0.051W/(m·℃)之间，根据单层平板传热流量法的计算公式，使用MATLAB进行计算，结果如图5-5-65所示。

计算结果显示，不考虑隧道衬砌对围岩导热系数的影响下，保温层厚度可以根据现场材料的导热系数来确定，保温层取值范围为0.006～0.048m。

(2)基于不同保温层铺设方式的应用探讨

隧道洞身铺设保温隔热材料，常规的做法是采用热传导系数很低的材料，如聚氨酯泡沫、聚酚醛泡沫、聚苯乙烯、干法硅酸铝纤维等。这些材料的特点是导热系数低、不容易燃烧、吸水率低、容易加工、加工厚度小等。保温层可以采用以下几种形式：①中间隔热层法(图5-5-66所示中国昆仑山隧道)；②外隔热层法(图5-5-67所示中国大坂山隧道)；③双隔热层法(图5-5-68所示日本部分隧道)；④离壁式隔热层法(图5-5-69所示挪威隧道)。影响保温层的保温效果的因素除了保温层厚度外，还有保温层铺设方式。现就同一种保温材料分别采用不同的铺设方式来研究保温层的保温效果。

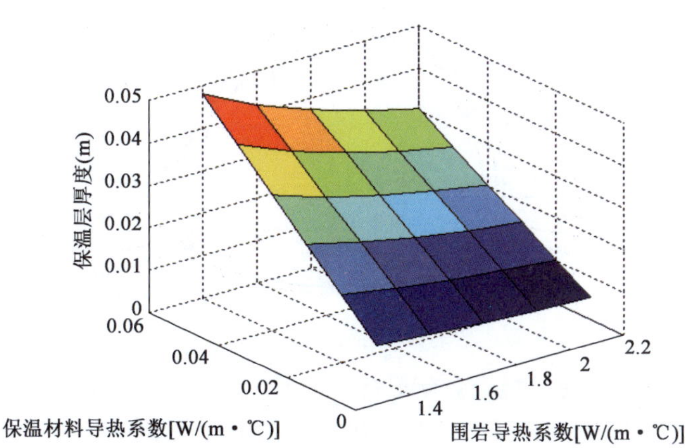

图5-5-65　保温层厚度(单层平板传热流量法)

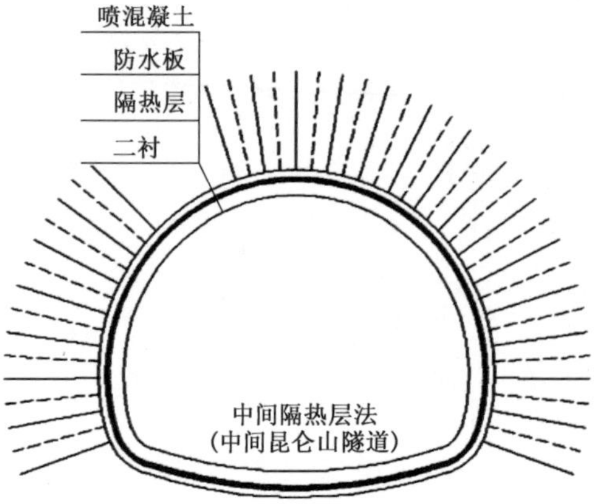

图 5-5-66　中间隔热层法

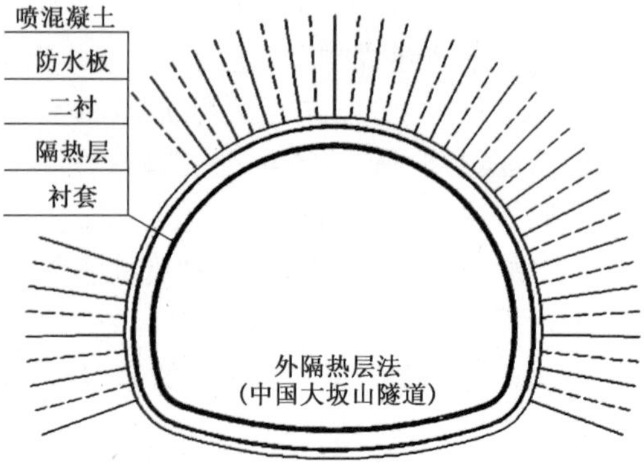

图 5-5-67　外隔热层法

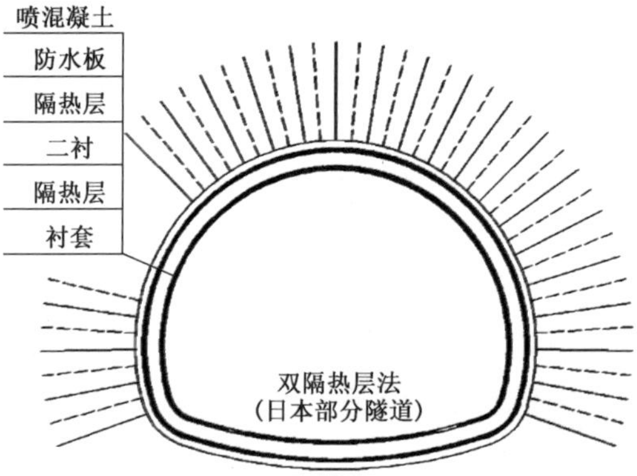

图 5-5-68　双隔热层法

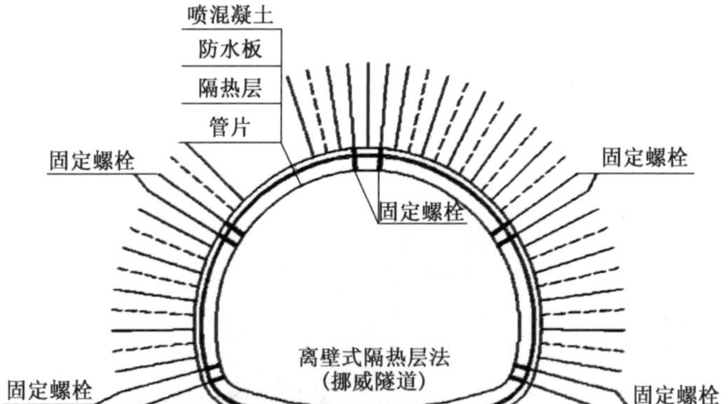

图 5-5-69　离壁式隔热层法

隧道洞口段围岩温度受环境温影响较大。选取距进洞口 100m 处的 ZK20 + 480 断面，隧道埋深为 35m，洞口段初期支护与二次衬砌均采用 C30 混凝土的材料参数。隧道洞口处于季节性冻土区，由冻土的上下限及地热梯度可粗略假定上边界温度荷载为 9℃，下边界温度荷载为 12℃。有限元网格划分如图 5-5-70 所示。铺设方式主要包括四种：未设保温层、二衬和初支之间设置保温层(简称中间法)、二衬表面设置保温层(简称表面法)、在二衬表面以及二衬和初支之间同时设置保温层(简称双层法)。各种铺设方式下围岩温度云图如图 5-5-71 ~ 图 5-5-74 所示。

图 5-5-70　有限元网格划分图

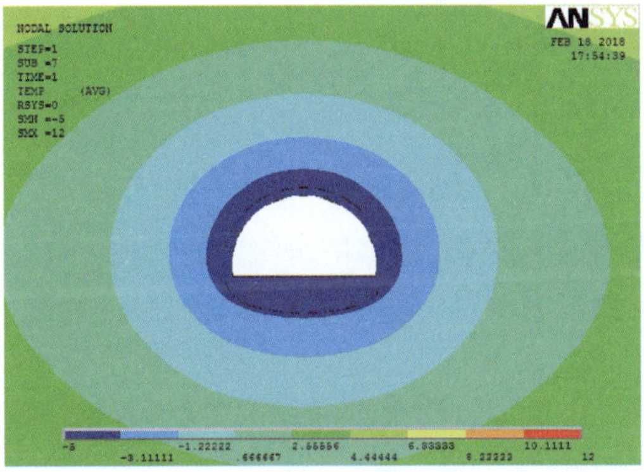

图 5-5-71　未设保温层时围岩温度云图

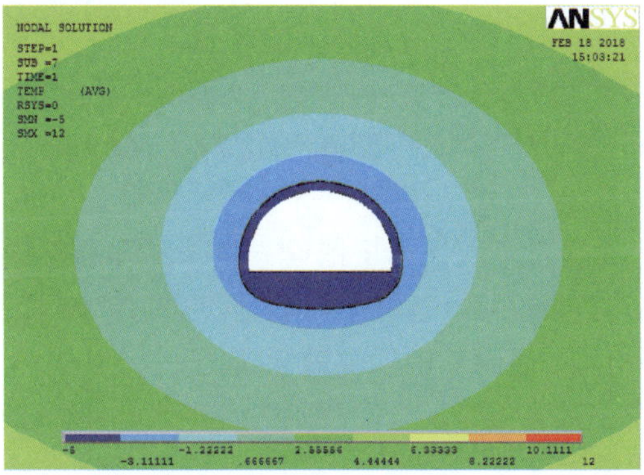

图 5-5-72　中间法时围岩温度云图

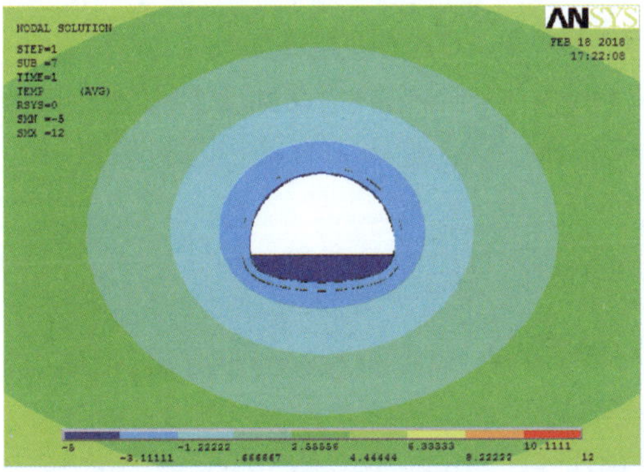

图 5-5-73　表面法时围岩温度云图

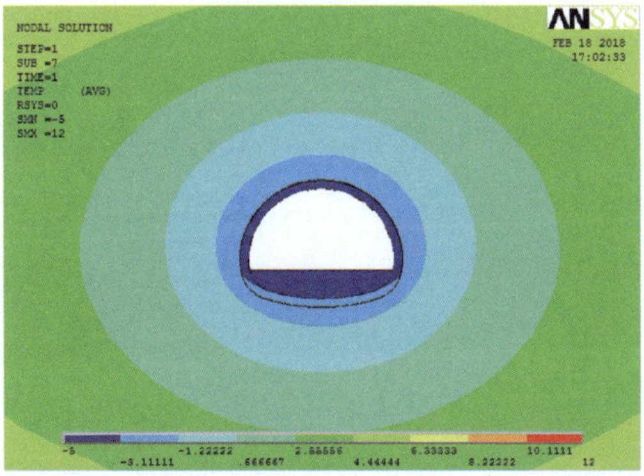

图 5-5-74　双层法时围岩温度云图

在隧道拱顶处沿径向选取 10 个节点，节点到隧道衬砌外表面距离分别为：0m、0.5m、1.0m、1.5m、2.0m、2.5m、3.0m、4.0m、5.0m 和 6.0m。各种保温层铺设方式下围岩温度随径向距离变化曲线如图 5-5-75 所示。

分析不同保温层铺设方式下围岩温度变化曲线,对比无保温层和有保温层围岩温度变化曲线可知:同一围岩深度处,有保温层时围岩温度明显高于无保温层时围岩温度,并可减小围岩的负温区范围。说明保温层能阻止围岩散热,维持围岩温度。

不同保温层铺设方式下围岩温度增幅随径向距离变化曲线如图 5-5-76 所示。

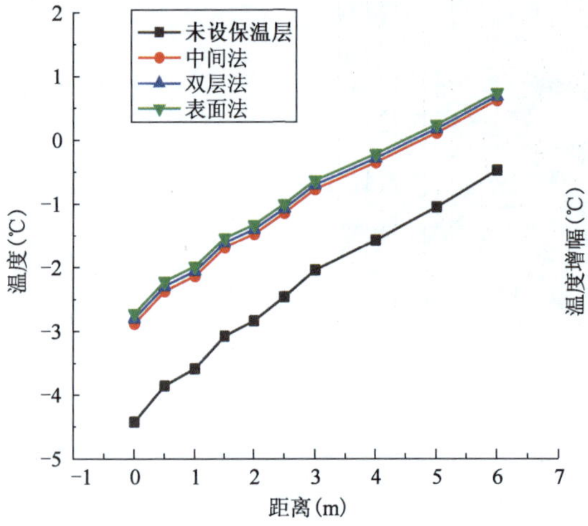

图 5-5-75　不同保温层铺设方式下围岩温度随径向距离变化曲线

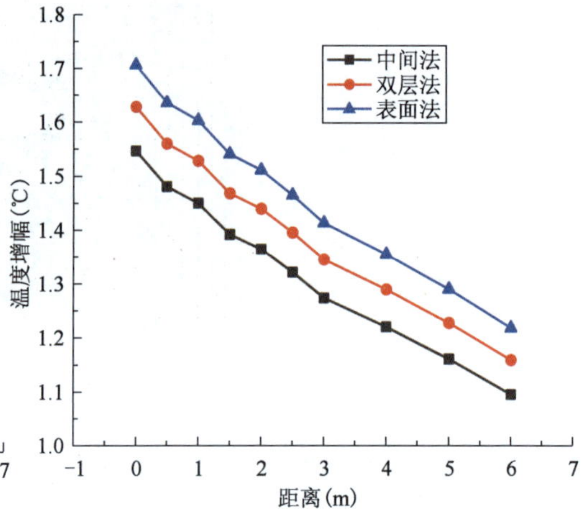

图 5-5-76　不同保温层铺设方式下围岩温度增幅随径向距离变化曲线

分析不同保温层铺设方式下围岩温度增幅变化曲线可知:随着围岩深度的增加,温度增幅越来越小。说明随着围岩深度的增加,保温层对围岩温度的影响越来越小。同一保温层厚度下,表面法的保温效果最好。保温层越靠近围岩与环境空气的交界面,其保温效果越好。从结构的安全性和耐久性上考虑,在衬砌混凝土表面直接铺设隔热层的表面隔热处理法更为合理、可靠。

(3)技术比较分析结论

①把隔热材料铺设在二次衬砌背后,衬砌混凝土直接暴露在自然环境下,隧道内湿度较大或是衬砌有渗漏水,在冻融循环作用下会发生冻害现象(即微观冻害)。

②若把隔热材料夹在初期支护和二次衬砌之间,由于初期支护为柔性支护,在初期支护受到围岩压力产生变形时,或者是衬砌后的水压较大时,都会把压力直接传递到隔热层上,隔热材料会被破坏或压缩,从而失去保温隔热功能。

③在隧道初期支护和二次衬砌之间设保温隔热层,层间空隙易产生结构性积水,隧道内温度降低至负温时,会发生局部冻胀病害。

④目前我国对各种隔热材料的使用寿命没有明确规定,隔热层放在衬砌背后,长期运行一旦隔热材料失效,维修更换十分困难。

综上,采用衬砌背后隔热处理法很难发挥隔热功能;采用表面隔热处理法,工艺简单,对原有隧道结构基本无影响,运营期更换维修方便易行。表面隔热处理法的弊端是严寒、潮湿环境下保温层材料抗冻耐久性能不过关,难以达到预期效果,且易发生早期破损剥落等次生病害。此外如果隧道衬砌发生结构损伤劣化(二次衬砌裂缝、施工缝发生渗漏水挂冰等),会影响观测病害情况，增加预防处理难度。

5.6　季冻区隧道围岩高地应力分析及施工控制

1912 年，瑞士地质学家海姆（A. Heim）在阿尔卑斯山大型越岭隧道施工过程中，通过观察和分析，首次提出了地应力的概念，并假定地应力是一种静水应力状态，即地壳中任一点的应力在各个方向上均相等，且等于单位面积上覆岩层的重量，即 $\sigma_h = \sigma_v = \gamma h$。地应力是一个具有相对稳定性的非稳定应力场，它是时间和空间的函数。地应力在绝大部分地区是以水平应力为主的三向不等的压应力场。三个主应力的大小和方向是随空间和时间而变化的，因而它是个非稳定的应力场。地应力在空间上的变化，从小范围来看，其变化是很明显的，从一个测区到另一个测区，从某一点到相距数十米外的另一点，地应力的大小和方向都有可能是不同的，但就某个地区整体而言，地应力的变化是不大的。

岩爆，也称冲击地压，是一种岩体中聚积的弹性变形势能在一定条件下突然猛烈释放，导致岩石爆裂并弹射出来的现象。地质构造活动造成深部矿岩内地应力较高，岩体内储存着较大的应变能，当该部分能量超过了岩石自身的强度时，就会发生岩爆事件。坚硬、新鲜完整、裂隙极少或仅有隐裂隙且具有较高脆性和弹性的围岩，能够储存能量，而其变形特性属于脆性破坏类型，当因工程开挖解除应力后，由于回弹变形很小，有可能造成岩石爆裂并弹出。如果地下水较少，岩体干燥，也容易发生岩爆。岩爆的发生是一种复杂的非线性动力学现象，其控制和影响因素较多，成因机制复杂。岩体的力学性质、原地应力状态、岩体渗透特性、地下洞室的截面形状以及开挖方式等，都是岩爆的形成要素。归纳起来主要有两大因素：第一是岩石的性质，是引发岩爆的内因；第二是围岩的应力，是必要条件，是引发岩爆的外因。

5.6.1　高地应力的判定标准

国内外对高地应力的定义迄今也没有达成统一的认识，一般实践中将大于 20MPa 的硬质岩体内的初始应力称为高地应力。法国隧道与地下空间协会、日本应用地质学会等部门在勘察、设计阶段则采用岩石单轴抗压强度（R_b）和最大主应力（σ_1）的比值（即岩石强度应力比）来划分地应力高低。我国国家技术监督局、建设部于 1994 年联合发布的《岩土工程勘察规范》（GB 50021—94）中也采用岩石强度应力比（R_b/σ_1）来划分高地应力级别，规定 $R_b/\sigma_1 = 4 \sim 7$ 为高地应力，$R_b/\sigma_1 < 4$ 为极高地应力。这是迄今为止可以参照的最具权威性的规范标准。

高地应力是一个相对概念，与岩体所经受的应力历史和岩体强度、岩石弹性模量等诸多因素有关。研究认为强烈构造作用地区，地应力与岩体强度有关；轻缓构造作用地区，岩体内储存的地应力与岩石弹性模量直接有关，即弹性模量大的岩体内地应力高，弹性模量小的岩体内地应力低，提出了高、低地应力地区的六大地质标志，详见表 5-6-1。

高、低地应力地区的地质标志　　表 5-6-1

序号	高地应力地区的地质标志	低地应力地区的地质标志
1	围岩产生岩爆、剥离现象	围岩松动、塌方、掉块

续上表

序号	高地应力地区的地质标志	低地应力地区的地质标志
2	围岩收敛变形大	围岩渗水
3	软弱夹层挤出	岩体节理中有夹泥
4	钻孔出现饼状岩芯	岩脉内岩块松动,强风化
5	开挖无渗水现象	断层或节理中有次生矿物晶族、孔洞等
6	开挖过程有瓦斯突出	—

5.6.2 五女峰隧道高地应力预判

五女峰隧道最大埋深550m,隧道围岩主要为钾长花岗岩、混合岩化大理岩、花岗片麻岩和角砾凝灰岩。钾长花岗岩主要位于隧道入口段,埋深较浅,不存在高地应力现象。其他三种岩石位于洞身段,埋深均在250m以上,三种岩石的饱和抗压强度分别为88.88MPa、85.85MPa和65.07MPa。地质勘察对地应力测试结果显示,洞身范围内(480~505m)最大水平主应力为17.88~18.73MPa,三种围岩均存在高地应力。在钻爆施工过程中,很有可能会伴随高地应力产生一系列的地质灾害,需要采取一定的措施进行预防,以免造成较大的损失。

5.6.3 五女峰隧道地应力场反演分析

三维初始地应力场计算模型的起始边界选在五女峰隧道进口处,沿 z 轴的计算范围为800m,沿 x 轴的计算范围为7138m,沿 y 轴的计算范围为2850m。x 轴沿着隧道轴线方向,y 轴在水平面内垂直于 x 轴,z 轴垂直向上。根据地质勘察资料,隧址区沿隧道轴线方向围岩可分为Ⅲ、Ⅳ、Ⅴ级,各岩体的力学参数见表5-6-2,共模拟了5条断层,断层的位置及宽度与地质勘察提供的地质纵剖面图一致。

岩体力学参数表 表5-6-2

围岩分级	重度(kN/m³)	弹性抗力系数(MPa/m)	变形模量(GPa)	泊松比	内摩擦角(°)	黏聚力(MPa)
Ⅲ	24	800	8	0.27	43	1.0
Ⅳ	22	300	3	0.33	32	0.4
Ⅴ	18	150	1.2	0.40	23	0.12

1. *地应力场反演回归分析*

反演过程中对分析模型做了简化,并修正了测量误差,表5-6-3中的实测值与回归值也存在一定的误差,但是能够满足工程应用需要。回归值和由合成模型计算的反演值拟合度较高,证明反演得到的应力场是可信并且可以指导施工的。

计算坐标系下测点地应力实测值与回归值对比(MPa) 表5-6-3

测点标号	应力分量	实测值	回归值	反演值	实测值与回归值之差	实测值与反演值之差
a_1	σ_x	-4.75	-6.2874	-4.53	1.54	-0.22
	σ_y	-0.11	2.1661	3.58	-2.28	-3.69
	σ_z	-2.48	-1.2204	-3.42	-1.26	0.94
	σ_{xy}	-0.36	-0.0813	-1.13	-0.28	0.77

续上表

测点标号	应力分量	实测值	回归值	反演值	实测值与回归值之差	实测值与反演值之差
a_1	σ_{yz}	0	1.2887	2.14	-1.29	-2.14
	σ_{xz}	0	-0.6531	0.35	0.65	-0.35
a_2	σ_x	-13.66	-11.6720	-12.16	-1.99	-1.50
	σ_y	-0.40	-3.4583	-2.65	3.06	2.25
	σ_z	-12.52	-13.2848	-12.38	0.76	-0.14
	σ_{xy}	-1.15	-0.3846	-0.65	-0.77	-0.50
	σ_{yz}	0	0.5486	0.74	-0.55	-0.74
	σ_{xz}	0	0.3085	0.38	-0.31	-0.38

隧址区应力云图(图5-6-1)分析结果显示,地应力值总体上从上到下逐渐增大,但由于受构造运动影响,隧址区地应力的分布未呈现出明显的分层现象;且由于断层对地应力的分布产生较大影响,断层处地应力较小,加大了周围岩体的地应力。根据地质勘察资料,隧道洞身的埋深为480~505m,最大主应力值范围为16.0~20.0MPa,这一结果与地应力钻孔测量结果相近,说明地应力的反演结果是可靠的,满足工程应用要求。

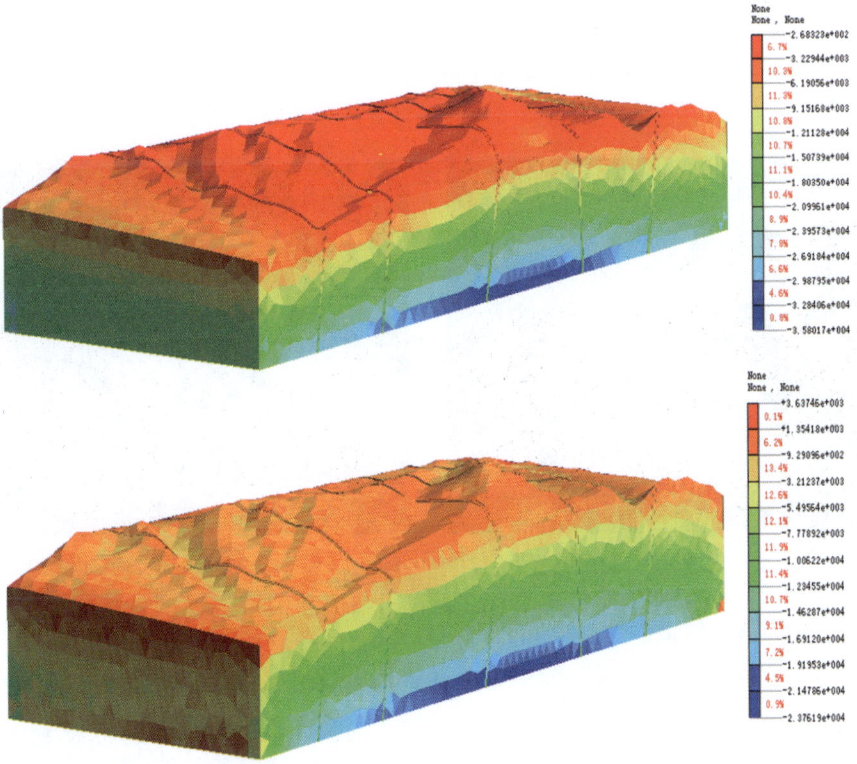

图5-6-1 五女峰隧道隧址区最大主应力应力云图和最小主应力应力云图

2. 岩爆分区分析

根据地质勘察资料,洞身附近的围岩主要为混合岩化大理岩、花岗片麻岩和角砾凝灰岩，三种岩石的饱和抗压强度 R_c 分别为 88.88MPa、85.85MPa 和 65.07MPa。五女峰隧道隧址区岩爆分区如图 5-6-2 所示。

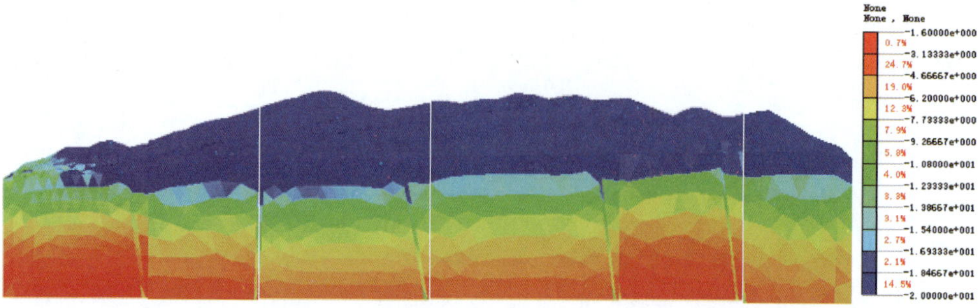

图 5-6-2　五女峰隧道隧址区岩爆分区图

随着地层埋深的增大，岩石抗压强度 R_c 与初始最大水平主应力 S_H 的比值（R_c/S_H）逐渐减小。隧址区地表附近 R_c/S_H 值较大，属于低应力区域，不存在岩爆风险；随着埋深的增大，R_c/S_H 值逐渐变小，范围减小至6.2～7.0 区间，属于高应力区域，隧道在此区域穿过，施工过程中可能存在岩爆风险；埋深继续增大时，R_c/S_H 值范围减小至 2.4～4.0 区间，属于极高应力区，岩爆风险大。

沿隧道轴线方向，隧址区不同范围的岩爆等级不同，在部分区域内隧道施工发生岩爆的风险较高。隧址区断层两侧存在一定的应力集中现象，但对整体地应力分布影响较小。在隧道施工过程中，YK27＋471 处发生了岩爆现象（图 5-6-3）。

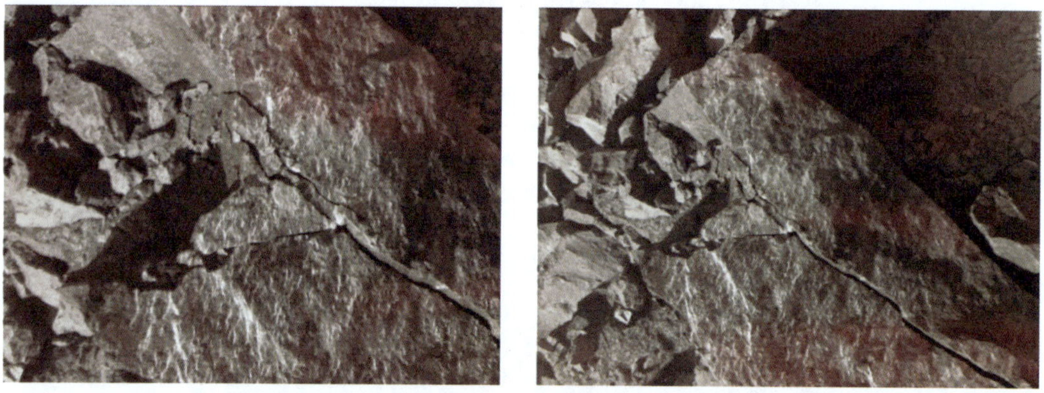

图 5-6-3　隧道施工过程中的岩爆现象

5.6.4　高地应力隧道施工控制技术

高地应力隧道施工主要从改善围岩物理力学性能、改善围岩应力条件、控制开挖扰动等方面入手，按照“安全第一、稳扎稳打、不盲目冒进”的指导思想，遵循“以防为主、防治结合、多种手段综合治理”的原则进行施工控制。

1. 改善围岩的物理力学特性

改善围岩的物理力学特性，降低围岩的强度，减弱围岩的脆性，增强围岩的塑性，使围岩内部储存的弹性应变能大量地消耗在围岩裂隙的起裂和扩展方面，从而减少围岩储存的弹性应变能,达到降低岩爆剧烈程度的目的。改善围岩物理力学特性的主要措施是喷水和注水,这是因为进入到岩石孔隙中的水能与岩石矿物中的一些离子发生作用,进而达到软化围岩、降低围岩强度的目的。在岩爆可能发生的洞段,爆破后应立即向新出露的围岩表面进行喷水,来软化围岩。对于软化系数很高的脆性围岩采用普通的喷水方式可能不能达到预期的效果,可以考虑采用高压喷水或超前钻孔高压注水的方法。在高压喷水或超前钻孔高压注水的情况下,水的劈裂作用可以在岩石内部产生新的裂缝并使岩石内原有的裂缝进一步扩展,降低围岩强度和围岩储存弹性应变能的能力。

2. 改善围岩的应力状态

隧道施工阶段,在既定的应力场环境下,改善围岩的应力状态可以通过释放围岩应力和柔性支护的方法实现。释放围岩应力的方法包括未开挖围岩的超前钻孔减压法、已开挖围岩的表面切槽减压法等。

超前钻孔减压法通过直接向围岩或掌子面内部打一定深度的钻孔来释放围岩中的部分应力,也可以垂直于掌子面进行钻爆作业,在掌子面内形成一定规模的破碎带,来释放掌子面内部岩体的应力。表面切槽减压法可有效释放隧道开挖在轮廓面附近形成的高量级切向应力,但由于临空掌子面处于二向受力状态,对于隧道的稳定性不利。宜采用柔性支护支撑并吸收部分围岩能量,并使隧道掌子面处于三向应力状态,平衡围岩内力,在控制岩爆的规模方面作用显著。柔性支护主要是通过系统锚杆施工和喷射混凝土实现的,系统锚杆施作以后可以迅速提高表层围岩的径向应力,提高围岩的自稳能力。喷射混凝土的主要作用是及时封闭围岩,防止围岩浸水风化,同时提供一定的支护力,使围岩在约束状态下缓慢变形。对于岩爆烈度大、危险程度高的岩爆地段,可以暂时停止掌子面施工,使表层围岩的应力以岩爆的形式自然释放,待岩爆现象自然缓解后再进行处理。

3. 优化施工,控制爆破,减小扰动

工程实践表明,采用"短进尺、弱爆破"可以有效控制岩爆。根据国内外岩爆防治经验,岩爆地段采用钻爆法施工时,应短进尺掘进,减小药量和减少爆破频率,控制光爆效果,以减少围岩表层应力集中现象。轻微岩爆(Ⅰ级)、中等岩爆(Ⅱ级)区:一般进尺控制在2～2.5m,尽可能全断面开挖,一次成型,以减少围岩应力平衡状态下的破坏;强烈岩爆、剧烈岩爆(Ⅳ级)区:一般进尺控制在2m以内,必要时下部可以预留1/3分两步开挖,以降低岩爆破坏程度。梯架凿岩台车岩爆区开挖如图5-6-4所示。

隧道水压爆破技术应用:施工采用在炮眼中先"注水"后用"炮泥"回填堵塞的新技术,爆炸瞬间水传播冲击波到周边围岩,并产生反射作用形成二次加载,使岩体均匀解体破碎,控制岩体扰动。水压爆破施工工艺流程如图5-6-5所示。水压爆破炮眼装药结构示意如图5-6-6所示。水压爆破效果如图5-6-7所示。

(1)基于水的不可压缩性和较高的密度、较大的流动黏度,水中爆轰产物的膨胀速度要慢,在耦合水中激起爆炸冲击波的作用强度高和作用时间长,传递给岩石的爆破能量分布更加均匀、利用率高。

(2)在炮孔周围岩石中产生的爆炸应力波强度高,衰减慢,作用时间较长,即有较高的爆炸压力峰值,因此对周边岩石造成的破坏力强。

(3)在爆破破碎质量上,能使破碎块大小更加均匀;在爆破安全方面,它能够有效控制爆破振动、爆破飞石、空气冲击波和爆生有毒气体的强度和数量,降低爆破粉尘。

(4)与耦合装药相比,水耦合装药能够降低孔壁岩面上的初始冲击压力,有利于提高光面爆破、预裂爆破的成型质量。

图5-6-4　梯架凿岩台车岩爆区开挖

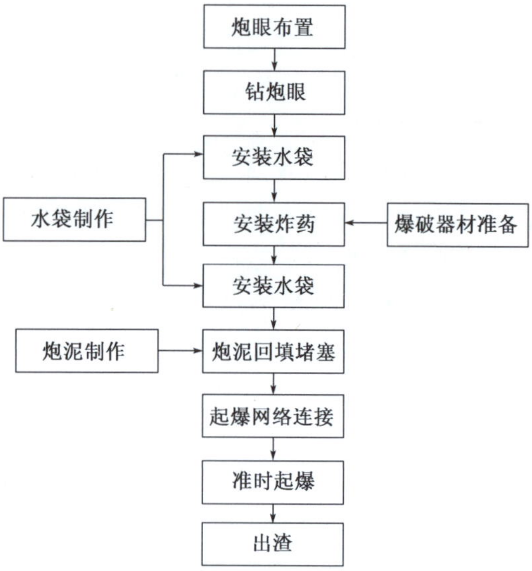

图5-6-5　水压爆破施工工艺流程图

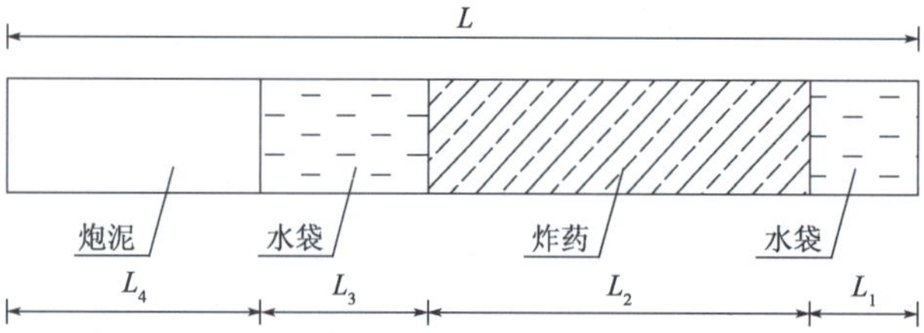

图5-6-6　水压爆破炮眼装药结构示意图

图5-6-7　隧道水压爆破效果图

在岩爆强烈的洞段可以考虑采用预裂爆破或分步开挖。预裂爆破先沿着开挖轮廓爆出一条可以反射应力波的裂缝,采用线控爆破,减少一次装药量,拉大不同部位的炮眼管段引信间隔,从而延长爆破时间,减少爆破动应力波的叠加,降低岩爆频率和强度,达到降低爆破对围岩扰动的目的。分步开挖则可以控制单次爆破的规模,减小对围岩的扰动,并释放围岩部分应力,改善围岩的应力条件。总之,控制爆破可以降低爆破对岩爆的诱发作用,降低岩爆发生的可能性。

4.隧道岩爆区施工控制要点

(1)轻微岩爆施工

轻微岩爆发出噼啪声、撕裂声,呈间歇性,爆块松脱、剥离或出现空鼓,无弹射,一般2~8h之内岩爆频繁,以后逐渐减弱。轻微岩爆危险性小,施工中在发出岩爆响声处加强排险,排险主要以挖掘机为主,人工为辅,然后及时进行锚网喷支护。

(2)中等岩爆施工

中等岩爆一般也在放炮 2h 后开始,发出清脆的爆裂声,响声强烈,呈间歇性,爆裂松脱、剥离现象严重,少量小块岩石弹射,弹射距离一般在 5m 内,个别达 10m 左右。岩爆主要沿岩层剥落,但若岩爆形成“V”形凹槽,由于应力集中,岩爆则会更加强烈。一般 12h 之内较频繁,但是若不做支护,3 ~ 4d 内仍很频繁。岩爆发生在左右边墙及掌子面,岩爆后两边墙超挖1 ~ 3m。宜结合现场情况采取以下措施:

①开挖时加速应力重分布进程,缩短岩爆时间,加快施工进度。向岩面喷洒水,加大岩体表面与内部温差,激发岩爆。

②用挖掘机斗齿碰撞岩面形成局部高温,加大温差,激发岩爆。另外,挖掘机斗齿冲击岩面,外加的高应力加速应力重分布,缩短岩爆。

③及时采用钢拱架及锚网喷联合支护,抑制岩爆及其危害。I16 型钢拱架间距 1.0m,为防止岩爆使钢拱架变形,锚杆主要以锁脚锚杆为主,尾部与钢拱架焊接。支护后岩爆仍会发生,但比较安全。中等岩爆单日可掘进一个循环。

(3)强烈岩爆、剧烈岩爆施工

强烈岩爆、剧烈岩爆危害大,较为少见。可采用超前应力解除法、松动爆破或震动爆破等方法降低岩体应力,使能量在开挖前释放。

实践表明,在岩爆地段施工,采用“短进尺、多循环”的方法效果不理想。因为“短进尺”岩爆减弱程度并不大,反而因为循环次数增多,岩爆次数也增多,钻爆、出渣及支护时间也相应增加。

5. 施工监测和安全防护

施工期间洞室围岩应力会不断地调整和变化,需加强隧道施工过程中的监测工作。监测的主要目的是掌握围岩及支护的变形动态,以反馈量测信息指导施工,确保施工的安全性和经济性,同时也会对设计起到一定的指导和检验作用。应提高作业人员的安全防护意识,加强现场安全防护措施。施工时佩戴必要的防护装备,施工机械增设防护顶棚等。在循环作业时间中安排适当的暂停待避时间,同时加强监测检查,巡回找顶,清除松动悬石等。

5.7　季冻区隧道施工创新技术应用

集通高速公路在隧道工程建设创新方面进行了深入探索,综合考虑工程全寿命周期,建设与运营维护相协调,工程与自然人文相和谐,工程实体质量、功能质量、外观质量和服务质量均衡发展,推广运用新技术、新工艺、新材料、新装备和新标准,总结季冻区特色工艺和工法,推动工程技术系统提升。

5.7.1　初支混凝土湿喷技术应用

湿式喷射混凝土是指按一定配合比将水泥、粗细集料和水集中拌和,采用湿式喷射机,将拌好的混凝土通过输料软管输送到喷嘴,在喷嘴处添加液体速凝剂,用压缩空气补给能量,使混凝土形成料束,从喷嘴喷射到围岩面上。湿喷机喷混凝土工作原理如图 5-7-1 所示。集通高速公路隧道初支混凝土采用湿喷工艺,结合前进隧道工程实例进行技术论述。

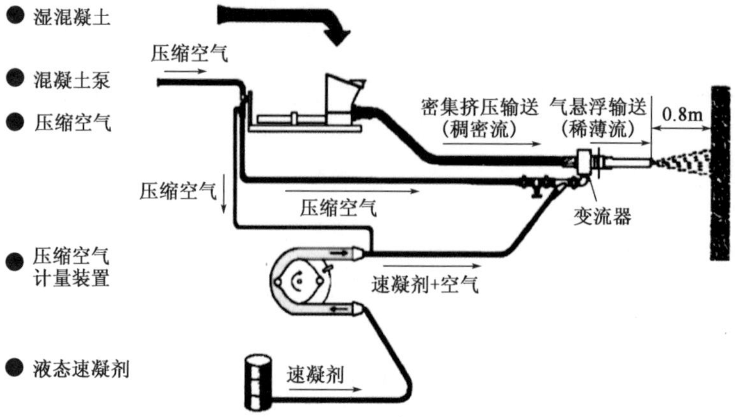

图 5-7-1　湿喷机喷混凝土工作原理图

1. 原材料标准及配合比优化

细集料采用粒径 2.5 ~ 3.2mm 的中粗砂，粗集料选择粒径 4.75 ~ 9.5mm 的碎石，水泥选用普通硅酸盐水泥（P · O 42.5），技术指标符合设计及相关规范要求。喷射混凝土配合比见表 5-7-1。根据现场施工情况，混凝土坍落度需控制在 100 ~ 120mm，坍落度太大喷射时回弹量较大且难以自稳，坍落度太小容易出现堵管现象。

喷射混凝土配合比　　表 5-7-1

材料名称	水泥（kg）	砂（kg）	4.75 ~ 9.5mm 碎石（kg）	水（kg）	外加剂 1（kg）	外加剂 2（kg）	坍落度（mm）	密度（kg/m^3）
每立方米用量	471	884	816	179	4.71	23.55	105	2.36
比例	1	1.877	1.732	0.38	0.01	0.05		
试拌	9.42	17.68	16.32	3.58	0.0942	0.471		
和易性描述	无离析沁水，和易性良好							

2. 施工关键工艺控制

围岩在湿喷混凝土之前应该进行基面清理，保证隧道外轮廓较为光顺、平整。若隧道洞内出现涌水现象，应查明涌水部位并进行相应的处理，做好防排水措施。使用喷射机高压风清理受喷面上的浮沉、岩屑，保证初喷混凝土与岩面的有效黏结，以提高喷射混凝土的附着力。保证稳定的工作风压，机械手自身配备空压机，工作风压在 0.6 ~ 0.7MPa 比较适宜，同时工作风压的大小与混凝土的和易性有关，和易性越好，所需工作风压较小，反之则偏大。喷射混凝土施工工艺流程如图 5-7-2 所示。

（1）喷射工作风压、水压

工作风压是指正常喷射作业时喷射机工作室内的风压。喷嘴出口处风压的大小直接影响回弹率、混凝土喷层质量和喷射速度，而喷射速度又与回弹率、喷层强度等密切相关。结合现场试验段施工，湿喷混凝土的软管长度应该小于 20m，隧道拱顶作业风压应控制在 0.3 ~ 0.5MPa，边墙作业风压应控制在 0.2 ~ 0.5MPa。水压应比风压高 0.1MPa 左右，以保证喷头处的水环能充分湿润高速流过的混合料，水压通过喷头水环上的水阀进行控制。

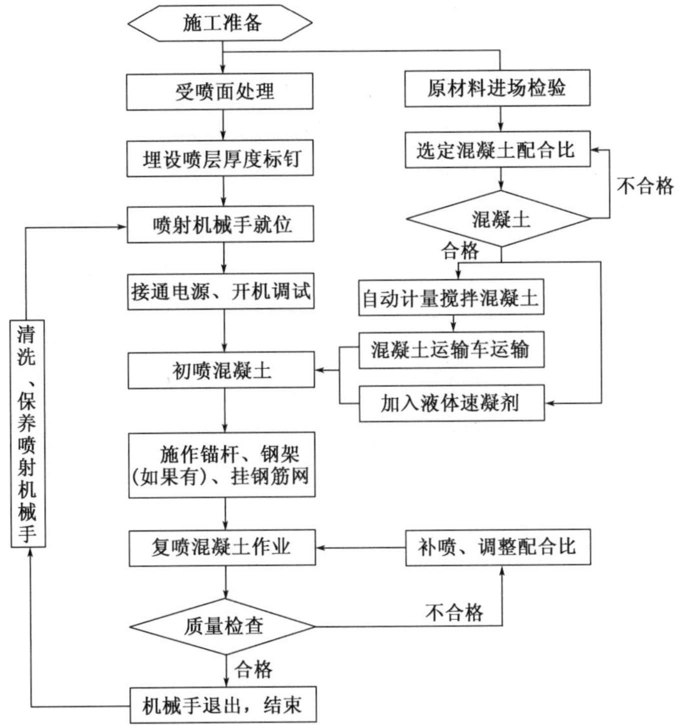

图 5-7-2 喷射混凝土施工工艺流程图

(2)喷射距离及角度

混凝土喷嘴与喷射面垂直距离一般应控制在 1.5m 左右,并尽量减小回弹量,确保料束集中且能够看清喷射情况。喷射角度一般情况下应该与作业面垂直,边墙喷射时应该将喷射角偏下 10°左右,保证混凝土束能够较厚地喷射在混凝土顶端,防止喷嘴与喷射面角度过小,使混凝土物料在受喷面上滚动而产生凹凸不平的波形喷面,加大回弹力量。

(3)湿喷工艺控制

喷层厚度要根据现场试喷确定。一次喷射厚度过大会使混凝土颗粒间的黏结力减弱,混凝土从受喷面将发生重力坠落;喷射厚度过小,石子无法嵌入灰浆层,将会使回弹量增大。一般采用分层喷射的方法,第一次喷射厚度控制在 4 ~ 6cm,喷射第一层混凝土前预埋厚度测量组件;第一层喷射后强度达到一定标准后进行第二层喷射,当达到设计厚度后每层混凝土不下坠方可前移。当喷层与岩面之间出现空鼓现象时,每次湿喷混凝土的喷射厚度应大于 2 倍的粗集料粒径,以减小回弹量。

喷射混凝土顺序一般为先墙后拱,自上而下分段、分片进行,纵向每段 3 ~ 4m,分片宽度应在 2m 左右,每片应自下部起水平方向旋转移动往返一次喷射后方可向上移行,出现超挖的地方应先用混凝土喷平。湿喷混凝土喷射过程中应先用混凝土将超挖部分补平,然后呈 S 形或螺旋形缓慢均匀移动,保证喷面平顺光滑。两层喷射时间间隔控制在 20min 左右,强度达标后方可进行下层喷射。

(4)回弹量控制

喷射位置、空气压力、水泥用量、水灰比及集料最大粒径和级配等决定了回弹量的大小,开始喷射混凝土时回弹量较大,当形成塑性层后回弹量会减小,因此应通过调整喷射厚度来控制回弹量大小,回弹料不得收集二次利用。喷射混凝土的最佳水灰比为0.35~0.42。

(5)速凝剂的使用

液体速凝剂掺量应该在试验室确定的基础上考虑到差异性、敏感性及施工中的损耗综合确定,在满足凝结要求的前提下尽量少加。实际施工时液体速凝剂只能通过调节喷射机自带的计量泵流速控制。

(6)分层喷射间歇时间

分层喷射混凝土的间歇时间与水泥品种、工作温度和速凝剂掺量等因素有关。一般对于掺有速凝剂的普通水泥,温度在15~20℃时,其间歇时间为15~20min;不掺速凝剂时间歇时间为2~4h,复喷前先喷水湿润。此外结合分层喷射每循环的工作时间,对混合料的存放时间要做出合理控制。由于混合料中掺加了速凝剂,一般存放时间应不超过20min。

3.关键部位处理技术

(1)钢拱架间湿喷混凝土

隧道Ⅴ级围岩条件下,一般采用钢拱架进行初期支护,以保证初期支护的安全性及可靠性。钢拱架间距一般控制在60~80cm。钢拱架背后设置20cm×20cm的钢筋网片,增加了湿喷混凝土工艺的要求。应采用低风压、近距离、变换喷射角度的方式进行混凝土喷射。风压控制在0.2~0.3MPa,距离在1.0m左右。先调整角度将钢拱架背后喷射密实,再喷实钢筋网背后,最后喷实拱架间隙。喷射过程中应避免钢拱架与钢筋网背后出现空洞。

(2)渗水部位喷射

施工中地下水发育将直接影响喷射混凝土施作效果,初喷效果会很差。应采取加强引排水、增设钢丝网等辅助措施,提高喷射混凝土施工作业效率,增强喷射效果。当掌子面有渗涌水时,可采取超前探水、提前引排水以及注浆加固堵水等措施。喷射混凝土应结合实际渗水情况调整喷射混凝土配合比、速凝剂用量以及具体的喷射工艺。

5.7.2 小导管注浆技术应用

隧道注浆是依靠气压、液压或电化学原理将具有胶凝能力的浆液通过管路注入土层(或岩层)中的空隙、裂隙与空洞中,以填充、渗透、压密等方式挤走其中的水分与空气,将松散破碎的岩(土)层胶结起来以改善岩(土)层性能的一种施工方法。集通高速公路迎宾岭(土口岭)隧道施工过程中,遇到了多处地质断层、破碎带、突泥涌水等。施工过程中采取多种围岩加固处治措施,初支钢拱架多次因变形过大被迫换拱,最终克服所有困难顺利实现通洞。其中小导管注浆技术措施以其适应性强、效果好、见效快且相对其他手段更为经济的优势,得到广泛认可。小导管注浆围岩加固原理模型如图5-7-3所示。

1.小导管注浆加固原理

在隧道开挖后,洞身围岩将改变初始应力状态,重新分布形成二次应力状态。而超前小导管注浆在开挖前就改善了围岩的初始应力状态,在二次应力状态下同比具有更好的承载能力。在注浆后二次应力形成过程中,小导管还起到支撑梁和锚杆的作用,注入的浆液改变了围岩的力学参数,提高了围岩的自稳能力。小导管注浆加固原理主要可归纳为以下4种:填充注浆、渗透注浆、劈裂注浆和压密注浆。小导管注浆技术的优点是施工设备简便、工艺简单、适应性强、效果好、见效快且相对其他手段更为经济,可根据实际情况随时灵活调整方案。

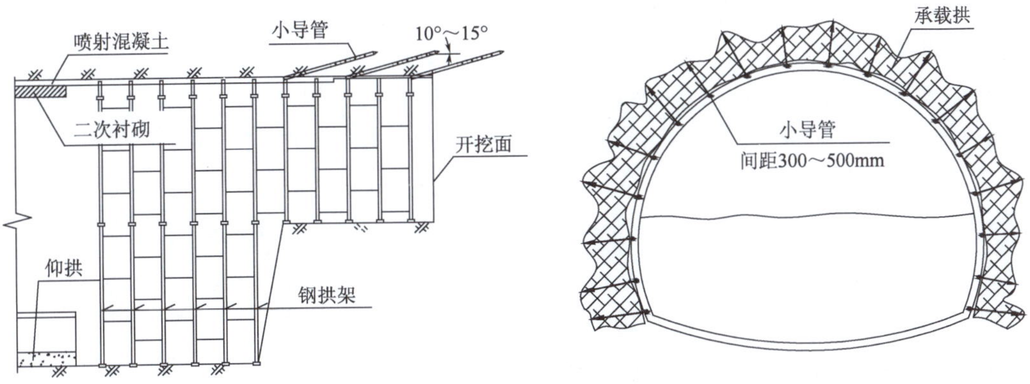

图 5-7-3　小导管注浆围岩加固原理模型

2. 隧道围岩加固应用

图 5-7-4　迎宾岭隧道施工期开挖涌水

迎宾岭隧道右幅出口 RK3 + 390 ~ RK3 + 365 段，原设计位于 F5 断层破碎带内，Ⅴ级围岩，衬砌类型为 DCD5。开挖施工过程中，路线前进方向右侧拱腰及边墙出现大面积涌水（图 5-7-4）。自 2016 年 10 月该段落初支施工完成至 2017 年 6 月，经历较长时间的常规排水后，涌水量仍较大，无明显缓解，经现场勘察有 5 处较大的出水点，段落范围内涌水量达 500 ~ $550m^3/d$，导致仰拱及二衬难以施工，洞室的长期稳定也难以保证。为防止隧道运营期衬砌背后水压力过大及冬季产生冻胀问题，同时为仰拱及二衬的施工创造有利条件，采用小导管对 RK3 + 390 ~ RK3 + 365 段进行注浆堵水、加固围岩。

3. 注浆方案设计

开挖面围岩破碎且涌水量较大，采用周边预注浆，通过向围岩注浆，形成围岩注浆固结，减小其渗透系数，提高围岩自稳能力，与初期支护共同保证施工期间洞室的稳定及安全。注浆堵水采用径向方式，注浆孔布设断面如图 5-7-5 所示。注浆孔布设间距 3m（环向）× 1.5m（纵向），梅花形布置（图 5-7-6）。注浆管规格采用 $\phi 42$mm × 3.5m，孔深 7m，钻孔方向为垂直断层破碎带走向。

4. 注浆施工控制要点

（1）注浆采用水泥-水玻璃双液浆；采用 P · O 42.5 级普通硅酸盐水泥，水泥浆水灰比 1:1；水玻璃浓度 35°Bé，模数 2.4，施工时可根据现场试验调整。

（2）钻孔一旦出现较大漏水量、突泥、突水或有严重塌孔问题，则立即停止钻孔，及时进行注浆处理。注浆按从下到上的顺序，两侧对称施工，涌水的注浆孔应先注浆止水。

（3）采用可控性注浆工艺。掺入外加剂，在施工中做到浆液的凝胶时间可控制、浆液扩散范围可控制，防止无限、无效扩散。控制浆液短时间凝胶，在高灌浆压力作用下使浆液凝胶体产生挤压滑移，靠凝胶体的挤压滑移作用填实地层之间的空隙，在此过程中相互产生一定的扰动,浆液能够充分充填挤密地层。浆液的流动扩散与浆液凝胶体的滑移交替形成一定范围的加固防渗体。

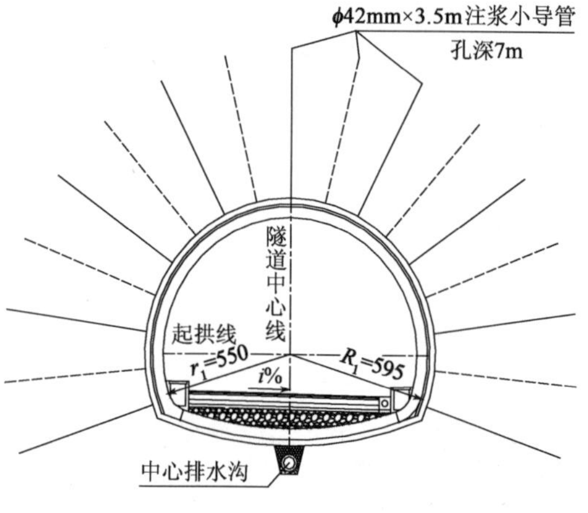

图 5-7-5　注浆孔布设断面示意图(尺寸单位:cm)

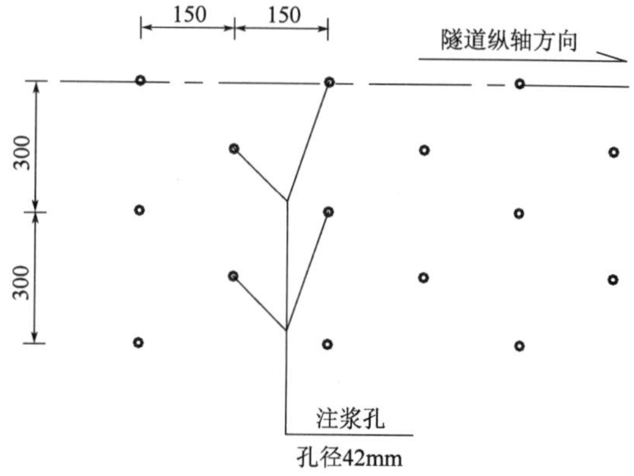

图 5-7-6　注浆孔布置示意图(尺寸单位:cm)

可控性注浆工艺流程:钻孔定位→钻孔→下入射浆管→固定灌浆塞→可控性注浆→达到注浆标准→封孔结束。采用一段式注浆,距孔口 1.0m 左右下入灌浆塞,射浆管下至距孔底 0.5m。开始灌浆时注浆压力不大于 0.8MPa,注入一定浆量后注浆压力提升到 1.5 ~ 2.0MPa。不再进浆即可结束注浆。

(4)注浆前严格检查机具、管路及接头的牢固程度,以防高压伤人。渗透注浆单孔注浆量不得少于平均每孔注浆量的 80%,劈裂压密注浆单孔注浆量不得少于平均每孔注浆量的 60%,超过偏差必须补管注浆。

(5)考虑围岩的变化因素,在注浆过程中要控制注入压力和注入速度,保证注浆量。注浆过程中发生浆液从其他孔流出的现象,称为串浆。发生串浆时,在有多台注浆机的条件下,应多孔同时注浆;在单泵条件下应将串浆孔及时堵塞,轮到该孔注浆时,再拔下堵塞物,用铁丝或细钢筋将管内杂物清除并用高压风或高压水冲洗干净,然后再注浆。

(6)注单液水泥浆压力突然升高时,可能发生堵塞,应停机检查,敲打或滚动注浆管以疏通浆液通道,无法疏通时就近补管继续注浆。注水泥-水玻璃双液浆压力突然升高时,应关停水玻璃泵,进行单液注浆或注清水,待泵压正常再进行双液注浆。水泥浆单液或水泥-水玻璃双液注浆进浆量很大,压力长时间不升高时,应调整浆液浓度和配合比,缩短凝胶时间,进行小泵量低压力注浆或间歇式注浆,使浆液在裂隙中有相对停留时间,以便凝胶,但停留时间不能超过混合浆的凝胶时间。

(7)注浆过程需逐管填写记录,绘制注浆压力与注浆时间、注浆量与注浆时间的关系曲线。

5.7.3　五女峰隧道地下风机房施工技术

五女峰隧道全长 7903m,属特长隧道,采用斜井分段通风方式,于右线隧道中部 YK24 + 180 处设置一座地下风机房及斜井,占地面积为 7912m^2。地下风机房上覆岩体厚度 395m,其布置如图 5-7-7 所示。洞身Ⅲ级围岩,为较完整微风化花岗岩、片麻岩。围岩完整性系数 K_v =0.57,单轴饱和抗压强度 R_C = 85.95MPa,质量指标BQ = 490.35,地下水影响修正系数

$K_1=0.2$,主要软弱结构面产状影响修正系数 $K_2=0.2$,初始应力状态影响修正系数 $K_3=0.5$,围岩基本质量指标[BQ] = 400,地下水位高出洞顶 312 ~ 363m。斜井内轮廓线如图 5-7-8所示。

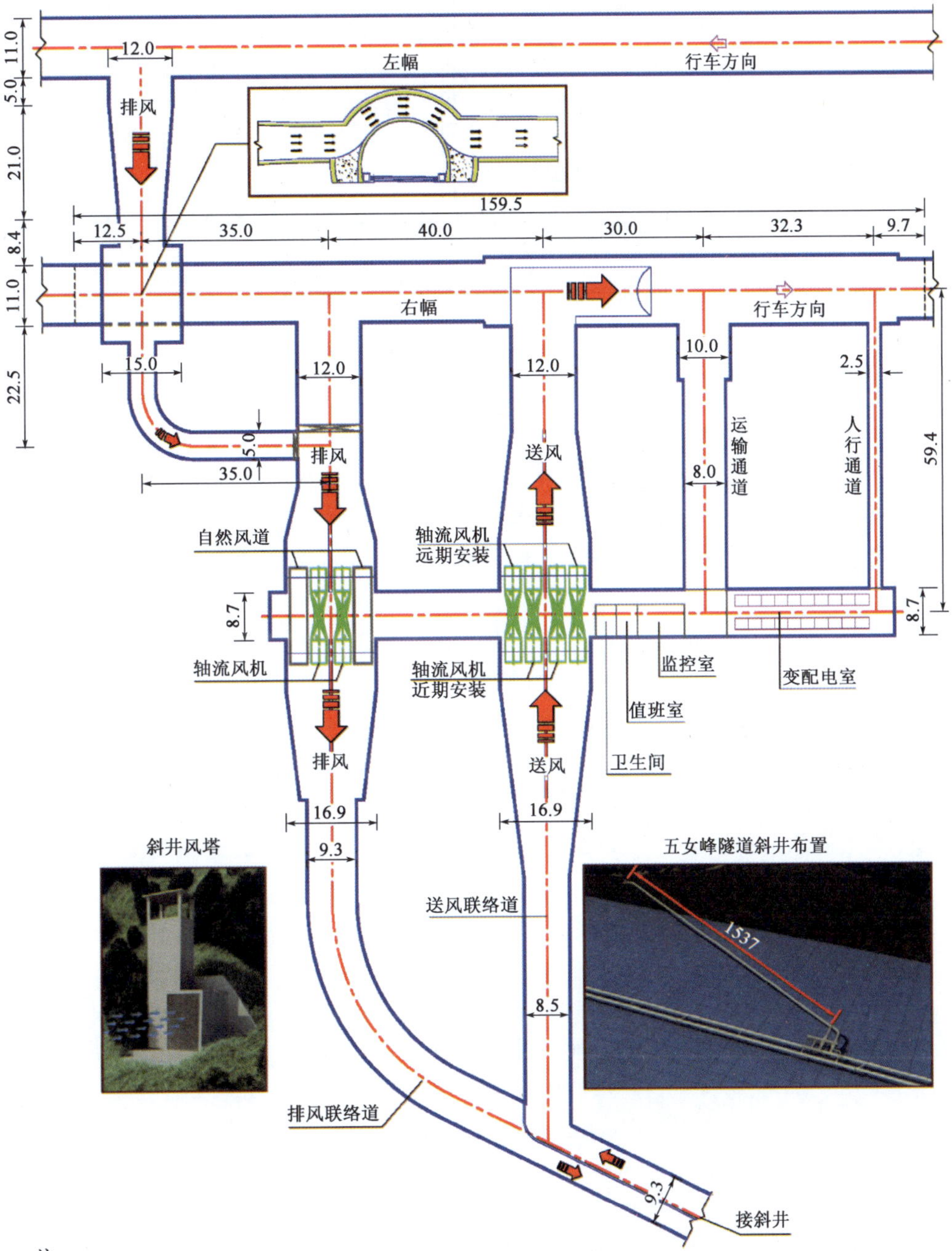

注:
1.图中尺寸以米计。
2.隧道右洞采用YK24+215(排风口位置)单座斜井送排风加射流风机纵向式通风。
3.隧道左洞采用全射流纵向通风，在ZK24+186.3处设置排烟口与右洞排风系统连接。

图 5-7-7　五女峰隧道地下风机房布置图

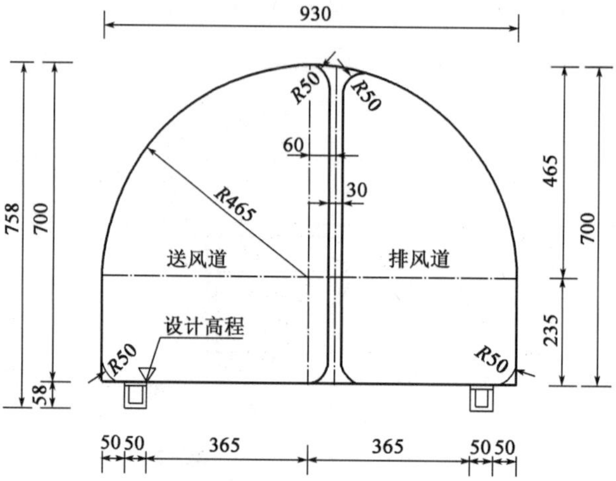

图 5-7-8 斜井内轮廓线(尺寸单位:cm)

1. 风机房结构施工方案

(1)井底工程包括联络风道、地下风机房、送风口、排风口、设备房、运输通道、人行通道等洞室,其中 A 型洞室适用于邻近主洞扩大段的主动加强段,B 型洞室适用于主洞顺接段,C 型洞室适用于主洞排风口段,D 型洞室适用于设备房段,E 型洞室适用于邻近风机房有中隔墙的较扁平段,F 型洞室适用于排烟连接段。风机房洞室群断面跨度大、结构复杂、断面变化多,且大、小断面洞室平面交叉、纵横交错,接口处受力复杂,开挖时需要支撑体系转换。

(2)鉴于井底各洞室间距较小,开挖爆破采用光面爆破和预裂爆破技术,并结合掌子面情况设置减振孔,减小围岩扰动,严格控制超挖,严禁欠挖,执行"短台阶、弱爆破、紧支护、勤量测"施工原则,初支完工后尽早施作二衬。

(3)各交叉口的开挖选择直接挑顶法、转体扩挖法(小导洞法)等。井底先行洞开挖至与侧洞相交处的交叉口时,继续沿洞室轴线前进方向开挖支护 10~20m,为交叉口施工提供操作空间,随后掉头在交叉口的主洞侧壁上沿侧洞轮廓切割主洞钢架,架设托梁及立柱落底,然后沿侧洞轴线方向开挖支护。各交叉口的转换处需特别加强初支拱架的锁脚和搭接。

2. 矮洞室进入高洞室施工

由送风道进入风机房开挖属于矮洞室进入高洞室施工(图 5-7-9)。矮洞室进入高洞室挑顶先开挖中上台阶,形成操作平台和一定的作业空间,然后逐步反向扩挖挑顶部分,形成完整成型的中上部后,再按三台阶法进入洞身开挖。

(1)风机房洞室交叉口段应力分布复杂,送风道进风机房施工的导洞,沿着单侧壁断面尺寸开挖施工,导洞顺承送风道向设备房方向圆滑过渡到风机房外侧边墙后,再爬坡至风机房上半导坑,尽量减少围岩的扰动,避免出现应力集中区。

(2)交叉口严格按照"短进尺、弱爆破、强支护、紧封闭"的原则进行施工,矮洞室进入高洞室施工按表 5-7-2 流程施工,导洞爬坡至风机房设计拱顶高程后,对导洞进行扩挖至风机房上断面开挖断面尺寸,继续上断面施工至与设备房交叉处,初期支护完成及时封闭掌子面。随后反向开挖风机房,每循环先开挖上部,立上部钢架后,再拆除导洞钢架。反向开挖按风机房断面的高度进行，采用三台阶法开挖，开挖时仅对有影响的导洞钢架进行拆除，按风机房设计要求间距进行钢架施工，相应完善其他支护。

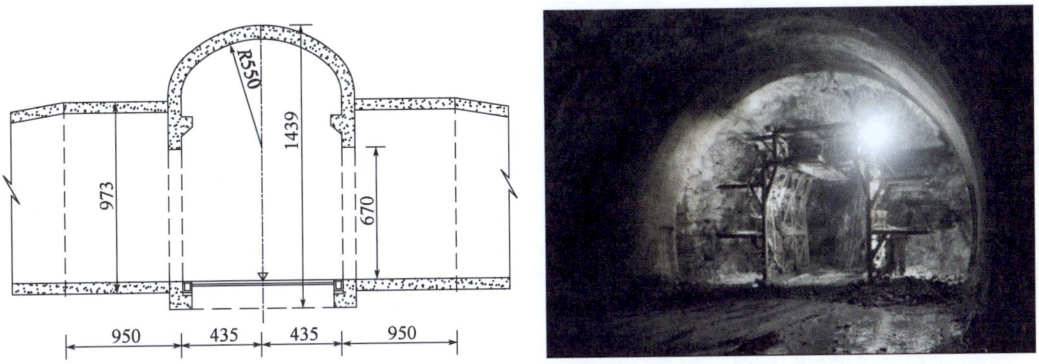

图 5-7-9　矮洞室与高洞室交叉施工（尺寸单位：cm）

矮洞室进入高洞室施工程序　　表 5-7-2

施工工序	施工简图	施工工艺
1	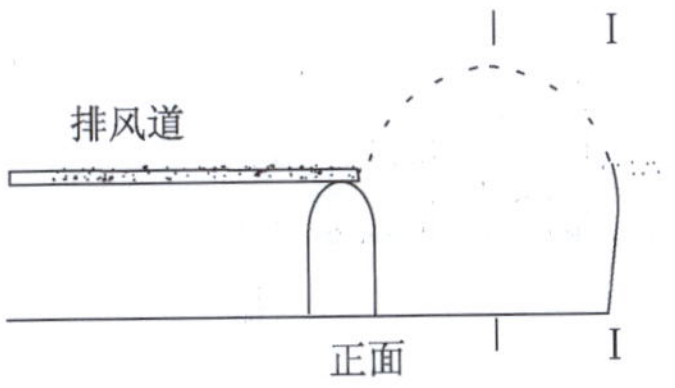	（1）排风道掘进至风机房交叉口开挖轮廓线后，在交叉口处施作加强支护及斜交口处支撑架，按确定的曲线半径测设中线。 （2）向设备房方向开挖一处爬坡导坑。 （3）结合围岩情况调整开挖爬坡导坑断面
2	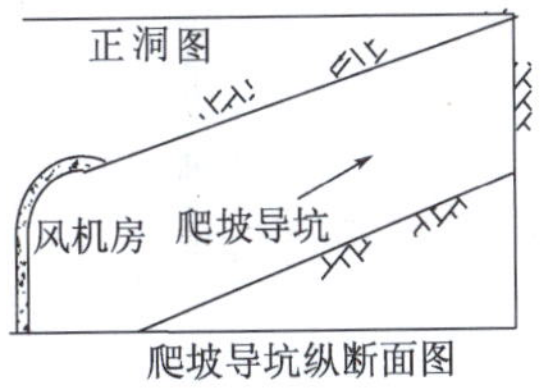	（1）按导洞断面，斜向上挑顶开挖至风机房拱顶。 （2）开挖爬坡道，直至爬坡道拱顶高程达到风机房拱顶高程
3	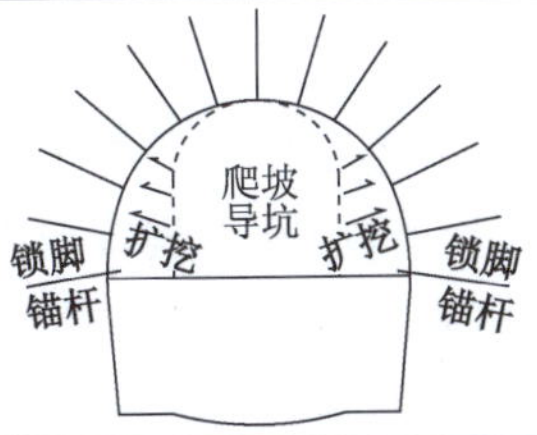	开挖至导洞顶和正洞顶位于同一高程后，继续向前开挖，支护施工上部弧形导坑，施工 10m 后，喷混凝土封闭掌子面
4	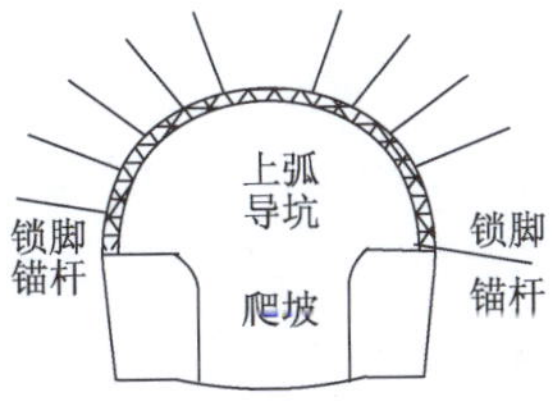	掉头向风机房另外一端开挖上部弧形导坑，开挖过程中仅对有影响的导洞钢架进行拆除，每开挖 1m，安装一榀钢架，同步完善其他支护

续上表

施工工序	施工简图	施工工艺
5	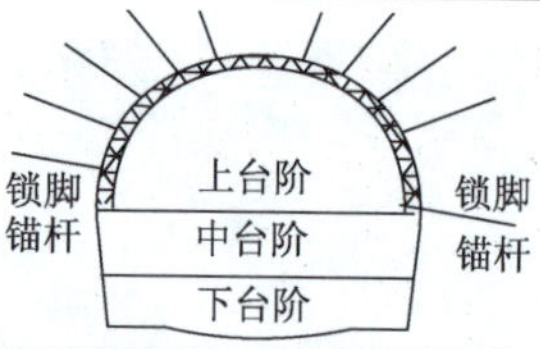	按照三台阶法进行风机房施工

（3）拐入风机房的导洞施工采用I12钢架临时支撑，榀间距1.2m，施工长度10m，拱墙均采用$L=2.5$m的ϕ22mm砂浆锚杆，1.2m×1.2m梅花形布设，ϕ6mm钢筋网网格间距20cm×20cm，采用锚喷支护形式进行支护。

（4）导洞扩挖一次性成洞，及早施作I16型加强拱架成环，缩短应力集中断面裸露时间。

（5）风机房段钢支撑支护采用I16型钢拱架，榀间距1.0m，ϕ22mm砂浆锚杆1.2m×1.0m梅花形布设，ϕ8mm钢筋网网格间距25cm×25cm，采用锚喷支护形式进行支护。送风道与风机房交叉口安设I16型钢撑门架，交叉口段风机房钢架焊接在钢支撑门架托梁上。钢支撑拱架制作尺寸及形式如图5-7-10所示。

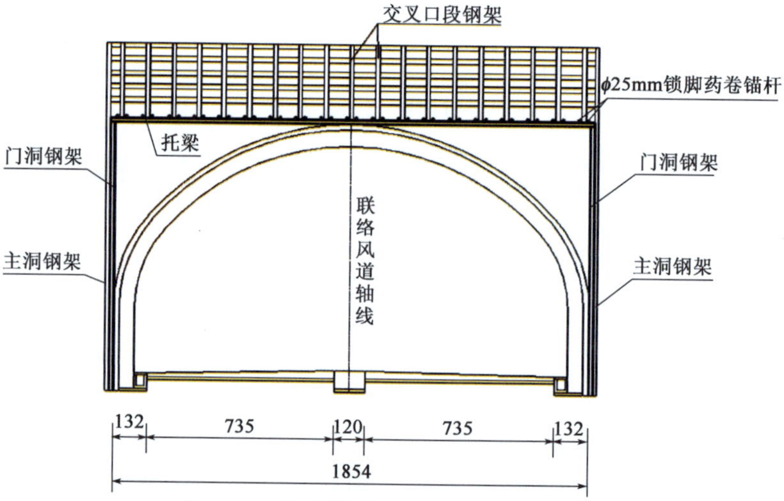

图5-7-10　钢支撑拱架示意图（尺寸单位：cm）

图5-7-11　“喇叭口”段施工

3. 高洞室进入矮洞室施工

由风机房施工进入排风道为高洞室进入矮洞室作业，交叉口部位受力复杂。为保证交叉口开挖围岩应力重新分布施工控制效果，先行割断主洞钢支撑，进行支撑替换后再进行风道施工。每榀钢支撑设置两根ϕ25mm锁脚锚杆，先施作门架两侧立柱并喷锚加固。交叉段施工完成后即可按常规的方案对加强段进行施工。

4. “喇叭口”段施工（图5-7-11）

Ⅵ型和Ⅶ型交叉口分为两种形式：小断面

过渡到大断面和大断面过渡到小断面。

(1)小断面过渡到大断面,在断面变化尺寸较小处可直接采用错台方式实现过渡;在断面尺寸变化较大处考虑采取渐变方式,充分利用超前支护手段加固围岩,利用钢架挂网、喷射混凝土逐渐加宽。

(2)大断面变化到小断面,将大断面全部施作到设计里程后喷射混凝土封闭掌子面,再破口进入小断面施工。

初支封闭掌子面采用挂钢筋网片,打设系统锚杆,立钢架锚喷混凝土支护。大断面开挖至设计里程后,初喷 4cm 厚混凝土,连架两榀钢架,最后一榀钢架紧靠掌子面,并在紧靠掌子面开挖轮廓位置设置钢架作为加强环框。环框及其以上部分用连接筋(也可横向设置钢架封端)、网片横向封闭端头,喷混凝土支护。

5. 一般交叉口施工

一般先行洞开挖至与侧洞交叉口时,继续沿洞室轴线前进方向开挖支护 10 ~ 20m,为交叉口施工提供操作空间,随后掉头在交叉口的主洞侧壁上沿侧洞轮廓切割主洞钢架,架设托梁及立柱落底,然后沿侧洞轴线方向开挖支护。其施工工序同高洞室进入矮洞室施工。

6. 施工监控量测

五女峰隧道地下风机房施工进行了系统的监控量测,洞室交叉处,挑顶高的送、排风机房和变配电室是重点区域,增加量测控制点和量测频率。围岩较差部位,对拱脚和仰拱也应进行监控量测。各项测量作业均应持续到变形基本稳定后 15 ~ 20d 结束。施工监控测点及基准平面布置如图 5-7-12 所示。

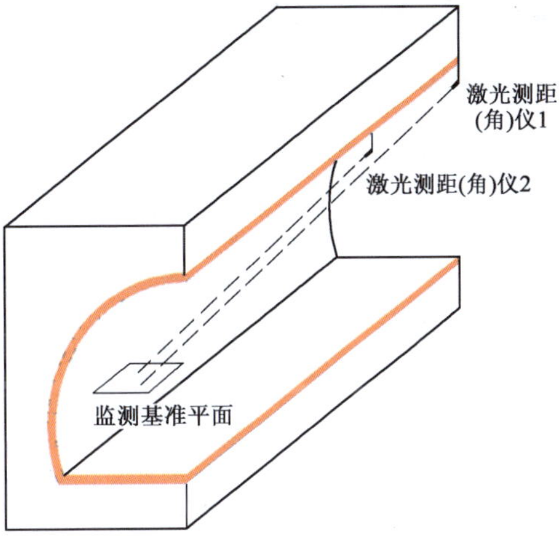

图 5-7-12　施工监控测点及基准平面布置示意图

7. 混凝土衬砌施工

地下风机房结构复杂,有限区域内送、排风道过渡段尺寸变化较大,加之交叉口较多,二次衬砌均采用碗扣式满堂支架法施工,I16 工字钢拱架作为受力钢架,ϕ48mm × 3.5mm 碗扣满堂脚手架组成联合支撑体系。满堂支架设置纵、横向扫地杆,支架碗扣钢管上方用可调顶托调节高度。用组合钢模板做底模、侧模、顶模,泵送混凝土入模,二次衬砌混凝土浇筑一次成型。

5.7.4　隧道内装饰工程技术

公路隧道内装饰工程关注度高,国内学者对内装饰工程的认识一直存在较多争议。吉林省公路隧道内装饰方案经历了强化外露衬砌混凝土基面光洁密实的初始阶段,喷涂防火涂料阶段,回归混凝土二衬裸洞阶段,混凝土二衬表层设置保温层 + 无机涂层阶段,以及集通高速公路全面实施的混凝土二衬饰面砖装饰 + 无机涂层亮化感知提升阶段。

集通高速公路隧道内装饰经历了复杂的方案比选和工程调查,并经长安大学公路学院叶飞教授科研团队技术支持,在现场进行了严格的多种工艺方案的实体验证(图5-7-13、图5-7-14)。基于全面推行环境感知隧道照明智慧控制技术、陶瓷像素变色温LED节能型灯具无级调控技术,最终确定实施方案为边墙高度270cm白色抗冻瓷砖(设2条纵向酒红色腰线均分)+拱部铁灰色无机涂层装饰。

图5-7-13 隧道内装饰方案一(实施方案)

图5-7-14 隧道内装饰方案二(比选方案)

1. 基本要求

隧道内装饰工程应进行装饰试验,验证装饰敷设和喷涂的质量、颜色以及与基底层黏结牢固程度。装饰前检查衬砌表面的渗漏水情况,采取措施做好装饰前的防、排水工作。装饰作业应选择适宜的温湿度环境,避免早期脱落。内墙涂料应按设计要求做到色调均匀,不得出现色斑或杂色。

2. 无机涂层装饰

(1)隧道拱部区域采用无机涂料装饰,无机涂层具有良好的遮盖力,并有一定耐水性、耐碱性、耐洗刷性和耐候性,无毒、无异味,施工简便。涂层在紫外线、热、光、氧作用下性能稳定、抗拉强度高、拉伸延展性好、使用寿命长。涂层颜色可以根据工程需要定制。无机涂料技术指标见表5-7-3。

无机涂料技术指标　　表5-7-3

项　目	技术指标
低温稳定性	搅拌混合后无结块,呈均匀状态
耐水性(h)	168
耐碱性(h)	168
耐洗刷性(次)	≥2000
耐人工气候老化性(h)	≥1500
耐沾污性(%)	≤15
耐温变性(次)	≥5
柔韧性	直径50mm,无裂纹
耐霉菌性	50倍放大镜下无明显长霉
抗藻性	未生长藻

(2)对拱部混凝土表面不平整或二衬施工缝部位用磨光机研磨平整,凹进部位用聚合物腻子粉修补整平(图5-7-15)。腻子粉应具有良好的遮盖力、柔韧性、黏结强度、抗腐蚀和抗碱性、耐候性,无毒、无异味,施工简便。

(3)无机涂料在施工前,需对衬砌基面逐板进行清理,使表面清洁干燥。使用专用涂装设备(挤压式灰浆泵、空压机)逐板喷涂,后继涂覆应在前置涂层实干后进行。无机涂料用量不少于0.5kg/m^2。施工时涂料应搅拌均匀以保证装饰效果。

图5-7-15 隧道拱部涂装前修整处理

(4)拱部装饰涂层施工需做好隧道内已完工程的防护,避免喷涂造成污染。

3.隧道边墙瓷砖装饰

(1)隧道边墙瓷砖装饰先行用磨光机对混凝土表面的钢筋、定位卡具等进行清理,采用专用凿毛台车对二衬基面进行凿毛(图5-7-16),提高瓷砖与基面的黏结强度,避免冻胀引起贴砖早期脱落。人工通过传动装置控制机械凿头水平、上下移动,机械配合人工控制给进量,可以使凿头与二衬表面更好地贴合,提高施工效率,缩短作业周期,同时避免出现凿毛死角和凿毛深度不够等问题。使用机械代替人工,可以避免工人用手持凿毛设备时受到强大的冲击力,有效降低操控难度。

图5-7-16 隧道瓷砖贴面区机械凿毛效果图

(2)采用抗油污性好的全瓷亚光瓷砖,要求抗折强度高、热稳定性好、抗冻、耐腐蚀等,主要技术指标见表5-7-4。瓷砖表面应平整、洁净、色泽一致,无裂痕和缺损。瓷砖贴面作业首先做试验段,确定工艺参数。表面施工误差应控制在2mm以内。铺贴大样如图5-7-17所示。瓷砖搬运过程中应轻拿轻放,以防止断裂、棱角损坏,堆放时要竖向立放,避免碰撞。

隧道贴面砖技术指标 表5-7-4

项 目	技术指标	试验方法
吸水率	平均值≤0.5%,单个值≤0.6%	GB/T 3810.3
厚度	平均值≥8mm	

续上表

项　　目	技 术 指 标	试 验 方 法
破坏强度	≥1300N	GB/T 3810.4
抗冻性	经 5℃和 -5℃100 次循环应无裂纹或剥落	GB/T 3810.12
断裂模数	平均值≥35MPa,单个值≥32MPa	GB/T 3810.4
抗釉裂性	经试验应无釉裂	GB/T 3810.11
耐腐蚀性	不低于 GB 级	GB/T 3810.13
耐污染性	最低 3 级	GB/T 3810.14
表面质量	至少砖的 95% 主要区域无明显缺陷	GB/T 3810.2
可见光反射率	>0.7	

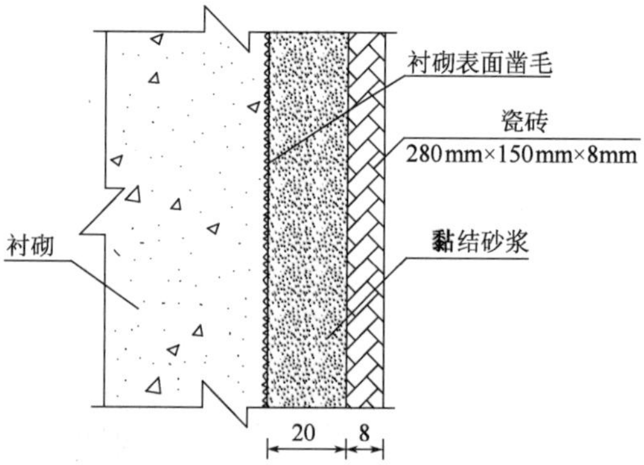

图 5-7-17　瓷砖铺贴大样图(尺寸单位:mm)

(3)瓷砖铺贴前基层应整平清理,洒水湿润,抹黏结砂浆找平,避免二衬混凝土吸水导致底灰黏结力降低。瓷砖铺贴前应浸水 2h 左右,以砖体不冒气为准,然后取出阴干待用。使用前仔细检查尺寸、色差、品种,防止混等混级。砖体表面不得有划痕、缺棱掉角等质量缺陷。

(4)排砖弹线。结合隧道实际曲线半径、纵坡坡度、基底大面和瓷砖规格,确定基准点排砖、弹线,一般在电缆沟以上 2 ~ 3cm 确定首排砖基准线。用水平尺找平,校核墙面的平整度,定出水平及竖向标准。先贴标准点,即用混合砂浆将废瓷砖粘贴在衬砌表面相应位置上,用以控制整个粘贴瓷砖表面平整度。灰饼间距以靠尺板够得着为准。

(5)贴砖砂浆厚度一般控制在 10mm 左右,过厚或过薄均易产生空鼓。黏结砂浆水灰比为 1:2.5,内加水泥量 3% 的聚乙烯醇缩甲醛胶或其他黏结剂,黏结剂要求具有足够的抗冻融能力,水泥强度等级不低于 32.5 级,采用中粗砂,杂质含量不大于 1.0% 。

(6)二衬沉降缝处环向贴砖通缝宽度为 50mm,施工缝处环向通缝宽度为 30mm。瓷砖由下往上逐层铺贴,从阳角起贴,先贴大面,后贴阴阳角,阳角处采用 45°切割后搭接。为控制整砖铺贴行、列平直美观,避免电缆沟侧壁与衬砌接缝不顺直及垫尺空间狭小问题,一般从第二排砖开始施工,依据确定的水平线在第二层瓷砖的下口高程处放好平尺板,底排砖在上面几层粘贴完后最后补贴。

(7)瓷砖上墙定位后可用灰匙木柄轻轻敲击,用手轻压并配合橡皮锤轻轻敲击,使其与底层黏结密实牢固。黏结不密实、有空鼓和脱落时,应取下重贴,不得在砖口处塞灰。每贴好一排瓷砖,应及时用 1m 靠尺检查平整度,偏差处用灰匙木柄轻轻敲平,及时校正横、竖缝平直,严禁在粘贴砂浆收水后再进行纠偏移动。

(8)瓷砖铺贴应横、竖缝通直,外表面应平整、牢固、美观,大面与二衬边墙整体贴合,无局部扭曲变形(图 5-7-18)。基面遇有预留洞室、机电管线和监控设备等时,周围的贴砖应用整砖套割吻合,不得用非整砖拼凑铺贴。

图 5-7-18　隧道边墙瓷砖铺贴实体图

(9)每一板铺贴完成后清理缝内虚渣,水泥浆勾缝。采用铁黑色水泥勾成凹缝,深度为 2～3mm,勾缝水泥铁粉掺量为 15%。贴砖和嵌缝材料硬化后用棉纱、砂纸等清理砖面,最后用清水冲洗干净。

5.7.5　浅埋小净距隧道关键技术实践

山区高速公路线位布设受走廊带限制,常采用小净距隧道方案。小净距隧道适用于洞口地形狭窄或者有特殊要求(如城市)的中、短隧道。由于其平行双洞间距离较小,先行洞与后行洞的开挖势必会对中夹岩造成多次扰动。如果先行洞与后行洞开挖掌子面的滞后距离较近,中岩柱会受到左右隧洞施工的叠加影响,对施工安全性产生不利影响;如距离过长,则不利于施工进度控制,影响整体工期和工程成本。

1. 工程背景概述

集通高速公路砬子沟隧道受路线走廊带地形地貌限制,采用分离式浅埋隧道小净距布线(图 5-7-19),左右洞中岩墙净距 15.5～21.6m,进出口均采用削竹式洞门,洞口为Ⅴ级围岩,洞身有Ⅳ级、Ⅴ级两种围岩。隧道左洞入口位于 $R=1500$m 的曲线上,纵向坡度为 −2.660%,人字坡;右洞入口位于 $R=2500$m 的曲线上,纵向坡度为 −2.671%,人字坡。砬子沟隧道进口地面高程为 475～483m,右侧发育冲沟,切割较浅,沟内常年有水。隧道中心线山顶高程 506～510m,隧道全洞段平均坡度 15°,洞身后段平均坡度 12°,隧道最大埋深 40m。出口左下侧分布一条冲沟,有地表水流出,右侧距 303 国道约 40m。施工过程中,隧道最大涌水量为 216.93m^3/d。砬子沟隧道具备了小净距隧道施工的难点特征。

2. 隧道开挖与初期支护

砬子沟隧道全程埋深较浅,加之地下水丰富、围岩破碎,进出口浅埋段属 B 类(中等影响)小净距隧道,设计采用小净距隧道支护参数加强支护,对洞口浅埋段的中夹岩采用径向注浆小导管进行加固;中间深埋Ⅳ级围岩段属C类(轻微影响)小净距隧道,采用分离式隧道支护参数进行支护,隧道全长按小净距技术要求开挖。

图5-7-19　砬子沟隧道施工期航拍图

隧道采用单口掘进方式施工,当开挖至距出口100m左右时,先将出口的明洞按设计开挖支护,然后施作出口套拱及大管棚。结合不同的围岩状况、埋深情况以及中夹岩间距等因素,分别采用明挖法、单侧壁导坑法以及台阶法等施工工艺。施工中要求隧道左右幅开挖掌子面间距不小于25m,先行洞室的二次衬砌在围岩变形基本稳定后施作,且落后于后行隧道掌子面2倍隧道开挖宽度以上。后行洞爆破施工对先行洞迎爆面影响较大,重点加强对于爆振点沿先行洞纵向1倍洞径范围的监控量测。为控制爆破振动影响,对Ⅴ级围岩采用机械开挖为主,辅以弱爆破,后行洞爆破开挖在先行洞初期支护仰拱施作完成,或二次衬砌仰拱浇筑完成后进行,后行隧道掏槽眼的布置远离中夹岩体。综上,既保证了隧道施工安全与结构质量,又有效控制了对周围岩体地层的扰动,进而为控制隧道冬季渗漏水、预防冻害提供了有力保障。

(1)洞口与明洞施工

①开挖前详细复测洞口边仰坡开挖边线坐标和各里程中心坐标,精确计算出线路百米桩坐标和洞身控制点坐标,并按每10m编制出隧道各部位高程表。现场放样以隧道中桩坐标高程控制洞口边、仰坡开挖。

②洞口边、仰坡开挖前,首先清理坡面上的不稳定岩石并对不稳定坡体进行必要的加固,洞顶5m外开挖截水沟,严格保护原生植被,同步实施超前管棚支护。边、仰坡开挖以挖掘机配合人工的方式进行,由上而下分台阶边挖边护,采用长3m的ϕ22mm砂浆锚杆,ϕ6mm钢筋网网格间距20cm×20cm,喷射混凝土封闭开挖面,锚喷防护协同作用提高开挖面结构强度和抗变形刚度。同步做好施工排水,防止浸泡边坡。

(2)洞身开挖施工

对于小净距Ⅴ级围岩浅埋加强段,首先施作超前支护,采用单侧壁导坑开挖。为减少爆破对中夹岩的扰动,单侧壁导洞及导洞外侧洞室均采用上、下断面法开挖;左、右洞掌子面间距不小于2倍洞室尺寸。对于Ⅳ级、Ⅴ级围岩浅埋段,首先施作超前支护,先行洞采用微台阶留核心土法开挖,上、下断面间距控制在1~2倍洞室尺寸。后行洞单侧壁导坑开挖,控制双洞开挖掌子面间距大于2倍洞室尺寸。施工过程中应严格控制超、欠挖,初期支护及时可靠，二次衬砌根据监控量测结果适时施作，尽早封闭成环。各级围岩段落双洞开挖进尺控制如图 5-7-20 ~ 图 5-7-22 所示。

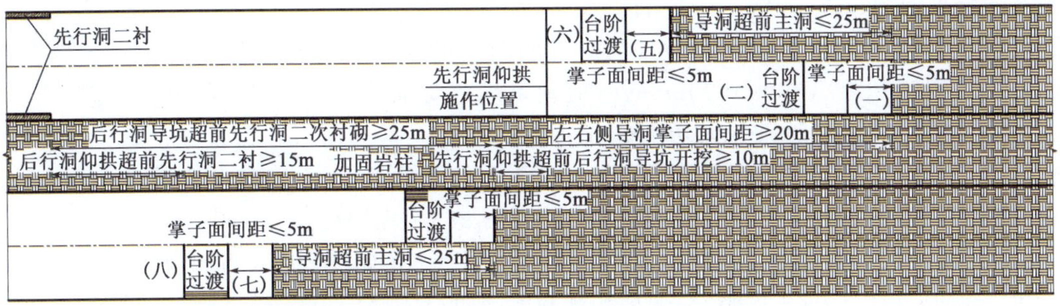

图 5-7-20　JQ5 级围岩段落双洞开挖进尺控制示意图

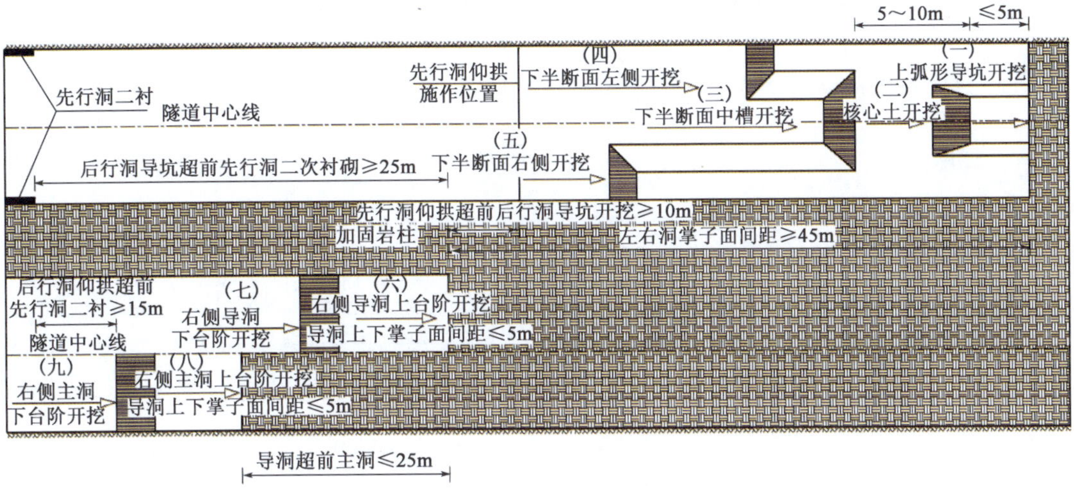

图 5-7-21　QM5 级围岩段落双洞开挖进尺控制示意图

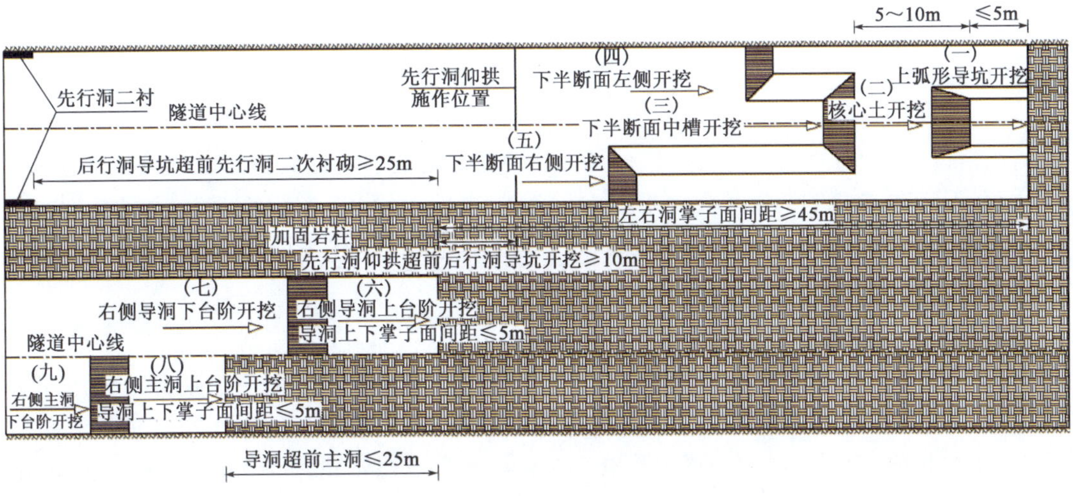

图 5-7-22　QM4 级围岩段落双洞开挖进尺控制示意图

(3)超前地质预报及监控量测

砬子沟隧道施工超前地质预报采用超前钻探法。短距离预报长度在30m以内,中长距离预报长度为30~100m。隧道的浅埋和小净距属性,决定了先行洞与后行洞开挖对中岩墙将产生多次扰动,扰动因素叠加会对软弱的浅埋层产生更大的破坏效应。施工先行洞与后行洞错开距离不小于25m,同时应满足规范要求的大于2倍隧道开挖宽度,并应满足专项钻爆设计对爆破振动影响的要求。施工过程超前预报和监控量测成果综合分析显示,先行洞和后行洞开挖滞后距离大于2.3倍的隧道开挖宽度时,对中夹岩的应力和位移影响趋于收敛和稳定,即中夹岩不会出现变形过大而失稳。

洞内量测测点安设在距开挖面2m范围内,不大于1个循环进尺。各项位移的测点布置在同一断面内(图5-7-23),测设结果能相互验证、协同分析及应用。围岩压力量测点除应与锚杆轴力量测孔对应布置外,还在有代表性的部位设测点,以便了解支护体系在整个断面上的受力状态与支护作用。当隧道位移收敛速度为0.1~0.2mm/d,拱顶下沉位移速度为0.07~0.15mm/d时,可以认为围岩基本稳定。对于Ⅴ级、Ⅳ级围岩,二次衬砌按承受部分围岩压力设计,根据量测结果确定衬砌施作窗口时间。

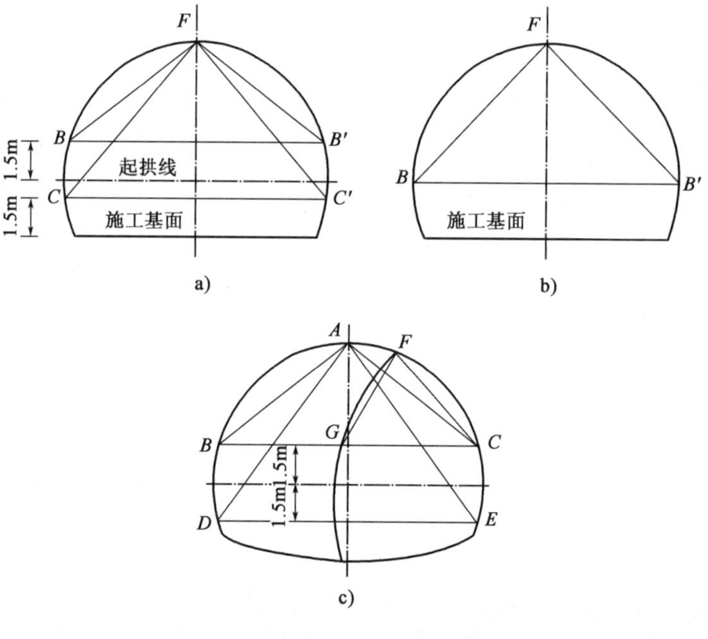

图5-7-23 地表下沉及洞内观测点布置示意图

(4)超前探水

施工进洞30m时,采用TSP超前地质预报系统进行超前探水预测,预报长度为100~200m,以探明隧道围岩的整体概况。钻孔布置如图5-7-24所示。开挖钻眼台车施作探水孔,探水孔直径为55mm,外偏角为5°。每次探水段长35m,开挖30m,保留5m进行下一次探水。根据超前探水的结果,当探水孔有2/3孔满水且总出水量大于15m^3/h时,全断面堵水注浆;当总出水量小于15m^3/h但个别孔出水量大于3m^3/h时,局部堵水注浆;当6个探水孔总出水量小于15m^3/h时,进入下一循环。超前探水堵水动态施工程序如图5-7-25所示。

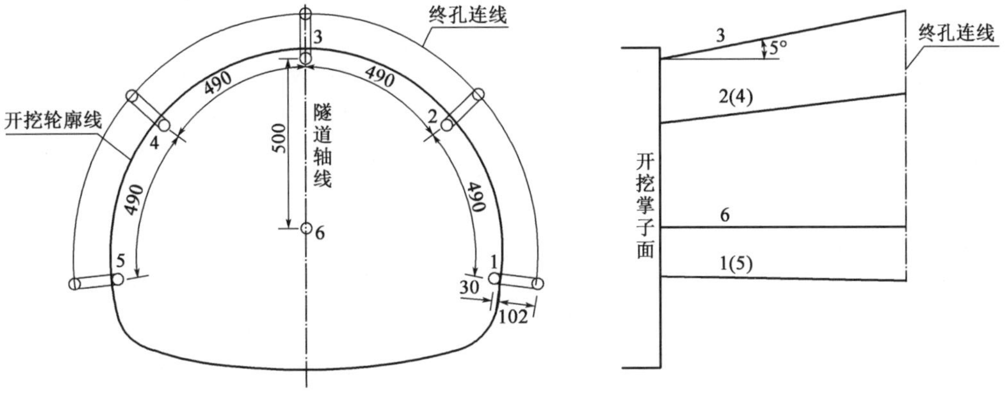

a)探水钻孔横断面布置图　　b)探水钻孔纵断面布置图

图5-7-24　超前探水钻孔布置图(尺寸单位:cm)

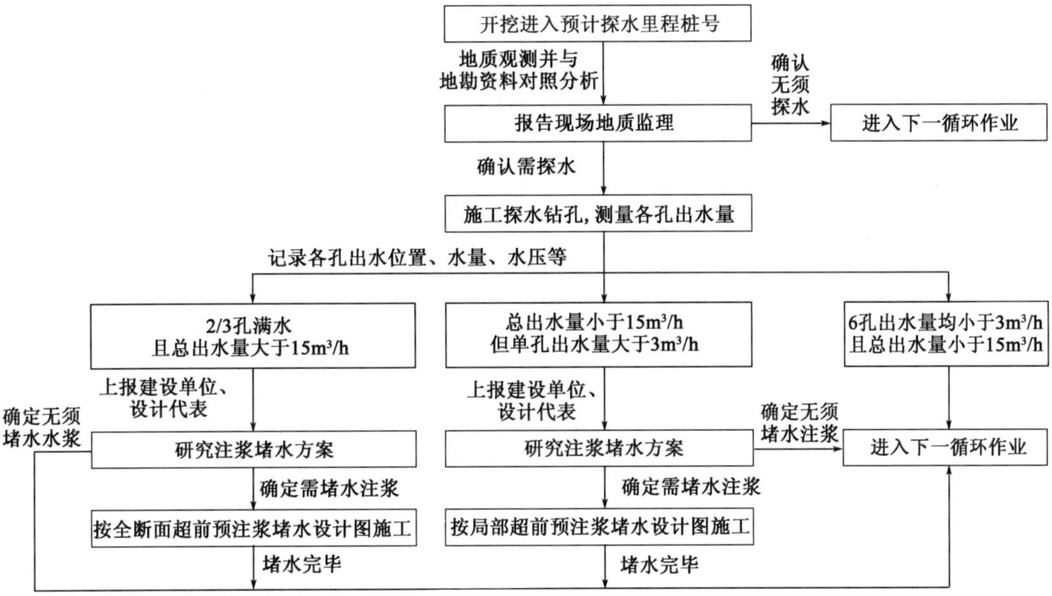

图5-7-25　超前探水堵水动态施工程序图

(5)超前预支护

采用超前小导管注浆,小导管采用ϕ42mm×3.5mm无缝钢管。环向间距40cm,外插角为缓倾角10°~15°,相邻两排导管的搭接长度不小于100cm(双层注浆小导管搭接长度不小于280cm),拱部120°范围布置。每根导管每隔10cm钻ϕ10mm注浆孔,梅花形布置,尾部100cm为止浆段(不钻注浆孔),要求尾部焊接ϕ6mm加劲箍。注浆采用水泥单浆液,注浆压力为0.5~1.0MPa。如需用小导管注浆止水,需掺加适量水玻璃,水灰比和水玻璃用量由现场试验确定。

(6)初期支护施工

小净距隧道初期支护配合开挖作业及时性是核心要素,软弱围岩地段必须坚持“先支护

(强支护)、后开挖(短进尺、微爆破)、快封闭、勤量测”的原则,初支紧跟掌子面。Ⅳ级、Ⅴ级围岩初期支护必须保证尽早封闭成环。在浅埋、严重偏压、自稳性差地段,以及大面积淋水或涌水地段施工时,应采取先超前支护注浆等措施,掌子面渗流水需及时引排。初支与喷射混凝土必须密实,不得留有空腔,尤其不能形成水囊,因为在冬季支护背后的水囊会对隧道结构产生极大的破坏作用,甚至会影响结构安全和使用寿命。初支钢架节段加工制作、现场安装及连接筋固定、初支混凝土喷射及养生等均应及时、规范施作,不留隐患死角。

3. 仰拱与封底施工

(1)仰拱土层开挖采用人工配合机械开挖。仰拱部位不得欠挖,及时配筋并浇筑混凝土。仰拱边部与拱墙连接处应一次开挖到位,边墙钢架底部杂物清理干净,保证与仰拱钢架连接良好。季冻区隧道边墙两侧预埋纵向排水管,是隧道防排水和冬季防冻害的核心部位,严禁欠挖,杜绝被预埋排水管占位导致边墙厚度不足,避免引起应力集中形成薄弱环节。此外纵向排水管预埋深度不足,冬季会发生冻胀破坏,导致全隧道防排水系统失效,严重的会引发主体结构冻胀破坏。

(2)砬子沟隧道Ⅳ级和Ⅴ级围岩段均属于富水浅埋段,仰拱初期支护封闭距离掌子面按不大于35m控制。仰拱钢支撑与边墙拱架的牛腿焊接质量、数量和间距严格按设计执行。仰拱二衬两侧边墙部位预埋钢筋的弯曲弧度应与隧道断面设计弧度相符,预留长度应满足和二衬环向钢筋连接的要求。

(3)为保证底板整体稳定,仰拱采用一次灌注混凝土成型工艺,仰拱施工缝与变形缝进行防水处理,严防渗漏水。

4. 施工排水

无论顺坡排水还是反坡排水都要求开挖面不积水,隧底无水漫流。受外部环境影响,砬子沟隧道施工采取反坡单项掘进,全程洞内反坡排水。采用阶梯机械抽水,根据抽排距离、坡度、水量和设备等选用排水管路或集水坑,分段接力将水排出。隧道洞口外设置污水处理沉淀池,施工废水达标后排出。

5. 结构复合防排水

(1)隧道明洞采用EVA防水板加两层土工布作为防水层,纵向盲沟汇水,并通过横向排水管引入中心排水沟。在初期支护和二衬之间设置厚度1.5mm EVA防水板,内衬400g/m^{2}土工布。EVA防水板采用专用台车无钉铺设,隧道施工缝及沉降缝使用橡胶止水带,外加背贴止水带与防水板间焊接。在洞口段明暗交界处及土石分界处、洞内衬砌结构变化及断层破碎带处设置沉降缝。

(2)初期支护与围岩之间设置Ω形塑料排水管,初期支护与二衬之间设置环向渗排水片材及土工布,衬砌边墙底用ϕ160mm双壁打孔纵向排水管集水,沿隧道贯通,通过ϕ160mm横向排水管引至中心排水沟排出洞外。环向渗排水片材纵向间距5~10m。局部涌水处围岩表面设置Ω形塑料排水管,横向排水管外包裹两层保温材料。

(3)在隧道中线位置仰拱以下埋设中心排水沟,洞内及洞外均设中心检查井,间距100m。洞内上坡施工段两个中心检查井之间设一个中心沉沙池。为保证冬季排水顺畅,中心水沟严格按照防冻要求安装就位,包裹防水防冻保温层,洞外设置保温出水口。

(4)中心水沟每循环开挖3m,采用机械开挖辅助以人工。不得过多搅动底部原地层,并把虚渣、积水清理干净。水沟管节集中预制，洞内采用花管，上半面预留 ϕ20mm 排水孔，以梅花形布置，上半断面外包裹土工布，洞外采用普通无孔圆管。

(5)中心排水管(沟)基础的总体坡度应符合设计要求，段落坡度、单管坡度应协调一致。沟管节间连接采用防水土工布严密包裹，防止泥沙从节间流入阻塞水沟。有仰拱段碎石回填顶部铺设土工布，以防止上层施工影响碎石滤水。土工布距碎石回填边缘不小于 30cm。完成后必须进行通水试验，发现积水、漏水应及时处理，施工期保持沟管畅通，不得因施工等因素(如钻渣流入并沉淀)堵塞沟管。

6. 隧道二次衬砌施工

二次衬砌采用防水混凝土，抗渗等级不低于 P8。采用混凝土搅拌运输车运输，泵送灌注入模。混凝土由下向上分层浇筑，分层厚度不大于 30cm，左右交替对称灌注。两侧混凝土灌注面高差控制在 50cm 以内，并合理控制灌注速度，以防止压力偏差过大导致台车移位。拱顶部位加附着式振捣器，封顶采用顶模中心封顶器接输送管，逐渐压注混凝土封顶。当接头板上观察孔有浆溢出时，封顶完成(图 5-7-26)。在适当时机对拱顶进行补充注浆压满空隙，预防冬季结构内渗漏水产生二衬冻害损伤。

图 5-7-26　砬子沟隧道主体完工后

7. 工程实践结论

浅埋小净距隧道施工技术要考虑的先决条件包括围岩地质、中夹岩厚度、地下水量及分布情况、埋深有无偏压等。在确定工程支护参数和开挖方法时，要重点考虑减小对中夹岩的扰动、保持中夹岩的稳定及缩短其处于不利状态的时间，必要时对中夹岩进行加固。关键措施是选取适宜的开挖方法、开挖顺序、进尺流程，排水优先，先行洞和后行洞的开挖严格控制对中夹岩的扰动，及时跟进初期支护和封闭仰拱浇筑二衬。砬子沟隧道施工技术方案和工艺措施有效可行，操作性强，针对季冻区冻害所采取的预防措施效果较好。

本章参考文献

[1] 王岩松，等. 集安至通化高速公路品质工程示范建设成果总结[R]. 长春：吉林省高等级公路建设局，2019.

[2] 吉林省高等级公路建设局，招商局重庆交通科研设计院有限公司. 五女峰特长公路隧道建设安全与运营防灾节能关键技术研究报告[R]. 长春，2020.

[3] 吉林省交通运输厅. 吉林省高速公路施工标准化技术指南[M]. 北京：人民交通出版社

股份有限公司,2018.

[4] 王岩松,等.集安至通化高速公路绿色公路示范建设成果总结[R].长春:吉林省高等级公路建设局,2019.

[5] 中华人民共和国交通运输部.公路隧道施工技术规范:JTG/T 3660—2020[S].北京:人民交通出版社股份有限公司,2020.

[6] 吉林省交通运输厅.长白山区鹤大高速公路资源节约循环利用科技示范工程技术总结报告[R].长春,2018.

[7] 吉林省交通规划设计院.鹤大高速公路集安至双辽联络线集安至通化段两阶段施工图设计绿色公路专项设计[R].长春,2018.

[8] 中华人民共和国交通运输部.交通运输部关于打造公路水运品质工程的指导意见[Z].(2016-12-12).

[9] 中华人民共和国交通运输部.交通运输部关于实施绿色公路建设的指导意见[Z].(2016-7-20).

[10] 吉林省高等级公路建设局,交通运输部公路科学研究院.集安至通化高速公路品质工程典型示范实施方案[R].长春,2017.

[11] 中华人民共和国交通运输部.公路隧道设计规范 第一册 土建工程:JTG 3370.1—2018[S].北京:人民交通出版社股份有限公司,2018.

[12] 赵亚龙,任刚,孔君,等.小净距隧道合理滞后距离的确定[J].水利与建筑工程学报,2019,17(1):215-220.

第6章　交通工程及沿线设施创新实践

20世纪80年代以来,人们对环境的认识日益深刻并普遍接受了生态协调发展的观念,遵照可持续发展的共同标准来提升生活质量正逐渐成为公认的环境准则。在发达国家,基础设施在老化,维护与更换的速度已经跟不上它们的劣化速度;在发展中国家,对新基础设施的需求已经超过了社会的承建能力。高速公路作为土木工程的重要分支,创新实践遵循可持续发展和环境保护准则,引导公众接受绿色循环理念,使环境效应成为生命周期和成本效益分析的重要组成部分,推行工程材料和构件创新应用和循环利用,采用创新的绿色智能工艺,进而降低自身的能源消耗。

高速公路建设越来越复杂化和多样化。以往可以由单一领域的设计团队进行详细设计,然后由专门的工程建设团队建造。如今设计团队在以工程行业为主导的前提下,要包括许多相关领域,如管理科学、环境科学、社会科学、法律、规划、地理以及其他学科。同样,建设团队亦不再只包括少数专业,而是由许多不同专业共同参与进行工程建造。科学研究和应用技术的快速发展,推动在工程设计和施工领域综合应用新技术。传统建设中狭隘的知识架构体系已不能满足需要,工程技术人员必须具备多层次、多学科、综合全面的知识整合能力和创新能力。交通工程及沿线设施作为公路的重要组成部分,其建设规模和技术标准对于发挥公路功能、保障行车安全、提高服务水平和通行能力,都有非常重要的作用,要根据公路网规划、公路的功能、等级、交通量、运营条件等综合论证确定。各种设施之间应相互匹配、协调统一、互为补充,做到布局和方案合理,与主体工程有机衔接,从而发挥公路整体效益。

6.1　季冻区交通工程及沿线设施创新背景

近20年来我国高速公路的总体规模和建设水平都有了巨大跃升,交通工程及沿线设施的安全保障和通行服务能力也在不断改进和发展,以适应公众对交通出行的更高要求。但随着公路里程和路网密度不断加大,同时我国仍处于机动化水平不断上升阶段,机动车拥有量和公路运营环境也在发生很大变化,公路交通安全形势依然严峻。在此背景下,交通安全设施的技术升级与服务设施拓展创新成为必然选择。

6.1.1　交通工程及沿线设施的功能与分类

交通工程及沿线设施是保障行车安全、提升服务水平、提高通行能力、强化运营管理的必要设施,是公路现代化、智能化的重要标志,应在不断总结经验和教训的基础上充分吸收国外先进技术,并保持相对的延续性、先进性、前瞻性,按照“保障安全、提供服务、利于管理”的原则设置。

交通工程及沿线设施由交通安全设施、服务设施和管理设施组成,应按照统筹规划、总体设计的原则配置,最重要的是做好前期的总体规划设计,确定系统的配置规模,一次性征用土地和实施基础工程、地下管线及预留预埋工程等,依据技术发展和交通量增长情况等分期配置设备,逐步补充完善,最终形成系统规模。

1. 交通安全设施

交通安全设施包括交通标志、交通标线(含突起路标)、护栏和栏杆、视线诱导设施、隔离栅、防落网、防眩设施、避险车道和其他交通安全设施(含防风栅、防雪栅、积雪标杆、限高架、减速丘和凸面镜)等。交通安全设施应根据公路功能、交通组成、公路环境、运营条件等设置,与公路土建工程和其他设施之间应互相协调、配合使用,以满足交通安全管理与服务的需求。公路应设置完善的交通标志和标线,并应符合以下规定:

(1)交通标志、标线应总体布局、合理设置,重要信息应重复设置或连续设置。

(2)交通标志的位置应保证其视认性,与其他标志或设施不应相互遮挡。

(3)交通标志与标线应根据实际需求配合使用,应互为补充、含义一致,并与其他设施相协调。

公路交通安全设施设置应坚持以人为本、预防为主、系统设计、重点突出的原则。应在交通安全综合分析的基础上,优先设置主动引导设施,根据需要设置被动防护设施。新建公路交通安全设施设计宜考虑公路运营养护因素的影响。改扩建公路交通安全设施设计应在对既有公路开展调查与综合分析的基础上,结合改扩建后的公路、交通、环境条件进行,对既有设施应合理利用并加以完善。在满足安全和使用功能的条件下,应积极推广使用可靠的新技术、新材料、新工艺、新产品。

交通标志的信息内容根据行动点的距离需要逐级转递,通过重复设置或连续设置的方式加强公路使用者对信息的认知。如互通式立交出入口指引系列标志信息通过逐级指引,具备一定的连续性,如图 6-1-1 所示。同一位置的标志信息量太大,会影响辨认效果和行车安全,所以内容需要甄选,为正常速度行驶的公路使用者提供容易识别和理解的信息。平面交叉口的标志要结合交通渠化,考虑相交公路的路权分配和地点名称信息,设置完整的警告、禁令、指示、指路标志和必要的信号灯、警示灯等设施。

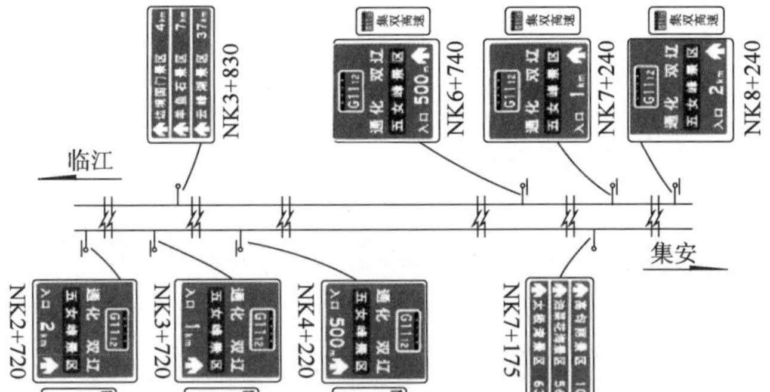

图 6-1-1　高速公路互通交通标志信息逐级转递

2. 服务设施

服务设施是公路交通运输体系的基本组成部分,是体现公路交通文化的窗口。服务设施应依据路网规划、公路服务水平和交通量的增长情况,全省或区域内总体规划,区分功能和规模大小,有重点、分层次地分期建设。服务设施包括服务区、停车区和客运汽车停靠站。

服务区、停车区的位置应根据区域路网、建设条件、景观和环保要求等规划和布设。可结合服务区、停车区的地理位置和人文环境在服务区、停车区内设置观景台。客运汽车停靠站的位置宜根据地区公路交通规划、公路沿线城镇分布、出行需求布设。

(1)服务区设置应符合以下规定：

①高速公路应设置服务区,作为干线的一、二级公路宜设置服务区。服务区平均间距宜为 50km;当沿线城镇分布稀疏,水、电等供给困难时,可增大服务区间距。

②高速公路服务区应设置停车场、加油站、车辆维修站、公共厕所、室内外休息区、餐饮、商品零售点等设施。根据公路环境和需求可设置人员住宿、车辆加水等设施。

③作为干线的一、二级公路服务区宜设置停车场、加油站、公共厕所、室外休息点等设施,有条件时可设置餐饮、商品零售点、车辆加水等设施。

(2)停车区设置应符合以下规定：

①高速公路应设置停车区,作为干线的一、二级公路宜设置停车区。停车区可在服务区之间布设一处或多处,停车区与服务区或停车区之间的间距宜为 15 ~ 25km。

②停车区应设置停车场、公共厕所、室外休息区等设施。

3. 管理设施

管理设施包括监控、收费、通信、供配电、照明和管理养护等设施,应符合以下规定：

(1)高速公路应设置监控、收费、通信、供配电、照明和管理养护设施。其他等级的公路可根据需求设置。

(2)监控、收费、通信、供配电、照明和管理养护等设施的设置应根据交通量进行总体设计、分期实施,并据此实施基础工程、地下管线及预留预埋工程等。

确定监控设施规模和内容的主要因素有运营管理、交通量、服务水平、通行能力、交通组成、公路条件、建设投资等多个方面。监控设施规模分为 A、B、C、D 四级:A 级主要适用于采用全程监控的高速公路;B 级主要适用于采用分段监控的高速公路;C 级主要适用于作为干线的一、二级公路,采用特殊路段监控或重点区域监控;D 级主要适用于集散公路和支线公路,采用点式监控。

6.1.2　交通工程及沿线设施的创新发展

为提升公路交通服务能力和水平,适应公路发展和创新需要,交通运输部于 2017 年发布了《公路交通安全设施设计规范》(JTG D81—2017)和《公路交通安全设施设计细则》(JTG/T D81—2017)。规范以解决我国公路交通安全设施设计中存在的关键技术问题为重点,充分吸收了国内相关科研成果、工程经验,并借鉴了国外发达国家的先进技术和标准规范,提出的措施紧密结合我国公路运营环境的特征及发展趋势,并与国际标准相融合,主要技术指标处于国际先进行列。

(1)强化以人为本、预防为主的设计原则,鼓励优先设置主动引导设施,充分发挥其预防交通事故发生的作用。

为满足公路使用者安全行车的需要,公路交通安全设施应具有 4 类主要使用功能,即主动引导、被动防护、全时保障、隔离封闭。其中,主动引导、全时保障、隔离封闭设施的合理设置均可以起到事故预防的作用,有效避免交通事故的发生,是交通安全设施设计需要优先考虑的内容,而被动防护设施的合理设置则可以有效降低事故的严重程度。

针对性新增了隧道轮廓带、示警桩、示警墩、道口标柱等设施,加强了隧道、低等级公路路侧险要和小型平面交叉等特殊路段的轮廓诱导规定;防落网的范围扩大到防落物网和防落石网两类,涵盖了防风栅、防雪栅、积雪标杆、限高架、减速丘、凸面镜等设施,拓宽了交通安全设施的内涵和外延,为特定条件下的公路安全运行提供了保障。

(2)加强公路交通安全设施的系统化设计和总体设计,使人、车、路和环境形成一个用户友好、良性互动的安全保障系统。

系统安全理论认为,任何活动都可能归结于人、机与环境组成的系统,事故是由人的不安全因素、机的不安全状态和不良环境造成的。公路交通运营系统由人、车、公路环境等三部分组成。与火车在轨道上行驶、船舶在海洋中航行相比,公路交通运输处于更为开放的运营环境中,公路使用者、车辆、公路环境相互影响,使得公路交通运输系统异常复杂,公路使用者的不安全行为极易诱发交通事故,而车辆和公路环境的不安全状态会增加事故的严重后果。国外研究表明:产生道路交通事故的原因中,约95%的交通事故与人的因素有关,约28%的交通事故与道路环境因素有关,约8%的交通事故与车辆因素有关。

公路交通安全工作的中心是防止人的不安全行为,改善公路环境的安全隐患,采取综合措施避免事故的发生或控制事故造成的危害。强调交通安全设施的系统化设计,要求以公路安全性评价或风险评估等交通安全综合分析为基础,找出公路环境中可能存在的隐患路段或隐患点,通过公路交通安全设施的科学设计,改善路侧环境,消除危险源,使驾驶员能及时了解前方公路和环境中不易被发现的危险信息,对沿线出行信息能清晰辨识、正确理解、快速反应,以消除公路环境中的不利因素。

(3)突出安全防范重点,对隧道出入口、长大陡坡等特殊路段交通标志的支撑方式和交通标线的夜间反光性等给予高度关注,并提出改善措施。

针对性提出"特殊路段应作为一个独立的设计单元,并考虑交通标志、标线和护栏等设施的综合设置"的思路,对交通标志的设置,强调了设置位置的有效性,以缩短驾驶员的发现、判别和理解时间,为驾驶员的快速反应赢得宝贵时间。对符合"交通量达到或接近设计通行能力或大型车辆所占比例很大,枢纽互通式立体交叉、形式复杂或出口间距较近的互通式立体交叉的出口指引标志,互通式立体交叉出口匝道为多车道,或左向出口"等条件的交通标志,规定支撑结构应采用悬臂式或门架式等悬空支撑方式。

(4)宽容性设计与无缝防护理念相结合,最大限度地降低交通事故严重程度。

护栏作为一种路侧障碍物,并非设置得越多越好。国内外研究表明:保证一定宽度的净区可以使绝大多数驶出路外的车辆恢复正常行驶。因此对位于计算净区宽度范围内的各类行车障碍物,首先要通过去除计算净区宽度范围内的障碍物、重新设计障碍物,使障碍物不构成危害、将障碍物移至不易被驶出路外的车辆碰撞的位置,采取路侧安全处理措施来尽量满足计算净区宽度的要求,通过路侧的宽容性设计,尽量避免驾驶员由于自己的过失而付出生命的代价。提出净区宽度的计算方法,对位于计算净区宽度范围内的行车障碍物,分类提出了处置措施。在计算净区宽度不能得到满足,而导致驶出路外产生的事故严重程度高于碰撞护栏的严重程度时,才考虑设置护栏。

对未进行安全处理的位于公路计算净区宽度内的路侧护栏上游端部,提出了设置防撞垫或防撞端头的要求,对高速公路的互通式立交主线分流端、匝道分流端等位置提出了设置防撞垫的要求。体现了高速公路无缝防护的理念，将与宽容性设计一起最大限度地降低交通事故的严重程度。

(5)回归设计本质，为开展针对性设计提供技术支持。

基于倡导设计创作和设计创新考虑，提出公路交通安全设施的结构设计标准，对交通标志、护栏、防风栅、防雪栅、限高架等交通安全设施结构设计所采用的作用分类、代表值和作用效应组合进行了规定，以避免出现大量的结构复用设计和套用设计。考虑到我国交通安全设施产品的开发和生产实际状况，为避免重复开发、造成浪费，对波形梁护栏和混凝土护栏的结构进行了优化调整，补充完善了一些新的护栏形式和结构，如 C 级波形梁护栏、A 级波形梁护栏、HB 级波形梁护栏等。对隧道出入口路段护栏的过渡提出了处理方案，并就与交通标志、标线、视线诱导等设施的综合设置提供了具体示例。

(6)鼓励技术创新，提出在满足安全和使用功能的条件下，应积极推广使用可靠的新技术、新材料、新工艺、新产品。引进推广国内外公路交通安全设施领域的创新成果，通过技术进步促进交通安全水平的提高。例如针对分流匝道、弯道、隧道入口、桥梁两端以及事故多发路段开发的新型旋转式护栏，通过旋转桶将车辆碰撞护栏时的滑动摩擦转化为滚动摩擦，导向、缓冲性好，可迅速恢复车辆运行状态，减轻护栏与车辆的受损程度，达到四级(SB 级，防护能量≥280kJ)防护等级，其有多种过渡段设计，可与多种类型的混凝土护栏、波形梁护栏平顺连接。

6.1.3　吉林省的创新探索实践

吉林省东南部属季节性冰冻地区。地表植被繁盛，区域内自然景色优美、历史人文特点独特、旅游产业发达。集通高速公路途经国家级风景区、环境敏感区及世界文化遗产地，是我国东北东部重要的旅游通道和对朝贸易大通道。交通工程及沿线设施充分融合地域特色。出于打造旅游和文化的公路品牌效应，项目主题徽标设计灵感来自高句丽人所崇拜的三足乌纹饰和地域文化中的八瓣莲花并适当抽象，如图 6-1-2、图 6-1-3 所示。造型圆润饱满，辨识度高，鸟首朝向四面八方，蕴含喜迎四海宾朋的寓意，把集通高速公路打造成一条特色路、精品路、国防路、旅游路、示范路。

图 6-1-2　集安高句丽三足乌造型

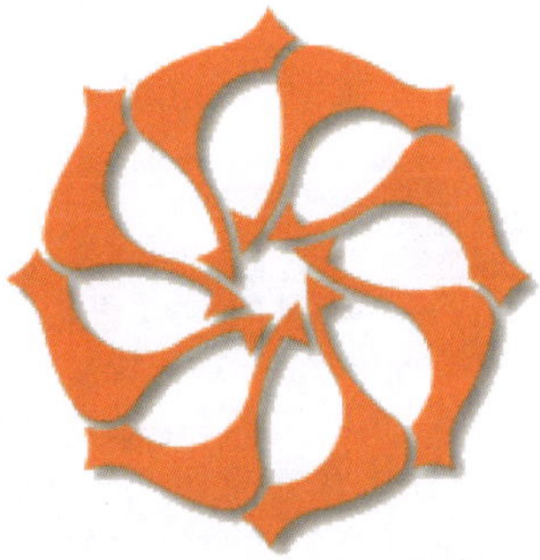

图 6-1-3　集通高速公路项目徽标

1. 品质创新总体定位

围绕"优质耐久、安全舒适、经济环保、社会认可"的总体要求，提升工程设计水平、工程管理水平、工程科技创新能力、工程质量水平、工程安全保障水平、品质工程软实力等，将集通高速公路打造成“设计理念先进、项目管理科学、科技应用领先、生态环境优美、资源节约合理、工程结构耐久、项目质量优良、运营安全舒适”的品质工程。交安设施品质创新包含内在质地和外在品位等核心要素，内在质地包括工程具有的功能性、耐久性、可靠性、适用性等，外在品位包含建筑艺术美、工程技术美、与生态协调、交旅融合以及后期服务等。以“精心设计、精细施工、精确管控”为基本路径，从源头开始，对标精准，全程覆盖。

2. 品质创新基本原则和方法

(1)合理性

在满足安全、质量和功能的前提下，追求路内精细、路外自然，工程美学体现地域景观特色，推行工程与自然人文的和谐、融合与共享。利用互通范围内土地打造旅游休闲区，开展园林式绿化及景观设计，使项目建设与当地旅游文化有机结合，最大限度地利用和开发当地文化旅游资源。

(2)耐久性

充分重视工程结构的耐久性设计，对桥梁混凝土防撞墙、拦水带、彩色沥青路面、隧道内饰等耐久性要求较高的部位，采取抗冻防腐、保温节能等技术措施，提升工程耐久性。

(3)精细化

对路基排水防护设施、桥梁护栏及伸缩装置、隧道洞门、隧道分幅路段、隧道内饰、互通区、服务区、中央分隔带、场(站)区及观景台等进行景观营造和精细化设计及施工，进一步提升环保景观效果及旅游服务功能。

(4)人性化

对沿线设施中场(站)区布设及房建造型进行人性化设计和施工，体现地域和人文特点。坚持以人为本、以车为本的理念，以使用者方便为关注重点，提升公路服务功能及品质。设置剩余车位预告标志、残疾人停车位、无障碍坡道、手机加油站、母婴室等，充分体现人文关怀。

(5)交旅融合

通过高速公路将沿线旅游资源和地方特色产业多层次结合，提升公路旅游服务功能和旅游服务品质。加强沿线生态资源环境保护和旅游休闲区、汽车营地、绿道系统等规划建设。谋求与地方旅游业的合作及联动，深化服务区经济、匝道经济，建设特色主题服务区，完善游憩与交通服务设施，打造旅游风景道(图 6-1-4 ~ 图 6-1-6)。

图 6-1-4　长白山万达文旅度假区

图 6-1-5　秋韵太极湾

图6-1-6　集安历史博物馆

注:集安历史博物馆由著名建筑大师、东南大学建筑设计研究所所长齐康设计。整体为八瓣莲花状,建筑平面直径为54m,垂直高度21m,体现了中国传统风水学理念和高句丽人喜莲、尚石的特点。

(6)因地制宜

力求文化展示与环保绿化相融合、生态修复与景观营造相融合。充分考虑路线的区域和环境特点,尊重与发掘当地文化底蕴,统筹规划、分段设计、注重特色,强制性保护路基范围内、互通区及隧道分幅等区域的原生植被,通过微地形营造、植被覆盖,力求使互通式立交、各场站(区)绿化设计与当地自然人文环境融为一体、和谐统一。

(7)科技创新

大力推动理念创新、技术创新、管理创新和制度创新,强化创新驱动的支撑作用。开展科技攻关课题研究,推广鹤大高速公路双示范科研成果,采用长寿命路面结构、混凝土抗冻技术、新型高性能交安设施和智能型机电设施、季冻区建筑绿色节能保温技术及服务区污水处理技术等,为集通高速公路建设注入强大科技动力。

6.2　季冻区公路交通安全设施创新实践

集通高速公路建设期间,交通安全设施依据《公路交通安全设施设计规范》(JTG D81—2017)和《公路交通安全设施设计细则》(JTG/T D81—2017)进行了系统设计,先行考虑与主体工程的衔接,明确设计界面,包括系统梳理交通安全设施与公路土建工程、服务设施和管理设施之间的衔接关系,确定各专业间的设计与施工优先顺序以及预留预埋布设等。对照吉林省二十几年来高速公路金属护栏应用实践,充分考虑寒冷地区金属护栏耐候老化和撒融雪剂侵蚀等客观条件,从使用耐久性和运营维修便利角度出发,针对热浸铝护栏板、热镀锌与喷塑复合护栏板、环氧锌基涂层护栏板和热浸镀锌护栏板等进行了综合比较分析,最终确定采用防腐工艺成熟稳定、抗环境侵蚀能力强、安装加工工艺简便的银色热浸镀锌金属护栏及立柱等配套产品。

专项设计系统强化以人为本、预防为主的设计原则,设置主动引导设施,充分发挥预防交通事故发生的作用。对桥梁两侧护栏端头、隧道出入口、互通式立交、长大陡坡等特殊路段交通标志的支撑方式和交通标线的夜间反光性等进行专项设计。所有的隧道进出口和互通匝道鼻端均专门设计,严格坚持防护标准不降低,不同形式护栏进行过渡设计,针对现场不同方式进行专门的端头围封。在满足安全和使用功能的条件下,积极推广使用可靠的新技术、新材料、新工艺、新产品。引进推广国内外公路交通安全设施领域的创新成果,通过技术进步促进交通安全水平的提高。

6.2.1 耐寒抗冲击金属护栏应用

护栏具有防止失控车辆冲出路外或越过中央分隔带的功能、吸收碰撞能量功能、导向功能以及使碰撞车辆改变行驶方向和诱导视线的功能。路侧护栏采用不同防护等级的波形梁护栏:A 级路侧波形梁护栏 Gr-A-4E 和 Gr-A-2E;SB 级路侧波形梁护栏 Gr-SB-2E;SA 级路侧波形梁护栏 Gr-SA-1.5E 和 Gr-SA-1.5B2;SS 级路侧混凝土护栏 RpI-SS-E1。挖方路段一般不设路侧护栏。若路侧有标志(可解体消能的除外),无盖板矩形边沟、开挖涵洞口等其他危险情况时,需设 Gr-A-4E 级波形梁护栏。部分互通存在主线与匝道或匝道之间距离较近且高差较大的情况,为避免出现二次重大事故,在高侧设置 SA 级路基护栏,采用桥梁上的四横梁护栏形式。天桥引道采用 A 级护栏。中央分隔带护栏采用波形梁护栏:路基上采用 Am 级中央分隔带波形梁护栏 Gr-Am-4E;连续下坡等危险路段提高防护等级,采用Gr-Am-2E 级护栏。整体式路基路段中央分隔带护栏连续设置,采用 Am 级中央分隔带波形梁护栏。

1. 桥梁工程梁柱式护栏

(1)集通高速公路桥梁梁柱式护栏根据防护等级采用三横梁和四横梁两种不同结构形式,护栏端头、桥梁伸缩装置部位,尤其是与路基或隧道相接部位均设置过渡段,细节设计如图 6-2-1所示。在工程创新方面,对与桥梁相接的路基波形梁护栏长度小于 100m 的段落,按照不降低防护标准、协调一致和便于安装维护的原则,统一采用梁柱式护栏的防护形式。这一设置方式在吉林省是首次实施。

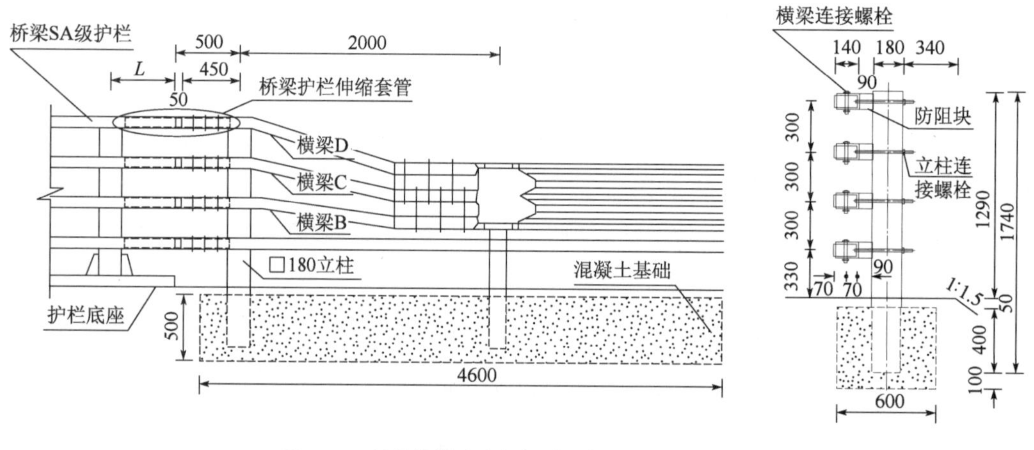

图 6-2-1 桥梁护栏过渡段专项设计(尺寸单位:mm)

(2)桥梁梁柱式护栏、路基波形梁板、立柱、防阻块等主要材料在国内首次采用 Q235D 牌号钢材,是针对季冻区严寒环境专门定制新材料的创新应用,较国内普遍采用 Q235B 牌号钢材的钢护栏,能够有效提高严寒天气下护栏抗冲击性能,保证防护技术指标和效果不降低。Q235D 牌号钢材与常规 Q235B 牌号钢材相比性能显著提高,具体指标见表 6-2-1。

Q235D 与 Q235B 牌号钢材性能比较　　表 6-2-1

性能参数		Q235D 碳素结构钢	Q235B 碳素结构钢
屈服强度（MPa） （厚度或直径小于或等于 16mm）		≥235	≥235
弹性模量 E（GPa）		200 ~ 210	200 ~ 210
元素含量(%)	C	≤0.17	≤0.20
	Mn	≤1.40	≤1.40
	Si	≤0.35	≤0.35
	S	≤0.035	≤0.045
	P	≤0.035	≤0.045
脱氧方法		特殊镇静钢	沸腾钢、半镇静钢、镇静钢
常规性能		镇静钢优质均匀，塑性和韧性好	脱氧不完全，塑性和韧性较差。焊接结构受动力载荷作用时接头易出现裂缝。不宜在低温下工作，有时会产生硬化现象
冲击韧性		低温 -20℃冲击韧性指标 A_{kv} ≥27J	常温 20℃冲击韧性指标 A_{kv} ≥27J
主要用途		（1）用于建筑、桥梁工程上质量要求较高的常规焊接构件； （2）可用于模具把手以及其他不重要的模具零件； （3）一般市面上不易采购，需专门定制	（1）用于建筑、桥梁工程上质量要求较高的常规焊接构件； （2）最常规供应的普通钢材，综合性能较好，用途最广泛

注：A_{kv} 为试样折断时所吸引的功。

（3）桥梁护栏横梁安装一般先将连接钢架、防阻块用立柱连接螺栓连接，再用横梁连接螺栓将横梁与连接架连接在一起。立柱帽与立柱焊接。防阻块采用德国进口设备生产的双面高频焊接工艺，能更好地保证防阻块的连接强度。桥梁、隧道以及互通式立交等部位的防护栏进行专项设计和施工，桥梁和隧道护栏连接段及迎车面均采用定制护板，极大提升了安全防护性能和美观效果。桥梁护栏安装实体效果如图 6-2-2 所示。

图 6-2-2　桥梁护栏安装实体图

2. 路基防撞护栏

(1)路基金属护栏

路基金属防撞护栏除与桥梁护栏同步采用 Q235D 牌号钢材外,坚持宽容性设计与无缝防护理念相结合,最大限度地降低交通事故损伤。在充分调研和结合季冻区道路护栏工程应用成果和经验教训的基础上,第一次全程采用路侧护栏小外展地锚端头方案(图 6-2-3),包括路侧护栏的上游端头和下游端头均采用相同形式,充分考虑了应急情况下单幅双向通行条件下的安全防护性能,这在国内尚属首次。小外展地锚端头方案实施涉及主体土建工程的路侧宽度和机电工程预埋通信管道,在设计和实施过程中总体协调,外展端头设置与管道设置进行合理避让,避免了交叉施工碰撞干扰,端头外展角度、过渡段长度、埋置端头立柱设置均统一规范,进行专门设计。互通区护栏分流鼻端采用最新结构的防撞装置(图 6-2-4),合流鼻端采用定制 U 形端头包封。此外,为充分利用山区高速公路的工程特点,合理利用选线和地形条件,在挖方路堑段,尤其是加宽取土段落设置路侧净区,排水采用生态边沟。

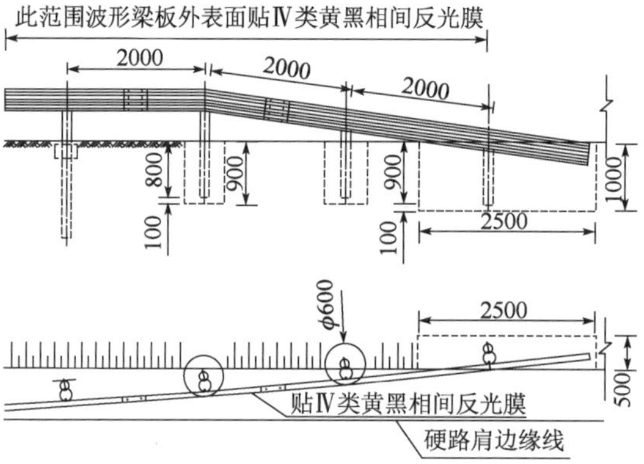

图 6-2-3 小外展地锚端头方案(尺寸单位:mm)

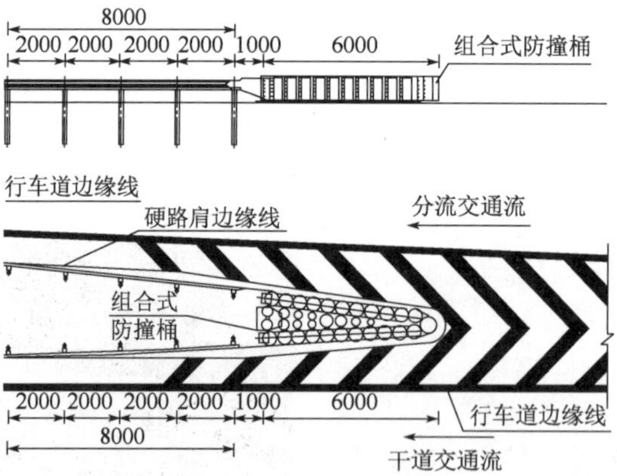

图 6-2-4 互通分流鼻端采用的防撞装置(尺寸单位:mm)

金属护栏(路基、桥梁和隧道)拼接、连接螺栓采用性能等级为 10.9S 的高强螺栓及相应配套的螺母和垫圈,拧紧扭矩值不小于 120N · m。螺栓、螺母、垫圈技术指标应符合相关标准的规定。按现行《紧固件机械性能》(GB/T 3098)的要求进行相关试验,测定螺栓头与螺纹部分交接处的牢固性,要求不应断裂在头部。防阻块两端弧线采用椭圆形,外弧线长半轴为 42cm,短半轴为 20cm。所有构件均采用热镀锌工艺进行防腐处理。

(2)中央分隔带开口活动护栏(图 6-2-5)

中央分隔带开口采用德国福克曼活动护栏,高性能钢材表面采用热镀锌工艺进行防腐处理。护栏开启方便,施工快捷,不需要提前浇筑基础。锚固段直接在路面钻孔打入锚栓即可安装,活动段与路面无连接。护栏标准化节段工厂定制,现场安装快捷,防撞性能可达到国内现行的 SBm 级护栏标准。互通匝道也采用同类护栏。

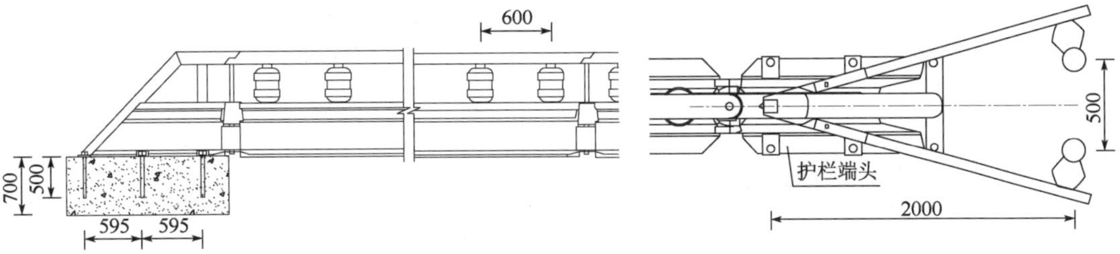

图 6-2-5　中央分隔带开口活动护栏(尺寸单位:mm)

开口活动护栏(钢屏障旋转护栏)应具备 A 级防撞能力,有实车碰撞合格报告。中央开口活动护栏两端为锚固单元段,中间为活动单元段,活动单元段设置能够快速升降的脚轮,打开约束连接后活动单元段可快速移开,要求两人操作条件下,在 10min 内开启至少 10m。匝道护栏具有旋转功能,可旋转角度不小于 ±40°,以确保收费广场等位置可根据需要调整护栏线形分隔车道。护栏底座外壳两侧纵向波纹板设置折弯加筋,用以增加护栏纵向强度和吸能效果。为保障护栏导向功能及整体美观性,外壳两侧波纹板应采用一次挤压成型工艺。护栏所有管件及钢板材质均为 Q235 碳素结构钢,钢构件按要求进行防腐处理,总体与路基波形梁护栏颜色保持一致。活动护栏两侧设置黄色反光轮廓标,设置间距为 8m。

3. 隧道进出口护栏

集通高速公路所有隧道进出口防撞护栏均进行了专项优化设计。全线 10 座隧道,绿色公路提升设计过程中,对洞门形式、洞口分幅路基中间进行了微地形改造,通行条件和视觉效果有很大提升。基于此,在交安工程实施阶段,全部隧道口护栏都进行了优化设计。

(1)隧道迎车端与路基相连时,左右两侧设置 6m 混凝土防撞墙过渡段,再设置路基护栏过渡段与常规护栏连接,以解决路面净宽与隧道净宽不一致问题。隧道出口设置路基或桥梁护栏过渡段,与常规段落对应衔接。隧道迎车端洞口 6m 混凝土护栏粘贴黄黑相间Ⅳ类铝基反光膜,倾角为 45°,线宽及其间距均为 40cm,并将向下倾斜的一边朝向车道。隧道迎车端混凝土护栏如图 6-2-6 所示,波形梁护栏过渡段如图 6-2-7 所示。此外,在五女峰隧道集安侧入口过渡段创新性设置了转子护栏,既提高了行车安全性,又给驾驶员提供了舒适的行车环境,取得了良好的景观效果,成为创建品质工程的重要亮点。

(2)隧道迎车端与桥梁相连时,直接设置梁柱式护栏过渡段(图 6-2-8),与桥梁常规护栏顺接,以解决桥面净宽与隧道净宽不一致问题。隧道出口设置路基或桥梁护栏过渡段,与常规段落对应衔接。

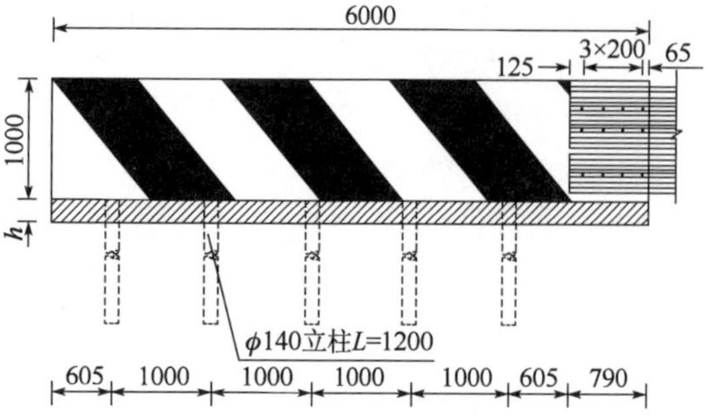

图 6-2-6　隧道迎车端混凝土护栏(尺寸单位:mm)

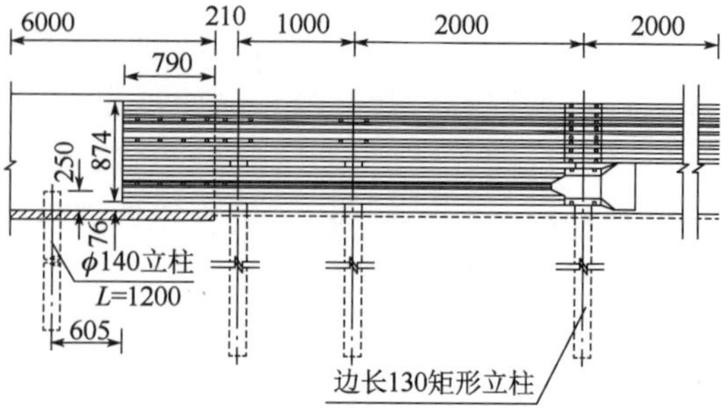

图 6-2-7　隧道迎车端波形梁护栏过渡段(尺寸单位:mm)

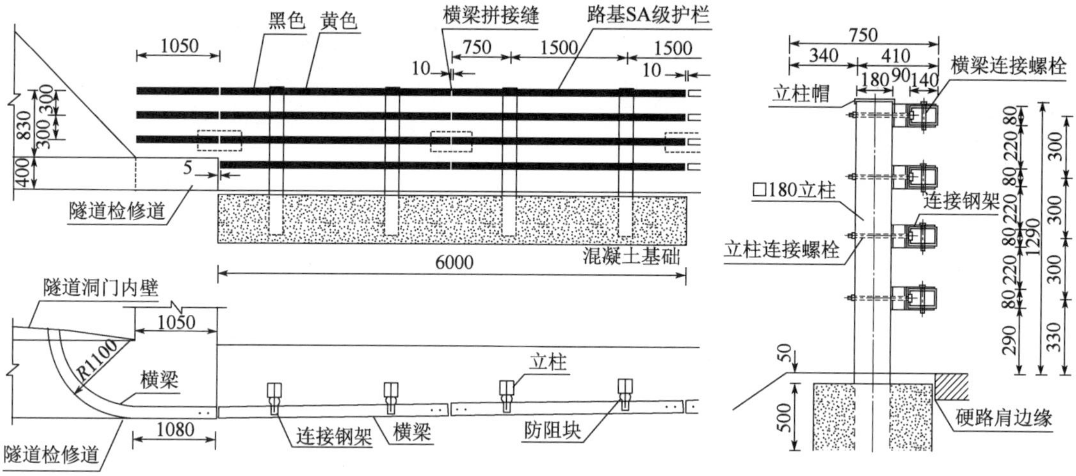

图 6-2-8　隧道迎车端梁柱式护栏过渡段(尺寸单位:mm)

(3)隧道进出口联络道两侧护栏,按照不降低防护标准的原则,采用与主线路侧护栏相同的防护形式,一般为两波护栏板顺接围封。对于受地形条件限制、转角极限半径较小的特殊部位,采用厂家定制 U 形端头围封,真正践行宽容性设计与无缝防护理念。隧道变电所进出口护栏防护标准提高一级,结合实际情况设置过渡段并粘贴反光警示标。

6.2.2　基于旅游公路的标志创新应用

集通高速公路标志的设置基于创建绿色公路前提,打造生态旅游公路的主体基调。突出旅游信息指引、民俗文化展示,充分融入自然环境,创造公路新景观,从旅游公路向公路旅游转变。结合工程路域特征,绿色交安主要从灵活性、地域性两个方面进行创新设置。

1.标志设置的基本原则

(1)互通式立体交叉的出口匝道前设置出口预告标志组,出口匝道鼻端设置出口标志。加速车道渐变段终点处设置国家高速公路命名编号标志,之后设置地点距离标志。互通的减速车道上设置匝道限速标志。进入高速公路两匝道的分岔处设置地点方向标志。在互通式立交、隧道等重点区域的预告、指示及名称标志采用智能主动发光标志牌,保证全天候环境条件下的标志信息识别。

(2)收费站进口设置收费站标志,出口设置计重收费标志。两方向进入收费广场前各设一处 ETC 车道指示标志。在匝道收费站与被交道之间的连接线适当位置,进入高速公路方向设组合禁令标志,内容含禁止农用车、摩托车、行人通行,限轴重、限整车重及限高等标志;出口方向在平交渠化起点处设置地点方向标志。

(3)长度大于 500m 的隧道入口前设置名称标志,隧道入口前合并设置 80km/h 的限速标志、隧道开车灯及禁止越线超车标志(图 6-2-9),出口后设置解除禁止超车和解除限速标志。长度大于 500m 的桥梁前设置桥名标志。桥梁中墩迎车面右侧壁上及隧道进口两侧,粘贴黄色Ⅳ类反光膜作为立面标记。隧道紧急停车带侧面设置紧急停车带位置提示标志,方便报警救援时提供准确的信息。

(4)强化标志信息连续性(图 6-2-10),提供的信息与驾驶员的预期保持吻合,更有利于调节行车方向和速度,提升行车安全保障。

图 6-2-9　隧道入口前标志设置

图 6-2-10　标志信息保持连续

(5)标志支撑结构方式有单柱式、双柱式、悬臂式、附着式、门架式(图 6-2-11)等。标志结构设计基本风速采用当地空旷平坦地面上离地 10m 高,重现期 50 年的 10min 平均最大风速值,结构设计风速取 25m/s。门架式、悬臂式标志及里程标志版面采用Ⅴ类反光膜,其余均采用Ⅳ类反光膜。

2. 创新模式设置旅游标志

旅游标志指引贯彻绿色交安的思想,进入集通高速公路后设置一组景区预告指引标志(图 6-2-12),版面信息采用能代表景区特色的实景图片,后面间隔 30km 左右重复设置。

图 6-2-11　集通高速公路门架式标志牌

图 6-2-12　集通高速公路旅游预告标志

3. 创新设置地域性特色标志

融合项目地域文化特征和生态特征，创新设置指引标志和提示标志等。如结合集安市清河镇作为全国唯一的“人参特色小镇”特征，创新设置预告和指引标志（图 6-2-13）；结合山区高速公路特征创新设置卡通形象的提示警示标志等。

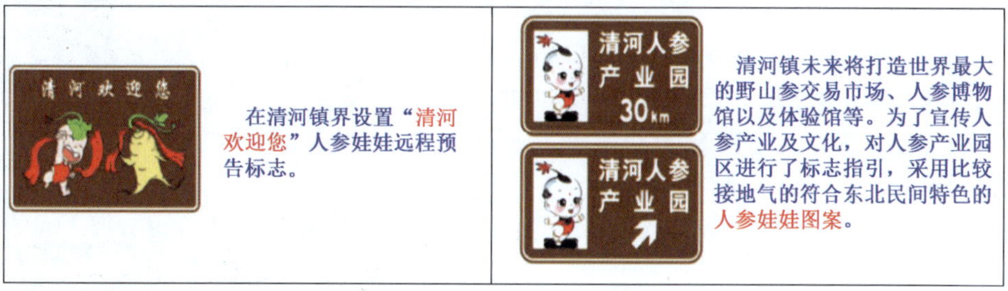

图 6-2-13　集通高速公路地域性特色标志牌

4. 设置功能性指引标志

针对典型旅游景区设置功能性指引标志。下龙头观景台预告标志版面内容左侧采用“山、水”的图形，右侧写有“人文山水，秀美通化”宣传语，展示下龙头观景台的美景，如图 6-2-14所示。五女峰互通收费站出口设置功能性指引标志，提醒游客即将进入五女峰停车场、休息区等，停车区针对性设置高句丽文化墙等（图 6-2-15）。

图 6-2-14　下龙头观景台预告标志

图 6-2-15　五女峰停车区高句丽文化墙

5. 隧道创新设置反光环和主动发光轮廓标

全部隧道设置反光环，缓解行车视觉疲劳。隧道内通行环境不同于平常道路，视野和可视度有限，隧道反光环为隧道内安全通行提供了安全保障。边墙设置 LED 长方形主动发光轮廓标，为隧道内通行提供行车诱导，并具有较强的警示作用，可视距离可达到 500m 以上。内装饰在隧道边墙范围内形成一个明亮的视觉背景，使隧道内更加整洁，提高行车舒适性。

LED 主动发光轮廓标采用高亮度 LED 光源，发光均匀，光线柔和，无眩光，稳定性好。被动发光部分采用钻石级反光膜，在停电的情况下也能很好地反射汽车灯光进行诱导。结构外形精致，节能环保，安装简易，耗电小，寿命长。防护等级为 IP68，采用防感应电设计，高透光一体壳。

6. 路侧诱导标升级创新

基于提升夜间行车安全性、改善视线诱导效果考虑，百米牌创新采用Ⅳ类反光膜贴在柱式轮廓标上，在路基护栏或桥梁护栏段落附着在护栏上，取得了非常好的效果。

6.2.3　寒冷地区新型标线应用

目前国内常用的标线涂料有热熔型标线涂料、常温溶剂型标线涂料及双组分标线涂料等。常温溶剂型标线涂料造价低，但是使用寿命过短，不适用于高速公路标线。热熔型标线涂料有数十年历史，生产和施工工艺很成熟，具有耐久性好、工程造价低等优点，但存在裂纹大、物理寿命与有效寿命不成正比、重涂施工难度大等缺点。双组分标线涂料具有超长的耐久性和卓越的反光、抗污性能，且无裂痕，重涂性能好，是一种完全无溶剂型的环保产品；缺点是施工工艺相对复杂，需要专用设备，施工难度大，成膜时发生化学反应，需要专业化施工。

1. 标线设置的基本原则

道路标线设置行车道边缘线、行车道分界线、纵向减速标线、分合流端斑马线、导向箭头、匝道出口减速标线、收费广场及收费岛地面标线、隧道进口减速标线及斑马线、渠化导流标线等。高速公路双向四车道标线设置如下：

(1)行车道边缘线：白色实线，线宽 20cm。行车道分界线：白色虚线，线宽 15cm，实线长 6m，间距 9m；隧道范围全部采用实线。高速公路主线标线横断面布设如图 6-2-16 所示。

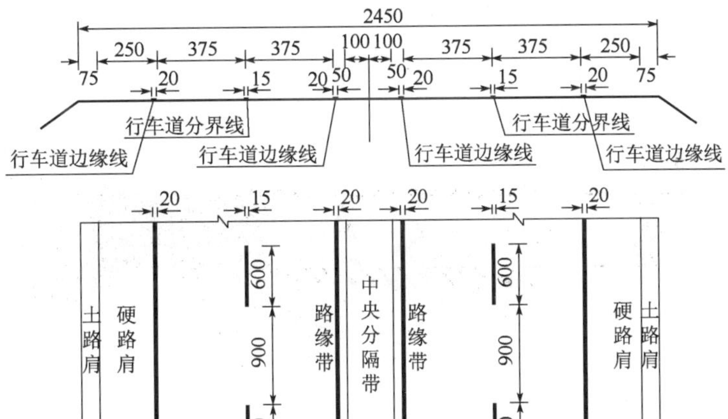

图 6-2-16　高速公路主线标线横断面布设(尺寸单位：cm)

(2)互通式立体交叉、服务区匝道行车道边缘线：白色实线，线宽 15cm。匝道行车道分界线：白色虚线，线宽 15cm，实线长 2m，间距 4m。非分隔对向双车道匝道车道分界线：黄色虚线，线宽 15cm，实线长 4m，间距 6m。减速标线：出口匝道从分流鼻端开始设置，共 5 道，间距分别为 32m、30m、28m、26m。在线形指标较差路段也设置减速标线。出入口标线：白色实线，按高速公路出入口标线大样布设。导向箭头：车辆分、合流区域设置相应的导向箭头。高速公路一般互通标线布设样图如图 6-2-17 所示。平交渠化标线：被交路平交渠化设置渠化导流标线，用于车辆导向。收费广场标线：收费广场设减速标线、行车道分界线、收费岛地面标线、中心黄色双实线(线宽 15cm)。

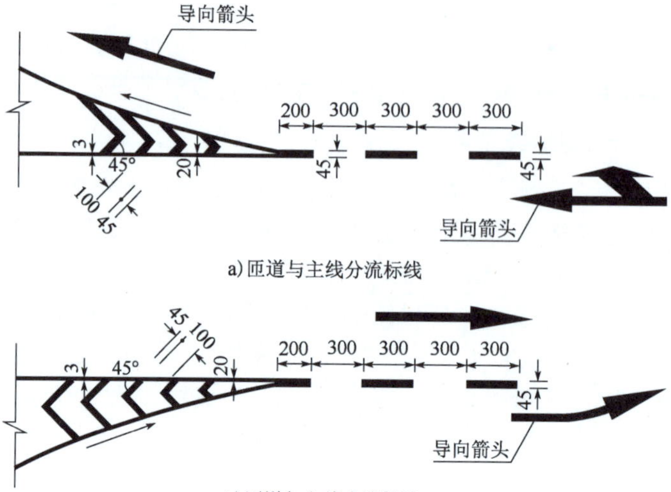

a)匝道与主线分流标线

b)匝道与主线合流标线

图 6-2-17　高速公路一般互通标线布设样图(尺寸单位:cm)

(3)隧道范围减速标线:隧道进口前防滑路面范围之外设置减速标线,30m 一道,共 4 道。禁止变换车道标线:隧道进口前 100m、出口后 50m 范围内设置禁止变换车道标线,为白色实线。斜向斑马线:隧道入口前 30m 范围内的右侧硬路肩内设置斜向行车方向的斑马线,以提示路面宽度变窄。隧道紧急停车带标线:隧道紧急停车带设置相应标线。隧道进、出口段交安设施综合布设样图如图 6-2-18 所示。

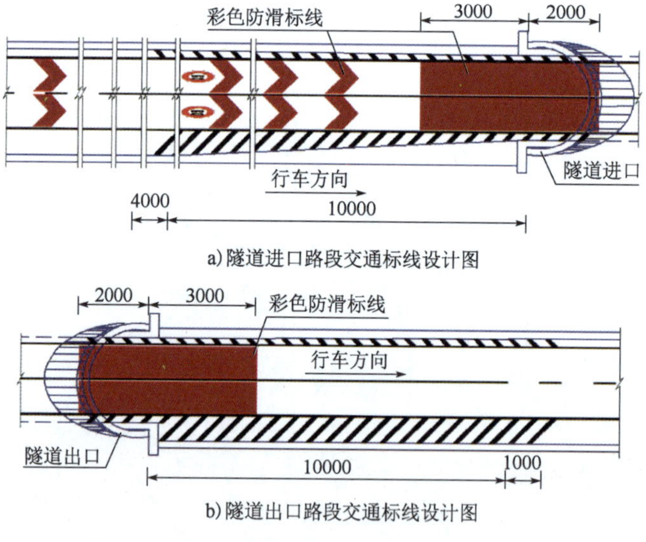

a)隧道进口路段交通标线设计图

b)隧道出口路段交通标线设计图

图 6-2-18　隧道进、出口段交安设施综合布设样图(尺寸单位:cm)

2. 普通热熔型反光标线应用(图 6-2-19)

高速公路主线一般路段采用热熔型刮涂反光标线涂料,厚度为 2.5mm,涂料中含 25% 的玻璃微珠,施工时涂布涂层后立即将玻璃珠撒布在其表面。标线表面的抗滑性能不低于所在路段路面的抗滑性能。行车道边缘线每隔15m设置一道排水缝，宽3cm。横向减速标线采用热熔型刮涂反光标线涂料，厚度为4.5mm，其他指标与主线热熔标线相同。

图6-2-19　普通热熔型反光标线应用

3.新型甲基丙烯酸甲酯(MMA)双组分标线应用(图6-2-20)

行车道分界线、互通式立交、服务区及停车区路段标线采用MMA双组分高亮反光涂料，能有效提高标线反射效果，保证行车安全。双组分路面标线涂料一般采用聚甲基丙烯酸甲酯(PMMA)系列树脂经高速分散而成，性能优越。PMMA树脂是以MMA单体为基础，经预聚合+阻聚而成，使用时添加分散剂、色浆、填料、玻璃微珠，经高速分散而成。这种新型标线具有以下优势特性：

(1)反光性好：持续反光亮度高，标线夜间可视距离更长。在双组分反应分子键力的作用下，玻璃珠与标线牢固结合为整体，不易脱落，反光性好，耐光性优越。

(2)环境友好：固体含量高，无挥发性有害物质。双组分标线涂料不含溶剂，挥发物含量低，属环保产品。

(3)耐久性好：抗老化性好，白度及反光效果持久保持，同等厚度耐磨性是普通热熔标线的2~3倍。单个组分的分子量小，在发生聚合反应前有较好的渗透性，附着力和耐磨性好，耐候性优异。

(4)抗污性好：成膜后形成的超大分子量漆膜饱满、坚固，不易产生裂纹，耐候性好。试验证明在100℃高温下，漆膜不随气温变化而变化，自洁性突出，抗污性好。

图6-2-20　MMA双组分标线应用

4.彩色防滑路面应用(图6-2-21)

隧道进出口、隧道景观带、互通匝道入口、纵坡较大的桥面以及服务场区停车位等，铺设彩色防滑路面,图案进行专门优化,降低工程造价,有效提高区域安全警示效果、视认效果及行车安全。其面层耐磨耗,可以延长路面寿命。彩色路面防滑涂料由基料及防滑集料组成,铺设厚度不小于4mm,防滑系数不低于75BPN。隧道出入口铺设长度不小于150m,洞口内不小于50m,洞口外不小于100m。彩色防滑路面具有以下优势特性:

图6-2-21 彩色防滑路面应用

(1)标线材料环保友好,固化率达99%以上,可以与沥青、混凝土、石材以及金属等多种基材牢固黏结。

(2)具有良好的防滑性和抗污性,色彩均匀,防滑耐久,使用寿命长。

(3)标线耐油防水,可以保护道路,延长使用寿命。

(4)施工便捷,效率高,可以针对不同施工条件与施工温度,适当调整材料配比,-30℃低温也可以施工,固化速度快。

6.3 季冻区公路服务设施创新实践

公路服务设施是交通运输体系的基本组成部分,是体现公路交通文化的窗口。集通高速公路的服务设施主要有清河服务区(图6-3-1)及长岗、头道和湾湾川停车区等。服务设施突出地域文化传承、民俗风情展示,体现人文关怀,创建精品服务。结合工程路域特征,打造区域型代表性特色服务区。

图6-3-1 集通高速公路清河服务区鸟瞰图

6.3.1 公路服务设施选址和建筑结构设计

基于项目总体定位,将自然生态、历史人文和旅游经济系统整合,针对沿线公路服务设施选址和建筑结构进行创作设计,创造公路地域特色旅游景观。

通化历史悠久，文化底蕴厚重。集通高速公路选线对通化浑江两岸阶地江沿古墓群（下龙头古墓群、南头屯古墓群等）和龙岗遗址群进行了避让。

高句丽民族在集安繁衍生息，留下了大量的文物古迹。迄今为止，集安共发现古遗址、古墓葬 1 万多处，高句丽王城、王陵及贵族墓葬被列入世界文化遗产名录。高句丽古墓壁画有着丰富的内容，其中的四神崇拜、伏羲与女娲图、神农图、道家羽衣仙人图等均体现了中原文化对高句丽文化的影响。同时高句丽的射猎、战争壁画也体现了其作为一个边疆民族所具有的尚武好战特点，如图 6-3-2 所示。

图 6-3-2　集安高句丽五盔坟壁画（青龙、白虎、朱雀、玄武）

1. 服务区选址

高速公路服务区、停车区选址首先服从于公路选线走廊带布设，并根据区域路网、建设条件、景观和环保要求等规划和布设。规划选址应分析所在区域的基础条件、自然环境、人文景观等因素，尽量选择风景秀丽、山水迷人的地方。从以人为本、营造优美环境的理念出发，最终确定其修建位置。服务区具体位置应根据高速公路沿线地形、城镇分布、环境、道路条件、交通状况等情况综合确定。选址一般应遵循以下原则：①较大的交通流；②较大的城镇附近；③交通枢纽地点；④合适的地形路段；⑤满足养护、管理条件；⑥交通技术条件良好；⑦水、电满足服务需求；⑧满足环保及人文景观要求。基于综合分析和优化，结合“集安清河野山参”国家地理标志保护品牌，选定集通高速公路中间地段设置清河服务区。

2. 基于地域特色的服务设施建筑创新实践

集通高速公路沿线考古发掘大量汉唐以来的历史遗迹，通化汉代长城烽燧线蜿蜒 52km（烽燧 12 处，关堡 1 处），东端终止于赤柏松古城，向西与辽宁省新宾县孤角山烽燧汉长城连为一体。清河服务区采用汉唐建筑风格，并融入绿色建筑人居理念，按一类服务区设计，建筑规模 4850m²，楼顶服务区铭牌采用唐风汉仪字体。

就建筑的单体而言，集通高速公路全线服务设施和管理设施建筑风格进行了有机统一。针对建筑所处的地理环境、使用功能等，系统考虑文化、历史、风俗、民族习惯等人文因素对建筑产生的影响和渗透，使现代元素与传统元素得以很好结合。

清河服务区综合楼(图 6-3-3)以汉唐建筑形式延续并承载传统历史文脉，将中国传统建筑在现代建筑形式上运用，实践中严格遵循以下两个原则：其一是与周围环境相融合，建筑布局选择向阳避风区位，依山不占山，顺势而为；其二是具有地域性的建筑特色，考虑外观风格和防寒保温采用坡屋顶结构、深褐色瓦屋面诠释建筑风格，更具古典文化底蕴。发挥自然景观的背景作用，场区内合理配置景观小品，做到了建筑与景的充分结合。从远及近感受到传统建筑的礼制文化和园林建筑和谐统一的艺术追求。

图 6-3-3　清河服务区综合楼外景效果图

3. 季冻区服务设施结构设计应用

寒冷地区气候特征冬季长、干冷、年日温差大，气温 0℃以下会持续 4 个多月。在建筑设计方面一般选择向阳避风区位，为争取日照和利用太阳能创造先决条件。我国严寒地区南向日照质量好，为最佳朝向。集通高速公路服务设施选择朝向和平面类型，坚持建筑外围结构和居室内获得更多的太阳辐射、更多的日照时间、更多的日照面积为原则。在总体布置时，首先争取南向布置。在房屋内部平面设计中，尽力提高居室的南向率，北向居室布置辅助房间。短内廊房屋对防寒保暖最有利，一般不采用外廊式设计。集通高速公路服务设施均按照绿色节能型建筑设计，是创建绿色公路和绿色建筑的重要体现。建筑节能是一项系统工程，涉及建筑物节能、采暖系统节能等多方面。新型节能建筑结构体系应用以新材料、新结构与新工艺的采用为重要特征，以建筑节能及结构性能与设计理论研究为核心，满足结构的安全性、耐久性、经济性；体现产业化优势，并满足标准化设计、工业化生产、机械化施工和规范化管理，建立基于功能要求的结构体系设计、施工及验收成套理论与方法。根据当地的气候和环境特点，把绿色建筑技术措施与建筑施工相结合，减少或消除建筑物的固有能耗。

基于现代节能环保绿色建筑理念，服务设施建筑环境设计严格遵循当地的地理环境和气候特点。单体建筑形式设计重点考虑建筑外墙围护结构的抗寒能力和建筑本身的保温能力，采用厚墙、小窗户、封闭阳台等设计手法，考虑最大限度地利用室外阳光。在追求建筑通透性的同时，控制大面积开窗对建筑保温的影响。房屋结构外墙是重要围护结构，未经保温的建筑外墙，温度变化直接作用于墙体，室内温差大，冬冷夏热，能耗高，舒适度低；经保温的建筑外墙，温度变化直接作用于保温层，室内温差小，冬暖夏凉，能耗低，舒适度高。外保温对室内热稳定有利，但施工较为复杂。屋面作为房屋围护结构的重要组成部分，对提高室内舒适度具有重要意义。从建筑结构美学、高纬度地区冰雪环境融冰除雪和建筑防寒考虑，集通高速公路房建工程全部采用坡屋顶，外挂屋面瓦，保温层选择导热系数较高和吸水率较小的保温材料，以保证雨雪水浸入条件下的保温效果。坡屋顶又叫斜屋顶，以双坡式和四坡式较多。屋顶构造要求坚固耐久、防水、防火、保温、隔热、抗腐蚀、自重轻、构造简单、施工方便。

根据集通高速公路服务设施各单体的功能和立面效果要求，服务区综合楼、管理处收费站合建综合楼、养护工区综合楼、收费站综合楼以及各场区附属用房的结构设计采用了框架结构，钢筋混凝土现浇楼面、屋面；服务区维修间及综合用房、汽车维修站、加油站、停车区公共厕所及超市、隧道变电所办公楼采用了砌体结构，钢筋混凝土现浇楼面、屋面。建筑剪力墙结构的梁柱、墙体都是一次性浇筑而成，保温、隔热、隔音效果好，抗地震能力强，使用寿命长久。集安收费雨棚结构设计采用框架结构，其余收费雨棚均为钢网架结构。根据地质条件单体均采用浅基础，以粉质黏土或粗砂、碎石、花岗岩为基础持力层。所有场区均位于地震区，根据吉林省抗震区划图，抗震设防烈度为6度，房屋结构做了相应的抗震设计。

6.3.2　特色服务区创新实践

1.建筑绿色节能保温技术创新

绿色与高效能建筑是指通过有效运用再生资源和智能生态系统设计，减少制造废物、消耗水资源与能源的建筑。它具有可持续、高效能、用户舒适度高以及室内环境健康等优势，并为整个建筑生命周期带来积极影响。集通高速公路创建绿色服务区本质上亦是对绿色与高效能建筑的响应。从建筑物节能角度考虑节能设计，在控制住宅体型系数，扩大南向得热面的面积，重视门窗节能，选择优化的新型节能围护体系，加强冷桥节点保温技术措施以及合理组织套内空间等方面进行综合节能设计。门窗的散热量占建筑物热耗的比重高达50%左右，在不影响居住建筑日照、采光、通风的前提下，应减小外门窗洞口的面积。服务区综合楼（图6-3-4）采用单框三层玻璃窗，非常好地提高了窗户的保温效果。门窗口周边打密封胶，以改善密封效果，减少因冷风渗透引起的热损失，同时窗玻璃结露现象亦大大减轻。此外，使用节能换气装置，降低换气能耗。

图6-3-4　清河服务区综合楼

在建筑结构采暖系统节能和绿色环保技术创新方面，基于清河服务区等管理和服务场区设有独立的10kV专线供电和专用变压器，有足够负荷的有利条件，冬季供暖设备采用最高环保标准的固体蓄热式电锅炉，相比水蓄热锅炉占地面积小，节省空间，系统运行稳定，实现无人值守。充分利用峰谷阶梯电价，节能降耗，降低运营期冬季采暖成本，并最大限度降低环境污染。从运行效果来看,较传统服务区常规冬季取暖系统运行稳定,维护简便,取暖效果更好。最重要的是峰谷电价优势显著,运行成本消耗显著降低,真正实现了打造绿色建筑、绿色服务区的初衷。室内采用低温地板辐射采暖,改善采暖热效率并提高室内空间利用率。我国地热标准规定每环路加热管的进、出水口,应分别与分、集水器相连接。分、集水器直径应不小于总供回水管直径,且分、集水器最大断面流速不宜大于 0.8m/s。每个分、集水器分支环路不多于 8 路。地热采暖符合人体生理取暖的舒适要求,体感更温暖,更舒适;节约室内面积和空间,可省去安装暖气片和暖气管道所占的空间,增加使用面积2% ~3%;可使室内采暖温度均匀,克服了散热器采暖给人带来的干燥不适感。另外在每个房间都设有独立的分、集水器,可以对房间温度进行调节,改善使用体验。

2. 基于地域特色的服务区创新实践

按照可持续性、高效能、与自然和谐共生的绿色建筑理念,综合楼建筑外墙采用多孔砖、空心砖、保温板进行墙体、屋面保温,屋面保温结构如图 6-3-5 所示。结构围护采用外保温方案(图 6-3-6),以提高建筑使用面积和室内热稳定性能。基于环保、美学和耐久性考虑,建筑外墙采用了真石漆装饰。真石漆具有天然的色泽,给人以高雅、和谐、庄重之美感,适合于各类建筑物的室内外装修。特别是在曲面建筑物上装饰,生动逼真,有一种回归自然的效果。真石漆具有防火、防水、耐酸碱、耐污染、无毒、无味、黏结力强、不褪色等特点,能有效阻止外界恶劣环境对建筑物的侵蚀,延长建筑物的寿命。由于真石漆具备良好的附着力和耐冻融性能,适合在寒冷地区使用。

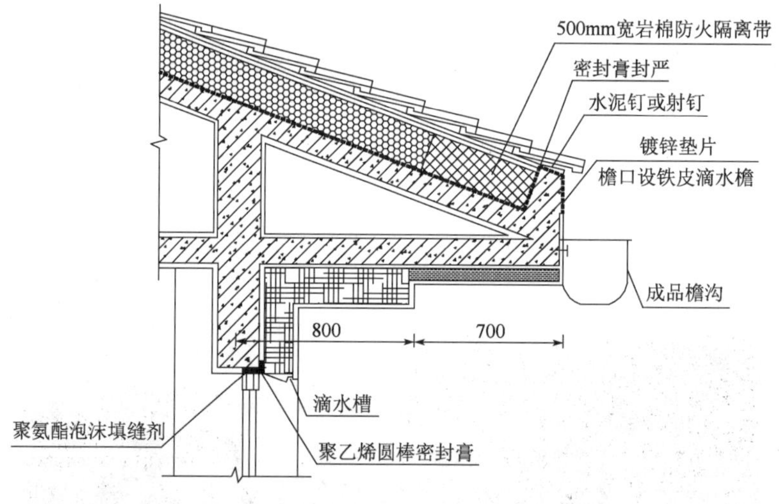

图 6-3-5　房屋屋面保温结构细部图(尺寸单位:mm)

为提升管理和服务能力,两侧场区设置车行通道连通。通道采用与隧道内装饰相同的白色配两条酒红色腰线的抗冻瓷砖精装修,进出口设置型钢骨架透明玻璃雨棚。停车位以功能和人文需求为前提,分车型、分区域独立设置,单独设置女性停车位,并采用不同颜色的彩色防滑路面进行区分。加油站汽柴油分离,给加气站预留空间。考虑建筑景观和周边环境对整体审美效果和使用功能的影响,服务区使用大面积绿地,利用室外景观,综合楼前广场采用花岗岩大理石总体铺面,台阶采用 300cm × 150cm × 1000cm 的整体切割磨光磨边天然条石,解决了常规台阶冬季冻胀通病。

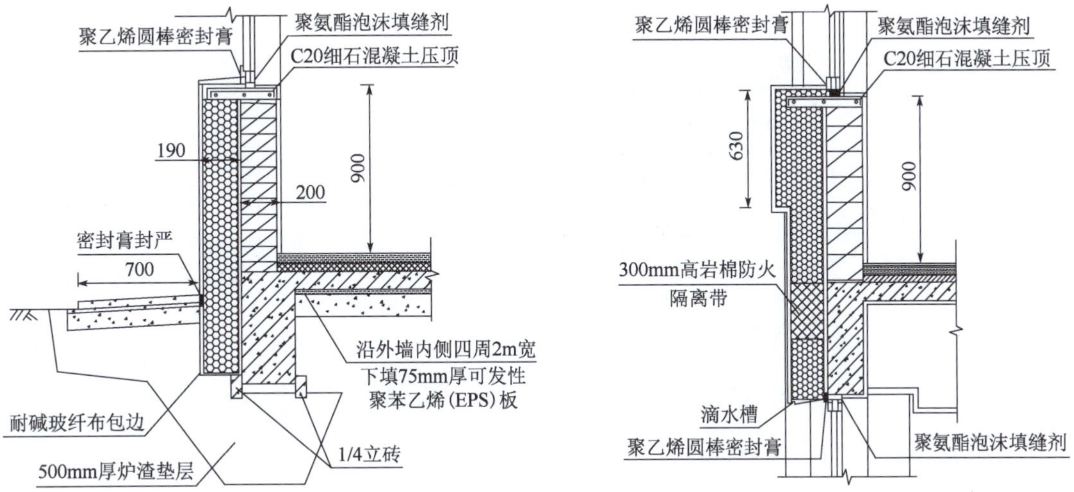

图 6-3-6　房屋外墙保温结构围护细部图(尺寸单位:mm)

对服务区休闲广场及景观小品进行量身定制,仿古实木凉亭(图 6-3-7)、特色休闲长椅(图 6-3-8)等展现厚重的历史文脉,为游客观光、休憩创造精致、优雅的人文环境。休闲长椅采用钢结构支撑骨架,结构抽象于本地特产野生人参造型,盛开的人参花瓣艺术性融合了高句丽文化的八瓣莲花,椅面采用防腐处理实木结构。场区景观绿地在功能性指标优先的前提下,因势利导设置造型灵活的地上花坛,外立面采用具有历史沉淀风格的天然石材装饰,抗冻耐久、厚重美观。场区绿化及花坛结合四季特色采用乔灌木搭配、常绿与落叶搭配、色叶与开花搭配方案,主要有云杉、金叶榆、丁香及白三叶等耐寒、耐旱草灌植被,结合地形地块分区域按不同造型栽植。基于功能布局考虑,房车营地、充电桩布设在远离加油站一侧,针对性加大出入口、加油站等车道转弯半径,方便车辆进出。

图 6-3-7　清河服务区仿古实木凉亭(铺彩色防滑路面警示)

图 6-3-8　清河服务区休闲长椅

服务区综合楼功能分区合理(图 6-3-9),服务大厅装修现代风格融入人参文化,餐厅基于定制金字塔造型上挑实木顶棚,庄重大气而不失雅致,就餐区吊顶抽象于硕大的人参叶片,与定制造型的照明灯具相辉映,服务餐台全天然石材台面严整大气,廊柱使用独特造型的天然石材挂面,地面砖采用 600mm × 1200mm 高级灰斜铺,反衬出高端大气稳重风格。总服务台和古高服务驿站大量采用实木吊顶和背景墙装饰,大量使用天然石材用作各类台面。

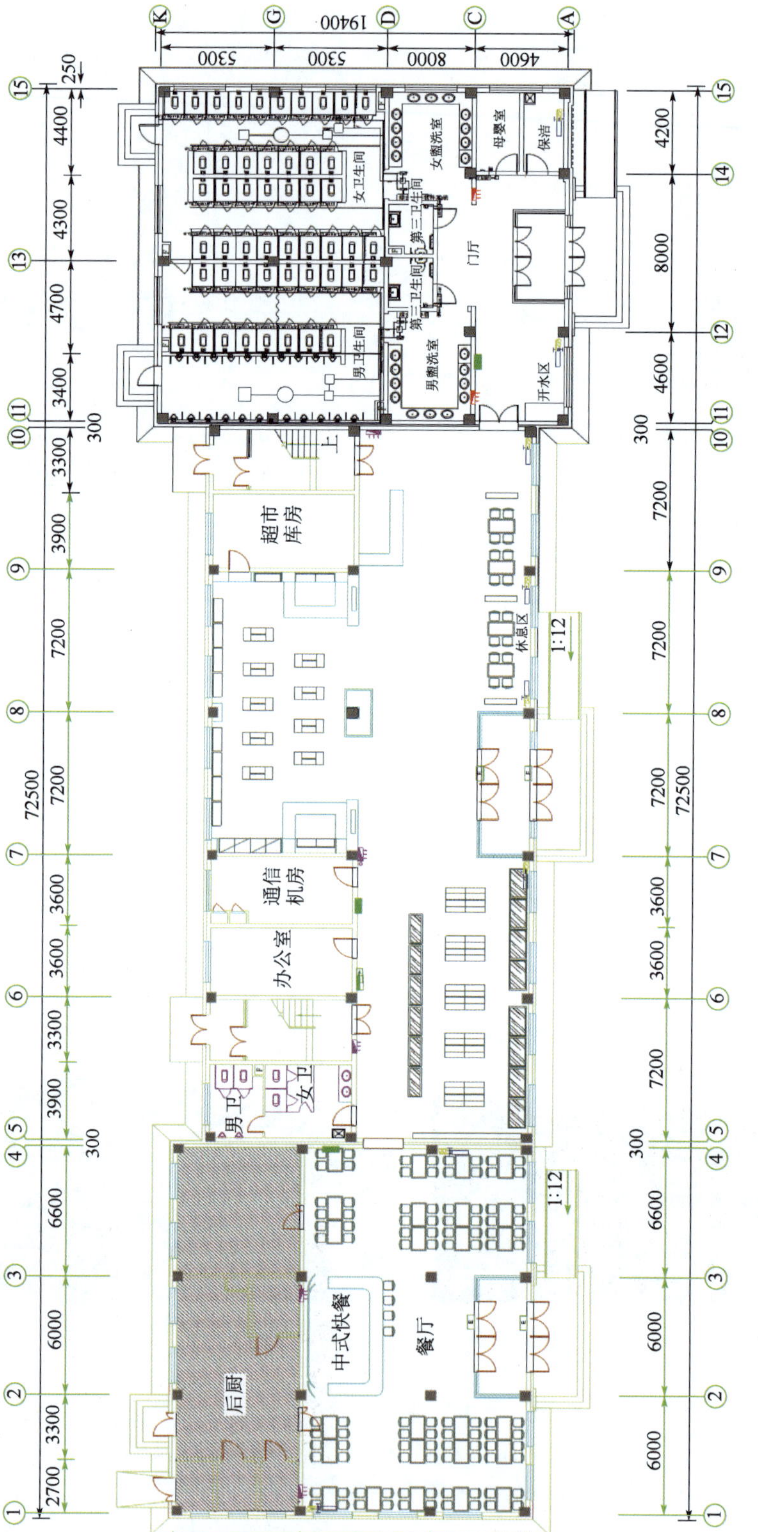

图6-3-9 清河服务区综合楼智能化建设内部平面布置图(尺寸单位: mm)

设置农副土特产品(人参)经营专区,超市等商业区的隔墙采用透明的玻璃隔断或半隔断,透射出室内商业空间的效果,引导消费。服务大厅布置带绿植的长椅,超市附近设置休闲茶座等人性化设施,给人以舒适感,引导旅客乐于在服务区内休闲、停留。职工食堂、餐厅与对外经营的食堂餐厅独立设置。公厕区域流线清晰,最大化保护男女隐私,考虑冬季防寒设置内嵌式保温隔离门斗,内部装修瓷砖采用国内一线品牌优等砖,40cm×80cm 高光色地砖上墙,地面采用 40cm×80cm 高光灰色地砖斜铺。工程主要设备及主要材料、成品、半成品、配件、器具(门、窗、洁具、饰面砖、地板、灯具、内外墙涂料等装饰材料及五金组件等)原则上采用一线知名品牌,采购前、使用前和交付后执行严格的审核制度。服务大厅细部全景如图 6-3-10 所示。

图 6-3-10　综合楼服务大厅细部全景

基于创建绿色服务区理念,清河服务区排污设施采用污水低温生物处理技术集成一体化设备,确保冬季处理效果,有效保护周边水体环境,在污水处理方面完全杜绝环境投诉及排污处罚,减轻服务区运营压力。膜生物反应器(Membrane Bio-Reactor,简称 MBR)处理工艺把膜分离技术中的超微滤技术与污水处理中的传统活性污泥法相结合,用膜组件代替活性污泥法中的二沉池,也称作膜分离活性污泥法。MBR 反应系统流程如图 6-3-11 所示。

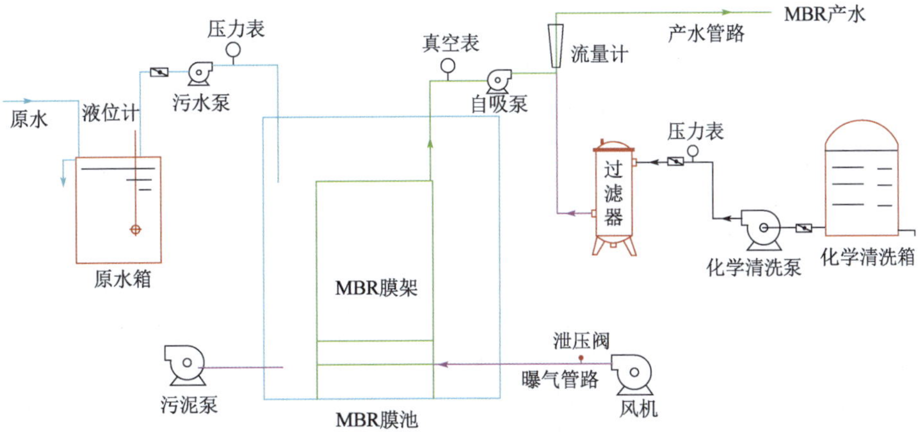

图 6-3-11　MBR 反应系统流程图

3. 设置特色公益停车区、休闲区

充分发掘高速公路占地红线内可利用的闲置空地资源，包括互通匝道区域占地、路侧加宽取土区域等，结合地域特色历史人文、民俗风情、地理景观以及公众需求，设置公共停车区、景观休闲区等，设置历史人文景观小品，为公路旅游提供更为人性化和公益性的服务，为沿线居民出行和与外界交流提供便利服务。通化为著名的中药之乡、“中国三大天然药库”之一，借用我国古典医学“天人合一”“阴阳交融”思想进行景观小品创作。湾湾川休闲区整体平面布局内圆用景墙分隔，形成太极图案，外切八边形为八卦图案，一处做成悬壶济世，一处做成橘井泉香（图 6-3-12）。

图 6-3-12　湾湾川休闲区景观小品布局

6.4　季冻区公路管理设施创新实践

公路管理设施是交通运输体系的重要组成部分，包括监控、收费、通信、供配电、照明和管理养护等设施。集通高速公路管理设施遵循交通运输部“典型示范工程咨询要点”原则进行设计和实施，亮点突出、节能环保，充分体现“综合交通、智慧交通、绿色交通、平安交通”理念。供配电设备、监控设备、车道指示收费设备、通风照明设备等超过 10 万套机电设备均采购一线品牌产品。

6.4.1　综合交通、智慧交通创新实践

集通高速公路设置了完善的交通工程及沿线设施，将建筑信息模型（BIM）技术、电子技术、信息技术、检测器技术、系统工程技术、地理信息平台、智能交通管控技术等集成应用。智慧高速公路建设总体框架如图 6-4-1 所示。

1. 率先采用高速公路分段式不停车收费系统，实现了车辆进入和驶离高速不停车收费

贯彻落实国务院关于取消高速公路省界收费站相关会议精神的总体决策部署，依据交通运输部《取消高速公路省界收费站总体技术方案》具体细则，设置了 ETC 门架系统及相关配套机电设施，满足我国取消省界收费站工作的总体要求，实现车辆在高速公路上的不停车收费，提高通行效率，降低能耗，减少污染物排放。收费计算机系统网络分为三级：收费中心计算机局域网、区域收费中心计算机局域网、收费站计算机局域网，三级网络间通过通信系统提供的信道构成广域网。

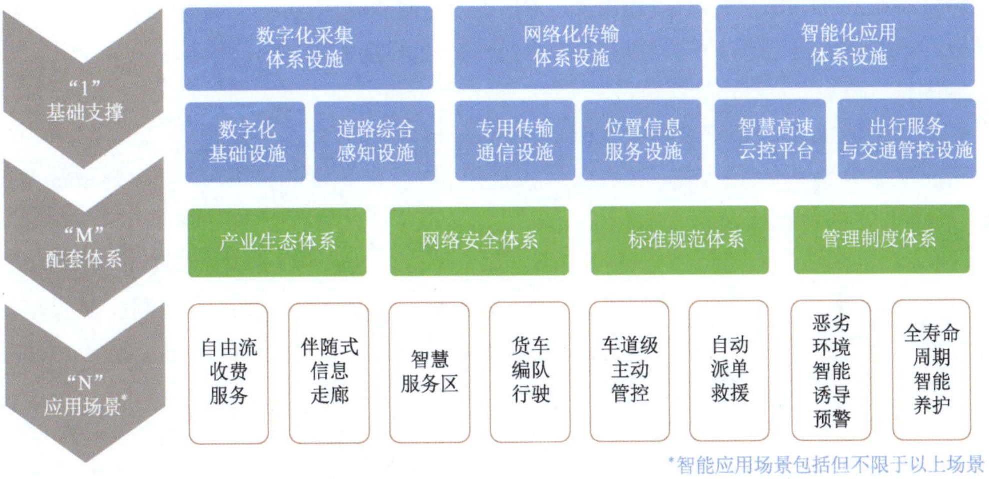

图 6-4-1 智慧高速公路建设总体框架

2. 基于 BIM + GIS 技术等信息技术，推进高速公路数字化技术应用

建筑信息模型(Building Information Modeling，简称 BIM)创建并利用数字模型对项目进行设计、建造和运营管理，将各种建筑信息组织成一个整体，在项目全寿命周期或各阶段创建、维护及应用建筑信息模型进行项目计划、决策、设计、建造、运营等，包含建筑全生命期或部分阶段的几何信息及非几何信息的数字化模型。建筑信息模型以数据对象的形式组织和表现建筑及其组成部分，并具备数据共享、传递和协同的功能，在提高生产效率、节约成本和缩短工期方面发挥了重要作用。BIM 技术全寿命周期应用如图 6-4-2 所示。

图 6-4-2 BIM 技术全寿命周期应用

BIM 技术将工程抽象成数字化模型，是对公路建筑工程物理特征和功能特性信息的数字化承载和可视化表达，正在引领建设领域规划、设计、施工、运维一系列技术创新和管理变革。结合 GIS、Lumion、3Dmax 等技术，对集通高速公路的交通工程及沿线设施以及路线、桥梁、互通、隧道、交通标志、工程场景等进行 BIM 建模、三维展示、数据分析，为项目优化提供

了更为直观可靠的决策依据。应用 BIM + GIS 的远期目标，是期望工程项目信息在规划、勘察、设计、施工以及运营养护的全过程都能充分共享、无损传输，为工程全寿命周期中的各方决策提供技术支持。

3. 季冻区隧道通风智能控制系统创新应用

集通高速公路共 7 座隧道需要设置风机通风，均设有完整的排风系统，实现现场及远程控制，满足火灾临界风速及正常运行工况风速要求。集通高速公路在 6 座隧道（不包括五女峰隧道）采用通风智能控制系统，通过分布在隧道内各点的一氧化碳（CO）/能见度（VI）传感器，将检测结果传至监控中心，经计算开启相应数量的风机，实现自动控制。通过隧道风机智能控制系统，在行车正常情况下，根据设置在洞内的 CO/VI 探测头检测值控制风机的运行；在洞内发生车辆阻滞（平均车速 <10km/h）或发生火灾时，隧道内风机分别按交通阻滞或火灾情况运行，以满足稀释洞内有毒气体或火灾排烟要求。隧道通风智能控制设备安装布置示意如图 6-4-3 所示。通风控制子系统可根据检测到的环境数据、交通量信息控制风机的运行台数、风向、运行时间，并且能实现节能运行。针对火灾工况不同点位，进行相应的火灾排烟处理，以保证隧道的安全及运行环境的舒适。通风是隧道运营中的"耗能大户"，风机耗电占据大部分用电容量。按照采用隧道通风智能控制系统可以节约用电量 30% 计，则每年节约用电量 59.84 万 kW · h，折合标煤 197.472t。高台子隧道通风智能控制系统如图 6-4-4所示。

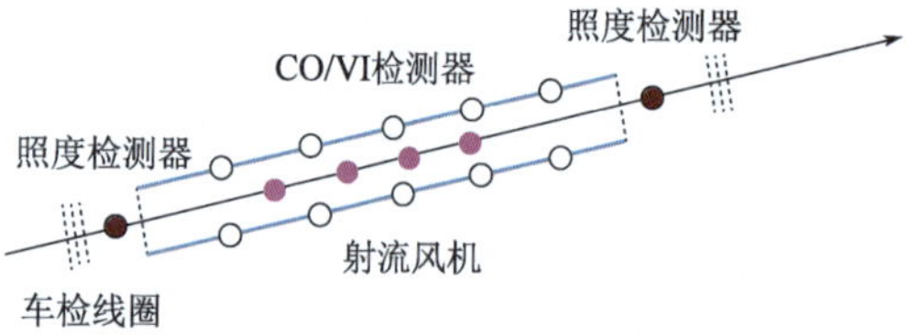

图 6-4-3　隧道通风智能控制设备安装布置示意图

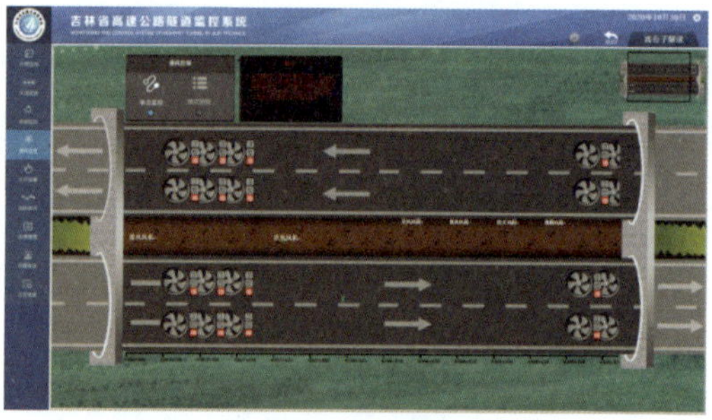

图 6-4-4　高台子隧道通风智能控制系统

风机智能控制系统采用自动控制方式，并用手动控制方式辅助。手动控制方式考虑联动控制与单独控制。通风控制方法采用直接控制法、间接控制法和时段控制法相结合的方案。直接控制法通过分布在隧道内各点的 CO/VI 检测器，直接检测隧道内烟雾浓度和 CO 浓度值，经计算处理后，给出控制信号，控制风机运行。间接控制法根据隧道入口前方及洞内车辆检测器检测的交通量、行车速度、车型构成等交通信息，通过预设程序计算出车辆的烟雾和 CO 排放量，作为通风控制的依据。时段控制法不考虑 CO 浓度、能见度及交通量的实际变化情况，而是根据经验，按时间区段估计交通量及其相应所谓烟雾和 CO 排放量，按预设程序控制风机运转。在正常运营工况时，通风控制方式一般设定在自动控制方式，当系统判断需启动风机进行通风时，系统优先启动当前停运时间最长的风机；当系统判定应停运部分风机时，系统优先停止当前运行时间最长的风机。特长隧道在防灾排烟工况时，隧道中控系统立即进入救灾联动程序，根据隧道内风速、风向检测仪测定的火灾隧道的风速、风向，经计算后启动一定数量的风机，将火灾内风速维持在 2 ~ 3m/s。背离火灾点的车辆继续向前行驶，迅速离开隧道。当隧道内发生火灾时，通风系统由正常通风状态紧急转换进入火灾排烟状态，以洞内风速检测值作为实时数据控制风机运转。五女峰隧道环境实时监测系统如图 6-4-5 所示。

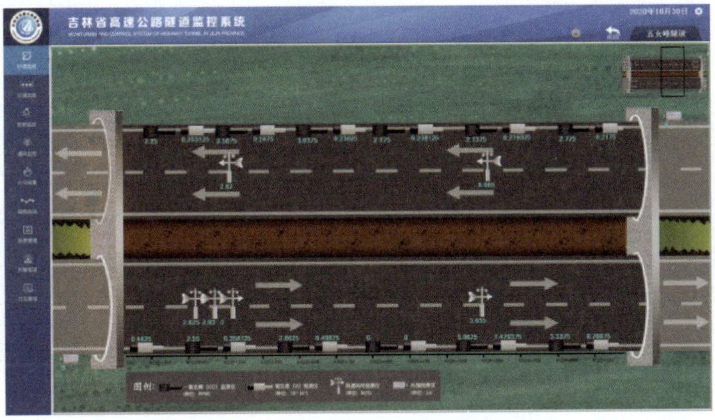

图 6-4-5　五女峰隧道环境实时监测系统

首次在东北地区建设高速公路特长隧道通风井，建设自然通风与隧道机械通风双模式相结合的通风系统以及完善的防灾救援系统。五女峰隧道全长 7930m，在地下风机房预留一处自然风道，自然风道设有控风阀及联动装置，在正常运营中，可利用自然风与风机进行双模联动控制，实现运营节能；发生火灾时，可关闭自然风道，利用轴流排烟风机进行排烟。采用隧道智能通风系统，能主动感知隧道内环境，自动按需采用自然通风或机械通风，提高驾驶安全性并最大效率节约能源。五女峰隧道通风控制策略见表 6-4-1。

五女峰隧道通风控制策略　　表 6-4-1

控制策略	隧道内自然风速 v_n	自然风利用情况	射流风机开启情况
控制策略一	$v_n > v_0$	动力	不开启风机
控制策略二	$0 < v_n \leqslant v_0$	动力	开启部分风机
控制策略三	$v_n \leqslant 0$	阻力	开启部分风机或全部风机

注：v_0 为隧道设计风速，自然风与通风方向同向为正，反向为负。

五女峰隧道运营通风控制方法：利用自然风节能通风的控制方式主要有分时段控制和实时控制。分时段控制即根据计算得到的自然风的规律，将全年划分成不同的控制时段（例如月），每个控制时段按该时段内的最不利工况进行控制。实时控制是根据隧道内实时自然风风速情况，对通风设备实时控制。五女隧道智能通风控制系统如图 6-4-6 所示。

4. 公路机电设施智能检测预警综合运用技术

公路机电设施应用事件检测、环境检测、设备自检及告警等技术，利用视频事件检测器、微波车辆检测器、气象检测仪、一氧化碳/能见度检测器、火灾自动报警检测器等实时检测高速公路车流量、车辆参数、气象环境指标等各种参数及突发事件、火灾等情况，控制高速公路及路网上的可变信息标志（门架式、悬臂式、信息发布标志等）、车道控制灯进行信息发布、告警、诱导，综合控制交通，确保高速公路安全畅通。异常巡检监测系统支持集成前端视频巡检系统，有效结合视频智能分析、智能定位、智能研判技术，对道路、桥梁和隧道拥堵点位、隐患点位、事故点位、动物、异常物体（落石、抛撒物）、违规停车、突发事件、火灾、恶劣天气等异常情况进行可视化监测，实现异常情况的实时告警、快速显示，并可智能化调取异常点位周边监控视频，有效提升高速安全运维效能，具备智能监测分析、数据采集、无线传输、故障预告警、历史数据对比分析等实用功能。机电设施智能检测预警平台系统如图6-4-7所示。五女峰隧道车道指示在线控制如图6-4-8所示。

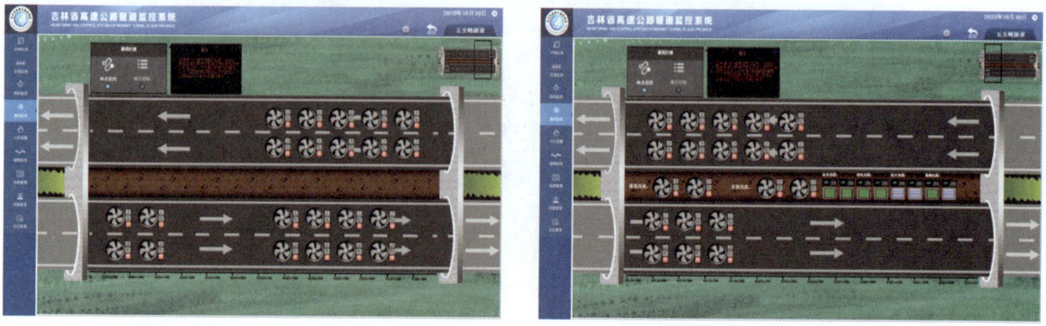

图6-4-6　五女峰隧道智能通风控制系统

图6-4-7　机电设施智能检测预警平台系统

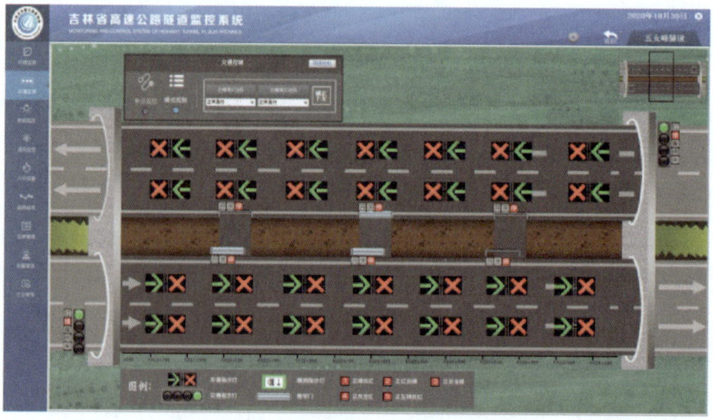

图6-4-8　五女峰隧道车道指示在线控制

5. 高速公路全程高清监控设施应用

集通高速公路建设了技术国内一流的高速公路管理分中心。监控中心系统采用国际领先的多屏幕(如LED和液晶两种不同种类的大屏)统一控制的拼控方案,采取智能拖拽式操作,更加便捷,优化使用体验效果。路线全程布设高清摄像机,间隔1km左右设置高清变焦摄像机,沿线互通、服务区、停车区、特大桥、长大陡坡、检修区、隧道洞口及洞内等易发生事故的重点路段增设一体化高清视频事件检测摄像机,实现全路段无盲区实时监视。采用星光级夜视高清摄像机,解决了夜间监控的盲点。监控分中心配有事件检测监控处理系统,当有事故及事件发生时,自动发出声光报警,监控人员无须时刻紧盯监控大屏,极大节省了监控人员处理事件、事故的反应时间,真正体现了智慧交通的理念。高清监控系统实景如图6-4-9所示。

图6-4-9　高清监控系统实景图

6. 基于环境感知的高速公路隧道照明节能与智慧控制技术

集通高速公路10座隧道照明控制均采用无级调光技术,具备自动控制和手动控制功能,应急照明采用双电源供电方式。隧道照明分为引道照明、入口段照明、过渡段照明、基本段照明、出口段照明、应急照明、横洞照明及隧道有源诱导标照明。洞口引道照明、加强照明及应急照明灯具选用LED灯。应急照明采用应急电源(EPS)独立供电,隧道单侧基本照明灯具全部兼应急照明功能。人行及车行横洞照明平时处于关闭状态,一旦人行及车行横洞门开启,立即点亮。人行横洞照明由红外线开关和手动开关双重控制。隧道内部供配电系统配置如图6-4-10所示。

图6-4-10　隧道内部供配电系统配置

隧道多参数耦合按需照明运营控制系统包括亮度检测仪、车辆检测器、VI检测器、传输网络、控制算法、调光控制器管理平台。其中,LED隧道灯中需集成单灯控制模块,隧道智能照明控制柜可实现对 LED 隧道灯的单灯控制。隧道智能照明控制管理平台安装于管理站服务器中,系统可通过高精度成像式亮度计、车辆检测器以及 VI 检测器采集现场数据。现场采集的数据通过设计先进的控制算法进行分析,判断是否达到某些预先设定的控制条件,进而通过照明控制器完成 LED 隧道灯的按需控制。隧道智慧照明控制系统流程如图 6-4-11 所示。

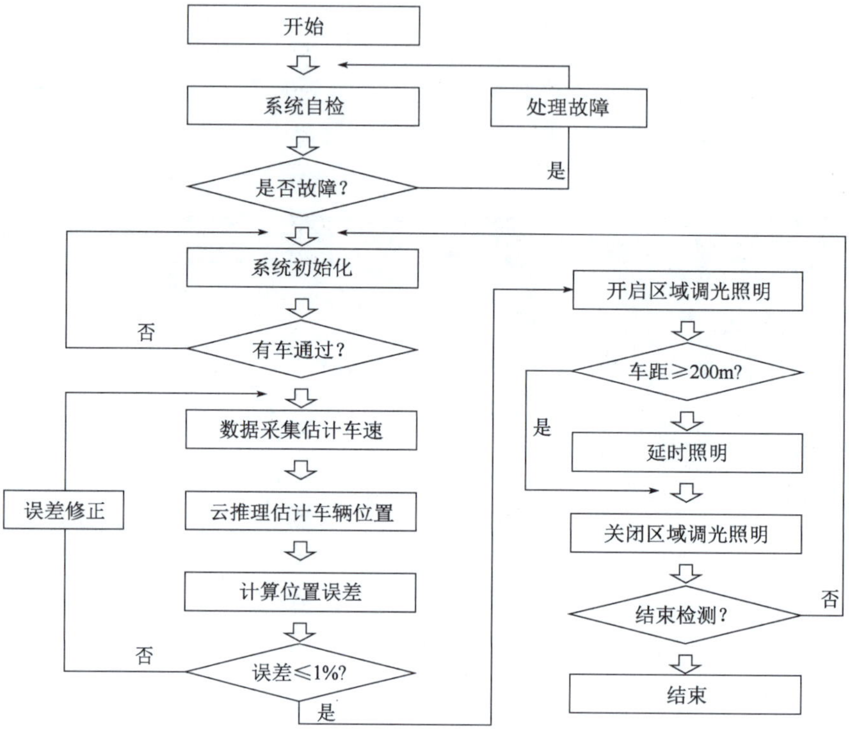

图 6-4-11　隧道智慧照明控制系统流程图

在隧道照明系统设计中,高精度成像式亮度计、隧道进口的车辆检测器将交通量数据经隧道变电所以太网交换机上传至智能照明控制柜中的可编程逻辑控制器(PLC)进行数据处理。计算隧道入口段、过渡段、基本段以及出口段的照明设计参数,隧道管理中心工作站依据计算出的设计参数,下达灯具调光指令,调光控制柜实现对现场灯具的无级调控。五女峰隧道照明系统实时监测如图 6-4-12 所示。

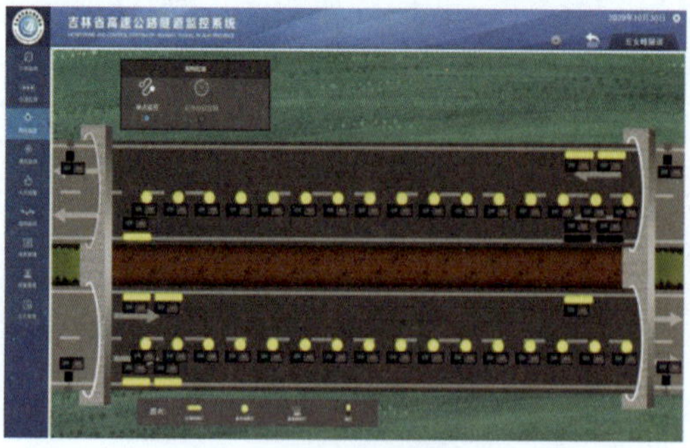

图 6-4-12　五女峰隧道照明系统实时监测

智慧照明控制系统通过隧道外设置的环境信息感知设备、车辆行为感知设备，将检测到的隧道亮度值传至监控中心，再以整体调光的方式将各段照明灯具的亮度调至对应值，从而避免了传统粗犷的回路控制造成的电能浪费。运用无级调光技术，隧道照明亮度的变化过程比较舒缓，避免了回路调控的突兀变化，光线更加柔和均匀，增加了行车的舒适度。100 级调光方式的洞内亮度曲线如图 6-4-13 所示。隧道洞内照明实景如图 6-4-14 所示。

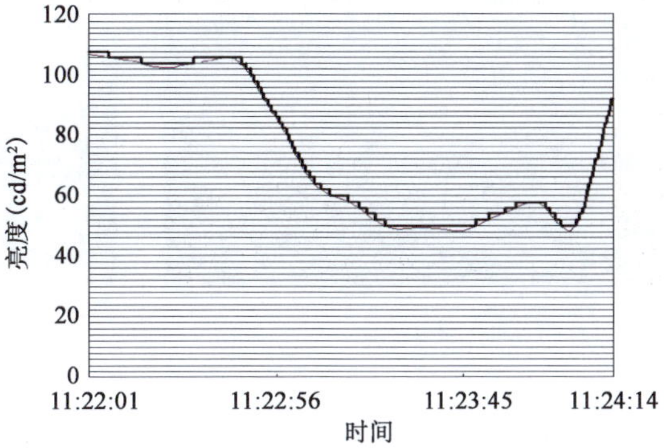

图 6-4-13　100 级调光方式的洞内亮度曲线

图 6-4-14　隧道洞内照明实景

7. 道路及旅游信息动态发布系统

道路及旅游信息动态发布系统由服务器、网络、播放器、显示设备组成。沿线可变信息标志（图 6-4-15）、道路外场设备收集的信息通过网络传输到系统平台，综合分析处理后形成的道路交通状况信息汇聚到服务器，通过服务器控制全路服务区信息发布屏，不仅节约人工费用，而且使信息的发布更安全、准确、快捷。在清河服务区内设置大型 LED 户外显示屏，在固定时段播放旅游宣传视频，在有异常情况发生时播放警示视频。

应用停车余位显示系统（图 6-4-16），提升高速公路停车场的信息化、智能化管理水平，给驾乘者提供一种更加安全、舒适、方便、快捷和开放的通行环境。在服务区、停车区设置无线地磁停车余位显示系统，提前预告停车场车辆余位信息，降低运营管理成本，减少停车场混乱、拥堵，提升服务水平。

图 6-4-15 可变信息标志发布路况信息

图 6-4-16 停车余位显示系统

6.4.2 绿色交通创新实践

绿色交通创新应用包括太阳能供电系统、分布式智慧供电、道路仿生摄像机、隧道照明变色温节能灯具、电子不停车收费系统等几个方面。

1. 太阳能供电系统

为有效降低项目运营后的能源消耗，提升绿色清洁能源利用率，在头道停车区设置车棚光伏电站。车棚有效利用面积 300m^2，发电量 54kW · h，总体布置如图 6-4-17 所示。分布式太阳能光伏发电系统主要由太阳能电池组件、逆变器、支架、交直流配电柜、汇流箱、防雷器、通信监控系统等设施组成，如图 6-4-18 所示。光伏发电将洁净太阳能直接转化为电能，生产过程不产生污染物及噪声，减轻环境污染，节能减排。头道停车区光伏发电采用“自发自用，余电上网”模式，为远距离场站、特大桥等的机电设备（如全程监控摄像机、小型可变信息标志等）供电，不仅解决了供电不便的难题，还大大节省了电缆、供电管道敷设费用。考虑北方寒冷环境，采用地埋式保温箱对蓄电池进行保温，以保证供电系统的稳定性。同时采用 2V 蓄电池保证电池使用寿命和性能稳定。

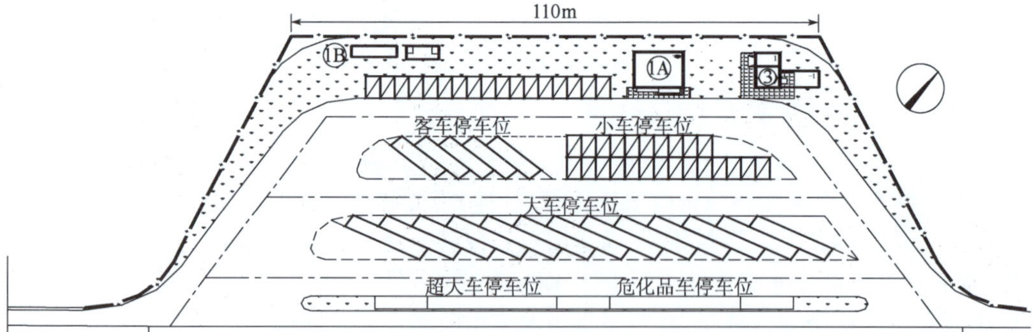

图 6-4-17 头道停车区停车棚光伏电站布置图

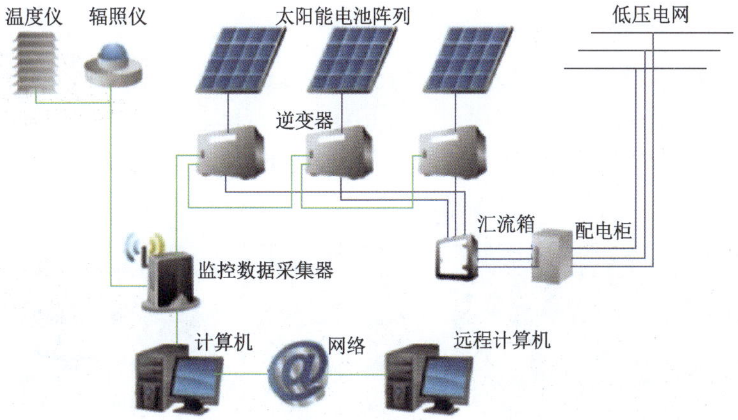

图 6-4-18　分布式太阳能光伏发电系统

2. 分布式智慧供电

互通区设置的主动发光标志距离收费站较远，且数量较多。如采用传统供电方式，电缆线径较大，且末段压降较大，不能满足设备的电压要求。在五女峰互通、湾湾川互通和太王互通的发光标志采用分布式智慧供电技术（图 6-4-19）。该技术通过提高输电电压、智能控制等措施实现供配电系统节能。采用分布式智慧供电技术可减少电缆使用种类和使用量，降低供配电设备和电缆的造价，并通过对供配电系统的功率因数补偿，整体提高供配电系统的功率因数，实现节约运营用电量。

3. 道路仿生摄像机（图 6-4-20）

高速公路沿线设置的摄像机立柱高 12m，除隧道洞口的立柱直径是 219mm 以外，其他路段上的摄像机立柱采用变径钢管立柱，顶端直径 204mm，底部直径 300mm，设置在道路两旁，与高速公路沿途景观极不协调，影响驾乘人员出行视觉舒适性。为此，道路监控摄像机采用与沿线自然风光相协调的仿生摄像机。

图 6-4-19　太王互通发光标志分布式智慧供电

图 6-4-20　道路沿线仿生摄像机

道路仿生摄像机杆表层采用仿生材料包裹，达到一定程度的模拟自然生长的树木的仿真效果，提升驾驶舒适度；采用太阳能供电的摄像机电池板特殊支撑结构，以满足电池板的稳定性要求。

4. 隧道照明变色温节能灯具(图 6-4-21)

集通高速公路隧道照明采用了变色温节能灯具与智能控制方案,选用可控 LED 节能型灯具与智能控制系统,减少不必要的电能消耗,实现隧道照明高效节能。隧道采用智能灯光控制系统,能根据光照强度、实时交通量等环境要素实现隧道内灯光自动调节,既满足通行安全需要又实现节能环保。其中五女峰隧道采用 3500K 色温暖色调灯具,舒适耐久,在严寒地区隧道属首次应用。

图 6-4-21　陶瓷像素变色温隧道灯具

5. 电子不停车收费系统

电子不停车收费系统(Electronic Toll Collection,简称 ETC),是高速公路或桥梁上的自动收费系统。通过安装在车辆风窗玻璃上的车载电子标签与安装在收费站 ETC 车道上的微波天线进行专用短程通信,利用计算机联网技术与银行进行后台结算处理,从而达到车辆通过高速公路或桥梁收费站时无须停车而能缴费的目的。收费系统每车收费耗时不到 2s,其收费通道的通行能力是人工收费通道的 5 ~ 10 倍。使用全自动电子收费系统,可以使公路收费走向无纸化、无现金化管理,从根本上杜绝收费票款的流失现象,解决公路收费中的财务管理混乱问题。

ETC 采用车辆自动识别技术完成车辆与收费站之间的无线数据通信,实现车辆自动感应识别和相关收费数据的交换。采用计算机网络进行收费数据的处理,不停车、不设收费窗口也能实现全自动电子收费。ETC 通过安装在车辆上的车载装置和安装在收费站车道上的天线进行无线通信和信息交换,主要由车辆自动识别系统、中心管理系统和其他辅助设施等组成。其中,车辆自动识别系统由车载单元(On Board Unit,简称 OBU,又称应答器或电子标签)、路边单元(Road Side Unit,简称 RSU)、环路感应器等组成。OBU 中存有车辆的识别信息,一般安装于车辆前面的风窗玻璃上,RSU 安装于收费站旁边,环路感应器安装于车道地面下。中心管理系统有大型的数据库,存储大量注册车辆和用户的信息。当车辆通过收费站口时,环路感应器感知车辆,RSU 发出询问信号,OBU 做出响应,并进行双向通信和数据交换;中心管理系统获取车辆识别信息,如汽车 ID 号、车型等,和数据库中相应信息进行比较判断,根据不同情况来控制管理系统产生不同的动作,如计算机收费管理系统从该车的预付款项账户中扣除此次应缴纳的过路费,或送出指令给其他辅助设施工作。集通高速公路是吉林省首条 ETC 全程并网的高速公路,每个收费站都设有电子不停车收费车道,采用技术领先的二代相控阵天线,多辆车同时进入车道时可以对车辆进行定位,避免跟车错误交易,提高交易准确率及通行效率。

ETC 车道通行示意如图 6-4-22 所示。

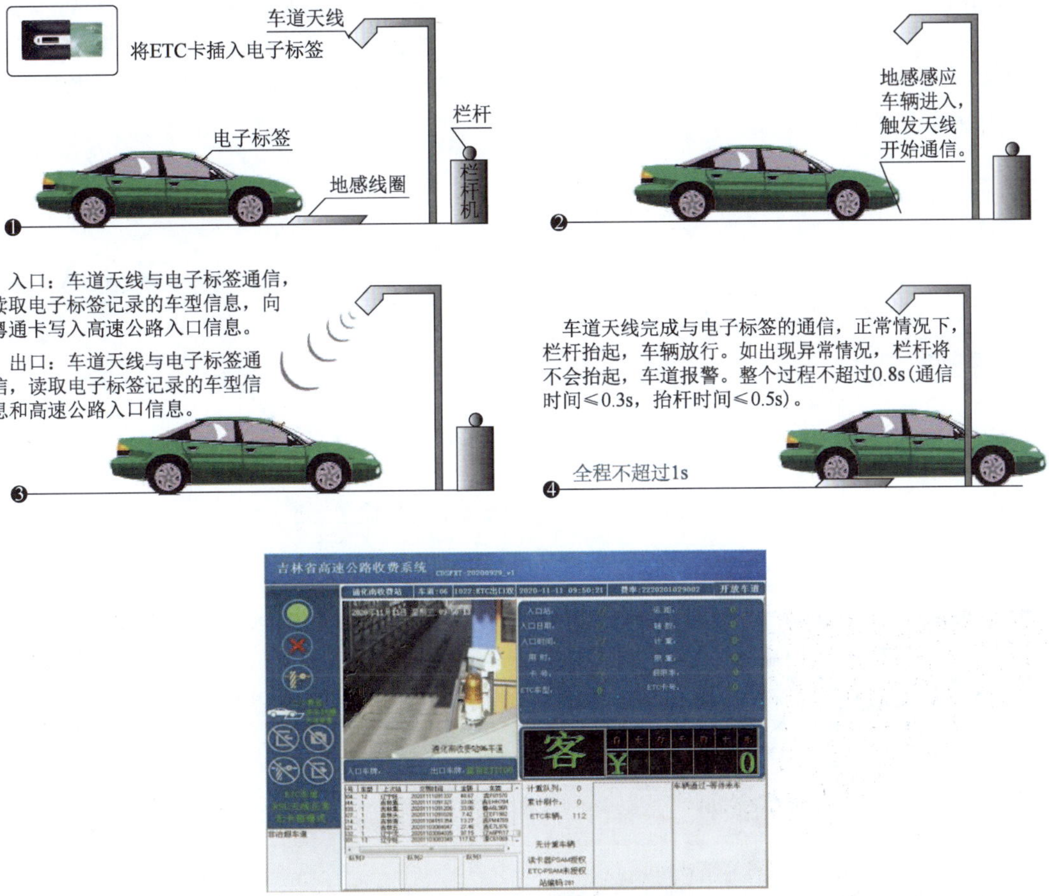

图 6-4-22　ETC 车道通行示意图

6.4.3　平安交通创新实践

平安交通创新技术重点围绕五女峰特长隧道运营安全与防灾救援等方面展开。

1. 高速公路防灾救援体系

配套设置了完善的防灾救援体系，主要分为一般路段外场报警联动控制、隧道联动控制和收费站报警联动控制。各级监控人员通过各种信息采集设备（紧急电话、隧道广播）、路政巡逻人员报告及求助电话的报告来获取路况及事故信息。数据异常时自动告警，监控人员可根据现场情况按照既定预案进行处理。同时对于隧道群、长隧道设计了多种情况下的应急预案初步方案。五女峰隧道火灾事故报告预案程序如图 6-4-23 所示。

2. 设置完善的消防系统

隧道消防充分考虑了隧道安全性和发生火灾的快速反应需求，对于长度大于 500m 的隧道设置了水消防系统。在所有隧道设置了双波长火焰探测器、手动报警按钮、声光报警器、灭火器箱及磷酸铵盐干粉灭火器。五女峰隧道设置了感温光纤探测系统，消防洞门设置了报警开关，洞内变电所设置了气体灭火系统。依据隧道使用情况，将消防系统设置为湿式系统，即整个管道时刻处于有水有压状态，可随时投入使用。消防系统本着以自救为主，外与当地消防部门配合，并可为消防部门提供消防水源的原则。在隧道内设置有火灾报警系统，实时在线监测，清楚指示火灾危险地点，将报警信号传送至火灾报警控制系统，供火灾报警控制系统进行相关联动控制。隧道消防系统常规布置如图 6-4-24 所示。隧道火灾报警系统实时监测如图 6-4-25 所示。

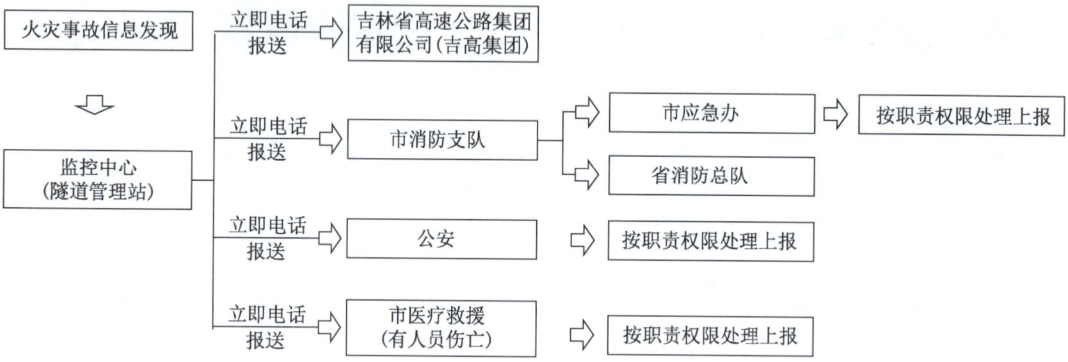

图 6-4-23　五女峰隧道火灾事故报告预案程序

图 6-4-24　隧道消防系统常规布置图

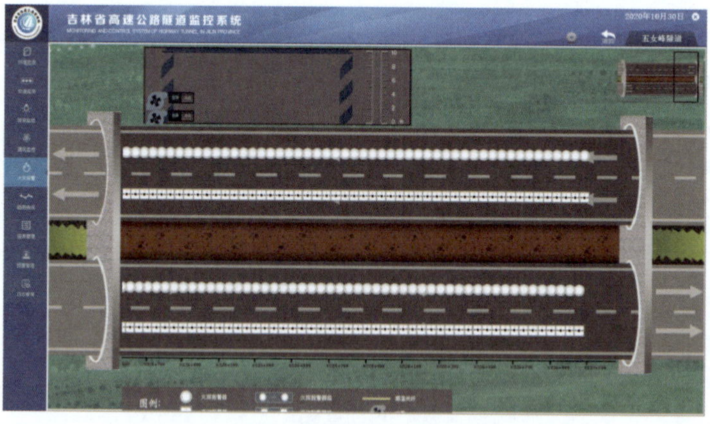

图 6-4-25　隧道火灾报警系统实时监测

3. 五女峰特长隧道火灾救援策略

五女峰隧道火灾救援策略包括隧道交通控制策略和区域交通控制策略。隧道交通控制即通过车道指示器、交通信号灯、洞外可变信息标志、广播等来实现隧道洞口及隧道内车辆的分流。区域交通控制即通过路段的收费站、互通可变信息标志对区段交通流进行分流。五女峰隧道共10处车行横通道、21处人行横通道，事故分区按车行横通道进行划分，左、右洞各划分为11个分区。车行横通道采用60°角。隧道进口未设置联络道，隧道出口设置联络道。以隧道右洞2分区发生火灾为例，隧道人员逃生疏散路线、应急救援车辆路线如图6-4-26、图6-4-27所示。

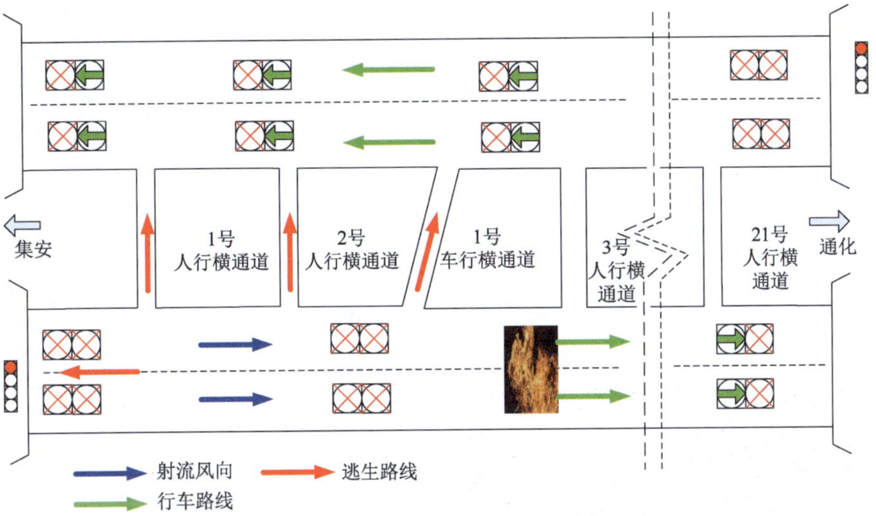

图6-4-26　人员逃生疏散路线(疏散阶段)

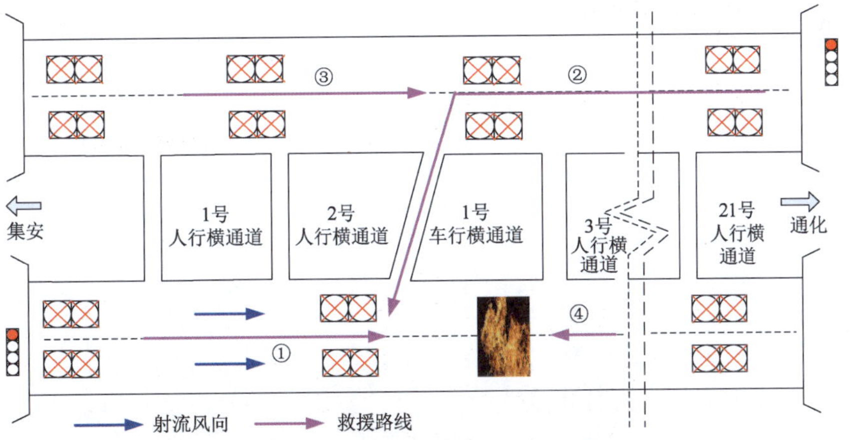

图6-4-27　应急救援车辆路线(救援阶段)

火灾情况下有以下几种救援方案：①利用火灾隧道顺向到达；②利用非火灾隧道，通过车行横通道顺向到达；③利用非火灾隧道逆行，通过车行横通道到达；④利用非火灾隧道，通过车行横通道逆向到达。考虑到救援人员的安全，应急救援路径建议采用方案①、②、③。火扑灭后，上游受阻车辆可通过非火灾隧道进行有序疏散。非火灾隧道信号灯为黄色，双向通行，待现场达到恢复交通条件时，再将各交通控制及诱导设施恢复正常运营。五女峰隧道火灾事故应急救援作业流程如图6-4-28所示。

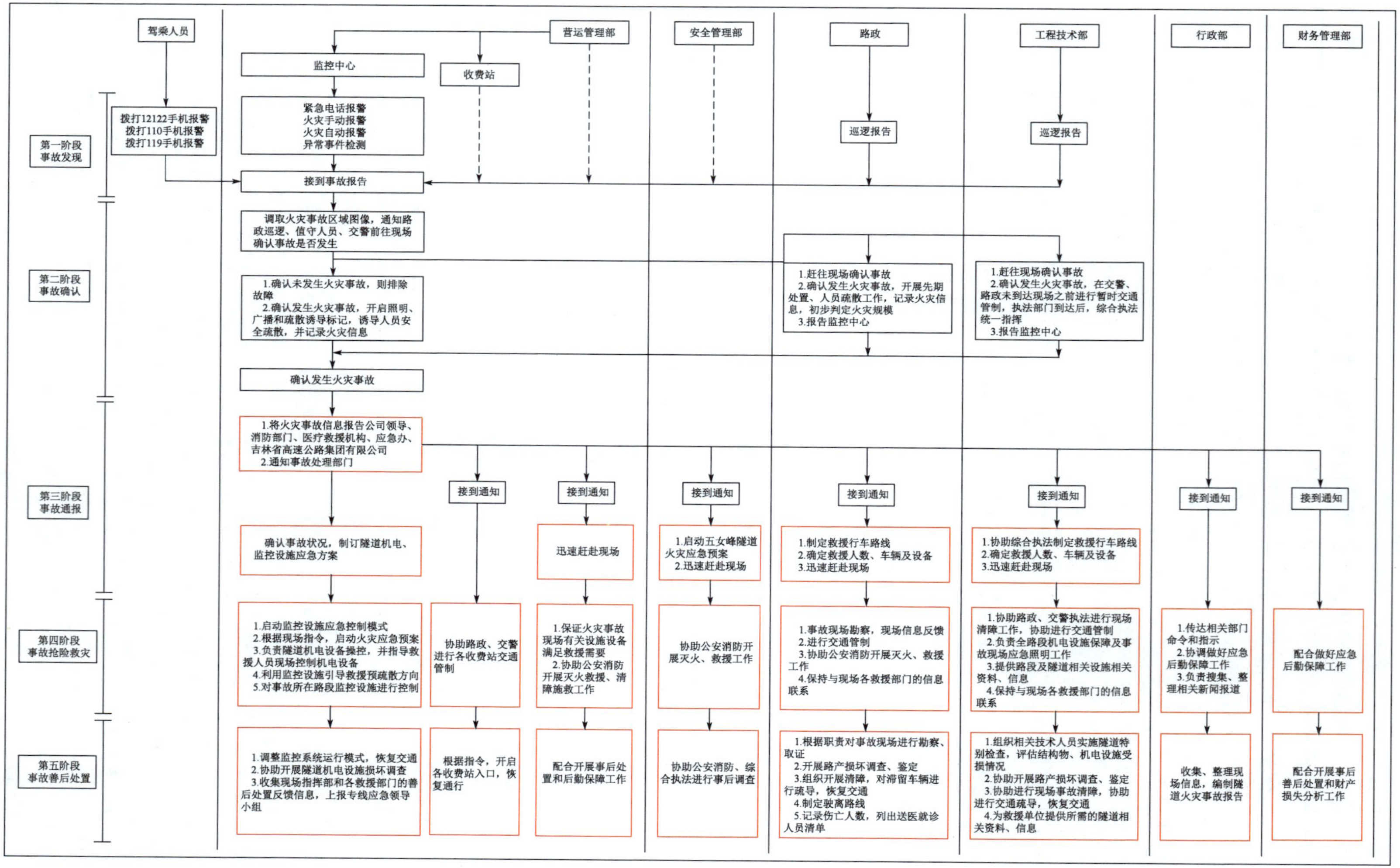

图6-4-28 五女峰隧道火灾事故应急救援作业流程图

4. 智能化集成全钢骨架结构收费亭应用(图6-4-29)

对标北京大兴机场高速公路,采用新型同款集成式收费亭。收费亭整体使用全钢骨架一体化设计,工厂流水线生产。箱体内外五层结构,中间添加阻燃保温材料,密封性、抗冻性、全寿命耐久性以及结构隔音效果均为行业最优,特别适合于寒冷地区使用。采用骨架式无缝全焊接结构,能有效抵御外部撞击,吸收撞击能,更加安全舒适耐久,相关安全质量认证为国内最高标准。收费亭内部机电、收费等操作设施高度智慧化集成。外观采用流线型设计,美观大方时尚,可根据使用环境定制外观效果,做到与收费站整体风格协调一致。箱体表面采用冷板喷塑工艺一次成膜,粉末涂料不含任何溶剂,对人体无毒害,高度环保,解决了生产和后期使用中因溶剂而造成的污染问题。

图6-4-29 智能化集成全钢骨架结构收费亭

6.5 五女峰隧道照明调光技术

隧道照明光源的选择应满足隧道特定环境下的光效、光通量、光衰减、寿命、光色、显色性、可靠性以及成本要求,同时还能保证在汽车排放形成的烟雾中有良好的能见度。LED灯具发光效率高,响应速度快,节能显著,使用寿命长,可以根据隧道内车速、交通量、洞外亮度调节亮度,因此成为当前主流推广应用技术。LED灯具的发光原理是靠P-N结发光,当电流通过晶片时,N型半导体内的电子与P型半导体内的空穴在发光层剧烈地碰撞复合产生光子,以光子的形式发出能量,即可见光。如果是同功率的LED光源,需要比较芯片与电流电压的参数,其直接关系到LED内部的布线结构和电路分布,影响不同光源对调光驱动的配置。

6.5.1 隧道照明系统调光控制模式

1. 分级调光控制模式

分级调光控制是指隧道照明系统分为“晴天”“多云”“阴天”“夜间”和“深夜”五级照明控制模式,每级照明模式对应相应的照明回路控制,系统根据不同的天气情况对隧道灯具进行开关量调节:晴天,开启基本段和加强段照明回路;多云,关闭引入段和加强段照明回路;阴天,关闭引入段和过渡段部分照明回路;夜间,开启基本照明回路;深夜,开启单侧基本照明回路。在公路隧道照明控制系统中,主要使用分级调光控制模式,通过控制照明回路的开关,调节隧道照明亮度。但是这种控制模式对隧道灯具布设要求较高,调整范围较大,控制效果过于粗放,容易在隧道内形成“光斑”,使得行车舒适性差,给行车安全造成隐患,同时还存在过度照明,隧道照明系统内有70%左右的能耗被过度照明消耗。

2. 无级调光控制模式

无级调光控制是指根据照明控制参数的变化而连续调节照明灯具的使用功率,从而实现不同亮度等级的转变,实现隧道照明亮度较为平滑的调控。无级调光模式较分级调光模式更为精确,可以按照照明规范的要求,按需调节隧道照明灯具的功率,不需要灯具满负荷工作,改变了传统公路隧道照明系统亮度需求和灯具能耗的不可控性,有效避免了过度照明,不但能使隧道内照度更加均匀变化,而且能节约电能。无级调光模式主要针对 LED 灯、电磁感应灯等灯具。随着照明技术的发展,无级调光控制模式在隧道照明系统中也正在推广使用。

6.5.2 LED 灯无级调光技术

1. DC 0 ~ 10V(DC 0 ~ 5V)调光方式

DC 0 ~ 10V(DC 0 ~ 5V)调光是用电压大小来调节控制回路电流大小实现调光,与直接用脉冲宽度调制(PWM)调光相比亮度变化更顺滑,既可以从亮度为0的状态调至100%的亮度,也可做成反逻辑,对应从0的状态调至100%的亮度。0 ~ 10V 调光器一般需要单独供电,调光内部元件产生0 ~ 10V 的电压。自带电压可以实现远距离的调光控制,控制距离的长短主要受单灯控制器输入电阻、控制回路电缆压降的影响。

2. PWM 调光方式

脉冲宽度调制(PWM)全称是 Pulse Width Modulation,P 代表脉冲信号,W 代表宽度,M 代表控制,是一种非常有效的控制技术,通过调整占空比和脉冲频率实现对模拟电路的控制。PWM 调光无须外接电压,可直接连接调光线实现调光。这种调节方式适合控制精度不高的短距离调控,远距离需要增加 PWM 信号放大器以保持其信号的真实度。相对0 ~ 10V 调光,PWM 调光效果顺滑度不是特别好,适合对控制电流精度要求不是很高时使用。控制距离较短,一般在2 ~ 3m。

3. 电阻调光方式

电阻调光一般用可变电阻来改变电阻值以调节光源中的电流,达到调光目的。这种调光方式存在一定的缺点,如耗能多、效率低、体积大、控制不便;其优势是交直流电源都可使用,没有无线电干扰。

4. DALL 调光方式

数字可寻址接口(DALL)全称是 Digital Addressable Lighting Interface,是一种数据传输协议。DALL 不是一种新的总线,但支持开放式系统。设计应用 DALL 的最初目标是优化一个智能型的灯光控制系统,该系统结构简单,安装方便,操作容易,不仅可用于一个房间内的灯光控制,还可以与大楼管理系统(BMS)对接。DALL 技术的最大特点是单个灯具具有独立地址,可通过 DALL 系统对单灯或灯组进行精确的调光控制,具有设计简单、成本低、控制精度高等优势。由于控制电缆压降不大于2V,所以控制距离不超过300m。

5. 三合一混合调光方式

混合调光方式是吸收了0 ~ 10V 调光、PWM 调光、电阻调光各项优点,避免了各项不利因素,但由于控制照明回路受到线缆压降的影响,控制距离受限为其最大缺点。

6. 时序智能调光方式

时序智能调光采用 485 总线技术,内置倒计时芯片,用于工作时间,通过内置主动发生 PWM 信号实现控制,既可以出厂时设定 4 个工作时间段的亮度比例,也可以根据需要利用软件写入所需要的工作时间与输出比例,调节控制回路电流,达到控制灯具的目的。由于 485 总线技术局限,线缆最远传输距离为 1200m,可配置光纤控制更远距离,调光控制时间随着控制灯具数量增加而产生较大延长。

7. 环境智能调光方式

环境智能调光是在以上调光方式基础上开发亮度环境检测设备输入接口,采用 4 ~ 20mA 信号输入,通过软件换算再采用 0 ~ 10V 调光、PWM 调光、电阻或混合调光方式,达到控制灯具亮度的目的。其主要优点是可根据控制环境定制,无人值守,节能,缺点是前期投入成本高。

公路隧道环境智能调光距离和响应时间与选取的输出调光方式有很大关系。照明控制的影响因素主要有交通量、洞外亮度、平均车速、洞内能见度、特殊事件以及时间。交通量越大、平均车速越快,对照明需求也越大。另外,洞外亮度越大,隧道内的亮度需求也越大。事件因素主要包含隧道及隧道所在道路交通事故、隧道火灾、时序控制以及人工控制等对照明输出结果的控制和影响。LED 智能调光控制算法原理如图 6-5-1 所示。

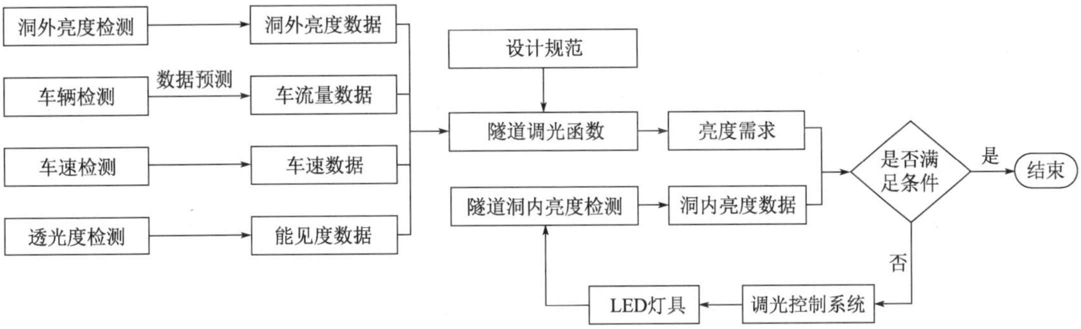

图 6-5-1 LED 智能调光控制算法原理

6.5.3 五女峰特长隧道 LED 调光控制

五女峰隧道左洞长 7930m,右洞长 7871m。车辆密集度季节性和旅游性较强,主要集中在春季、秋季及节假日。隧道照明系统采用 LED 灯具,基本照明采用 50W LED 灯具,间距 6m 布置。重点考虑响应时间、控制传输距离、造价成本等因素。协议类数字调光控制受到传输电缆压降及控制端电压损耗影响,不能满足隧道控制需求,所以只能选取模拟量控制方式,控制系统采用调光控制主机-主控制器-单灯控制器结合方式。五女峰隧道照明系统设置如图 6-5-2 所示。

隧道洞内外亮度仪实时检测环境亮度变化,照明主控制器通过软件调节输出电压,控制照明回路电流,照明单灯控制器通过灯具供电回路电流调控 LED 灯具亮度。主控制器输出调光控制电压选取 0 ~ 5V,控制末端压降率小于 0.5%。五女峰隧道左洞长 7930m,灯具设计间距 6m,控制灯具数量为 1322 盏灯。具体计算公式如下:

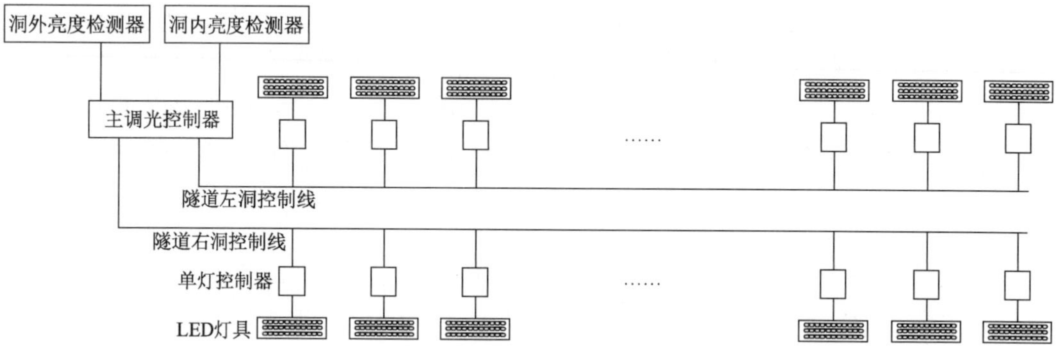

图 6-5-2　五女峰隧道照明系统设置示意图

$$r_2 = \rho \frac{L}{S}$$

$$I = \frac{U}{r_0 + nr_1 + r_2}$$

$$\Delta U = \frac{Ir_2}{U} = \frac{r_2}{r_0 + \frac{r_1}{n} + r_2} = \frac{nr_2}{nr_0 + r_1 + nr_2}$$

$$i_1 = \frac{U}{r_1}$$

式中：I——控制回路电流；

U——主控制器输出电压；

ΔU——线路压降；

r_0——主控制器控制内阻；

r_1——单灯控制器输入电阻；

i_1——单灯控制器控制电流；

L——控制电缆长度；

r_2——线缆电阻；

ρ——铜电缆电阻率。

控制线选取 2 芯电缆，每芯截面积为 1.5mm^2（YJV-2 ×1.5），则：

$$r_2 = \rho \frac{L}{S} = 0.0185 \times \frac{2 \times 7930}{1.5} = 195.6\Omega$$

$\Delta U < 0.5\%$，则$\frac{nr_2}{nr_0 + r_1 + nr_2} < 5\%$

电源内阻忽略不计，则：

$$\frac{nr_2}{r_1 + nr_2} < 5\%$$

$$r_1 > nr_2\left(\frac{1}{5\%} - 1\right) = 1322 \times 195.6 \times \left(\frac{1}{5\%} - 1\right) = 4.9 \times 10^6\Omega = 4.9\text{M}\Omega \approx 5\text{M}\Omega$$

由 $r_1 = 5\text{M}\Omega$，则 $i_1 = \frac{U}{r_1} = \frac{5}{5 \times 10^6} = 1\mu\text{A}$

综上可知，五女峰隧道要实现0～5V调光控制，保证响应时间小于2s，末端压降小于5%，则必须保证单灯控制器设计输入电阻大于5MΩ，且单灯控制电流小于1μA，才能实现根据环境亮度实时控制LED灯具亮度。

五女峰特长隧道LED调光控制方式应用方案达到了绿色公路示范、节能降耗的预期目标。隧道运营平稳，照明灯具故障率极低，效果良好，达到了延长隧道照明灯具使用寿命、节约能源的目的。五女峰隧道照明调光实景如图6-5-3所示。

图6-5-3　五女峰隧道照明调光实景图

6.6　五女峰隧道LED景观带技术创新

五女峰特长隧道地处五女峰国家森林风景区核心区，为适应创建绿色公路需求，隧道左右洞的中心位置设置了一处长度120m的特殊景观带，以工程点阵屏幕为主，营造出"蓝天白云""海底世界"等背景图案，从而缓解驾驶员长时间行车的焦虑和紧张情绪，实现创建"品质工程""绿色公路"目标。

6.6.1　设计方案的比选与优化

为减少因长距离密闭空间而引起的驾驶疲劳，提高行车安全性与舒适性，在五女峰隧道中间位置，即左幅LK23+750～LK23+870、右幅RK24+430～RK24+550共两处各设置一套隧道特殊照明子系统。工程设计前期进行了大量调研工作，对于灯光投射图案方案、喷涂彩色图案方案、彩色灯光带方案、照明色温改变方案和LED点光源像素矩阵方案进行了深入研究和综合比选。具体比较内容见表6-6-1。

五女峰隧道景观照明设计方案比选　　表6-6-1

序号	设计方案	核心技术	优　点	缺　点	工程应用
1	灯光投射图案	通过LED射灯设置胶片图案投影	简单易行	显示效果不佳	广东粗石山隧道
2	喷涂彩色图案	防霉防水涂料	施工简单，初期效果良好	维护困难，美观性和耐久性差	广东芙蓉隧道

续上表

序号	设计方案	核心技术	优点	缺点	工程应用
3	彩色灯光带	灯光装饰照明	简单易维护	色彩搭配效果差，易产生眩光	试验工程，无实体应用
4	LED 点光源像素矩阵	LED 点光源像素矩阵显示屏	显示效果、视觉效果好，色彩生动逼真	运营期每天需定时停机 1h	四川二郎山隧道
5	激光投射视频	组合激光投影仪应用	图案效果细腻	费用高，使用寿命短，已被新技术代替	试验工程，无实体应用

基于驾驶的生理和心理反应考虑，从使用寿命、维护成本、更换维修、功率损耗等方面综合比选后确定方案4 为最终实施方案。细部采用 LED 点光源 8×8 像素矩阵方案，采用方钢加铝材的安装方式，控制线缆沿型材安装。具体设计如图 6-6-1 所示。

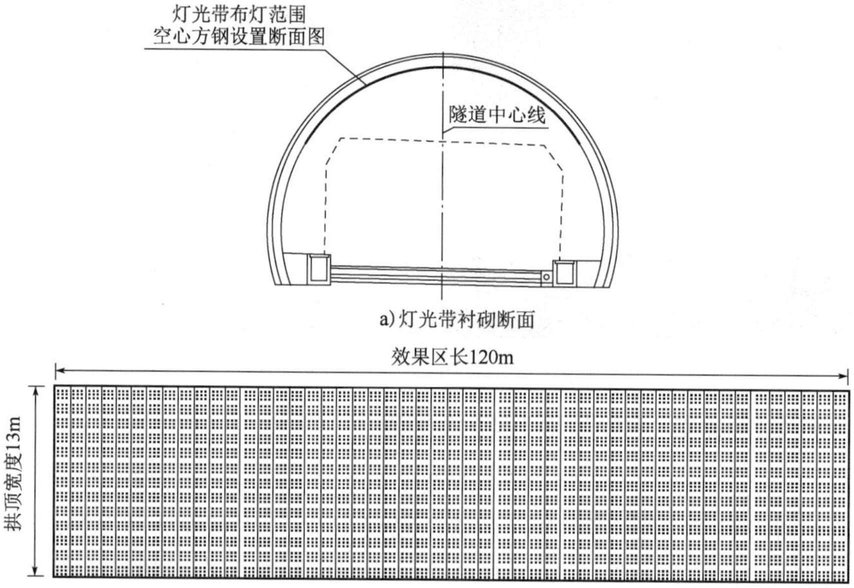

图 6-6-1　8×8 像素矩阵示意图

参照国内同类项目的使用效果，LED 点光源矩阵方案存在细部显示效果不理想、用电功率大等缺点。经过综合细部比较，对不同像素矩阵（8×8，12×12，16×16）进行了演示和效果模拟，布设方案比选见表 6-6-2。

五女峰隧道景观照明方案技术比选　　表 6-6-2

布设方案	像素等级	灯数	功率（单洞）	显示效果
8×8 像素	P100	99840（直径 40mm 圆形点光源）	180kW	显示效果弱
3×3＋16×16 像素	中间显示部分 P40	7560（直径 40mm 圆形点光源） 293216（直径 25mm）	109kW	显示效果清晰

根据演示结果，选择 16×16 点光源像素矩阵，并对点光源像素矩阵方案进行了调整，特

殊景观带分为三段(图6-6-2),中间50m为图案显示区,采用16×16点光源像素矩阵,前后各35m为过渡、引导区,采用3×3点光源像素矩阵,形成光线的强弱过渡,避免驾乘人员的视觉不适,保证驾驶安全。隧道点光源点阵屏系统结合照明通信系统、图像融合系统,依据监控中心的指令,将影像数据投送到点阵屏,实现图像的任意拼接和展现。根据五女峰隧道的日交通量及节假日因素,依据点光源的数量和颜色的变化,显示复杂程度不同的图案。

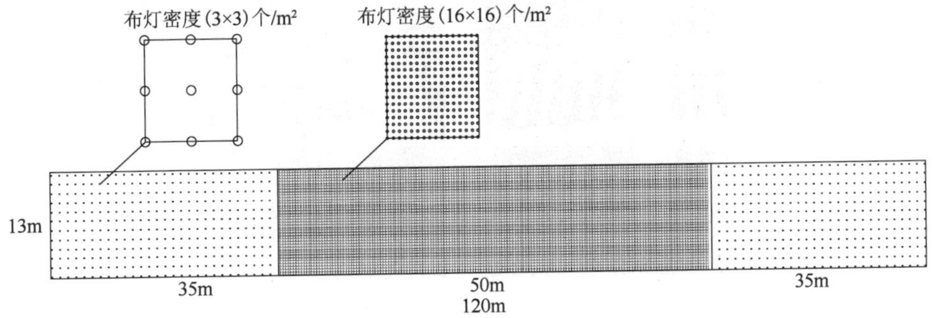

图6-6-2　分段式(引导区3×3+显示区16×16+过渡区3×3)像素矩阵示意图

6.6.2　LED点光源景观带实施方案

LED点光源像素矩阵调整为三段式(3×3+16×16+3×3),施工单位采用工厂化加工、现场拼装的方式,加快施工进度,提高施工质量。将整个施工过程分为工厂和现场两部分同步实施,合理安排工序搭接,节省时间和成本。

1.施工方案的前期筹划

工厂化加工和现场拼装的核心环节是前期筹划。所有点光源按照不同功能区域和尺寸进行排布和精准定位;根据铝材规格和固定铝方通的位置进行模块划分,保证现场拼装方便,尺寸准确。点光源采用40mm和25mm两种规格的灯具,在铝材上预留不同的孔径。安装铝制方通采用机械切割和打孔,保证尺寸规格的准确性,节省现场的作业时间和降低施工难度。施工中对于每种规格材料、设备尺寸进行仔细核对,并对最终图纸进行审核、校验。

2.工厂化加工和运输

五女峰隧道冬季严寒,夏季隧道内湿度大,季节温差大,对设备材料质量要求高。因此,灯具均选用安全、可靠、稳定、无毒、耐久和美观的聚碳酸酯材料,能够耐受低温。框架材料采用铝合金型材,具有足够的硬度和抗拉、抗压性能。工厂化加工采用流水作业,最大限度地保证质量的可靠性,提高工程进度和工作效率。同时,对于加工完成的单个模块,可以完成工厂测试,以减少现场调试过程的故障率。检验测试合格的模块独立包装(图6-6-3),面与面之间做好隔离保护,防止挤压变形。

3.现场组装施工

现场组装是工程实施的核心环节,也是交叉作业内容最多的环节。现场严格按照细分图纸进行施工,所有灯具及控制器实体安装必须与前期排布方案严格一致。采用红外线定位仪进行化学锚栓和固定铝方通的定位,总体拼装就位后,再进行严格的细部精调,保证尺寸精准、拼接严密、线形流畅、视觉美观。化学锚栓固定剖面如图6-6-4所示。安装完成实景如图6-6-5所示。

图 6-6-3　工厂化加工完成模块(独立包装)

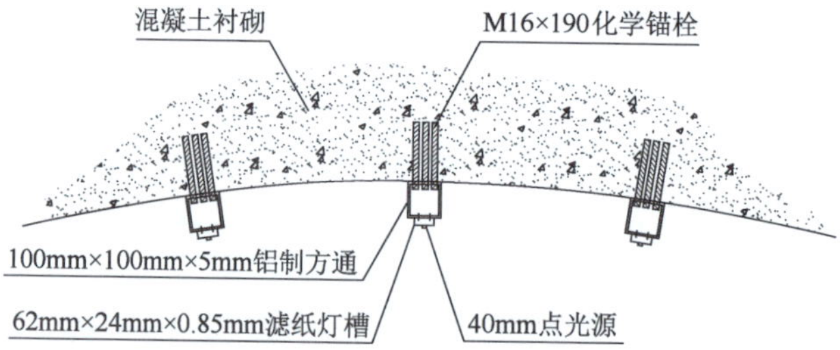

图 6-6-4　化学锚栓固定剖面图

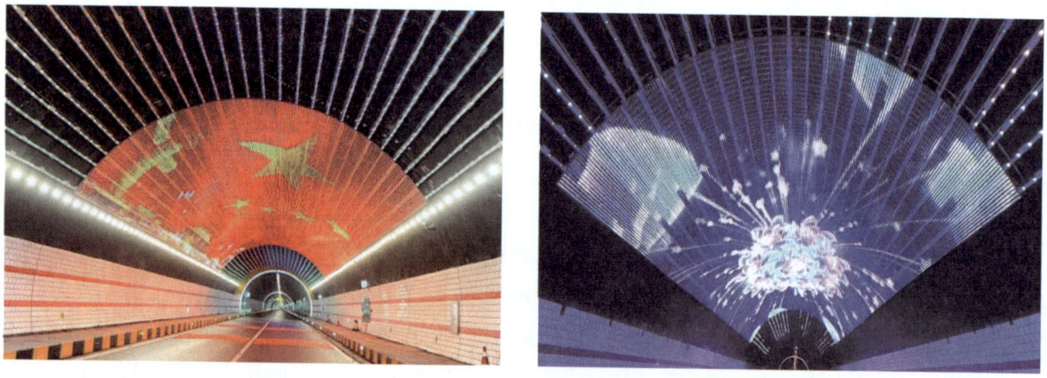

图 6-6-5　安装完成实景图

4. 工厂化制作应用效果

五女峰隧道 LED 特殊景观带通过工厂化加工、现场拼装方式,对全部由现场加工安装的流水作业模式进行了工程优化,由单一现场作业分解为工厂化加工和现场组装两个作业空间,并且工厂化制作占了更大的比例。原计划施工作业工期 45d,工人 40 人。采用工厂化加工、现场拼装作业,工期缩短为 25d,节省 45%,安装工人 15 人,节省 62.5%,大大优化了现场资源配置;充分发挥了工厂化生产制作精度高、品质保证率高、生产效率高和不受环境因素影响等优势，有效解决了全部由现场制作安装生产效率低、质量控制水平低、交叉作业复杂和施工作业空间受限、资源配置困难等问题，实现了缩短工期、提升安装品质和降低工程成本的目标。五女峰特殊景观带成为集通高速公路作为“绿色公路”“品质工程”的亮点。

本章参考文献

[1] 王岩松，等. 集安至通化高速公路品质工程示范建设成果总结[R]. 长春：吉林省高等级公路建设局，2019.

[2] 王岩松，等. 集安至通化高速公路绿色公路示范建设成果总结[R]. 长春：吉林省高等级公路建设局，2019.

[3] 中华人民共和国交通运输部. 公路交通安全设施设计细则：JTG/T D81—2017[S]. 北京：人民交通出版社股份有限公司，2017.

[4] 中华人民共和国交通运输部. 公路工程技术标准：JTG B01—2014[S]. 北京：人民交通出版社股份有限公司，2015.

[5] 吉林省交通规划设计院. 鹤大高速公路集安至双辽联络线集安至通化段两阶段施工图设计绿色公路专项设计[R]. 长春，2018.

[6] 吉林省高等级公路建设局，交通运输部公路科学研究院. 集安至通化高速公路品质工程典型示范实施方案[R]. 长春，2017.

[7] 吉林省高等级公路建设局，吉林省交通规划设计院. 集安至通化高速公路绿色公路典型示范实施方案[R]. 长春，2017.

[8] 中华人民共和国交通运输部. 交通运输部关于打造公路水运品质工程的指导意见[Z]. (2016-12-12).

[9] 中华人民共和国交通运输部. 交通运输部关于实施绿色公路建设的指导意见[Z]. (2016-7-20).

[10] 吉林省交通运输厅. 吉林省高速公路施工标准化技术指南[M]. 北京：人民交通出版社股份有限公司，2018.

第7章　绿色公路创新实践

当今世界，绿色发展已经成为主流。绿色发展是以效率、和谐、持续为目标的经济增长和社会发展方式。从内涵看，绿色发展是在传统发展基础上的一种模式创新，是建立在生态环境容量和资源承载力的约束条件下，将环境保护作为实现可持续发展重要支柱的一种新型发展模式。具体来说包括以下几个要点：一是要将环境资源作为社会经济发展的内在要素；二是要把实现经济、社会和环境的可持续发展作为绿色发展的目标；三是要把经济活动过程和结果的"绿色化""生态化"作为绿色发展的主要内容和途径。

自20世纪90年代以来，我国公路建设经历了跨越式发展。受当时认识水平、资金、环境等众多因素制约，建设中偏重于追求发展速度和建设规模所产生的一些后续问题已经凸显。与此同时，随着平原区路网的逐渐完善（图7-0-1），公路建设正在向山区推进（图7-0-2），并逐步转向网络完善、瓶颈节点打通、服务升级阶段，面临的环保、地质、安全问题更加艰巨复杂，资源环境刚性约束也更加严格。新形势下，公路建设迫切需要绿色转型发展。

图7-0-1　集双高速公路（平原）

图7-0-2　营松高速公路（山区）

为指导和引领绿色公路建设的发展方向，2016年交通运输部印发《关于实施绿色公路建设的指导意见》（交办公路〔2016〕93号），作为新时期公路建设转型升级发展的纲领性文件，提出了要建设"以资源节约、生态环保、节能高效、服务提升为主要特征的绿色公路"。吉林省是我国季冻区的典型代表，从长平高速公路开始，到吉延高速公路、环长白山旅游公路、鹤大高速公路（图7-0-3）、集通高速公路、龙蒲高速公路等，在节能减排、资源循环、生态环保、畅通耐久、服务提升等方面积累了宝贵的成果和经验。在"十四五"开局之际，急需进一步总结经验、回顾评价成果，以期形成可复制、可推广的绿色公路建设经验，促进吉林省新时期绿色公路发展，为全国绿色公路体系建设提供经验和借鉴。

图7-0-3 鹤大高速公路

7.1 我国绿色公路建设发展历程

1992年联合国环境与发展大会通过《21世纪议程》,200多处提及包含环境友好含义的"无害环境的"(Environmentally Sound)概念,并正式提出了"环境友好的"(Environmentally Friendly)理念(图7-1-1)。20世纪90年代中后期,国际社会又提出实行环境友好土地利用和环境友好流域管理,建设环境友好城市,发展环境友好农业、环境友好建筑业等。2002年召开的可持续发展世界首脑会议所通过的"约翰内斯堡实施计划"多次提及环境友好材料、产品与服务等概念。2006年我国正式将建设资源节约型和环境友好型社会确定为国民经济与社会发展中长期规划的一项战略任务。

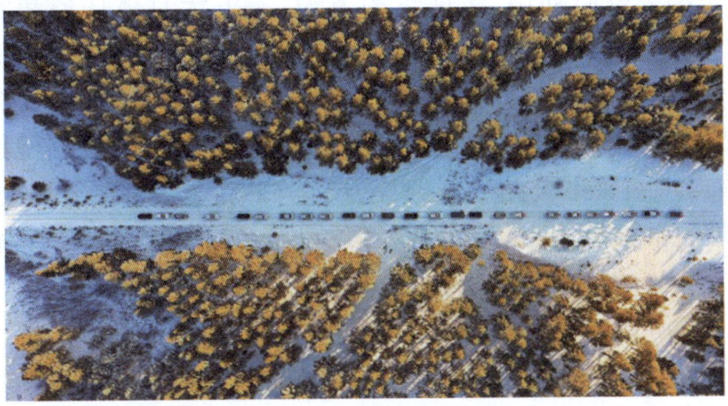

图7-1-1 人与自然生态平衡

7.1.1 我国公路建设理念的发展

我国公路建设经过不断升级发展,取得了巨大成就。其建设理念主要经历了以下几个重要阶段:

2004年,交通部提出"六个坚持、六个树立"公路设计建设新理念,得到了公路行业勘察设计及建设管理等有关单位的广泛认同,并在公路建设工程中贯彻落实。其中,以四川省川九公路(图7-1-2)为代表的一大批公路勘察设计典型示范工程的实施,极大地提升了公路设计理念和设计水平。

图 7-1-2　四川省川九公路

2007 年,交通部陆续在山区公路建设、生态环境保护与交通安全等领域实施了 14 项科技示范工程,推广了 260 项科技成果,突破了 100 余项重大关键技术,形成了 120 项国家级工法、行业及地方标准、指南,充分发挥了科技在公路建设中的支撑和引领作用。

2009 年,公路建设全面推行现代工程管理理念,提出人本化、专业化、标准化、信息化、精细化的"五化"管理要求,在全国范围内开展了为期 3 年的施工标准化活动,促进了公路建设管理水平的跨越式发展。

2013—2015 年,以绿色循环低碳公路为代表的节能减排主题性项目和科技示范工程的相继实施,使公路设计新理念内容不断丰富,节地节水、节能减排、低碳环保等举措得到有效落实,公路建设管理水平再上新台阶。

2016 年 7 月,交通运输部发布了《关于实施绿色公路建设的指导意见》(交办公路〔2016〕93 号),提出"统筹资源利用,实现集约节约"等五大具体任务和实施"零弃方、少借方""拓展公路旅游功能"等五个专项行动,以践行绿色交通,推进公路转型发展。新时期的绿色公路建设更加注重统筹公路建设全过程,更加注重公路与环境、社会多系统的统筹协调,更加注重资源节约、环境友好等要求的贯彻和落实,更加注重公路建设及运营管理的质量和效率,更加注重需求引领下公路的服务提升,是"六个坚持、六个树立"理念的拓展与升级,是绿色循环低碳公路在新时期的继承与延续,是节能、低碳、环保技术在新时期的沿用与创新,目标明确,内容丰富,任务和措施体现了时代性、针对性和引领性。

我国《"十三五"旅游业发展规划》提出以国家等级交通线网为基础实施国家旅游风景道示范工程,《关于促进交通运输与旅游融合发展的若干意见》(交规划发〔2017〕24 号)明确提出要打造一批特色突出的旅游风景道示范工程(图 7-1-3),着力完善旅游交通网络设施,创新旅游交通产品,提升旅游交通服务品质。

2018 年 2 月交通运输部发布了《品质工程攻关行动试点方案(2018—2020 年)》(交办安监〔2018〕18 号),解决公路水运工程重点建设领域的突出问题,坚持问题导向和目标导向,开展品质工程攻关创新,提炼、推广先进工程技术管理经验,完善有关工程质量安全技术标准,全面提升工程质量安全管理水平,建成优质耐久、安全舒适、经济环保、社会认可的公路水运基础设施网络,更好地满足经济社会发展和人民群众安全便捷、高效出行的需要。

随着交通运输部一系列示范工程的实施,我国公路建设设计理念不断提升,低碳和环保水平不断进步,建设质量不断提高。同时,出台一系列政策文件,对新时期公路建设与环境、社会的统筹协调、资源节约、环境友好、服务品质、运行效率等方面提出了更高的要求。

图7-1-3　万宁滨海旅游公路

7.1.2　绿色公路的含义

在广义情况下，绿色的寓意极其广泛。

绿色象征生命与健康。绿色是植物的主要色调，植物的光合作用离不开绿色。没有绿色，便不可能有植物，便不可能有动物，也更不可能有人类。从这个意义上讲，绿色是一切生命的起源，是生命力的象征。绿色也是健康的象征，人们往往用绿色来形容健康、安全的产品。

绿色象征和平与友善。从心理学的角度看，绿色能使人心态平复、安静、平和，从而使人与人之间能更好地相处。国际主流社会将绿色赋予和平的寓意，绿色往往被用来代表和平。绿色是人类善待自然的良行、善举，是对自然的友善体现，同时绿色也往往是人与人之间友善的体现。

绿色象征准许与安全。所有国家在交通指示灯设置时，都将绿灯设置为准许通行，而将红灯设置为禁止通行，即所谓的"红灯停绿灯行"。一路畅通的通道和途径往往称之为绿色通道。在预警系统内，往往将无风险区间设置为绿色，将危险区间设置为红色，将安全与危险之间的地带或区间设置为黄色。

当前社会赋予了绿色各种各样积极向上的含义，对应到各个行业也交互产生了相应的绿色概念，其中有些已经发展成熟并获得了良好的效果和广泛的社会认同，比如绿色建筑。绿色公路中"绿色"在经历了一段时期的发展与演变之后，被赋予了以下丰富而深刻的三层含义：

第一是手段之"绿"。绿色公路关注建设过程中的土地节约、能源节约，节约集约利用各类资源和降低温室气体排放，强调在公路建设和发展过程中采用绿色的过程，采取绿色的措施。通过这种"过程绿"和"措施绿"来综合体现公路规划、建设当中实践绿色的理念。

第二是表现之"绿"。绿色公路重视生态和自然环境的保护，重视工程品质的优良提升，也重视公路运营过程的高效有序。绿色公路要求行业能够为社会和人民提供优质舒适的公路出行和运输服务，能够在使用过程中表现出公路各个方面的绿色理念。

第三是心情之"绿"。手段和表现只是实现目的的途径，公路发展在全过程中强调绿色，最终是为了方便公路使用人员和沿线居民。通过打造优美的路域环境（图7-1-4）、拓展完善人性化服务，让人产生愉悦感并享受出行。

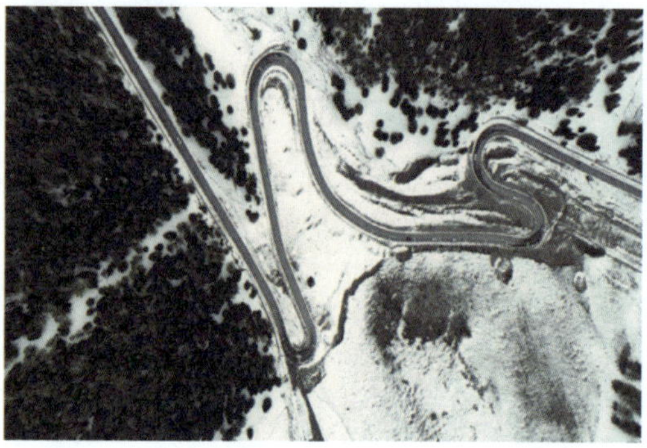

图 7-1-4　我国东北山区公路风光

从这三个层面的"绿色"出发，理解公路发展的特征规律和行业要素，准确把握国家、社会和人民在新时期对交通事业和公路行业的发展需求，是充分理解绿色公路内涵，推进绿色公路建设的先决条件。

7.1.3　绿色公路建设的核心思想

绿色公路建设的核心就是要按照系统论和全寿命周期的思想，以工程质量、安全、耐久、服务为根本，坚持"两个统筹"（图 7-1-5），以控制资源占用、减少能源消耗、降低污染排放、保护生态环境、拓展公路功能、提升服务水平为具体抓手，以理念提升、创新引领、示范带动、制度完善为途径，全面提升公路工程建设水平，推动公路建设发展的转型升级。

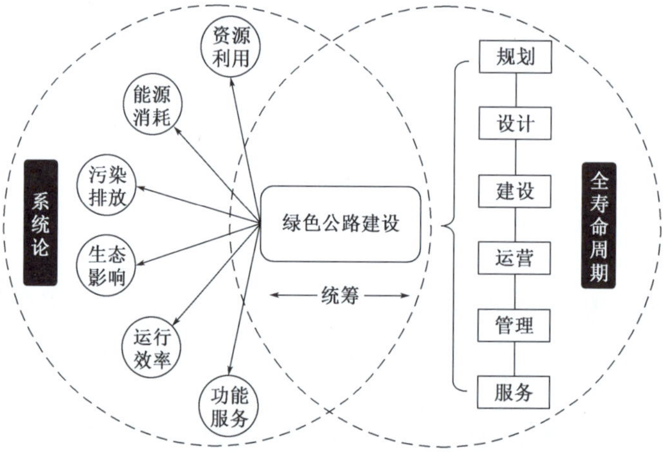

图 7-1-5　绿色公路建设的"两个统筹"

作为新时期公路建设的引领方向，绿色公路建设必须围绕两方面关系重点考虑：一是公路建设与绿色发展理念之间的平衡关系，二是公路建设自身全生命周期各个阶段之间的协调关系。这"两个统筹"既是绿色公路的实现途径，也是绿色公路的思想精髓。

一方面，绿色公路建设要坚持统筹公路资源利用、能源消耗、污染排放、生态影响、运行效率、功能服务之间的关系，寻求公路、环境、社会等方面的系统平衡与协调。绿色本身是一个相对抽象的概念，新时期的绿色公路内涵也十分丰富，涵盖资源、能源、生态、创新、品质、服务等多个方面，所以统筹公路建设与绿色发展理念关系要包含社会、经济、环境领域。

另一方面，绿色公路要坚持统筹公路规划、设计、建设、运营、管理、服务全过程，以最少的资源占用、能源耗用、污染排放、环境影响，实现外部刚性约束与公路内在供给之间均衡和协调。任何一个环节都不能出现有违绿色公路建设理念和要求的生态破坏、环境污染、资源能源浪费、工程品质落后、服务功能缺陷等问题。由于公路建设期和运营期两个阶段集中了公路系统绝大部分的能量和物质流动行为，因此，这两个阶段成为绿色公路建设的关键控制阶段，也是绿色技术、绿色措施和评价考核的主要应用范围。要实践这两个阶段公路建设的绿色理念，就必须从规划、勘察、设计等前期阶段开始考虑，否则事倍功半甚至难以为继。总之，绿色公路建设要重点统筹建设和运营，同时从其他各个阶段全面着手，实现公路建设项目的总体绿色。

绿色公路作为新时期公路建设的引领方向，本身必须是优质公路，只有在满足"公路"本身属性和品质要求的前提条件下，才能寻求"绿色"的理念提升。

总而言之，绿色公路建设的核心就是要按照系统论和全寿命周期的思想，以工程质量、安全、耐久、服务为根本，坚持"两个统筹"，把握"四大要素"，以理念提升、创新引领、示范带动、制度完善为途径，推动公路建设发展转型升级。

7.1.4　绿色公路的建设理念

1. 生态保护优先理念

大自然具有调节、生产等多重功能，是包括人类在内的一切生物的摇篮，不但支撑着人类物质生活，也丰富和充实着人类精神生活。因此，在公路建设过程中，一定要尊重自然规律，建立和维护人与自然的和谐关系，倍加爱护和保护自然，树立"不破坏是最大的保护"理念，坚持最大限度地保护、最低程度地破坏、最强力度地恢复，使工程建设顺应自然、融入自然；要把设计作为改善环境的促进因素，摒弃先破坏、后恢复的陋习，实现环境保护与公路建设并举、公路发展与自然环境相和谐。公路建设要尽可能保护自然生态，尽可能保持自然景观的完整性，尽可能避免切割损害，尽可能降低对原始地形、地貌的自然性和稳定性的影响，尽可能减小对原生生态环境的破坏。

2. 以人为本理念

把不断满足人民群众对美好生活的需要、建设人民满意交通，作为绿色公路建设的根本出发点和落脚点，树立"以人为本，以车为本"的服务观，树立"预防、容错、纠错"的设计理念，牢固树立"生命至上"的安全观，以"驾驶员的错误不能以生命为代价"、更好服务群众出行需求为导向，提高公路基础设施本质安全，系统提高公路行车安全，转变公路发展方式，不断拓宽服务内涵，扩展服务渠道，丰富服务内容，提升服务品质，使公路发展成果普惠共享。

217国道独山子至库车段即独库公路（图7-1-6），可以作为新中国成立后"以人为本"公路发展成果普惠共享实践的典型案例。独库公路北起克拉玛依市独山子区，纵贯天山南北，南端连接阿克苏地区库车市，全长561km，1983年9月建成通车，使得南北疆路程由原来的1000多公里缩短了近一半，是中国公路建设史上的一座丰碑。独库公路地形特殊，急弯陡坡较多，有280多公里的路段在海拔2000m以上，受天山山区冬季降雪、结冰等自然因素影响，每年9月底到次年5月会实行交通管制。由于其过半以上地段横亘崇山峻岭、穿越深川峡谷，连接了众多少数民族聚居区，因此被《中国国家地理》评选为"纵贯天山脊梁的景观大道"。

图 7-1-6　217 国道独山子至库车段

3. 节约资源理念

资源是人类生存发展的物质基础,也是可持续发展的重要保证。我国人口众多,人均资源相对贫乏,随着社会经济发展,我国人均资源相对不足的矛盾将更加突出。土地供给紧张、粮食安全隐患、房屋拆迁和失地农民等不稳定因素同时存在。可持续发展的核心和前提是发展,公路交通发展是社会可持续发展的重要内容,也是国民经济和社会发展的重要支撑,在公路建设中要坚持可持续发展、建立节约型社会,就是要正确处理好节约资源和公路发展的关系,从全局和长远来考虑问题,并非不能利用和开发资源,而是应该更加合理和有效地利用资源。集约节约要坚持"循环利用就是最大的节约"原则,提高资源能源利用效率,减少资源能源消耗总量和废物产生量,推进循环再生利用。以少的资源占用获得更多的功能、更多的服务、更美的风景、更多的资产是绿色公路所应追求的。

4. 精心创作设计理念

环境个性赋予公路个性并决定其品质。设计过程不但是赋予公路功能的过程,也是赋予公路个性的"艺术创作"过程(图 7-1-7)。公路创作设计过程是一个以设计人员对环境个性的理解为基础,以对公路专业、美学、生态学、建筑学、社会学、人类文化学、历史学、心理学、地域学和风俗学等学科的综合能力为条件,对公路所处的自然环境进行的一个再造(新建)、再融合(改扩建)的过程。树立精心设计创作的理念,变设计工作为设计创作,把设计产品变为设计作品、精品,以"更安全、更环保、更经济"为目标,在设计细节上追求"精、细、美"。要加强总体设计工作,充分考虑地区之间、不同地理条件之间的发展差别,坚持针对工程项目所处的自然、地理、地质等条件,尊重每一个区域、每一段路段、每一座桥梁隧道的特殊性和差异性,在满足安全性、功能性条件下,通过对工程方案和技术经济进行精心细致的比选,科学确定技术标准,合理运用技术指标,精准选择建设方案。

5. 灵活采用标准理念

在充分掌握技术标准、规范使用条件的基础上,确保安全与功能,同时通过合理选用技术标准,灵活运用技术指标,最大限度维护公路与沿线自然、人文环境的协调。标准规范中的指标有主次之分。主要指标,是指对安全、功能有重大影响的指标,如最小圆曲线半径、最大纵坡、视距等。次要指标,是指在满足安全的前提下,主要影响美学或舒适性的指标,如曲线间直线长度等。主要指标在设计中原则上应予保证。对于次要指标,当对环境不构成影响时,可采用较高值;当对环境存在影响时,应该用较低值;当对环境和生态影响巨大时,为了保护环境，考虑适当控制目标需求。

图 7-1-7　特色创作集通高速公路收费站

6. 全寿命周期成本理念

树立全寿命周期成本的理念，就是要从项目使用寿命周期的全过程去看待成本，把公路放到环境和社会的大系统中去考量其成本，不但要注重项目初期建设成本，还要注重后期维修和养护成本；不但要看到项目自身成本，还要看到社会成本和环境成本。遵循建管养一体化设计理念，注重建设质量和工程耐久性。高等级路强调长使用寿命，低等级路强调利用当地普通材料。统筹公路规划、设计、施工、运营、管理、服务全过程和资源、能源、生态、环境等各方面，从源头上做到工程建设选择合适的工艺、材料和技术。

7. 传承历史文化理念

公路与文明相伴，与文化共生。千百年来，代代公路人修路架桥，薪火相传。公路文化是公路人在公路建设、养护、管理的实践活动中所创造的物质财富和精神财富的总和，是公路人思想活动、心理状态、精神风貌、工作作风、工作目标、行业形象等因素的重要体现，是公路行业健康可持续发展的重要源泉。在公路建设中，应宣传公路发展历程，普及行业知识，扩展公路文化，传承公路历史，弘扬“两路”精神，顺应新时代文化建设要求。建设“畅、安、舒、美、优”的样本路，体现先进的建养管理理念、地域历史文化特征、生态文明和人文理念等。

西藏和平解放后，中国人民解放军、四川和青海等省各族人民群众以及工程技术人员组成了11万人的筑路大军，在极为艰苦的条件下奋勇拼搏，建成了川藏、青藏公路（图7-1-8、图7-1-9），结束了西藏没有现代公路的历史，在“人类生命禁区”的“世界屋脊”创造了公路建设史上的奇迹，铸造了一不怕苦、二不怕死，顽强拼搏、甘当路石，军民一家、民族团结的“两路”精神。

港珠澳大桥（Hong Kong-Zhuhai-Macao Bridge），位于广东省珠江口伶仃洋海域内，为珠江三角洲地区环线高速公路南环段（图7-1-10）。港珠澳大桥因其超大的建筑规模、空前的施工难度和顶尖的建造技术而闻名世界，作为中国从桥梁大国走向桥梁强国的里程碑之作，被业界誉为桥梁界的“珠穆朗玛峰”，被英媒《卫报》称为“现代世界七大奇迹”之一。港珠澳大桥体现了一个国家逢山开路、遇水架桥的奋斗精神，体现了我国综合国力、自主创新能力，体现了勇创世界一流的民族志气。

图 7-1-8　川藏线天路十八弯

图 7-1-9　川藏公路建设者

图 7-1-10　港珠澳大桥

7.1.5　新时期绿色公路内涵与建设特征

新时期绿色公路内涵是按照系统论方法，在公路全寿命期内，统筹公路规划、设计、建设、运营、管理全过程，统筹公路建设品质、资源利用、能源耗用、污染排放、生态影响和运行效率之间的关系，以最少的资源占用、最小的能源耗用、最低的污染排放、最轻的环境影响，获得最优的建设品质和最高的运行效率，实现外部刚性约束与公路内在供给之间最大限度均衡的公路建设工程。

新时期绿色公路的特征可归纳为"全寿命、全要素、全方位""低消耗、低排放、低污染"和"高效能、高效率、高效益"。

全寿命周期要求坚持系统论的思想，将绿色理念与技术贯穿规划、设计、建设、运营、养护等整个寿命周期的各个阶段；全环境要素要求综合考虑各方面要素，将“节能、高效、环保、健康”的绿色要求贯彻公路建设、设计、施工全过程；全方位控制要求绿色公路除了主体工程建设和维护要全面运用绿色理念与技术外，还要为绿色运输、安全运营创造必要条件。

低消耗即具有节能、低能耗等优点，从材料使用的角度，绿色公路所采用的是可再生材料或者是可降解材料，能进行循环利用；低排放要求建设过程中能够对各种资源进行循环利用，少排放污染物甚至可以达到零排放；低污染要求注重生态的平衡，公路建设是在环境承载力之内进行的，其设计和施工不能以破坏大自然、破坏地表结构、破坏生物多样性为代价。

高效能即整个生命周期通过综合运用各种绿色技术和措施，达到整体工作效率和服务能力的最大化；高效率要求最有效地使用自然、社会及经济资源，达到资源配置效率最优；高效益要求以最小的生态资源代价获得可持续发展的最大利益，实现经济效益、社会效益和环境效益的有机统一。

与传统公路相比，绿色公路在内涵上有三个转变：一是从侧重公路的功能因素、强调经济效益的传统建设思想，转变为整体考虑区域经济、环境、社会综合系统的可持续发展思想；二是从单纯注重公路经济合理性、技术可行性的简单评价方法转变为综合经济、节能、环保、景观、可持续发展的多目标评价体系；三是从重视当前利益关注代内公平转变为注重保护生态环境、降低能源成本、促进材料循环利用关注长远利益，统筹代际、代内公平。

通过对各时期公路建设理念演进升级的梳理与总结，结合当前国家和社会对公路发展的要求，新时期绿色公路应具有以下八方面的特征：

1. 重视生态环保

对生态环境的保护本身是公路发展与环境破坏的矛盾点，是绿色公路契合生态文明建设和绿色发展理念的最基本出发点，也是公路建设理念发展历程中一直强调的重点。新时期绿色公路既要考虑行业和社会经济的发展，也要追求生态环境的破坏最小化，实现人与自然的和谐平衡。绿色公路要从公路建设的全过程控制和环境要素的全方位保护进行综合统筹考虑，追求公路与自然的和谐统一。

2. 控制污染排放

我国路网覆盖面广，通行里程长，影响区域范围非常广阔。公路发展过程中产生的污染排放不仅破坏自然环境，也危害周边居民和牲畜的健康，损害公路沿线区域经济发展，甚至可能引发和加剧社会冲突与矛盾。因此，绿色公路必须对产生的污染排放进行严格控制，满足国家和地方的污染排放要求，在部分敏感区域和路段要争取达到“零排放”，尽可能地减小公路发展给沿线环境和社会带来的负面影响，实现经济、社会与环境三方面的和谐。

3. 集约节约资源

在公路建设和使用过程中，需要使用和占用大量资源，包括公路本身占用的路网和廊道资源，新建和扩建公路占用土地资源，公路施工和管养过程中消耗的建材、水、矿产资源等。绿色公路必须统筹资源利用，实现集约节约。

4. 优化能源使用

绿色公路从两个角度优化对能源的使用：一个是节约使用能源，另一个是推行绿色能源。节约使用能源可以通过优化设计、改进技术和完善管理等不同方式提高能源利用效率或减少总体耗能需求。推行绿色能源是要促进清洁能源和可再生能源在公路建设和运营阶段的使用，既能够减少传统能源的使用，也可以为将来绿色能源的全面使用奠定基础和积累经验。

5. 着眼周期成本

绿色公路要从全寿命周期的角度来考虑其建设和维护成本。要将公路运营和维护纳入工程设计与建设一并考虑，突出全寿命，强调系统性，强化结构设计与养护设施的统一。要通过新技术、新工艺、新材料和新机制的应用来延长公路使用寿命，同时降低公路运营养护成本，提高公路养护便利化水平，提高工程耐久性。绿色公路要在全寿命周期内满足其社会服务功能和价值的前提下，最大限度地节约成本。

6. 提升工程品质

工程品质是体现公路自身状况优良程度的综合表征属性，在绿色公路理念指导下的工程项目必然要有优良的工程品质。与之对应的，具备优良品质的公路也更能够契合绿色公路的各项特征要求。因此，追求工程品质提升是建设绿色公路的必要条件，而打造绿色公路是实现工程品质提升的终极目标。

7. 拓展服务功能

随着社会发展和消费升级，人们的出行需求也逐渐丰富和多元化。绿色公路要适应这种变化并把握变化带来的机遇，通过对公路沿线服务设施的改造升级和引进新型的技术手段，丰富服务内容，扩大服务范围，提升服务水平，最终为人们带来更便捷、舒适的出行体验和感受。

8. 实施创新驱动

绿色公路的理念需要通过先进的技术、方法、措施来实现。公路建设要紧跟时代步伐，通过创新来驱动行业的转型升级。实施创新驱动不仅要靠关键技术的突破与提升，也要依靠先进技术和成功经验在更大范围进行积极推广。换言之，绿色公路不仅要技术创新，也需要理念创新和机制创新，既要寻求新的方法、手段解决现存的问题，也要采取既有的技术、措施应用到更广阔的领域。在开展绿色公路关键技术研究的同时也要总结推广公路建设、管理新经验。

7.2 吉林省绿色公路建设发展概况

吉林省位于东北三省的中部，东北亚地理中心位置，是全国重要的工业基地和商品粮生产基地，以汽车、石化、农产品加工为三大支柱产业，旅游业发达，地域文化资源独特。目前，吉林省高速公路建设正进入快速发展时期，规划了“五纵、四射、三横、二环、十联络”的高速公路网，总规模5600km。作为季冻区的典型代表，吉林省公路基础设施建设一直存在路面及桥面铺装的抗低温性能及水稳定性、桥梁隧道结构早期冻害等问题。此外，公路冬季养护成本高，全省每年冻害维修费用高达3亿元。

7.2.1 公路建设特点与需求

1. 典型季冻地区，抗冻耐久问题突出

吉林省地处季冻区，冬季寒冷漫长，冰冻多雪，反复冻融及融雪剂的使用对公路工程的耐久性提出了更高的要求。冬季冰冻环境下，塔头、淤泥等不良地质路段路基冻深大，冻胀变形严重，极易引发路面冻胀隆起、开裂破坏，尤其在冻融循环作用条件下，路基土强度出现不规则变化，严重影响路面结构的使用质量和寿命。桥涵构造物及沿线附属设施混凝土由于处于潮湿多雨环境，冬季大量使用氯盐类融雪剂，导致冻融循环次数明显增多，混凝土出现蜕皮、松散、盐冻和盐蚀等破坏，影响结构的耐久性，而且容易造成植物枯死、土壤板结，影响生态环境。部分隧道围岩破碎，质量低下且富水，极易出现衬砌冻胀、开裂，严重时将导致衬砌脱落，防护失效，影响行车安全。

吉林省部分区域山间苔地和草炭土湿地分布广泛（图7-2-1、图7-2-2）。特殊的气候和水文地质条件使这一地区公路工程冰冻破坏严重，尤其是淤泥质土及草炭土路段路基，冰冻条件下路基冻深大，冻胀变形严重，极易引起路面的冻胀隆起、开裂破坏，尤其在反复的冻融循环条件下，路基容易出现强度衰减，影响路面结构的使用质量和使用寿命。

图7-2-1　吉林东部山区苔地

图7-2-2　吉林西部向海湿地

2. 生态环境大省，环保压力挑战并存

吉林省是“全国生态省建设试点省份”，全省从东到西自然形成了东部长白山天然林生态区、东中部低山丘陵次生林生态区、中部台地高平原农业生态区、西部低平原和湿地生态区。东部长白山地区是欧亚大陆北半部最具有代表性的典型自然综合体，是我国重要的林业基地、物种基因库及自然博物馆，仍有$23.7\times10^4km^2$的原始森林和$400\times10^4km^2$的天然林（图7-2-3），水资源、特别是矿泉水资源丰富，是东北水系发源地，世界三大黄金水源地之一，也是世界少有的物种基因库，共有野生动物2442种，其中东北虎、紫貂等国家级保护动物50种；有2596种野生植物，其中人参等珍稀濒危物种36种；东中部次生林生态区的天然次生林和人工林面积大、森林覆盖率较高，水资源和矿产资源比较丰富；中部农业生态区地势平坦，黑土地土质肥沃，是我国重要的商品粮生产基地，该区农田防护林体系较为健全，环境承载能力相对较强；西部农牧业生态区的草原辽阔，湿地面积大，地下水和过境水资源较为丰富。

工程建设过程中不可避免地会对森林生态系统、湿地植被、野生动物栖息地、沿线的敏感水环境等产生一定程度的破坏，为此需要采取有效措施最大限度地减少公路建设过程中对原生植被及湿地的破坏，节约占地，保护珍稀动植物资源以及降低对敏感水体的不利影响，保护区域生态平衡。

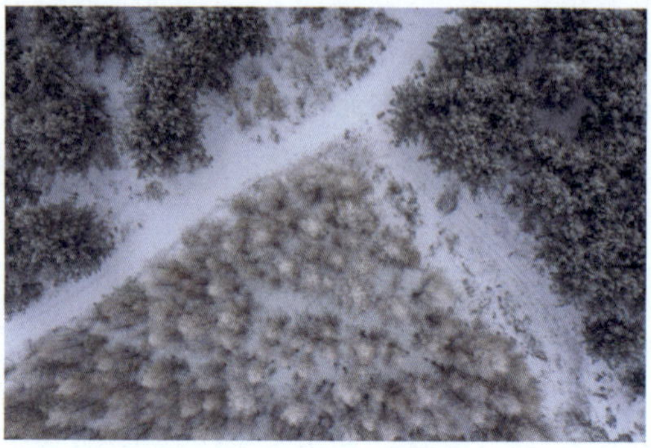

图 7-2-3 吉林东部山区林海

3. 旅游资源多元，交旅融合大有可为

长白山是吉林省旅游资源的主要优势，有茫茫林海，巍巍高山，自然环境和生态保存完整，是国家重点自然保护区。主峰周围多火山遗迹，长白山天池为著名的火山湖，兼有瀑布。此外还有向海、莫莫格等自然保护区，皆为水草丰茂、珍禽集中之地，这些地区都是游览、滑雪、登山、疗养的好场所。松花江及松花湖绰约多姿，其雾凇构成一个悬珠堆玉的世界，全国闻名。辉南、靖宇之间的龙岗火山群为中国第二大火山群，包括 72 座火山。文物古迹中以有关高句丽古国者最多，如集安市高句丽都城“国内城”、广开土王碑及洞沟古墓群、吉林市龙潭山高句丽山城等，为了解高句丽历史提供了大量资料。而敦化市敖东城、六鼎山古墓群则是渤海国的遗迹。朝鲜族的服饰、居室别具特色，节日期间举行摔跤、荡秋千、压跳板等活动，民族歌舞欢快热烈，柔美而刚健，“长鼓”“扇舞”“顶水舞”及伽耶琴演奏等是传统节目。

《吉林省旅游业发展“十三五”规划》中明确提出推动“两核驱动三区，四带贯穿全域”的联动发展模式，全面驱动引领东北地区旅游发展新格局。其中“两核”指长吉都市休闲旅游核心区、长白山生态度假旅游核心区（图 7-2-4、图 7-2-5），“三区”指西部渔牧生态文化旅游经济发展区、中部创新转型都市休闲旅游产业发展区、东部绿色生态旅游发展区，“四带”指西部草原湿地生态旅游精品带、南部文化康养旅游精品带、休闲度假旅游产品发展带、鸭绿江边境风情旅游精品带。公路建设应深度考虑与所处区域地方旅游业协调发展，对于提升旅游交通承载能力及服务水平、带动环长白山旅游业发展、拉动区域经济增长意义重大。

图 7-2-4 长白山火山地质公园

图 7-2-5 国家高原冰雪运动训练基地滑雪公园

4. 资源约束加强,绿色发展势在必行

面对高速公路建设中的石料、砂、砂砾、沥青及水泥等建筑材料需求量大,弃渣和弃方多,公路建设运营中能源消耗高等突出问题,如何集成现有技术成果,因地制宜合理利用废旧材料,应用高新节能控制技术,推动并深化资源节约、循环利用技术,从而实现高速公路建设的绿色、循环、低碳发展,是当前高速公路建设普遍关注和急需解决的主要问题。

7.2.2　公路建设理念的发展

自2004年交通运输部提出"六个坚持、六个树立"的公路勘察设计新理念以来,吉林省以"安全、耐久、生态、环保"建设新理念为基本原则,围绕"建设什么样的公路和怎样建设公路"进行了建设理念和实践的探索。

2007年开始,吉林省公路设计审查改变惯例,邀请了国内权威设计机构参与设计审查,以开放的视野和全新的理念来提升设计的质量和深度;把生态、环保、安全放在第一位,牢固树立环保理念。

2008年9月,吉林至延吉高速公路建成通车(图7-2-6),成为吉林省"生态路、景观路、环保路"的典型代表,其中"安全、耐久、生态、环保"的建设新理念逐渐在吉林省公路建设中普及开来、吉延高速公路是吉林省公路建设全面"跨越"的里程碑。

图7-2-6　吉林至延吉高速公路

2009年10月,环长白山旅游公路作为全国首批勘察设计典型公路工程建设项目之一建成通车,成为全国唯一一条在国家级自然保护区穿越的二级公路(图7-2-7)。在建设过程中不断加强对原生植被的保护,创造性提出"施工环保绿线""两步清表施工法",最大限度保留原有植被,加强对沿线名贵树种的保护和移栽。它保持了长白山的原貌、原味、原生态,使公路线形与当地地势协调统一,使之镶嵌在长白山的山林中,落实了"最大限度地保护和利用沿线资源环境"的理念。

"十二五"以来,吉林省组织开展了一系列公路建设实践工作。在"生态、安全、耐久、廉洁"理念的指引下,在坚持"不破坏就是最大保护"原则的基础上,提倡简约实用、安全耐久,强化质量意识。在中西部平原地区修建吉林大广高速公路和长双高速过程中,提倡低路堤,节约集约化利用土地;在宁江松花江特大桥探索高性能耐久混凝土技术应用;在东南部山区营松高速公路建设过程中,探索服务区污水生态处理等关键技术,环保意识深入人心,环保措施扎实有效。

图 7-2-7　环长白山旅游公路

2014 年开工建设的鹤大高速公路吉林段入选交通运输部"绿色循环低碳主题性项目"，同时被列为交通运输部"资源节约循环利用科技示范工程"，成为吉林省首个交通运输部"双示范"项目。鹤大双示范项目在绿色公路建设技术和管理机制方面进行了诸多探索和实践，取得了一系列宝贵的技术成果和管理经验，成为我国季冻区高速公路践行"抗冻耐久、生态环保、循环利用、低碳节能"建设理念的典型代表。中央电视台《新闻联播》栏目中，以"砥砺奋进的五年"对吉林省鹤大高速公路建设给予了充分肯定，在《厉害了我的国》影片中也展现了鹤大高速公路的多彩风姿。依托鹤大高速公路实施的"季冻区高速公路抗冻耐久及生态保护关键技术"项目荣获 2017 年度国家科技进步二等奖（图 7-2-8、图 7-2-9），标志吉林省高速公路抗冻耐久及生态保护技术跨入先进行列。

图 7-2-8　国家科技进步二等奖

图 7-2-9　鹤大高速公路

2016—2019 年建设的集安至通化高速公路，在全面推广应用鹤大项目建设经验和研究成果的基础上，以"生态融合、文化展示、景观营造、旅游服务、实用耐久"为建设理念，又在国内率先实现了"零借方、零弃方"。将公路沿线自然生态、历史人文和旅游经济等资源系统性串联，进行线性整合拓展，提升旅游品位，打造公路全域风景线，实现从"旅游公路"向"公路旅游"建设理念的转变，使自然生态、历史文化、交通旅游深度融合，引领公路建设绿色转型发展，已经成为吉林省绿色公路建设的新标杆。

7.2.3 绿色公路建设成果概述

鹤大高速公路吉林段途经的长白山区是中国生态环境最原始、最自然的保护区之一，也是吉林省乃至东北地区的水系发源地，丰富的生物资源、多彩的自然景观和脆弱的生态环境是该区的典型特征。绿色公路主题性项目围绕工程建设、运营管理、公众服务、宣传展示等方面，创新集成了30项节能减排、资源节约和绿色环保项目，形成了抗冻耐久、生态环保、循环利用、低碳节能"四类"技术应用体系，并重点针对高速公路抗冻耐久及生态保护关键技术进行了科技攻关。

1. 基于季冻区特色的科技示范目标

(1)集中应用基于全寿命周期成本理念的季冻区高速公路建设技术。推广应用柔性组合基层沥青路面结构形式，在桥涵和隧道结构中应用抗冻耐久技术，开展季冻区高速公路路基路面长期使用性能及生态敏感路段湿地修筑技术研究，切实提高工程质量，节约全寿命周期成本。

(2)加强资源循环综合利用。开展应对极端气候条件件的废旧橡胶粉苯乙烯-丁二烯-苯乙烯嵌段共聚物(SBS)复合改性沥青技术以及植物沥青、油页岩沥青混合料路用性能研究，合理利用资源；大力推动隧道弃渣、机制砂、尾矿渣、煤矸石等工程废弃材料的应用，减少废弃物占用耕地，降低公路建设给沿线自然环境带来的破坏。

(3)推广高速公路低碳节能技术。在全线服务区、收费站推广房屋建筑工程节能保温技术，增强建筑物保温性能，减少能源消耗；开展基于环境感知的高速公路隧道及服务区照明节能与智慧控制技术研究与应用，降低公路运营成本。

(4)加强生态环境保护。加强植被保护和恢复、表土收集和利用、服务区污水处理与回用技术推广应用，开展基于生态补偿的湿地营造技术研究，推动民俗文化及旅游服务与沿线设施景观技术融合，最大限度地保护水环境和原生植物资源，提升高速公路的旅游价值与服务品质。

2. 资源节约和循环利用的主体内容

鹤大高速公路科技示范工程以资源节约和循环利用为主题，以耐久、生态、环保、节地、节能、节材及废旧材料综合利用为重点，遵循"减量化、再利用、资源化"原则，以促进科技成果转化为目的，着力于新技术的集成应用和关键技术的科技创新，共实施7个专项、22个子项目(表7-2-1)。

长白山区鹤大高速公路科技示范项目一览表 表7-2-1

主题	序号	技术类型		序号	项目名称
资源节约	Ⅰ	基于全寿命周期成本理念的季冻区高速公路建设关键技术	推广	1	季冻区柔性组合基层沥青路面合理结构形式的推广应用
				2	结构混凝土抗冻耐久关键技术推广应用
				3	高寒山区隧道保温防冻技术推广应用
			攻关	4	生态敏感路段湿地路基修筑关键技术研究应用
				5	季节性冻土地区高速公路路基路面长期使用性能研究应用
	Ⅱ	地产筑路材料升级利用技术	推广	6	填料型火山灰改性沥青混合料技术推广应用
				7	火山灰作为胶凝材料在大体积水泥混凝土中的推广应用
				8	填料型硅藻土改性沥青混合料技术推广应用

续上表

主题	序号	技术类型		序号	项目名称
资源节约	Ⅲ	高速公路低碳节能技术	推广	9	季冻区高速公路房屋建筑工程节能保温技术推广应用
			攻关	10	基于环境感知的高速公路隧道及服务区照明节能与智慧控制技术研究应用
	Ⅳ	高速公路建设生态恢复与民俗旅游融合技术	推广	11	植被保护与恢复技术推广应用
				12	民俗文化及旅游服务与沿线设施景观融合技术应用
循环利用	Ⅴ	废旧材料改性沥青混合料关键技术	攻关	13	应对极端气候的橡胶粉 SBS 复合改性沥青成套技术研究与应用
				14	植物沥青混合料路用性能研究与应用
				15	油页岩沥青混合料路用性能研究与应用
	Ⅵ	工程废弃材料综合利用成套技术	推广	16	季冻区公路边坡生态砌块及道面铺装成套技术推广应用
				17	弃渣弃方巨粒土路基填筑技术推广应用
				18	机制砂在季冻区结构混凝土中的推广应用
				19	尾矿渣筑路技术推广应用
				20	煤矸石筑路技术推广应用
	Ⅶ	公路建设水环境保护技术	推广	21	季冻区服务区污水处理与回用技术推广应用
			攻关	22	基于生态补偿的湿地营造技术研究应用

3.关键技术创新成果

鹤大高速公路科技示范攻克了季冻区高速公路建设关键技术,建立了路基路面长期性能监测系统(图 7-2-10),形成抗冻耐久的长寿命路面典型结构与材料指标阶段成果;开展地产筑路材料的升级利用关键技术研究,形成了地产筑路材料综合利用技术;实现了工业和矿业废弃材料在公路工程中的循环利用,实现了筑路材料和土地资源的节约;提出基于环境感知的隧道照明节能与控制技术和季冻区房建保温技术,降低了公路运营期的能源消耗;保护了原生植被和生态环境,解决了低温污水处理技术难题,实现了"抗冻耐久、生态环保、资源节约、低碳节能"的预期目标。

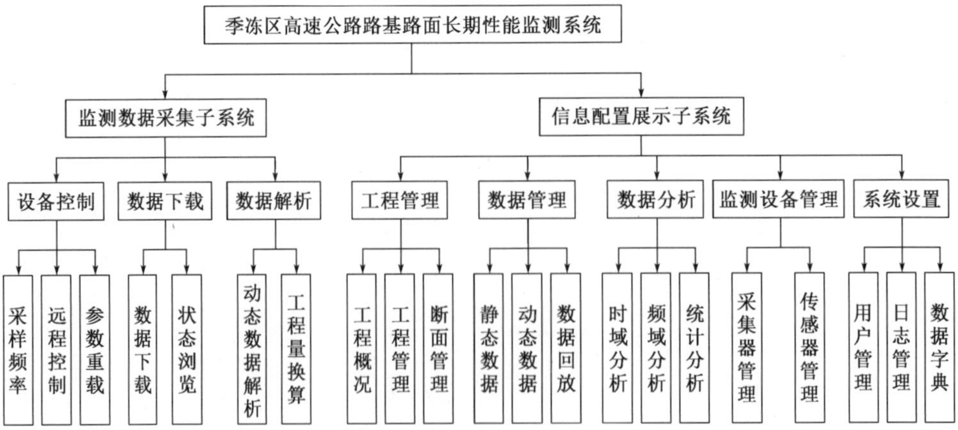

图 7-2-10　季冻区高速公路路基路面长期性能监测系统

七方面技术创新成果为：

（1）结合季冻区特点，建立了兼具实际交通荷载和外界环境下实时监测功能的季冻区路基路面长期性能监测基地，提出了抗冻耐久的长寿命路面典型结构与材料指标阶段研究成果；提出确保湿地水系连通、植被生长的路基修筑关键技术；提出基于防排水与衬砌保温隔热有机结合的隧道冻害综合处治技术及抗冻混凝土配合比优化，形成全寿命周期成本理念的季冻区高速公路建设抗冻耐久关键技术。

（2）提出地产筑路材料填料型火山灰在大体积混凝土中应用的关键技术，深化了硅藻土SBS 复合改性沥青应用技术，形成地产筑路材料的成套利用综合技术。

（3）提出满足极端气候条件的高性能橡胶粉 SBS 复合改性沥青成套技术，改性植物沥青路面的设计方法及施工工艺，提出油页岩半焦粉替代矿粉的沥青混合料设计方法与施工工艺要求，形成工业和矿业废弃材料在公路工程中的循环利用技术。

（4）自主研发了干硬性混凝土砌块移动式全自动生产设备，形成了砌块材料设计、性能评价、工程化生产、工程应用等成套技术，深化隧道弃渣、弃方巨粒土及铁尾矿渣填筑路基关键技术，全面示范废弃筑路材料利用技术，使废弃材料利用率达 90%，减少土地资源的占用，实现筑路材料和土地资源的节约。边坡生态砌块及道面铺装技术示范如图 7-2-11 所示。

图 7-2-11　边坡生态砌块及道面铺装技术示范

（5）提出融合环境信息感知、车辆行为信息采集和图像信息处理的隧道照明节能与智慧控制技术（图 7-2-12）；完善恶劣条件下房屋建筑保温综合应用技术。

（6）针对敏感的生态环境，通过示范原生植被分级保护、分步清表、基于表土利用的植被恢复等技术，完善路域植被保护与恢复技术；采用遥感解译分析技术 + GIS 地理信息模型进行植被分类和土壤类型属性分析，形成公路沿线植被和土壤类型分布图，相关数据与样方调查数据进行比对校准，制定植物分级保护方法。基于关联性设计理念，提出了民俗文化及旅游服务与服务区景观融合方法，使沿线设施充分融入边陲古迹、民俗文化等景观元素，形成独具特色的长白山区高速公路景观。

（7）针对公路占用部分湿地的特点，提出了湿地水系连通性保护技术措施及基于生态补偿的公路路域湿地营造技术（图 7-2-13）、季冻区服务区污水多介质生态协同处理技术，提高了水资源利用效率，在湿地重点保护区域采取以桥代路方案（图 7-2-14），对公路沿线水环境保护提升到新高度。

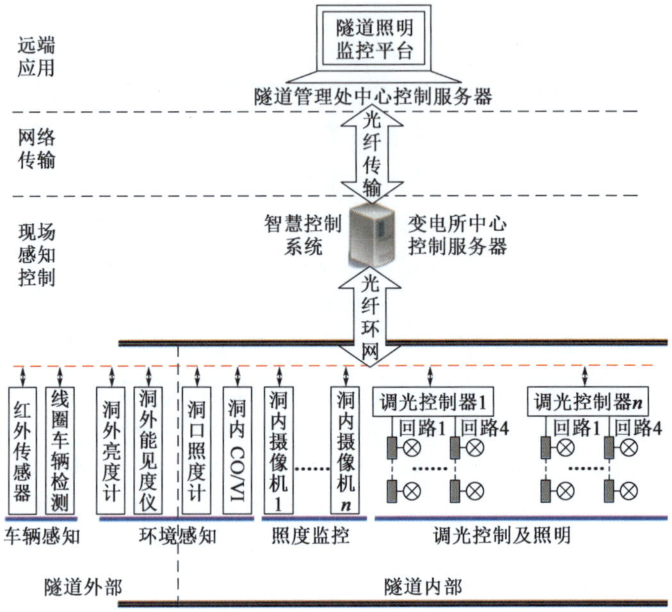

图 7-2-12　隧道照明系统结构图

图 7-2-13　雁鸣湖互通湿地保护与营造

图 7-2-14　高架桥跨越湿地重点区域

7.3　集通高速公路绿色公路创新实践

集通高速公路是吉林省东南部的重要战略通道和通往世界文化遗产旅游区的重要通道。项目区域河流属鸭绿江水系，有干流 2 条，支流 339 条，其中 30km 以上的支流 4 条。沿线经过的较大河流为蝲蛄河、苇沙河、蚂蚁河、青沟河、通沟河、浑江等。浑江是集安与通化、桓仁的界河，多年平均径流量 29.9 亿 m^3。苇沙河发源于老岭山脉北麓、清河镇天桥村的龙爪沟，多年平均径流量 3.6 亿 m^3。

集安市森林植物资源十分丰富，现有野生植物 130 余科、约 1300 种。有人参、鹿茸等几十种名贵中草药材和近百种山野菜以及食用菌、林蛙等特产，是亚洲最大的山葡萄生产基地。特别是在参业发展上，集安有 400 多年的人参栽培历史，是中国人参之乡，总产量约占全省的 1/4，全国的 1/5。

通化是我国中药之乡、葡萄酒之乡、人参之乡、优质大米之乡和滑雪之乡，是一个资源丰富的山区城市，有得天独厚的自然资源，素有“绿色立体宝库”之称。全市林地85万公顷，森林覆盖率达62.9%，高于全国平均水平45.4个百分点。药物资源丰富，是全国“五大药库”之一，著名的“关东三宝”——人参、貂皮、鹿茸就出产在这里，野生动物种类繁多，林木资源丰富。

7.3.1　项目特点与示范意义

1. 项目位于严寒季冻地区，气象条件恶劣，公路病害问题突出

项目所经地区气象条件恶劣，尤其是冬季漫长寒冷，极端最低气温为-39.4℃，最大冻土深度145cm，最大积雪深度36cm，具有典型的严寒地区气候特点。

特殊的气候和水文地质条件使这一地区公路工程冰冻破坏严重，冻胀和翻浆为公路主要病害，尤其是塔头、淤泥等不良地质路段路基，在冬季冰冻环境下路基冻深大，冻胀变形严重，极易引起路面冻胀隆起、开裂破坏。在反复冻融循环条件下，路基容易出现强度衰减，影响路面结构的使用质量和使用寿命。此外，冬季氯盐类融雪剂大量使用，导致桥涵构造物及沿线附属设施混凝土冻融循环次数明显增多，混凝土易出现蜕皮、松散、盐冻侵蚀等破坏，影响结构耐久性。加之路线经过地区水系发达、降雨集中，隧道围岩富水，极易出现衬砌冻胀、开裂，严重时将导致衬砌脱落，影响行车安全。

集通高速公路绿色公路示范共4类46个分项技术，详见附录C。针对性采用一系列公路抗冻耐久绿色技术，提升路基路面耐低温性能，增强桥梁结构混凝土抗冻耐腐蚀能力，提升隧道通风照明智慧化水平，全面改进公路房建工程及安全设施的防寒保温安全耐久配套技术，引入信息化手段提升管理水平，提升工程内在品质和外在品位，延长公路养护周期，对季冻区公路建设将起到很好的示范引领作用。

2. 项目地处山岭重丘区，桥隧比高，道路运营能源消耗大

项目地处吉林省东部山岭重丘区，桥隧比高达37.14%。其中，五女峰特长隧道长度达到7.93km，规模居东北第一。桥梁和隧道的建设，隧道运营期间的通风、照明、保温等都会消耗大量能源，因此急需采取新技术新措施进行节能减排，降低能耗。全线82km内设有管养服务设施30余处，日常运营电能消耗巨大，需要采用新的节电技术、供电系统进行节能减排。

3. 项目区域生态环境脆弱，水环境高度敏感

项目所经地区处于吉林省东部山区，地表植被以森林为主，植物资源十分丰富，红松针阔叶混交林为其地带性植被的顶级群落（图7-3-1）。区内植物种类多样，国家保护物种如红松、水曲柳、黄檗等多分布于针阔叶混交林区。区内分布有野生小型陆生动物、两栖动物、爬行动物等，其中林蛙为吉林省三级保护动物。公路沿线的青沟河等为Ⅲ类水体，水环境较敏感。

在绿色公路建设过程中，认真开展动植物资源保护，尽量减轻公路建设对区域生态环境的不利影响，确保水源地和敏感水体不受破坏，基于“带绿施工”标准，推广立体绿化美化方案和措施，维护区域生态安全。吉林省高等级公路建设局集通项目指挥部2019年获得了“全国绿化模范单位”荣誉称号，为建设绿色公路和环境保护树立了样板。

图 7-3-1　集通高速公路沿途植被

4. 项目连通鸭绿江边境风情旅游精品带，沿线自然风光优美，人文景观独特

项目区旅游资源十分丰富，沿线分布着众多旅游景点，其中集安市五女峰国家森林公园和高句丽王城、王陵及贵族墓葬是集安市独特的自然景观、人文景观。五女峰国家森林公园坐落在吉林省东南部，鸭绿江畔、长白山南麓的老岭山脉，是国家 20 处重点示范森林公园之一。2004 年 7 月 1 日，经第 20 届世界遗产委员会会议审议通过，主体坐落于吉林省集安市的"高句丽王城、王陵及贵族墓葬"被正式列入世界文化遗产名录。这些独有的文化资源以及五女峰独特的自然风光，使该地区成为旅游胜地。因此，保护这些独特的自然文化资源，弘扬具有独特内涵的民族文化，对带动该地区旅游业发展、拉动区域经济意义重大。

7.3.2　绿色公路示范实施策略

集通高速公路项目示范以"画境游龙"为总体定位，以提取"入城""越山""伴水"的直观感受为元素，将全线分为"城""山""水"三个景观段落（图 7-3-2）。在景观段落中，通过植物选择、小品雕塑、休闲区、观景台等，强化段落特点，提升景观效果，优化公众行车感受。

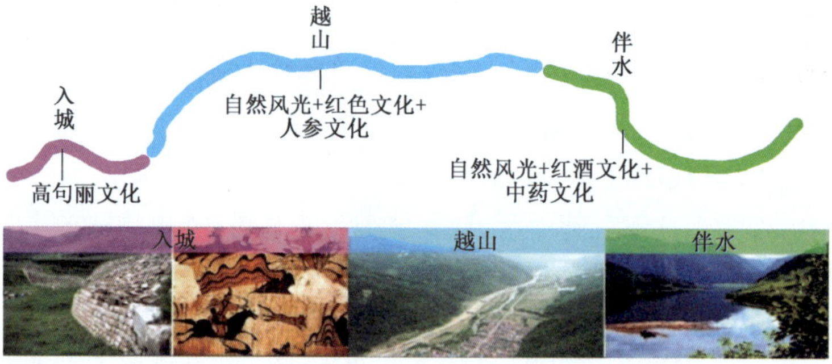

图 7-3-2　绿色公路示范线性定位

1. 融生态（图 7-3-3、图 7-3-4）

保护环境，恢复生态，实现公路与自然相融合。不片面追求线形的高指标，路线布设随山就势，因势利导，尽量使公路靠山不挖山、近水不涉水；纵坡设计平缓，尽量采用较小值，达到资源节约；景观绿化中采用适地适树、充分借景，实现"路在山中过、人在画中游"的美好愿

景,既满足路域景观的观景需求,也确保周边生态和谐共生。

图 7-3-3　生态环保选线布线

图 7-3-4　集安前湾水果生态之乡冬景

2. 展景观(图 7-3-5)

通过增加沿线植物色彩和季相变化来增添景观色相,在沿线节点增加开花、色叶、常绿植物,使四季皆有景可观;通过搭配形式的变化和丰富植物层次组合,使植物配置多元化,形成复层绿化;在乔、灌、草搭配的基础上,添加亚乔、草花两个层次,使层次更加丰富;通过营造大疏大密和张弛有度的节奏韵律,给人以大尺度的观景感受;增加枫林花海集中展示,对路侧开敞,以延展视野。

图 7-3-5　集通高速公路路域风光

3. 呈文化(图 7-3-6、图 7-3-7)

任何一条绿色公路在塑造自己的文化时都应继承历史,都需要在现有文化的基础上进行再创造,只有这样才能使路域文化特色脱颖而出。从细节入手塑造区域文化,通过项目徽标、景观小品、隧道洞门、收费雨棚、标志标牌和宣传展板等方面,对区域内高句丽文化、人参文化、红色文化、中医药文化、红酒文化及民间传说等进行集中展示。

4. 拓服务(图 7-3-8)

深入挖掘与拓宽高速公路服务公众内涵属性,健全高速公路服务区、停车区等旅游服务功能;提升交通旅游标示牌的引导功能;构建高速公路伴行绿道系统,依靠智慧交通为出行者提供更加人性和便利的服务。

图 7-3-6　五女峰收费站收费雨棚

图 7-3-7　东北抗联红色文化小品

图 7-3-8　拓展旅游服务功能

5. 交旅融合

通过高速公路将沿线旅游资源和地方特色产业多层次结合，提升公路旅游服务功能和旅游服务品质，力求公路旅游与历史人文相融合、生态修复与景观营造相融合。充分考虑路线的区域和环境特点，尊重与发掘地域文化，沿线生态资源保护和旅游休闲区、汽车营地、绿道系统等高度融合。深化探索服务区经济、匝道经济，建设特色主题服务区，完善游憩与交通服务设施，打造旅游风景道。

7.3.3　公路沿线旅游资源提炼

1. 五女峰国家森林公园（图 7-3-9）

五女峰国家森林公园位于 303 国道 22km 处，距通化市区 83km，距集安市区 21km，林区面积 68.67km^2，森林覆盖率达 95% 以上。五女峰国家森林公园以生态旅游为特色，集中展现了当地独特的动植物资源和瑰丽的自然景观，奇峰美景，枫叶彤红，形成天然仙境。园内有十大景区，现已开放老虎岩、幽谷银瀑、观峰台、五女峰、洞天皓月、仙人台、美容泉、园址等八大景区，36 处自然景观和人文景点。公园内森林资源丰富，山高林密、大树参天。珍贵的松树、椴树、楸树、桦树青翠欲滴。这里不仅是野兽、飞禽的乐园，还是关东三宝——人参、貂皮、鹿茸的故乡。

图 7-3-9　五女峰国家森林公园

2. 高句丽王城、王陵及禹山贵族墓葬(图 7-3-10、图 7-3-11)

2004 年 7 月 1 日,主体坐落于吉林省集安市的“高句丽王城、王陵及贵族墓葬”被正式列入世界文化遗产名录。集安市被命名为世界遗产地、中国历史文化名城。

图 7-3-10　集安高句丽世界文化遗址公园

图 7-3-11　高句丽丸都山城遗址

3. 集安鸭绿江风景区(图 7-3-12)

鸭绿江为中朝界河,发源于长白山南麓,全长 795km,流经集安162.5km。

图 7-3-12　集安鸭绿江风光

4. 云峰湖风景旅游度假区(图 7-3-13)

云峰湖风景旅游度假区坐落在集安市以东、鸭绿江上游 40km 处。除大坝和厂房外,云峰湖度假区还有许多自然景点和人工景点,如铁塔银线、高山飞瀑、寻幽石洞、铁桥春早、云水远眺等。

图 7-3-13　云峰湖风景区

5. 老虎哨清水山庄旅游度假区(图 7-3-14)

老虎哨清水山庄旅游度假区距集安市区 60km,经“关门砬子”“石林”等景区;水路距集安市 40km,可领略“神龟”“小漓江”“金龙湾”等景观。

图 7-3-14　老虎哨旅游度假区风光

6. 鸭绿江国境铁路大桥景区(图 7-3-15)

鸭绿江国境铁路大桥景区为国家 AAA 级景区。大桥始建于 1938 年,全长 589.23m,有桥墩 19 个。现鸭绿江国境大桥是中朝两国贸易往来的通道,列车每天往返一次,单程 11km,是世界上最短的一趟国际列车。雄伟壮观的铁路桥把集安和满浦两个友好城市紧紧联结起来,成为中朝友谊的象征。

图 7-3-15　鸭绿江国境铁路大桥景区

7. 吉林白鸡峰国家森林公园(图 7-3-16)

吉林白鸡峰国家森林公园位于吉林省通化市东南部,平均海拔 600m 左右,园区总面积 10.41km²,森林覆盖率为 98.7%。白鸡峰国家森林公园是以自然景观为主的 AAAA 级森林生态旅游景区,并有前白鸡和后白鸡之分,高程分别为 1318m 和 1300m。园区曾是驮运的古道,据考证公园沿途在明末清初分别建有龙王庙、关公庙和观音寺等建筑,有些遗址尚存。

图 7-3-16　白鸡峰国家森林公园

7.3.4　项目环评水保批复落实情况

1. 环评批复落实情况

2012 年 11 月 16 日,环境保护部对《吉林省集双高速公路集安至通化段环境影响报告书》进行了批复,在建设和运营期间落实了九方面工作:

(1)对路线进行了优化,减少了占地和环境破坏,加强了临时用地的生态恢复技术和措施的应用,加大了隧道弃渣的利用率。

(2)加强环境管理,加大环境保护督查力度,减少环境污染现场的发生。

(3)跨越敏感水体桥梁设置径流收集系统、防撞设施、警示牌等,减少交通事故造成的水体污染。

(4)按照环评要求进行噪声防治,达到国家规定环境噪声标准。

(5)生活污水和餐饮废水进行处理后回用,不外排。

(6)生活区和服务区等位置的食堂安装油烟净化器,排放满足标准要求。

(7)施工期开展环境监理工作,提交环境监理报告。

(8)制订环境风险应急预案,建立环境应急防范体系。

(9)严格执行“三同时”制度。

2. 水保批复落实情况

2012 年 2 月 23 日,水利部对《关于集双高速公路集安至通化段工程水土保持方案报告书》进行了批复,同意水土保持方案,批复落实情况如下:

(1)完成水土保持初设和施工图设计工作,落实水土保持“三同时”工作。

(2)工程建设中加强了水土保持措施的落实。

(3)工程建设中开展了水土保持监测和监理工作,并按规定向相关部门提交了实施方案和报告。

(4)建筑材料的采购选择符合规定的料场。

(5)按计划向相关部门提交水土保持方案实施情况报告。

7.3.5 建设实践与成效

集通高速公路践行“安全、耐久、节约、绿色”理念,采取“灵活性、人性化、精细化”设计,以建设“生态融合、文化展示、景观营造、旅游服务、实用耐久”的多层次、多功能、高品质工程为目标,打造国内知名的精品生态旅游示范路,树立严寒山区绿色公路建设标杆。

1. 源头底蕴绿色,生态和谐共生

集通高速公路全线地形起伏较大,地势陡峭,桥隧比例高,同时全线森林密布,植物资源密布,农田与水系交错纵横,为我国优质的黑土地区域,部分林区土壤为珍贵的参土。在建设过程中坚持绿色发展红线,路基施工之前先划出“环保红线”,最大限度地保护原生植被,尤其加强对隧道洞口原生植被的保护和早期恢复(图7-3-17)。

集通高速公路率先提出“带绿施工”的建设理念和标准(图7-3-18),必须开挖的坡面坚持开挖与复绿紧跟推进的做法,既推动绿化先行,又最大限度地减少水土流失。工程建设绿化景观先行,实现生态融合。全线骨架背景林以高耸、浓绿的植物为主,景观基调林采用冠形饱满、叶色浓绿的植物,景观特色林选择彩叶和秋叶色彩变化明显的植物,花林景观以果树和观赏花灌木为种植特色,展现不同季节景色与风貌。

图7-3-17 隧道口和路侧原生植被严格保护

图7-3-18 建设期“带绿施工”

2. 传承历史人文,匠心铸造品质

针对集通高速公路沿线独特的文化背景,通过对相关记载、历史遗迹、制作工艺、地方产业等资料进行分析、总结,抽象成图形或可应用的形体,在沿线服务场区、路侧净区等予以展示(图7-3-19),实现文化发掘、宣传与传承。

(1)运用元素符号,展示历史文化(图7-3-20、图7-3-21)

集安是高句丽世界文化遗产地,参照高句丽国内城、丸都山城城墙遗址,对高句丽筑城风格、选址、选材以及历史演变进行分析挖掘,最后将独特的山城防御型城墙造型作为方案元素,应用于隧道端墙式洞门,突显世遗古都的古朴庄严,呼应景观“入城”的主题;提取高句丽文化三足乌、八瓣莲花符号作为项目徽标,并在标志标牌、景观小品、桥梁混凝土防撞护栏等位置进行应用,既融入独特的地域历史文化,又体现交旅融合的服务发展理念。

图 7-3-19　浑江南岸高速公路路侧景观石

图 7-3-20　五女峰互通停车区高句丽文化墙

图 7-3-21　桥梁防撞墙项目徽标印模

(2)设置雕塑小品,呈现红色文化(图 7-3-22、图 7-3-23)

项目途经东北抗联杨靖宇将军作战指挥部遗址。在长岗停车区内设置抗日民族英雄杨靖宇雕像,警示人们勿忘国耻、不畏强敌;以党旗为设计元素的雕塑,对东北抗联的英雄事迹进行高度概括;以驳壳枪为主的主体造型,体现着杨靖宇将军坚持真理、忠心报国、英勇献身的革命精神。小品雕塑放置于通往东北抗联指挥部遗址的通道入口处,引导出行人前往游览。

图 7-3-22　抗日英雄杨靖宇雕像

图 7-3-23　长岗停车区党旗雕塑

(3)灵活运用载体,根植地域文化

①红酒文化。通化是我国优质的葡萄产地,葡萄酒文化历史厚重,在我国具有重要的影

响力。通过对红酒文化的定位分析,对酒杯、酒瓶、酒桶、酿酒流程等内容进行元素筛选提取,最终确定木质酒桶为设计元素,与服务设施的功能相融合。

在湾湾川旅游休息区设置用葡萄酒酒桶造型构建的花池座椅和花箱,栽植有葡萄藤的廊架通往观景区域,体现丹霞酒韵,与红酒文化相呼应。

②人参文化。项目途经我国东北最核心的人参主产区和最大的野山参出产和交易中心区,其中清河镇为我国唯一国家级人参特色小镇。在对人参文化进行元素提取时,参考了东北民间采参把头故事传说,将传说中人参娃娃与书法文字相融合,为民间传说增加更多文化内涵附加值的同时,又不失生动活泼,让人印象深刻。

③中医药文化。中医药文化是我国三大国粹之一,项目所处通化市是我国著名中药之乡、“中国三大天然药库”之一。通化市中药材种植规模大、种类全、特色药材突出。盛产人参、天麻、鹿茸、林蛙等名贵药材,药物资源1133种。通化市先后被认定为国家首批新型工业化医药产业示范基地、中国中医药展览交易基地和中国医药投资最佳城市。以我国古代医学理念“天人合一”“阴阳交融”的文化思想为出发点,借用医学典故对文化景观小品进行创作。湾湾川旅游休闲区广场布局内圆用景墙进行分隔,形成太极图案,外切八边形为八卦图案(图7-3-24)。

图7-3-24　湾湾川旅游休闲区景观小品方案

3.路内景观营造,引领公路旅游

(1)五女峰旅游休闲区

利用五女峰互通内已征地范围,分南北两侧设置休闲区。南侧打造成旅游经济区,设置停车位、特产销售;北侧打造成房车营地区。沿山脚下布置环形观景人行步道,供游人休息时散步,漫步于山林中,观赏多彩的自然风光。

(2)湾湾川旅游休闲区(图7-3-25)

湾湾川旅游休闲区位于项目通化连接线浑江之边,为当地居民以及来往游客提供一个停车、休闲的去处。在路侧加宽取土区设置木栈道及休息平台,观赏山水风光。用葡萄酒酒桶造型构建花池座椅,设置葡萄藤廊架,展示红酒文化。

(3)下龙头观景台(图7-3-26)

浑江江水在通化湾湾川峰回路转,巍巍青山,逶迤延绵,风光优美。当地人称“龙脉”的下龙头路段,考虑周围的浑江山水景观,同时结合工程路侧取土条件,利用隧道弃渣场设置观景台,使游客能够观赏近处的水田、邻近的浑江以及远处的下龙头风光。

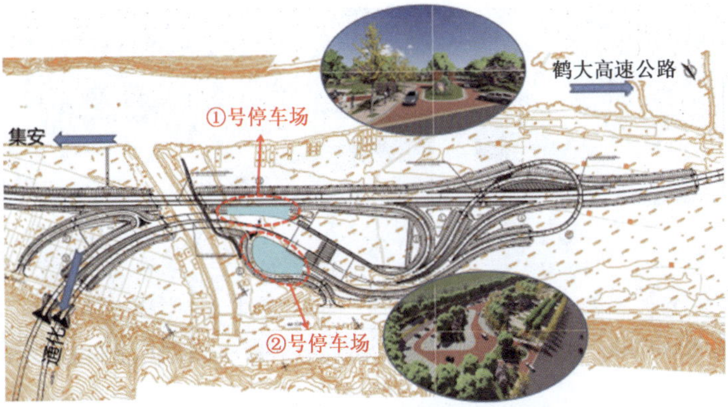

图7-3-25　湾湾川旅游休闲区景观总体方案

图7-3-26　通化湾湾川浑江下龙头

(4)隧道装饰突出地域性

隧道洞口是工程的门面,一个好的隧道洞门能给人留下深刻印象。根据地域文化特色,迎宾岭隧道出口端墙式洞门以高句丽国内城、丸都山城为设计元素,运用古城墙建筑装饰,突显世遗古都的古朴庄严,呼应景观"入城"的主题;五女峰特长隧道为东北地区最长公路隧道,为体现洞门的宏伟、庄严,采用端墙式洞门,并采用以五女峰传说为背景的浮雕图案进行装饰;河口隧道洞口采用端墙式洞门,造型上部轮廓与通化山城的自然地貌相呼应,提取中医药元素,进行艺术化抽象,与中医药产业基地的蓬勃发展相结合。

(5)隧道亮化景观提升舒适性

在五女峰隧道地下风机房主洞加宽段,利用灯光变换设置了两处各120m长的景观带(图7-3-27)。景观带的设置能够有效避免驾驶员在特长隧道中产生的视觉疲劳,最大限度提高特长隧道驾乘的舒适性,给通行者营造一个安全舒适的通行条件。

4.路域景观串联,服务全域旅游

工程施工保留路侧原生草灌植被,保护自然景观,践行公路与自然生态和谐共生的理念。高速公路与国道串联起集安五女峰景区、云峰湖景区、高句丽遗址公园、鸭绿江风情景区(图7-3-28、图7-3-29)等观光地,营造路侧薰衣草花海,使驾乘人员赏心悦目、心旷神怡、流连忘返。

图 7-3-27 五女峰隧道 LED 点光源景观带

图 7-3-28 集安鸭绿江码头

图 7-3-29 集安鸭绿江羊鱼石

5. 工程实体绿色,节能降耗耐久

鹤大高速公路科技示范以资源节约和循环利用为主题,以耐久、生态、环保、节地、节能、节材及废弃材料综合利用为重点,系统性开展新技术的集成应用和关键技术的科技创新。在此基础上,集通高速公路开展了更为深远的探索实践。

(1)率先实现公路建设"零借方、零弃方"

项目充分利用 4 年工期有利条件,通过合理优化隧道与路基工程的施工组织,提高隧道弃渣的综合利用,有效降低工程综合成本。原施工图设计 8 处取弃土场(取土场 3 处、弃渣场 5 处)均未征用,全线合计 3890000m^3 隧道洞渣 100% 利用,实现了交通运输部提出的"零借方、零弃方"的绿色公路建设目标,全面解决了高速公路取弃土场的前期生态破坏、水土流失和后期的生态恢复难题。

巨粒土路基填筑技术推广应用(图 7-3-30)。基于鹤大高速公路示范成果,推广和细化填石路基施工技术,将隧道弃渣和挖方巨粒土用于填筑路基,减少大量的弃方及借土填筑路堤,减少占用农田数量,最大限度地合理利用资源,避免了公路建设给自然环境带来的破坏。

隧道弃渣综合应用技术(图 7-3-31、图 7-3-32)。隧道开挖会产生大量的弃渣,需要占用大面积的土地来堆放,后期绿化恢复也十分困难,既影响了路域景观效果,也破坏了沿线生态环境。因此,对隧道弃渣进行合理利用是公路建设资源节约和可持续发展的重要方面。

隧道弃渣加工后综合利用包括填筑路基、制作防护工程生态砌块、加工路面基层碎石等，实现隧道弃渣的无害化利用。弃渣综合利用节省了大量土地资源和石料资源，降低了工程成本，具有巨大的经济效益和环境效益。

图7-3-30　巨粒土路基填筑

图7-3-31　隧道弃渣制作生态砌块

图7-3-32　隧道弃渣加工路面碎石

(2)绿色公路生态防护技术应用

吉林省高速公路工程生态防护经过近20年的发展，已经形成了比较成熟的技术体系。集通高速公路结合现有的技术储备，结合长白山区脆弱的生态特征、项目主题景观和文化定位，整合创新出一整套完善的山区高速公路生态防护应用技术体系。

技术应用原则：对于路基挖方边坡，结合坡面高度、土质或石质边坡的类型、风化程度、坡面汇流情况等要素，采取一般植草、灌木恢复，分类客土喷播防护、叠拱+植物防护、混凝土框架梁+植物防护，或综合运用上述技术，并根据坡面情况合理设置抗盐冻的浆砌料石排水急流槽。对于恢复困难的多级岩石边坡，采用挂网客土喷播+扦插灌木的复合式恢复技术(图7-3-33)，取得重大成功。对于路基填方边坡，结合填筑高度、填料情况、坡面汇流情况等要素，采取一般植草、灌木恢复，生态砌块防护技术，并根据坡面情况合理设置抗盐冻的浆砌料石排水急流槽。突破性全面取缔传统的浆砌片石圬工截水边沟和排水边沟，结合路线纵坡、地质和地形地貌、地表汇流情况等，代之以一般生态边沟、石板铺底生态边沟、排水暗沟，以及利用废弃河卵石余料砌筑的生态型排水边沟等。针对互通区、分幅路基之间、隧道口全面推行"零开挖创面"理念，坚守以专项保护为前提的立体生态防护策略，严控不必要的创伤面和减少人工痕迹。从集通高速公路的应用效果看，全面取代了圬工结构防护、创伤性的锚喷防护以及单纯的表层挂网防护等，施工开挖的地表创面100%生态复绿，真正践行了绿色公路的核心内涵。

图7-3-33　迎宾岭隧道进口段立体生态防护

注：图中段落包含挂网客土喷播＋扦插紫穗槐，排水暗沟、生态卵石排水边沟等防护形式，已全部复绿。

(3)双拌缸振动拌和水泥稳定混合料应用(图7-3-34、图7-3-35)

路面基层水泥稳定碎石采用双拌缸两级拌和是在常规一次拌和基础上的进一步优化，可以提高水稳砂砾混合料级配的均匀性，使结合料更好地裹覆碎石和减少铺筑时的离析。使用双拌缸两级拌和工艺，可有效解决水泥与集料黏结不足的问题，综合提高水泥稳定碎石混合料的路用性能。

图7-3-34　水泥稳定碎石振动拌和站

图7-3-35　振动搅拌水稳碎石基层芯样

水稳拌和站振动搅拌机采用双卧轴连续式搅拌方式，运用振动搅拌技术，叶片强制搅拌与振动作用相结合，可在较短时间内使水泥碎石混合料在宏观上及微观上都达到均匀，从而显著提高搅拌质量和搅拌效率，防止混合料离析，提高均匀性，减少路面基层干缩裂纹，提高强度和耐久性，并有效节约水泥原材料。

(4)抗冻耐久路面技术应用

集通高速公路地处吉林东部山区，冬季寒冷漫长，极端最低气温－39.4℃，极易引起路面冻胀隆起、开裂破坏。此外，冬季降雪后撒布除冰盐，反复冻融循环造成路面强度衰减，影响路面结构的使用质量和寿命周期。针对严寒气候特点，采用耐久性的路面结构，以降低养护成本，减少路面早期损坏。

①柔性组合基层沥青路面

沥青碎石作为缓解动水压力及防止半刚性底基层反射裂缝的主要功能层，应从基层功能的角度进行设计，其设计的关键在于基于结构层功能要求的材料设计原理与方法以及与之相适应的成型工艺，即按材料-结构-工艺一体化原则设计沥青碎石基层。采用组合基层路面，设置柔性基层能延缓反射裂缝的产生，通过增加沥青层厚度来减小沥青层层底拉应力，提高沥青路面的抗疲劳寿命。在采用体积法设计密实型沥青稳定碎石混合料（ATB）的基础上，对振动成型和大型马歇尔击实成型的试件进行了强度（抗压强度、抗压模量）、水稳定性（浸水残留抗压强度、冻融抗压强度）、低温拉伸性能（小梁抗弯拉强度）及永久变形（动载贯入式重复加载）的对比试验研究，确定密实型沥青稳定碎石沥青混合料的路用性能，用于指导工程施工。

②隧道复合式路面

综合考虑施工过程、管理养护、行车舒适性等因素，将隧道洞内路面由水泥混凝土路面调整为复合式路面。推广绿色环保技术应用，路面添加阻燃剂、温拌剂等，减少施工烟气排放，最大限度降低对施工人员健康的影响。

③改性矿料技术

沥青面层通过矿料表面改性可以改变沥青混合料中矿料的表面属性，达到矿料表面“疏水、亲油”的目的，提高沥青与矿料之间的黏附力，提高沥青混合料的机械强度、综合性能和耐久性，降低了工程成本，更有利于环保。

④玄武岩纤维 SMA 沥青路面

基于节能降耗、降低污染排放的绿色发展主导思想，集通高速公路 K7 + 200 ~ K23 + 700 段采用玄武岩纤维沥青混合料上面层进行了工程实践，在国内属于先行先试。玄武岩纤维用于沥青混合料化学稳定性好，在沥青混合料拌和时不与沥青发生任何化学反应；抗老化性能好，在与沥青混合料拌和过程及路面使用过程中不老化，可再生利用；水稳定性好，更符合全寿命周期成本发展要求。

（5）智慧建造和桥梁抗冻耐久技术应用

集通高速公路处于东北季冻区Ⅱ类环境，冬季漫长寒冷，桥涵所处野外自然条件恶劣，冬季大量使用除冰融雪剂。

①升级版标准化施工技术

按照全寿命周期理念，以创建智慧工地为先导，公路工程施工“两区三场”标准化迭代升级，更加关注桥梁构件工业化建造技术的应用范围拓展，专业施工机组应用以节能、节材和循环利用为出发点，全面推广改进型梁板智能张拉技术与循环压浆、蒸汽养生技术。传统粗放型施工方式在 BIM + GIS 技术应用推动下向智慧建造迈进。

②混凝土防腐蚀措施

护栏底座、混凝土防撞护栏、桥面连续伸缩装置混凝土表面及伸缩装置下盖梁顶面及侧面采用异丁基三乙氧基硅烷浸渍处理。护栏底座、墙式护栏底部内侧表面设置花岗岩或大理石镶面，兼作内侧模板与混凝土同步施工。

③采用高性能混凝土，提高桥梁防水抗冻性能

加强梁端封头混凝土及湿接缝施工质量控制；桥面现浇层混凝土采用补偿收缩防水混

凝土，防止桥面漏水；桥梁结构用混凝土按照抗冻性要求掺入新型高效减水剂、超细粉煤灰等配制，改善混凝土内部孔隙结构，提高混凝土密实性和耐久性。

(6)隧道施工创新技术应用

①改进型光面爆破技术

隧道采用水压光面爆破技术，使隧道开挖轮廓与尺寸更加准确，减小对围岩的扰动，增加岩石的自稳能力，大大减少超、欠挖，为初期支护喷射混凝土的平整度和质量提供有效保障，施工更安全环保，提高了经济效益和社会效益。

②湿喷混凝土技术

隧道初支混凝土采用湿喷技术，湿喷机喷射混凝土具有效率高、粉尘少、噪声低、耗能少、污染小、操作灵活方便、故障率低、使用寿命长、节约劳动力等优势，同时全面提升喷射混凝土均质性和结构强度，是推行绿色建造技术的典型代表。

图7-3-36　高分子聚乙烯逃生管道

③高分子聚乙烯逃生管道(图7-3-36)

隧道施工使用高分子聚乙烯逃生管道，替代传统铁质逃生管道。高分子聚乙烯逃生管道能够避免铁质逃生管道在发生坍塌后发生变形无法满足逃生要求的弊端。另外，高分子聚乙烯逃生管道较铁质逃生管道更轻便，直接使用人工就可以搬运和组装，避免了铁质逃生管道笨重的弊端。

(7)交安设施创新技术应用

交安工程强化以人为本、预防为主的设计原则，设置主动引导设施，充分发挥预防交通事故发生的作用。在满足安全和使用功能条件下，积极推广使用可靠的新技术、新材料、新工艺、新产品。国内首次全线推广使用Q235D型耐寒抗冲击金属护栏。Q235D型金属护栏是针对季冻区严寒环境专门定制新材料的创新应用，与国内普遍采用的Q235B型钢护栏相比，能够有效提高严寒天气下护栏的抗冲击性能，保证防护技术指标和效果不降低。

(8)机电工程绿色交通创新应用

机电工程绿色交通创新应用包括基于环境感知的高速公路隧道照明节能与智慧控制技术、道路分布式供电(仿生摄像机)、季冻区隧道通风智能控制系统、公路机电设施智能检测预警综合运用技术、道路及旅游信息动态发布系统等。这些创新应用成为集通高速公路绿色公路、智慧公路建造典型示范的重要载体。

7.3.6　路基清表种植土综合运用技术

吉林省东部山区地表植被以森林为主，国家级保护物种如红松、水曲柳、黄檗等普遍分布，需要采取有效的保护措施，维护生态系统稳定。同时，集通高速公路地处长白山区，山体开挖造成全线挖方边坡多，需要采取有效手段对边坡进行防护和恢复。

地表土是自然界土壤表层中一种稀缺的、不可再生的、具有重要生态价值的基础性资源，其有机质和微生物含量较多，对地力快速恢复和植物生长最有利。吉林省整体土壤质量较高,尤其是林下土壤,各种养分含量均较高,是吉林省宝贵的自然资源。

1. 路基分步清表施工技术(图7-3-37)

公路工程在填、挖方路基施工前,均应进行表土剥离。一般沟谷段可按30cm清表土,山坡按10~15cm清表土。清除的表土单独集中存放,用于防护、绿化和复垦。吉林省从吉林至延吉高速公路建设开始探索路基分步清表技术,最大限度保护路域长白山原生植被。在边坡恢复方面,以自然恢复为主,利用原生表土的养分和种子库,同时增加人工诱导技术手段以及最新的生态恢复技术等,提高恢复效率。

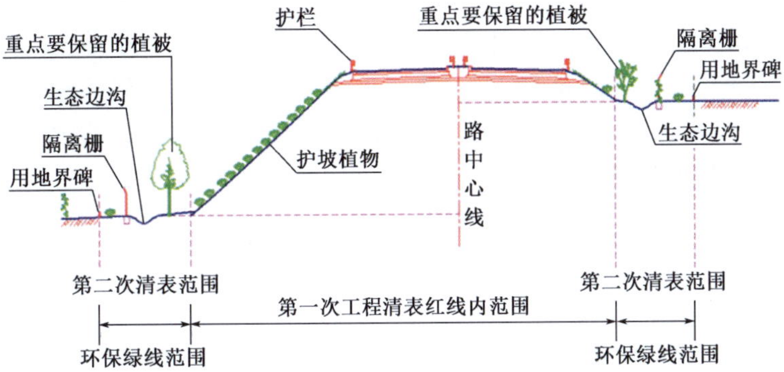

a)公路填方路基

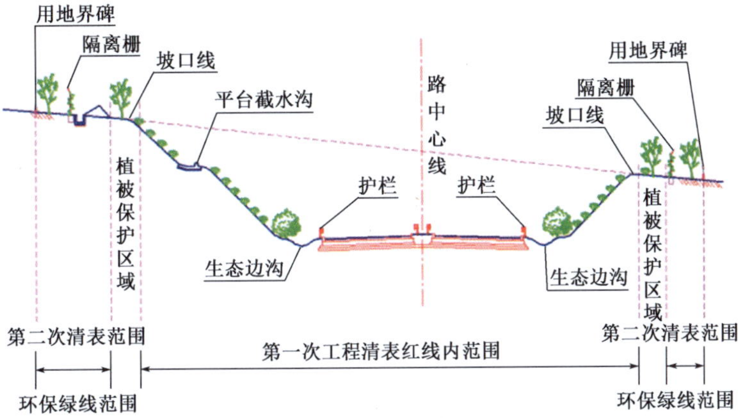

b)公路挖方路基

图7-3-37　路基分步清表施工示意图

(1)传统公路施工常采用一步到位的清表方法,直接清除公路征地范围内的所有植被,往往造成植被清理范围大于路基建设需要占用的范围,使植被过多被破坏,造成难以弥补的损失。清表施工前对公路用地范围内的植物资源状况进行详细调查,统计沿线珍稀保护植物以及需要移栽和重点保留的植物,施工时严格进行保护。如路侧护坡道、隔离栅等公路区域建设中,如果不影响施工并不一定要清除该区域上的植被,路侧截、排水沟在特定环境条件下可能无须设置而不需要清表,或者可以采用人工清表的方式减少破坏。因此,采用分步清表的方法来控制清表施工范围,最大限度减少施工对原生植被的破坏。

(2)第一次清表范围为挖方路基两侧设计坡口线之间的范围,填方路基则为路基两侧设计坡脚线之间的范围,达到贯通全线,保证施工车辆、机械和人员能够进入施工作业面,同时重点保护移栽树种;第二次清表范围为设计坡口线(或坡脚线)至公路征地边界之间的范围,结合地质情况、地形特点、周边环境确定分台阶高度、边坡坡率、排水形式,然后再根据施工需要初步确定清表范围,确定最佳清表和植物保护方案。

(3)第二次清表范围是工程建设中原生植被最重要的保护区域。必须严格保留该区域植被,对必须设置截、排水沟的段落,采用人工配合机械清表,减小创伤面。二次清表重点保留路基坡脚处的乔木,路基坡脚处对压埋30cm以下的灌木丛进行保留,使其自身恢复生长。严禁随意清除拟保留的乔木、灌木丛。

(4)对互通环内、隧道两幅中间等区域,在不影响行车安全的前提下,不进行清表。隧道两幅中间的土体在后期施工中也尽量保留,既减少工程量,有利于洞门边仰坡稳定,同时也减少对环境的破坏,最大限度保留原生原貌。在隧道洞口及鼻端、填方路基护坡道处、各互通区、收费场区、停车区、服务区、分幅路基等位置,填方小于50cm处的林木给予最大限度的保留。

2. 表土利用生态恢复技术

集通高速公路沿线森林密布,自然景观优美,公路建设后生态恢复的最终目的是要营造与自然环境相融合的效果。

(1)直接覆土恢复

对于坡度小于1:2的低缓边坡、互通式立交和服务区的放缓坡面和场地,可以将过筛后的表土直接覆盖于以上裸露的土壤表面,达到保持土壤水分、提高土壤肥力、抑制杂草生长、改善土壤结构、减少土壤侵蚀和抑制扬尘等生态功能。

(2)人工诱导生态恢复

表土中的养分有机质含量高,种子库生态价值重要,但是在实际绿化应用中,如果采用自然恢复,边坡往往并不能达到近自然恢复的效果,因此需要进行人工诱导恢复,在表土中添加多类型、多结构、多用途配置、以本地植物为主导的人工种子,加快边坡的出苗和群落结构的构建,促进近自然演替发展。

(3)绿化基质生态恢复

对于需要进行工程防护和绿化结合的边坡,对表土采取过筛处理、养分调整、添加添加剂等措施后,将其作为客土喷播的绿化基质使用,达到固坡和生态恢复的双重效果。

7.3.7 生态型防护砌块应用技术

生态型防护砌块是以尾矿渣、建筑垃圾、施工弃渣余料等固体废物为原料,经高激振力砌块成型机加工而成,具有不同框架尺寸、榫卯结构、外观颜色、植生孔的一种具备全生命周期并可循环利用的干硬性混凝土工程砌块。

生态砌块应用技术是以生态环保和循环利用为前提、以绿色公路建造理念为切入点的工程防护替代技术,最初的目的是在高速公路修建过程中有效利用路基石方和隧道开挖的弃渣。从材料自身属性来讲,与传统公路施工使用的硬性砌筑防护、混凝土类防护无本质差异,但从可持续发展理念出发,其核心内涵是减少生态破坏,节材节能降耗。该技术实现了减少外购石材加剧环境破坏和提升施工弃料利用品质的双重效果,是公路建设应用技术的迭代升级,是对“循环利用就是最大的节约”的直接诠释。

1. 生态砌块工程应用设计

生态型防护砌块用来替代传统的道路砌筑排水防护工程,一般用于填方路基边坡和桥头锥坡防护。集通高速公路共有 10 座隧道，整个开挖期将产生大量不同规格的弃料，合理利用隧道弃渣，将其用于边坡防护工程，既提升了弃渣利用的整体效益品质，又从根源上解决了废物转化利用问题。项目沿线共设置了 3 座生态型防护砌块生产线，生产 25000m^3 各种类型砌块。在工厂预制环节和现场安装环节，需考虑抗盐冻侵蚀耐久性能、边坡自然沉降和抗雨水冲刷等要求。生态型防护砌块排水防护设计如图 7-3-38 所示。

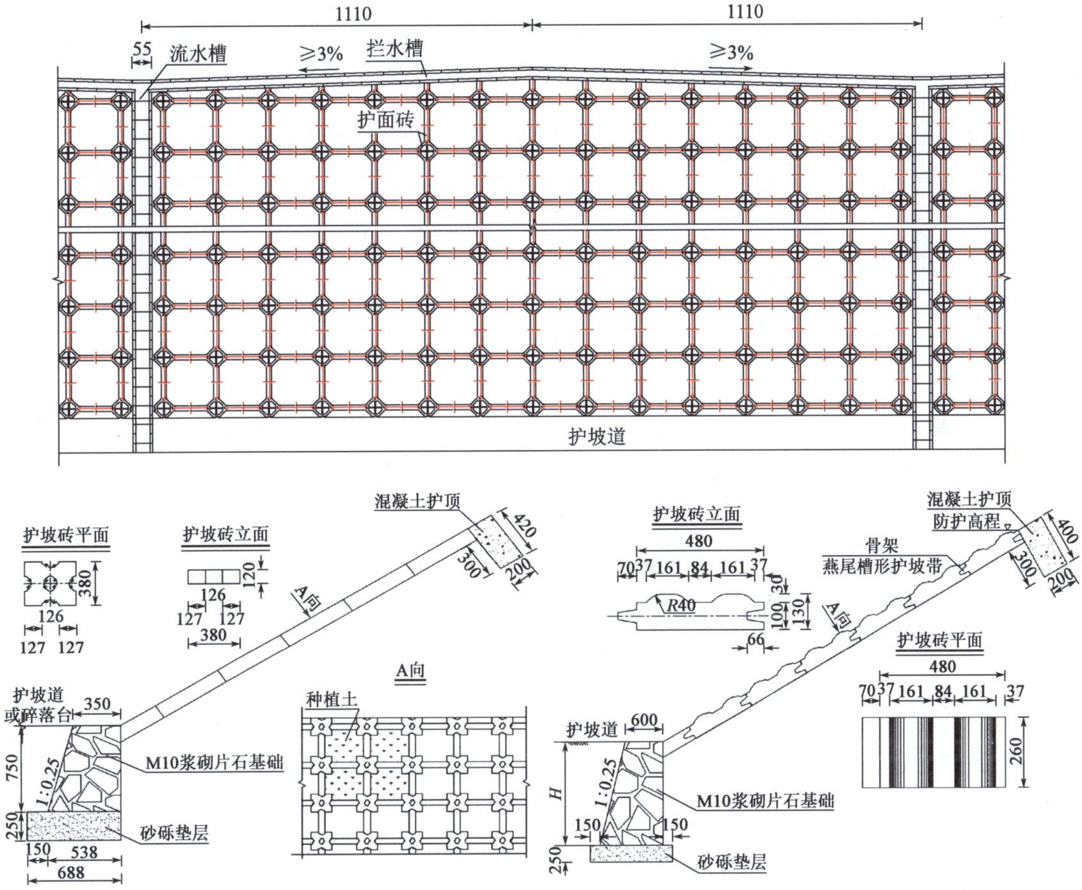

图 7-3-38　生态型防护砌块排水防护设计图(尺寸单位:mm)

2. 生态砌块混凝土工业化配合比设计

生态砌块混凝土工业化配合比设计主要影响因素有水胶比、粉煤灰掺量、碎石级配、养生条件等。鹤大高速公路科技示范研究采用“五因素、四水平”的正交试验方法进行配合比设计，试验研究结果见表 7-3-1、表 7-3-2。

正交试验的“五因素、四水平”试验汇总　　表 7-3-1

项　目	水泥用量(kg)	水　胶　比	石屑/砂(%)	砂率(%)	粉煤灰掺量(%)
F1	280	0.35	0	50	10
F2	300	0.37	16.67	55	15
F3	320	0.39	33.33	60	20
F4	340	0.41	50	65	25

各试验组强度结果 表 7-3-2

项目	水泥用量(kg)	水胶比	石屑/砂(%)	砂率(%)	粉煤灰掺量(%)	强度(MPa)
T1	280	0.35	0	50	10	11.86
T2	280	0.37	16.67	55	15	15.68
T3	280	0.39	33.33	60	20	16.02
T4	280	0.41	50.00	65	25	18.7
T5	300	0.35	16.67	60	25	17.5
T6	300	0.37	0	65	20	16.34
T7	300	0.39	50.00	50	15	21.4
T8	300	0.41	33.33	55	10	31.48
T9	320	0.35	33.33	65	15	25.88
T10	320	0.37	50.00	60	10	30.44
T11	320	0.39	0	55	25	25.46
T12	320	0.41	16.67	50	20	27.44
T13	340	0.35	50.00	55	20	27.64
T14	340	0.37	33.33	50	25	28.28
T15	340	0.39	16.67	65	10	23.76
T16	340	0.41	0	60	15	21.5

综上可知,水泥用量为五种因素中的显著性因素,对混凝土试块的强度起到最关键的作用,而对后期强度影响显著的粉煤灰还没来得及发挥作用。当水泥用量在 280~320kg 之间时,随着水泥用量的增加,强度大幅上升;而水泥用量达到 320kg 后,强度上升趋势放缓,340kg 的水泥用量与 320kg 的水泥用量差别不大。考虑经济因素,可采用 320kg 的水泥用量来继续验证。而其他因素中,集料的粗细比例直接影响了试件的强度与表观质量。细集料中较粗的石屑越多强度越大,砂率越小强度越大。

应用研究对加入粉煤灰后的混凝土 80d 龄期进行了扩展强度试验。应用研究表明:掺入适量的粉煤灰对干硬性混凝土砌块配合比的改良有着非常大的作用。在其他因素保持不变的情况下,0.37~0.38 的水胶比可以得到较好的强度。水胶比为 0.37 的试验组强度增加明显,水胶比越大,减水剂的作用越弱。

3. 生态砌块耐久性研究

粉煤灰与引气剂双掺时对混凝土的综合性能有着协同作用的影响,所以在确定引气剂试验组的原始配合比时,将粉煤灰与引气剂一同纳入变量。其中粉煤灰的掺入比例分别取 15%、20%、25%、30%,引气剂的掺入量分别为水泥用量的 0.006%、0.008%、0.010% 和 0.012%。抗冻试件的配合比以正交试验的第 10 组为依据进行试验,混凝土 28d 立方体抗压强度试验结果见表 7-3-3,混凝土立方体抗压强度比较如图 7-3-39 所示。

混凝土 28d 立方体抗压强度(MPa) 表 7-3-3

粉煤灰掺量(%)	引气剂掺量(%)				
	0	0.006	0.008	0.010	0.012
15	33.59	31.18	28.69	27.32	26.67
20	38.09	37.59	36.94	35.62	31.93
25	36.94	34	32.89	30.87	29.51
30	37.18	35.96	33.82	31.81	30.32

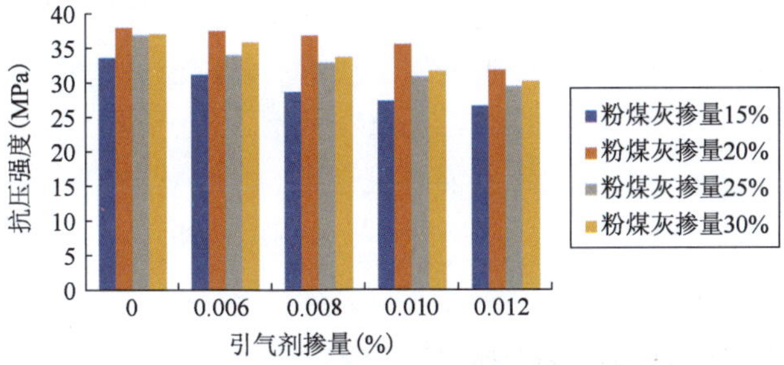

图 7-3-39 掺入粉煤灰与引气剂的混凝土立方体抗压强度

综上,掺入引气剂后混凝土试件强度随着引气剂掺量的增大而被逐渐削弱,当粉煤灰掺量为 20% 时,混凝土强度达到最大,进一步验证了粉煤灰的最佳掺入量为 20%。采用 20% 粉煤灰掺量的混凝土试件进行抗冻性试验,在测试质量损失的同时监测相对动弹性模量,当相对动弹性模量小于 50% 时停止试验,试验结果统计见表 7-3-4,混凝土冻融循环质量损失如图 7-3-40 所示。

粉煤灰掺入 20% 时的抗冻性试验结果 表 7-3-4

冻融循环次数(次)			25	50	100	125	150	175	200	250	抗冻等级
引气剂掺量(%)	0	质量损失率(%)	0.32	0.56	1.56	2.01	3.82	5.69	—	—	F150
	0.006		0.27	0.48	1.32	1.87	2.64	3.47	4.38	6.79	F200
	0.008		0.24	0.45	1.03	1.67	2.16	2.89	4.01	6.08	F200
	0.010		0.22	0.38	0.86	1.28	1.79	2.86	3.87	5.86	F200
	0.012		0.18	0.29	0.75	1.01	1.65	2.81	3.61	5.70	F200

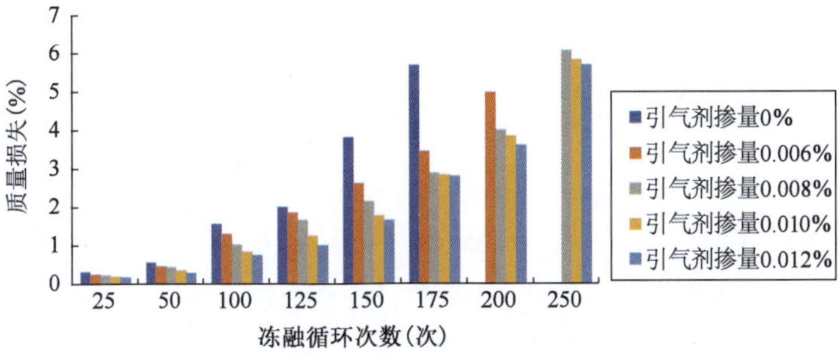

图 7-3-40 掺入粉煤灰与引气剂的混凝土冻融循环质量损失

从表7-3-4数据比较可知，随着引气剂的增加，混凝土抗冻性有明显提高，但是结合图7-3-39和图7-3-40数据统计综合考虑，加入引气剂后，混凝土的强度损失也比较大，引气剂的掺入量应以0.006%为宜，在基本满足强度要求的情况下，其抗冻等级能够达到F200。

4. 生态砌块施工技术(图7-3-41、图7-3-42)

按设计路基边坡刷坡，以机械刷坡为主，人工配合精平。护坡基础、拱形骨架按照设计坡比放线开挖，超挖部分要夯填密实。基础开槽宜整体布局，分段开挖。砂砾垫层及坡脚施工严格按设计执行，避免局部不均引发基础冻胀等病害。在现浇基础混凝土上安装砌块，砌块铺设重点是控制好两条线和一个面，两条线是坡顶线和坡脚线，一个面是坡面。保证上述两条线的顺畅和护坡面的平整，对整个护坡外观质量的评价至关重要。

砌块安装必须按从下往上的顺序砌筑，砌筑应平整、咬合紧密。安装时依放样桩纵向拉线控制坡比，横向拉线控制平整度。砌块铺筑应平整、稳定；砌块转角衔接部位浇筑C30混凝土，要求振捣密实、表面抹平、整齐美观；砌块与边沟衔接处用水泥砂浆紧密相连，抹平收面，整齐美观，缝线整齐、统一。

图7-3-41　桥梁锥坡生态砌块防护

图7-3-42　路基边坡生态砌块防护

7.4　集通高速公路绿色公路指标评价

基于绿色公路建设内涵特征进行系统分析，构建吉林省绿色公路评价指标体系。对集安至通化高速公路进行了评价，评价结果达到“4星绿色公路”等级。

7.4.1　基于系统论的评价指标体系

采用系统分析的方法，对绿色公路建设内涵、特征进行分析，围绕生态保护、污染防治、资源节约、节能降碳、品质建设、服务提升、创新支撑7个方面进行评价体系构建，该结构体系包括3个层次，第一层为目标层A，第二层为准则层B，第三层为指标层C。在指标选取中统筹考虑交通运输部《关于实施绿色公路建设的指导意见》(交办公路〔2016〕93号)中“五大任务”“五大专项行动”在公路设计、施工、运营全生命周期的贯彻落实，全方面地选择能够体现绿色公路建设内涵及吉林省绿色公路建设要点的指标，构建了包括7个一级指标、25个二级指标和69个三级指标的评价指标体系。

层次分析法是目前采用较为广泛的指标权重确定方法，主要用于多目标、多准则的复杂问题的决策。对于绿色公路评价这一多目标问题,通过对递阶层次结构中各层上的元素与相关的上层元素进行比较,建立判断矩阵,采用 1 ~9 标度对元素的重要性进行赋值,可计算得到各指标的权重。计算得到的各级指标权重赋值见表 7-4-1。

吉林省绿色公路评价指标体系权重赋值　　表 7-4-1

目标层（一级指标）	权重	准则层（二级指标）	权重	指标层（三级指标）	权重
生态保护 A_1	0.26	敏感目标绕避 B_1	0.454	敏感目标绕避 C_1	—
		植被与地形保护 B_2	0.174	路域植被保护 C_{21}	0.375
				高填深挖控制 C_{22}	0.367
				隧道洞口开挖控制 C_{23}	0.258
		生态恢复 B_3	0.101	植被恢复 C_{31}	0.518
				边坡防护 C_{32}	0.482
		野生动物保护 B_4	0.130	生境连通性 C_{41}	0.495
				动物保护附属设施 C_{42}	0.505
		湿地保护 B_5	0.142	水系连通性设计 C_5	—
污染防治 A_2	0.22	水污染防治 B_6	0.449	沿线附属设施污水处理及回用 C_{61}	0.293
				敏感水体路段危化品泄漏应急处置 C_{62}	0.439
				生态排水设施 C_{63}	0.106
				施工废水处理 C_{64}	0.162
		大气污染防治 B_7	0.189	施工扬尘控制 C_{71}	0.565
				施工机械污染控制 C_{72}	0.435
		噪声污染防治 B_8	0.218	施工期噪声防治 C_{81}	0.667
				运营期噪声防治 C_{82}	0.333
		固体废物污染防治 B_9	0.144	工程固体废物 C_{91}	0.453
				生活垃圾处置 C_{92}	0.547
资源节约 A_3	0.16	廊道资源节约 B_{10}	0.364	廊道资源节约 C_{10}	—
		土地资源节约 B_{11}	0.444	永久用地集约利用 C_{111}	0.582
				临时设施统筹布设 C_{112}	0.162
				路基土石方综合利用 C_{113}	0.256
		旧路设施利用 B_{12}	0.117	旧路面结构利用 C_{121}	0.345
				既有路基利用 C_{122}	0.264
				既有桥梁利用 C_{123}	0.303
				既有交安设施利用 C_{124}	0.088
		材料循环利用 B_{13}	0.075	建筑垃圾利用 C_{131}	0.192
				工业废物利用 C_{132}	0.211
				模板材料利用 C_{133}	0.149
				隧道弃渣综合利用 C_{134}	0.448

续上表

目标层（一级指标）	权重	准则层（二级指标）	权重	指标层（三级指标）	权重
节能降碳 A_4	0.10	施工节能 B_{14}	0.616	施工期集中供电 C_{141}	0.435
				混合料节能技术 C_{142}	0.227
				天然气拌和站 C_{143}	0.175
				节能施工设备和工艺 C_{144}	0.163
		运营节能 B_{15}	0.384	隧道通风节能 C_{151}	0.143
				隧道照明节能 C_{152}	0.253
				服务设施照明节能 C_{153}	0.068
				建筑节能 C_{154}	0.183
				新能源利用 C_{155}	0.227
				节能型机电设施 C_{156}	0.126
品质建设 A_5	0.12	工程抗冻耐久 B_{16}	0.471	钢结构桥梁 C_{161}	0.136
				路基抗冻 C_{162}	0.227
				桥梁抗冻 C_{163}	0.290
				隧道抗冻 C_{164}	0.249
				特殊路面结构 C_{165}	0.098
		管理信息化 B_{17}	0.123	施工管理信息化 C_{171}	0.492
				BIM 技术应用 C_{172}	0.508
		施工标准化 B_{18}	0.148	工艺标准化 C_{181}	0.492
				工地标准化 C_{182}	0.508
		预防性养护 B_{19}	0.138	预防性养护技术 C_{191}	—
		智能交通系统 B_{20}	0.121	多元化系统 C_{201}	0.468
				交通预警系统 C_{202}	0.532
服务提升 A_6	0.06	多元化服务 B_{21}	0.602	人性化服务 C_{211}	0.436
				加气站和充电桩 C_{212}	0.255
				出行信息服务 C_{213}	0.309
		景观优化 B_{22}	0.215	景观融入 C_{221}	0.307
				景观打造 C_{222}	0.693
		旅游服务功能 B_{23}	0.283	旅游服务设施 C_{231}	0.336
				观景平台 C_{232}	0.122
				慢行系统 C_{233}	0.134
				特色旅游标识 C_{234}	0.174
				旅游信息服务 C_{235}	0.234
创新支撑 A_7	0.08	科技创新 B_{24}	0.576	科研攻关 C_{241}	0.441
				“四新”技术应用 C_{242}	0.559

续上表

目标层（一级指标）	权重	准则层（二级指标）	权重	指标层（三级指标）	权重
创新支撑 A_7	0.08	绿色理念 B_{25}	0.424	项目策划 C_{243}	0.335
				生态景观关联性设计 C_{251}	0.269
				宣传培训 C_{252}	0.106
				全过程环境管理 C_{253}	0.290

7.4.2 吉林省绿色公路评分办法

综合考虑绿色公路建设阶段发展水平，对指标内容完成情况进行量化评分，计分采用定性和定量相结合。绿色公路评价的实际得分应为所有一级指标得分之和，各一级指标得分应为该指标下设所有二级指标得分之和，各二级指标得分应为该指标下设所有三级指标得分之和。各级指标得分应在计分方法打分基础上乘以相应权重。绿色公路评价的满分为 100 分，具体等级划分标准见表 7-4-2。

吉林省绿色公路评价等级划分标准　　表 7-4-2

等　级	要　求
★★★★★绿色公路	评价总分在 90 ~ 100 分区间范围
★★★★绿色公路	评价总分在 80 ~ 90 分区间范围
★★★绿色公路	评价总分在 70 ~ 80 分区间范围
★★绿色公路	评价总分在 60 ~ 70 分区间范围

7.4.3 集通高速公路绿色指标评价结果

运用吉林省绿色公路评价指标体系对集通高速公路绿色公路建设情况进行了评价，评价总分为 85.7 分，评价结果达到“4 星绿色公路”等级。评价指标全面覆盖项目绿色公路建设相关内容，评价指标合理有效，可有效指导吉林省绿色公路建设。各项一级指标得分见表 7-4-3。

集通高速公路绿色公路评分结果　　表 7-4-3

一级指标	生态保护	污染防治	资源节约	节能降碳	品质建设	服务提升	创新支撑
评级得分	21.7	20.3	15.1	6.5	11.4	4.3	6.4

集通高速公路绿色公路评价 7 项一级指标中，资源节约、品质建设得分较为突出，分别占相应指标满分的 95% 和 93%，生态保护和创新支撑的得分也较高，分别占相应指标满分的 83% 和 85%；服务提升和节能降碳指标得分较低，分别占相应指标满分的 71% 和 67%。一级指标得分如图 7-4-1 所示。各项二级指标中，集通高速公路在野生动物保护、固体废物污染防治、材料循环利用、施工节能、运营节能、多元化服务、旅游服务功能指标得分较低，占相应指标满分比例低于 80%，可进一步提升的空间较大。二级指标得分如图 7-4-2 所示。

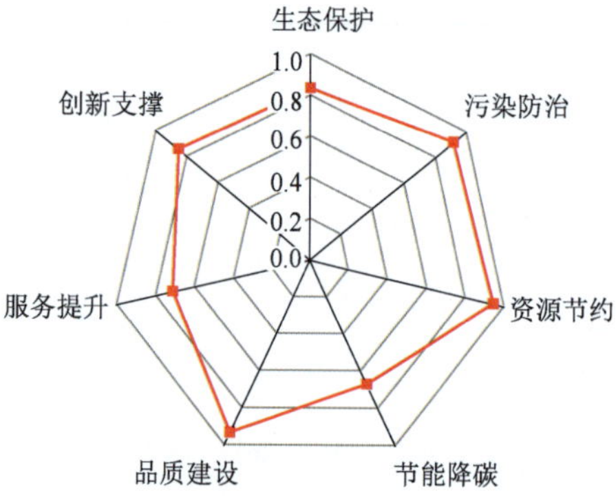

图 7-4-1　集通高速公路绿色公路评价一级指标得分图

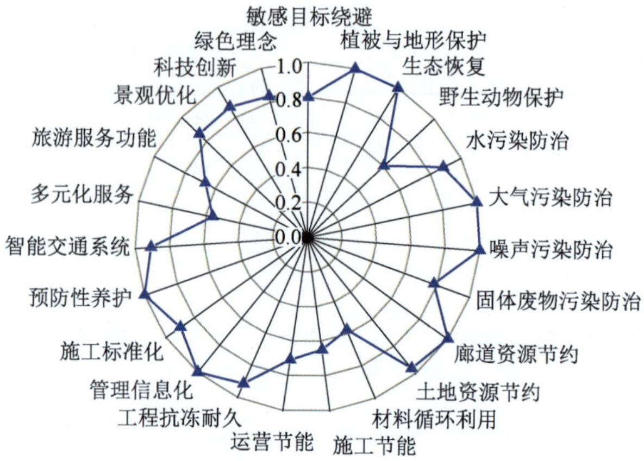

图 7-4-2　集通高速公路绿色公路评价二级指标得分图

7.5　结束语

新时代绿色公路理念涵盖了节能减排、资源节约、循环利用、生态保护、污染防治、景观提升及旅游服务等方向。绿色公路的建设应该在践行基本内涵的基础上，紧扣工程建设特点及社会需求，从而构建适用的技术体系。

当前公路建设参与者对于“绿色公路”和“品质工程”关系的认识并不十分清晰，甚至将二者割裂开来。从行业要求而言，“绿色公路”坚持以质量优良、安全耐久为前提，重点在“资源节约、生态环保、节能高效、服务提升”4 个方面实现突破，提出了“统筹资源利用，实现集约节约”等五大具体任务和“零弃方、少借方”等五大专项行动。而品质工程定义为以“优质耐久、安全舒适、经济环保、社会认可”为建设目标的公路水运工程建设成果，并提出了“提升工程设计水平”“提升工程管理水平”“提升工程绿色环保水平”等 7 个方面的 26 条主要措施。可以看出“绿色公路”与“品质工程”在建设中既有交叉，又各有侧重、互为补充，绿色理念的融入要以工程的质优安全耐久为前提，而品质工程的实现也要以绿色环保水平的提高为支撑。

在公路工程建设中，集通高速公路秉承这两种建设理念分别进行了试点创建，也取得了较为丰硕的成果和经验，实践证明，兼顾绿色和品质内涵、绿色和品质全面提升才是今后交通行业发展的趋势，也才能经得起时间检验并真正引领行业进步。因此，今后绿色公路建设中应及时将两种建设理念形成统一认识，将绿色和品质并举，由内而外实现绿色和品质全面提升。

1. 注重高位推动，为顺利实施绿色公路建设提供可靠的组织保障

为深入落实绿色发展战略、助推旅游业发展，吉林交通从强化顶层设计入手，提出“用绿色交通理念引领交通建设，在规划、设计、施工、运营、养护和管理各个环节践行好绿色发展，真正做到在发展中保护，在保护中发展”，努力将集安至通化高速公路建设成一条精美的绿色景观旅游路，打造出吉林交通新的品牌。从高位组织推动，成立绿色公路示范项目创建工作领导小组和专家领导小组，组织开展绿色公路顶层设计工作，及时研究解决绿色公路建设

重大问题，明确建设目标、标准、措施，为项目设计和建设奠定坚实的基础。

2. 创新设计理念，为提升绿色公路品质奠定坚实的基础

首先，坚持适度、简洁、自然、实用的设计原则进行选线布线。集通高速公路起点位于集安市刀茅沟太王互通（图 7-5-1），终点与通化县黎明村鹤大高速公路相接（图 7-5-2）。设计选线充分与既有公路并行布线，集约利用通道资源，以减少对土地的分割。尽可能采用短捷的路线方案和阳坡布线，节约运营费用，依山脚布设路线，平缓纵坡。高填深挖路段尽可能采用以桥代路和以隧代路方案。优化碎落台、护坡道的宽度和边沟尺寸或采取支挡措施收缩坡脚，减少占地，节约资源。实现了统筹规划、合理布局、集约高效的总体设计目标。其次，以“融生态、展景观、呈文化、拓服务”为宗旨开展绿色提升。一是进一步完善生态环保措施。创新性提出“带绿施工”技术措施，因地制宜采用客土喷播、生态边沟、仿生挡墙设计，使公路更自然地融入环境。二是进一步增强景观营造效果。全面改进隧道洞门和内装饰亮化效果，优化升级布设沿线景观台，建造仿石、仿木挡墙，防撞墙采用衬模印花技术等，使公路沿线景观焕然一新。三是进一步提升旅游交通服务品质。服务区增设房车营地、宿营地、旅游展示板，设置休闲驿站和步行栈道等，划设旅游经济区和房车营地区，并增设服务区停车管控系统、气象信息收集系统、旅游信息动态发布查询系统等，进一步拓展公路旅游功能。四是进一步彰显历史人文特点。通过融入高句丽文化、人参特色、红色旅游等文化元素，对“世遗古都、国参故里、边境风情、养生福地”等城市名片进行展示和推介。形成生态良好、环保达标、景观和谐、安全通畅的公路生态系统，实现交通与旅游的融合发展。

图 7-5-1　集通高速公路太王互通

图 7-5-2　集通高速公路黎明互通

3. 强化施工环保措施，为实现生态环保、资源集约节约提供管理保障

建设过程中采取有效措施保护环境。一是努力做到“不破坏就是最大的保护”，路基施工划出“环保红线”，严控林地、湿地破坏，尽可能保护和保留原生植被，保护林地约 11000m^2，移栽珍贵树种约 5500 棵。二是保留表土作为种植土，共设置 11 处表土集中堆放区，用于后期植被恢复。三是取消不必要的圬工砌体，采用本地植物进行边坡防护，减少圬工 29000m^3，增加植被恢复 98000m^2。四是采用标准化集中预制、集中拌和、集中加工，减少施工临时用地 333000m^2。五是坚持隧道洞口“早进晚出”、仰坡“零开挖”理念，加强对洞口原生植被的保护和早期恢复，尽量保留两幅隧道口之间的土体，节约临时用地 38000m^2。六是通过优化隧道与路基工程的施工组织，统筹资源利用，全线隧道洞渣利用率达到 100%，实现了“零弃方”绿色目标，取消 8 处取弃土场，节省直接建设成本 2000 余万元。七是服务区

污水采用多介质生物滤池技术处理,其他场区采用地埋式一体化技术处理,在桥梁两侧沿纵坡安装径流收集管道,设置油水分离池,有效保护敏感水体。

4. 积极推广应用先进科技成果,为确保绿色公路建设品质提供技术支撑

将吉林省多年的工程建设经验和成果进行了集中梳理,结合集通高速公路工程实际,归纳出 20 类 41 项成果纳入项目招标文件和专用技术规范,重点推动鹤大双示范工程“安全耐久、资源节约、生态环保、特色技术”4 个方面的 16 项科研成果的转化应用。一是重视结构耐久和循环利用技术应用。普遍采用结构混凝土抗冻耐久性关键技术,有效提高了季冻区公路桥涵混凝土的抗冻耐久性。预制梁板蒸汽自动养生系统和预应力智能张拉技术等特色技术的应用,大幅提升了预制梁板的质量。应用公路边坡生态砌块综合利用技术,形成隧道弃渣就地转化、就地应用、就地修复的一体化生态修复流程,转化利用率达 100%。二是推广应用节能减排技术。采用隧道温拌沥青、隧道施工和运营期集中供电节能技术、LED 智慧照明技术等 4 大类 14 项技术,节能减排效果明显。隧道协同阻燃温拌沥青技术既解决了隧道内沥青路面施工难题,又减少近 30% 二氧化碳排放。隧道照明节能智慧控制系统可节能 48%。隧道抗冻保温技术的应用,节省了相当于工程造价 4 ~ 5 倍的养护费用。另外,开展科研攻关,破解技术难题。依托五女峰特长隧道开展“建设安全与运营防灾节能关键技术研究”,开展隧道监测预警标准和预警设备研发,进行围岩温度场测试传感器现场埋设和围岩温度场自动监测系统研发,掌握了五女峰隧道中风化凝灰岩的基本力学特性和蠕变特性,解决了高地应力、软弱围岩等环境条件下特长公路隧道建设安全、运营节能及防灾救援等关键技术问题,实现了隧道重点高危路段施工安全提前预警,保障了隧道施工质量和运营安全,降低了运营能耗。

集通高速公路大力推动理念创新、技术创新、管理创新和制度创新,坚持科技支撑导向,推行工业化建造、装配化施工,推广“四新”技术应用,积极开展微创新活动,在项目建设中精细化管理,提升了工程建设标准化、专业化水平,降低能源耗用,提高工作能效,提升项目内在品质。集通高速公路已经成为吉林省绿色公路建设新标杆,探索出高寒山区创建绿色公路、提升和拓展旅游服务功能的一套可复制、可推广的成功经验。目前吉林省新建高速公路也已按集通范本开展绿色公路设计与施工。

本章参考文献

[1] 中华人民共和国交通运输部. 交通运输部关于实施绿色公路建设的指导意见[Z]. (2016-7-20).

[2] 吉林省交通运输厅. 长白山区鹤大高速公路资源节约循环利用科技示范工程技术总结报告[R]. 长春,2018.

[3] 王岩松,等. 集安至通化高速公路绿色公路示范建设成果总结[R]. 长春:吉林省高等级公路建设局,2019.

[4] 吉林省高等级公路建设局,吉林省交通规划设计院. 集安至通化高速公路绿色公路典型示范实施方案[R]. 长春,2017.

[5] 吉林省交通规划设计院. 鹤大高速公路集安至双辽联络线集安至通化段两阶段施工图设计绿色公路专项设计[R]. 长春,2018.

[6] 陈济丁. 绿色公路建设理念与实践[M]. 北京:人民交通出版社股份有限公司,2017.
[7] 张正一,王朝辉,张廉,等. 中国绿色公路建设与评估技术[J]. 长安大学学报(自然科学版), 2018, 38(5): 76-86.
[8] 汤显平. 基于绿色公路建设理念的高速公路路线设计方案评价体系研究[D]. 长沙:中南林业科技大学, 2018.
[9] 刘学欣,李明杰,张玉山. 河南三淅高速绿色试点公路实践——技术创新篇[J]. 公路交通科技(应用技术版), 2016,12(8):7-9.
[10] 吕恬,熊新竹,洪伟鹏,等. 广东省广佛肇高速绿色公路建设探索研究[J]. 公路交通科技(应用技术版), 2017,13(12):319-321.
[11] 王晋,吉光,马军. 绿色低碳公路评价指标体系与评价方法研究[J]. 公路, 2014,59(7):356-361.

附录 A　集通高速公路项目概况

A.1　工程总体情况

集通高速公路是国家高速公路网中南北纵线鹤岗至大连高速公路的联络线——集安至双辽段的起始路段，是国家高速公路网的重要组成部分，与已建的鹤大高速公路、集双公路通化至东丰段、通化至沈阳高速公路、国道 303 线等相接。项目的建设形成了吉林省东南部的便捷运输通道，对完善国家高速公路网系统、发展东北地区及吉林省高速公路网具有十分重要的作用。作为振兴东北老工业基地基础设施的重要组成部分，集通高速公路的建成有利于哈尔滨、长春、沈阳形成的产业带向拟建高速公路方向辐射，将有力促进大连、丹东、集安、长白山旅游带的形成，促进区域第三产业更快发展，对进一步振兴东北老工业基地、加快区域经济腾飞有着重要的作用。

项目位于我国公路自然区划 Ⅱ_1 区，即东北东部山地润湿冻区。项目区域地形以丘陵区为主，起点集安市处于山岭重丘区，山高坡陡，选线困难。终点位于通化市东部，浑江沿岸，地势相对平缓。项目起自集安市太王镇，接中朝集安至满浦界河公路大桥中方接线，经长岗、清河、头道，止于通化县快大茂镇黎明村，与鹤大高速公路相接，主线全长 82.213km，通化连接线全长 6.57km，起点与通化南互通相接，终点止于 201 国道通化西昌互通。

集通高速公路全线按双向四车道高速公路标准建设，设计速度 80km/h，沥青混凝土路面。全线设特大桥 3638m/2 座，大桥 7607m/27 座，中桥 666m/9 座，涵洞 99 道；隧道 18636m/10 座；设太王、五女峰、清河、头道、湾湾川和黎明互通式立交 6 座，分离式立交1 座，通道桥 26 座，天桥 3 座；服务区 1 处（清河服务区）、停车区 2 处（长岗、头道停车区）、管理处 2 处、养护工区 2 处、收费站 5 处（其中主线收费站 1 处）、隧道变电所 13 处。桥梁隧道占路线总长度的 37.14%。

A.2　沿线气候特征

集通高速公路沿线属北温带大陆性气候，老岭南具有明显的半大陆海洋性季风气候特征。沿线四季分明，春季干燥风大，夏季高温多雨，秋季凉爽，冬季寒冷。

老岭山脉自东北向西南形成一道巨大的天然屏障，横贯集安全市，抵御北来寒风，使温暖湿润的海洋气流沿鸭绿江而来，造就了集安市岭南、岭北两个小气候区。岭南、岭北冷暖转换时差 10～15d。岭南气候温和、空气湿润、降雨充沛、风力弱小，素有“吉林小江南”之美誉。岭北冬夏长而春秋短，年平均气温 5℃左右，日温差变化较大。雨水集中在 7—9 月，降雪集中于 11 月至次年 1 月，霜冻期在 11 月下旬至次年 5 月下旬，3—5 月风力较大。气象及水文主要指标见表 A-2-1。云峰发电厂长年放水发电，青石到麻线之间的鸭绿江面冬季不结冰，冬季形成多雾天气，每年 12 月至次年 1 月平均雾天为 52d。

气象及水文主要指标表　　表 A-2-1

市县	年平均降水量(mm)	年平均蒸发量(mm)	年平均日照时间(h)	平均风速(m/s)	年平均气温(℃)	极端最高气温(℃)	极端最低气温(℃)	最大冻土深度(cm)	最大积雪深度(cm)
集安市	933.5	1128.7	2229.0	1.4	6.7	37.7	-34.7	124	36
通化县	798.1	1105.6	2487.6	1.7	4.6	35.4	-39.2	145	31

A.3　项目重点工程

1. 黎明互通(图 A-3-1)

黎明互通共设置 4 联钢-混凝土组合梁结构,B 匝道上 3 联,D 匝道上 1 联。B 匝道中 3 联钢-混凝土组合梁分别为:第一联 127(20 +27 +45 +35)m,第六联 101(28 +45 +28)m,第十二联 101(28 +45 +28)m。其中第一联 45m 孔上跨鹤大 Ⅰ 级公路,第六联 45m 孔上跨鹤大高速公路,第十二联 45m 孔上跨 D 匝道路基段。D 匝道中钢-混凝土组合梁跨径为 118(33 +52 +33)m,其中 52m 孔上跨既有鹤大高速公路。钢-混凝土组合梁 B 匝道第六联及 D 匝道上跨既有鹤大高速公路。部分桥梁位于缓和曲线及圆曲线上,桥面横坡不断变化,钢箱梁内外侧腹板不断变化,梁体加工和安装难度较大。

图 A-3-1　黎明互通布置图

钢-混凝土组合梁采用单箱双室断面,箱室腹板净距为 3250mm,桥面横坡由腹板变高度形成。上部结构主要由预应力混凝土桥面板、槽形钢梁及桥面系组成。槽形钢梁以箱梁中心线控制梁高,跨径 45m 梁高采用 1600mm,跨径 52m 梁高采用 1900mm,内外侧腹板高度随桥面横坡变化,腹板厚度变化为 20 ~ 25mm;腹板上承托宽度为 800mm,厚 34mm;底板全宽为 6560mm,厚度变化为 20 ~ 30mm;现浇桥面板厚度为 400mm,45m 及 52m 钢-混凝土组合梁在箱梁中心线处梁高分别为 2000mm、2300mm;混凝土桥面板与槽形钢梁间采用剪力钉连接形成组合截面。

2. 五女峰隧道

五女峰隧道位于吉林省东南部老岭山脉西南段的南侧、鸭绿江的西北部。隧道进口位于集安市 N27°W 15km 处,隧道总体方向 N65°W,属于侵蚀构造中低山地貌。五女峰隧道为上、下行分离的四车道高速公路特长隧道,总长 7930m。隧道平纵曲线和几何尺寸净空断面标准按 80km/h 设计速度设计,建筑限界宽度为 10.25m,建筑限界高度为 5.0m,隧道左、右线间有车行横洞 10 处,人行横洞 10 处。隧道于 2016 年 7 月 5 日开工建设,历时 874d,于 2018 年 11 月 26 日实现全线贯通。五女峰特长隧道工程区地质情况较为复杂,存在多处断层、涌水、岩爆等特殊状况,且该隧道洞身过长,自出口向进口方向掘进为反坡施工,施工时排水和通风也是该工程的施工难点和制约工期的主要因素。

隧道进口地面高程 486.87 ~ 489.15m,山顶最高高程 1109.80 ~ 1110.71m,其桩号 LK23 +362(RK23 +366),为老岭分水岭,呈北北东 ~ 南南西向展布;出口地面高程632.78 ~ 633.86m,隧道底板高程由进口至出口有所抬高。进口地形坡度 32° ~ 27°,与地面坡向斜交。洞身段山体高厚,沿洞线地形坡度一般为 19° ~ 35°,个别为 47°,洞线斜交地面坡向为主,少数基本平行地面坡向。冲沟发育,有 15 条冲沟在隧道上部地面通过。沟底最低高程 614m,高出洞顶 90m,不存在浅埋段,对洞顶稳定无影响。出口段地形坡度 17° ~ 24°,与地面坡向近直交。

隧道位于北东向单斜构造上,按区域资料为:元古界下统集安群新开河组,岩层产状走向 N30°E,倾向 SE,倾角 40°;元古界下统集安群大东岔组,岩层产状走向 N68°W,倾向 SW,倾角 79°;侏罗系上统砬门子组,岩层产状走向 N6°W,倾角 NE,倾角 38°,两者呈角度不整合接触,钾长花岗岩与侏罗系上统砬门子组为不整合接触。物探发现 9 条断层,见表 A-3-1。隧道衬砌支护参数见表 A-3-2。

五女峰隧道断层统计表

表 A-3-1

编号	产状			宽度(m)	初露桩号	
	走向	倾向	倾角(°)		左幅	右幅
F_1	N41°E	NW	71	14	LK22 +545 ~ LK22 +562	RK22 +528 ~ RK22 +544
F_2	N47°E	NW	81	26	LK24 +048 ~ LK24 +074	RK24 +040 ~ RK24 +067
F_3	N18°E	SE	83	12 ~ 16	LK24 +422 ~ LK24 +439	RK24 +428 ~ RK24 +442
F_4	N26°E	NE	74	15 ~ 17	LK24 +448 ~ LK24 +515	RK24 +525 ~ RK24 +547
F_5	N31°E	NW	83	14 ~ 16	LK25 +175 ~ LK25 +189	RK25 +171 ~ RK25 +185
F_6	N47°E	SE	86	13 ~ 18	LK25 +970 ~ LK25 +988	RK25 +956 ~ RK25 +970
F_7	N46°E	SE	80	24	LK26 +579 ~ LK26 +604	RK26 +566 ~ RK26 +590
F_8	N33°E	NW	85	20	LK27 +108 ~ LK27 +128	RK27 +096 ~ RK27 +116
F_9	N3°E	NW	84	21	LK27 +305 ~ LK27 +327	RK27 +313 ~ RK27 +335

隧道进口部位节理按发育程度有下列 4 组:

(1)走向 N17°E,倾向 SE,倾角 59°。条数占 25.5%。

(2)走向 N40° ~64°E,倾向 NW 为主,倾角 40° ~70°。条数占 25.5%。

(3)走向 N76° ~85°E,倾角 SW(NW),倾角 25° ~30°。条数占 19%。

(4)走向 N68° ~73°W,倾向 SW(NE),倾角 10° ~40°。条数占 17%。

表 A-3-2

隧道衬砌支护参数汇总表

衬砌类型	初期支护锚杆长度(cm)	锚杆间距及类型(cm)	喷层位置厚度(cm)	钢筋网(cm)	二次衬砌及仰拱混凝土厚度(cm)	预支护措施
MD(明洞)			边墙 15		钢筋混凝土 60	
JQ5(加强Ⅴ级)	300	100×60(中空注浆锚杆)	拱、墙、仰拱 26	ϕ8@20×20 双层	钢筋混凝土 50	型钢钢架配合小导管注浆，钢架间距 60cm；根据需要设长管棚
QM5(浅埋Ⅴ级)	300	100×75(中空注浆锚杆)	拱、墙、仰拱 26	ϕ8@20×20 双层	钢筋混凝土 50	型钢钢架配合小导管注浆，钢架间距 75cm；根据需要设长管棚
QM5-1(浅埋Ⅴ级)	300	100×75(中空注浆锚杆)	拱、墙 26	ϕ8@20×20 双层	钢筋混凝土 50	型钢钢架配合小导管注浆，钢架间距 75cm；根据需要设长管棚
SM5(深埋Ⅴ级)	300	100×80(中空注浆锚杆)	拱、墙 24	ϕ8@20×20	钢筋混凝土 45	型钢钢架配合小导管注浆，钢架间距 80cm
DCD5(断层带Ⅴ级)	300	100×80(中空注浆锚杆)	拱、墙、仰拱 24	ϕ8@20×20	钢筋混凝土 45	型钢钢架配合小导管注浆，钢架间距 60cm
JQ4(加强Ⅳ级)	300	100×80(中空注浆锚杆)	拱、墙 24	ϕ8@20×20	钢筋混凝土 45	型钢钢架配合小导管注浆，钢架间距 80cm
SM4(深埋Ⅳ级)	250	120×100(水泥砂浆锚杆)	拱、墙 21	ϕ8@25×25	混凝土 40	格栅钢架配合超前锚杆，钢架间距 100cm
SM4-1(深埋Ⅳ级)	250	120×120(水泥砂浆锚杆)	拱、墙 21	ϕ8@25×25	混凝土 40(无仰拱)	格栅钢架配合超前锚杆，钢架间距 120cm
SM3(深埋Ⅲ级)	拱部设置 250	120×120(水泥砂浆锚杆)	拱、墙 12	拱部 ϕ8@25×25	混凝土 35(无仰拱)	
JJ4(紧急停车带Ⅳ级)	300	120×80(水泥砂浆锚杆)	拱、墙 24	ϕ8@20×20	钢筋混凝土 50	型钢钢架配合超前锚杆，钢架间距 80cm
JJ3(紧急停车带Ⅲ级)	300	120×110(水泥砂浆锚杆)	拱、墙 15	ϕ8@25×25	混凝土 45(无仰拱)	

隧道出口部位节理按发育程度有下列4组：

(1)走向N42°E,倾向SE,倾角35°。

(2)走向N65°~88°W,倾向SW,倾角63°~77°。

(3)走向N5°E,倾向NW,倾角77°。

(4)走向N9°~20°W,倾向NE(SW),倾角62°~74°。

3.迎宾岭(土口岭)隧道

迎宾岭隧道左线长1940m,起讫里程LK1+718~LK3+658,右线长1932m,起讫里程RK1+724~RK3+656。隧道设计为分离式隧道。双向四车道,设计速度80km/h,建筑限界宽10.25m,建筑界限高5.0m。紧急停车带建筑限界宽13.0m,建筑界限高5.0m;人行横通道建筑限界宽2.0m,建筑界限高2.5m。汽车设计荷载公路—Ⅰ级。隧址区位于吉林省东南部老岭山脉西南段的南侧、鸭绿江西北部,属侵蚀构造中低山地貌。工作区山顶高程415~430m,左幅进、出口高程分别为211.619m和243.574m,右幅进、出口高程分别为214.653m和243.480m。沿洞线地形坡度5°~20°。隧道下穿运营中的集梅铁路隧道,隧道顶距集梅铁路轨顶49m。隧址区位于浑江陷褶断束(Ⅱ)之鸭绿江凹褶断束(Ⅲ)北部,区域性断裂——鸭绿江壳断裂距工程区相对较近,断裂主体未经过隧道区,在集安一带沿鸭绿江延伸,洞线区地形有沟谷切割。自更新世以来无活动迹象,属非活动性断裂。根据物探、地质调绘和钻探资料,隧道区褶皱构造发育并分布有F1、F2、F3、F4和F5五条断层。

基岩裂隙水主要分布于岩石的裂隙中和构造破碎带中,透水性及富水性受控于岩石的裂隙发育程度及构造破碎带的发育程度,受季节影响,水位变化较大。隧道地下水为基岩裂隙水,中风化岩具有相对隔水作用,洞体开挖洞身段地下水主要以滴水、渗水为主。断裂、节理密集带部位为地下储水、导水构造,施工过程中可能发生短期的突水、突泥现象,注意监测、设防。两侧洞口段地下水主要以渗水为主,雨季雨淋状出水。迎宾岭隧道出口LK3+210~LK3+255/LK3+240~LK3+285段下穿既有集梅铁路隧道,铁路隧道底宽4.3m,高5.7m,隧道洞顶距铁路隧道轨顶高程约49m。隧道围岩岩性为中风化花岗斑岩。结构面发育,结构一般,岩体碎裂,岩块较坚硬。地下水位高于隧道顶板,洞壁滴水、渗水。围岩属Ⅳ级,隧道开挖可能会引起围岩变形及铁路隧道下沉,影响施工及运营安全。

A.4 工程特点与难点

集通高速公路位于典型的季节性冰冻气候区,项目沿线自然资源及人文景观独特,建设过程中存在大量的废渣利用,运营过程中管养设施能耗高。集通高速公路品质工程建设对于同类工程具有良好的示范意义。

1.季节性冰冻气候条件下,公路工程耐久问题突出

集通高速公路位于长白山系,具有典型的季节性冰冻地区气候特点,冬季寒冷漫长,冰冻多雪,年极端最低气温-39.2℃,降雪期3个月年平均降雪量可达290~320mm,最大积雪深度36cm,霜冻期长达7个月,混凝土年有害冻融循环次数高达96次。

集通高速公路桥隧比高,桥涵构造物及沿线附属设施混凝土由于处于潮湿多雨及冬季撒盐除冰的环境,冻融循环频繁,混凝土出现蜕皮、松散、盐冻和盐蚀等破坏,并且沿线水系发达,降雨量大,导致隧道围岩低温赋水,极易出现衬砌的冻胀、开裂,严重的将导致衬砌脱

落，桥隧工程耐久性问题突出。

从品质工程建设的角度考虑，集通高速公路应统筹考虑整个寿命周期，通过采用系列抗冻耐久技术，采取专业化、标准化、精细化的管理措施，使公路工程整个寿命周期性能达到最优，实现工程耐久的目标。

2. 项目沿线自然资源及人文景观独特，公路建设的生态环保及人文资源保护问题突出

集通高速公路途经列为国家 20 处重点示范森林公园之一的五女峰国家森林公园，跨越浑江、蝲蛄河、苇沙河、蚂蚁河、青沟河、通沟河等敏感水体或饮用水保护区，在项目建设过程中最大限度地保护脆弱敏感的生态环境和水资源，减少对原始生态的破坏是设计和施工中的重要原则。

吉林省东部山区不仅自然风光秀美，并且人文景观独特，仅集通沿线就分布高句丽王城、王陵及贵族墓葬的将军坟、古墓遗址群。由于路网的不完善，人文景观的展示和维护较为落后，集通高速公路的建设可以打造吉林东部生态旅游经济圈，有力促进长春、通化、延吉旅游资源的开发和经济的发展。

从品质工程建设的角度考虑，集通高速公路应在设计、施工、运营过程中统筹考虑旅游资源的系统开发与建设以及生态环境的保护问题。

3. 高速公路建设过程中废旧材料循环利用与沿线设施低碳节能至关重要

项目主线共有服务区 1 处、收费站 5 处、隧道 10 座，为了保证行车安全与便利，与之配套的照明设施规模大、数量多，高速公路日常运营中电的消耗量巨大。

项目建设过程中，全线隧道出渣量为 366.8 万 m^3，测算占地超过 160 公顷。此外，该路线石质挖方计划全部用于填方路基填筑，但开挖过程中也经常存在超粒径石料，若不能充分利用，会产生占地问题。项目公路沿线均为林地或耕地，弃土场设置于次生林地，不仅会破坏林间植被，还会影响原生动物的栖息环境，在森林资源日渐减少和自然环境日趋恶化的形势下，弃渣、弃方、远运土占地及植被破坏问题不容忽视。

4. 工程建设复杂，建设管理难度大，现代化管理理念与技术融合至关重要

集通高速公路共设有 6 个土建工程施工标段，全线大中桥梁 40 余座，涵洞 93 道，隧道 18636m/10 座，主线桥隧断点多，便道路况差，人工现场管理难度大、效率低，并且内业资料项目多、数量大，急需借助现代化的通信、视频、数据库技术提高管理的效率。

全线共计 4035 片预制箱梁，其中 480 余片箱梁在河道中顺河流纵向架设。五女峰特长隧道长 7.9km，为我国严寒季冻区里程最长的公路隧道，施工组织、工期安排难度大，应采用专业化、标准化、精细化的施工和管理技术，保证特大桥和隧道的施工质量。

附录 B　吉林省沥青路面配合比设计标准

基于吉林省高速公路建设实践，本着创建季冻区高速公路品质工程的目标，在充分吸收沥青路面科研、设计和施工成果的基础上，提出以下配合比设计标准。

B.1　目标配合比设计

（1）密级配沥青混凝土混合料（AC）、沥青玛蹄脂碎石混合料（SMA）、密级配沥青稳定碎石混合料（ATB）配合比设计由马歇尔击实试验设计和沥青混合料性能检验两部分组成，配合比设计宜采用“骨架、嵌挤、密实”型结构。矿料级配推荐采用表 B-1-1规定的区间，同时考虑原材料的差异性，可适当调整。对应表 B-1-1 的参考级配范围曲线如图 B-1-1 所示。以此为目标配合比供拌和机确定各冷料仓的供料比例、进料速度及试拌使用。

沥青混合料矿料参考级配范围　　表 B-1-1

矿 料 级 配		通过下列筛孔（mm）的质量百分比（%）												
筛孔（mm）		31.5	26.5	19.0	16.0	13.2	9.5	4.75	2.36	1.18	0.6	0.3	0.15	0.075
SMA-13	上限				100	98	68	32	25	23	19	16	15	12
	下限				100	92	52	22	17	15	13	10	9	8
SMA-16	上限			100	98	82	62	32	24	22	18	15	14	12
	下限			100	92	70	46	22	16	14	12	10	9	8
AC-20	上限		100	100	90	76	66	48	37	26	18	15	11	7
	下限		100	92	80	66	54	32	23	16	10	6	5	3
ATB-25	上限	100	100	80	68	62	52	36	26	20	15	12	9	6
	下限	100	90	60	50	44	34	24	18	12	8	5	4	3

（2）根据矿料料源特性、加工特性、结构层性能要求进行目标配合比设计，用于指导备料和生产配合比设计。

（3）根据确定的最佳沥青用量（或油石比）、设计级配，室内拌制沥青混合料，进行沥青混合料性能检验，并注意控制沥青混合料的粉胶比、有效沥青膜厚度，所设计的沥青混合料需满足表 B-1-2 的要求。

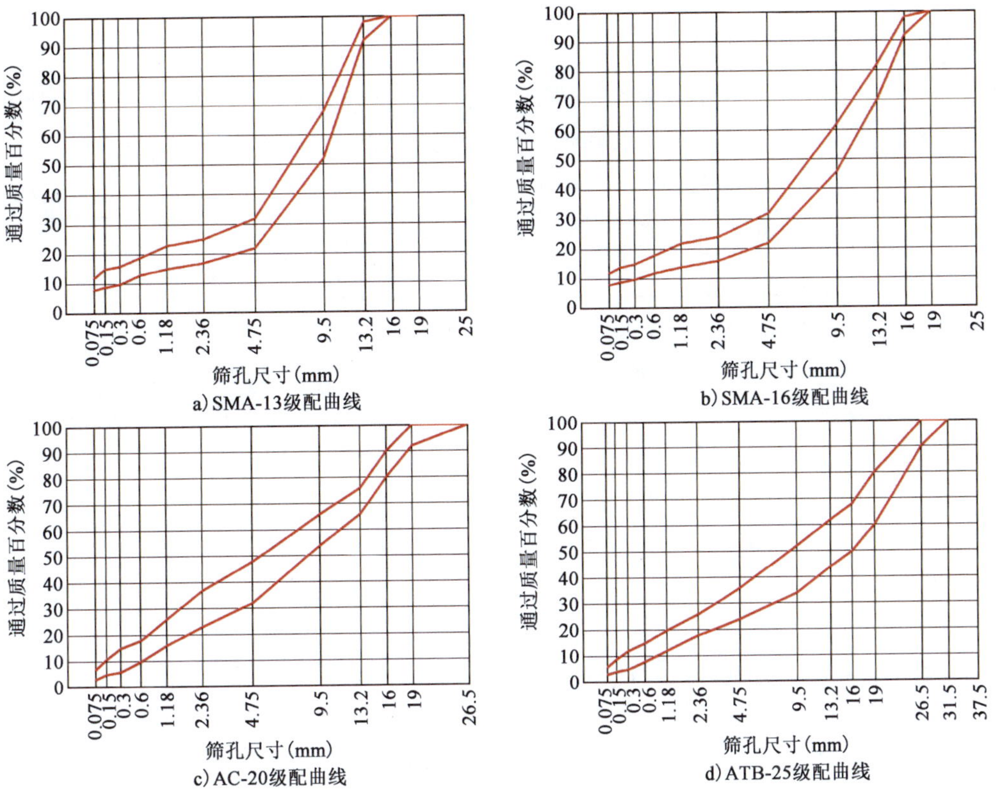

a) SMA-13级配曲线

b) SMA-16级配曲线

c) AC-20级配曲线

d) ATB-25级配曲线

图 B-1-1　沥青混合料矿料参考级配范围曲线图

沥青混合料性能技术标准　　表 B-1-2

试验指标	单位	SMA-16(13)(改性沥青)	AC-20(改性沥青)	ATB-25
公称最大粒径	mm	16(13)	19	26.5
马歇尔试件尺寸	mm	ϕ101.6×63.5	ϕ101.6×63.5	ϕ152.4×95.3
击实次数(双面)	次	75	75	112
空隙率	%	3.5～4	3～5	4～6
稳定度,不小于	kN	6	8	15
流值	mm	2～5	2～5	实测
沥青饱和度	%	75～85	65～75	55～70
矿料间隙率,不小于	%	17.0	根据设计空隙率计算	根据设计空隙率计算
马歇尔残留稳定度,不小于	%	85	85	80
冻融劈裂残留强度比,不小于	%	80	80	75
动稳定度,不小于	次/mm	4000	3000	2000(等厚度)
低温弯曲破坏应变,不小于	με	3000	2800	—
渗水系数,不大于	mL/min	80	120	—
谢伦堡沥青析漏损失,不大于	%	0.1		实测
肯塔堡飞散损失,不大于	%	15	—	实测

B.2 生产配合比设计

(1)拌和机筛片应根据混合料目标配合比选择筛片数量及筛孔规格。根据试拌试铺情况,适当调整筛片筛孔规格及振动筛倾角。拌和机等效筛孔参照表 B-2-1 取值。

间歇式拌和机用振动筛的等效筛孔(方孔筛,mm) 表 B-2-1

标准筛筛孔(mm)	31.5	26.5	19.0	16.0	13.2	9.5	4.75	2.36
振动筛筛孔(mm)	35	30 ~ 32	22	19	15 ~ 16	11 ~ 12	6	3 ~ 4

(2)原材料复核与拌和机冷料流量确定。

对进场的原材料进行筛分试验复核,并与目标配合比设计所用原材料进行比较。

对沥青拌和机冷料仓的送料速度与电机转速的关系进行标定,并根据形成的关系曲线选定相应的电机转速进行送料。

(3)确定各热料仓集料和矿粉的用量,必须从二次筛分后进入各热料仓的集料取样进行筛分,通过计算,使混合料的合成级配与目标配合比相接近,以确定各热料仓集料和矿粉的用料比例。

(4)确定最佳油石比。

AC 型混合料取目标配合比设计的最佳油石比 OAC、OAC ±0.3% 和 OAC ±0.6% 等 5 个油石比,SMA 混合料取目标配合比设计的最佳油石比 OAC、OAC ±0.3% 等 3 个油石比。根据计算的矿料配合比例,用试验室小型拌和机拌制沥青混合料进行试验,按目标配合比设计方法选定最佳油石比。

生产配合比确定的最佳油石比与目标配合比确定的最佳油石比之差应不超过 ±0.2%,且生产配合比与目标配合比设计的空隙率之差应不超过 ±0.2%。超出规定范围应分析原因,重新进行目标配合比和生产配合比设计,并进行混合料性能检验。

(5)沥青混合料性能检验按生产配合比,用室内小型拌和机拌制沥青混合料,制备试件,进行水稳定性检验。

(6)混合料车辙试验时,轮碾成型试件厚度应为 50mm(ATB 轮碾成型试件采用与结构层等厚度),并根据集料最大粒径选择合适的厚度。沥青混合料在进行车辙试件成型时,对于普通沥青混合料,50mm 厚的轮碾次数可采用 12 个往返(ATB 需试压测定密度后,确定试件的碾压次数)。

(7)轮碾次数确定方法。

根据配合比拌制几组车辙成型混合料,预估几组不同的碾压次数进行试件碾压。成型后,对成型试件进行取芯,芯样直径为 15cm,待芯样风干后,对芯样进行密度试验,建立芯样“表干相对密度-碾压次数”的关系曲线,在曲线上查出芯样表干相对密度为马歇尔试件密度 100% 时的碾压次数为轮碾成型碾压次数。

(8)应在温度为 -10℃、加载速率为 50mm/min 条件下进行小梁弯曲试验,沥青混合料低温弯曲试验破坏应变技术要求应符合现行《季节性冻土地区公路设计与施工技术规范》(JTG/T D31-06)的规定。

(9)沥青混合料 5 次冻融循环后的劈裂强度比应符合现行《季节性冻土地区公路设计与

施工技术规范》(JTG/T D31-06)的规定。

B.3　生产配合比设计验证(试拌)

(1)按生产配合比进行试拌,拌和机各项参数(矿料加热温度、沥青加热温度、冷料仓进料比例及进料斗速度)需按正常生产状态进行设置。

(2)试拌后的沥青混合料应进行马歇尔试验或旋转压实检验,并进行沥青含量、筛分试验,混合料级配与生产配合比之差应符合现行《公路沥青路面施工技术规范》(JTG F40)的规定。

(3)调整级配时适当减少靠近最大粒径的粗集料和细集料中较细部分的比例,控制矿粉比例,适当增加中间档次粗集料(如 5 ~ 10mm、10 ~ 15mm)。同时应加强施工压实度控制,保证路面结构耐久性。

(4)拌和机按生产配合比进行试拌,试铺试验段,并取样进行马歇尔试验。标准配合比中的矿料合成级配中,至少应包括 0.075mm、2.36mm、4.75mm 及公称最大粒径的通过率接近优选的工程设计级配范围的中值,并避免在 0.3 ~ 0.6mm 处出现"驼峰",对确定的标准配合比再次进行车辙试验和水稳性试验。

(5)生产配合比的油石比、级配在施工过程中不得随意变更。生产过程中应加强对热料仓矿料级配和沥青混合料级配的跟踪检测,根据筛分情况及时进行热料仓比例的微调,以确保级配在允许波动范围内。单档材料比例调整超出 5%、矿粉超出 0.5%、沥青油石比超出 0.2% 时,一般应重新进行生产配合比设计,并进行性能验证。

附录C 集通高速公路绿色公路示范技术应用

集通高速公路绿色公路示范技术应用明细见表C-0-1。

集通高速公路绿色公路示范技术应用明细表

表C-0-1

项目类别	工程应用技术	分项技术		实施规模
资源节约节能降耗	路线优化设计	1	路线优化设计	全线
	隧道弃渣利用	2	隧道弃渣综合利用	全线
	废旧橡胶沥青利用	3	橡胶沥青封层	全线
	隧道照明智能控制	4	LED 照明	全线隧道
		5	无级调光智能控制	
	太阳能光伏发电	6	太阳能光伏发电	头道停车区
	分布式智慧供电	7	分布式智慧供电	五女峰、湾湾川和太王互通的发光标志
	隧道通风智能控制	8	特长隧道通风	1 座特长隧道
		9	风机智能控制系统	6 处隧道
品质提升自然和谐	桥梁标准化设计和施工	10	上部结构采用标准图	全线桥梁
		11	下部结构模板循环利用	
		12	防护及排水构件预制	全线防护及排水
		13	房建及安全设施标准化	全线安全设施及房建
	耐久性路面结构	14	柔性组合基层结构	主线路面
		15	复合式隧道路面结构	全线隧道路面
		16	矿料改性技术	主线路面
	桥梁抗冻耐腐蚀	17	采取防腐蚀措施	全线桥梁
		18	提高桥梁防水、抗冻功能	
		19	提高混凝土质量,改善耐久性	
	隧道标准化施工	20	季冻区隧道标准化施工创新	全线隧道
	景观隧道洞门	21	创新型斜削竹式洞门	湾湾川隧道出口、 河口隧道出口
		22	端墙洞门装饰 体现地域特色	迎宾岭隧道出口、 高台子隧道入口、 五女峰隧道入口、 河口隧道入口
	施工质量安全管理系统	23	建设项目管理系统	全线
	植被保护与恢复	24	分步清表施工技术	全线
		25	表土利用自然恢复技术	全线
		26	类壤土基质喷播技术	典型路段
	耐低温污水处理	27	低温生物处理技术	全线服务区
	动物通道设置	28	动物通道融合化设计	构造物

续上表

项目类别	工程应用技术	分项技术		实施规模
以人为本安全舒适	安全设施	29	人性化设计	全线安全设施
		30	体现灵活性和地域性	
	智慧交通	31	提升驾乘感受	全线机电
	优化隧道内装饰	32	改善行车环境	全线隧道
交旅融合展示特色	展现地域文化	33	地域文化分析	全线
		34	特色元素提取	
		35	高句丽文化展示	隧道洞口、休闲区
		36	红酒文化展示	湾湾川休闲区
	提升路域景观	37	入城特色段	起点至五女峰隧道
		38	越山景观段	五女峰隧道至前进隧道
		39	伴水展示段	前进隧道至终点
		40	隧道洞内景观带	五女峰隧道
	拓展旅游服务	41	服务功能完善提升	全线场区
		42	服务设施综合开发	全线场区
		43	服务区生态旅游服务设计	清河服务区
		44	停车区生态旅游服务设计	长岗、头道停车区
		45	休闲区生态旅游服务设计	湾湾川、五女峰休闲区
		46	观景台生态旅游服务设计	下龙头观景台

索　引

B

D

G

J

K

L

P

Q

S

Z